Markus Gabriel

Die Erkenntnis der Welt –
Eine Einführung in die Erkenntnistheorie

VERLAG KARL ALBER A

Die Grundfrage der Erkenntnistheorie lautet: »Was ist Erkenntnis?« Diese Frage erlangt ihr Profil nur dadurch, daß wir befürchten, Erkenntnis könne unmöglich oder erschreckend begrenzt sein. In seiner Einführung in die Erkenntnistheorie stellt Markus Gabriel eine Einbettung der Probleme des Skeptizismus sowie der Grenzen der Erkenntnis in einer eigenen Theorie vor. Dabei geht es nicht nur um die einführende Darstellung von offensichtlichen Grundbegriffen der Erkenntnistheorie wie »Erkenntnis«, »Gründe«, »Rechtfertigung«, sondern auch um die Frage, wie Erkenntnis bzw. Wissen sich überhaupt in der Welt ereignet. Erkenntnis und Wissensansprüche gehören zu einer sozialen Umwelt, die ihrerseits zur Welt insgesamt gehört. Vor dem Hintergrund dieser Einbettung von Erkenntnis in das Weltganze geht es um das Verhältnis von Erkenntnis und Welt. Denn jede Welterkenntnis ist auch ein Ereignis in der Welt. Entsprechend kann man Erkenntnistheorie auch gar nicht völlig außerhalb des Kontextes anderer philosophischer Fragestellungen betreiben. Themen aus der neuzeitlichen und gegenwärtigen Theorie der Intentionalität und der Ontologie werden dementsprechend ebenfalls zu Rate gezogen, um die Frage, was Erkenntnis ist, in einem größeren Zusammenhang zu erörtern. Denn Erkenntnis ist ebensowenig vom Rest der Welt isoliert wie irgendeine andere Tatsache oder irgendein anderes Ereignis. Erkenntnis steht der Welt nicht gegenüber, sondern findet sich in ihr vor.

Der Autor:

Markus Gabriel ist nach Stationen in New York (NYU; New School for Social Research) und Heidelberg (Promotion 2005, Habilitation 2008) seit 2009 Inhaber des Lehrstuhls für Erkenntnistheorie, Philosophie der Neuzeit und der Gegenwart an der Universität Bonn. Zuletzt von ihm erschienen im Verlag Karl Alber: »An den Grenzen der Erkenntnistheorie. Die notwendige Endlichkeit des objektiven Wissens als Lektion des Skeptizismus« (2008).

Markus Gabriel

Die Erkenntnis der Welt – Eine Einführung in die Erkenntnistheorie

Verlag Karl Alber Freiburg / München

5. Auflage 2016

© VERLAG KARL ALBER
in der Verlag Herder GmbH, Freiburg im Breisgau 2012
Alle Rechte vorbehalten
www.verlag-alber.de

Satz und Umschlaggestaltung: SatzWeise GmbH, Trier
Covermotiv: René Magritte: La condition humaine, 1933,
National Gallery, London, © VG Bild-Kunst, Bonn 2012
Herstellung: CPI books GmbH, Leck

Printed in Germany

ISBN 978-3-495-48522-4

Inhalt

Einleitung 7

I. Kapitel: Aufbau und Methodologie 21
1. Analytische vs. synthetische Methode 21
2. Das Scheitern der kriteriellen Definition von »Wissen« . . 38
   2.1. Platons Einwand gegen die Standardanalyse 45
       2.1.1. Sokrates' Traum 49
       2.1.2. Drei Bedeutungen von »Logos« 55
   2.2. Gettier und der Einsatz der analytischen
       Erkenntnistheorie 64
   2.3. Die Inkonsistenz des analytischen Wissensbegriffs
       (Stephen Schiffer) 72
   2.4. Wissen ist unanalysierbar (Timothy Williamson) . . . 85
3. Enger und weiter Kontextualismus 94
   3.1. Der enge Kontextualismus 100
       3.1.1. Rechtfertigungskontextualismus 100
       3.1.2. Der semantische Kontextualismus 108
   3.2. Der weite Kontextualismus 117
       3.2.1. Pragmatische und historische Voraussetzungen –
       Michael Williams und Wittgenstein 123
       3.2.2. Hegel und Heidegger 137

II. Kapitel: Formen des Skeptizismus 157
1. Der Cartesische Skeptizismus 162
   1.1. Die drei Schritte des Cartesischen Skeptizismus 162
   1.2. Das Außenweltproblem 178
2. Der Kantische Skeptizismus 192
   2.1. Das Innenweltproblem 197
   2.2. Regelskeptizismus 204

3. Der Pyrrhonische Skeptizismus: Endlichkeit und
   Kontingenz der Theoriebildung 210

III. Kapitel: Die Welt der Bezugnahme 225

1. Die formale Gegenstandstheorie 237
2. Metaphysik der Intentionalität 244
   2.1. Cartesische Intentionalität 250
   2.2. Kantische Intentionalität 254
   2.3. Analytische und synthetische Einheit –
        Hegelsche Intentionalität 280
        2.3.1. Der Grundgedanke von Kants transzendentaler
               Deduktion der reinen Verstandesbegriffe 282
        2.3.2. Von Kant zu Hegel: Sellars, McDowell, Brandom . 295
3. Dissens und Gegenstand 311

IV. Kapitel: Begriffliche Relativität und Grenzen der Erkenntnis . 329

1. Begriffliche und ontologische Relativität 329
2. Die Unvollständigkeit der Gründe –
   Ein generalisiertes Paradoxon 344
3. Grenzen der Erkenntnis 352
   3.1. Cartesische Grenzen der Erkenntnis 356
   3.2. Kantische Grenzen der Erkenntnis 363
4. Die Unvollständigkeit der Welt 370

Glossar 383

Literaturverzeichnis 413

Einleitung

Wenn man Physik studiert, weiß man in etwa, was einen erwartet, da man bereits relativ klar umgrenzte Vorstellungen des Gegenstandsbereichs der Physik mit sich bringt. So geht es insgesamt um raumzeitlich ausgedehnte Gegenstände und die Gesetze ihrer Veränderung. Es geht um Materie, Energie, Quasare, Gravitation, Elektromagnetismus, starke Kernkraft usw. Studiert man Zoologie, geht es um Tiere, und in der Germanistik ist deutsche Literatur und Kultur zu erwarten, während die Soziologie die Gesellschaft aus verschiedenen methodischen und inhaltlichen Gesichtspunkten betrachtet. Analog scheint es sich mit der Philosophie zu verhalten: In der Naturphilosophie geht es um die Natur, in der Wissenschaftstheorie um die Wissenschaft, in der Philosophie des Geistes um den Geist, in der Ethik um das Gute sowie die Glückseligkeit und in der Erkenntnistheorie eben um Erkenntnis.

Doch der Philosophie ist eigentümlich, daß sie sich nicht einfach nur mit Gegenständen beschäftigt, die einem bestimmten, eingegrenzten Gegenstandsbereich angehören. Bei genauerem Hinsehen zeigt sich ziemlich schnell, daß philosophische Autoren ein oftmals weit auseinanderklaffendes Verständnis ihrer Disziplin oder Teildisziplin haben, was die Vermutung nahelegt, daß sie sich nur scheinbar mit demselben Gegenstand beschäftigen. Es ist nicht ohne weiteres klar, ob etwa Immanuel Kant auch nur ansatzweise dasselbe unter »Erkenntnis« oder »Natur« verstand wie Platon, Georg Wilhelm Friedrich Hegel, Willard van Orman Quine oder Crispin Wright – Denker, auf die wir alle noch zu sprechen kommen werden. Isaac Newton und Albert Einstein hingegen sprachen über denselben Gegenstandsbereich und dieselben Gegenstände, kamen dabei aber zu teilweise verschiedenen Ergebnissen ebenso wie Friedrich Nietzsche und Ulrich von Wilamowitz-Moellendorff sich über denselben Gegenstand, die griechische Tragödie, stritten.

Aus diesem Grund beginnen Einführungen in die Philosophie und ihre Teildisziplinen zu Recht meist mit einer Erläuterung der grund-

Einleitung

legenden Begriffe, mit denen sie sich überhaupt erst einen Gegenstandsbereich erschließen wollen. Wer in eine philosophische Disziplin eingeführt werden möchte, sucht nach einer Orientierung. Denn in der Philosophie untersucht man Gegenstände immer nur im Licht des Umstands, daß man gerade nicht so recht weiß, womit man es eigentlich zu tun hat. Wie Ludwig Wittgenstein in seinen *Philosophischen Untersuchungen* einmal festgestellt hat: »Ein philosophisches Problem hat die Form: ›Ich kenne mich nicht aus‹.«[1] Wenn wir Erkenntnistheorie betreiben, wollen wir herausfinden, was Erkenntnis eigentlich ist, d. h., wir wissen noch gar nicht so recht, mit welchem Gegenstand wir uns beschäftigen. Die philosophische Frage, was Erkenntnis ist, schließt immer auch die Frage mit ein, was »Erkenntnis« bedeutet, ja sogar die Frage, ob es überhaupt Erkenntnis gibt, d. h. ob »Erkenntnis« überhaupt etwas bedeutet.

Die vorliegende Einführung will einen Überblick über eine mögliche Topographie einiger Grundprobleme der Erkenntnistheorie erschließen. Da es meine philosophische Überzeugung ist, daß wir als Philosophen nicht einfach voraussetzen können, jedermann wisse schon, was Erkenntnis ist, so daß wir uns nun einigen Detailproblemen widmen können, die mit diesem Gegenstand einhergehen, halte ich es für unmöglich, anders als philosophierend in die Philosophie oder in irgendeine ihrer Teildisziplinen einzuführen. Zwar ist es eine inzwischen weitverbreitete Unsitte, daß über alles und jedes Handbücher und sauber gegliederte Einführungen verfaßt werden, die den Eindruck erwecken, die Philosophie sei nun endlich doch so etwas wie Mathematik oder Physik. Damit wird aber ein falscher Eindruck erweckt. Es gibt kein Verständnis philosophischer Probleme und der Strategien ihrer Lösung, das sich in einer mehr oder weniger leicht überschaubaren Einteilung in Positionen und für und gegen sie sprechender Argumente darstellen läßt. Warum dies so ist, ist dabei wiederum eine philosophische Frage, mit der sich u. a. die Erkenntnistheorie befaßt.

Den skizzierten Umstand gilt es insbesondere in der Erkenntnistheorie zu bedenken und niemals aus dem Blick zu verlieren. Denn in der Erkenntnistheorie beschäftigen wir uns nicht nur mit Erkenntnis

---

[1] PU, §123. Wittgensteins Schriften werden zitiert nach: Wittgenstein, L.: *Werkausgabe*. Frankfurt am Main 1984, (PU = *Philosophische Untersuchungen*, TLP = *Tractatus logico-philosophicus*, ÜG = *Über Gewißheit*, BGM = *Bemerkungen über die Grundlagen der Mathematik*). Der Sigle folgt die jeweilige Abschnittsangabe.

und anderen Grundbegriffen, die in diesen Umkreis gehören, wie Wissen, Rechtfertigung, Gründe, Überzeugungen und Wahrheit. Wir wollen schließlich wissen, was Erkenntnis ist. Die Erkenntnistheorie beansprucht damit, selbst Erkenntnis zu sein, nämlich in der Form einer Erkenntnis der Erkenntnis. In der Erkenntnistheorie untersuchen wir dasjenige, worin Erkennen besteht; und diese Untersuchung versucht selbst etwas zu erkennen, Gründe anzugeben, sich mit Argumenten gegen mögliche Alternativen zu verteidigen, um auf diese Weise Wissen zu erwerben. Die Vollzugsform der Erkenntnistheorie ist daher **Reflexion**.[2] Unter Reflexion verstehe ich ganz allgemein das Nachdenken über Gedanken. Zu erkennen, worin Erkenntnis besteht, oder beanspruchen zu wissen, was Wissen ist, sind Reflexionsleistungen. Wenn wir philosophisch reflektieren, beschäftigen wir uns im allgemeinen nicht mehr ohne weiteres mit einem Gegenstand, sondern mit unserer Einstellung zu diesem Gegenstand, d. h. mit der Art und Weise, wie wir den Gegenstand erkennen. In der Erkenntnistheorie bedeutet dies, daß wir zunächst nicht mehr geradezu einen Gegenstand, z. B. einen blauen Würfel, erkennen, sondern daß wir uns fragen, welche Vorgänge und Begriffe involviert sind, wenn wir einen blauen Würfel erkennen oder etwas über ihn zu wissen beanspruchen.

Man kann dies auch so angehen, daß man Bedingungen von Erkenntnis zu identifizieren sucht, die erfüllt sein müssen, wenn wir etwas erkennen – die aber, wie es Bedingungen eigentümlich ist, auch nicht erfüllt sein könnten. Wenn wir Bedingungen entdecken oder postulieren, unterstellen wir, daß sie erfüllt oder nicht erfüllt sein können. Notwendig erfüllte Bedingungen, d. h. Bedingungen, die aus prinzipiellen Gründen immer schon erfüllt sind, hätten wenig oder gar keinen Wert für die Erklärung von Erkenntnis oder irgendeines sonstigen Gegenstandes.

Im Zuge dieser Einführung wird sich herausstellen, inwiefern der Umstand eine besondere Reichweite hat, daß wir bedenken müssen, daß Erkenntnis und ihre Bedingungen ebenfalls zu unseren Gegenständen werden können, die wir in der Erkenntnistheorie zu erkennen versuchen. Sie sind freilich *solche* Gegenstände, die nur durch Reflexion

---

[2] Die fettgedruckten Ausdrücke werden terminologisch verwendet und präzisiert. Es handelt sich um zentrale Bausteine der hier vorgestellten Theorie. Sie werden im Glossar teils mit einer Definition, teils mit einer Erläuterung aufgeführt, so daß man sich einen Überblick über die in dieser Einführung verwendete Terminologie verschaffen kann.

zugänglich sind. Unter einem **Gegenstand** verstehe ich dabei alles dasjenige, worauf man sich mit einem wahrheitsfähigen Gedanken beziehen kann, was ich als »formale Gegenstandstheorie« (vgl. Kap. III.1) bezeichne. Ohne hier bereits auf Details einzugehen, kann man unter einer »wahrheitsfähigen Überzeugung« einfach eine Form der Bezugnahme auf einen Gegenstand verstehen, der nicht in dieser Bezugnahme aufgeht. Wenn man sich etwa auf eine Wiese bezieht, indem man meint, diese Wiese müsse dringend einmal von Ungeziefer befreit werden, hat die Wiese reichlich wenig mit unserer Bezugnahme zu tun. Sie wäre die von Ungeziefer befallene Wiese auch dann, wenn wir unsere Bezugnahme unterlassen hätten und statt dessen über den bewölkten Himmel oder Rilkes *Duineser Elegien* nachgedacht hätten. Dieser anscheinend sehr einfache Gedanke ist ein erkenntnistheoretisches Reflexionsprodukt. Nehmen wir an, wir ständen gerade wirklich auf der Wiese. Nun denken wir zunächst über die Wiese nach, d.h., wir beziehen uns auf die Wiese. Dies ist der erste Gedanke, den man als **objektstufig** bezeichnen kann. Mit einem zweiten, **höherstufigen** Gedanken haben wir nun über unseren Gedanken nachgedacht und festgestellt, daß der Gegenstand unseres objektstufigen Gedankens unabhängig von unserem Gedanken war. Dabei haben wir gleichzeitig erkannt, daß wir uns auch auf andere Gegenstände hätten beziehen können und daß dies eine Rolle für unsere Erkenntnis der Unabhängigkeit der Wiese spielt. Indem wir erkennen, daß die Wiese unabhängig davon ist, daß wir gerade über sie nachdenken, erkennen wir, daß wir auch über anderes nachdenken können bzw. über anderes hätten nachdenken können. Nennen wir diesen Umstand **intentionale Kontingenz**. **Intention** ist ein in der Philosophie häufig beinahe synonym verwandter Ausdruck für Bezugnahme. **Kontingenz** (*to endechomenon*, τὸ ἐνδεχόμενον) hingegen heißt traditionell lediglich Anders-Sein-Können, wie Aristoteles dies definiert hat.[3] Das Kontingente kann anders sein, als es ist, und unterscheidet sich insbesondere vom Notwendigen, dem

---

[3] Vgl. beispielsweise Aristoteles: *Nikomachische Ethik*. Übers. von E. Rolfes, hrsg. von G. Bien, Hamburg ⁴2010, hier: EN VI.2, 1139a8 f. sowie Ders.: *Kategorien, Hermeneutik oder vom sprachlichen Ausdruck (De interpretatione)*. Übers. und hrsg. von H. G. Zekl, Hamburg 1998, hier I.9, 19a9 f. Aristoteles' Schriften werden nach der sogenannten »Bekker-Paginierung« zitiert, die sich auf Seitenzahl, Spalte sowie Zeilenzahl bezieht, wobei die römische Zahl vor der Seitenangabe das Buch und die arabische Zahl das Kapitel angibt.

diese Möglichkeit abgeht. Es gehört zu unserem Verständnis der Unabhängigkeit der Gegenstände der Bezugnahme von der Bezugnahme, daß wir uns auch auf andere Gegenstände beziehen könnten. Nennen wir die Unabhängigkeit der Gegenstände der Bezugnahme von der Bezugnahme **Objektivität**, können wir nun sagen, daß es Objektivität für uns nur im Raum der intentionalen Kontingenz gibt. Nur weil wir uns auf mehrere Gegenstände beziehen können, können wir uns verständlich machen, daß wir uns objektiv auf Gegenstände beziehen können.

Diese erste Einsicht soll nur als Beispiel für die Verfahrensweise dienen, die in der vorliegenden Einleitung ständig zur Anwendung kommt. Ich meine nämlich, daß wir die Erkenntnistheorie immer als Reflexionsprodukt erkennen oder durchschauen sollten. Sonst entstünde der falsche Eindruck, wir untersuchten einfach ohne weiteres Gegenstände wie Erkenntnis, Rechtfertigung, Wissen oder Gründe. Doch was sollte es heißen, solche Gegenstände zu untersuchen? Welche Spielregeln gelten für eine solche Untersuchung, so daß sie als gelungen oder gescheitert gelten kann?

Seit jeher herrschte in der Philosophie weitgehende Uneinigkeit hinsichtlich ihrer Verfahrensweisen, hinsichtlich ihrer Methode. Daran hat sich bis heute überhaupt nichts geändert. Ganz im Gegenteil ist die Analyse der Verfahrensweise der Philosophie derzeit wieder einmal ins Zentrum der Diskussion gerückt, da viele Philosophen sich fragen, wie wir überhaupt sicherstellen können, daß wir in der Philosophie über Gegenstände sprechen, über die wir uns begründetermaßen einig oder uneinig sein können.[4] Gleichwohl hat die Philosophie insbesondere in den letzten zwei Jahrhunderten großartige Fortschritte erzielt, was nicht zuletzt auf die Erfindung neuer Kommunikationswege und globaler Foren, auf Publikationsorgane, internationale Tagungen und Forschungsaufenthalte zurückzuführen ist. In einem gewissen Maß ist die Philosophie dialogischer geworden, was oftmals den Vorteil mit sich bringt, daß Philosophen sich gezwungen sehen, ihre Gedanken zu schärfen und gegen eine Vielzahl von Einwänden zu verteidigen.

Allerdings täuscht der hektische Wissenschaftsbetrieb, an dem auch die Philosophie teilnimmt, bisweilen über Unsicherheiten und Dogmen hinweg, die durch die Schöpfung von Moden, Denkzwängen und ihre Durchsetzung durch Schulen überspielt werden. In der Philosophie geht es aber ganz wesentlich um Wahrheit und Freiheit sowie

---

[4] Vgl. im allgemeinen Williamson, T.: *The Philosophy of Philosophy*. Malden, Ma. 2007.

um den Zusammenhang dieser beiden Begriffe.[5] Wenn man Philosophie studiert und dabei insbesondere eine Neigung zu theoretischer Philosophie (also Metaphysik, Erkenntnistheorie, Philosophie des Geistes usw.) empfindet, befindet man sich in der Regel in der Lage, daß man sich fundamentale Fragen stellt, die der amerikanische Gegenwartsphilosoph Thomas Nagel (*1937) zutreffend als »letzte Fragen« bzw. »mortal questions« charakterisiert hat.[6] Wie Nagel in seiner sehr empfehlenswerten Einführung in die Philosophie geschrieben hat, will man als Philosophiestudent(in) wissen, *was dies alles bedeutet*.[7] Arthur Schopenhauer hat dafür einmal ein treffendes Gleichnis entwickelt. Stellen Sie sich vor, Sie wachten eines Morgens auf einer Party auf, ohne auch nur die geringste Ahnung davon zu haben, wo Sie eigentlich gelandet sind. Sie beginnen, sich in den Räumlichkeiten zu orientieren, und finden nach einiger Zeit heraus, wo Sie etwas essen können, wie einige andere Partygäste heißen, daß das obere Stockwerk abgeschlossen ist und vieles mehr. Die Einzelwissenschaften untersuchen Schopenhauer zufolge gleichsam die Struktur der Party: wer anwesend ist, wo es Essen gibt usw. Als Philosoph fragen Sie sich aber, was das Ganze überhaupt soll und wo Sie sich überhaupt befinden. Sie gehen also nicht einfach davon aus, daß Sie all diese Dinge wirklich wissen können, ohne zuvor herausgefunden zu haben, was das Ganze überhaupt soll. Wenn Sie sich nämlich nur scheinbar auf einer Party befinden, in Wahrheit aber lediglich träumen, dort zu sein, während Sie sich in Ihrem Bett befinden, helfen Ihnen alle Informationen, die Sie im Traum erworben

---

[5] Vgl. Simon, J.: *Wahrheit als Freiheit. Zur Entwicklung der Wahrheitsfrage in der neueren Philosophie*. Berlin/New York 1978 und einführend Koch, A. F.: *Wahrheit, Zeit und Freiheit. Einführung in eine philosophische Theorie*. Paderborn 2006 sowie dessen Hauptwerk *Versuch über Wahrheit und Zeit*. Paderborn 2006.

[6] Nagel, Th.: *Letzte Fragen*. Übers. von K.-E. Prankel, erw. dt. Neuausgabe, Hamburg 2008.

[7] Nagel, Th.: *Was bedeutet das alles? Eine ganz kurze Einführung in die Philosophie*. Übers. von M. Gebauer, Stuttgart 1990. Nagels Buch *Der Blick von Nirgendwo* ist in vielfältiger Weise prägend für den Ansatz meiner erkenntnistheoretischen Überlegungen. Vgl. Ders.: *Der Blick von Nirgendwo*. Übers. von M. Gebauer, Frankfurt am Main 1992. Hier wie sonst danke ich Thomas Nagel für die unzähligen fruchtbaren Diskussionen, die wir über die letzten Jahre seit meinem Postdoc an der *New York University* (2005/2006) hatten und die bis heute nicht abgerissen sind. Er verbindet auf paradigmatische Weise die Tugend, analytisch präzise Argumentationen zu entwickeln, mit dem metaphysischen und existenziellen Impetus, der sich durch die Tradition der Philosophie zieht. Vgl. dazu auch seine jüngst erschienene Aufsatzsammlung *Secular Philosophy and the Religious Temperament. Essays 2002–2008*. Oxford 2010.

haben, ebenfalls nur scheinbar weiter. Selbst wenn wir alles über die Natur und ihre Zusammenhänge wüßten, bliebe immer noch die Frage: »Aber wie Teufel komme ich denn zu der ganzen Gesellschaft?«[8]

Ich gehe in diesem Buch nicht davon aus, daß die zu untersuchenden Begriffe schon feststehen, daß wir also eigentlich schon wissen, was Erkenntnis ist, und daß wir nun nur noch einige Probleme zu erledigen haben, die teilweise hausgemacht und teilweise aus den Einzelwissenschaften übernommen sind. Vielmehr geht es darum, den Gegenstandsbereich der Erkenntnistheorie allererst zu erschließen. Unter »*einer* Einführung in die Erkenntnistheorie« verstehe ich also nicht die gewöhnliche Einführung in einen Gegenstandsbereich und eine ihm zugeordnete Wissenschaft oder Teildisziplin. Üblicherweise werden in Einführungen Positionen referiert, seien dies Positionen anderer Denker oder anscheinend klar umgrenzte und allgemein akzeptierte Titel für Positionen in der Erkenntnistheorie. Da ich jedoch bestreiten würde, daß klar entschieden ist, was Kant oder Quine meinen oder was »Kontextualismus«, »Kohärentismus« oder »Skeptizismus« bedeuten, werde ich auch nicht vorgeben, daß es sich so verhält. Das soll diese Einführung von vielen anderen Einführungen unterscheiden, die sich den Anstrich eines gewöhnlichen Lehr- oder Schulbuchs geben. Entsprechend richte ich mich auch eher an Student(inn)en sowie fortgeschrittenere Studierende, was ein breiteres Publikum nicht ausschließt und womit ich auch nicht sagen möchte, daß Lehr- oder Schulbücher nutzlos seien. Oftmals stellen übrigens Kinder die radikalen philosophischen Fragen, und diese Fragen lassen sich ebensowenig durch Wissenskataloge befriedigen wie die unbequemen Fragen, die Sokrates seinen Mitbürgern stellte. Dazu gehörte insbesondere die Frage, was Wissen eigentlich sei, die er kaum zufällig an den begabten Nachwuchsmathematiker Theaitetos richtete, wie Platons Dialog *Theaitetos*, die Urschrift der Erkenntnistheorie, berichtet. In diesem Dialog zeigt Platon, daß sich die Frage, was Wissen ist, gerade nicht in einer der Mathematik analogen Weise lehrbuchartig abhandeln läßt, wie wir in Kap. I.2.1 sehen werden.

Der Untertitel dieses Buches, *eine* Einführung in die Erkenntnistheorie, ist absichtlich gewählt, um deutlich zu markieren, daß man

---

[8] Schopenhauer, A.: *Die Welt als Wille und Vorstellung*, in: Ders.: *Sämtliche Werke*. Textkritisch bearbeitet und hrsg. von W. Frhr. von Löhneysen, Darmstadt 1961, Bd. 1, S. 155.

freilich durchaus auch anders in die Erkenntnistheorie einführen kann. Das Besondere dieser Einführung soll, wie gesagt, darin bestehen, daß sie philosophierend in der Erkenntnistheorie ihr Themengebiet erschließt und nicht etwa vermeintlich allgemein anerkannte Wissensbestände referiert.

Diese Herangehensweise halte ich nicht nur im allgemeinen philosophisch für geboten. Sie entspricht auch und vor allem der Überlegung, auf der dieses Buch insgesamt beruht. Diese Überlegung ergibt sich daraus, daß wir offensichtlich davon ausgehen, es gebe Erkenntnis oder Erkenntnisse, so wie es ziemlich vieles andere, beispielsweise Katzen, Tische, Obstbäume, Staaten gibt. Wie wir in Kap. IV sehen werden, kann man zeigen, daß die Frage, ob es dieses oder jenes gibt, eine Art Ortsangabe verlangt: Es gibt Bäume (in Wäldern, Märchen, Träumen usw.), Feen (in Märchen) und Polizeiuniformen tragende Einhörner auf der Rückseite des Mondes (z. B. im durch diesen Satz vorgestellten Szenario). Es gibt nichts »einfach so«, sondern alles, was es gibt, gibt es irgendwo. Im allgemeinsten Fall gehen wir davon aus, daß es für alles, was es gibt, einen Bereich gibt, in dem es vorkommt, und daß es letztlich einen allumfassenden Bereich gibt, zu dem letztlich alles gehört, was es gibt. Diesen Gesamtbereich nennt man traditionell »die Welt«, wobei heute alltagssprachlich Ausdrücke wie »die Realität«, »die Wirklichkeit«, »das Universum«, »der Kosmos« weiter verbreitet sind, um diesen Gesamtbereich zu bezeichnen.

Unter »Welt« können wir also annäherungsweise den Bereich verstehen, in dem alles vorkommt, was es gibt. Zu diesem Bereich gehört aber auch die Erkenntnis. Dies bedeutet, daß unsere Erkenntnis von Gegenständen in der Welt immer auch ein Gegenstand in der Welt ist. Wenn ich erkenne, daß Petra erkennt, daß es regnet, erkenne ich damit einen Gegenstand in der Welt: Petras Erkenntnis der Tatsache, daß es regnet. Es mag vielleicht überraschen, daß viele Erkenntnistheoretiker bis zum heutigen Tag dazu neigen, ihre Erkenntnis von der Welt auszugrenzen, was John McDowell als den »Mythos vom entkörperten Intellekt *(myth of the disembodied intellect)*«[9] bezeichnet hat. Es sieht in dieser Optik so aus, als ob wir als erkennende Wesen gleichsam von außen in die Welt hineinblickten. Dieser Mythos zirkuliert in vielen Varianten, wobei er eigentlich nicht davon abhängt, ob wir uns als ver-

---

[9] McDowell, J.: »What Myth?«, in: *Inquiry* 50/4 (2007), S. 338–351, hier: S. 349.

körperten oder entkörperten Geist auffassen, wie McDowell meint. Denn manche Philosophen, allen voran Quine, meinen, daß wir wortwörtlich in unserer Haut – und nicht in unserem Geist – feststecken, daß die Welt uns nur Reize zufügt, die wir über unsere kausal mit der Umwelt verbundenen Nervenenden empfangen und die wir dann über verfälschende Gehirnprozesse zu einer bunten Umwelt ausmalen. Eigentlich gibt es aber, so in etwa Quine, nur physikalische Gegenstände. Für Quine sieht es also so aus, als gäbe es eigentlich nur Partikel oder – wie er vielleicht heute sagen würde – zitternde Strings mit einer bestimmten Frequenz, während das vorbeifahrende Auto nur eine Art Illusion oder Halluzination ist, die wir uns auf der Grundlage unserer gereizten Nervenenden einbilden.

Diese Position halte ich übrigens für ebenso maximal abwegig wie die Cartesische Position, der zufolge unser erkennender Geist gleichsam in unserem Körper eingeschlossen ist, aber eigentlich nicht zur körperlichen Wirklichkeit gehört, was Gilbert Ryle zutreffend als »Geist in der Maschine« bezeichnet hat.[10] Bei Descartes stellt sich dann die Frage, wie ein körperloser Geist eigentlich die Körpermaschine steuern kann, während Quine letztlich sagen müßte, daß wir nicht einmal einen Körper mit Organen haben, da selbst unser Körper nur eine Art Kostüm ist, hinter dem sich physikalische Partikel verbergen.

Man sieht schon, was in der Philosophie alles schieflaufen kann und warum Wittgenstein zu der Überzeugung gelangt ist, man müsse Philosophen von ihren Geisteskrankheiten heilen: »Der Philosoph behandelt eine Frage; wie eine Krankheit.« (PU, §255) Zwar ist es mit der Normalität und Alltäglichkeit nicht ganz so einfach, wie Wittgenstein meinte, doch ist es legitim, auch gegenüber philosophischen Extremlösungen skeptisch zu bleiben und sich zu fragen, wie jemand überhaupt auf einen abwegigen Gedanken wie den Geist in der Maschine oder Quines umgekehrte These, der Geist sei eigentlich nur eine »Fleischmaschine« (oder nicht einmal dies, sondern nur irgendein raumzeitliches, materielles Gebilde), kommen konnte.

Deswegen muß es hier auch um die Frage gehen, wie Erkenntnis in die Welt eingebettet ist. Wenn wir die Welt erkennen, erkennen wir natürlich niemals die Welt im ganzen, sondern immer nur irgendeinen Gegenstand oder einige Gegenstände, die zu einem Teilbereich der Welt

---

[10] Ryle, G.: *Der Begriff des Geistes.* Übers. von K. Baier, Stuttgart 1969, hier: S. 13.

gehören. Diese Welterkenntnis ist insofern ein Weltereignis, als sie eben in der Welt stattfindet.[11]

Aus diesem Grund kann man die Erkenntnistheorie auch nicht völlig von der Metaphysik und der Ontologie isolieren. Wie in Kap. IV ausgeführt wird, verstehe ich unter **Metaphysik** die *Untersuchung der Welt als Welt*. Die Metaphysik untersucht den Weltbegriff, den Zusammenhang der Welt mit ihren Teilbereichen und den in ihr vorkommenden Gegenständen. Die **Ontologie** hingegen untersucht im besonderen die Frage, was es heißt, daß etwas existiert, bzw., was »Existenz« bedeutet. Dabei stellt sich heraus, daß es die Welt selbst nicht gibt bzw. daß sich der Existenzbegriff auf die Welt selber nicht anwenden läßt.[12] Die Erkenntnis der Welt vollzieht sich in der Welt, die es aber nicht gibt, da sie ihrerseits kein Gegenstand ist, der in der Welt vorkommt. Dies hat weitreichende erkenntnistheoretische und ontologische Konsequenzen, die insbesondere in Kap. III und IV erörtert und begründet werden.

In den ersten beiden Kapiteln geht es zunächst (Kap. I) um die Auseinandersetzung mit einigen überlieferten und mehr oder weniger standardisierten erkenntnistheoretischen Überlegungen. Auf diese Weise wird der Boden für die Auseinandersetzung mit dem Skeptizismus bereitet, die ich, wie viele andere neuzeitliche und gegenwärtige Erkenntnistheoretiker, für eine der zentralen Aufgaben der Erkenntnistheorie halte. In einer ersten Annäherung kann man sagen, daß der Skeptizismus Wissensansprüche einer bestimmten Klasse oder gar alle Wissensansprüche in Frage stellt, bezweifelt oder systematisch unterminiert. Auf die eine oder andere Weise zertrümmert der Skeptizismus Gewißheiten, die als gut begründet oder gar als selbstverständlich gelten, z.B. die Gewißheit, daß es überhaupt Objektivität und objektstufige Erkenntnis gibt. Wenn es Bedingungen von Erkenntnis gibt, die *qua* Bedingungen nicht notwendigerweise erfüllt sind, wie können wir dann zwischen dem Erfolgsfall und dem Scheitern von Erkenntnis überhaupt unterscheiden? Wenn wir erkennen wollten, daß es sich bei diesem oder jenem Fall um einen wirklichen Fall von Erkenntnis handelt, da alle Bedingungen für Erkenntnis erfüllt sind, wie können wir dann sicher-

---

[11] Vgl. Hogrebe, W.: *Prädikation und Genesis. Metaphysik als Fundamentalheuristik im Ausgang von Schellings »Die Weltalter«*. Frankfurt am Main 1989, §§ 8, 10.
[12] Vgl. dazu ausführlich die Darstellung meiner »Sinnfeldontologie« in Gabriel, M.: *Warum es die Welt nicht gibt*. Berlin 2013 (i. Ersch.).

stellen, daß die Erfolgsbedingungen dieser höherstufigen Erkenntnis ihrerseits erfüllt sind?

Eine berühmte Frage lautet, ob wir überhaupt wissen können, daß wir unser Leben nicht bloß träumen oder sonstwie halluzinieren. Woher wissen wir denn, daß nicht alles eine gigantische Illusion ist? Daß also überhaupt irgend etwas so ist, wie wir meinen, d. h., wie es uns erscheint? Denn nicht nur der philosophische Skeptiker, sondern sowohl die Religionen als auch insbesondere das moderne naturwissenschaftliche Weltbild lehren sogar, daß wir in einem riesigen Verblendungszusammenhang versunken sind, daß die Wirklichkeit ganz anders ist oder zumindest ganz anders sein könnte, als sie uns erscheint.

In der Auseinandersetzung mit dem Skeptizismus wird es nicht darum gehen, diesen zu widerlegen. Denn ich selbst bin der Überzeugung, daß wir uns an einer Norm der Wahrheit orientieren, die zur Folge hat, daß wir tatsächlich in einem Verblendungszusammenhang stecken könnten. Allerdings kann diese Einsicht selbst diskutiert und durchdacht werden, womit der Skeptizismus gleichsam gegen seine eigene Absicht dazu verwendet wird, Erkenntnistheorie zu betreiben und sie nicht von vornherein zu sabotieren. Denn durch die gründliche Auseinandersetzung mit dem Skeptizismus lernt man einiges über Reflexion, weshalb es in der neuzeitlichen Philosophie, aber auch schon in der Antike, zur Pflichtübung der Erkenntnistheorie gehört, sich dem Skeptizismus zu stellen. Wer dies bestreitet, gehört zu denjenigen, die an Sokrates einfach vorbeigehen und sich nicht um seinen Anspruch scheren, uns wachrütteln und von den Fesseln der Höhle befreien zu wollen. Selbst wenn dies nicht bedeutet, daß wir jemals endgültig aus der Höhle herauskommen oder außerhalb der Höhle wohnen können, wie übrigens auch Platon nicht meinte, müssen Philosophen beständig und nicht nur einmal in ihrem Leben auf der Hut vor falschen Wissensansprüchen sein.[13] Philosophie ist irritiert, und sie wirkt irritierend. Doch ist diese Irritation aufschlußreich, da wir uns darin üben, über das Nachdenken nachzudenken, und damit auch lernen, worin unsere Einstellungen zu Gegenständen überhaupt bestehen. Eine Einführung in die Erkenntnistheorie ist deswegen auch eine Einübung in Selbsterkenntnis, wobei diese Selbsterkenntnis niemals aus der Welt hinaus-

---

[13] Zur Auslegung von Platons Höhlengleichnis vgl. Heidegger, M.: *Platons Lehre von der Wahrheit*. In: Ders.: *Gesamtausgabe*. Bd. 9: *Wegmarken*. Frankfurt am Main 1976, S. 203–238 und Blumenberg, H.: *Höhlenausgänge*. Frankfurt am Main 1996.

führt, sondern vielmehr dahin lenkt, daß wir den Ort der Erkenntnis der Welt in der Welt selbst verorten.

Abschließend bleibt mir noch die erfreuliche Aufgabe, mich bei den Institutionen und Personen zu bedanken, die es mir ermöglicht haben, die Gedanken zu durchdenken und zu diskutieren, aus denen dieses Buch hervorgegangen ist. Die Philosophie ist eben kein einsames Geschäft jenseits der Höhle, was auch für ihre gesellschaftliche Verortung und Verantwortung gilt.

An erster Stelle gilt mein Dank Prof. Dr. Werner Gephart, dem Direktor des *Käte Hamburger Kollegs »Recht als Kultur«*, das mir 2011/2012 im Rahmen eines Fellowships ein Jahr freier Forschung ermöglicht hat. In diesem Zusammenhang danke ich auch der Universität Bonn, v. a. ihrem Rektor, Prof. Dr. Jürgen Fohrmann, und ihrem Kanzler, Dr. Reinhardt Lutz, für die großzügige Unterstützung und Ermunterung meiner Forschung seit meiner Berufung nach Bonn. Es ist eine große Freude, an Institutionen arbeiten zu können, die freies philosophisches Denken befördern und zur Fortsetzung der Arbeit antreiben. Sodann gilt mein Dank den Mitarbeitern an meinem Lehrstuhl für Erkenntnistheorie, Philosophie der Neuzeit und der Gegenwart, die an der Erstellung des Manuskripts und an stundenlangen Detaildiskussionen prägend mitgewirkt haben. Ich danke in dieser Hinsicht Marius Bartmann, Julian Ernst, Axel Hesper, Bastian Reichardt, Dr. Jens Rometsch, PD Dr. Rainer Schäfer, Dorothee Schmitt und Dr. Stephan Zimmermann. Die hier vorgestellten Gedanken wurden in verschiedenen Seminaren, Vorlesungen, während verschiedener Tagungen und Gastprofessuren diskutiert, und ich danke allen, die mich durch ihre Nachfragen und Einwände gefördert haben. Wie immer danke ich meinem Kollegen und Freund Prof. Dr. Wolfram Hogrebe für die vielen Anregungen und Diskussionen über die letzten zehn Jahre und für seine Hinweise nach der Lektüre der vorletzten Fassung dieses Buches. Auf wahrhaft sokratische Weise hat er mich oftmals durch präzise zugespitzte Fragen dazu genötigt, meine Gedanken in eine bestimmte Richtung zu wenden. Insbesondere verdanke ich ihm den Hinweis, daß das Thema der Grenzen der Erkenntnis letztlich ein ontologisches Problem der Einbettung der Erkenntnis in das Weltganze ist. Den Gedanken, daß dieses vermeintliche Weltganze dabei konstitutiv unvollständig ist und deswegen *interne* Erkenntnisgrenzen generiert, verdanke ich – was eine ungewöhnliche Konstellation ist – den Gesprächen mit Thomas Nagel und Slavoj Žižek.

In vielen Hinsichten ist diese einführende Darstellung eine Fortsetzung des Projekts, das ich mit *An den Grenzen der Erkenntnistheorie* begonnen habe, welches ebenfalls beim Karl Alber Verlag erschienen ist.[14] Vor diesem Hintergrund gilt mein Dank dem Leiter des Alber Verlags, Herrn Lukas Trabert, dem ich dafür danke, daß er meine Form, Erkenntnistheorie zu betreiben, als Verleger unterstützt und mir die Gelegenheit gegeben hat, meine Gedanken weiterzuentwickeln und unter den vorliegenden Bedingungen unter seiner Ägide in der Form dieses Buches zu publizieren.

---

[14] Gabriel, M.: *An den Grenzen der Erkenntnistheorie. Die notwendige Endlichkeit des objektiven Wissens als Lektion des Skeptizismus.* Freiburg/München 2008.

I. Kapitel: Aufbau und Methodologie

1. Analytische vs. synthetische Methode

> *Auch dieser Versuch einer Synthese wurde aus einem größeren Kontext herausgerissen und weist auf eine wiederum größere Synthese hin, die er ebenfalls nur andeuten kann. Es gibt immer noch eine Kritik! Doch das Beste ist immer der Gegner des Guten und das Vollständige des Unvollständigen. Philosophie ist sicherlich das Paradigma desjenigen, was immer wird, aber niemals ist.*
>
> Wilfrid Sellars[1]

In der Philosophie geht es immer auch um die Klärung des Philosophiebegriffs selbst. An irgendeinem Punkt ist es notwendig, zum Philosophiebegriff selbst Stellung zu beziehen. Meines Erachtens ist der entscheidende Grund für diesen Umstand derjenige, daß das Medium, in dem sich das Philosophieren bewegt, das Medium der Begründungstheorie ist. Es gibt keinen externen Gesetzgeber, der vorschreibt, was als philosophische Begründung gelten kann und was nicht. Im Fall der Rechtswissenschaft spielt der Gesetzgeber die Rolle einer Restriktion, auf welche alle Theoriebildung reagieren muß; im Fall der Naturwissenschaften gibt es Gegenstandsbereiche wie das Universum für die Physik, das Leben oder das Lebendige für die Biologie usw., Gegenstandsbereiche, die den Naturwissenschaftler mit Beobachtungsdaten versorgen, die seiner Theoriebildung Restriktionen auferlegen. Während die Mathematik zwar ähnliche Schwierigkeiten hinsichtlich eines

---

[1] Sellars, W.: *Naturalism and Ontology. The John Dewey Lectures for 1974*. Atascadero 1996, hier: S. VIII: »For even this attempt at a synthesis has been torn from a larger context, and points to a still larger synthesis which it, too, can only adumbrate. There is always one more critique! But the best is always the enemy of the good, and the complete of the incomplete. Philosophy is surely the paradigm of that which always becomes but never is.«

gesetzgebenden Gegenstandsbereiches wie die Philosophie hat, akzeptiert sie dennoch von vornherein begriffliche Restriktionen, die zumindest teilweise auch durch anschauliche Gebilde garantiert werden, die sich geometrisch konstruieren lassen. Die mathematische Abstraktion nimmt immerhin phylo- wie ontogenetisch ihren Ausgang von anschaulichen Gegebenheiten, vom Abzählen raumzeitlicher Gegenstände, der Vermessung der Umwelt und dem elementaren Geometrieunterricht.

Zumindest in den zentralen Gebieten der theoretischen Philosophie, der Logik, Erkenntnistheorie oder Metaphysik gibt es keinen externen Gesetzgeber bzw. zumindest keinen von allen beteiligten Philosophen akzeptierten externen Gesetzgeber, was auf dasselbe hinausläuft. In der Erkenntnistheorie besteht näherhin das Problem, daß sie u. a. eine Begründungstheorie liefert, die ihrerseits Erkenntnis und gute Gründe beansprucht. Damit operiert die Erkenntnistheorie, wie ihr Name auch anzeigt, auf zwei Ebenen: Einerseits ist ihr Gegenstand Erkenntnis und andererseits ist sie eine Theorie, und d. h. mindestens ein Zusammenhang von Aussagen, mit denen Erkenntnis beansprucht wird. Die Erkenntnistheorie ist in genau diesem Sinne voraussetzungslos, was nicht bedeutet, daß sie nichts mit »der Wirklichkeit« oder der »Gesellschaft« zu tun hat. Sie kann nur keinen externen Gesetzgeber anrufen, ohne ihren Anspruch aufzugeben, mit begründeten Überzeugungen Aussagen darüber zu begründen, was begründete Überzeugungen ausmacht.

Ohne hier eine allgemeine Antwort auf die Frage zu geben, was Philosophie ist, ist es von Nutzen, mit der nur scheinbar einfachen Beobachtung zu beginnen, daß die Erkenntnistheorie als Teilgebiet oder als Disziplin der Philosophie auffällig selbstbezüglich ist: Die Erkenntnistheorie möchte die Frage beantworten, was Erkenntnis ist bzw. was »Erkenntnis« bedeutet – zwei Fragen, die mindestens zusammenhängen und vielleicht sogar identisch sind. Dabei nimmt die Erkenntnistheorie Erkenntnis in Anspruch, nämlich eine Erkenntnis der Erkenntnis. Wer Erkenntnistheorie betreibt, beschäftigt sich mit Erkenntnis und zwar so, daß er dabei etwas erkennen will, nämlich was Erkenntnis ist.

Meines Erachtens ergeben sich viele Probleme und viele Lösungsansätze, die in der Erkenntnistheorie verbreitet sind, genau aus dieser Selbstbezüglichkeit. Deswegen unterscheidet sich diese Einführung auch von Herangehensweisen, die voraussetzen, daß es den »Begriff des Wissens« gibt, den man in notwendige und hinreichende Bedingungen analysieren könnte, die in jedem Fall des Wissens erfüllt sein müßten. Ich gehe nicht davon aus, daß es Wissen oder den Begriff des Wissens genau so gibt, wie es Galaxien oder den Erdmond gibt, d. h. als etwas, das es ohnehin gibt. **Etwas, das es ohnehin gibt**, ist etwas, auf das wir uns erfolgreich mit ziemlich vollständigen Beschreibungen beziehen können, ohne dabei Bezug auf diese Bezugnahme zu nehmen. Dies gilt für Erkenntnis oder Wissen als Gegenstand bzw. den Wissensbegriff gerade nicht. Zwar mag es sein, daß jemand auch dann einiges gewußt hätte, wenn er oder sie niemals versucht hätte zu verstehen, was Wissen ist. Doch impliziert die Untersuchung von Wissen oder des Wissensbegriffs *trivialiter* eine Reihe von Bezugnahmen auf Bezugnahme und damit auf einige Aspekte erkenntnistheoretischer Begriffe. Wie zu erwarten ist, wird es also auch darum gehen, das Verhältnis der Begriffe »Erkenntnis«, »Wissen« und »Bezugnahme« zu erläutern, um auf diese Weise zu verstehen, wie und ob wir überhaupt erkennen können, was Erkenntnis ist (bzw. wissen können, was Wissen ist bzw. uns auf Bezugnahme beziehen können bzw. erkennen können, was Wissen ist usw.).

Denn daß gerade dies nicht garantiert ist, zeigt die Auseinandersetzung mit dem Skeptizismus. Der Skeptizismus argumentiert in seinen raffinierten Spielarten gerade nicht – wie viele meinen – dafür, daß wir nichts erkennen oder nichts wissen können, sondern dafür, daß wir nicht erkennen können, ob wir etwas erkennen können. Daraus folgt dann unter Umständen auch, daß wir nichts erkennen können, was aber gerade nicht das eigentliche Ziel des Skeptizismus ist.

Es ist eine weitverbreitete Auffassung, es gebe einen begrifflichen Kern des Wissensbegriffs, der darin bestehe, daß jeder Fall von Wissen notwendigerweise mindestens ein Fall *einer wahren, gerechtfertigten Überzeugung* sei. Dabei stellt sich im Ausgang von einem berühmten Aufsatz von Edmund Gettier (* 1927) die Frage, ob der Wissensbegriff identisch mit dem Begriff wahrer, gerechtfertigter Überzeugung sei.[2] Ist er es nicht, müssen sich Fälle wahrer gerechtfertigter Überzeugung finden lassen, die keine Fälle von Wissen sind, d. h. man muß Gegenbeispiele finden können.

Nun wird diese Debatte, die bisweilen als **analytische Erkenntnistheorie** bezeichnet wird, da sie sich die Analyse des Wissensbegriffs in notwendige und hinreichende Bedingungen zum Ziel setzt, in der

---

[2] Gettier, E.: »Is Justified True Belief Knowledge?«, in: *Analysis* 23/6 (1963), S. 121–123.

I. Kapitel: Aufbau und Methodologie

Regel immer nur an paradigmatischen Beispielen einer objektstufigen Erkenntnis bzw. objektstufiger Wissensformen durchgeführt. Von **objektstufiger Erkenntnis** spricht man dann, wenn der Gegenstand der Erkenntnis irgendein so-und-so bestimmter einzelner Gegenstand ist, zu dessen Bestimmung es keineswegs gehört, daß er erkannt wird. Entsprechend ist dann so etwas wie Sinneswahrnehmung eine objektstufige Erkenntnisform, da die durch Sinneswahrnehmung gewonnenen Erkenntnisse objektstufig in diesem Sinne sind oder zumindest zu sein scheinen. Paradigmatisch wird entsprechend davon ausgegangen, daß Wissen an erster Stelle Wissen von Tatsachen sein müsse, die in der Außenwelt bestehen, oder Wissen von Gegenständen, die in der Außenwelt existieren, so daß sich dann besondere Fragen ergeben, etwa diejenige, wie man introspektivem Wissen Rechnung tragen kann. **Introspektives Wissen** läßt sich nicht ohne weiteres im eingeführten Sinne als objektstufig definieren, da es unsere mentalen Zustände mitbetrifft. Wenn ich etwa weiß, daß ich Schmerzen habe, ist es nicht selbstverständlich, daß ich damit einen Gegenstand erkenne, der in der Außenwelt existiert, da ich mich mindestens auf einen Gegenstand beziehen würde, der die merkwürdige Eigenschaft hat, daß niemand außer mir in genau derselben Erkenntnisposition sein kann: Denn meine Schmerzen habe nur ich, wenn ein Arzt sie auch diagnostizieren kann. In diesem Sinne erklärte schon Descartes: »[D]enn was kann es Innerlicheres geben, als den Schmerz? *(nam quid dolore intimius esse potest?)*«[3]

Im Unterschied zur Methode der analytischen Erkenntnistheorie gehe ich nicht davon aus, daß wir einen hinreichend deutlichen Vorgriff auf den Begriff des Wissens oder der Erkenntnis haben. Genaugenommen gehe ich nicht einmal davon aus, daß es *den* Begriff des Wissens oder *den* Begriff der Erkenntnis gibt. Die Argumente, die gegen die Existenz eines singulären Wissensbegriffs sprechen, werden in diesem Kapitel untersucht.

Unterscheiden wir nun zwischen **analytischer** und **synthetischer Erkenntnistheorie** bzw. zwischen einer analytischen und einer syn-

---

[3] Descartes, R.: *Meditationen über die Grundlagen der Philosophie.* Mit den sämtlichen Einwänden und Erwiderungen. Übers. und hrsg. von A. Buchenau, Hamburg ⁴1915, hier: S. 66. Die lateinische Ausgabe von Descartes' Schriften wird zitiert nach: *Œuvres de Descartes.* Publ. par Ch. Adam & P. Tannery, Paris 1904 (= AT), hier: AT VII, 77. Der Sigle folgen die römische Band- und die arabische Seitenzahl.

thetischen Methode. Während die analytische Methode den Wissensbegriff analysiert, um seine notwendigen und hinreichenden Bedingungen aufzufinden, geht die synthetische Methode davon aus, daß diese Analyse nicht gelingen wird – wofür u. a. spricht, daß sie seit Platon nicht gelungen ist.[4]

Erkenntnis, Wissen, Rechtfertigung, Begründungen usw. vollziehen sich in einem Kontext, und die Thematisierung eines Ereignisses im Kontext im Hinblick auf seine Einbettung in einen Kontext nenne ich »synthetisch«. Damit meine ich zunächst, daß die Zeichen »Erkenntnis« oder »Wissen« interpretiert sein müssen. Dies bedeutet, daß wir sie in Kontexte projizieren oder Kontexte als Paradigmen voraussetzen, wobei soziokulturelle Hintergrundannahmen im Spiel sind, die weit über dasjenige hinausgehen, was die analytische Erkenntnistheorie im engeren Sinne als »Kontext« thematisiert.

Die gegenwärtige deutschsprachige Erkenntnistheorie ist häufig an der englischsprachigen Diskussion der analytischen Erkenntnistheorie orientiert und gleicht ihre terminologischen Entscheidungen – *ihre* Interpretationen der Zeichen »Erkenntnis«, »Wissen« usw. – entsprechend dem englischen Begriff des Wissens im Sinne von »knowledge« an. Doch beschäftigt sich die Erkenntnistheorie keineswegs nur mit Wissen, sondern eben mit Erkenntnis, was im Englischen »cognition« wäre. Das englische Wort für »Erkenntnistheorie«, also »epistemology«, hingegen bezieht sich ursprünglich auf Wissen und Wissenschaft (d. h. auf *epistêmê* im griechischen Sinne). Die Erkenntnistheorie ist im deutschsprachigen Kontext eigentlich deutlich breiter als die englischsprachige »epistemology« angelegt, weil es um Themen wie Intentionalität und Bezugnahme geht, die im englischsprachigen Kontext häufig in der Philosophie des Geistes (»mind«) oder der Sprachphilosophie behandelt werden. Ob und welche Gründe für solche Disziplinengrenzen sprechen, sei hier dahingestellt. Allerdings kommt man nicht umhin anzuerkennen, daß es Kontexte der Erkenntnistheorie und nicht nur

---

[4] Es zirkulieren freilich viele Versuche, den Begriff der »analytischen Philosophie« auch nach der Infragestellung der Methode der begrifflichen oder logischen Analyse im engeren Sinne aufrechtzuerhalten. In dem sich dabei ergebenden weiten Sinne kann man auch dann schon von »analytischer Philosophie« oder »analytischer Erkenntnistheorie« sprechen, wenn es darum geht, Begriffe oder Argumentationen rein begrifflich und in ihrer Einbettung in Argumente zu untersuchen. Allerdings ist dieser weite Begriff von »analytischer Philosophie« letztlich kontrastfrei, weil die Philosophie immer schon begriffliche Analyse in diesem Sinne praktiziert hat.

I. Kapitel: Aufbau und Methodologie

Kontexte alltäglicher Wissensansprüche gibt, woraus in diesem Kapitel Konsequenzen gezogen werden.

Wohlgemerkt gibt es weder »Erkenntnistheorie« noch »epistemology« an sich, d. h. völlig unabhängig von unseren Einstellungen. Erkenntnistheorie gehört nicht zu demjenigen, was es ohnehin gibt. Die Variabilität unserer Einstellungen zu erkenntnistheoretischen Begriffen hängt dabei nicht nur mit philosophischen Traditionen oder den natürlichen Sprachen zusammen, in denen die gesuchten Begriffe dargestellt werden sollen, sondern mit vielen theoretischen Entscheidungen, die man möglichst explizit im Auge behalten muß. Ansonsten läuft man Gefahr, einen Gegenstand namens »Wissen« oder »Erkenntnis« zu fingieren, ohne überhaupt noch in der Lage zu sein, diese Fiktion im Hinblick auf den Umfang ihrer theoretischen Konstruiertheit zu bedenken.

Der Unterschied zwischen analytischer und synthetischer Methode läßt sich auf verschiedene Weisen darstellen. Beginnen wir mit einer Beobachtung, die dem philosophisch grundlegenden Feld der **Metalogik** entstammt, d. h. der Untersuchung der Logik im Hinblick auf ihre eigenen Wahrheitsbedingungen oder im Hinblick auf die Erkennbarkeit logischer Gesetze. Damit wären wir bei einem ersten Begründungsschritt angelangt, der dazu dient, zwischen einer analytischen und einer synthetischen Methode in der Erkenntnistheorie zu unterscheiden.

1960 hat der große Logiker Arthur N. Prior (1914–1969) auf eine absurde Konsequenz einer rein formalen Auffassung von Logik hingewiesen.[5] Die **rein formale Auffassung von Logik (d. h. der metalogische Formalismus)** besagt, daß man die Logik aus logischen Atomen aufbauen könne, die isoliert genommen keine Bedeutung haben sollen. Der metalogische Formalismus behauptet, daß die Logik eine Sprache ist, die nur **Syntax**, aber keine **Semantik** hat. Die Ableitung ihrer Aussagen ist demnach nomologisch geordnet, d. h. sie folgt Regeln oder Gesetzen, ohne daß diese Aussagen mehr anzeigen als ihre Position in der Ableitung. Entsprechend könnte man damit beginnen, Satzvariablen in Kleinbuchstaben einzuführen: p, q, r, s, etc. Jede Satzvariable stehe für einen Aussagesatz, der einen Gedanken ausdrückt, der wahr oder falsch sein kann. So kann der Aussagesatz »Es regnet gerade in Chicago« wahr oder falsch sein, weil er einen Gedanken ausdrückt, bei dem das Wahr-oder-Falsch-sein-Können in Frage kommt, und mag deswegen logisch beispielsweise durch »p« vertreten werden. Wie der

---

[5] Prior, A. N.: »The Runabout Inference-Ticket«, in: *Analysis* 21/2 (1960), S. 38–39.

wohl wichtigste Begründer der modernen formalen Logik, Gottlob Frege (1848–1925), gezeigt hat, geht es der formalen Logik nun darum, die »Gesetze des Wahrseins«[6] zu entdecken. Diese Gesetze des Wahrseins lassen sich nicht dadurch erfassen, daß man Aussagesätze durch Satzvariablen ersetzt. Auf diese Weise erhält man allenfalls irgendeine Menge (oder einen Haufen) von Aussagesätzen, die vom Standpunkt der dadurch etablierten formalen »Logik« allesamt nur zufällig wahr oder falsch wären. Mit der Auflistung von Gesetzen des Wahrseins wird vielmehr angepeilt, Schlußfolgerungen im Hinblick auf die Frage analysieren zu können, ob sie formal korrekt oder, wie man auch sagt, schlüssig sind. So ist die folgende Schlußfolgerung formal korrekt (wobei »P« mit Zahl eine bestimmte Prämisse und »K« die daraus folgende Konklusion bezeichnet):

(P1) Der überfüllte Bus fuhr vorüber.
(K)   Der Bus war überfüllt.

Um der Form dieses Schlusses näher zu kommen, müßte man seine sogenannte »logische Form« im Hinblick auf das ihn bestimmende Gesetz des Wahrseins *analysieren* (daher übrigens rührt der Terminus: *analytische* Philosophie). Dann könnte er in einem ersten Schritt der Analyse etwa so aussehen:

(P1) Der Bus war überfüllt und der Bus fuhr vorüber.
(K)   Der Bus war überfüllt.

Das Gesetz des Wahrseins, das hierbei zur Anwendung kommt, ist die sogenannte **Eliminationsregel** für die Konjunktion »und«. Wenn zwei Sätze, in unserem Fall die beiden Sätze: »Der Bus war überfüllt« und »Der Bus fuhr vorüber«, durch die Konjunktion »und« verknüpft werden, und wenn der dadurch entstandene komplexe Satz wahr ist, dann sind beide Sätze wahr. Deswegen kann man aus der Wahrheit der Konjunktion zweier Sätze auch auf die Wahrheit jedes einzelnen der beiden Sätze schließen.

---

[6] Frege, G: »Der Gedanke«, in: Ders.: *Kleine Schriften*. Hrsg. von I. Angelleli, Darmstadt 1967, S. 342–362, hier: S. 342: »Wie das Wort ›schön‹ der Ästhetik und ›gut‹ der Ethik, so weist ›wahr‹ der Logik die Richtung. Zwar haben alle Wissenschaften Wahrheit als Ziel; aber die Logik beschäftigt sich noch in ganz anderer Weise mit ihr. Sie verhält sich zur Wahrheit etwa so wie die Physik zur Schwere oder zur Wärme. Wahrheiten zu entdecken, ist Aufgabe aller Wissenschaften: der Logik kommt es zu, die Gesetze des Wahrseins zu erkennen.«

Mithin muß die rein formale Logik Gesetze des Wahrseins, wie die Eliminationsregel für die Konjunktion, enthalten können. Dies bedeutet, daß wir Verknüpfungen wie die Konjunktion neben den Satzvariablen in das Vokabular der rein formalen Logik aufnehmen müssen. Dabei wird die Konjunktion meistens durch »∧« symbolisiert. Auf diese Weise erhält man ein formales Gesetz des Wahrseins und damit eine erste logische Form:

(P1) $p \wedge q$.
(K)   p.

Neben Eliminationsregeln gibt es unter anderem auch noch **Einführungsregeln**. Wenn man in einem formalen System einerseits p und andererseits q ableiten kann, dann ist es erlaubt, die Konjunktion von p und q einzuführen. So sind sowohl

(P1) $2 + 2 = 4$.

als auch

(P2) $3 + 1 = 4$.

wahre Sätze unserer Arithmetik, so daß

(K) $(2 + 2 = 4) \wedge (3 + 1 = 4)$.

ein logisch korrekter Schluß aus den beiden Prämissen wäre. Dies ergibt das folgende Gesetz des Wahrseins (und damit eine zweite logische Form):

(P1) p.
(P2) q.
(K) $p \wedge q$.

Prior weist nun darauf hin, daß wir vom Standpunkt einer rein formalen Logik dem Ausdruck »∧« ausschließlich dadurch eine Funktion zuweisen können, daß wir eine Einführungs- sowie eine Eliminationsregel einführen. Vom Standpunkt einer rein formalen Logik ist die Funktion eines Ausdrucks wie »∧« identisch mit seiner Syntax, d.h. mit den Transformationsregeln, welche durch den Ausdruck kodifiziert werden. Mit anderen Worten, das Zeichen »∧« hat auf der rein formalen Ebene nur dadurch Bedeutung, daß es eine inferentielle, d.h. eine Funktion im Schlußfolgern zugewiesen bekommt.

Für die so verstandene logische Bedeutung von »∧« spielt es dabei keinerlei Rolle, was »und« auf Deutsch alles bedeuten mag. So kommt das Wort »und« auch in Fragen vor, wie: »Und?« oder »Na und?« Es gibt Situationen, in denen wir mit dieser Frage zu verstehen geben, daß wir den Redebeitrag einer Person in einem Gespräch für nichtig erklären. Dieser Aspekt von »und« wird im formalen System, in dem die Bedeutung von »∧« ausschließlich durch eine Einführungs- und eine Eliminationsregel definiert worden ist, ausgeschlossen. »∧« und »und« sind demnach nicht identisch, wenn Identität etwa dadurch definiert wird, daß dasjenige, was identisch ist, alle Eigenschaften gemeinsam hat. »∧« definiert bestenfalls einen Begriff, der auf Deutsch durch »und« ausgedrückt wird, ohne sich mit »und« zu decken.

Vor diesem Hintergrund waren die Gründerväter der analytischen Philosophie, allen voran Frege, Bertrand Russell (1872–1970) sowie Rudolf Carnap (1891–1970) darum bemüht, die »natürlichen Sprachen«, d. h. Sprachen wie Englisch, Hindi oder Deutsch, von der »logischen Idealsprache« zu unterscheiden. Dabei wollten sie anschließend zunächst die gesamte Mathematik und sodann im Idealfall auch noch die Physik auf eine Idealsprache zurückführen, um auf diese Weise ein Maximum an logischer Präzision zu erreichen. Es ging ihnen also um die Vermeidung bzw. Umgehung der Vieldeutigkeit und Unüberschaubarkeit der natürlichen Sprachen. Diese Intention drückt sich in der ursprünglichen »analytischen Philosophie« aus, wobei der Ausdruck heute nur noch von den wenigsten mit diesem (als gescheitert geltenden) Projekt verbunden wird.

Auf der skizzierten Grundlage erhebt Prior nun einen Einwand gegen den metalogischen Formalismus. Wenn ein Zeichen in die logische »Sprache« durch die Definition einer Einführungs- und einer Eliminationsregel eingeführt werden kann, dann gilt dies, so Prior, auch für »tonk«. Was »tonk« bedeutet, wird folgendermaßen definiert. Die Einführungsregel für »tonk« sei das folgende Gesetz des Wahrseins:

(P) p.
(K) p tonk q.

Die Eliminationsregel für »tonk« sehe so aus:

(P) p tonk q.
(K) q.

29

Wenn diese beiden Gesetze nun aber in die logische Sprache aufgenommen werden und man mithin akzeptiert, daß »tonk« somit definiert worden ist, folgt leider plötzlich alles aus allem. So folgt aus

(P1) $2 + 2 = 4$.
(K1) $2 + 2 = 4$ tonk $2 + 2 = 5$.

und aus

(K1 = P2) $2 + 2 = 4$ tonk $2 + 2 = 5$.

unmittelbar

(K2) $2 + 2 = 5$.

Demnach stellt »tonk« einen inferentiellen Freischein aus. Unter rein formalistischen Bedingungen kann man sich aber nur dann gegen die Definition von »tonk« wenden, wenn man die metalogische Überzeugung vertritt, daß nicht alles aus allem folgen darf. Diese Überzeugung, daß nicht alles aus allem folgen darf oder daß man nicht alles aus allem folgern soll, gehört aber einem anderen Gegenstandsbereich oder einer anderen Theorie als dem Ableitungszusammenhang an, der durch Schluß- und Ableitungsregeln gebildet wird.[7]

Versteht man Gesetze des Wahrseins als Festlegung analytisch schlüssiger Übergänge von Prämissen zu Konklusionen, die man ohne Rekurs auf die potentiell ambigue Normalsprache verwenden kann, kommt man nicht umhin, »tonk« in die rein formale Logik aufzunehmen – womit diese jedoch *ad absurdum* geführt wird. »tonk« ist wie ein Virus, der das gesamte Programm einer rein formalen Logik zerstört. Um »tonk« auszuschließen, bedarf es metalogischer Überzeugungen, die sich nicht formal ausdrücken lassen, wie der Überzeugung, daß nicht alles aus allem folgen darf, oder der Überzeugung, daß man nicht alles aus allem folgern soll. Diese Überzeugung gehört aber in den Bereich der Verwendung von Logik. Eine Logik, die Gesetze des Wahr-

---

[7] Wenn man die Semantik, d.h. den Umstand einführt, daß die Wahrheitswerte »wahr« oder »falsch« einer Proposition davon abhängen, ob ein bestimmter Weltzustand, eine Tatsache besteht, führt Tonk noch in eine andere Schwierigkeit. Denn wenn p wahr, q aber falsch ist, kann man gleichwohl mittels Tonk aus p auf die Wahrheit von q schließen, so daß sich ein Widerspruch ergibt, indem man sowohl die Falschheit von q annimmt als auch die Wahrheit von q mittels Tonk »beweist«. Vgl. zu diesem Punkt Boghossian, P.: »How Are Objective Epistemic Reasons Possible?«, in: *Philosophical Studies* 106 (2001), S. 1–40.

seins – wie die Semantik von »tonk« – formuliert, mit denen wir nichts anfangen können, ist verfehlt, obwohl sie formal konsistent sein könnte. Denn ihre Zeichen oder Zeichenketten wären schlechthin uninterpretiert und letztlich noch gar nicht Bestandteil wahrheitsfähiger Überzeugungen, die immer eine Semantik haben, da sie sich auf irgend etwas beziehen – und sei es auf sich selbst.

Selbstverständlich hat es verschiedene Reaktionen auf Priors Aufsatz gegeben. Und auch in der rein mathematischen Logik haben sich im Gefolge der berühmten Unvollständigkeitssätze von Kurt Gödel (1906–1978) metalogische Fragen ergeben, die tendenziell von der Auffassung wegführen, es könne eine rein formale Definition analytischer Gesetze des Wahrseins geben.[8] Die für unseren Kontext wichtigste Antwort auf Prior hat Nuel D. Belnap (* 1930) in seinem Aufsatz »Tonk, Plonk and Plink« vorgelegt.[9] Dort unterscheidet Belnap zunächst zwischen zwei generellen philosophischen Herangehensweisen: Die eine nennt er »analytisch« und die andere »synthetisch«:

»Es scheint offensichtlich zu sein, daß man im ganzen Gewebe der Philosophie zwei Erklärungsweisen unterscheiden kann: die analytische Weise, die dazu neigt, Ganze durch ihre Teile zu erklären, und die synthetische Weise, die Teile durch die Ganzen oder die Kontexte erklärt, in denen sie vorkommen.«[10]

In diesem Zusammenhang optiert Belnap für eine synthetische Erklärungsweise, indem er erklärt, auf welche Weise die Einführung einer logischen Verknüpfung wie »tonk« durch die Definition einer Einführungs- und einer Eliminationsregel konsistent mit einem »Kontext der Ableitbarkeit *(context of deducibility)*«[11] sein müsse. »tonk« weise mithin nicht die schlechthinnige Inkonsistenz einer rein formalen Logik nach, sondern weise vielmehr darauf hin, daß der Kontext der Ableitbarkeit, in dem »tonk« neben »∧« eingeführt wird, methodologische Voraussetzungen trifft, welche die Einführung von »tonk« *de facto* verbieten.

---

[8] Zur Einführung in Gödels Unvollständigkeitssätze ist zu empfehlen Berto, F.: *There's Something about Gödel*. Malden, Ma./Oxford 2009.
[9] Belnap, N. D.: »Tonk, Plonk and Plink«, in: *Analysis* 22/6 (1962), S. 130–134.
[10] Meine Übersetzung von ebd., S. 130: »It seems plain that throughout the whole texture of philosophy one can distinguish two modes of explanation: the analytic mode, which tends to explain wholes in terms of parts, and the synthetic mode, which explains parts in terms of wholes or contexts in which they occur.«
[11] Ebd., S. 131.

Allerdings wirken Belnaps Reparaturmaßnahmen gegen Priors Hinweis willkürlich oder *ad hoc*. Belnap geht es um die metalogische Rettung einer rein formalen Auffassung von Logik gegen die Beobachtung, daß die rein formale Logik sich konstitutiv von einem Kontext der Ambiguität isoliert. Priors Hinweis läßt sich deswegen so deuten, daß er gezeigt hat, inwiefern die völlige Abstraktion von der potentiellen normalsprachlichen Ambiguität der logischen Zeichen gar nicht gelingen kann. In die Konstruktion eines jeden formalen Systems gehen in der Regel Intuitionen mit ein, die normalsprachlich kodiert sind. Wenn man etwa eine Modallogik konstruiert, gehen immer auch Intuitionen darüber, was »Notwendigkeit«, »Wirklichkeit« oder »Möglichkeit« *bedeuten*, in die Konstruktion mit ein. Ohne die Abgrenzung von der Ambiguität der Normalsprache hätte das Unterfangen, eine präzise formale Sprache zu entwickeln, gar keinen normalsprachlich ausweisbaren Sinn.

Dieser kurze Exkurs in die Metalogik zeigt in einem ersten Anlauf die Vorzüge der Unterscheidung zwischen einer analytischen und einer synthetischen Methode. Während die analytische Methode davon ausgeht, daß sich die Bedeutung eines Ausdrucks in logische Atome und deren Verknüpfung durch eine logische Form analysieren läßt, insistiert die synthetische Methode darauf, daß ein Ausdruck nur im ganzen oder im Kontext Bedeutung hat. Die synthetische Methode ist deswegen auf einen **Holismus** (von griechisch »to holon« = »das Ganze«) verpflichtet, während die analytische Methode atomistisch verfährt.[12] In diesem Sinne bekennt sich etwa der späte Ludwig Wittgenstein (1889–1951) in seinem erst posthum publizierten Text *Über Gewißheit* zu einem synthetischen Holismus:

»Alle Prüfung, alles Bekräften und Entkräften einer Annahme geschieht schon innerhalb eines Systems. Und zwar ist dies System nicht ein mehr oder weniger willkürlicher und zweifelhafter Anfangspunkt aller unsrer Argumente, sondern es gehört zum Wesen dessen, was wir ein Argument nennen. Das System ist nicht so sehr der Ausgangspunkt, als das Lebenselement der Argumente.« (ÜG, § 105[13])

---

[12] Für einen Überblick empfehle ich Bertram, G. W./Liptow, J. (Hrsg.): *Holismus in der Philosophie. Ein zentrales Motiv der Gegenwartsphilosophie.* Weilerswist 2002, sowie Bertram, G. W./Lauer, D./Liptow, J./Seel, M. (Hrsg.): *In der Welt der Sprache.* Frankfurt am Main 2008.
[13] Vgl. auch ÜG, §§ 140–144.

Wie man nun bereits ahnen kann, stehen Philosophen, die sich selbst als »analytisch« bezeichnen, der analytischen Methode näher, weshalb die Wiederkehr des Holismus v. a. im Nachhall des amerikanischen Pragmatismus auch bisweilen als »postanalytische« Philosophie firmiert.[14] Hegels berühmtes Diktum aus der Vorrede zur *Phänomenologie des Geistes:* »das Wahre ist das Ganze« (TWA, 3, 24) wird von gegenwärtigen Holisten – wenn auch unter stark veränderten Vorzeichen – geteilt, weshalb sie sich, allen voran Robert Brandom (*1950), auch ausdrücklich mit Hegels Holismus auseinandersetzen.[15] Auch Martin Heidegger (1889–1976), Jacques Derrida (1930–2004), Richard Rorty (1931–2007) oder Hans-Georg Gadamer (1900–2002) waren Holisten, wenn auch jeweils auf eine gerade nicht mehr gänzlich Hegelianische Weise.

Die skizzierte sachlich begründete Differenz zwischen analytischer und synthetischer Philosophie spiegelt sich nun auch in der gegenwärtigen Erkenntnistheorie wider. Während einige neuere Einführungen in die Erkenntnistheorie gar ausschließlich die analytische Erkenntnistheorie abhandeln, gehe ich davon aus, daß wir uns in einem postanalytischen (und postkontinentalen) Zeitalter befinden.[16] Was bleibt, ist eine sachliche Differenz zwischen analytischer und synthetischer Methode. Diese Differenz wird in meinen Augen zugunsten der synthetischen Methode entschieden. Diese Überzeugung liegt dieser Einführung zugrunde. Dennoch handelt es sich dabei nicht lediglich um eine krude Voraussetzung. Vielmehr wird es darum gehen, in die prominentesten Fragen der gegenwärtigen Erkenntnistheorie im Lichte der Alternative von analytischer und synthetischer Herangehensweise einzuführen.

Die analytische Erkenntnistheorie sucht nach den logischen Atomen, die in den Begriff des Wissens bzw. der Erkenntnis eingehen. Im Hintergrund steht die Überlegung, daß man den Begriff des Wissens analysieren muß (und kann), will man den Scheinproblemen der klassischen Erkenntnistheorie entkommen. Ein besonders drastisches Beispiel für ein solches vermeintliches Scheinproblem, das sich durch »logische Analyse der Sprache« umgehen lassen soll, ist das sogenannte

---

[14] Vgl. dazu im deutschsprachigen Kontext Schnädelbach, H.: *Analytische und postanalytische Philosophie. Vorträge und Abhandlungen 4.* Frankfurt am Main 2004.
[15] Brandom, R. B.: *Tales of the Mighty Dead: Historical Essays in the Metaphysicsc of Intentionality.* Cambridge, Ma./London 2002; Ders.: *Reason in Philosophy. Animating Ideas.* Cambridge, Ma. 2009.
[16] Für einen Überblick über verschiedene Strömungen der analytischen Erkenntnistheorie vgl. Grundmann, Th.: *Analytische Einführung in die Erkenntnistheorie.* Berlin 2008.

Außenweltproblem. Das Außenweltproblem entsteht auf verschiedene Weisen.[17] Dennoch scheint allen Varianten folgender Gedankengang zugrunde zu liegen: Was auch immer wir über die uns umgebende Welt, die Außenwelt, wissen können, muß zunächst aus rohen, physiologisch vermittelten Daten zu kognitiv prozessierbaren Informationen verarbeitet werden. Meine Überzeugung, daß vor mir ein blauer Würfel liegt, ist selbst kein blauer Würfel, und sie steht im Zusammenhang mit anderen Überzeugungen. Dennoch gehört es zu den Wahrheitsbedingungen der Überzeugung, daß vor mir ein blauer Würfel liegt, daß es eine Tatsache gibt, die ihrerseits keine Überzeugung ist. Durch kausalen Eindruck der Außenwelt auf unsere Sinne entsteht eine neuronale Konfiguration, die wir dann durch begriffliche Ordnung als mentales Bild registrieren. Nun können wir unsere mentalen Bilder nicht direkt mit den Gegenständen selbst vergleichen, die diese mentalen Bilder hervorgerufen haben sollen. Denn ein jeder solcher Vergleich wäre ein kognitives Unternehmen, das wir wiederum nur dadurch in Angriff nehmen können, daß wir uns ein mentales Bild der Relation zwischen Gegenständen und mentalen Bildern machen. Wir können demnach nicht aus unseren mentalen Bildern »aussteigen«.

Diese mentalen Bilder nennt man in der Tradition der neuzeitlichen Philosophie seit Descartes und Locke »Vorstellungen« bzw. »Ideen«, die Descartes selbst einmal mit Bildern vergleicht.[18] Wenn unser Wissen nun insgesamt nur dadurch inhaltlich, also als Wissen *von* diesem oder jenem, bestimmt sein könnte, daß es sich auf Gegenstände in der Außenwelt bezieht, mit denen wir sinnesphysiologisch kausal verbunden sind, dann könnte es auch sein, daß alle mentalen Bilder, die wir aus den rohen Daten gestalten, die Gegenstände verfälschen. Die Außenwelt könnte insgesamt ganz anders sein, als sie uns erscheint. Wir könnten uns in einem massiven oder gar globalen Irrtum befinden. Wenn wir uns aber in einem massiven oder gar globalen Irrtum befinden könnten, wie können wir dann ausschließen, daß die Annahme, die »Außenwelt« stünde in einer kausalen Verbindung mit uns (wobei hier schon unklar ist, wer

---

[17] Zur Geschichte des Problems vgl. Gabriel, M.: *Skeptizismus und Idealismus in der Antike.* Frankfurt am Main 2009.
[18] Descartes: *Meditationen,* S. 29; AT VII, 37: »Einige davon sind gleichsam Bilder der Dinge und nur diesen kommt eigentlich der Name ›Idee‹ zu; so wenn ich mir einen Menschen, eine Chimäre, den Himmel, einen Engel oder auch Gott denke *(Quaedam ex his tamquam rerum imagines sunt, quibus solis proprie convenit ideae nomen, ut cum hominem, vel Chimaeram, vel Caelum, vel Angelum, vel Deum cogito).*«

oder was »uns« ist), selbst ein Irrtum ist? Wenn wir uns hinsichtlich aller Gegenstände oder Tatsachen in der Außenwelt täuschen können, warum nicht auch hinsichtlich der *Existenz* einer solchen Außenwelt?

Eine Alternative zu diesem Modell besteht darin, daß unsere begriffliche Ordnung nicht etwa irgendwelchen rohen Daten übergestülpt wird, sondern daß dasjenige, was wir erfassen, unserer Auffassungsgabe strukturell entgegenkommt. Wenn wir zunächst nur rohe Daten erfaßten, die wir dann zu mentalen Bildern verarbeiteten, könnte unsere Irrtumsanfälligkeit sogar so massiv sein, daß es gar keine Außenwelt gibt! Denn wir schließen diesem Theorieaufbau zufolge aus unseren mentalen Bildern lediglich darauf, daß es Gegenstände gibt, die diese mentalen Bilder hervorrufen, ohne jemals einen direkten kognitiven Zugang zu solchen Gegenständen haben zu können. Sie sind geradezu so definiert, daß wir keinen direkten kognitiven Zugang zu ihnen haben können. Folglich könnten wir uns nicht nur in einem massiven Irrtum über die Außenwelt befinden, denn es könnte sogar sein, daß es eine solche Außenwelt überhaupt nicht gibt. Das Leben könnte ein langer Traum oder eine irgendwie geartete Illusion sein. Dies ist eine in der Moderne weitverbreitete Befürchtung mit einer antiken Vorgeschichte, die in unserer Zeit nicht zuletzt durch Filme wie *Matrix, The 13th Floor, Youth Without Youth, Shutter Island* oder *Inception* geschürt wird, wobei dieses Thema im Film vor Hollywoods Entdeckung dieser Problematik etwa von Rainer Werner Fassbinder in *Welt am Draht* (1973) ins Zentrum gerückt ist. Bereits in der frühen Neuzeit, bei Descartes, Shakespeare und in Calderon de la Barcas berühmtem Drama *Das Leben ist ein Traum (La vida es sueño)* machte sich genau dieser Verdacht breit. Auf besonders eindrückliche Weise wird er aber auch in der Literatur des zwanzigsten Jahrhunderts in allen seinen Konsequenzen etwa in Fernando Pessoas *Buch der Unruhe* durchdacht. Wir könnten Opfer einer fundamentalen Illusion sein, deren Natur wir nicht einmal ermessen könnten, wenn unser Weltzugang ausschließlich indirekt, etwa kausal vermittelt, wäre. Denn dann bliebe unseren Überzeugungen kein anderer Anhaltspunkt als der Inhalt unserer mentalen Bilder, deren Aufrichtigkeit nicht erst die Psychoanalyse radikal in Frage gestellt hat.

Die Analyse des Wissensbegriffs dient nun u. a. als therapeutische Maßnahme gegen das Außenweltproblem, indem gezeigt werden soll, daß mentale Bilder im Begriff des Wissens gar nicht vorkommen müssen. So versteht die – allerdings zu Unrecht häufig als »klassisch« bezeichnete – Konzeption des Wissens, die man zum ersten Mal bei Platon

I. Kapitel: Aufbau und Methodologie

zitiert und sogleich widerlegt findet, Wissen als »wahre gerechtfertigte Meinung«. Diese Analyse kommt ohne Rekurs auf mentale Bilder aus. Neuere analytische Ansätze vermeiden mit ihren Definitionsversuchen ebenfalls den Begriff des mentalen Bildes. Der große Vorteil einer analytischen Erkenntnistheorie besteht genau darin, einen bestimmten Begriff mentaler Repräsentation zu vermeiden, der in das Außenweltproblem führt. Gelingt es, den Wissensbegriff ohne Rekurs auf »mentale Bilder« oder »Vorstellungen« zu analysieren oder einen Begriff von mentalen Bildern zu entwickeln, der diese nicht nur sinnesphysiologisch verankert, vermeidet man das Außenweltproblem.[19]

Beginnen wir mit der **Standardanalyse des Wissens**, die – wie wir später bei Platon sehen werden – jedenfalls nicht klassisch, wenn auch alt ist. Diese besagt: Wann immer irgendein Subjekt S etwas über irgend etwas weiß, sind die folgenden drei Bedingungen erfüllt:

1. Wahrheitsbedingung: Das, was S weiß (nennen wir dies: p), ist der Fall.
2. Überzeugungsbedingung: S ist von p überzeugt, d.h. S hat eine assertorische (behauptende) Einstellung zu allen Aussagesätzen mit dem entsprechenden Inhalt p.
3. Schließlich ist S' Überzeugung, daß p der Fall ist, gerechtfertigt / rechtfertigbar / begründet / begründbar ... Dies kann man kurz die Rechtfertigungsbedingung nennen, wobei vieles daran hängt, welchen Rechtfertigungsbegriff man an dieser Stelle einsetzt.

Die genannte Wahrheits-, Überzeugungs- und Rechtfertigungsbedingung sollen zusammengenommen notwendige und hinreichende Bedingungen dafür bereitstellen, daß ein Subjekt etwas über irgend etwas weiß. In der Formulierung der Bedingungen kommen keine mentalen Bilder oder Vorstellungen vor, es sei denn, man wollte die These vertreten, daß es sich bei allen Überzeugungen um mentale Bilder handelt. Doch um dorthin zu gelangen, bedürfte es eines zusätzlichen Arguments. *Prima vista* kommt die Standardanalyse also ohne die Zusatzannahme aus, alle Überzeugungen seien mentale Bilder, womit sie das Außenweltproblem umschifft.

---

[19] Freilich gab es auch eine Reihe bedeutender Versuche, am Begriff der mentalen Repräsentation festzuhalten. Vgl. etwa im Ausgang von Kant Sellars, W.: *Science and Metaphysics. Variations on Kantian Themes*. London 1968.

Mit anderen Worten, man könnte meinen, das Außenweltproblem ließe sich durch eine Analyse des Wissensbegriffs vermeiden. Die so verstandene »logische Analyse der Sprache«, die einem berühmten Aufsatz Carnaps zufolge die Metaphysik überwindet, könnte also in der Tat helfen, ein traditionelles Problem zu lösen.[20] Allerdings werden wir in diesem Kapitel sehen, daß genau dieses Unterfangen prinzipiell scheitert, weshalb bereits Platon in seiner Analyse des Wissensbegriffs von einer analytischen auf eine synthetische Methode umstellt. Während er in seinem Dialog *Theaitetos*, der Urschrift der Erkenntnistheorie, den analytischen Ansatz erprobt, vermeidet er ihn in der *Politeia* und v. a. im *Sophistes*, wo er seine eigentliche Theorie des Wissens vorträgt.

Insgesamt gehen mit der analytischen Methode prinzipielle Schwierigkeiten einher. Legt man es nämlich auf die Analyse des Wissensbegriffs an, nimmt man damit bereits auf verschiedenen Niveaus wiederum Wissen in Anspruch: z. B. ein Wissen darüber, was ein Begriff ist; daß sich Verwendungsregeln für Begriffe in Form von Bedingungen objektivieren lassen usw. Darüber hinaus werden immer wieder Beispiele aus dem »Fluß des Lebens«[21] isoliert, die als Paradigma für Wissen, als Normalfälle markiert werden. Die Legitimität dieses Vorgehens wurde besonders heftig von Wittgenstein in seinen *Philosophischen Untersuchungen* zurückgewiesen und sie steht neuerdings wieder in Frage.[22]

Demgegenüber schlage ich von vornherein einen anderen Weg ein. Statt davon auszugehen, daß man den Wissensbegriff wie eine Tatsache analysieren kann, die aus logischen Atomen (etwa in der Form von Bedingungen) besteht, muß die grundlegende Frage vielmehr lauten, wie es möglich ist, Wissen über etwas zu erlangen und zugleich zu wissen, daß das dabei angewandte Verfahren überhaupt zur Erlangung von Wissen tauglich ist. Mit anderen Worten, Wissen wird hier stets in einem Kontext betrachtet werden. Einerseits sind alle Wissensansprüche nämlich in justifikatorische Praktiken eingebunden, was sich in der Rechtfertigungsbedingung artikuliert, und andererseits sind auch und

---

[20] Vgl. Carnap, R.: »Überwindung der Metaphysik durch logische Analyse der Sprache«, in: *Erkenntnis* 2 (1931), S. 219–241.
[21] Wittgenstein, L.: *Letzte Schriften über die Philosophie der Psychologie*, § 913. Vgl. auch *Zettel*, § 173: »Nur in dem Fluß der Gedanken und des Lebens haben die Worte Bedeutung.«
[22] Vgl. das bereits erwähnte Buch von Williamson: *The Philosophy of Philosophy*.

v. a. die Wissensansprüche über Wissen ihrerseits in justifikatorische Praktiken eingebunden. Es gilt demnach, nicht nur über »Wissen« zu sprechen, als ob es sich dabei um eine Tatsache oder Tatsachenstruktur handelte, sondern zugleich zu bedenken, welche theoretischen Entscheidungen im Hintergrund wirksam werden, wenn wir den Wissensbegriff auf diese oder jene Weise bestimmen. Diese synthetische Methode der Einbettung werden wir im Folgenden als **weiten Kontextualismus** kennenlernen. Da philosophische Thesen oftmals durch die Ausschaltung ihres Gegenteils begründet werden, gilt es nun zunächst, die Annahme zu entkräften, Wissen ließe sich kriteriell, d. h. durch die Angabe notwendiger und hinreichender Bedingungen analysieren. Im Rahmen einer Einführung in die Erkenntnistheorie ist es hierbei sinnvoll, auf einen Klassiker der Philosophie, in diesem Fall auf Platon, zurückzugehen, dessen philosophischer Begründungsgang mit der Zurückweisung der analytischen Methode einsetzt.

2. Das Scheitern der kriteriellen Definition von »Wissen«

Bevor wir uns in die argumentativen und historischen Grundlagen der Debatten um die kriterielle Definition des Wissensbegriffs vertiefen können, ist es notwendig, die Frage nach der Motivation einer solchen Definition zu stellen. Philosophische Theorien müssen insgesamt motiviert werden. Motivation unterscheide ich dabei von Begründung. Wenn etwas, ein Begriff, ein Phänomen oder gar eine ganze Lebensform, zu einem philosophischen Problem wird, sind wir wie in einer Lebenskrise davon irritiert, daß ein anscheinend funktionierendes System, auf das wir bisher vertraut hatten, unglaubwürdig erscheint. Es gibt deswegen eine philosophische Erfahrung, wie etwa die unheimliche Erfahrung, man selbst – dieser oder diese und kein(e) Andere(r) – zu sein, die wir nachträglich durch Aufklärung des Ursprungs der Erfahrung im Zusammenhang anderer Erfahrungen und bewährter Methoden philosophisch thematisieren.[23] Wie die Filme David Lynchs, man denke hier v.a. an *Lost Highway* und *Mulholland Drive*, aber auch nicht zuletzt die Filme Rainer Werner Fassbinders, z.B. *Angst vor der Angst* oder *Angst essen Seele auf*, illustrieren, kann die Begegnung mit der Tatsache, daß man zufällig man selbst ist, ziemlich unheimlich wir-

---

[23] Eine subtile Annäherung an dieses Problem findet sich bei Nagel: *Letzte Fragen.*

ken. Denn wir befinden uns damit in Distanz zu der alltäglichen Annahme, unsere Interessen seien notwendig, eine Annahme, die wir als am Überleben interessierte Tiere treffen. Wir sind aber imstande, uns von dieser »gierigen« Teilnehmerperspektive zu distanzieren, was Thomas Nagel als »objektiv« bezeichnet. In der Annäherung an einen maximal objektiven Standpunkt, den er als *Blick von Nirgendwo* charakterisiert hat, verlieren wir uns plötzlich in der Erfahrung der völligen Zufälligkeit, uns an diesem oder jenem Punkt in der Weltgeschichte vorzufinden.[24] Um von diesem gleichsam entfremdeten Standpunkt wieder in uns selbst zurückzufinden, kann man sich die Frage stellen, ob wir begründetermaßen wir selbst sein können, und damit auch die Frage, inwiefern wir überhaupt durch Gründe vermittelt in unser Leben eingelassen sind. Und schon befindet man sich dank dieser Motivation in der Erkenntnistheorie.

Zur Motivationsstruktur einer philosophischen Theorie gehört an erster Stelle die Art und Weise, wie ein Begriff **auffällig** wird. Um eine philosophische Theoriebildung zu initiieren, muß ein Problem formuliert werden, das seinerseits eine Vorgeschichte hat. Zu dieser Vorgeschichte gehört jeweils das Heraustreten aus der »unauffälligen Vertrautheit«[25] mit der philosophisch zu verhandelnden Sache. Platon und Aristoteles bezeichnen genau diesen Umstand als »Staunen (θαυμάζειν)«, das Platon kaum zufällig im *Theaitetos* zum Ursprung der Philosophie erklärt. »Denn dies ist die besondere Leidenschaft des Philosophen, das Staunen. Es gibt nämlich keinen anderen Ursprung der Philosophie als diesen«[26]. Das Staunen ist der Ursprung einer jeden philosophischen Untersuchung, und es gehört deshalb auch in die Motivationsstruktur der Erkenntnistheorie.

---

[24] Vgl. Nagel: *Der Blick von Nirgendwo*.
[25] Heidegger, M.: *Sein und Zeit*. Tübingen [17]1993, S. 104.
[26] Meine Übersetzung von Platon: *Theaitetos*, 155d2–4: μάλα γὰρ φιλοσόφου τοῦτο τὸ πάθος, τὸ θαυμάζειν· οὐ γὰρ ἄλλη ἀρχὴ φιλοσοφίας ἢ αὕτη κτλ. Platons Schriften werden, wenn nicht anders angegeben, zitiert nach der Studienausgabe: *Werke in 8 Bänden – griechisch und deutsch*. Hrsg. von G. Eigler, Darmstadt 1990. Dabei wird allerdings die genaue Stelle nach der sogenannten »Stephanus-Paginierung« angegeben, die sich in dieser Ausgabe am Rand befindet. Vgl. zum Staunen auch Aristoteles: *Metaphysik*. Erster Halbband: Bücher I (A) – VI (E). Übers. von H. Bonitz, hrsg. von H. Seidl, Hamburg 1987, hier: S. 13 (Met. I.2, 982b12 f.): »Denn Verwunderung war den Menschen jetzt wie vormals der Anfang des Philosophierens, indem sie sich anfangs über das unmittelbare Auffällige verwunderten, dann allmählich fortschritten und auch über Größeres sich in Zweifel einließen.«

Nun stellt die Erkenntnistheorie offensichtlich die Frage, was Erkenntnis ist. Sie stellt diese Frage dabei traditionell insbesondere im Hinblick auf die Frage nach den Grenzen der Erkenntnis sowie die damit einhergehende Frage nach einer Kriteriologie, die es uns im Allgemeinen erlaubt, zwischen wahren und falschen Meinungen zu unterscheiden. Nun wird die Art der Fragestellung durch die Art des Staunens mitbestimmt. Je nachdem, auf welche Weise wir mit einem Begriff zuvor unauffällig vertraut waren, fällt die Frage nach diesem Begriff anders aus. Denn der Begriff weicht jeweils auf eine spezifische Weise aus seiner ursprünglichen Position und gibt damit einen Raum der Fragwürdigkeit frei. Heidegger, dem wir die eindringlichste Analyse der »Auffälligkeit« verdanken, bringt diesen Umstand in *Sein und Zeit* auf den Punkt: »Im Nichtantreffen von etwas an *seinem* Platz wird die Gegend des Platzes oft zum erstenmal ausdrücklich als solche zugänglich.«[27] Je nachdem, auf welche Weise das Fehlen, die Abwesenheit einer Sache auffällig wird, wird demnach auch ihre Umgebung auffällig.

Bevor wir dies am Begriff der Erkenntnis oder am Begriff des Wissens erörtern, kann man sich diesen wichtigen, obgleich wenig beachteten Umstand leicht an einem Beispiel anschaulich machen. Angenommen, auf meinem Schreibtisch fehlte gerade ein Radiergummi. Ich habe mich verzeichnet und will eine Zeichnung korrigieren. In diesem Licht wird nun nicht nur das Fehlen des Radiergummis, sondern die Umgebung, in der ich ihn vermutet habe, auffällig. Nun kann diese Auffälligkeit durchaus wiederum verschieden gefärbt sein. Wenn ich ein Architekt bin, der unter Zeitdruck steht, wird mir die Abwesenheit des Radiergummis auf eine bestimmte Weise auffallen. Anders steht es, wenn ich etwa Hobbyzeichner bin und vermute, mein Mitbewohner habe mir den Radiergummi weggenommen, um mich in meiner Aktivität des Zeichnens zu stören. Die auffällig gewordene Abwesenheit einer Sache, die Unterbrechung des reibungslosen Funktionierens ihrer jeweiligen Einbettung in eine Umgebung ist nicht stets gleich, sondern meldet sich ihrerseits in bunten Valeurs.

Genauso verhält es sich mit der Thematisierung des Wissensbegriffs. Dieser muß zunächst auffällig werden, indem wir auf irgendeine Weise mit unserem eigenen Nichtwissen konfrontiert werden. Es ist wiederum kein Zufall, daß Platon als erster die allgemeine Frage gestellt hat, »was Wissen eigentlich ist (ἐπιστήμη ὅτι ποτὲ τυγχάνει

---

[27] Heidegger: *Sein und Zeit*, S. 104.

ὄν)« (Tht., 145e9–146a1), nachdem er Sokrates in der berühmten *Apologie* als den »weisesten Menschen«[28] ausgezeichnet hat. Dessen Weisheit, so erfahren wir in der *Apologie*, besteht gerade darin, daß er sich bewußt ist, nichts zu wissen.[29] Der sokratische Adel, der am Ursprung der Erkenntnistheorie steht, besteht gerade in einem Nichtwissen. Dieses Nichtwissen unterscheidet sich von modernen Formen des Nichtwissens, wie sie etwa in der neuzeitlichen Philosophie im Gefolge Descartes' als skeptische Hypothesen eingeführt wurden, die wir im zweiten Kapitel besprechen werden.

Mit anderen Worten, der Wissensbegriff besetzt jeweils ein anderes Feld. Um welches Feld es sich handelt, läßt sich – so bereits Platon – unter Rekurs auf die jeweilige Form des Nichtwissens festmachen, gegen die sich der Wissensbegriff profiliert. Es gibt folglich nicht einfach eine ahistorische Erkenntnistheorie, die beschreibt, was Wissen oder Erkenntnis immer schon ist, sondern verschiedene Erkenntnistheorien und Wissensbegriffe. Die Pluralität dieser Theorien und Begriffe wird dadurch erzeugt, daß jeweils verschiedene Formen des Nichtwissens hervortreten, die eine Fragerichtung vorschreiben. So wie man auf ganz andere Weise nach dem Radiergummi sucht, wenn man vermutet, er sei vom Tisch gefallen, als wenn man vermutet, der Mitbewohner habe ihn ausgeliehen.

Die Erkenntnistheorie beginnt also paradoxerweise mit dem Begriff oder genauer: der Erfahrung des Nichtwissens, mit der Erfahrung einer Grenze. Die klassische Erkenntnistheorie versucht nun, Fälle des Wissens von Fällen des Nichtwissens zu unterscheiden. Unterscheiden heißt auf Griechisch *krinein* (χρίνειν), woher unsere Fremdwörter »Krise« und »Kriterium« stammen. Ein »Kriterium« ist ein Unterscheidungsmerkmal. Die klassische Erkenntnistheorie sucht nach Wissenskriterien, um auf diese Weise Wissen von Nichtwissen unterscheiden zu können. Denn schließlich muß es ja einen Unterschied zwischen Wissen und Nichtwissen geben, und worin sollte dieser bestehen, wenn nicht darin, daß Wissen und Nichtwissen teilweise verschiedene Eigen-

---

[28] Vgl. *Apologie*, 21a6–16.
[29] So die berühmte Formel: »Ich weiß, daß ich nichts weiß«. Buchstäblicher übersetzt sagt Sokrates an der besagten Stelle, er wisse von sich, daß er jemand sei, der nichts weiß: ἐμαυτῷ γὰρ συνῄδη οὐδὲν ἐπισταμένῳ (*Apologie*, 22c9–d1). Beim Sokratischen Nichtwissen handelt es sich um eine spezifische Form von Selbstbewußtsein oder Selbsterkenntnis, nicht um die Deklaration völliger Ignoranz.

I. Kapitel: Aufbau und Methodologie

schaften haben? Entsprechend geht es um die Aufdeckung der Eigenschaften von Wissen. Diese Aufdeckung soll möglichst vollständig sein, damit sichergestellt werden kann, daß der Wissensbegriff hinreichend und vollständig vom Begriff des Nichtwissens abgegrenzt worden ist.

Damit haben wir uns einen ersten Einblick in die Motivationsstruktur der Erkenntnistheorie verschafft. Und so verwundert es nicht, daß die klassischen Abhandlungen der Erkenntnistheorie, von Platons *Theaitetos* über Descartes' *Meditationen* und Lockes *An Essay Concerning Human Understanding* bis hin zu Kants *Kritik der reinen Vernunft*, stets mit einer Grenzziehung beginnen. Locke hat dafür die Metapher des »Horizontes« und Hume die des »Umfangs des menschlichen Verstandes (*the compass of human understanding*)« in Umlauf gebracht.[30]

»Wenn die Menschen jedoch mit ihren Untersuchungen die Grenzen ihrer Kapazität überschreiten und ihre Gedanken in jene Tiefen hinabdringen lassen, wo sie keinen sicheren Boden mehr unter den Füßen finden, so ist es kein Wunder, daß sie Fragen aufwerfen und immer mehr Streitgespräche führen, die, weil sie nie klar entschieden werden, nur dazu dienen, ihren Zweifeln neue Nahrung zu geben und sie zu vertiefen und sie selbst schließlich in einem vollständigen Skeptizismus zu bestärken. Wenn man dagegen die Kapazität unseres Verstandes wohl erwöge, den Umfang unserer Erkenntnis einmal feststellte und die Grenzlinie ausfindig machte, die den erhellten und den dunklen Teil der Dinge, das für uns Faßliche und das Unfaßliche voneinander scheidet, so würden sich die Menschen vielleicht unbedenklicher mit der ein-

---

[30] Kants Metapher vom Horizont wird unten, S. 203 ff., 233 ff. ausführlicher besprochen. Hume bedient sich der Metapher des »Umfangs des menschlichen Verstandes« gleich zu Beginn seiner *Untersuchung über den menschlichen Verstand*. Hrsg. von R. Richter, Hamburg 1955, hier: S. 12: »Es läßt sich nicht bezweifeln, daß der Geist mit einer Mehrzahl von Kräften und Fähigkeiten begabt ist, daß diese Kräfte voneinander verschieden sind und daß, was wirklich für die unmittelbare Auffassung verschieden ist, auch durch Überlegung unterschieden werden kann; folglich also, daß es in allen Behauptungen auf diesem Gebiet ein Wahr und ein Falsch gibt, und zwar ein Wahr und Falsch, das nicht jenseits des Bereichs des menschlichen Verstandes ist.« Im Original: Hume, D.: *Enquiries Concerning Human Understanding and Concerning the Principles of Morals*. Ed. by L. A. Selby-Bigge and P. H. Nidditch, Oxford 1975, S. 13–14: »It cannot be doubted, that the mind is endowed with several powers and faculties, that these powers are distinct from each other, that what is really distinct to the immediate perception may be distinguished by reflexion; and consequently, that there is a truth and falsehood in all propositions on this subject, and a truth and falsehood, which lie not beyond the compass of human understanding.«

gestandenen Unkenntnis auf dem Gebiet zufrieden geben und ihr Denken und Reden mit mehr Erfolg und Befriedigung dem andern zuwenden.«[31]

Mit dieser Metaphernwahl wird entgegen der ursprünglichen Intention nahegelegt, daß unsere Suche nach dem passenden Erkenntnis- oder Wissensbegriff auf eine stets kontingente Weise orientiert ist. Es könnte immer sein, daß unsere Fragerichtung ihren Gegenstand verfehlt. Dies gilt auch für die Erkenntnistheorie, die ebenso fallibel ist wie jeder andere Versuch, einen wahrheitsfähigen Gedanken als einen wahren zu erweisen. Auch die Grenzziehung des Bereichs menschlicher Erkenntnis ist dadurch begrenzt, daß es sich um ein theoretisches Projekt handelt, das Wissensansprüche formuliert, die naturgemäß auch scheitern können.

In der Erkenntnistheorie des zwanzigsten Jahrhunderts ist es im Zuge einer neuen Wissenschaftsverehrung dringlich geworden, eindeutige Kriterien für Wissen zu entwickeln. Das Wissen, das damit begründet werden soll, ist insbesondere **fallibles Wissen**, Wissen, das wahr *oder* falsch sein kann. In diesem Zusammenhang hat Alfred J. Ayer (1910–1989) in seinem Buch *The Problem of Knowledge* die folgende Analyse des Wissensbegriffs vorgeschlagen.

Ein Subjekt S weiß, daß p, genau dann, wenn

(1) p wahr ist.
(2) S sich sicher ist, daß p wahr ist.
(3) S sich berechtigterweise sicher ist, daß p wahr ist.[32]

---

[31] Locke, J.: *Versuch über den menschlichen Verstand*. Nachdruck der Neubearbeitung der C. Wincklerschen Ausgabe (1911–1913), Hamburg ⁵2006, hier: S. 27f. Im Original: Locke, J.: *An Essay Concerning Human Understanding I*. Ed. by P. H. Nidditch, Oxford 1975, Bk. 1, Ch. 1, Sec. 7: »Thus men, extending their inquiries beyond their capacities, and letting their thoughts wander into those depths where they can find no sure footing, it is no wonder that they raise questions and multiply disputes, which, never coming to any clear resolution, are proper only to continue and increase their doubts, and to confirm them at last in perfect scepticism. Whereas, were the capacities of our understandings well considered, the extent of our knowledge once discovered, and the horizon [meine Hervorhebung, M. G.] found which sets the bounds between the enlightened and dark parts of things; between what is and what is not comprehensible by us, men would perhaps with less scruple acquiesce in the avowed ignorance of the one, and employ their thoughts and discourse with more advantage and satisfaction in the other.«
[32] Ayer, A. J.: *The Problem of Knowledge*. London 1956, S. 34.

I. Kapitel: Aufbau und Methodologie

Da man eine ähnliche Überlegung bei Platon vermutet hat, firmiert dies in verschiedenen Varianten seither als die **Standardanalyse** des Wissensbegriffs. Die drei Bedingungen der Standardanalyse, die wir bereits kennengelernt haben, lassen sich leicht motivieren.

(1) Wahrheitsbedingung: *Man kann nichts wissen, was falsch ist, es sei denn, man weiß, daß es falsch ist.* Diese Bedingung bezeichnet man auch als **Faktivität**. Wissen ist demnach ein faktives oder ein Erfolgsverb. Dies bedeutet, daß man daraus, daß S weiß, daß p, schließen kann, daß p: $W(p) \rightarrow p$. Dies bedeutet wohlgemerkt nicht, daß jemand, der etwas weiß, deswegen auch wissen muß, daß er es weiß. Wenn wir wissen, daß jemand Anderes etwas weiß, können wir damit auf die Wahrheit dessen schließen, was er weiß, unabhängig davon, ob die betreffende Person selbst darüber informiert ist, daß sie in der betreffenden Sache wissend ist.

(2) Überzeugungsbedingung: *Man kann nichts wissen, wovon man nicht einmal überzeugt ist.* Damit S wissen kann, daß etwas der Fall ist, muß S immerhin der Überzeugung sein, daß es der Fall ist, d. h. p gewissermaßen unterschreiben.

(3) Rechtfertigungsbedingung: *Man kann nichts wissen, was man grundlos annimmt und d.h. nur glaubt.* Damit S wissen kann, daß etwas der Fall ist, muß er/sie seine/ihre Überzeugung gegen berechtigte Einwände und Nachfragen mit guten Gründen verteidigen können. In Platons *Apologie* bezeichnet Sokrates diese Bedingung als *logon didonai* (λόγον διδόναι), als »Gründe geben« oder »Rechenschaft ablegen«. Im heutigen auf den US-amerikanischen Philosophen Wilfrid Sellars (1912–1989) zurückgehenden Jargon spricht man vom »Spiel des Gebens und Verlangens von Gründen *(the game of giving and asking for reasons)*«[33]. In Erinnerung an Sokrates spreche ich von der **apologetischen Dimension des Wissens**.[34]

Faßt man diese Bedingungen zu einer kriteriellen Definition des Wissensbegriffs zusammen, hat man Wissen anscheinend als »wahre ge-

---

[33] Vgl. dazu die Einführung Brandoms in seinen sogenannten »Inferentialismus«: Brandom, R. B.: *Begründen und Begreifen. Eine Einführung in den Inferentialismus.* Übers. von E. Gilmer, Frankfurt am Main 2004.
[34] Vgl. dazu ausführlich Gabriel: *An den Grenzen der Erkenntnistheorie*, bes. S. 149.

rechtfertigte Überzeugung« definiert, was in der Tat dem Wortlaut der dritten, dort diskutierten Definition des Wissensbegriffs in Platons *Theaitetos* entspricht.[35]

Nun kann die kriterielle Definition des Wissens allerdings prinzipiell als gescheitert gelten. Dafür gibt es eine Vielzahl von Gründen. Den ersten, ebenso gewichtigen wie zugleich wegweisenden, Einwand verdanken wir Platon selbst (2.1.). Diesem werden wir uns zunächst zuwenden. Anschließend wird es um Gettiers berühmte Gegenbeispiele gegen die Standardanalyse gehen (2.2.). Schließlich werde ich zwei gegenwärtige Diagnosen aufgreifen, die ebenfalls über das Dilemma hinausweisen, ohne eigentliche Lösungen anzubieten. Stephen Schiffer (*1940) hat dafür argumentiert, daß der traditionelle Wissensbegriff unbehebbar inkonsistent sei (2.3.), während Timothy Williamson (*1955) einen prinzipiellen Gegenentwurf zur kriteriellen Definition vorgelegt hat (2.4.). Der Wissensbegriff, so Williamson, lasse sich gar nicht in logische Atome analysieren, sondern sei *sui generis*, wie er sich ausdrückt, und d. h. unanalysierbar.

2.1. Platons Einwand gegen die Standardanalyse

Platons Dialog *Theaitetos*, der die Gründungsurkunde der Erkenntnistheorie darstellt, behandelt den Wissensbegriff in drei Anläufen, die allesamt scheitern. Der Dialog endet **aporetisch** (von griechisch, *a-poria*, ἀπορία, »Ausweglosigkeit«), d. h. in einer argumentativen Sackgasse, ohne eine explizite, befriedigende Antwort auf die Frage, was Wissen bzw. Erkenntnis nun eigentlich sei. Bevor wir uns den Details von Platons prinzipiellen Einwänden gegen jede Analyse des Wissensbegriffs zuwenden, die sich im letzten Teil des Dialogs finden, ist es angebracht, sich einige etymologische Bestände des Wortfeldes »Wissen« näher anzusehen.

Auf Griechisch heißt Wissen *epistêmê* (ἐπιστήμη), was zugleich, v. a. seit Aristoteles, auch »Wissenschaft« bedeutet. Etymologisch über-

---

[35] »Gerechtfertigt« ist hierbei die Übersetzung des Griechischen *meta logou* (μετὰ λόγου), »mit einem Logos«. Allerdings haben sich auch Stimmen zu Wort gemeldet, die bestreiten, daß »Logos« an dieser Stelle überhaupt mit »Rechtfertigung« übersetzt werden sollte. Vgl. den Kommentar von John McDowell in der von ihm besorgten Ausgabe: *Plato: Theaetetus*. Oxford 1973.

setzt bedeutet *epistêmê* »Dabei-Stehen«, *epi-sta-sthai* (ἐπίστασθαι). Konstruiert man das entsprechende Verb mit einem Infinitiv, so bedeutet es, »sich auf etwas verstehen«. Das Genus verbi von *epistasthai* ist hierbei das Medium, das es im Griechischen neben dem Aktiv und Passiv gibt. Das Medium drückt eine Beteiligung aus, die nur dadurch zustande kommt, daß man sich aktiv für etwas offenhält, das diese Offenheit dann bestimmt. Das Medium hat die Form dessen, was der Frankfurter Philosoph Martin Seel (* 1954) als »sich bestimmen lassen« gekennzeichnet hat.[36] So ist auch das griechische Verb für »wahrnehmen«, *aisthanesthai* (αἰσθάνεσθαι), ein Medium, da man in der Wahrnehmung jeweils für einen bestimmten Eindruck offen ist, indem man sein Gesichtsfeld etwa in einer bestimmten Weise ausrichtet, wobei dieser Ausrichtung dann etwas entgegenkommt, das sie nicht selbst hervorgebracht hat. Daß ich gerade einen C-Dur-Akkord höre oder einen grün-roten Farbeindruck habe, hängt zwar von meiner teilweise frei gewählten Ausrichtung ab, ist aber gleichzeitig durch dasjenige bestimmt, was in dieser Ausrichtung erscheint.

Vor diesem Hintergrund verwundert es auch nicht, daß die erste Definition des Wissens im *Theaitetos* Wissen kurzerhand mit Wahrnehmung (*aisthêsis*, αἴσθησις) identifiziert. Strukturell sind Wissen und Wahrnehmung nämlich *qua* mediale Einstellungen miteinander verwandt, wobei die Wahrnehmung auf den ersten Blick auch der am nächsten liegende Kandidat für eine oder gar für die einzige Quelle des Wissens ist. Wenn ich wissen will, was sich gerade in meinem Wohnzimmer abspielt, so genügt es hinzugehen und sich umzusehen.

Wenn man bedenkt, daß *epistêmê* »Dabei-Stehen« bedeutet, sieht man deutlich, inwiefern der klassische Wissensbegriff an Augenzeugenschaft orientiert ist. Der Wissende ist der Augenzeuge, derjenige, der dabei stand. Gleichzeitig versteht sich der Wissende auf ein Verfahren der Ausrichtung auf Tatsachen, die sich in der Ausrichtung zeigen. Der Wissende war nicht nur *zufällig* bei einem Ereignis oder einer Tatsache anwesend, sondern hat sich diesem Ereignis oder dieser Tatsache auch aktiv, medial zugewendet.

Dies liegt ebenfalls in der Etymologie des deutschen Wortes »Wissen«. Die sprachwissenschaftlich erschlossene indoeuropäische Wurzel *uoid- bedeutet »gesehen haben« und kommt im Griechischen im Be-

---

[36] Seel, M.: *Sich bestimmen lassen. Studien zur theoretischen und praktischen Philosophie*. Frankfurt am Main 2002.

griff für »Idee« (ἰδέα, εἶδος) sowie im Verb *oida* (οἶδα) »ich weiß« vor, das die Griechen übrigens im Namen Ödipus anklingen hören.[37] Im Lateinischen »videre«, d. h. sehen, oder im Begriff der Historie klingt dieselbe Wurzel an. Es ist sicherlich kein Zufall, daß der Begriff der Evidenz vor diesem Hintergrund bis heute eine wichtige Rolle in der Erkenntnistheorie spielt.

Sammeln wir die bisherigen Befunde! Wissen wird ursprünglich einerseits nach dem Modell der Augenzeugenschaft, des Dabei-Stehens und Gesehen-Habens modelliert und weist im Griechischen andererseits in der Konstruktion mit einem Infinitiv auf ein Vermögen hin.

---

[37] Der Name »Ödipus« läßt sich genau genommen auf drei Weisen einteilen, die jeweils einem Aspekt der Tragödie entsprechen. Einmal kann man die Wurzel für Wissen *(oid)* hervorheben. In dieser Perspektive geht es um das Scheitern des menschlichen Versuches, die eigene Identität zu kennen, d. h. im Wesentlichen zu wissen, was der Mensch überhaupt ist. Dann kann man aber auch das Verb *oidao* (οἰδάω) und das Wort für »Fuß«, *pous* (ποῦς), unterscheiden. Ödipus ist demnach der Schwellfuß, derjenige, den man daran erkennt, daß er einen geschwollenen Fuß hat, da er als Kleinkind an seinen Füßen an einem Haken aufgehangen wurde, wie in Sophokles' *König Ödipus* (Vs. 718–719) berichtet wird. Schließlich kann man den Namen auch in *Oi Dipous,* auf Deutsch »Oh Weh, Zweifuß!«, einteilen. Der Name ist eine Klage über die aufrecht gehende zweifüßige Menschheit. Diese Deutung wird auch durch das Rätsel der Sphinx gedeckt, das Ödipus löst: »Es ist am Morgen vierfüßig, am Mittag zweifüßig und am Abend dreifüßig. Von allen Geschöpfen wechselt es allein mit seiner Zahl seiner Füße; aber wenn es die meisten Füße bewegt, sind Kraft und Schnelligkeit seiner Glieder am geringsten.« Der Ödipus-Mythologie zufolge soll Ödipus verstanden haben, daß es sich dabei um den Menschen handelt, der als Kleinkind krabbelt, als Erwachsener auf zwei Beinen steht und sich als Greis auf einen Stock stützt. Man bedenke übrigens, daß die beiden Ödipus-Tragödien, die von Sophokles überliefert sind, die drei Lebensphasen von Ödipus, von seiner Kindheit, die in einem *Flashback* von seiner Mutter in Erinnerung gerufen wird, über sein Mannesalter bis hin zu seinem Tod in *Ödipus auf Kolonos* darstellen. In beiden Stücken geht es um die Frage des Menschen nach sich selbst, um die Möglichkeit der Selbsterkenntnis und die Grenzen des Wissens. Wenn man diese tragische Dimension der Frage nach dem Wissen oder der Reichweite unserer Erkenntnis ausblendet, wird man letztlich hinsichtlich seiner selbst genau so blind wie Ödipus. Es bleibt dabei: Der Mensch stellt sich die Frage, was der Mensch eigentlich ist, weshalb Kant so weit gegangen ist, die Frage, was wir wissen können, letztlich in der Frage zu verankern, was der Mensch ist. Vgl. dazu das von Jäsche besorgte Logikhandbuch zu Kants Vorlesungen Log, AA 09: 25. Kants (nicht in der Studienausgabe von Weischedel enthaltene) Schriften werden zitiert nach: Kant, I.: *Gesammelte Schriften*. Hrsg. von der Königlich Preußischen Akademie der Wissenschaften, Berlin 1900 ff. Der Sigle folgen Band- und Seitenzahl. Die Hauptwerke Kants werden nach der Studienausgabe (12 Bde., hrsg. von W. Weischedel, Frankfurt am Main [12]2004) zitiert, und zwar durch Angabe der Paginierung der Originalausgaben (A- und/oder B-Auflage) und der Seitenzahl.

I. Kapitel: Aufbau und Methodologie

Wer etwas weiß, versteht sich auf etwas. Beide Aspekte, der theoretische und der praktische, gehören im Begriff des Wissens bei Platon noch zusammen und werden in der Folge von Aristoteles umverteilt.

Im *Theaitetos* finden sich nun drei Definitionen des Wissensbegriffs, die ausführlich entkräftet werden:
1. Wissen ist nichts Anderes als Wahrnehmung (οὐκ ἄλλο τί ἐστιν ἐπιστήμη ἢ αἴσθησις) (Tht. 151d7–186e12).
2. Wissen ist wahre Meinung (κινδυνεύει δὲ ἡ ἀληθὴς δόξα ἐπιστήμη εἶναι) (Tht. 187a1–201c6).
3. Wissen ist wahre begründete Meinung (τὴν μετὰ λόγου ἀληθῆ δόξαν ἐπιστήμην εἶναι) (Tht. 201c7–210d3).

Aus der Erörterung der beiden ersten Definitionen werden wir später Konsequenzen ziehen. Jetzt geht es ausschließlich um Platons Widerlegung der dritten Definition, die einerseits eine Zurückweisung einer jeglichen kriteriellen Definition des Wissensbegriffs sowie andererseits ein Argument für die synthetische Methode enthält. Diese kommt in Platons eigentlicher Darstellung des Wissensbegriffs im *Sophistes* zum Tragen, der direkt an den *Theaitetos* anknüpft, hier aber nicht ausführlich gewürdigt werden kann.

Die Widerlegung der dritten Definition verfährt ihrerseits in zwei Schritten. Zunächst referiert Sokrates einen Traum, den der britische Philosoph Gilbert Ryle (1900–1976) gar für eine Inspirationsquelle des logischen Atomismus des zwanzigsten Jahrhunderts gehalten hat und auf den sogar Wittgenstein anspielt, der ansonsten Bezugnahmen auf die Tradition der Philosophie sorgfältig vermeidet.[38] Daraufhin werden dann drei Bedeutungen des Wortes »Logos (λόγος)« unterschieden, das man mit »Rechtfertigung« übersetzt hat.

---

[38] Vgl. Ryle, G.: »Logical Atomism in Plato's Theatetus«, in: *Phronesis* 35/1 (1990), S. 21–46; Wittgenstein: *Philosophische Grammatik*, S. 208: »›Ein Gegenstand läßt sich, in gewissem Sinne, nicht beschreiben‹ (auch bei Plato: ›er kann nicht erklärt werden, sondern nur benannt‹). Mit ›Gegenstand‹ meint man hier ›Bedeutung eines nicht weiter definierbaren Wortes‹ und mit ›Beschreibung‹ oder ›Erklärung‹ eigentlich: Definition. Denn, daß der Gegenstand ›von außen beschrieben werden‹ kann, daß ihm etwa Eigenschaften zugeschrieben werden können, wird natürlich nicht geleugnet.«

2.1.1. Sokrates' Traum

Nach zwei gescheiterten Anläufen schlägt Theaitetos, der Dialogpartner des Sokrates im gleichnamigen Dialog, also vor, »Wissen« als wahre Annahme mit einem Logos zu definieren. Das griechische Wort *doxa* (δόξα) bezeichnet wörtlich übersetzt eine An-nahme, das, was man ent-gegennimmt, so wie das entsprechende Verb *dechesthai* (δέχεσθαι) »annehmen« bedeutet. Eine wahre Annahme nimmt etwas hin. Ohne weitere Bestimmung genügt sie deswegen noch nicht den Ansprüchen an Wissen, weil sie begrifflich unterbestimmt bleibt. Die erforderliche Zusatzqualifikation ist der »Logos«, weil der Logos das Medium der begrifflichen Unterscheidung darstellt. Eine zufällig wahre Annahme, eine bloße Meinung, ist deswegen kein Wissen, weil ihr die justifikatorische Vermittlung fehlt. Wenn man etwas weiß, weiß man etwas im Unterschied zu irgend etwas anderem. Deswegen kann man auch stets nur etwas wissen, wenn man vieles weiß. Wenn man etwa weiß, daß ein Passant die Straße überquert, so weiß man, daß Passanten keine Straßen sind, daß Straßen eine räumliche Ausdehnung haben und vieles mehr. Genau dies bringt der Begriff des Logos zunächst selbst noch unbestimmt zum Ausdruck. Dies bedeutet auch, daß der Inhalt alles Wissens, das Wissbare, die *epistêta* (ἐπιστητά), wie Platon sagt, begrifflich bestimmbar, d. h. in einem artikulierten Wissensanspruch unterscheidbar sein können muß: »Und wovon es keine Erklärung gebe, das sei auch nicht erkennbar, und so benannte er dies auch, wovon es aber eine gebe, das sei erkennbar.«[39]

Doch dieser Gedankengang steht in Konflikt mit Sokrates' Traum. Dabei handelt es sich deswegen um einen Traum, weil eine Sachlage beschrieben wird, die, wäre sie denn wahr, es nicht mehr erlaubte, zwischen Wachen und Träumen zu unterscheiden.[40] Der Traum besagt, daß es ursprüngliche Elemente, reine logische Atome geben könnte, aus denen sich alle Logoi, d. h. alle begrifflich bestimmten und damit artikulierbaren Aussagen zusammensetzen. Der Inhalt des Traums ist demnach der **logische Atomismus**. Der logische Atomismus muß

---

[39] Tht., 201d2–3: καὶ ὧν μὲν μὴ ἔστι λόγος, οὐκ ἐπιστητὰ εἶναι, οὑτωσὶ καὶ ὀνομάζων, ἃ δ'ἔχει, ἐπιστητά.

[40] Das Thema des Traumes greift ein im Dialog vorhergangenes Traumargument auf. Damit setzt Platon zum zweiten Mal in seinem Dialog das Traumargument ein. Zur Funktion des Traumarguments bei Platon vgl. mein *Antike und moderne Skepsis zur Einführung*. Hamburg 2008.

annehmen, daß es eine prälogische Einstellung zu den logischen Atomen geben muß, die Bertrand Russell später als »Wissen durch Bekanntschaft *(knowledge by acquaintance)*« charakterisiert hat.[41] Ein Wissen durch Bekanntschaft muß noch kein begrifflich vermitteltes, artikulierbares Wissen sein, da es als vorbegrifflich definiert ist.

Deswegen nennt Platon die postulierten logischen Atome auch »alogisch und unerkennbar, doch wahrnehmbar (ἄλογα καὶ ἄγνωστα εἶναι, αἰσθητὰ δέ)«[42]. Im Unterschied zu diesen Elementen ist jeder Logos, jede Aussage bereits eine »Verknüpfung von Namen (ὀνομάτων συμπλοκή)«[43], eine logische Silbe, um Platons Metapher aufzugreifen, wobei das griechische Wort für Silbe: *syllabê* (συλλαβή), wörtlich ohnehin nur »Zusammenfassung« bedeutet. Versteht man den Logos als eine Verbindung logischer Atome, so postuliert man damit alogische Entitäten, die in den Logos eingehen. Diese alogischen Entitäten werden mit Eigennamen wie »Sokrates« oder »der Fisch« bezeichnet. Gehen sie in einem Urteil eine Verbindung mit einem Prädikat oder wie Platon selbst dies nennt: mit einem Verb, einem *rhêma* (ῥῆμα), ein, so erhält man einen wahrheitsfähigen Aussagesatz. Äußert man einfach nur »Sokrates«, so fehlt für einen wahrheitsfähigen Aussagesatz, einen Logos, noch ein Prädikat. Sagt man hingegen: »Sokrates kaut«, hat man einen wahrheitsfähigen Aussagesatz. »Sokrates« und »... kaut« sind isoliert genommen, d. h. als logische Atome, nicht wahrheitsfähig. Genau dies ist der Inhalt von Sokrates' Traum.

Es handelt sich dabei in dem Sinne um einen Traum, daß auf der Ebene unseres Wissens durch Bekanntschaft mit logischen Atomen wie im Traum keine Fallibilität möglich ist. In unserer Einstellung zu logischen Atomen sind wir prinzipiell infallibel, wie es aussieht. In diesem Sinne ist sie vom Typ der Wahrnehmung oder genauer: vom Typ der Empfindung. Eine Rotempfindung, ein Sinnesdatum »rot« ist nicht fallibel, da scheinbar nicht geurteilt wird, wo man ein bloßes Sinnesdatum erfährt. In den Bereich wahrheitsfähiger und damit fallibler Gebilde begibt man sich erst, wenn man den Roteindruck auf etwas bezieht

---

[41] Die Unterscheidung zwischen »Knowledge by Acquaintance« und »Knowledge by Description« trifft Russell in: »Knowledge by Acquaintance and Knowledge by Description«, in: *Proceedings of the Aristotelian Society (New Series)*, Vol. XI, (1910–1911), S. 108–128.
[42] Tht., 202a6 f.
[43] Tht., 202b5.

und zum Beispiel behauptet, daß dort ein roter Würfel steht, welcher den Sinneseindruck hervorruft.

Diese Version des logischen Atomismus kann man als frühe Version des **Mythos des Gegebenen** bezeichnen.[44] Der Mythos des Gegebenen nimmt an, daß es unterhalb der Ebene wahrheitsfähiger Gebilde (seien diese nun Gedanken oder Aussagen) prälogische Einstellungen wie Wissen durch Bekanntschaft oder ein infallibles Empfindungsrepertoire gibt, das logische Verbindungen eingehen kann oder nicht. Dabei ist es als solches aber noch nicht auf die logischen Verbindungen bezogen oder gar durch sie hervorgebracht oder auch nur durch das Eingehen logischer Verbindungen veränderbar. Was gegeben sein soll, sind elementare »Ursachverhalte«[45]. Auf dem Niveau unserer Einstellung zu solchen Ursachverhalten gibt es keinen Unterschied zwischen »wahr« bzw. »richtig« und falsch. Hier gelte also: »richtig ist, was immer mir als richtig erscheinen wird.« (PU, § 258[46]) Dies bedeutet aber, daß wir in unserer infalliblen Einstellung zu elementaren Ursachverhalten auch nicht zwischen Wachen und Träumen unterscheiden können, wie Platon dies formuliert. Deswegen handelt es sich beim logischen Atomismus um einen Traum.

Was Platon dabei vorschwebte, läßt sich folgendermaßen rekonstruieren. Platon hat entdeckt, daß wir in doppelter Weise fallibel sind. Dies drückt er in der Form eines **Prinzips der Aparallaxie** (von gr. *aparallaxia*, ἀπαραλλαξία = Ununterscheidbarkeit) aus: Ob wir träumen, daß ein Buch vor uns auf dem Schreibtisch liegt, oder wachen Auges sehen, daß ein Buch vor uns auf dem Schreibtisch liegt, ändert nichts an dem phänomenalen Inhalt, an der Erscheinung, die sich uns zeigt. Wenn wir nun urteilen, daß ein Buch vor uns auf dem Schreibtisch liegt, so sind wir damit auch dann fallibel, wenn wir den begrifflichen Gehalt der Erscheinung, den Sachverhalt, daß ein Buch vor uns auf dem Schreibtisch liegt, korrekt wiedergeben, da wir uns eben darin täuschen können, ob da wirklich ein Buch liegt oder ob wir uns in einem Zustand befinden, in dem wir gar nicht kompetent beurteilen können, ob da wirklich ein Buch liegt.[47]

---

[44] Dieser Ausdruck geht auf Wilfrid Sellars zurück. Wer sich einen Überblick über Sellars' derzeit sehr prominente Philosophie verschaffen möchte, sei verwiesen auf deVries, W. A.: *Wilfrid Sellars*. Durham 2005.
[45] Vgl. Koch: *Versuch über Wahrheit und Zeit*, S. 105 ff.
[46] Platon legt ähnliche Worte Protagoras in den Mund in Tht., 152a7–9.
[47] Zum Prinzip der Aparallaxie vgl. Gabriel: *Antike und moderne Skepsis*, S. 28–39.

Mit anderen Worten, wir sind nicht nur darin fallibel, ob es jeweils das-und-das ist, was uns erscheint, sondern auch im Hinblick auf dasjenige, was ich die **logische Form der Erscheinung** nenne. Träumen und Wachen sind zwei verschiedene und miteinander inkompatible logische Formen der Erscheinung. Der Inhalt einer Erscheinung läßt sich unabhängig von der Frage charakterisieren, was seine logische Form der Erscheinung ist. Wenn ich etwa der Überzeugung bin, daß ein Buch vor mir liegt und ich mir diese Überzeugung u. a. dadurch gebildet habe, daß ich mich in eine entsprechende sensorische Ausrichtung versetzt (d. h. hingesehen) habe, so bin ich einerseits fallibel im Hinblick auf den Inhalt (ist es wirklich ein Buch oder eine Attrappe?) und andererseits zugleich fallibel im Hinblick auf die logische Form (bin ich wach oder träume ich bloß?). Nun sind logische Formen der Erscheinung unter Rekurs auf unsere Einstellung zum Inhalt nicht unterscheidbar. Genau dies besagt das Prinzip der Aparallaxie. Denn ich kann mir jederzeit alternative logische Formen der Erscheinung denken, die zur Anwendung gekommen sein könnten. Ich kann jedenfalls nicht unter Rekurs auf einen erscheinenden Inhalt entscheiden, welche logische Form zur Anwendung gekommen ist.

Dies gilt übrigens nicht nur für die Differenz zwischen Wachen und Träumen, sondern auch auf dem vertrauten Gebiet verschiedener aufeinander prallender Überzeugungssysteme. So kommt in einer Rede Stalins über den historischen Wert der Demokratie ein anderes Überzeugungssystem als in einer entsprechenden Rede von Richard Nixon zum Tragen. Beide mögen scheinbar über dasselbe sprechen, der phänomenale Inhalt ist in einer bestimmten Hinsicht derselbe, doch ist die logische Form seiner Erscheinung jeweils radikal verschieden. Eine noch vertrautere Lage ergibt sich in jedem Gespräch, da der Gesprächspartner (man denke etwa an eine Auseinandersetzung eines Ehepaars) eben ein anderes Überzeugungssystem vertritt. Nun steckt man niemals gleichzeitig in einem endlichen Überzeugungssystem und einem vollständigen Überzeugungssystem darüber, in welchem Überzeugungssystem man steckt. Denn jede Bildung und Überprüfung von Überzeugungen findet immer schon in einem Überzeugungssystem statt (wenn man etwas weiß, weiß man auch schon vieles). Bildete man nun eine Überzeugung über das Überzeugungssystem, so käme dabei wiederum ein anderes höherstufiges Überzeugungssystem zur Anwendung. Wie auch immer man es wendet, jeder registrierte oder registrierbare Inhalt ist in einen Zusammenhang eingebettet, der die logische

Form seiner Erscheinung bereitstellt. Diese kann niemals vollständig in den Inhalt eingeholt werden, da durch den Versuch, dies zu leisten, nur eine weitere logische Form der Erscheinung generiert wird.

Genau darauf hebt die Diskussion von Sokrates' Traum in meinen Augen ab. Die entscheidende Wende zur Logos-Diskussion führt nämlich über die Distinktion zwischen dem **All (*to pan*, τὸ πᾶν)** und dem **Ganzen (*to holon*, τὸ ὅλον)** (Tht., 204a7–206c6). Dabei entspricht das All einem eher mengentheoretischen, jedenfalls aber arithmetischen Begriff einer Ansammlung. So ist die Zahl 4 ein All aus der Addition von 2 und 2 oder von 3 und 1. Das All ist qualitativ nicht von seinen Teilen unterschieden. Es ist ein quantitatives Maximum. Anders verhält es sich mit einem Ganzen. Ein klassisches Beispiel für ein Ganzes, das mehr ist als seine Teile, ist ein Organismus – ein Beispiel, das sich bereits in Platons *Phaidon* findet und im Ausgang von Kant bis in die gegenwärtige Renaissance der Biologie als paradigmatischer Wissenschaft eine zentrale Rolle gespielt hat.[48] Wenn man sagen würde, daß mein Organismus nur aus physikalischen Partikeln (was diese auch immer sein mögen) bestehe, so könnte man gar nicht verstehen, inwiefern mein Gehirn in einer organischen Verbindung mit meinem Herzen steht. In einem Organismus bestimmt die Erkenntnis des Ganzen die Erkenntnis der Teile. So gehören die physikalischen Partikel gar keiner Betrachtung meines Organismus als solchen an. Dieser besteht nicht aus physikalischen Partikeln, sondern aus Organen und einer bestimmten Einbettung in eine Umwelt. Man verfehlte den Begriff des Organismus, wollte man ihn auf das in einer physikalischen Betrachtung Beobachtbare reduzieren. Physik und Biologie sind eben zwei verschiedene Wissenschaften.

Während beim Ganzen die Erkenntnis des Ganzen die Erkenntnis der Teile bestimmt, bestimmt beim All umgekehrt die Erkenntnis der Teile die Erkenntnis des Alls. Das All ist in diesem Sinne nicht mehr als seine Teile. Dies ist auf einer intuitiven Ebene leicht nachzuvollziehen, wenn es auch unter der Lupe der philosophischen Untersuchung erheblich problematischer ist, als es auf den ersten Blick erscheinen mag.

---

[48] Vgl. Platon: *Phaidon*, 97b8–99d2. Sokrates weist dort darauf hin, daß der Umstand, daß er sich setzt, nicht identisch damit ist, daß sich ein Haufen Knochen und Nerven setzt. Wenn man verstehen will, daß Sokrates sich setzt, muß man verstehen, daß »Sokrates alles, was er tut, mit Vernunft tut (Σωκράτης πάντα ὅσα πράττει νῷ πράττει)« (ebd., 98c4).

Allerdings kann man durchaus mit Platon (und gegen eine orthodoxe Lesart Platons) festhalten, daß das Ganze einer Erscheinung sowohl aus einem Inhalt als auch aus einer logischen Form besteht. Die logische Form einer Erscheinung nennt Platon mit dem berühmten Ausdruck eine »Idee«, während der Inhalt der Erscheinung gegeben sein muß. *Wie* der Inhalt gegeben ist, hängt davon ab, welche Idee im Spiel ist. Die Idee generiert eine mögliche phänomenale Umgebung, ohne deswegen antizipieren zu können, was in dieser Umgebung erscheint.

Die Pointe von Sokrates' Traum ist damit die Zurückweisung einer bestimmten Variante des Mythos des Gegebenen. Unterhalb der Ebene des Wissbaren gibt es gar keine reine unbegriffliche Sinnlichkeit, kein Empfindungsrepertoire, das logische Atome registriert. Indem sie dies übersieht, scheitert auch die Identifikation von Wissen mit Wahrnehmung. Platon behauptet also nicht etwa, daß die Wahrnehmung insgesamt keine Erkenntnisquelle darstellt, sondern lediglich, daß sie nicht nach dem Modell einer bloßen Aufnahme von Gegebenem als infallible, weil begrifflich noch nicht vermittelte Erkenntnisquelle entworfen werden kann. Denn in der Wahrnehmung bewegen wir uns immer schon in einem Ganzen, das qualitativ von seinen Teilen unterschieden ist. Dieses Ganze ist keine mereologische Summe irgendeiner Art, d.h. kein Quantum, sondern der Umstand, daß wir nur dann etwas wissen, wenn wir bereits vieles wissen.

Gäbe es logische Atome, die wir allein mit Eigennamen bezeichnen könnten, so wären diese zu unbestimmt, um überhaupt in einen Logos einzugehen. Platon weist darauf hin, daß man diese logischen Atome auch noch keinen Identitätskriterien unterstellen könnte. Sagte man etwa, dieser Grüneindruck sei immerhin *dieser* (und d.h. kein anderer) Eindruck, hätte man den Eindruck bereits in einen Zusammenhang gestellt. Doch genau davon abstrahiert das Postulat logischer Atome mitsamt der ihm zugeordneten Wissensform der Bekanntschaft. Wie später Hegel im Kapitel »Die sinnliche Gewißheit« in seiner *Phänomenologie des Geistes* eingeschärft hat, verlangt die Bekanntschaft mit irgendeinem, begrifflich noch nicht bestimmten, logisch schlechthin isolierten Diesen ein inkonsistentes Modell der Bezugnahme. Und genau mit dem Hinweis auf eine solche Inkonsistenz beginnt Sokrates das Referat seines Traumes:

»Ich meine, von einigen gehört zu haben, daß das Grundlegende gleichsam Elemente sind, aus denen wir und das andere zusammengesetzt sind, die dabei keinen Logos haben. Jedes von diesen kann an ihm selbst nur benannt werden, hinzufügen kann man ihm nichts anderes, weder, daß es ist, noch, daß es nicht ist. Denn so setzte man ihm schon Sein oder Nichtsein hinzu, man darf aber nichts herantragen, wenn jemand jenes selbst nennen wollte. Denn auch nicht ›dasselbe‹ oder ›jenes‹, auch nicht ›jedes‹, ›nur es‹ oder ›dieses‹ darf man herantragen noch vieles anderes von dieser Art.« (Tht., 201d8–202a4)

Die vermeintlichen logischen Atome sind demnach schlechthin nicht individuierbar und damit inkonsistente Postulate. So gesehen handelt es sich bei ihnen auch um einen Traum. Gingen isolierte logische Atome in unsere Urteile über die uns umgebende Wirklichkeit ein, dann könnten wir nicht mehr zwischen Wachen und Träumen unterscheiden, da die isolierten Atome in keinem Zusammenhang stehen, der uns eine von unseren Überzeugungen auch nur potentiell unabhängige Tatsachen- oder Gegenstandsstruktur zugänglich machen könnte.

Nun sind Begriffe stets allgemein in dem Sinne, daß sie vielem zukommen können. So kommt der Begriff ... *ist rot* allem Roten zu. Darüber hinaus verweisen Begriffe auf eine Dimension der Allgemeinheit, in der sich Rotes von Grünem unterscheiden läßt, womit übrigens ein Identitätskriterium festgelegt wird: Rotes unterscheidet sich von anderen Farben. Deswegen gibt es, so die Konklusion, zu der Sokrates' Traum einlädt, auch keine logischen Atome. Begriffe gehören vielmehr jeweils zu einem Ganzen, einem Kontext, der logische Formen, aber keine logischen Atome zur Verfügung stellt.

2.1.2. Drei Bedeutungen von »Logos«

Platon bezeichnet das Ganze im Sinne des Umstandes, daß es Begriffe nur in einem Kontext gibt, als »Logos«, ein Gedanke, den er eigentlich erst im *Sophistes*, dem zweiten Teil der Dialogtrilogie *Theaitetos, Sophistes* und *Politikos*, ausarbeitet, zu dem der *Theaitetos* überleitet. Ohne hier auf Platons weitere Ausführungen außerhalb des *Theaitetos* im Einzelnen eingehen zu müssen, ist es sinnvoll, sich zunächst einen Überblick über die drei diskutierten Bedeutungen von »Logos« zu verschaffen – obwohl man hinzufügen muß, daß Platons fortgeschrittene Auffassung von »Logos« erst im *Sophistes* entwickelt wird. Die drei Bedeutungen, die er im *Theaitetos* diskutiert, sind die folgenden:

I. Kapitel: Aufbau und Methodologie

1. Logos ist, »seinen eigenen Gedanken durch die Stimme mit Verben und Eigennamen sichtbar zu machen (τὸ τὴν αὑτοῦ διάνοιαν ἐμφανῆ ποιεῖν διὰ φωνῆς μετὰ ῥημάτων τε καὶ ὀνομάτων).« (Tht., 206d1f)
2. Logos ist »bei jedem der Durchgang durch ein Element (τὴν διὰ στοιχείου διέξοδον περὶ ἑκάστου).« (Tht., 207c6f)
3. Logos ist »das Haben irgendeines Zeichens, wodurch sich dasjenige, was in Frage steht, von allem anderen unterscheidet (τὸ ἔχειν τι σημεῖον εἰπεῖν ᾧ τῶν ἁπάντων διαφέρει τὸ ἐρωτηθέν).« (Tht., 208c7f)

Die erste Definition faßt Logos als begriffliche Artikulation auf. Artikuliert man einen begrifflich wohl strukturierten und wahren Gedanken, eine wahre Annahme, so scheint dies bereits mehr als eine bloß zufällig wahre Meinung zu beinhalten, da die Meinung sowohl strukturiert ist als auch in Kontakt mit einer Tatsache steht. Allerdings besteht nun das Problem, daß die begriffliche Artikulation eines Gedankens selber natürlich noch kein Wissen darstellt. Denn, so Sokrates' Einwand, eine isolierte Kenntnis einer Eigenschaft eines Gegenstandes, die man durch die Zuschreibung eines Prädikates artikuliert, ist noch kein Wissen. Wenn ich etwa behaupte, daß dieses Ding da vorne vier Reifen hat, ist damit noch nicht gesagt, daß ich weiß, daß es ein Auto ist, oder weiß, daß dieses Ding da vorne wirklich vier Reifen hat. Selbst wenn es wahr ist, daß dieses Ding da vorne vier Reifen hat, genügt dies jedenfalls noch nicht, um zu sagen, ich wüßte, es handele sich um ein Auto.

Anders gewendet: Platon weist darauf hin, daß ein isolierter wahrer und begrifflich artikulierter Gedanke zu wenige Wissensfälle abdeckt, um als Definition des Wissensbegriffs insgesamt gelten zu können. Wissen ist stets komplexer als ein einziger wahrer Gedanke. Es handelt sich bei Wissen weniger um einen isolierbaren Sachverhalt als vielmehr um einen begrifflich artikulierten, teils expliziten, teils aber auch nur impliziten Zusammenhang. Denn ohne einen solchen Zusammenhang wären die Begriffe, die in die wahre Annahme eingehen, die als Wissen qualifiziert werden soll, unterbestimmt.

Die zweite Definition fügt deswegen den Gedanken eines »Ganges zum Ganzen durch das Element (διὰ στοιχείου ὁδὸς ἐπὶ τὸ ὅλον)« (Tht., 208c6) hinzu. Doch dieser Durchgang genügt wiederum noch nicht, und zwar deswegen, weil er – immer noch dem logischen Atomismus verhaftet – das Ganze nur von seinen Elementen aus versteht. Erfaßte man *per impossibile* ein isoliertes Element, wäre damit nicht sichergestellt, daß man dieses Element auch in einem anderen Kontext erfassen könnte, da seine Erfassung ja von jeglichem Kontext abstrahierte. Wer so gesehen etwa den Eifelturm in Paris erkennt und daraufhin nach Tokyo reist und den Tokyo Tower verwundert für den Eifelturm hält, verfügt offensichtlich nicht über die hinreichenden Kenntnisse, um den Eifelturm zu individuieren. Platons Gedankengang besagt aber, daß man nur dann etwas wissen kann, wenn man es individuieren kann, was u. a. bedeutet, es als dasselbe in andere Kontexte projizieren zu können. Wenn man etwas weiß, weiß man zugleich etwas über seine logische Umgebung, und zwar auch so, daß man bereit sein muß, die akzeptierten Identitätskriterien umzuarbeiten, wenn sich herausstellt, daß irgend etwas nach erfolgter Projektion in einen anderen Kontext sich als etwas anderes herausstellt, als man erwartete. Die logische Umgebung einer auf ein Individuum oder eine Tatsache bezogenen wahrheitsfähigen Überzeugung ist niemals vollständig ausgeleuchtet, woraus der Skeptizismus destruktive Energien schöpft, wie wir im Kapitel über Formen des Skeptizismus sehen werden.

Ein schlechthin isoliertes Element läßt sich weder erfassen noch in einen Zusammenhang bringen, der noch nicht hergestellt ist. Deswegen kann man einen Logos, eine Verknüpfung, auch nicht aus solchen Elementen selbst gewinnen. Dies kann man sich auch folgendermaßen verständlich machen. Sagen wir, die Formel eines wahrheitsfähigen Gedankens sei eine Funktion $F(x)$, wie Gottlob Frege vorgeschlagen hat.[49] Ohne uns ganz auf Frege einlassen zu müssen, ist dies leicht plausibel zu machen. So sei F etwa der Begriff ... *ist rot*. Dieser Begriff hat eine offene Stelle, in die sich ein Argument, etwa »dieser Würfel«, einsetzen läßt. Der Begriff $F(x)$ ist ohne irgendein Argument »ungesättigt«, wie Frege sagt.[50] Er eröffnet lediglich einen logischen Raum der Bestimmbarkeit. Sobald die Funktion vorliegt, kann vieles rot sein, nämlich alles dasjenige, was sich dergestalt als Argument, sprich als geeigneter Lückenfüller der prädikativen Leerstelle, in die Funktion einsetzen läßt, daß diese den Wahrheitswert »wahr« liefert. Nun sieht man der Funktion selbst nicht an, welche konkreten Argumente eingesetzt werden müssen, um den Wahrheitswert »wahr« zu liefern. Nur weil man über den

---

[49] Frege, G.: »Funktion und Begriff«, in: Ders.: *Kleine Schriften*, S. 125–142.
[50] Frege, G.: »Über Begriff und Gegenstand«, in: Ders.: *Kleine Schriften*, S. 167–178, hier: S. 178.

Begriff des Roten verfügt, weiß man noch nicht, was alles rot ist. Umgekehrt weiß man noch nicht, daß dieses da rot ist, wenn man ohne jeden Begriff mit ihm konfrontiert worden ist. Isoliert man F und x, wird nicht ersichtlich, wie sie jemals zusammengehören können. Sie haben lediglich ein leeres »pronominales Sein«, wie dies Wolfram Hogrebe (* 1945) genannt hat.[51] Sie zeigen allenfalls die Möglichkeit an, daß etwas bezeichnet und dadurch individuiert werden könnte, ohne zu sagen, worum es sich dabei handelt. Eine Sache, d. h. irgend etwas, das irgendwie ist, liegt erst vor, wenn eine Funktion mit einem Argument zustande gekommen ist. Also sind die Elemente erst in der einmal zustande gekommenen Funktion die Elemente der Funktion.

Deshalb vertritt Frege zu Recht das so genannte **Kontextprinzip**: »Nur im Zusammenhang eines Satzes bedeuten die Wörter etwas.«[52] Das Postulat einer Bekanntschaft mit logisch atomaren Tatsachen muß folglich als eine retroaktive Illusion durchschaut werden: Die Bedingungen, die durch einen Satz zum Verstehen seiner Bedeutung zur Verfügung gestellt werden, generieren nachträglich Elemente, aus denen der Satz besteht, die aus dem Satz herausgelöst und in andere Kontexte projiziert werden können. Genau darin besteht die konstitutive Allgemeinheit von Begriffen, oder wie Platon mit seinem berühmten Wort sagt: die »Idee«. Unterhalb der begrifflichen Schwelle der Idee gibt es gar nichts Bestimmtes, nicht einmal solches, was immerhin als unbestimmt bestimmbar wäre.

Mit diesem Gedankengang kommt man zur dritten Definition von »Logos«. Dieser zufolge ist Logos das Haben eines Merkmals, durch das sich die in Frage stehende Sache, das Wißbare, von allem anderen unterscheidet. Der Logos kodifiziert demnach den entscheidenden »Unterschied (διαφορά)«.

»Du erfaßt also den Unterschied eines jeden, durch den es sich von den anderen unterscheidet, den Logos, wie einige sagen. Während du an etwas Allgemeines rührst, wird dir bei jenem ein Logos zur Verfügung stehen, bei dem eine Allgemeinheit in Frage kommt.« (Tht., 208d6–9)

Der Logos zeigt eine Dimension der Allgemeinheit an. Dieser Zusammenhang wird spätestens seit Heraklit hergestellt, der den Ausdruck

---

[51] Hogrebe: *Prädikation und Genesis*, S. 71.
[52] Frege, G.: *Grundlagen der Arithmetik. Eine logisch-mathematische Untersuchung über den Begriff der Zahl*. Darmstadt 1961, § 62, vgl. auch §§ 60, 106.

»Logos« für den Gesamtzusammenhang verwendet, an dem alle vernünftigen Lebewesen partizipieren können.[53]

Neben unzähligen anderen semantischen Nuancen schwankt das griechische Wort »Logos« in diesem Kontext mindestens zwischen »Aussage« und »Verknüpfung«, wobei die durch den Logos hergestellte Verknüpfung über die Verknüpfung vermeintlich prälogischer Urelemente hinausgeht. Reduziert man Logos auf diese leichte Ambiguität, so zeigt sich Logosbegabung mindestens im Handhaben von Unterschieden. Eine wahre Annahme mit einem Logos ist demnach dadurch von einer bloßen wahren Annahme unterschieden, daß sie einen Zusammenhang herstellt, der sowohl über vermeintliche Urelemente als auch über einzelne Aussagen hinausdeutet.

»Wer auch immer nun mit einer wahren Annahme über irgend etwas der Seienden seinen Unterschied von anderem erfaßt, wird wissend geworden sein im Hinblick auf dasjenige, wovon er vorher lediglich eine Annahme hatte.« (Tht., 208e3–5)

Nun ist die Erfassung eines solchen Unterschieds, d. h. die Ausübung der Logosbegabung, aber bereits ein Wissen, nämlich ein Wissen des Unterschieds. Damit wird die Definition des Wissens als wahrer Annahme mit einem Logos allerdings zirkulär, weil der Logos bereits als Wissen verstanden wird. Es muß folglich immer schon das »Verstehen (ἑρμηνεία)« (Tht., 209a5), wie es an einer Stelle heißt, als eine Form des Vorwissens von Unterschieden vorausgesetzt werden, wenn man ein explizites Wissen über irgend etwas erwerben will. Platon unterscheidet deswegen auch schon an früherer Stelle des Dialogs zwischen einem *impliziten* und einem *expliziten Wissen*, einem »Besitzen (κτῆσις)« und einem wirklichen »Haben (ἕξις)« (Tht., 197b1 ff.). Die dritte Definition des Logos weist darauf hin, daß wir uns bereits in einem artikulierten Medium der Allgemeinheit bewegen, in dem viele Wissensansprüche zusammen bestehen. Dieses Medium läßt sich zwar analysieren, doch kann diese Analyse niemals das Ganze transzendieren, in dem sie sich bewegt, zumal sie es immer nur diffus präsent hat.

Im Falle einer Analyse des Wissensbegriffs gilt es also mit Platon stets zu bedenken, daß diese Analyse selbst einen Wissensanspruch erhebt. Die Erkenntnistheorie beansprucht ihrerseits eine Erkenntnis der

---

[53] Vgl. dazu Gabriel: *Antike und moderne Skepsis*, S. 20 ff.

Erkenntnis.[54] Sie ist in diesem Sinne eine höherstufige Erkenntnisform, deren Objekt objektstufige Erkenntnis ist. Dies unterscheidet sie etwa von einer Analyse des Begriffs des Tanzens, da eine solche Analyse nicht selbst buchstäblich ein Tanz ist. Genau dies ist u.a. die Lektion von Platons *Theaitetos*. Am Beispiel unserer Bemühung zu verstehen, was Wissen oder Erkenntnis eigentlich ist, kann man demnach eine grundlegende Struktur der Selbstbezüglichkeit kennenlernen. Es geht gerade darum, das Medium aufzuklären, in dem sich die Aufklärung des Mediums bereits bewegt. Damit erweist sich die Erkenntnistheorie in Platons Augen als Teil der »Arbeit an sich selbst« bzw. der »Selbstsorge«, die in der klassischen griechischen Philosophie stets mit dem Versuch der Selbsterkenntnis einhergeht.[55] Platon geht es insgesamt darum, dem berühmten Auftrag des delphischen Orakels zu entsprechen: »Erkenne dich selbst (γνῶθι σαυτόν)!« Denn nur auf diese Weise kann es gelingen, sich Weisheit als Ziel zu setzen.

Platon, auf dessen Buchstabengleichnis in der *Politeia* Belnap selbst hinweist, von dessen Distinktion zwischen analytischer und synthetischer Philosophie wir in diesem Kapitel unseren Ausgang genommen haben, ist somit der erste paradigmatische Vertreter einer synthetischen Methode innerhalb der Erkenntnistheorie. Die kriterielle, analytische Definition des Wissensbegriffs scheitert Platon zufolge daran, daß sie immer schon irgendeine Wissensform, und sei es ein umrißhaftes Vorwissen, in Anspruch nehmen muß. Es gibt keine logischen Urelemente, aus denen sich das Universum (oder Pluriversum) wahrheitsfähiger Gedanken aufbauen läßt. Wir befinden uns als Erkenntnistheoretiker somit bereits mitten im Wissen und versuchen, das Wissen bzw. die uns bekannten Formen des Wissens im Unterschied zum

---

[54] Diesen Punkt hat Josef König deutlich herausgestellt. Vgl. König, J.: *Probleme der Erkenntnistheorie. Göttinger Colleg im WS 1958/59*. Red. und hrsg. von G. Dahms, Norderstedt 2004, S. 181: »Wir haben nun früher doch gesagt, wir könnten dessen, dass es überhaupt so etwas wie das Erkennen gibt und d.h. dass eine Rede von der Form ›ich erkenne, dass p‹ manchmal wahr ist, nicht gewiss sein – und zwar deshalb nicht, weil, dass p ist, eine notwendige Bedingung der Wahrheit einer solchen Rede ist, und weil wir, um zu wissen, dass diese Bedingung erfüllt ist, auf das Erkennen angewiesen sind.« König erörtert den Erkenntnisbegriff dabei insgesamt im Ausgang von der Frage, was Erkenntnistheorie ist und was es heißt zu erkennen, was Erkennen ist. Um zu erkennen, was Erkennen ist und ob es überhaupt Erkennen gibt, muß man selbst etwas erkennen.
[55] Vgl. dazu die Vorlesungen des späten Michel Foucault, insbesondere *Hermeneutik des Subjekts. Vorlesung am Collège de France (1981/1982)*. Übers. von U. Bokelmann, Frankfurt am Main 2004.

Nichtwissen zu profilieren. Genau dies hat Otto Neurath (1882–1945) mit einem vielzitierten Gleichnis auf den Punkt gebracht:

> »Es gibt keine tabula rasa. Wie Schiffer sind wir, die ihr Schiff auf offener See umbauen müssen, ohne es jemals in einem Dock zerlegen und aus festen Bestandteilen neu errichten zu können.«[56]

Platon entwirft vor diesem Hintergrund eine **holistische Epistemologie.** Wissen findet immer in einem Ganzen statt, das in einzelnen Wissensansprüchen stets nur diffus präsent sein kann. In diesem Zusammenhang hat Platon als erster die Methode der **Dialektik** eingeführt. Dialektik kommt von *dialegesthai* (διαλέγεσθαι), »sich unterreden« bzw. »durchsprechen«. Dialektik ist die Kunst der systematischen, an der Wahrheitsfindung orientierten Unterredung. Aufgabe der Dialektik ist die Explikation und Exploration desjenigen Feldes, in dem sich ein Wissensanspruch bewegt. Die Dialektik macht demnach Voraussetzungen explizit, um diese im Hinblick auf ihre Kompatibilität mit den expliziten Äußerungen eines Gesprächspartners zu untersuchen. So gelingt es auch und v. a. im *Theaitetos* nicht, einen adäquaten Begriff des Ganzen zu entfalten, der dem Wissensbegriff Rechnung tragen könnte. Denn das Ganze wird von Theaitetos, einem jungen talentierten Mathematiker, immer nur als das All, d. h. als ein alles einbegreifendes Quantum aufgefaßt. Deswegen gelingt es ihm nicht, das Ganze in der Voraussetzungsstruktur des Wissens aufzuspüren. Das Ganze ist für ihn aus seiner mathematischen Warte stets nur eine Ansammlung von Teilen, ein Haufen. Genau daran scheitern seine Definitionsversuche.

Platons Entwurf einer Epistemologie ist dagegen holistisch und synthetisch. Nur im Ausgriff auf ein diffuses Ganzes von Voraussetzungen ist es möglich, den Wissensbegriff zu erläutern. Doch diese Erläuterung des Wissensbegriffs führt nicht etwa zu einer Kriteriologie. Platon vermeidet gerade eine kriterielle Definition des Wissensbegriffs. Denn auch unsere höherstufige Erkenntnis der Erkenntnis bleibt an diffuse Voraussetzungen gebunden, die sie zwar dialektisch, im Medium der Reflexion auf ihre Präsuppositionsstruktur hin untersuchen kann, ohne dabei aber jemals in eine Einstellung zu gelangen, in welcher ein Wissensanspruch zugleich mit seiner logischen Form thematisiert werden kann.

Diese Einsicht ist mit dem Anspruch einer kriteriellen Definition

---

[56] Neurath, O.: »Protokollsätze«, in: *Erkenntnis* 3 (1932/33), S. 204–214, hier: S. 206.

des Wissensbegriffs insofern unvereinbar, als sie besagt, daß auch der Wissensanspruch der kriteriellen Definition an diffuse Voraussetzungen gebunden bleibt, die sich nur durch einen weiteren Wissensanspruch explizieren ließen. Daran kann man ablesen: Wenn man einen Wissensanspruch erhebt, der nicht nur Wissen, sondern auch ein Wissen darum beansprucht, daß alle Wissensbedingungen erfüllt sind, überfordert man den Wissensbegriff. Denn ein solcher Wissensanspruch müßte unmittelbar auf zwei Reflexionsebenen verortet sein: Er wäre ein Wissensanspruch mit einem bestimmten Inhalt und zugleich ein Wissensanspruch, der sich auf die Form bezieht, in der dieser Inhalt zugänglich ist. Eine solche totale Reflexion kann aber niemals restlos gelingen, wobei sie darüber hinaus schon deswegen zirkulär ist, weil sie Wissen nur unter der Voraussetzung kriteriell definieren kann, daß sie ihrerseits bereits Wissen (wenn auch anderer Ordnung) in Anspruch nimmt.

Die antike Skepsis ist genau vor dem Hintergrund dieser Überlegungen aus der Platonischen Akademie hervorgegangen.[57] Sie speist sich argumentativ stets aus der Notwendigkeit des Holismus, d. h. aus der Einbettung unserer Wissensansprüche in ein Ganzes, das wir niemals vollständig überschauen können. Die Umgebung eines jeden noch so luzide begründeten Wissensanspruchs hält stets Möglichkeiten bereit, die den Wissensanspruch unterminieren könnten.

Was Platons eigenen Entwurf einer Epistemologie auszeichnet, ist die entscheidende Einsicht, daß wir nicht so verfahren können, als befänden wir uns außerhalb eines Wissensanspruchs, wenn wir untersuchen, was »Wissen« oder »Erkenntnis« ist. Ein schlechthinniges Nichtwissen ließe sich als Ausgangspunkt der Epistemologie nicht einmal formulieren. Deswegen ist das Besondere des berühmten Sokratischen Nichtwissens das Staunen, die Konfrontation damit, daß wir zwar ein Vorwissen, eine Ahnung haben, die uns anzeigt, was Wissen ist, daß wir dieses Vorwissen aber nicht notwendig korrekt zu explizieren vermögen.[58] Dementsprechend bleibt alles Wissen an die Suche nach **guten Gründen** gebunden, die freilich niemals **wahrheitsgarantierend** sein

---

[57] Wer sich für die historischen Zusammenhänge interessiert, sei verwiesen auf Hossenfelder, M.: *Stoa, Epikureismus und Skepsis*, Geschichte der Philosophie, Bd. 3: Die Philosophie der Antike, München ²1995; Krämer, H. J.: *Platonismus und hellenistische Philosophie*. Berlin 1972.
[58] Vgl. dazu Hogrebe, W.: *Metaphysik und Mantik. Die Deutungsnatur des Menschen (Système orphique de Iéna)*. Frankfurt am Main 1992.

können. Wahrheitsgarantierende Gründe führten zu infalliblem Wissen. Doch ein Wissen oder eine Form des Wissens wäre nur dann infallibel, wenn sie alle Gründe in ihrem Zusammenhang überschaute. Ein solches mit Fug und Recht »göttlich« zu nennendes Wissen steht dem Philosophen aber gerade nicht zur Verfügung, wie Platon im *Symposium* einschärft: »Kein Gott philosophiert und begehrt, weise zu werden – denn er ist es bereits – und auch wenn einer weise ist, philosophiert er nicht.«[59] Philosophen sind demnach Freunde der Endlichkeit; sie vertreten das Göttliche nur als dasjenige, wovon wir uns unterscheiden.

Diese Einstellung zur Endlichkeit verbirgt sich auch hinter dem berühmten Platonischen Ausspruch, Philosophie sei sterben lernen.[60] Genau darin unterscheidet sich die Philosophie von jedem dogmatischen Erkenntnisanspruch auch und v. a. des heute mit den Naturwissenschaften allzu gerne assoziierten Dogmatismus. Man spreizt sich heute so auf, als ob man endlich Bescheid wüßte über alles und jedes, einschließlich der Nichtexistenz des Göttlichen, was – so liest man tatsächlich – endlich durch die Hirnforschung bewiesen worden sei.[61] Sol-

---

[59] Platon: *Symposium*, 204a6 f. (meine Übersetzung): θεῶν οὐδεὶς φιλοσοφεῖ οὐδ᾽ἐπιθυμεῖ σοφός γενέσθαι – ἔστι γάρ – οὐδ᾽εἴ τις ἄλλος σοφός, οὐ φιλοσοφεῖ.

[60] Der Ausspruch lautet in Platons *Phaidon* (Phd., 67e5 f.) folgendermaßen: »In Wahrheit, oh Simmias, kümmern sich die richtig Philosophierenden um das Sterben (οἱ ὀρθῶς φιλοσοφοῦντες ἀποθνῄσκειν μελετῶσι), und das Totsein ist ihnen am wenigsten von allen Menschen etwas, das sie befürchten.«

[61] So deklariert Thomas Metzinger in einem Interview mit dem *Tagesspiegel* am 11.06.2007: »*Geht die Gottesvorstellung denn jetzt mit über Bord?* Sätze wie ›Gott existiert‹, wissen Sie, was solche Sätze für Philosophen sind? *Nö.* Das sind nicht etwa falsche Sätze. Nein, das sind gar keine Sätze. Sie beziehen sich auf nichts, weil aus ihnen nichts folgt, was man wenigstens im Prinzip nachprüfen könnte. Genau genommen sind es bloße Geräusche. Sie haben zwar eine wohlgeformte grammatikalische Struktur, aber die Bedeutung halluzinieren wir nur in sie hinein. ›In mir wohnt ein transzendentales Dudu‹ oder ›Überall ist Gott‹, sorry, aber das sind inhaltsleere Sätze. Das sind nur Schallwellen. Meine Studenten lernen das schon in der Einführungsübung: Rationale, erwachsene Personen äußern solche leeren Sätze nicht im Ernst – und zwar, weil man mit ihnen nicht zu neuen Erkenntnissen kommt und sich letztlich als Diskussionsteilnehmer disqualifiziert.« Es ist bemerkenswert, daß Metzinger dies *allen* Philosophen unterstellt, womit er Platon, Aristoteles, Kant und Hegel, um nur einige zu nennen, explizit »als Diskussionsteilnehmer disqualifiziert«.

Die positivistische Auffassung, die Metzinger vertritt, ist allerdings auch heute keineswegs repräsentativ, wie er angibt, sondern beruht auf einem bestenfalls einseitigen Bild von Rationalität, derzufolge wir nur von demjenigen überzeugt sein sollten, was wir experimentell überprüfen können. Diese Position scheitert aus ganz verschiedenen Gründen. Hilary Putnam erklärt den Positivismus neuerdings sogar für einen »complete

che Überzeugungen sind abwegig, weil sie sich über die Endlichkeit des Menschen sowie seiner Gründe einfach mit einer wegwerfenden Geste hinwegsetzen, die das Göttliche nicht abschafft, sondern sich selbst als das Göttliche inszeniert. Der Mensch ist endlich, und dies bedeutet nicht nur, daß wir alle sterblich sind, sondern daß wir in eine Dimension des Nichtwissens hineingehalten sind, die unsere Wissensansprüche umgibt. Diese Dimension ist eine notwendige Voraussetzung dafür, daß Wissensansprüche überhaupt gelingen können.

2.2. Gettier und der Einsatz der analytischen Erkenntnistheorie

Neben Platons Entdeckung der unhintergehbaren Selbstbezüglichkeit des Wissens gibt es noch einen modernen Einwand gegen die Möglichkeit einer kriteriellen Definition des Wissensbegriffs. Paradoxerweise hat dieser Einwand zunächst nicht dazu geführt, die Suche nach Kriterien aufzugeben, sondern hat sogar umgekehrt eine Unzahl von Entwürfen hervorgerufen, die gegen Gettiers ziemlich fundamentalen Einwand versucht haben, eine endliche Menge von notwendigen und zusammengenommen hinreichenden Bedingungen für Wissen anzugeben.

Gettier hat 1963 einen einflußreichen, nur wenige Seiten umfassenden Aufsatz mit dem Titel »Is Justified True Belief Knowledge?« publiziert, mit dem er der analytischen Erkenntnistheorie nach den vorher richtungsweisenden Arbeiten Russells und Ayers eine neue Wendung gegeben hat. Wie bereits gesehen, wollte die klassische analytische Erkenntnistheorie im Gefolge Russells oder Ayers nicht mehr davon ausgehen, daß Erkenntnis im wesentlichen in einer Übereinstimmung von Erkenntnissubjekt und Erkenntnisobjekt besteht, so daß das prinzipielle Vorliegen-Können einer solchen Übereinstimmung vorab sichergestellt werden müßte. Ein solches Unterfangen führt in unlösbare Aporien, wie Russell selbst in seinen *Problems of Philosophy* vorgeführt hat.[62] Russell nimmt deswegen einen Rückzug vor, indem er von Wissen bzw. Erkenntnis auf Rechtfertigungsstandards umstellt.

---

failure« und entwickelt eine subtile Position in der Handhabung des Verhältnisses von Philosophie, Religion und Wissenschaft. Vgl. dazu Putnam, H.: *Philosophy in an Age of Science. Physics, Mathematics, and Skepticism.* Cambridge, Ma./London 2012 (das Zitat findet sich auf S. 42). Vgl. zur neueren Debatte um Gott auch Eagleton, T.: *Reason, Faith, and Revolution: Reflections on the God Debate.* London 2009.

[62] Russell, B.: *The Problems of Philosophy.* London 1964.

Ayer hat in diesem Zusammenhang vorgeschlagen, nach notwendigen und hinreichenden Bedingungen Ausschau zu halten, die immer dann erfüllt sein müssen, wenn ein Fall von Wissen vorliegen soll. Mit anderen Worten, es geht der analytischen Erkenntnistheorie um eine erschöpfende Analyse des Wissensbegriffs und damit um eine Festlegung seiner legitimen Verwendungsweisen. Auf diese Weise sollen die traditionellen Dilemmata umgangen werden, die sich ergeben, wenn man Erkenntnis als eine Beziehung zwischen einem rein mentalen Subjekt und einer schlechthin extramentalen Wirklichkeit konstruiert.

Wie wir bereits gesehen haben (s. o., S. 43), lautet Ayers Analyse:

Ein Subjekt S weiß, daß p, genau dann wenn

(1) p wahr ist.
(2) S sich sicher ist, daß p wahr ist.
(3) S sich berechtigterweise sicher ist, daß p wahr ist.[63]

Sind alle drei Bedingungen erfüllt, liegt ein Fall von Wissen vor. So scheint es jedenfalls. Gettier hat nun einige berühmte Gegenbeispiele entwickelt, in denen die drei Bedingungen erfüllt sind, wir aber dennoch nicht dazu neigen, S Wissen zuzuschreiben. Hier sind Varianten seiner berühmten Beispiele.

Fall 1
Man nehme an, Jens und Marius hätten sich für eine bestimmte Arbeitsstelle beworben. Außerdem hat Jens gute Gründe zur Annahme der folgenden Proposition, wobei ich unter einer **Proposition** ein Gebilde verstehe, das wahr oder falsch sein kann.

(P1) Marius wird die Arbeitsstelle erhalten und Marius hat eine 2 Euro-Münze in seiner Tasche.

Jens könnte etwa von einer zuverlässigen Informantin gehört haben, daß Marius die Stelle erhalten wird. Außerdem sieht er, wie dieser nervös mit einer 2 Euro-Münze spielt und sie in seine Tasche steckt.

Aus (P1) folgt nun wiederum logisch nach dem Prinzip der sogenannten **Existenz-Generalisierung**[64]:

---

[63] Ayer: *The Problem of Knowledge*, S. 34.
[64] **Existenz-Generalisierung** ist der Schluß vom Vorliegen eines bestimmten Individuums mit einer Eigenschaft darauf, daß die Eigenschaft mindestens die Eigenschaft irgend-

(P2)   Derjeninge, der die Stelle erhalten wird, hat eine 2 Euro-Münze in der Tasche.

Jens hat also nach allen Regeln der Kunst die Überzeugung (P2) hinzugewonnen und ist demnach zu der Annahme von (P2) dank guter Gründe berechtigt.

Nun stelle man sich vor, daß Jens und doch nicht Marius die Stelle erhält. Außerdem hat Jens zufällig ebenfalls eine 2 Euro-Münze in der Tasche. (P2) wäre in diesem Fall wahr, obwohl (P1) falsch ist. Die drei Bedingungen für Wissen sind für Jens' Einstellung zu (P2) demnach erfüllt, obwohl man dennoch nicht sagen kann, daß er weiß, daß (P2).

Fall 2
Nehmen wir an, daß Stephan gute Gründe zur Annahme der folgenden Proposition hat.

(P3)   Jens besitzt einen BMW.

Seine Gründe könnten darin bestehen, daß er Jens stets in einem BMW herumfahren sah, daß Jens ihn auf eine kleine Spritztour in diesem BMW mitgenommen hat usw.

Nehmen wir weiter an, daß Stephan einen anderen Freund, Tobias, hat und momentan nicht weiß, wo dieser sich gerade aufhält. Auf der Basis der genannten Informationen kommt Stephan zu den folgenden drei Überzeugungen:

(P4)   Entweder Jens besitzt einen BMW oder Tobias ist in Heidelberg.
(P5)   Entweder Jens besitzt einen BMW oder Tobias ist in Hamburg.
(P6)   Entweder Jens besitzt einen BMW oder Tobias ist in Rom.

Die Behauptungen (P4)–(P6) folgen logisch aus (P3), da man aus p auf p $\vee$ q im aussagenlogischen Sinne des nicht ausschließenden »oder« schließen darf. Denn eine **Disjunktion**, d. h. eine Verknüpfung zweier Propositionen durch ein nicht ausschließendes oder, ist genau dann

---

eines Individuums ist. Aus »Platon war ein großer Philosoph« folgt, daß es mindestens einen großen Philosophen gibt. Allgemein folgt demnach aus Fa (also, a ist F), daß es irgendetwas gibt, das F ist. Sprich: Fa $\rightarrow$ $\exists$x (Fx). Dies bedeutet freilich nicht, daß aus einer Zuschreibung einer Eigenschaft ohne weiteres folgt, daß es einen Gegenstand gibt, dem die Eigenschaft zugeschrieben wird, sondern zunächst nur, daß aus der tatsächlichen Instantiierung einer Eigenschaft folgt, daß ein existierendes Individuum die besagte Eigenschaft hat.

wahr, wenn mindestens eine der Propositionen wahr ist, aus denen sie besteht. Stephan ist sich dieses Zusammenhangs bewußt und ist deshalb der Überzeugung, daß (P4), (P5) oder (P6) wahr ist. Stephan hat also nach allen Regeln der Kunst drei Überzeugungen hinzugewonnen und ist demnach zu ihrer Annahme dank guter Gründe berechtigt, ohne deswegen irgendeine Ahnung haben zu müssen, wo Tobias sich aufhält.

Nun stelle man sich aber vor, daß Jens in Wahrheit gar keinen BMW besitzt, sondern einen Leihwagen fährt. Außerdem stelle man sich vor, daß Tobias sich gerade in Rom befindet. In diesem Fall wäre (P6) wahr sowie Stephans Überzeugung, daß (P6) wahr ist, unter Rekurs auf gute Gründe berechtigt. Dennoch scheint die Behauptung merkwürdig, Stephan *wisse*, daß Jens entweder einen BMW besitzt oder Tobias in Heidelberg (oder Hamburg oder Rom) ist, da dasjenige, was die Überzeugung wahr macht, nämlich das zweite Glied der Disjunktion, relativ auf Stephans Räsonnement völlig zufällig ist.

Der springende Punkt liegt hier darin, daß Jens bzw. Stephan sich einfacher logischer Schlußformen wie der Existenzgeneralisierung oder hypothetischer Syllogismen bedienen. Auf diese Weise kommen sie zu einer gerechtfertigten, d. h. hier durch Anwendung von Logik begründeten Überzeugung. Diese stellt sich sodann als wahr heraus, ohne daß ein Fall von Wissen vorliegt. Wie man diese Beobachtung nun letztlich einschätzt, ist eine komplexe Frage. Man könnte etwa meinen, sie zeige, daß informatives Wissen nicht immer durch Anwendung der Logik erworben werden könne, oder sie zeige, daß man nicht von Rechtfertigung sprechen könne, wenn ein wahrer Satz aus einem falschen geschlossen wird, oder sie zeige, daß gute Gründe fallibel sind, um nur einige Diagnosen zu nennen.

Gettier selbst kommentiert sein Ergebnis ebensowenig wie die in seiner Argumentation angewandte Methode. Er entwickelt lediglich die beiden Gegenbeispiele gegen die Standardanalyse des Wissens. In der analytischen Erkenntnistheorie werden bis heute immer wieder Lösungen des Gettierproblems entwickelt. Viele Diskussionen verstricken sich in Beispiele, ohne auf die Bedingungen zu reflektieren, unter denen die Beispiele entwickelt werden. Insgesamt liegt die Prämisse zugrunde, daß es eine logische Ökonomie der Überzeugungsbildung, eine **epistemische Logik**, geben muß.[65] Ohne auf die Details dieser Debatte ein-

---

[65] Wer sich für epistemische Logik interessiert, sei verwiesen auf Rescher, N.: *Epistemic*

zugehen – die meines Erachtens viel zu viele Voraussetzungen aus dem Gebiet der formalen Logik in die Erkenntnistheorie importiert, ohne dabei aber ein gutes metalogisches Gerüst zu haben, das einen solchen Zusammenhang überhaupt erst herstellen könnte –, ist es hilfreich, sich einige Standardlösungen des Gettierproblems anzusehen, um zu verstehen, worum es der analytischen Erkenntnistheorie im engeren Sinne geht.

Die erste Standardlösung beruft sich darauf, daß in Jens' (Fall 1) bzw. Stephans (Fall 2) Überlegungen eine Prämisse vorkommt, die sich mit der Zeit als falsch herausstellt. In Fall 1 ist die Prämisse »Marius wird die Arbeitsstelle erhalten« und in Fall 2 die Prämisse »Jens besitzt einen BMW« falsch bzw. stellt sich als falsch heraus. Da die Überlegungen mit einer hinsichtlich ihres Wahrheitswerts noch unbestimmten bzw. falschen Prämisse beginnen, könne man ohnehin nicht davon ausgehen, daß ein Fall von Wissen vorliege. Wer eine Überlegung mit einer falschen oder »wahrheitstechnisch« unbestimmten Prämisse beginnt, hat demnach keine guten Gründe, folglich keine Rechtfertigung der logisch implizierten, zufällig wahren Überzeugung, zu der Jens bzw. Stephan in den Beispielen gelangen. Begründungsketten, die mit falschen oder unbestimmten Überzeugungen beginnen, die sich durch logisch korrekte Transformationen wie die Existenzgeneralisierung in wahre Überzeugungen überführen lassen, widersprechen der gut begründeten Auffassung, daß man keine gerechtfertigte Überzeugung aus solchen Prämissen gewinnen kann. Tatsächlich gerechtfertigte und im Hinblick auf den Rechtfertigungsgang nur zufällig wahre Überzeugungen müssen unterschieden werden können.

Ein Gegenbeispiel gegen die erste skizzierte Standardlösung sieht folgendermaßen aus: Man nehme an, Jens komme in das Sekretariat meines Lehrstuhls und erblicke Frau Feder, meine Sekretärin. Frau Feder grüßt in gewohnter Weise freundlich. Allerdings habe ich mir an diesem Tag mit Frau Feder den Schabernack überlegt, ein Hologramm von Frau Feder zu installieren, das ein Frau-Feder-Video zeigt. Trotzdem befindet sich Frau Feder dabei tatsächlich im Sekretariat und zwar direkt hinter dem Hologramm, ohne daß Jens sie sehen kann. Also ergibt sich:

Logic: Survey of the Logic of Knowledge. Pittsburgh 2005. Eine ältere Einführung liegt vor von Kutschera, F. von: *Einführung in die intensionale Semantik.* Berlin/New York 1976.

(P1)   Jens glaubt, daß Frau Feder im Sekretariat ist.
(P2)   Frau Feder ist im Sekretariat.
(P3)   Jens glaubt, daß Frau Feder im Sekretariat ist, weil er sie sieht, womit er gute Gründe hat zu glauben, daß sie im Sekretariat ist.
(K)   Jens weiß, daß Frau Feder im Sekretariat ist.

In diesem Fall besteht ein Zusammenhang zwischen dem Rechtfertigungsgang und der Wahrheit der Überzeugung, wobei gleichwohl ein Gettierfall vorliegt. Bedient man sich der Methode des Rechtfertigungsgangs, die in (P3) unterstellt wird (sprich: Sehen), käme man zu bestimmten Uhrzeiten immer zu der wahren Überzeugung, daß Frau Feder im Sekretariat ist. In diesem Fall wird folglich keine der Prämissen durch den temporalen Verlauf des Rechtfertigungsgangs bzw. der Überzeugungsbildung falsifiziert und durch ein gleichwohl zufällig wahres Äquivalent ersetzt.

Ob man dieses Gegenbeispiel wirklich für überzeugend halten kann, ist eine andere Frage. Jens sieht schließlich gar nicht Frau Feder, sondern ihr Hologramm. Deswegen ist Prämisse (P3) durchaus wiederum in einem bestimmten Sinne falsch. Zwar sieht Jens Frau Feder, aber nicht in dem Sinne, in dem er sie sähe, wenn sie nicht durch ein Hologramm verdoppelt vor ihm stünde.

Andere Standardlösungen fügen eine vierte Bedingung zum Wissensbegriff hinzu. Besonders prominent ist Robert Nozicks (1938–2002) Vorschlag in seinem Buch *Philosophical Explanations*.[66] Nozicks Wissensbegriff ist als **truth-tracking-account** bekannt, dem zufolge Wissen der Wahrheit auf der Spur bleiben muß. Nozick führt die folgenden vier Bedingungen für Wissen an:

(1)   P ist wahr.
(2)   S glaubt, daß p.
(3)   Wenn p wahr wäre, glaubte S (mittels Methode M), daß p.
(4)   Wenn p falsch wäre, glaubte S (mittels Methode M) nicht, daß p.

Nozicks Analyse, die er ausführlich begründet, gilt durch die detaillierte Analyse eines Gegenbeispiels von Saul Kripke in seinem Aufsatz »Nozick on Knowledge« als widerlegt, das auf eine längere Diskussion zu-

---

[66] Nozick, R.: *Philosophical Explanations.* Cambridge, Ma. 1981, bes. Kap. 3.

I. Kapitel: Aufbau und Methodologie

rückgeht.[67] Dieses *Scheunen-Attrappen-Land-Beispiel* sieht folgendermaßen aus. Man stelle sich vor, in einem Bundesstaat der USA gäbe es bis auf eine einzige echte Scheune lediglich Scheunenattrappen, weil alle Scheunen abgebrannt sind, der amtierende Gouverneur dies vorerst allerdings nicht an die Öffentlichkeit dringen lassen möchte. Die eine stehengebliebene Scheune sei zufällig rot, während alle anderen Scheunen in diesem Bundesland blau waren. Robert fahre an dieser Scheune vorbei, so daß er dadurch die wahre Überzeugung erwirbt:

(ü) Ich sehe eine Scheune.

In diesem Fall ist Nozicks vierte Bedingung nicht erfüllt. Wäre Robert nämlich an einer Scheunenattrappe vorbeigefahren, hätte er ebenfalls geglaubt, eine Scheune zu sehen. In diesem Fall wäre seine Überzeugung aber falsch und mithin kein Wissen gewesen. Die Überzeugung (ü) ist mithin der Wahrheit nicht auf der Spur.

Anders stünde es, wenn Robert nicht die Überzeugung (ü), sondern die Überzeugung (ü*) erwürbe:

(ü*) Ich sehe eine rote Scheune.

Für diese wären alle Nozick-Bedingungen erfüllt, so daß man sagen müßte, daß Robert weiß, daß dort eine rote Scheune steht. Denn er hätte an gar keiner anderen roten Scheune vorbeifahren können. Es gilt also:

(P1) Es ist wahr, daß Robert eine rote Scheune sieht.
(P2) Robert ist der Überzeugung, daß er eine rote Scheune sieht.
(P3) Wenn die Scheune rot wäre, glaubte Robert (mittels der Methode der Sinneswahrnehmung), daß die Scheune rot ist.
(P4) Wenn die Scheune nicht rot wäre, glaubte Robert (mittels der Methode der Sinneswahrnehmung) nicht, daß die Scheune rot ist.
(K)   Also weiß Robert, daß er eine rote Scheune sieht.

Wer weiß, daß er eine rote Scheune sieht, weiß damit aber auch, daß er eine Scheune sieht. Allerdings weiß Robert nicht, daß er eine Scheune sieht, wie das Beispiel zeigt, sondern nur, daß er eine rote Scheune sieht, so daß sich wiederum eine Gettiersituation ergeben hat. Denn Nozicks

---

[67] Vgl. Kripke, S. A.: »Nozick on Knowledge«, in: Ders.: *Philosophical Troubles*. Collected Papers, vol. 1, Oxford 2011, S. 162–224.

Analyse zufolge ist nur Roberts Überzeugung, eine rote Scheune zu sehen, nicht aber die von ihr implizierte Überzeugung, eine Scheune zu sehen, der Wahrheit auf der Spur.

Halten wir also fest: (ü*) ist eine Überzeugung, die für Wissen qualifiziert ist, während (ü) den Nozick-Bedingungen nicht genügt. Das Problem ist aber, daß (ü) aus (ü*) folgt. Aus »Ich sehe eine rote Scheune« folgt »Ich sehe eine Scheune«. Es sieht mithin so aus, als ob Roberts Wissen, daß er eine rote Scheune sieht, gleichsam aus Nichtwissen zusammengesetzt ist. Dabei ist es keine sehr anspruchsvolle Anforderung an Robert zu erkennen, daß (ü) aus (ü*) folgt. Man würde wohl niemandem Wissen zuschreiben wollen, der dies nicht weiß. Demnach handelt es sich um keinen Fall, den man dadurch eliminieren kann, daß man darauf hinweist, daß man nicht alle Konsequenzen einer gewußten Proposition wissen muß, um die Proposition zu wissen. Denn man muß schon wissen, daß eine rote Scheune immerhin eine Scheune ist, und man muß auch wissen, daß alle roten Scheunen Scheunen sind.

Einer offensichtlichen Diagnose zufolge ergeben sich die Gettierfälle daraus, daß die Rechtfertigungsbedingung nicht hinreichend spezifisch ist. Die Frage ist, welche Form von Rechtfertigung notwendig ist, um eine wahre Überzeugung als Wissen zu qualifizieren. Die Erweiterung des klassischen Bedingungskatalogs um weitere Bedingungen dient aus diesem Grunde in der Regel der Spezifikation eines Rechtfertigungsbegriffs, der die Gettierfälle neutralisieren soll. Bislang ist es allerdings nicht gelungen, einen entsprechenden Rechtfertigungsbegriff zu spezifizieren, der diesen Bedingungen anerkanntermaßen vollständig genügte.

In dieser gesamten Diskussion wird allerdings nicht bedacht, daß es möglicherweise gar keinen singulären Rechtfertigungsbegriff geben könnte, der alle Wissensfälle abzudecken vermag. Es gibt nicht nur verschiedene justifikatorische Standards, wie der noch zu besprechende enge Kontextualismus (siehe 100 ff.) meint, sondern auch verschiedene Formen der Rechtfertigung, die mit verschiedenen Wissensformen einhergehen. Sich darauf zu berufen, eine rote Scheune zu sehen, kann ebenso eine Rechtfertigung sein, wie ein mathematischer Beweis, der den Glauben an eine bestimmte Konklusion rechtfertigt. Experimente, Argumente und Sinneswahrnehmungen gehören verschiedenen Rechtfertigungssystemen an. Insofern ist die Frage, welche Bedingungen den Wissensbegriff definieren, von vornherein völlig unterbestimmt, weil Wissen im eminenten Singular gar nicht existiert. Bestenfalls wird ein als paradigmatisch geltender Wissensbegriff durch die Beispiele und Gegenbeispiele als philosophisches Artefakt *erzeugt*. Ein solches Vorgehen lehrt uns aber nichts über unser Wissen oder über die Grenzen der Erkenntnis, sondern erzeugt einen imaginären Identifikationspunkt, an dem sich begriffliche Analysen abarbeiten, dabei aber an der in Unschärfen eingelassenen Realität des Wissens vorbeigehen.

Schon vor dem Hintergrund von Platons Einwänden gegen jede analytische Kriteriologie leuchtet es ein, daß das Verfahren der Formulierung von Kriterien und Gegenbeispielen als solches mindestens problematisch ist. Allerdings gibt es neben Platons Einwänden und seinem Entwurf einer holistischen Epistemologie sowie Gettiers Beispielen auch in der gegenwärtigen Debatte mindestens zwei prominente Einwürfe gegen die analytische Erkenntnistheorie im engeren Sinne.

2.3. Die Inkonsistenz des analytischen Wissensbegriffs (Stephen Schiffer)

In der Tradition der Analyse der Gettierfälle werden Gegenbeispiele gegen den analytischen Wissensbegriff in verschiedenen Versionen vorgetragen. Diese Methode deutet die Analyse des Wissensbegriffs als Spezifikation von für sich genommen notwendigen und zusammen genommen hinreichenden Bedingungen, die in allen Fällen von Wissen erfüllt sein müssen. Entsprechend hat man eine analytische Definition immer und genau dann widerlegt, wenn man mindestens einen Fall ausbuchstabieren kann, in dem die Bedingungen für Wissen erfüllt sind, dennoch aber kein Wissen vorliegt. Neben dieser Methode der Formulierung von Gegenbeispielen in der Form von **Gedankenexperimenten** gibt es eine noch grundlegendere Methode.

Wenn wir die Gründe für diese Option auch erst in späteren Kapiteln diskutieren können, ist es an diesem Punkt bereits notwendig, den Begriff des **epistemologischen Skeptizismus** einzuführen. Ein epistemologischer Skeptizismus liegt dann vor, wenn es ein schlüssiges Argument gibt, dessen Konklusion besagt, daß Wissen unmöglich ist bzw. daß es keine Erkenntnis gibt oder gar: nicht geben kann. Der epistemologische Skeptizismus läuft demnach auf die eine oder andere Weise auf die These hinaus, daß wir nichts wissen (können).

Dafür läßt sich auf ganz verschiedene Weisen argumentieren. Im Ausgang von Arbeiten von Barry Stroud (*1935) und Crispin Wright (*1942) besagt eine inzwischen prominente Rekonstruktion des epistemologischen Skeptizismus, daß es ein skeptisches Paradoxon gibt, aus dem die Unmöglichkeit des Wissens folgt. Ein **Paradoxon** im hier verwendeten Sinne ist eine Menge von anscheinend akzeptablen (weil gut motivierten) Prämissen, anscheinend akzeptablen (weil gut motivierten) Schlußregeln und einer offensichtlich unhaltbaren Konklusion dergestalt, daß die Prämissen die Konklusion gemeinsam mit den Schlußregeln logisch implizieren. Paradoxa sind demnach Argumente mit unerwünschten, in der einen oder anderen Weise unhaltbaren Konsequenzen. Derzeit kursieren verschiedene Rekonstruktionen eines skeptischen Paradoxons.[68] Deren gemeinsamer Ausgangspunkt läßt sich mit Platons Prinzip der Aparallaxie zusammenfassen: Der phänomenale Inhalt einer bestimmten durch normale Sinneswahrnehmung erworbenen Überzeugung ist intrinsisch ununterscheidbar vom phänomenalen Inhalt einer durch irgendeine abnormale Quelle (Halluzinationen, Inceptions, die Matrix oder Ähnliches) erzeugten Überzeugung. Nennen wir nun eine **skeptische Hypothese** eine Hypothese dahingehend, daß wir uns in einem Zustand befinden, dessen phänomenaler Inhalt durch irgendeine abnormale Quelle hervorgerufen wird.

In seinem Aufsatz »Skepticism and the Vagaries of Justified Belief *(Der Skeptizismus und die Launen der gerechtfertigten Überzeugung)*«[69] formuliert Stephen Schiffer auf der Basis des Prinzips der Aparallaxie seine Version eines skeptischen Paradoxons. Aus dieser schließt er auf eine grundlegende Inkonsistenz des Wissensbegriffs. Hier zunächst sein Paradoxon:

(P1) Ich bin nicht berechtigt, der Überzeugung zu sein, daß vor mir ein blauer Würfel liegt, es sei denn, ich habe eine Rechtfertigung für die Überzeugung, daß keine skeptische Hypothese wahr ist, was über jede Form der Rechtfertigung hinausgeht, die ich durch Rekurs auf meine derzeitige Sinneserfahrung erwerben könnte.
(P2) Ich habe keine solche Rechtfertigung.
(K) Ich bin nicht berechtigt, der Überzeugung zu sein, daß vor mir ein blauer Würfel liegt.

---

[68] Vgl. dazu auch Gabriel: *An den Grenzen der Erkenntnistheorie*, §§ 4–6.
[69] Schiffer, S.: »Skepticism and the Vagaries of Justified Belief«, in: *Philosophical Studies* 119 (2004), S. 161–184 (alle Übersetzungen aus diesem Text von mir, M. G.).

In Schiffers Formulierung, die ich später (Kap. IV.2) entscheidend verändern und generalisieren werde, springt sofort ins Auge, daß die Rechtfertigungsbedingung die Achillesferse des Wissensbegriffs darstellt. Aus diesem Grund sind alternative Rechtfertigungsbegriffe entworfen worden, welche Schiffers (P1) bzw. das dieser zugrundeliegende Prinzip der Aparallaxie aushebeln sollen.

Es führte zu weit, alle von Schiffer zurückgewiesenen Alternativen (insbesondere Kontextualismus, Disjunktivismus, Dogmatismus) ausführlich zu diskutieren. Entscheidend ist nur Schiffers Hinweis, daß man das Prinzip der Aparallaxie nicht dadurch entkräften kann, daß man darauf beharrt, daß zwar die phänomenale Qualität in normalen und abnormalen Fällen für das betroffene Subjekt ununterscheidbar sein mag, daß die beiden Zustände, etwa Wachen und Träumen, dennoch aber *de facto* verschieden seien. Die kausale Vorgeschichte, die Ätiologie, der beiden relevanten phänomenalen Zustände sei demnach so verschieden, daß die beiden Zustände eigentlich auch nicht denselben Inhalt hätten, wenn das betroffene Subjekt die Differenz aus seinem phänomenalen Erleben auch nicht erschließen könne. Denn diese Position hilft uns insofern nicht weiter, als *wir* jeweils nur in der Position des phänomenalen Subjekts sind. Selbst dann, wenn wir etwa versuchen, wissenschaftliche Experimente anzustellen, um zu zeigen, daß wir gerade nicht träumen oder in einer sonstigen, vielleicht von uns gar nicht konzeptualisierbaren metaphysischen Illusion befangen sind, könnte das angewandte Verfahren schließlich seinerseits nur geträumt oder halluziniert sein. Folglich mag es zwar immerhin sein, daß die beiden phänomenalen Zustände metaphysisch distinkt und deswegen *de facto* verschieden sind, was uns aber nicht betrifft, da wir keinen Zugang zu dieser metaphysischen Differenz haben, ohne eine Informationsquelle einzusetzen, die in derselben Weise Irrtumsbedingungen unterliegt wie die in Frage stehende Quelle.

Diejenige Lösungsmenge, die Schiffers Diagnose der Inkonsistenz der Standardanalyse des Wissensbegriffs am nächsten kommt, beruft sich auf eine *Voraussetzungstheorie*, die m. E. in die richtige Richtung weist. Unterscheiden wir zunächst zwischen **Implikationen**, **Bedingungen** und **Voraussetzungen**.

Eine *Implikation* liegt vor, wenn eine Proposition q immer dann wahr ist, wenn eine Proposition p wahr ist: $p \rightarrow q$. Das logische Symbol »→« wird zwar normalsprachlich meist mit »wenn ..., dann ...« wiedergegeben, was aber tendenziell ausblendet, daß der logische Implikationsbegriff kontraintuitiv ist, weil er gerade nicht deckungsgleich mit normalsprachlichen Konditionalen ist. So ist folgendes eine Implikation im logischen Sinne: »Wenn 2 + 2 = 4 ist, dann beträgt die Winkelsumme aller Dreiecke 180°.« Nun besteht aber im normalsprachlichen Sinne kein relevanter, d. h. informativer inferentieller Zusammenhang zwischen der arithmetischen Wahrheit, daß 2 + 2 = 4 ist, und der Winkelsumme von Dreiecken.

Der *Bedingungsbegriff* ist noch schillernder. Bisher haben wir ihn in der Form von für sich genommen notwendigen und zusammengenommen hinreichenden *Bedingungen* für Wissen kennengelernt. Dabei könnte man den Zusammenhang von Bedingungen und Bedingtem als logische Implikation auffassen. Die Menge aller Wissensfälle würde von den Bedingungen für Wissen impliziert. Doch dies trägt dem Bedingungsbegriff der Erkenntnistheorie nur sehr eingeschränkt Rechnung. Wie wir noch sehen werden (Kap. III.2.2), spricht etwa Kant in einem ganz anderen Sinne von »Bedingungen der Möglichkeit« von Erkenntnis. Diese Bedingungen sind überhaupt gar keine Propositionen, die wahr oder falsch sein könnten. Vielmehr sind sie Bedingungen allen Wahr-oder-Falsch-sein-Könnens und bei Kant genau deswegen selber weder wahr noch falsch (was Probleme eigener Art hervorruft). Jedenfalls konfigurieren Bedingungen jeweils einen begrifflichen Rahmen bzw. den Rahmen eines Begriffes. Bei Kant sind Bedingungen der Möglichkeit der Erfahrung logische Formen bzw. Formen der Anschauung, die wir voraussetzen müssen, um uns überhaupt auf Gegenstände beziehen zu können. Logische Formen implizieren dabei keine Konsequenzen, sondern stellen eben einen begrifflichen Rahmen zur Verfügung, der es uns ermöglicht, uns auf eine bestimmte Weise auf Gegenstände zu beziehen.

Der *Voraussetzungsbegriff* teilt nun mit dem Kantischen Bedingungsbegriff die Eigenschaft, daß Voraussetzungen einer diskursiven Praxis der Beurteilung von Wahrheit oder Falschheit selbst (nach den Regeln der durch sie etablierten diskursiven Praxis) weder wahr noch falsch sein müssen, wobei Voraussetzungen diese Eigenschaft nicht dadurch zukommt, daß sie kontextunabhängig und in diesem Sinne weder wahr noch falsch in einem absoluten Sinne sind. Voraussetzungen hängen vielmehr von einer bereits etablierten diskursiven Praxis ab. So ist es eine Voraussetzung einer chemischen Untersuchung, daß die verwendeten Instrumente (z. B. ein Mikroskop) überhaupt geeignet sind, Erkenntnisse zu generieren. Es ist andererseits eine Voraussetzung der

Untersuchung der Tauglichkeit der Instrumente (die keine chemische Untersuchung im engeren Sinne ist), daß unsere Sinnesorgane oder unsere momentanen kognitiven Fähigkeiten hinreichen, um die Tauglichkeit der Instrumente zu evaluieren. Ebenfalls ist es eine Voraussetzung einer Sanktion im Straßenverkehr, daß man als Teilnehmer des Straßenverkehrs anerkannt wird (was etwa für Ameisen oder Fledermäuse nicht gilt, weshalb diese auch keine Unfälle *bauen*, sondern allenfalls *verursachen* können).

Nun könnte man, so Schiffer, jedem Diskurs eine Voraussetzungsstruktur zusprechen, die *a priori*, d. h. ohne empirische Untersuchung, zur Negation skeptischer Hypothesen berechtigt.[70] Vor diesem Hintergrund kann man zwischen **gewöhnlichen** und **skeptischen Hypothesen** zur Aufhebung von Wissen unterscheiden.[71] Nennen wir gewöhnliche Hypothesen solche, deren Wahrheitswert (d. h. deren Wahr- oder Falsch-Sein) wir in einer bestimmten Einstellung verfehlen, deren Wahrheitswert wir in einer anderen Einstellung aber sehr wohl evaluieren können. Solche Hypothesen sind in einem schwachen Sinne **Evidenz-transzendent**: In einem bestimmten Verfahren zur Herstellung von Evidenz sind sie zwar ausgeblendet, lassen sich aber in einem anderen Verfahren einblenden. Eine gewöhnliche Hypothese in diesem präzisen Sinne wäre etwa die Hypothese, daß die Zebras in einem Zoo lediglich angemalte Maultiere sind.[72] Der durchschnittliche Zoobesucher wird diesen Unterschied nicht bemerken, und es könnte aus irgendwelchen Gründen der Fall sein, daß eine Zooleitung beschließt, ihre Zebras durch angemalte Maultiere zu ersetzen. Weitere gewöhnliche Hypothesen sind Hologramme oder genuine Sinnestäuschungen wie Fata Morganas. Es könnte sein, daß eine gewöhnliche Hypothese besteht, worin eine Fehlerquelle unserer Informationsverarbeitung liegen kann. Wir können uns darin täuschen, Zebras zu sehen, weil es sein

---

[70] Eine Erkenntnis ist **a priori**, wenn man keine Informationen durch Sinneserfahrung erwerben muß, um sie zu erlangen, und eine Erkenntnis ist umgekehrt **a posteriori**, wenn man sie nur durch sinnlich erworbene Informationen erwerben kann, die man auch nicht haben könnte. Im einzelnen ist es ziemlich schwierig, trennscharf zwischen diesen beiden Begriffen zu unterscheiden, doch sollte es im Rahmen dieser Einführung genügen, den Unterschied auf diese Weise im Blick zu behalten.
[71] So Schiffer: »Skepticism and the Vagaries of Justified Belief«, S. 172, wo er zwischen »*ordinary* defeating hypotheses« und »*skeptical* defeating hypotheses« unterscheidet.
[72] Zu diesem Beispiel vgl. den berühmten Aufsatz Fred Dretskes: »Epistemic Operators«, in: *The Journal of Philosophy* 67/24 (1979), S. 1007–1023.

könnte, daß es sich um angemalte Maultiere handelt. Allerdings gäbe es ein Verfahren, um herauszufinden, ob die betreffenden Tiere nun wirklich Zebras, angemalte Maultiere oder gar technologisch weit avancierte Hologramme sind. Zwar mag uns bisher noch nicht eingefallen sein, auf solche Annahmen umzustellen, stellten wir aber auf sie um, wären wir imstande, ihren Wahrheitswert zu erheben.

Davon unterschieden sind *skeptische Hypothesen*. Deren Wahrheitswert ist in einem starken und prinzipiellen Sinne Evidenz-transzendent.[73] Denn sie unterminieren gerade die Möglichkeit einer jeden Untersuchung dadurch, daß sie Alternativen zu einem bestimmten Verfahren einführen, von dem aus sich auf kein Verfahren umstellen läßt, mit dessen Hilfe sich der Wahrheitswert der skeptischen Hypothese ermessen ließe. So wäre es etwa eine skeptische Hypothese, daß mein Leben ein langer und in sich verschachtelter Traum ist, daß ich lediglich in einigen meiner Träume erlebe, wirklich wach zu sein. Wachen und Träumen wären also anders verteilt, als es mir bei Abfassung dieser Zeilen erscheint. Nun könnte ich den Wahrheitswert dieser Hypothese *prinzipiell* nicht ermitteln, da jede Untersuchung unter demselben Vorbehalt durchgeführt werden müßte, nämlich unter dem Vorbehalt, eine bloß geträumte (und damit gar nicht wirklich ausgeübte) Untersuchung zu sein. Im § 265 seiner *Philosophischen Untersuchungen* drückt Wittgenstein diesen Gedanken folgendermaßen aus:

»Denken wir uns eine Tabelle, die nur in unsrer Vorstellung existiert; etwa ein Wörterbuch. Mittels eines Wörterbuchs kann man die Übersetzung eines Wortes X durch ein Wort Y rechtfertigen. Sollen wir es aber auch eine Recht-

---

[73] Man kann zwischen starker kontingenter Evidenz-Transzendenz und prinzipieller Evidenz-Transzendenz unterscheiden. **Starke kontingente Evidenz-Transzendenz** liegt vor, wenn wir einen Sachverhalt bestimmen, dessen Bestehen wir niemals einschätzen können, wenn es auch eine epistemische Position gegeben hätte, von der aus man das Bestehen hätte einschätzen können. So ist die Anzahl der Haare auf Cäsars Kopf zum Zeitpunkt seines Todes stark kontingent evidenztranszendent. Man hätte die Haare zählen können, doch ist es nun wohl eindeutig zu spät. Wir werden niemals wissen, wie viele Haare Cäsar zu diesem Zeitpunkt genau hatte. **Prinzipielle Evidenz-Transzendenz** hingegen betrifft Sachverhalte, deren Bestehen wir unter keinen uns verfügbaren Bedingungen einschätzen könnten, da etwa jede Anwendung unserer optimalisierten Erkenntnisbedingungen immer noch unzureichend wäre, um sie einzuschätzen. Dazu gehört z. B. die Behauptung, daß unser Leben eine Halluzination sein könnte, da im Rahmen einer Halluzination jede Anwendung von Informationserwerb und damit jede Verfügbarmachung von Evidenz unzureichend wäre. Vgl. zu dieser Unterscheidung ausführlicher Gabriel: *An den Grenzen der Erkenntnistheorie*, S. 118 f., S. 351 ff.

fertigung nennen, wenn diese Tabelle nur in der Vorstellung nachgeschlagen wird? – ›Nun, es ist dann eben eine subjektive Rechtfertigung.‹ – Aber die Rechtfertigung besteht doch darin, daß man an eine unabhängige Stelle appelliert. – ›Aber ich kann doch auch von einer Erinnerung an eine andre appellieren. Ich weiß (z. B.) nicht, ob ich mir die Abfahrzeit des Zuges richtig gemerkt habe und rufe mir zur Kontrolle das Bild der Seite des Fahrplans ins Gedächtnis. Haben wir hier nicht den gleichen Fall?‹ – Nein; denn dieser Vorgang muß nun wirklich die *richtige* Erinnerung hervrorufen. Wäre das Vorstellungsbild des Fahrplans nicht selbst auf seine Richtigkeit zu *prüfen*, wie könnte es die Richtigkeit der ersten Erinnerung bestätigen? (Als kaufte einer mehrere Exemplare der heutigen Morgenzeitung, um sich zu vergewissern, daß sie die Wahrheit schreibt.)

In der Vorstellung eine Tabelle nachschlagen, ist so wenig ein Nachschlagen einer Tabelle, wie die Vorstellung des Ergebnisses eines vorgestellten Experiments das Ergebnis eines Experiments ist.«

Wenn alle Untersuchungen nur Übergänge von einer Vorstellung zur nächsten wären, da unser Leben insgesamt ein langer Traum (und sei es mit kurzweiligem Erwachen) wäre, dann gäbe es überhaupt gar keine Untersuchungen mehr.

Der Wahrheitswert einer skeptischen Hypothese läßt sich demnach nicht eruieren. Und wäre sie wahr, unterminierte sie alle Untersuchungen, alle möglichen uns bekannten oder prinzipiell zugänglichen Verfahren der Verifikation und Falsifikation. Daraus schließt Wittgenstein in einigen verstreuten Äußerungen zum Skeptizismus, daß wir zur Negation skeptischer Hypothesen deswegen berechtigt sind, weil sie grundlegende bestehende Voraussetzungen unserer Untersuchungen aufheben.[74] Solche Voraussetzungen haben dabei selbst keinen Wahrheitswert, weshalb der Skeptizismus sie auch nicht dadurch entkräften kann, daß er ihnen den Wahrheitswert »falsch« zuweist. Sie sind vielmehr, wie Wittgenstein dies in seinen späten Bemerkungen *Über Gewißheit* genannt hat, »Gewißheiten«.

Gewißheiten bilden dabei wohlgemerkt keine Wissensform, welche die ausgezeichnete Eigenschaft hätte, infallibel zu sein, sondern sie sind lediglich Voraussetzungen unserer Untersuchungen, die jeweils Wissensformen zur Verfügung stellen können. Da es keine Untersuchungen ohne Voraussetzungen, d. h. nicht einmal Wissensansprüche – geschweige denn Wissen – ohne Gewißheiten in diesem Sinne gibt,

---

[74] Vgl. etwa ÜG, §§ 88, 95, 105. Vgl. hierzu auch McManus, D. (Ed.): *Wittgenstein and Scepticism*. London 2004.

steht hinter jedem Wissensanspruch und jedem Wissen die Möglichkeit einer falschen Voraussetzung.

Im Unterschied zu gewöhnlichen Hypothesen ist es dabei unmöglich, eine Untersuchung über den Wahrheitswert skeptischer Hypothesen durchzuführen, weil skeptische Hypothesen genau dadurch »skeptisch« sind, daß sie Gewißheiten und damit keinen gewöhnlichen Überzeugungen den Wahrheitswert »falsch« zuschreiben. Demnach kann ihr epistemischer, unser Wissen betreffender Status prinzipiell nicht *a posteriori* sein, da dies bedeutete, daß sie Resultat eines Verfahrens wären. Daraus schließt Schiffer auf die Möglichkeit der folgenden antiskeptischen Strategie.

»Wir können keine solchen [empirischen, M. G.] Gründe haben, um nicht von den klassischen skeptischen Hypothesen überzeugt zu sein, denn nichts könnte als Rechtfertigung *a posteriori* gelten, wenn wir nicht bereits berechtigt wären, nicht von diesen Hypothesen überzeugt zu sein. Aufgrund ihres besonderen präsuppositionalen Status brauchen wir keine empirischen Gründe, um berechtigt zu sein, nicht von einer skeptischen Hypothese überzeugt zu sein. Es ist einfach eine Wahrheit *a priori*, daß wir berechtigt sind, nicht von ihnen überzeugt zu sein.«[75]

Schiffers Einwand gegen diese Version der Voraussetzungstheorie beruft sich nun darauf, daß es sich bei skeptischen Hypothesen um »kontingente Propositionen«[76] handelt. **Kontingent** ist eine Proposition genau dann, wenn es sowohl möglich ist, daß sie wahr, als auch möglich ist, daß sie falsch ist, bzw., wenn ihre Negation keinen Widerspruch impliziert. Es könnte sein, daß irgendeine skeptische Hypothese wahr ist, wenn sich dies auch jeglicher Überprüfung entzöge, so jedenfalls Schiffer (während insbesondere Wittgenstein umgekehrt dafür argumentieren würde, daß die Wahrheit und Falschheit einer Proposition nicht schlechterdings von ihrer Verifizierbarkeit/Falsifizierbarkeit abgekoppelt werden kann). Es gibt Schiffer zufolge einen Unterschied zwischen der Proposition

---

[75] Schiffer: »Skepticism and the Vagaries of Justified Belief«, S. 178: »But we can have no such grounds for disbelieving the classical skeptical hypotheses, for nothing could count as a posteriori justification unless we were already justified in disbelieving these hypotheses. Owing to their special presuppositional status, we don't need any empirical grounds for being justified in disbelieving a skeptical defeating hypothesis. It's simply an a priori truth that we are justified in disbelieving them.«
[76] Ebd.

(1)   daß es Hunde gibt, wenn es Hunde gibt,

und der Proposition

(2)   daß eine skeptische Hypothese falsch ist.

Während (1) nämlich nicht falsch sein kann, so daß ich *a priori* berechtigt bin, die Negation von (1) auszuschließen und demnach auch keiner Untersuchung bedarf, um (1) gegenüber ¬(1) vorzuziehen, könnte (2) falsch sein, weil eine skeptische Hypothese wahr sein könnte.

Schiffer zieht daraus den Schluß, daß wir keine Rechtfertigung *a priori* für die Negation skeptischer Hypothesen haben, wenn wir diese als Voraussetzung auffassen wollten. Dahinter verbirgt sich der Gedanke, daß Voraussetzungen jedenfalls dann ihren Status als Gewißheiten bereits verloren haben, wenn sie in das Wahr-Falsch-Spiel, das »Spiel des Gebens und Verlangens von Gründen« eingeführt worden sind. Sobald sich Voraussetzungen als kontingente Propositionen formulieren lassen, müssen sie wahr *oder* falsch sein können. Da es sein könnte, daß irgendeine skeptische Hypothese wahr ist, aber auch sein könnte, daß sie falsch ist und demnach entweder eine nicht-skeptische oder eine andere skeptische Hypothese wahr ist, handelt es sich bei skeptischen Hypothesen genau dann um kontingente Propositionen, wenn sie in den Diskurs eingeführt worden sind. Doch dann sind sie auch schon keine Voraussetzungen bzw. Gewißheiten im relevanten Sinne mehr.

Schiffer selbst will dabei auf einen ähnlichen Punkt wie die skizzierte Voraussetzungstheorie hinaus. Um seine eigene »Lösung« des von ihm formulierten Paradoxons zu verstehen, ist es zunächst notwendig, eine von Schiffer eingeführte Unterscheidung nachzuvollziehen. Schiffer unterscheidet im allgemeinen zwischen »**happy face**«- und »**unhappy face**«-**Lösungen** von Paradoxa, wobei er letztere wiederum in **schwache** und **starke** unterteilt.[77] Eine »happy face«-Lösung identifiziert eine falsche Prämisse oder Schlußregel bzw. einen falschen inferentiellen Vorgänger oder Nachfolger einer angenommenen Prämisse oder Schlußregel. Angenommen, ein Paradoxon bestünde aus zwei Prämissen und einer Konklusion:

(P1)   P.
(P2)   Q.
(K)   R.

---

[77] Ebd., S. 178 ff., vgl. auch Ders.: *The Things We Mean*. Oxford 2003, S. 196 ff.

Dann könnte beispielsweise entweder P selbst oder irgendein O, aus dem P folgt, oder aber irgendein S, das aus P folgt, falsch sein, womit das Paradoxon gelöst wäre. Dies wäre eine »happy face«-Lösung, wobei man sich fragen kann, ob es sich bei Paradoxa mit identifizierbaren und ersetzbaren falschen Prämissen/Schlußregeln überhaupt um genuine Paradoxa handelt. Ein Paradoxon mit einer happy-face-Lösung ist eben kein Paradoxon.

Bis heute sind etwa nicht alle Prämissen der Zenonischen Bewegungsparadoxa in diesem Sinne gelöst bzw. genauer: das gesamte inferentielle Netzwerk der Paradoxa bleibt hartnäckig bestehen, wobei vieles davon abhängt, wie man sich zu Cantor und der durch ihn begründeten Mengenlehre verhält.[78] Eines der berühmten Zenonischen Paradoxa ist dasjenige von Achill und der Schildkröte. In einem Wettrennen zwischen Achill, dem mythischen schnellsten Läufer, und einer trägen Schildkröte gewinnt die Schildkröte demnach genau dann, wenn sie den ersten Schritt macht. Denn in diesem Fall müßte Achill zunächst den Punkt durchqueren, an dem sich die Schildkröte nach ihrem ersten Schritt befindet. Doch sobald Achill dort anlangt, ist die Schildkröte bereits einen Schritt bzw. irgendeine noch so minimale Strecke weiter, so daß Achill sie niemals überholen kann. Um dieses Paradoxon zu lösen, bedarf es einer Theorie der Bewegung, der Zeit, des Kontinuums usw. Nun sind alle diese Theorien aber komplexe inferentielle Netzwerke, die an irgendeinem Punkt falsch sein könnten, so daß unsere Lösung der Zenonischen Paradoxa stets von der Annahme der Wahrheit sehr vieler Propositionen abhängt. Bereits die erste umfassende physikalische Theorie des Abendlandes, die Aristotelische *Physik*, stellt einen Versuch der Lösung der Zenonischen Paradoxa dar. So mag immerhin irgendeine Prämisse oder irgendein inferentieller Vorgänger oder Nachfolger der Prämissen der Zenonischen Paradoxien identifizierbar falsch sein, doch ist es alles andere als einfach, diesen Kandidaten endgültig auszumachen.

Umgekehrt ist eine »unhappy face«-Lösung dann notwendig, so lautet Schiffers Diagnose, wenn eine »Funktionsstörung *(glitch)*« in einem Begriff oder einigen Begriffen vorkommt, die in das Paradoxon eingehen.

---

[78] Vgl. dazu einführend Moore, A. W.: *The Infinite*. London 1990, oder auch Wallace, D. F.: *Die Entdeckung des Unendlichen: Georg Cantor und die Welt der Mathematik*. Übers. von H. Reuter und Th. Schmidt, München 2010.

»Wenn einem Paradoxon eine ›happy face‹-Lösung abgeht, dann deswegen, weil es irgendeine Art von Funktionsstörung in dem Begriff oder den Begriffen gibt, die das Paradoxon hervorbringen. Verschiedene Aspekte der unabgeleiteten begrifflichen Rolle des Begriffs – der begrifflichen Rolle, die dem Begriff zukommt, welche propositionale Einstellung man auch immer haben mag – befinden sich in Spannung, ziehen uns in verschiedene Richtungen, und es findet sich nichts in dem Begriff oder an irgendeiner anderen Stelle, das diese Spannung für uns lösen könnte.«[79]

Schiffer verortet nun im Begriff der »epistemischen Rechtfertigung« genau eine solche Funktionsstörung. Denn einerseits gelten durch Wahrnehmung erworbene Überzeugungen als Grundlage für alle übrige Überzeugungsbildung über die Welt – wie sollten wir denn ohne funktionierende Wahrnehmung überhaupt Informationen über die Welt erwerben können? –, und andererseits handelt es sich beim Zutrauen in das tatsächliche Funktionieren der Wahrnehmung um eine selbst fallible Überzeugung, die der Rechtfertigung bedarf (mindestens dann, wenn sie unter kritischen Verdacht gerät). Schiffers (übrigens von David Hume inspirierter) Diagnose zufolge rührt unser Zutrauen in die Wahrnehmung als Grundlage für alle Überzeugungsbildung über die Welt daher, daß wir als »informationsverarbeitende Maschinen« eben gar nicht umhin kommen, durch Wahrnehmung erworbene Überzeugungen für bare Münze zu halten, obwohl es unter dem Seziermesser der erkenntnistheoretischen Analyse ungerechtfertigt erscheint, sich unkritisch darauf zu verlassen, daß wir sinnesphysiologisch so in einer Außenwelt verankert sind, daß wir diese auch adäquat erkennen können.[80]

---

[79] Schiffer: »Skepticism and the Vagaries of Justified Belief«, S. 179: »When a paradox lacks a happy-face solution it's because there's a certain kind of glitch in the concept, or concepts, generating the paradox. Aspects of the concept's underived conceptual role – the conceptual role the concept has regardless of whatever propositional attitude one happens to have – are in tension, pull us in different directions, and there is nothing else in the concept or elsewhere to resolve that tension for us.«
[80] Ebd., S. 181: »But it's unthinkable to us that we should stop believing and asserting propositions like the proposition that there's a blue cube before me or the proposition that I have hands, and we're so built as information-processing machines that it's doubtful that we could stop having those beliefs if we wanted to. We also recognize that it's absurd to suppose we can be justified in believing that we have hands while not being justified in disbelieving that we're handless brains in vats. Finally, there is nothing in our concept of epistemic justification or elsewhere that resolves these conflicts. There is no conceptual court of appeals.«

Innerhalb der Klasse der unhappy-face-Lösungen unterscheidet Schiffer noch einmal zwischen **schwachen** und **starken unhappy-face-Lösungen**. Eine schwache unhappy-face-Lösung beruft sich auf einen störungsfreien Surrogatbegriff. In diesem Sinne könnte man etwa mit dem Begriff des freien Willens einhergehende Paradoxa damit auflösen, daß man den Freiheitsbegriff durch einen anderen Begriff ersetzt, der im wesentlichen dieselbe Funktion erfüllt. Russell hat in einem ähnlichen Zusammenhang vorgeschlagen, den Begriff des Wissens durch den Begriff der gerechtfertigten Überzeugung zu ersetzen, weil er der Überzeugung war, daß der Wissensbegriff zu hohe Ansprüche stellt, die nicht eingelöst werden können.[81] Allerdings scheitert Russells Strategie schlicht daran, daß der Begriff der epistemischen Rechtfertigung bereits hinreicht, um ein Paradoxon zu generieren, so daß es die Rechtfertigungsbedingung des Wissensbegriffs ist, die das Problem darstellt, und nicht etwa die Wahrheits- oder die Überzeugungsbedingung, wie wir noch sehen werden (Kap. I.3).

Schiffer nimmt an, daß es keinen Surrogatbegriff zu epistemischer Rechtfertigung gibt, der die Eigenschaft hat, uns eine Rechtfertigung *a priori* dafür zu verschaffen, nicht von skeptischen Hypothesen überzeugt zu sein. Demnach komme nur eine starke unhappy-face-Lösung in Frage. Diese sieht er darin, einen neuen Begriff zu erfinden, den er als »Rechtfertigung*« bezeichnet. Rechtfertigung* hat die Eigenschaft, daß jede skeptische Hypothese *a priori* ausgeschlossen werden kann. Diese »Lösung« ist erklärtermaßen unbegründet und *ad hoc*:

»Wir haben eine Rechtfertigung* a priori, die wir nicht erworben haben, einfach, weil wir ansonsten niemals dasjenige haben können, was wir von einem Begriff epistemischer Rechtfertigung verlangen. Wir sind berechtigt*, nicht von skeptischen Hypothesen überzeugt zu sein einfach nur aufgrund ihres Voraussetzungsstatus im Hinblick auf diejenigen empirischen Propositionen, bei denen wir uns nicht leisten können, sie nicht zu denken oder zu behaupten.«[82]

---

[81] Vgl. die Argumentation in Russell: *The Problems of Philosophy*.
[82] Schiffer: »Skepticism and the Vagaries of Justified Belief«, S. 182: »We have an a priori justification* we did nothing to earn, simply because we can't otherwise have what we need from a notion of epistemic justification. We are justified* in disbelieving these hypotheses by virtue of their special presuppositional status vis-à-vis those empirical propositions we can't afford not to think or assert.«

Dieser Vorschlag kann kaum als ernsthafte Lösung des skeptischen Problems akzeptiert werden. Denn Schiffer erfindet damit seinerseits keinen klar umgrenzten neuen Begriff. Zuvor müßte er erklären, welche Klasse von empirischen Propositionen er für notwendige Annahmen hält und wodurch genau sich skeptische Hypothesen charakterisieren lassen. Darüber hinaus müßte er eine Theorie der Voraussetzung ausarbeiten, was er allerdings bisher unterlassen hat.

Allerdings hat Schiffer eine Diagnose vorgelegt, die deutlich auf die Schwäche des analytischen Wissensbegriffs hinweist. Dieser isoliert Wissen vom Kontext seiner Anwendung und definiert Kriterien, denen Wissen stets und in jedem Fall genügen soll. Damit wird freilich nur eine bestimmte Auffassung des Begriffs des propositionalen Wissens oder, wenn man so will, ein Modell festgehalten. **Propositionales Wissen** ist Wissen darüber, daß etwas der Fall ist. Was der Fall sein kann, ein Sachverhalt, nennt man eine »Proposition«, sofern es zum Inhalt einer Einstellung werden kann, bei der Wahrheit oder Falschheit in Frage kommt. So sind Sehen, Hören, Wissen, Glauben, Hoffen usw. propositionale Einstellungen, insofern sie sich auf Sachverhalte beziehen, die der Fall sein können oder nicht, während Können oder Gähnen keine propositionalen Einstellungen sind, weil sie sich auf keine Sachverhalte beziehen, bei denen Wahr-oder-Falsch-sein-Können im Spiel ist. Was man hofft, kann der Fall sein oder nicht, während eine Person, die man mag oder kennt, nicht der Fall sein kann oder nicht. Tatsachen sind deswegen auch keine isolierten Gegenstände oder Dinge, die man kennen kann. Unsere Einstellungen zu Tatsachen sind vielmehr Einstellungen zu Zusammenhängen, in die Gegenstände oder Dinge eingebunden sein können. **Tatsachen** bezeichnen dasjenige, was über Gegenstände oder Dinge nur so ausgesagt werden kann, daß es wahr ist, während **Sachverhalte** dasjenige sind, was über Gegenstände oder Dinge so ausgesagt werden kann, daß es wahr oder falsch sein kann. Auf Sachverhalte bezieht man sich mit propositionalen Einstellungen und diese Sachverhalte sind Tatsachen, wenn wir mit unserem Urteil richtig liegen, d. h. wenn unsere propositionale Einstellung erfolgreich und ihre jeweilige Proposition wahr ist.

Propositionale Einstellungen sind mitunter Erkenntnisse oder setzen zumindest Erkenntnisse voraus. Die analytische Suche nach einer kriteriellen Definition des Wissens analysiert den Begriff des propositionalen Wissens als propositionale Einstellung. Damit wird aber ausgeblendet, daß propositionales Wissen gar nicht unabhängig von anderen Einstellungen vorkommen kann, die nicht propositional sind. So handelt es sich bei denjenigen Einstellungen, die eine Voraussetzung für propositionales Wissen sind, eben teilweise um kein propositionales Wissen, wenn dies auch nicht bedeutet, daß es sich dabei nicht um Wissen handelt.

Wie insbesondere Jürgen Habermas (* 1929) im Anschluß an Edmund Husserl (1859–1938) herausgearbeitet hat, findet alles propositionale Wissen stets in der »Lebenswelt« statt, worunter Habermas eine Form des Hintergrundwissens versteht, die nicht unter Rechtfertigungsdruck geraten kann, weil sie die Bedingung für Dissens, d. h. dafür ist, daß Rechtfertigungen eingefordert werden können. Diese Option wird später unter dem Stichwort des weiten Kontextualismus behandelt.

Halten wir fest, daß Schiffer demnach auf dem falschen Gebiet nach einer Lösung sucht. Die Lösung liegt nicht auf dem Gebiet des propositionalen Wissens. Isoliert man den Begriff des propositionalen Wissens und versucht, ihn kriteriell zu definieren, deckt man stets entweder zu wenige Fälle ab, wie nahezu fünfzig Jahre Diskussion der Gettierfälle gelehrt haben sollten, oder man generiert ein skeptisches Paradoxon, wie Schiffer gezeigt hat. Allerdings wird es noch notwendig sein, das Paradoxon weiter auszubauen, um seine Tragfähigkeit auch über den analytischen Wissensbegriff im engeren Sinne hinaus zu erweisen.

2.4. Wissen ist unanalysierbar (Timothy Williamson)

In seinem Buch *Knowledge and its Limits* argumentiert der britische Philosoph Timothy Williamson dafür, daß sich der Wissensbegriff nicht analysieren läßt.[83] Seines Erachtens setzt das klassische Projekt einer Analyse des Wissensbegriffs voraus, daß Überzeugung *(belief)* begrifflich primär ist gegenüber Wissen. Ein Begriff ist dann gegenüber einem Begriff, in den er eingeht, begrifflich primär, wenn er instanziiert sein könnte, ohne daß der komplexe Begriff, in den er eingeht, auch instanziiert sein muß. Eine solche Annahme könnte aus vielen Gründen einleuchten. So könnte man in unserem Beispiel etwa argumentieren, daß wir auch immerhin dann Überzeugungen hätten, wenn wir viel weniger wüßten, als wir zu wissen meinen, oder gar, wenn wir nur Überzeugun-

---

[83] Williamson, T.: *Knowledge and its Limits*. Oxford 2000 (alle Übersetzungen aus diesem Buch von mir, M. G.).

gen hätten, ohne überhaupt irgend etwas zu wissen. Wir können schließlich überzeugt sein, etwas zu wissen, ohne es zu wissen. Sprich, so könnte man folgern: Überzeugtsein oder Glauben ist begrifflich primär gegenüber Wissen. Deswegen ist es möglich und wahrscheinlich (genau genommen ist es einfach wahr), daß wir mehr Überzeugungen als Wissen haben. Wir sind von vielem überzeugt, ohne es zu wissen. Wenn man aber von etwas überzeugt ist, neigt man dazu, es zu verteidigen, ebenso, wie man etwas, das man weiß, in einem bestimmten Umfang verteidigen kann. Da es sich bei Überzeugungen und bei Wissen immerhin um epistemische Zustände irgendeiner Art handelt – weil Überzeugungen eben auch wahr sein können und deswegen eine entscheidende Rolle im System unserer Erkenntnisse spielen –, hängen Überzeugungen irgendwie mit Wissen zusammen. Es liegt auf der Hand, wenn es Williamson auch problematisiert, daß der Zusammenhang von Überzeugung und Wissen darin besteht, daß Überzeugung ein begrifflich primärer Bestandteil des Wissensbegriffs ist.

Freilich genügt der skizzierte Gedankengang ganz und gar nicht, um zu zeigen, daß Überzeugungen gegenüber Wissen primär sind. Es ist eine Prämisse dieser Überzeugung über das begriffliche Verhältnis zwischen Überzeugungen und Wissen, daß Wissen eine Form von Überzeugung ist. Denn man kann wohl nichts wissen, wovon man nicht immerhin überzeugt ist, wenn man auch von vielem überzeugt sein kann, ohne es zu wissen. Die Klasse der Überzeugungen unterteilte sich demnach einerseits in Überzeugungen, denen irgend etwas fehlt, um als Wissen zu gelten, und andererseits in Überzeugungen, denen nichts fehlt. Es gäbe im Hinblick auf Wissen sowohl defiziente (bloße) Überzeugungen als auch sozusagen vollständige Überzeugungen: Wissen. Formuliert man das Verhältnis zwischen Überzeugung und Wissen auf diese Weise, dann liegt es nahe, nach Komponenten Ausschau zu halten, die den Unterschied zwischen bloßen Überzeugungen und solchen Überzeugungen erklären, die Wissen sind. Damit wäre man dann wieder beim Projekt einer kriteriellen Definition des Wissensbegriffs angelangt.

Um diesen Weg zu blockieren, entwickelt Williamson einen Wissensbegriff, der unanalysierbar ist. Dabei weist er zunächst darauf hin, daß es keineswegs selbstverständlich sei, daß man von einer notwendigen (wenn auch nicht hinreichenden) Bedingung durch Hinzufügung weiterer Bedingungen zirkelfrei zum vollständigen, bedingten Begriff übergehen könne. So sei es beispielsweise eine Bedingung dafür, daß etwas rot ist, daß es farbig ist. Nun könne man aber »rot« nicht analysieren als »farbig + X«, da sich keine entsprechende Bedingung »X« angeben lasse, die den Begriff des Roten nicht bereits enthielte.[84] Dieser Vergleich ist allerdings irreführend. Denn man könnte »rot« durchaus verstehen als »farbig + Wellenlänge X« oder als »Wellenlänge im allgemeinen + Wellenlänge X«. Freilich setzte dies eine bestimmte Auffassung von Farben voraus, die Williamson teilen mag oder nicht. Entscheidend ist nur, daß Williamson zwar darauf hinweist, daß sich Wissen möglicherweise nicht zirkelfrei analysieren läßt, dafür aber kein Argument liefert. Alles, was er zunächst einmal gezeigt haben will, läuft darauf hinaus, daß es möglich ist, daß es keine nicht-zirkuläre Lösung der Gleichung »Wissen = wahre Überzeugung + X« geben könnte.

Williamson nimmt an, daß es bisher keine Analyse des Wissensbegriffs gebe, die adäquat ist.[85] Dies gestattet ihm, einen neuen Weg einzuschlagen, der eben darin besteht, den Wissensbegriff als unanalysierbaren Begriff zu handhaben. Damit wendet er sich gegen ein Dogma der analytischen Erkenntnistheorie, nämlich dasjenige, daß der Wissensbegriff analysierbar sein müsse.

»Aus ziemlich allgemeinen Gründen kann man vom Begriff *weiß* nicht erwarten, eine nicht-triviale Analyse in grundlegendere Termini zu haben. Nicht alle Begriffe können analysiert werden, da ansonsten ein infiniter Regreß bestünde. Die Geschichte der analytischen Philosophie legt nahe, daß die interessantesten philosophischen Begriffe unanalysierbar sind. [...] Das Streben nach Analyse ist ein zugrunde gehendes Forschungsprojekt.«[86]

Entgegen der anti-intentionalistischen Wende, die mit der analytischen Erkenntnistheorie verbunden ist, möchte Williamson den Wissensbegriff wieder in eine Philosophie des Mentalen einholen. Wissen, so Williamson, sei ein mentaler Zustand und zwar genauer: ein *faktiver mentaler Zustand*. Sein Vorschlag besteht darin, Wissen als »den allgemeinsten faktiven Einstellungszustand *(the most general factive stative attitude)*«[87] aufzufassen. Was genau bedeutet dies?

---

[84] Vgl. etwa Williamson: *Knowledge and its Limits,* S. 2 ff.
[85] Ebd., S. 4.
[86] Ebd., S. 31: »On quite general grounds, one would not expect the concept *knows* to have a non-trivial analysis in somehow more basic terms. Not all concepts have such analyses, on pain of infinite regress; the history of analytic philosophy suggests that those of most philosophical interest do not. [...] The pursuit of analyses is a degenerating research programme.«
[87] Ebd., S. 34. Williamson empfiehlt an anderer Stelle ausdrücklich eine Wende hin zur Intentionalität. Vgl. Ders.: *The Philosophy of Philosophy,* S. 14: »The conceptual turn

I. Kapitel: Aufbau und Methodologie

Eine Einstellung meint in diesem Kontext ausschließlich eine propositionale Einstellung. Wie bereits gesagt, sind propositionale Einstellungen Einstellungen zu Sachverhalten, die der Fall sein können oder nicht. Propositionale Einstellungen sind demnach solche, bei denen das Wahr-oder-falsch-sein-Können des Inhalts in Betracht gezogen werden muß. Dabei gibt es eben verschiedene propositionale Einstellungen. In diesem Sinne ist Glauben von Wissen als propositionaler Einstellung u. a. dadurch unterschieden, daß man sich zu einem geglaubten Sachverhalt so verhält, daß man diesen zwar für wahr hält, dieses Fürwahrhalten aber schwach ist. Man könnte sich leicht Umstände vorstellen, in denen man sich vom Gegenteil überzeugen ließe.

An diesem Punkt ist darauf hinzuweisen, daß die erkenntnistheoretischen Begriffe des Glaubens und Wissens als propositionale Einstellungen nicht im Sinne der gewöhnlichen und völlig berechtigten Frage nach dem Verhältnis von Glauben und Wissen aufzufassen sind. Denn die Opposition von Glauben und Wissen bezieht sich historisch primär auf die Religion, wenn dies auch letztlich einen für die Erkenntnistheorie relevanten Hintergrund hat. Der Gläubige hat gerade keine propositionale Einstellung zu seinem Glaubensinhalt. Der Glaubensinhalt kann nicht in einem relevanten Sinne wahr oder falsch sein. Er wird vielmehr als kontrastlose Wahrheit verstanden. In genau diesem Sinne lehnt Jesus Pontius Pilatus' Frage: »Was ist Wahrheit?«[88] ab. Wer fragt, was Wahrheit ist, glaubt nämlich schon nicht mehr. Wer aber nicht glaubt – dies steht bei alledem im Hintergrund –, hat auch keinen Zugang zur Wahrheit.

Hierbei ist es auch und vor allem in unserer Zeit unerläßlich, sich eine Facette des Glaubens- und des Wahrheitsbegriffs vor Augen zu stellen, die leicht übersehen wird bzw. aufgrund einer verbreiteten Unkenntnis der Religionen weithin unbekannt ist. Auf Griechisch heißt Glauben *pistis* (πίστις). Die entsprechenden hebräischen Wörter *aman* und *batah* bedeuten Glauben im Sinne des Vertrauens auf jemanden. Glauben und Vertrauen gehören zusammen. Der Glaube in diesem Sinne ist deswegen von vornherein keine propositionale Einstellung. Wenn

---

constitutes a much broader movement than the linguistic turn. It is neutral over the relative priority of language and thought. We think and talk about things – truly or falsely depending on whether they are or are not as we think or say they are. The aboutness of thought and talk is their *intentionality;* the conceptual turn puts intentionality at the centre of philosophy.«

[88] Joh. 18, 37 f.

man jemandem vertraut oder wenn man auf etwas vertraut, dann bedeutet dies, daß das Falsch-sein-Können nicht in Betracht kommt. Die Einstellung des Glaubens ist deswegen nicht die Einstellung des Überzeugtseins im engeren Sinne, die in der Erkenntnistheorie diskutiert wird. Der Glaube verläßt sich vielmehr auf etwas, deswegen spricht man auch von »Glaubensgewißheit« oder »Glaubensgewißheiten«. Solche Gewißheiten sind keine Sätze, zu denen man eine affirmative Einstellung unterhält, d. h. denen man mit irgendeiner Wahrscheinlichkeit einen Wahrheitswert zuschreibt. Es gibt also entgegen dem heute weitverbreiteten Verständnis einen Begriff des Glaubens, der monovalent ist und deswegen nicht in derselben Weise mit dem Wissensbegriff kontrastiert wie der Begriff der Überzeugung. Aus diesem Grunde verwende ich den Ausdruck »Überzeugung«, um Glauben im Sinne einer propositionalen Einstellung zu bezeichnen. Zwar gibt es auch religiösen Zweifel oder eher »Verzweiflung«, um an eine berühmte und eindringliche Analyse von Søren Kierkegaard zu erinnern, die sich genau damit beschäftigt.[89] Doch läßt sich dieser Diskurs nicht ohne weiteres in die heute gängige Erkenntnistheorie übersetzen, was freilich eher eine Schwäche denn ein Erkenntnisfortschritt ist.

Propositionale Einstellungen sind nun mentale Zustände, was bedeutet, daß sie sich in der Zeit vollziehen. Sie nehmen eine bestimmte psychologische Zeit ein. **Faktiv** nennt man solche mentalen Zustände, die propositionale Einstellungen sind, aus denen die Wahrheit der in der Einstellung eingeblendeten Proposition folgt. Wenn jemand weiß, daß p, dann folgt daraus, daß p: $W(p) \rightarrow p$. Weitere Einstellungen dieser Art sind: Sehen, Hören, Erkennen, Wahrnehmen. Diese Einstellungen liegen nur dann vor, wenn die Proposition, zu der eine Einstellung vorliegt, wahr ist. Man kann nichts wissen, was falsch ist, es sei denn, man weiß, daß es falsch ist.

Es ist wichtig, dies von der völlig anderen und falschen These zu unterscheiden, daß man nur dann etwas weiß, wenn man auch weiß, daß man es weiß. Daraus, daß man etwas weiß, folgt nicht ohne weiteres, daß man auch weiß, daß man es weiß. Wissen ist zwar faktiv, was aber nicht bedeutet, daß wir stets wissen, ob wir uns in einem epistemisch relevanten faktiven mentalen Zustand befinden. Deshalb kann man sich auch mindestens auf zwei verschiedene Weisen zum Wissen

---

[89] Kierkegaard, S.: *Die Krankheit zum Tode*. Übers. und hrsg. von H. Rochol, Hamburg 1995.

verhalten. Man kann die Wissensperspektive einnehmen, die mit einem Wissensanspruch einhergeht, der wahr oder falsch sein kann, oder die Perspektive auf einen Wissensanspruch, die feststellt, ob der Wissensanspruch wahr ist oder nicht.

Auf verschiedenen Gebieten der Erkenntnistheorie, Wahrheitstheorie und Semantik ist es sinnvoll, zwischen **Internalismus** und **Externalismus** zu unterscheiden. Im vorliegenden Zusammenhang nenne ich die Einstellung zu einem Wissensanspruch, d. h. die Einstellung, deren Inhalt ein Wissensanspruch ist, *externalistisch*, während ich die Einstellung des dabei untersuchten Wissensanspruchs *internalistisch* nenne. Der Unterschied zwischen Internalismus und Externalismus stammt aus der Semantik, d. h. der Theorie der Bedeutung. Während der Internalismus dort behauptet, daß die Bedeutung eines Ausdrucks, etwa eines Substantivs wie »Wasser« oder »Hochhaus«, durch die intrinsische Struktur des Begriffs »Wasser« oder »Hochhaus« unabhängig davon festgelegt wird, ob es Wasser oder Hochhäuser gibt, behauptet der Externalismus umgekehrt, daß die Bedeutung des betreffenden Ausdrucks davon abhängt, daß wir und wie wir mit Wasser und Hochhäusern in Kontakt getreten sind.

Der **epistemologische Internalismus** versetzt sich in die Perspektive eines Wissensanspruchs, während der **epistemologische Externalismus** annimmt, daß man diese Perspektive nicht unabhängig davon einnehmen kann, daß und wie man mit einem faktischen Wissensanspruch in Kontakt tritt. Für den epistemologischen Internalismus spielt es demnach keine Rolle, ob ein Wissensanspruch tatsächlich wahr oder falsch ist. Denn in beiden Fällen handelt es sich immerhin um einen Wissen*sanspruch*. Für den epistemologischen Externalismus ist dies hingegen entscheidend. Denn ein falscher und ein wahrer Wissensanspruch sind verschiedene Gegenstände. Zwei Gegenstände sind genau dann verschieden (und damit eben *zwei* Gegenstände), wenn der eine mindestens eine Eigenschaft hat, die der andere nicht hat. So unterscheiden sich wahre von falschen Wissensansprüchen durch die Eigenschaft, wahr bzw. falsch zu sein. Untersucht man einen wahren Wissensanspruch, hat man demnach einen anderen Gegenstand, was auch bedeutet, daß der Ausdruck »Wissensanspruch« in diesem Fall sich auf etwas Besonderes, nämlich auf einen wahren Wissensanspruch im Unterschied zu einem falschen bezieht – ob wir dies nun wissen oder nicht. Die Pointe des Externalismus besteht darin, daß wir Einstellungen zu etwas haben können, ohne dieses Etwas vollständig zu kennen. Man kann über Wasser nachdenken, ohne genau zu wissen, was »H_2O« bedeutet. Dennoch ist es für die Bedeutung von »Wasser« wichtig, ob Wasser H_2O ist oder nicht.

Wenn Wissen ein faktiver mentaler Zustand ist, dann bezieht man sich mit dem Ausdruck »Wissen« nicht auf Wissensansprüche, die wahr oder falsch sein können, sondern auf erfolgreiche Wissensansprüche und in diesem Sinne auf Wissen. Dies ist Williamsons Ausgangspunkt. Greift man diesen Ausgangspunkt auf, leuchtet es ein, daß man Wissen nicht zusammensetzen kann aus Wahrheit, Rechtfertigung und Überzeugung, da alle Rechtfertigung eben schiefgehen kann. Versteht man unter Rechtfertigung hingegen bereits einen Zugang zur Wahrheit, ist es nicht mehr ersichtlich, warum man Wissen dann noch in Wahrheit, Rechtfertigung und Überzeugung zerlegen können sollte. Denn die Wahrheit wäre bereits in der Rechtfertigung enthalten.

Philosophiert man aus der Perspektive von Wissensansprüchen, so liegt ein **Rechtfertigungs-Internalismus** nahe. Philosophiert man hingegen aus der Perspektive auf Wissen, so muß man anscheinend einen **Rechtfertigungs-Externalismus** vertreten. Der Rechtfertigungs-Internalismus besagt, daß Rechtfertigung auch unabhängig von ihrem tatsächlichen Erfolg in der Form guter Gründe bestehen kann. Man kann eine Rechtfertigung haben, die als solche noch nicht zur Wahrheit führt. Der Rechtfertigungs-Externalismus hingegen nimmt an, daß eine Rechtfertigung nur dann vorliegt, wenn sie zur Wahrheit führt. In dieser Optik läßt sich Wissen nicht zerlegen, so daß das Projekt einer kriteriellen Definition des Wissensbegriffs grundsätzlich in die Irre geht. Denn dann ist eine gerechtfertigte Überzeugung bereits Wissen.

Williamson schlägt nun vor, aus der Perspektive auf Wissen davon auszugehen, daß Wissen, und nicht Wahrheit allein, die primäre Norm von Überzeugungen ist. Überzeugungen tendieren zu Wissen und nicht bloß zur Wahrheit. Erreichen sie ihr Ziel, sind sie nicht mehr nur wahre und gerechtfertigte Überzeugungen, sondern eben Wissen. Auf diese Weise wird der Überzeugungsbegriff vom Wissensbegriff und nicht mehr umgekehrt zugänglich. Wahrheit, Überzeugung und Rechtfertigung sind demnach keine Bedingungen für Wissen, sondern Begriffe, die vom Wissensbegriff aus zugänglich sind.

Williamson weist zu Recht darauf hin, daß der epistemologische Internalismus eine Voraussetzung des Projekts einer kriteriellen Definition des Wissensbegriffs ist. Die kriterielle Definition geht davon aus, daß Wissen aus einer internen und einer externen Komponente besteht. Die interne Komponente setzt sich aus der Überzeugungs- und der Rechtfertigungsbedingung zusammen. Mindestens die erstere scheint *rein* interner Art zu sein, sie betrifft lediglich einen Zustand des Subjekts, das für Wissen in Frage kommt, während Rechtfertigungen freilich mehrere Subjekte oder weitere Wissensansprüche und damit auch Externes in Anspruch nehmen. Die Wahrheitskomponente hingegen hängt u. a. davon ab, wie es sich mit dem Inhalt des Wissensanspruchs verhält, ob die Proposition, zu der sich der Wissensanspruch assertorisch, d. h. behauptend verhält, wahr ist oder nicht. Da die Wahrheit eines Wissensanspruchs immerhin in allen Fällen, in denen der Inhalt des Wissensanspruchs nicht das wissende Subjekt selbst betrifft, unabhängig vom wissenden Subjekt bestehen soll, zeigt die Wahrheit im Wissensbegriff eine externe Komponente an. Gibt es aber eine externe, so gibt es auch eine interne Komponente, namentlich die Überzeugung, daß der Wissensanspruch wahr ist. Diese Überzeugung ist ein Fürwahrhalten. Nun koinzidieren Wahrheit und Fürwahrhalten zumindest in all denjenigen Fällen nicht, in denen der für wahr gehaltene Inhalt selbst kein Fürwahrhalten ist. Folglich ist der Inhalt in diesem Sinne relativ auf das Fürwahrhalten extern. Soweit der Internalist.

Genau dagegen wendet Williamson ein, daß der Wissensbegriff immer schon mit Wahrheit verbunden ist, daß Wissen nur dann vorliegt, wenn die externe Komponente erfüllt ist. Wissen ist nicht Fürwahrhalten plus irgend etwas. Vielmehr ist ein Fürwahrhalten, das sich als falsch herausstellt, eben kein Wissen gewesen. In anderen Worten, mit Williamson kann man vorschlagen, den Wissensbegriff nicht vom Begriff des Wissensanspruchs abzuleiten, der mit einer Überzeugung implizit oder explizit einhergeht, sondern umgekehrt Überzeugungen als defiziente Formen des Wissens zu verstehen.

Wissen ist nach Williamson *sui generis*. Es wäre nur unter internalistischen Prämissen analysierbar. Diese werden aber nicht dem Begriff des Wissens, sondern nur dem Begriff des Wissensanspruchs gerecht. Da nicht alle Wissensansprüche Wissen sind, verfehlt die kriterielle Definition des Wissens grundsätzlich ihr Ziel. Sie analysiert gar nicht den Wissensbegriff, sondern allenfalls – und diese Möglichkeit sei noch dahingestellt – den Begriff des Wissensanspruchs.

Allerdings bleibt der unterstellte Begriff des Mentalen bei Williamson unterbestimmt. In seinem neueren Buch *The Philosophy of Philosophy* macht er sich für eine Rückkehr zum Begriff der Intentionalität stark. **Intentionalität** versteht er dabei als »aboutness«[90], d. h. als den Umstand, daß wir u. a. propositionale Einstellungen haben können, die einen Inhalt haben, die also von etwas handeln. Wir können Gedanken über einiges haben, das selbst kein Gedanke ist, und es ist zumindest fragwürdig, in welchem Umfang wir Gedanken haben können, deren Inhalt nur Gedanken sind.

Williamson bleibt hier einem Begriff des Mentalen verhaftet, der u. a. eine besonders prominent durch Hegel und Wittgenstein verteidigte Einsicht außer acht läßt. Diese Einsicht besteht darin, daß Intentionalität bereits normativ ist. Wenn wir Gedanken über etwas haben, setzen wir bereits voraus, daß diese Gedanken einen stabilen semantischen Gehalt besitzen. Sie hätten keinen stabilen semantischen Gehalt, wenn sie nicht so artikulierbar wären, daß sie auch bis zu einem gewissen Grade übersetzbar und wiederholbar sind. Wie Hegel und Wittgenstein – und im Anschluß an diese gegenwärtig v. a. Hilary Putnam, Robert Pippin und Robert Brandom – betont haben, sind unsere Gedanken aber gar nicht »mental«, wenn man darunter private Episoden versteht.[91] Die Stabilität von Gedanken verweist bereits auf Praktiken der grammatischen Disziplinierung und Ausbildung diskriminatorischer Fähigkeiten. Diese Praktiken finden selbst keineswegs nur in Gedanken statt, sondern in einer real existierenden Gemeinschaft.

Mit anderer Stoßrichtung weisen aber auch John Searle und Hubert Dreyfus (letzterer im Anschluß an Heidegger) darauf hin, daß Intentionalität einen Hintergrund voraussetzt, der über alle einzelnen privaten Episoden hinausweist.[92] Wenn man den Wissensbegriff wieder an die Theorie der Intentionalität anbinden möchte, wie dies Williamson gegen die analytische Erkenntnistheorie und den epistemologischen Internalismus im engeren Sinne vorschwebt, so bedarf es demnach einer Theorie des Hintergrunds. Jedoch gehen die meisten gegenwärtigen Erkenntnistheoretiker nicht darüber hinaus, lediglich auf die Notwendigkeit eines Hintergrunds hinzuweisen, ohne deswegen auch schon eine Theorie des Hintergrunds vorzulegen.

Im folgenden wird es zunächst darum gehen, sich verschiedene

---

[90] Williamson: *The Philosophy of Philosophy*, S. 14.
[91] Vgl. dazu Gabriel: *An den Grenzen der Erkenntnistheorie*, § 10.
[92] Vgl. etwa Dreyfus, H.: *Being-in-the-World. A Commentary on Heidegger's* Being and Time. Cambridge, Ma. 1993; Ders.: *On the Internet (Thinking in Action)*. London 2008; Searle, J.: *Intentionalität. Eine Abhandlung zur Philosophie des Geistes*. Frankfurt am Main 1987.

Versionen einer Hintergrundstheorie der Intentionalität zu verdeutlichen. Dabei wird die Notwendigkeit der Annahme eines Hintergrunds erörtert, ohne bereits eine Theorie des Hintergrundes auszuarbeiten. Dies wird erst im Rahmen der Erörterung des Zusammenhangs von Ontologie und Epistemologie möglich sein.

Bleibt festzuhalten: Williamson weist auf einige schwache Voraussetzungen der analytischen Erkenntnistheorie hin, ohne seine Wende zur Intentionalität mit einem hinreichend deutlichen Begriff des Mentalen zu vollziehen. Man könnte mutmaßen, daß dies u. a. daran liegt, daß er den Kontext des Wissens bzw. die Kontextualität von Wissen nicht richtig einschätzt. Denn sein Begriff des Mentalen ist an einer naturwissenschaftlich ausgerichteten philosophischen Psychologie orientiert. Doch diese trifft mehr Voraussetzungen, als sie jemals zu klären imstande sein wird, was bei der Diskussion verschiedener Theorien der Intentionalität in Kap. III.2 deutlich werden wird.

3. Enger und weiter Kontextualismus

Aus verschiedenen Gründen ist es unerläßlich, Erkenntnis in einem Kontext zu verorten. Dies gilt sowohl für Wissensansprüche als auch für Erkenntnis bzw. Wissen selbst. Im Fall von Wissensansprüchen ist stets eine apologetische Dimension, d. h. eine Rechtfertigungsposition, virtuell vorausgesetzt. Wer einen Wissensanspruch erhebt, behauptet damit etwas, das auch falsch sein könnte. Ein Wissensanspruch kann stets zurückgewiesen werden. Weist man einen Wissensanspruch zurück, stellt man die Gründe in Frage, die ihn stützen könnten. Man weist also auf die Endlichkeit der Gründe hin. Gründe sind endlich, sie haben Grenzen, und zwar mindestens die Grenzen der Disziplinen oder, wie ich später sagen werde (S. 228, 236 ff.), Sinnfelder, in denen sie vorkommen. Sie sind Gründe immer nur in einem Netzwerk anderer Gründe. Die Begründungsketten überschauen wir dabei stets nur auf eine eingeschränkte Weise. So mag es Gründe dafür geben, daß ich gerade an meinem Schreibtisch sitze und dieses Buch schreibe, die mir nicht bekannt sind, Gründe, die in die Tiefen des Unbewußten hinabreichen, oder Gründe, die mit meiner neuronalen Ausstattung zu tun haben. Andererseits mag es Gründe geben, den Begriff des Grundes völlig anders aufzufassen, als es mir vorschwebt.

Gründe sind notwendig endlich. Ein unendlicher Grund wäre

wahrheitsgarantierend, d. h. er wäre ein Grund, der die Wahrheit des durch ihn Begründeten garantierte.[93] Hätte man einen unendlichen Grund für einen Wissensanspruch, ginge dieser damit unmittelbar in Wissen über. Ein einem endlichen kognitiven Wesen *verfügbarer* unendlicher Grund könnte keinem unüberschaubaren Netzwerk von Gründen angehören, da dieses stets die Möglichkeit der Ablehnung des Grundes bereitstellt. Ein unendlicher Grund wäre in genau diesem Sinne absolut, er wäre losgelöst (lat. ab-solutum) vom Netzwerk der Gründe. Hierbei wäre ein **absoluter Grund** immer noch von einem **endlichen Grund** verschieden. Denn um ein absoluter Grund zu sein, dürfte er kein endlicher Grund sein, da sich absolute und endliche Gründe wechselseitig ausschließen. Nichts kann zugleich ein absoluter und ein endlicher Grund sein, da die Endlichkeit der Gründe darin besteht, daß sie von anderen Gründen, mit denen sie in Konkurrenz stehen, unterschieden sind. Dieser Unterschied macht die Gründe relativ aufeinander. Wer einen guten Grund zur Annahme hat, daß die Straße naß ist, hat unter geeigneten Umständen einen guten Grund zur Annahme, daß es geregnet hat. Allerdings könnte es immer auch eine abwegige Ursache dafür geben, daß die Straße naß ist. Jemand könnte etwa eine Liebesszene im Regen gedreht haben und dafür falschen Regen erzeugt haben. Daß es geregnet hat, ist aber jedenfalls dann unverträglich damit, daß jemand die Straße künstlich naß gemacht hat, wenn es nicht gleichzeitig auch tatsächlich geregnet hat. Alle uns zur Verfügung stehenden Gründe sind immer endlich in diesem Sinne. Es könnte auch andere Gründe geben, wenn wir diese auch bis zu einem gewissen Grad geflissentlich ausgeschlossen haben mögen. Denn die Menge der alternativen Gründe ist allemal unüberschaubar. Nur ein unendlicher Grund, der gleichsam den ganzen Raum der Gründe einnähme, oder ein absoluter Grund, der in gar keinem Zusammenhang mit endlichen Gründen steht, könnte wahrheitsgarantierend sein.

Dies bedeutet aber, daß der absolute Grund in einer Relation zum unüberschaubaren Netzwerk der endlichen Gründe steht. Er unterscheidet sich von allem, was in diesem Netzwerk vorkommt. Damit besteht ein Zusammenhang, nämlich der Zusammenhang des Unter-

---

[93] Zur Verteidigung wahrheitsgarantierender Gründe vgl. die erhellende Studie Kern, A.: *Quellen des Wissens. Zum Begriff vernünftiger Erkenntnisfähigkeiten*. Frankfurt am Main 2006. Vgl. meine Diskussion dieser Position in »Die Wiederkehr des Nichtwissens«, in: *Philosophische Rundschau* 54/1 (2007), S. 149–178.

schieds zwischen dem vermeintlichen absoluten Grund und den vielen endlichen Gründen. Durch diesen Zusammenhang wird das Netzwerk lediglich um den vermeintlichen absoluten Grund erweitert, so daß dieser sich als endlich erweist. Jeder vermeintliche absolute Grund muß als solcher anerkannt werden können. Doch um als solcher anerkannt werden zu können, muß er im Netzwerk der Gründe vorkommen können, was ihn *ipso facto* zu einem endlichen Grund macht.

Endliches Wissen ist nun solches Wissen, das sich aus endlichen Gründen speist. Endliches Wissen findet stets nur in einer apologetischen Dimension statt, in der auch andere Gründe in Betracht gezogen werden könnten. Wilfrid Sellars drückt dies mit einer vielbeachteten Formulierung folgendermaßen aus:

»Der springende Punkt liegt darin, daß wir keine empirische Beschreibung dieser Episode oder dieses Zustandes liefern, wenn wir eine Episode oder einen Zustand als ein *Wissen* bezeichnen. Wir stellen sie vielmehr in den logischen Raum der Gründe, der Rechtfertigung und der Fähigkeit zur Rechtfertigung des Gesagten.«[94]

Sofern Wissen nur durch Wissensansprüche eingelöst werden kann, bleibt es endlich, da es nur endliche Gründe zu zitieren vermag. Wissensansprüche sind die Spielzüge im nach Sellars sogenannten »Spiel des Gebens und Verlangens von Gründen«[95].

Im Ausgang von dieser Überlegung kommt man leicht zu einem (von Sellars selbst nicht vertretenen) Rechtfertigungskontextualismus. Der **Rechtfertigungskontextualismus** besagt, daß alle Wissensansprüche berechtigt sein müssen und daß der Ausweis solcher Berechtigungen immer nur in Kontexten stattfindet. Damit kommen aber endliche Gründe ins Spiel, deren Endlichkeit gerade darin besteht, daß alles Wissen in einem Kontext stattfindet, der niemals ein Totalkontext ist, der alle anderen Kontexte umspannt. Bei einem Wechsel von einem Kontext in einen anderen kann die Berechtigung verlorengehen, da die

---

[94] Sellars, W.: *Der Empirismus und die Philosophie des Geistes*. Übers., hrsg. und eingeleitet von Th. Blume, Paderborn 1999, S. 66. Original: Sellars, W.: *Empiricism and the Philosophy of Mind*. Cambridge, Ma. 1997, hier: S. 76: »In characterizing an episode or a state as that of *knowing*, we are not giving an empirical description of that episode or state; we are placing it in the logical space of reasons, of justifying and being able to justify what one says.«

[95] Vgl. in diese Richtung bereits Sellars, W.: »Some Reflections on Language Games«, in: Ders.: *Science, Perception and Reality*. London 1963, S. 321–358.

endliche Umgebung, in welcher der Wissensanspruch zum ersten Mal erhoben wurde, eben von einer anderen Umgebung unterschieden ist. Außerdem sind wir dem Rechtfertigungskontextualismus zufolge nicht nur fallibel hinsichtlich des Inhalts eines erhobenen Wissensanspruchs, sondern auch hinsichtlich des Kontexts, in dem ein Wissensanspruch erhoben wird. Vom Rechtfertigungskontextualismus muß man zunächst den **semantischen Kontextualismus** unterscheiden.[96] Dieser besagt, daß die normalsprachliche Verwendung des Wissensbegriffs in Sätzen wie

(1) »Hegel weiß, daß es regnet.«

insofern unvollständig und irreführend ist, als das Wissensprädikat immer mit einem Index versehen werden müsse. Satz (1) drücke die Proposition (2) aus:

(2) Hegel weiß$_{K1}$, daß es regnet.

Der Index »K1« bezeichnet den Kontext, in dem Hegel weiß, daß es regnet. Der semantische Kontextualismus verwendet diese Diagnose primär als antiskeptisches Instrument. Wenn Hegel in K1, etwa an einem normalen Mittwochmorgen, weiß, daß es regnet, so kann er dennoch in einem anderen Kontext, etwa im Kontext der Diskussion mit einem Skeptiker (K2), der bestreitet, daß es eine Außenwelt gibt, bzw. dafür argumentiert, daß wir dies jedenfalls nicht wissen können, durch-

---

[96] V. a. in den letzten zehn Jahren wurden verschiedene Klassifikationen kontextualistischer Positionen vorgeschlagen. Einige Autoren, etwa Duncan Pritchard und in seinem Gefolge Thomas Grundmann, haben vorgeschlagen, zwischen einem *semantischen* und einem *inferentiellen Kontextualismus* zu unterscheiden. Dabei verstehen sie den semantischen Kontextualismus als *Zuschreibungs-* und den inferentiellen als *Subjektkontextualismus*. Dies bedeutet, daß der semantische Kontextualismus eine These dahingehend beinhalten soll, daß der Zuschreiber von Wissen festlegt, welche Standards für Wissen gelten, während der inferentielle (von mir sogenannte Rechtfertigungskontextualismus) annehme, die epistemische Position des Subjekts, dessen Wissen in Frage steht, sei ausschlaggebend. Dagegen gehe ich u. a. wie Crispin Wright davon aus, daß die Frage nach dem Zuschreiber des Wissens nicht entscheidend ist, weshalb sie für meine Darstellung auch keine Rolle spielen wird. I. ü. spielt diese Unterscheidung auch weder in Pritchards noch in Grundmanns Argumentation eine wesentliche Rolle. Vgl. Pritchard, D.: »Two Forms of Epistemological Contextualism«, in: *Grazer Philosophische Studien* 64 (2002), S. 19–55; Grundmann, Th.: »Die Grenzen des erkenntnistheoretischen Kontextualismus«, in: *Deutsche Zeitschrift für Philosophie* 51 (2003), S. 993–1014.

aus nicht wissen, daß es regnet. Es könnte also sein, daß die Proposition (3) neben der Proposition (2) zugleich wahr ist:

(3) Hegel weiß$_{K2}$ nicht, daß es regnet.

(2) und (3) schließen sich nicht aus, obwohl in ihnen dasselbe Prädikat verwendet wird, da das Prädikat versteckt indexikalisch ist.[97] Während indexikalische Ausdrücke wie »ich«, »wir«, »hier«, »vorgestern« usw. sich offensichtlich nur so verstehen lassen, daß sie sich auf einen Kontext beziehen, den einige indexikalische Ausdrücke allererst markieren, sind andere Ausdrücke versteckt indexikalisch. So hat man etwa eine Überlegung Saul Kripkes und Hilary Putnams dahingehend interpretiert, daß sie zeige, daß Ausdrücke für natürliche Arten wie »Wasser« versteckt indexikalisch seien.[98] Kripke etwa nimmt an, daß der Augenblick, in dem jemand irgend etwas »Wasser« getauft hat, bestimmt, was »Wasser« bedeutet, weil diejenige Substanz, auf die man sich bezogen hat, dadurch herausgegriffen wurde. »Wasser« bezieht sich demnach indexikalisch immer auf irgend etwas wie »diejenige Substanz, auf die S sich zu t_1 mit dem Ausdruck ›Wasser‹ bezogen hat«.

Der Rechtfertigungs- und der semantische Kontextualismus betten Wissensansprüche bzw. Wissen auf verschiedene Weisen in einen Kontext ein. Dabei legen weder Rechtfertigungs- noch semantische Kontextualisten eine Theorie der Kontexte vor. Der Rechtfertigungskontextualist argumentiert lediglich dafür, daß Wissen nur im Spiel des Gebens und Verlangens von Gründen vorkommt, wobei diese Gründe endlich sind und dadurch Kontexte erzeugen oder mindestens einen gigantischen Kontext, den logischen Raum der Gründe, voraussetzen. Der semantische Kontextualist seinerseits begnügt sich damit zu zeigen, daß das Wissensprädikat versteckt indexikalisch ist, wogegen allerdings gute Gründe sprechen, die ich in diesem Kapitel diskutieren werde.

---

[97] Vgl. dazu die Arbeiten von DeRose, K.: »Solving the Skeptical Problem«, in: *The Philosophical Review* 104/1 (1995), S. 1–52; »Contextualism: An Explanation and Defense«, in: Greco, J./Sosa, E. (Eds.): *Epistemology*. Oxford 1999, S. 187–205; »Now You Know It, Now you Don't«, in: *Proceedings of the Twentieth World Congress of Philosophy*, Vol. V, *Epistemology* (2000), S. 91–106; sowie die inzwischen kanonischen Einwände von Schiffer, S.: »Contextualist Solutions to Scepticism«, in: *Proceedings of the Aristotelian Society* 96 (1996), S. 317–333.
[98] Vgl. die wichtigen Arbeiten von Kripke, S. A.: *Name und Notwendigkeit*. Übers. von U. Wolf, Frankfurt am Main 1981, und Putnam, H.: *Die Bedeutung von »Bedeutung«*. Übers. von W. Spohn, Frankfurt am Main ²1990.

Sowohl den Rechtfertigungs- als auch den semantischen Kontextualismus fasse ich unter der Rubrik des **engen Kontextualismus** zusammen. Der enge Kontextualismus vertritt keine ausgearbeitete Theorie des Kontexts. Außerdem zieht er nur eine bereits epistemische Umgebung für Wissen in Betracht. Allerdings kommt Wissen auch in diskursiven Praktiken vor, die noch gar nicht durchgängig epistemisch sind. Wissensansprüche etwa müssen anerkannt oder verworfen werden. Diese Anerkennung verweist auf historisch variable Praktiken der Veridiktion, des Wahrsprechens, die an Formen der Herrschaft, der Etablierung von Autorität, der Disziplinierung, der Freundschaft usw. gebunden sind. Michel Foucault nennt dies **Alethurgie**, d.h. die Herstellung von Wahrheit.[99]

Wissen hat eine historische Umgebung. Der **weite Kontextualismus** bezieht diese Dimension mit ein (3.2.), während der enge Kontextualismus den Wissensbegriff letztlich von jeglicher Historizität isolieren möchte (3.1.). Der enge Kontextualismus sucht immer noch nach einer letztgültigen Definition des Wissens, bezieht im Unterschied zum Projekt einer analytischen kriteriellen Definition allerdings variable Parameter mit ein. Der weite Kontextualismus hingegen nähert sich theoretisch dem Umstand, daß Wissen und Erkenntnis auf Grundlagen beruhen, die noch gar keine Gründe im epistemischen Sinne und dennoch hinreichend wissensaffin sind, um Wissen hervorzubringen.

In diesem Kapitel werden zunächst der Rechtfertigungskontextualismus (3.1.1.) und der semantische Kontextualismus besprochen (3.1.2.). Anschließend werde ich eine Diagnose von Michael Williams (*1947) aufgreifen, mit der sich der Ansatz eines weiten Kontextualismus rechtfertigen läßt (3.2.1.). Diese Diagnose besagt, daß sowohl die analytische kriterielle Erkenntnistheorie als auch die enge kontextualistische Erkenntnistheorie unterstellen, daß der Wissensbegriff eine Realität beschreibt, die von dieser Beschreibung unabhängig ist. Sie unterstellen beide einen **epistemologischen Realismus**, d.h. die These, daß es Wissen, Rechtfertigung, Überzeugungen, Erkenntnis völlig unabhängig davon gibt, auf welche Weise die genannten epistemologischen Begriffe jeweils aufgefaßt werden. Mit anderen Worten behandelt

---

[99] Vgl. dazu seine späten Vorlesungen: *Die Regierung des Selbst und der anderen*. 2 Bde, übers. von J. Schröder, Berlin 2010, hier Bd. 2: *Der Mut zur Wahrheit: Vorlesung am Collège de France 1983/84* (*Le Gouvernement de soi et des autres. Le courage de la vérité: Cours de Michel Foucault au Collège de France* 1983/84).

sowohl die analytische Erkenntnistheorie im engeren Sinne als auch der enge Kontextualismus insgesamt seine Grundbegriffe wie Begriffe von natürlichen Arten, die es völlig unabhängig davon gibt, daß wir uns auf sie beziehen. Wissen wäre dann so etwas wie Wasser, Löwen oder angemalte Maultiere, also ein gewöhnliches Ding in der Welt, dessen Umstände wir mit einem Wissensanspruch thematisieren können.

Anschließend wird Wittgenstein zu Wort kommen, mit dem Williams die Einsicht in den problematischen Status des epistemologischen Realismus teilt. Wittgenstein geht aber ungleich weiter, indem er daraus Konsequenzen für philosophische Wissensansprüche über den Wissensbegriff zieht. Diese Konsequenzen führen zu einer Umstellung der philosophischen Darstellungsform selbst. Wenn Gründe endlich und auf eine tiefgreifende Weise historisch sind – welche Form von Gründen kann man dann anführen, um *diese* These darzustellen?

Dies führt uns zu Hegel und Heidegger (3.2.2.). Denn diese gehen noch weiter als Williams und Wittgenstein, indem sie mit einer historischen Variabilität von Wissensformen rechnen. Es gibt demnach tatsächlich kein Wissen und keine Erkenntnis in einem irgendwie bereits entschiedenen Sinne, sondern nur eine Abfolge von Wissensformen, die sich jeweils auf verschiedene Weisen realisieren. Es kommt Hegel und Heidegger zufolge in der Erkenntnistheorie deshalb auch nicht darauf an, eine »Erkenntnis« genannte Entität (oder eine überschaubare Menge an Wissensquellen) zu analysieren und diese Analyse mit Argumenten (was auch immer ein Argument hier eigentlich genau sein mag) gegen mögliche oder wirklich angemeldete Einwände zu verteidigen. Denn solche Manöver führen nicht zu einer besseren Einsicht in das, was Erkenntnis ist, sondern produzieren ihrerseits Formen der Veridiktion, eine Art philosophische Alethurgie, die aber jeglichen Kontakt mit einem vermeintlich von ihr unabhängigen Gegenstand, dem Wissen, verliert.

3.1. Der enge Kontextualismus

3.1.1. Rechtfertigungskontextualismus

Der Rechtfertigungskontextualismus ist eine unproblematische These, wenn man ihn auf Wissensansprüche einschränkt. Dann behauptet er lediglich, daß alle Wissensansprüche am Spiel des Gebens und Verlangens von Gründen teilnehmen und dadurch prinzipiell revidierbar sein müssen. Denn in diesem Spiel können nur endliche Gründe angeführt werden. Einen absoluten Grund kann es, wie dargelegt, nicht geben. Allerdings droht der Rechtfertigungskontextualismus die Differenz zwischen Wissensansprüchen und Wissen zu verwischen. Wenn nämlich jemand etwas weiß, dann folgt daraus ohne weiteres, daß dasjenige, was er weiß, der Fall ist. Zwar können wir aufgrund der Endlichkeit unserer Gründe niemals absolut feststellen, daß es sich bei irgendeinem bestimmten Wissensanspruch tatsächlich um Wissen handelt. Dennoch verstehen wir den Kontrast zwischen einem Wissensanspruch und Wissen. Wenn jemand weiß, daß es langsam Tag wird, so folgt daraus, daß es langsam Tag wird. Wir können den Wissensanspruch, daß es langsam Tag wird, zwar in Frage stellen, da jeder Grund, der diesen Anspruch unterstützt, auf vielfältige Weise endlich ist. Daraus folgt dann aber nicht, daß der Anspruch tatsächlich gescheitert ist. Daraus, daß ein Wissensanspruch mit den besten der zur Verfügung stehenden Gründen zurückgewiesen wird, folgt noch nicht, daß er *falsch*, sondern nur, daß er *gescheitert* ist.

An diesem Punkt ist es sinnvoll, einen überzogenen Anspruch an den Begriff des **besten Grundes** zurückzuweisen. Der überzogene Anspruch geht davon aus, daß der beste Grund für eine Überzeugung wahrheitsgarantierend sein muß. Ein wahrheitsgarantierender Grund wäre ein solcher, dessen Haben die Wahrheit der durch ihn begründeten Überzeugung impliziert. Nun hängt die Bewertung von Gründen allerdings nicht notwendig davon ab, wie sie sich zur Wahrheit des durch sie Begründeten verhalten. Viele Gründe sind schon für die besten und auch für wahrheitsgarantierend gehalten worden, ohne daß sie tatsächlich gut oder gar wahrheitsgarantierend waren. Wenn etwa Galileo Galilei von der Inquisition verurteilt wurde, weil er den häretischen Anspruch erhoben hatte zu wissen, daß sich die Erde um die Sonne dreht, folgt daraus nicht, daß er Unrecht hatte. Wir verstehen, daß es einen Kontrast zwischen der Tatsache, daß wir nur endliche Gründe anführen können, über die befunden werden muß, und der faktiven Struktur des Wissens gibt. Wenn wir etwas wissen, überschreiten wir die Endlichkeit der Gründe, ohne in der Überschreitung einen Grund ihres Gelingens anführen zu können. Unsere endlichen Gründe ermöglichen uns somit zwar eine Transzendenz über unsere endlichen Gründe, ohne daß wir das Gelingen der Transzendenz aber jemals durch einen wahrheitsgarantierenden Grund völlig sicherstellen könnten. Dennoch verstehen wir, daß die Transzendenz gelingen kann, was aber nicht voraussetzt, daß es absolute Gründe gibt.

Wahrheitsgarantierende Gründe wären absolute Gründe. Selbst wenn wir absolute Gründe hätten, kämen sie im endlichen Medium von Begründungsketten vor, da sie ansonsten nicht das wären, was sie sein sollen, nämlich anführbare Gründe. Gründe, die keine Rolle spielen können, sind keine Gründe. Demnach können wir nicht wiederum unter Rekurs auf absolute Gründe entscheiden, ob wir in irgendeinem besonderen Fall einen absoluten Grund haben. Folglich könnte es zwar absolute Gründe geben, die wir aber niemals als absolute Gründe erkennen und auszeichnen könnten. Die Eigenschaft, ein absoluter Grund zu sein, könnte scheinbar einigen Gründen zukommen, ohne deswegen aber als solche erkennbar zu sein, was allerdings unmöglich ist.

Denn dieser hypothetisch eingeführte Umstand – daß es nämlich scheinbar unerkannte absolute Gründe geben könnte – unterläuft das Argument, das in der Regel verwendet wird, um die Notwendigkeit wahrheitsgarantierender und damit absoluter Gründe zu motivieren. Dieses Argument beruft sich darauf, daß es notwendigerweise wahrheitsgarantierende Gründe geben müsse bzw. daß wir notwendigerweise annehmen müssen, daß es wahrheitsgarantierende Gründe gibt. Nähmen wir dies nämlich nicht an, könnten wir das Vermögen, überhaupt Gründe zu suchen, nicht angemessen verstehen. Die besten Gründe, die wir haben können, müßten diesem Argument zufolge wahrheitsgarantierend sein. Beste Gründe gibt es nur, wo wir die beste Ausübung einer relevanten begrifflichen Fähigkeit unterstellen.

Diesen Gedanken kann man sich an einem Beispiel deutlich machen. Die beste Ausübung der menschlichen arithmetischen Fähigkeit dürfte die Wahrheit des Gedankens, daß $2 + 2 = 4$ ist, garantieren. Diese Ausübung, d. h. eine Rechnung, wäre der beste Grund für die Wahrheit des Gedankens. Gründe vermitteln zwischen Wahrheiten und Gedanken (im Sinne mentaler Zustände), sie machen Wahrheiten für denkende Wesen mit begrifflichen Fähigkeiten verfügbar. Die Vermittlungsfunktion von Gründen ist demnach im skizzierten Argument vorausgesetzt. Wenn nun aber, so das Argument, die beste Ausübung einer begrifflichen Fähigkeit die Wahrheit der durch sie produzierten Gedanken verbürgen muß, da die Fähigkeit ansonsten gar keine Wahrheits-Fähigkeit wäre, dann muß auch der beste Grund, der etwa in der besten Ausübung der begrifflichen Fähigkeit besteht, zur Etablierung der Wahrheit hinreichend sein. Folglich, so schließt dieser Gedankengang, müssen wir wahrheitsgarantierende und damit absolute Gründe haben.[100]

Allerdings ist gegen dieses Argument einzuwenden, daß wir niemals sicherstellen können, daß irgendeine bestimmte Ausübung einer begrifflichen Fähigkeit die beste Ausübung dieser Fähigkeit ist. Wir sind gerade in dieser Frage fallibel. Folglich ist uns der vielleicht eingetroffene glückliche Umstand, daß wir gerade eine begriffliche Fähigkeit in Bestform aktualisiert haben, unvermittelbar. Beste Gründe, wenn es sie denn gibt, sind uns mindestens hinsichtlich dieses Status unverfügbar, es sei denn, man könnte beste Gründe nur so haben, daß sie sich von sich her als solche bekunden. Es ist aber absurd anzunehmen, daß beste Gründe sich selbst dokumentieren, da wir uns eben irrtümlicherweise im Besitz bester Gründe wähnen können. Demnach verstößt der überzogene Anspruch an Gründe, im Bestfall wahrheitsgarantierend zu sein, gegen die Annahme der Vermittlungsfunktion von Gründen. Das Argument für die Existenz absoluter Gründe unterminiert demnach eine seiner Stützen, nämlich die für sich genommen plausible Annahme der Vermittlungsfunktion von Gründen.

Der Rechtfertigungskontextualismus bestreitet nun gegen die Annahme von absoluten Gründen die Transzendenz des Wissens und verweist uns ausschließlich an das Spiel des Gebens und Verlangens von Gründen mit seinen Spielregeln. Insbesondere in der von Robert Brandom ausgearbeiteten Version des Rechtfertigungskontextualismus, die man als **Neo-Pragmatismus** bezeichnen kann, bleibt uns nichts anderes übrig, als die Spielregeln zu akzeptieren. Sonst drohen Sanktionen durch Autoritäten, die darüber befinden, welche endlichen Gründe als gut und welche als schlecht anerkannt werden. Der Pragmatismus ist gemeinhin die These, daß Wahrheit sich im wesentlichen als Behauptbarkeit + irgendein besonderer Faktor beschreiben läßt. Wahrheit wird auf verschiedene Weisen an diskursive Praktiken sowie an deren Interessen gebunden. Eine schlechthin nicht verifizierbare Wahrheit wäre völlig uninteressant und in den Augen des Pragmatismus nicht einmal eine Wahrheit. Der Neo-Pragmatismus Brandoms bestimmt Wahrheit nun letztlich über die Regeln der Behauptbarkeit von Propositionen, weshalb Brandom auch meint, Wahrheit spiele eigentlich keine beson-

---

[100] Zu diesem Argumentationsgang vgl. insbesondere ausführlich Kern: *Quellen des Wissens*.

dere Rolle jenseits der Möglichkeiten, die sie uns eröffnet, auf eine besondere Weise Behauptungen zu formulieren.[101]

Allerdings liefert Brandom keine Theorie der Autoritäten, die festlegen, wann ein Begründungsgang als hinreichend anerkannt werden soll. Dazu bedürfte es zunächst einer Theorie der Institutionen, die endliche Gründe katalogisieren bzw. genauer: hervorbringen, klassifizieren und verteidigen. Dazu gehören die Einzelwissenschaften, d. h. der Universitätsdiskurs, Gerichte, Vereine, soziale Gruppen, Freunde usw. Dabei gibt es verschiedene Formen der Autorität und der Transformation eines bloßen Anspruchs auf Autorität in eine Institution. Damit es überhaupt zu einem Netzwerk von Gründen kommen kann, bedarf es Macht. Die für Erkenntnis relevante Macht ist, wie uns Foucault in seinen einschlägigen Büchern gelehrt hat, freilich kein blindes bloßes Durchsetzungsvermögen, sondern ein komplexes Gefüge, das endliche Gründe katalogisiert, diese Kataloge aber auch transformieren kann.[102] Brandom selbst hat weder eine Machttheorie noch eine Theorie der Institutionen vorgelegt, sondern beschränkt sich auf das Postulat von Autoritäten und Sanktionsmaßnahmen, um aus der notwendigen (weil unvermeidlichen und unhintergehbaren) Endlichkeit der Gründe dennoch eine stabile Praxis abzuleiten.

Wie bereits deutlich geworden sein sollte, besteht die Schwäche des Rechtfertigungskontextualismus darin, den Kontrast zwischen Wissensansprüchen und Wissen, zwischen Fürwahrhalten und Wahrheit zu nivellieren. Deswegen ist es auch kein Zufall, daß viele Klassiker des Rechtfertigungskontextualismus, v. a. einige Vertreter des amerikanischen Pragmatismus, allen voran John Dewey (1859–1952), Wahrheit auf eine besondere Form des berechtigten Fürwahrhaltens zurückführen wollten, etwa der »berechtigten Behauptbarkeit unter idealen Bedingungen *(warranted assertibility under ideal conditions)*«[103].

Nun läßt sich tatsächliches Wissen allerdings entgegen dem Prag-

---

[101] Vgl. das Kapitel »Why Truth is not Important in Philosophy«, in: Brandom: *Reason in Philosophy*. Cambridge, Ma. 2009, S. 156–176.
[102] Vgl. etwa Foucault, M.: *Wahnsinn und Gesellschaft. Eine Geschichte des Wahns im Zeitalter der Vernunft.* Übers. von U. Köppen, Frankfurt am Main 1969; Ders.: *Die Ordnung der Dinge.* Übers. von U. Köppen, Frankfurt am Main 1971; Ders.: *Die Archäologie des Wissens.* Übers. von U. Köppen, Frankfurt am Main 1973; Ders.: *Die Ordnung des Diskurses.* Übers. von W. Seitter, München 1974.
[103] Dewey, J.: »Propositions, Warranted Assertibility, and Truth«, in: *Journal of Philosophy* 38/7 (1941), S. 169–186.

matismus nicht darauf reduzieren, als gelingender Wissensanspruch anerkannt zu werden. Ich weiß nicht dadurch, daß Bonn nördlich von Koblenz liegt, daß die Sprachgemeinschaft, der ich angehöre, meinen Wissensanspruch anerkennt. Wissen ist nicht nur ein normativer Status, wie etwa die deutsche Staatsbürgerschaft oder die Mitgliedschaft in einem Verein. Wissen läßt sich auch nicht auf Rechtfertigung oder berechtigte Behauptbarkeit in irgendeinem Sinne reduzieren. Vielmehr bedarf es neben der pragmatischen Komponente auch noch einer realistischen. Diese realistische Komponente trägt der Platitüde Rechnung, daß p nicht immer der Fall ist, weil jemand dies weiß, sondern daß jemand weiß, daß p, weil p der Fall ist.[104] Außerdem erklärt die realistische Platitüde, daß man nichts Falsches wissen kann, es sei denn, man weiß, daß es falsch ist. Daher sind wir berechtigt, aus der Wahrheit der Proposition, daß S weiß, daß p, zu schließen, daß p. Wenn jemand etwas weiß, so ist dasjenige, was er weiß, der Fall (wenn auch nicht oder nicht immer dadurch, daß er es weiß). Wie Habermas in *Wahrheit und Rechtfertigung* unterstrichen hat, erzeugt die Kombination des pragmatischen und des realistischen Aspekts des Wissens allerdings eine paradoxe Theoriesituation:

»Es ist das Ziel von Rechtfertigungen, eine Wahrheit herauszufinden, die über alle Rechtfertigungen hinausragt. Dieser transzendierende Bezug verbürgt zwar die Differenz zwischen Wahrheit und rationaler Akzeptabilität, versetzt aber die Diskursteilnehmer in eine paradoxe Lage. Einerseits können sie kontroverse Wahrheitsansprüche ohne direkten Zugriff auf Wahrheitsbedingungen nur dank der Überzeugungskraft guter Gründe einlösen; andererseits stehen auch die besten Gründe unter Fallibilitätsvorbehalt, so daß gerade dort, wo ja die Wahrheit und Falschheit von Aussagen allein zum Thema gemacht wird, die Kluft zwischen rationaler Akzeptabilität und Wahrheit nicht überbrückt werden kann.«[105]

Anders als Brandom hat Habermas auf dieser Basis eine Theorie der Institutionen, v. a. des Rechtsstaats, entwickelt, um einen Zusammenhang zwischen Macht und Wahrheit herzustellen.[106] Der Rechtferti-

---

[104] Koch, A. F.: »Sein – Wesen – Begriff«, in: Ders./Oberauer, A./Utz, K. (Hrsg.): *Der Begriff als die Wahrheit. Zum Anspruch der Hegelschen ›Subjektiven Logik‹*. Paderborn 2003, S. 17–30, hier: S. 18.
[105] Habermas, J.: *Wahrheit und Rechtfertigung. Philosophische Aufsätze*. Frankfurt am Main 1999, S. 53.
[106] Vgl. Habermas, J.: *Faktizität und Geltung. Beiträge zur Diskurstheorie des Rechts und des demokratischen Rechtsstaats*. Frankfurt am Main 1992.

gungskontextualismus ist vermutlich unproblematisch, sofern er sich auf Argumente für die notwendige Endlichkeit von Gründen beruft. Die notwendige Endlichkeit von Gründen besteht darin, daß es keine absoluten Gründe geben kann. Wenn es keine absoluten Gründe geben kann, sind und bleiben unsere Gründe fallibel. Als Teilnehmer am Spiel des Gebens und Verlangens von Gründen sind wir fallibel.

Daraus folgt übrigens eine wenig beachtete Schwierigkeit, auf die Habermas mindestens implizit hinweist, indem er den Wahrheitsbegriff vom Begriff des Grundes noch unterschieden wissen will. Seit Sellars' Einführung der Metapher des Spiels des Gebens und Verlangens von Gründen versteht man unter »Rationalität« oder »Vernunft« den Umstand, daß sich jemand an diesem Spiel beteiligen kann. Vernunft verschafft demnach bestenfalls Zugang zur Wahrheit, insofern alle zugängliche Wahrheit durch Gründe vermittelt sein können muß. Unvermittelte Wahrheit gibt es im Bereich von Aussagen nicht. Aussagen werden als Behauptungen in Verbindung mit Wahrheit gebracht, wobei sie das Gelingen dieser Verbindung niemals restlos absichern können. Dies bedeutet aber, daß Vernunft ein rein formales Verfahren bezeichnet, nämlich die Erstellung und Aufrechterhaltung von Begründungsketten. Nun kann man allerdings beliebig viele Begründungsketten erstellen und aufrechterhalten und sich dennoch täuschen. Das formale Vernunftverfahren führt demnach noch nicht zur Vernunft in einem gehaltvollen Sinne. Vernünftig wäre jeder, der am Spiel des Gebens und Verlangens von Gründen teilnimmt – gleich welche Züge er in diesem Spiel ausübt. Vernunft wäre, wie Kant einmal schreibt, lediglich »das Vermögen zu schließen«[107].

Insbesondere Habermas hat aber gesehen, daß die Teilnahme am Diskurs auch rein strategisch sein kann. Es gibt immer die Möglichkeit, Begründungsketten nur zu akzeptieren oder zu zitieren, um den Anschein der Vernunft zur Machterweiterung oder Etablierung von Herrschaft einzusetzen, was besonders augenfällig im Bereich des politischen Vernunftgebrauchs ist. Reduziert man Vernunft auf Begründungen, so ist Vernünftigkeit noch keine besondere Auszeichnung. Denn auch Wahnsysteme sind intern strukturiert und begründet, sie erstellen mehr oder weniger geordnete Begründungsketten. Die formale Richtigkeit, d.h. logische Schlüssigkeit, von Begründungsverfahren garantiert

---

[107] Kant, I.: *Kritik der reinen Vernunft*, B 386/A 330: »Vernunft, als Vermögen einer gewissen logischen Form der Erkenntnis betrachtet, ist das Vermögen zu schließen«.

in keinem Sinne die Wahrheit der investierten Prämissen oder deren Zusammenhang mit anderen Begründungsketten.

Rationalität ist insofern nur in einem sehr schwachen Sinne normativ; sie schreibt lediglich vor, daß Begründungsketten erstellt werden sollen, wobei zur Etablierung der Wahrheit durch dieses Verständnis von Vernunft konstitutiv extrarationale Aspekte, wie etwa Autorität bei Brandom, in Anspruch genommen werden müssen. Die Reduktion von Vernunft auf formale Begründungsverfahren führt paradoxerweise zum Eindringen von extrarationalen Machtspielen in das Spiel des Gebens und Verlangens von Gründen. Denn dieses generiert die Forderung nach einer Alethurgie, nach einer Praxis der Sicherstellung von Wahrheit, die über die alleingelassene Rationalität hinausgeht. Die rein formale Vernunft erzeugt also ein Machtvakuum, das stets außerhalb der Vernunft bleibt.

Mit dieser Schwierigkeit geht einher, daß Gründe in Wissensansprüche eingebettet vorkommen. Wenn jemals ein Fall von Wissen vorliegt, dann liegt damit aber nicht nur ein Wissensanspruch vor. Wahrheit ist in den Wissensbegriff eingebettet, was nicht schon impliziert, daß Wahrheit ausschließlich in der Form von begründetem Wissen vorkommt. Die Norm der Wahrheit ist anspruchsvoller und in diesem Sinne stärker als jegliche Begründungsnorm. Denn auch Falsches kann begründet werden. Wenn wir uns an der Norm der Wahrheit orientieren, transzendieren wir mithin das Spiel des Gebens und Verlangens von Gründen. Diese Transzendenz kann nicht auf die Autorität von Experten im Begründungsspiel beschränkt werden, da diese Experten weiterhin fallibel bleiben. Experten gibt es nicht nur in modernen Expertenkulturen. Auch der Schamane, Häuptling, Brahmane oder Priester können in ihrer Gesellschaft als Experte gelten. Wer als Experte gilt, wird zitiert, um die Endlichkeit der Gründe im Hinblick auf Wahrheit zu überspringen. Dies bedeutet aber noch lange nicht, daß die Transzendenz des Experten gelingt.

Der Experte als normative Instanz im bürgerlichen Begründungsspiel ist als solcher noch nicht derjenige, der weiß, sondern derjenige, der für wissend gehalten wird. Er ist, wie dies der Psychoanalytiker und Philosoph Jacques Lacan (1901–1981) genannt hat, »das Subjekt, das wissen soll *(le sujet supposé savoir)*«[108]. Unsere Hoffnung auf Wahrheit

---

[108] Lacan, J.: *Die vier Grundbegriffe der Psychoanalyse. Das Seminar von Jacques Lacan, Buch XI (1964)*. Übers. und hrsg. von N. Haas, Freiburg im Breisgau 1978, S. 244.

wird auf den Experten übertragen, was nicht bedeutet, daß der Experte sie wirklich einzulösen vermag.

Wahrheit, mag sie nun zugänglich sein oder nicht, transzendiert. Als Norm weist sie uns an, keine Begründung als rein formales Verfahren für infallibel zu halten. Dies hat immer wieder dazu eingeladen, Wahrheit doch noch in den Diskurs, in das Begründungsspiel, einzuholen. Damit verliert der Wissensbegriff aber sein spezifisches Profil gegenüber dem Begründungsbegriff. Begründete Überzeugungen sind nicht schon notwendig Wissen. Folglich muß der Rechtfertigungskontextualismus durch eine Wahrheitstheorie bzw. Epistemologie, eine Theorie des Wissens bzw. der Erkenntnis, ergänzt werden. Aus dem Rechtfertigungsbegriff wird man den Wahrheitsbegriff niemals restlos ableiten können, ohne dadurch seine eigenen justifikatorischen Standards zu glorifizieren und andere justifikatorische Standards grundlos für irrational zu erklären.

3.1.2. Der semantische Kontextualismus

Der semantische Kontextualismus wurde besonders wirkungsvoll durch Keith DeRose (*1962) in die Erkenntnistheorie eingeführt. Die ursprüngliche Hoffnung, die mit dem Projekt des semantischen Kontextualismus verbunden war, bestand darin, mit seiner Hilfe das Problem des Cartesischen Skeptizismus zu lösen, d.h. insbesondere das Problem, wie wir skeptische Hypothesen legitim ignorieren, wenn auch nicht widerlegen können. Der semantische Kontextualismus ist die These, daß das Wissensprädikat, d.h. das Prädikat ... *weiß, daß p*, einen Kontext anzeigt. Dies bedeutet, daß man niemals einfach nur weiß, daß p, sondern daß man stets in einem bestimmten Kontext, zu dem es Alternativen gibt, weiß, daß p. Im Unterschied zum Rechtfertigungskontextualismus beschränkt sich die Relativität auf einen Kontext nicht auf die Rechtfertigungskomponente des Wissens, vielmehr sei Wissen selbst kontextsensitiv. Dies zeige sich in der begrifflichen Struktur, d.h. in der Semantik des Wissensbegriffs, weshalb ich diese These als *semantischen* Kontextualismus bezeichne.

Der semantische Befund, der für die These sprechen soll, ergibt sich aus Beispielen der folgenden Art: Angenommen, wir reisten nach Paris. In einer Nacht-und-Nebel-Aktion hat man, ohne daß wir dies mitbekommen haben, die Sorbonne geschlossen und das Gebäude klammheimlich abgerissen. Nun wird aber, um die Bevölkerung von allzu lautstarken Protesten abzuhalten, ebenso klammheimlich eine geschickte Sorbonne-Attrappe aufgestellt. Die noch verbliebenen Professoren, die der Sorbonne-Idee treu waren, werden selbst nicht darüber informiert, daß sie nun in einer Sorbonne-Attrappe arbeiten. Die neu eingestellten »Professoren« sind informiert über die Attrappe und sie erweisen sich bei genauerem Hinsehen auch gar nicht als genuine Fachvertreter, sondern als bloße Professoren-Attrappen. Es ist also dem Anschein nach so, als ob es weiterhin eine Sorbonne gäbe. Nichts läßt uns darauf schließen, daß es sich um eine Attrappe handelt, wenn es auch Indizien geben mag, die wir aber nicht als solche registrieren, da unsere Erwartungshaltung überhaupt nicht in Betracht zieht, die Sorbonne könne geschlossen worden sein. Wenn wir nun sagen, wir wüßten, daß gerade ein Descartesseminar an der Sorbonne stattfindet, da dies angekündigt worden sei, so melden wir Wissen in einem bestimmten Kontext an. In diesem Kontext spielt die Möglichkeit, die Sorbonne könne geschlossen worden sein, überhaupt keine Rolle. Darüber hinaus gibt es auch skeptische Kontexte, wie denjenigen eines Descartesseminars, in dem wir uns nicht sicher sein können, ob wir gerade träumen oder wachen, so daß unsere Rechtfertigungsstrategien und Bewertungen von Wissensansprüchen in diesem Kontext ganz anders ausfallen werden als im Kontext eines alltäglichen Small-Talks während einer S-Bahn-Fahrt. Mithin gibt es ganz verschiedene Kontexte: Den Kontext der zerstörten Sorbonne, den Kontext der intakten Annahme, es gebe die Sorbonne, den alltäglichen Small-Talk-Kontext sowie den skeptischen Kontext usw.

Wenn jemand nun behauptet, er wisse, daß p, so behauptet er dem semantischen Kontextualismus zufolge, er wisse, daß p *relativ auf Kontext K*. Wissen ohne diese Relativität gebe es nicht, da der Wissensbegriff als solcher kontextsensitiv sei. Daher könne man sowohl wissen (relativ auf den intakten Sorbonnekontext), daß es die Sorbonne gibt und daß in ihr ein Descartesseminar stattfindet, als auch nicht wissen (relativ auf den Zerstörte-Sorbonne-Kontext oder den skeptischen Kontext), daß es die Sorbonne gibt und daß in ihr ein Descartesseminar stattfindet. Wissen und Nichtwissen sind nicht immer inkompatibel, obwohl dieselbe Person und scheinbar dieselbe Proposition in das Wissensprädikat eingesetzt werden. Daher wären dem semantischen Kontextualismus zufolge etwa die beiden folgenden Aussagen auch miteinander kompatibel:

(K1) »Ich weiß, daß ich gerade durch das Eingangstor der Sorbonne schreite.«
(K2) »Ich weiß nicht, daß ich gerade durch das Eingangstor der Sorbonne schreite.«

Denn die beiden Aussagen drückten eigentlich die folgenden Propositionen aus:

(K1) Ich weiß$_{Ka}$, daß ich gerade durch das Eingangstor der Sorbonne schreite.
(K2) Ich weiß$_{Ks}$ nicht, daß ich gerade durch das Eingangstor der Sorbonne schreite.

Ka zeige hier den alltäglichen Kontext (was auch immer diesen ausmacht, bleibe hier dahingestellt) und *Ks* den skeptischen Kontext an. Je nach Kontext variiere demnach der propositionale Gehalt einer Aussage. Folglich könne man sehr wohl wissen, daß es Gegenstände in der Außenwelt und damit eine Außenwelt gebe, sofern man diesen Wissensanspruch nämlich in irgendeinem nichtskeptischen Kontext anmeldete.

So weit, so gut. Doch der semantische Kontextualismus ist einerseits ziemlich unvollständig und andererseits auf verschiedenen Niveaus inkohärent oder unausgeführt. Unvollständig ist er insofern, als ihm in den meisten seiner Spielarten eine Theorie des Kontexts fehlt. Was genau bestimmt einen Kontext im Unterschied zu einem anderen? Sind Kontexte selbst epistemische, also wissensförmige Gebilde? Bestehen sie aus Regeln oder allgemeinen Aussagen? Können wir jeweils überhaupt einen Zugriff auf einen Wissensanspruch und seinen Kontext gleichermaßen haben, und wie steht es mit dem Kontext des Kontextualismus selbst? In welchem Kontext wird der mit der These des semantischen Kontextualismus einhergehende Wissensanspruch angemeldet?

Insbesondere die letzte Frage macht auf eine grundlegende Inkohärenz im semantischen Kontextualismus aufmerksam.[109] Greifen wir die dialektische Eröffnungsstellung auf: Der Kontextualist behauptet, daß wir im skeptischen Kontext nicht wissen, daß uns ein Bus über-

---

[109] Vgl. Wright, C.: »Contextualism and Scepticism: Even-Handedness, Factivity and Surreptitiously Raising Standards«, in: *The Philosophical Quarterly* 55/219 (2005), S. 236–262, bes. S. 242–245.

holt, während wir dies im alltäglichen Kontext umstandslos wissen können. Formalisiert behauptet der Kontextualist demnach die folgende Konjunktion:

(K) $\neg W_{Ks}(p) \wedge W_{Ka}(p)$

Dabei handelt es sich aufgrund der jeweiligen Indexierung um keinen Widerspruch, wie wenn man in einer nichtkontextualistischen Erkenntnistheorie behauptete: $\neg W(p) \wedge W(p)$. Nehmen wir nun an, der Kontextualismus sei wahr. Der Wissensanspruch des Kontextualisten sei mithin eingelöst, wobei es an diesem Punkt keine Rolle spielt, welche Form der Alethurgie etabliert sein müßte, um dies zu überprüfen. In diesem Fall wäre die folgende Behauptung wahr:

(K*) $K_{Kk}[\neg W_{Ks}(p) \wedge W_{Ka}(p)]$

Sprich: Der Kontextualist weiß im kontextualistischen Kontext sowohl, daß man im skeptischen Kontext nicht weiß, daß p, als auch, daß man im alltäglichen Kontext weiß, daß p. Dies weiß er natürlich im kontextualistischen Kontext (K_{Kk}), den, nebenbei bemerkt, bisher auch noch niemand hinreichend beschrieben hat. Ist er mit dem erkenntnistheoretischen Kontext identisch? Dann stünde er unter Umständen aber dem skeptischen Kontext nahe oder wäre vielleicht mit diesem identisch. Von welchem Standpunkt aus urteilt der Kontextualist?

Doch selbst wenn man diese Frage völlig offen läßt und einfach voraussetzt, daß der Kontextualist in einem Kontext urteilt, der weder der skeptische noch der alltägliche ist, ergibt sich aus K* eine gravierende Schwierigkeit. Denn bisher gibt es keinen Grund, das **Faktivitätsprinzip für Wissen**, d. h.:

(FP) $W(p) \rightarrow p$

aufzugeben oder einzuschränken. Dies bedeutet, daß aus K* unmittelbar K folgt. Nun folgt nach FP aus $W_{Ka}(p)$ ebenso unmittelbar p. Demnach folgt aus K:

(K**) $\neg W_{Ks}(p) \wedge p$

Crispin Wright, der auf diese Umformulierungen hingewiesen hat, sieht in K** nun bereits ein Behauptbarkeitsproblem. Wer K** behaupte, behaupte etwas der Form »Es regnet, aber ich glaube es nicht.« Dies führe in eine Version eines so genannten **Mooreparadoxons**, das nach einer Beobachtung von George Edward Moore (1873–1958) benannt ist.[110] Nehmen wir an, man behauptete mit K** eine Proposition mit der folgenden logischen Form:

(MP) $p \wedge \neg W(p)$

Wenn diese Behauptung wahr wäre, so wüßte man, daß MP, also wäre die folgende Behauptung wahr:

(MP*) $W [p \wedge \neg W(p)]$

Weiß man aber um eine Konjunktion, so weiß man anscheinend deren Konjunkta, so daß sich das Wissensprädikat verteilen läßt zu:

(MP**) $W(p) \wedge W [\neg W(p)]$

Nach FP folgt daraus wiederum:

(MP***) $W(p) \wedge \neg W(p)$

und damit ein Widerspruch. Allerdings kann man diese Argumentationsstrategie aus vielen Gründen gegen den Kontextualisten nicht einsetzen. Aus K** folgt nämlich nicht einfach nur

(K***) $W [\neg W_{Ks}(p) \wedge p]$

denn K*** müßte folgendermaßen notiert werden

(K***) $W_{Kk} [\neg W_{Ks}(p) \wedge p]$

Es ist wichtig zu bemerken, daß man K*** nicht folgendermaßen notieren kann (was in der Tat zu einem Widerspruch führte):

(K***) $W_{Ks} [\neg W_{Ks}(p) \wedge p]$

Denn es ist erstens gerade ausgeschlossen, daß man im skeptischen Kontext irgend etwas weiß, es sei denn, man restringierte den Skeptizismus von vornherein auf die Infragestellung von Wahrnehmungswissen allein, was aber eine sehr oberflächliche Auffassung des Problems ist, wie wir ausführlich in Kap. II sehen werden. Auch der Hinweis, der kontextualistische Kontext müsse identisch mit dem skeptischen sein, scheitert daran, daß der Kontextualismus ja gerade die These vertritt, daß der alltägliche und der skeptische Kontext bestehen, d. h., daß je-

---

[110] Moore, G. E.: *Commonplace Book*. London 1962. Vgl. zum Argument Williamson, T.: »Comments on M. Williams, *Contextualism, Externalism and Epistemic Standards*«, in: *Philosophical Studies* 103 (2001), S. 25–33.

mand im alltäglichen Kontext weiß, daß p, während er dies im skeptischen Kontext nicht weiß. Weiß man aber um diesen Umstand, kann man sich nicht im skeptischen Kontext befinden, es sei denn, man wollte behaupten, daß man im skeptischen Kontext wisse, daß man im alltäglichen Kontext wisse, daß p, und dies im skeptischen nicht wisse. Doch solche Manöver werden kaum zufällig nicht vorgenommen.[111] Der kontextualistische Kontext ist weder mit dem skeptischen noch mit dem alltäglichen identisch.

Demnach kann man K*** nur mit irgendeinem Kontext verbinden, der nicht identisch mit dem skeptischen ist, eine Bedingung, die offensichtlich vom kontextualistischen Kontext erfüllt sein muß.

Wenn Wissen über eine Konjunktion verteilt werden kann, folgt aus K***

$$(K^{****})\ W_{Kk}\ [\neg W_{Ks}(p)] \wedge W_{Kk}(p)$$

Demnach folgt allerdings, daß man im kontextualistischen Kontext weiß, daß p. Damit wäre dieser vom alltäglichen Kontext nicht mehr ohne weiteres zu unterscheiden. Man bedürfte einer Theorie der Kontexte, um nun noch zu zeigen, inwiefern das kontextualistische Wissen, daß p, vom alltäglichen Wissen, daß p, noch unterschieden ist.

Der Kontextualist hat sich immer schon dafür entschieden, daß man p weiß, wenn man es in irgendeinem Kontext weiß, d. h. daß er selbst p weiß, wenn irgend jemand p weiß, und er weiß, daß irgend jemand p weiß. Damit, so lautet der Einwand Wrights, ist er aber hinsichtlich der vermeintlich gleichberechtigten Wissensformen des skeptischen und des alltäglichen Kontexts keineswegs neutral. Er hat sich in seiner Formulierung bereits für den alltäglichen Wissensanspruch entschieden, bzw. hinsichtlich der Frage, ob p, sind der kontextualistische und der alltägliche Kontext gleichermaßen entschieden und unterscheiden sich zumindest in dieser Hinsicht nicht, wenn auch womöglich in anderer.

Wrights Kritik funktioniert nur unter zwei Voraussetzungen:

---

[111] Deswegen stimme ich Wright zu, wenn er schreibt: »Now the perspective of epistemological contextualism had presumably better be one from which the theorist can *know* both of the potentialities of quotidian common sense and of the limitations imposed by skepticism – can know both that common sense's claims to knowledge are, in their proper context, perfectly good, and that scepticism's denials of knowledge are perfectly good in theirs. For if contextualism cannot rationally profess that knowledge, it has no point to make!« (Wright: »Contextualism and Scepticism«, S. 243).

I. Kapitel: Aufbau und Methodologie

1. Der semantische Kontextualist muß neutral sein (oder sollte neutral sein).
2. Die Proposition: $p \land \neg W_{Ks}(p)$ ist nicht behauptbar.

Zur ersten Voraussetzung ist zu sagen, daß sie ein Kontextualist gar nicht teilen muß. Warum sollte der Kontextualist nicht als solcher bereits glauben, daß er in seinem Kontext vieles weiß, was er in einem skeptischen Kontext nicht wüßte? Zum Beispiel weiß er, wenn er es denn weiß, daß der Kontextualismus wahr ist, was der Skeptiker nicht weiß, es sei denn, man restringierte die vom Skeptiker nicht gewußten Propositionen auf Wahrnehmungspropositionen oder Propositionen, die man nur *a posteriori* wissen kann. Daraus folgt nicht, daß der Kontextualist auch schon weiß, daß p, ohne jeden Kontext dieses Wissens. Wright liegt demnach mit der folgenden Behauptung falsch:

»Die resultierende Position fegt die intendierte Neutralität des Kontextualismus weg. Denn nun – immer noch in Kontext K – ist der Theoretiker gezwungen, sich auf die Seite des alltäglichen Common Sense gegen den Skeptizismus zu stellen. Der Theoretiker ist gezwungen, dasjenige für wahr zu halten, wovon er weiß, daß es der alltägliche Common Sense weiß; doch – was Neutralität verlangen würde – er kann nicht dann noch gleichzeitig ablehnen, dasjenige für wahr zu halten, wovon der Skeptizismus urteilt, es sei jenseits des Wissens, sondern muß es in der Tat für gewußt halten. Der Theoretiker muß den Skeptizismus hinsichtlich solcher Propositionen demnach so ansehen, daß er eine *kognitive Unzulänglichkeit* in einer Weise involviert, von welcher der Common Sense frei ist.«[112]

Der Skeptizismus behauptet aber entgegen Wrights Behauptung in der kontextualistischen Analyse keineswegs, daß es unwissbare Propositionen gibt, sondern nur, daß es unwissbare$_{Ks}$ Propositionen gibt. Wer annimmt, daß es wissbar$_{Ka}$ ist, daß es regnet, und nicht wissbar$_{Ks}$ ist, daß es regnet, behauptet damit nichts dahingehend, daß es wissbar *tout court* sei, ob es regnet oder nicht. Wright unterschlägt an einer entscheiden-

---

[112] Meine Übersetzung von ebd., S. 244: »The resulting position blows away contextualism's intended even-handedness. For now – still in context C – the theorist is forced to take sides with quotidian common sense against skepticism. The theorist is forced to take to be true that which he knows quotidian common sense to know; but – what even-handedness would demand – he cannot then in parallel refuse to take as true that which skepticism judges to be beyond knowledge, but must instead regard it as known. The theorist has therefore to regard skepticism about such propositions as involving a cognitive shortcoming in a way in which common sense does not.«

den Stelle die Indexierung und unterstellt dem Kontextualismus damit eine Annahme, die dieser gar nicht teilt.

Dabei fügt Wright sogleich hinzu, daß der Skeptizismus nicht behauptet, daß man nur im skeptischen Kontext nicht wisse, daß p, sondern behaupten will, daß man dies in *keinem* Kontext wisse.[113] Doch genau dagegen wendet sich ja der Kontextualismus, weshalb er überhaupt eine antiskeptische Strategie darstellt!

Bei der zweiten Voraussetzung von Wrights Einwand stellt sich die Frage, worin die Behauptbarkeit einer Proposition besteht. Wenn Behaupten darin besteht, einen Wissensanspruch zu erheben, ergibt sich kein Problem, da man dann nur behauptet, daß man im kontextualistischen Kontext weiß, daß p, und dies im skeptischen Kontext nicht weiß, was durchaus aus dem Kontextualismus folgen mag, aber als solches noch kein Problem ist.

Doch auch unabhängig von der durch Wright aufgeworfenen Schwierigkeit ist unklar, ob es überhaupt einen genuinen semantischen Kontextualismus gibt, der sich vom Rechtfertigungskontextualismus unterscheidet. Wenn der semantische Kontextualismus grundsätzlich die Annahme teilt, daß alle Fälle von propositionalem Wissen mindestens die Wahrheits-, Rechtfertigungs- und Überzeugungsbedingung erfüllen, dann fragt sich, welche Bedingungen von der Kontextsensitivität berührt sein sollen. Der semantische Kontextualist behauptet zumindest nicht explizit (und sollte dies auch tunlichst vermeiden), daß die Wahrheitsbedingung kontextsensitiv ist. Ansonsten müßte er auch Propositionen in allen Instanzen des Faktivitätsprinzips mit einem Index versehen und wäre damit zu irgendeiner Version eines **alethischen Kontextualismus** verpflichtet.[114] Aus $W_{Kx}(p)$ folgte dann nicht mehr p, sondern p_{Kx}.

Man muß deswegen auch die folgenden beiden Ausdrücke unterscheiden:

(1)   Es ist wahr, daß S weiß$_{Kx}$, daß p.

und

(2)   Es ist wahr$_{Kx}$, daß S weiß, daß p.

---

[113] Ebd., S. 245.
[114] Genauso ebd., S. 243.

Während (1) dem semantischen Kontextualismus entspricht, wäre (2) mit einer Version eines alethischen Kontextualismus verbunden. Nicht Wissen, sondern Wahrheit wäre relativ auf einen Kontext, was aber allemal eine andere These ist. Eine Proposition wäre in einem Kontext wahr und in einem anderen nicht. Zumindest wird diese These von semantischen Kontextualisten in der Regel nicht vertreten.[115] Ob sie vertretbar sein könnte, hängt davon ab, inwiefern sie einen alethischen Relativismus impliziert und inwiefern dieser seinerseits konsistent ist.

Darüber hinaus vertreten semantische Kontextualisten weder notwendigerweise noch explizit einen doxastischen (d. h. Überzeugungen betreffenden) Kontextualismus. Natürlich wechseln unsere Überzeugungen von Kontext zu Kontext, doch bleibt bei diesem Wechsel der Inhalt des Wissens nicht konstant. Wenn ich in einem Kontext meine, daß die Currywurst zu viel Sauce hat, kann ich in einem anderen Kontext meinen, daß Goyas *pinturas negras* die Unheimlichkeit des Offenbarungsgeschehens bei El Greco darstellen. Die Kontextsensitivität von Überzeugungen ist demnach trivial und bedeutet ohnehin nicht, daß Wissen dadurch kontextsensitiv wird, daß mit verschiedenen Überzeugungen verschiedene Wissensansprüche einhergehen. Der Unterschied zwischen $W_{Ks}(p)$ und $W_{Ka}(p)$ ist demnach weder der Unterschied zwischen $W(p_{Ks})$ und $W(p_{Ka})$ noch der Unterschied zwischen $W(p_{Ks})$ und $W(q_{Ka})$. Er wäre aber der Unterschied zwischen $W(p_{Ks})$ und $W(p_{Ka})$, wenn die Wahrheitsbedingung kontextsensitiv wäre, und er wäre der Unterschied zwischen $W(p_{Ks})$ und $W(q_{Ka})$, wenn die Überzeugungsbedingung kontextsensitiv wäre. Wenn aber weder die Wahrheits- noch die Überzeugungsbedingung kontextsensitiv sind, dann zeichnet wohl die Rechtfertigungsbedingung für die Kontextsensitivität des Wissensbegriffs verantwortlich, die der semantische Kontextualismus behauptet.

Folglich ist der semantische Kontextualismus bestenfalls eine anders gelagerte Formulierung des Rechtfertigungskontextualismus, bzw. man könnte behaupten, daß der semantische Kontextualismus aus dem Rechtfertigungskontextualismus folgt. Dies bedeutet aber insbesondere, daß der semantische Kontextualismus die Probleme des Rechtfertigungskontextualismus erbt.

---

[115] So etwa auch Brendel, E.: »Kontextuell abhängig ist der Rechtfertigungsbegriff, aber natürlich nicht die Wahrheit der betreffenden Proposition.« (»Was Kontextualisten nicht wissen«, in: *Deutsche Zeitschrift für Philosophie* 51/6 (2003), S. 1015–1032, hier: S. 1027)

3.2. Der weite Kontextualismus

Der weite Kontextualismus ist seit der Philosophie des neunzehnten Jahrhunderts in ganz verschiedenen Spielarten verbreitet. Seine entscheidende Einsicht besagt, daß alle Wissensansprüche in einem *historisch* variablen Kontext stattfinden. Die Variabilität ist nun nicht mehr einfach die Variabilität von justifikatorischen Standards, wie im engen Kontextualismus, sondern eine ungleich umfassendere historische Situierung von Wissensansprüchen und Wissensformen. In diesem Sinne hat etwa Hegel die These vertreten, Philosophie sei ihre Zeit in Gedanken erfaßt:

»Das *was ist* zu begreifen, ist die Aufgabe der Philosophie, denn das, *was ist*, ist die Vernunft. Was das Individuum betrifft, so ist ohnehin jedes ein *Sohn seiner Zeit*; so ist auch die Philosophie, *ihre Zeit in Gedanken erfaßt*. Es ist ebenso töricht zu wähnen, irgendeine Philosophie gehe über ihre gegenwärtige Welt hinaus, als, ein Individuum überspringe seine Zeit [...]. Geht seine Theorie in der Tat darüber hinaus, baut es sich eine Welt, *wie sie sein soll*, so existiert sie wohl. Aber nur in seinem Meinen, – einem weichen Elemente, dem sich alles Beliebige einbilden läßt.« (TWA, 7, 26)[116]

In anderen Zusammenhängen, z. B. in seiner *Phänomenologie des Geistes*, aber auch in seinen Vorlesungen über *Philosophie der Religion*, vertritt Hegel die These, daß es eine historische Variabilität von Wissensformen gibt. Es gebe nicht so etwas wie »Wissen« und daneben auch noch eine Geschichte des Wissens, die vom magischen Aberglauben bis in die aufgeklärte wissenschaftliche Moderne führt, weil es zu einer Verfeinerung der mit Wissensansprüchen einhergehenden Alethurgie kommt, sondern die Form des Wissens verändert sich selbst. Zwar sieht Hegel darin durchaus noch eine Art Fortschritt angelegt, doch ist dieser Fortschritt nicht die epistemische Annäherung an ein immer schon feststehendes Ziel, etwa die Erkenntnis der Wirklichkeit, Natur oder Welt. Dagegen unterstellt der enge Kontextualismus, daß es eine einzige Wissensform gibt, die sich in allem propositionalen Wissen artikuliert oder in allem solchen Wissen instanziiert ist.

---

[116] Hegels Schriften werden zitiert nach Hegel, G. W. F.: *Theorie-Werkausgabe*. Auf der Grundlage der *Werke* von 1832–1845 neu edierte Ausgabe. Redaktion E. Moldenhauer und K. M. Michel, Frankfurt am Main 1971 ff. Der Sigle folgen Band- und Seitenzahl.

Genau gegen diese Annahme, daß es einen einzigen, singulären und strukturell homogenen Wissensbegriff gibt, die ich im folgenden mit Michael Williams den **epistemologischen Realismus** nennen werde, wendet sich der weite Kontextualismus. Der weite Kontextualismus bedenkt *a limine* die historische und sonstige Standortbezogenheit der Erkenntnistheorie selbst sowie den Umstand, daß der Wissensbegriff eine historische Entwicklung verschiedener Wissensformen umfaßt. Er nimmt nicht an, daß die Erkenntnistheorie eine Art logische Topographie einer immer schon bestehenden Landschaft zu erstellen hat. Es gibt Wissensformen nicht ohnehin, wie es etwa Galaxien oder Vulkane ohnehin gibt. Selbst wenn man einräumt, daß es einige Gegenstände (wie Bakterien, Mondkrater und Sonnenflecken) auch unabhängig davon gibt, daß sich jemand mit einem wahrheitsfähigen Gedanken auf sie bezieht, so gehört Bezugnahme auf Gegenstände doch selbst *trivialiter* nicht zur Klasse solcher Gegenstände. Denn Bezugnahme auf Gegenstände ist nicht von sich selbst unabhängig. Die Erkenntnistheorie ist intern reflexiv und sie verortet sich immer an irgendeinem historischen Punkt der Entwicklung des Wissensbegriffs und seiner Einbettung in eine stets changierende, prinzipiell nicht vollständig überschaubare Umgebung.

Der weite Kontextualismus setzt mit der Einsicht in die Historizität der Wissensformen ein. Er behandelt den Wissensbegriff demnach nicht wie einen Gegenstand, der unabhängig von Bezugnahme besteht. Nun gibt es tatsächlich eine Pluralität von Wissensformen, auch eine Pluralität von propositionalen Wissensformen, die sich historisch ausdifferenziert haben, z. B. Physik, Chemie, Biologie, Soziologie, Germanistik oder politische Wissenschaft. Diese Pluralität läßt sich auf verschiedene Weisen beschreiben. Einerseits besteht sie in der diachronen Pluralität von Veridiktionsverfahren, was sich ansatzweise durchaus noch mit einem Rechtfertigungskontextualismus beschreiben ließe. Andererseits muß die Rekonstruktion der diachronen Pluralität von Veridiktionsverfahren in Rechnung stellen, daß sich Wissensformen und Veridiktionsverfahren gegenstands- bzw. gegenstandsbereichs-spezifisch ausbilden und ohne Verständnis für die Pluralität von Gegenstandsbereichen gar nicht beschrieben werden können. Mit anderen Worten, der Inhalt der scheinbar schlechthin neutralen, weil formalen Argument-Position »p« in der Wissensformel »S weiß, daß p« individuiert die jeweils zur Anwendung kommende Wissensform. Die Wissensform hängt auch vom Wissensinhalt ab, da sie ihm adäquat sein muß. Man kann nicht mit den Mitteln der Chemie feststellen, was die klassische Moderne in der Lyrik ausmacht.

Nehmen wir ein einfaches Beispiel. Der Satz »Ich weiß, daß es regnet« könnte als Standardbeispiel in einer erkenntnistheoretischen Abhandlung erwähnt werden. Selten liest man als Beispiele aber Sätze wie die folgenden: »Ich weiß, daß sie mich liebt«, »Ich weiß, daß Chruschtschow nicht weiß, was Demokratie wirklich bedeutet«, »Ich weiß, daß ich nichts weiß« usw. Es wird mithin unterstellt, daß alles propositionale Wissen letztlich eine formale Struktur teilt, die sich völlig unabhängig vom gewußten Inhalt beschreiben läßt. Wie gesehen, wird die Variabilität der Wissensformen bestenfalls in die Rechtfertigungsbedingung gebannt. Man meint, die Behauptung, jemand liebe einen, oder ein Staat sei demokratisch oder eben nicht, habe im Erfolgsfall dieselbe logische Form wie die erfolgreiche Behauptung, daß es regnet. Und nicht nur das: Fälle wie »Ich weiß, daß es regnet« werden zum Normalfall von Wissen stilisiert, von dem her sich dann solche eigentümlichen oder schwierigen Fälle wie »Ich weiß, daß ich nichts weiß« etc. erklären lassen sollen.

Dagegen kann man vieles einwenden. Für die in diesem Kapitel folgenden Erörterungen konzentriere ich mich auf die Schwäche des dabei zum Einsatz kommenden Begriffs der logischen Form, der am Begriff der Proposition orientiert ist. Als Proposition gilt alles, was wahr oder falsch sein kann. Die logische Form eines Satzes zeigt sich in derjenigen Darstellung, die deutlich macht, unter welchen Bedingungen er wahr oder falsch sein kann. Dabei soll der Umstand gerade keine Rolle spielen, ob es eine kategoriale Differenz zwischen Wahrheitsbedingungen gibt. Zunächst wird ein schlechthin singuläres Wahrheitsprädikat postuliert, d. h. einfach nur das Prädikat, ... *ist wahr*, wobei die Leerstelle nur von Propositionen eingenommen werden kann. Schon dieser Annahme eines singulären Wahrheitsprädikats ist im Rahmen der analytischen Diskurstheorie besonders nachdrücklich von Crispin Wright widersprochen worden, der in seinem Buch *Wahrheit und Objektivität* zeigt, daß es zumindest bereichsspezifische Wahrheitsprädikate bzw. bereichsspezifische Ausdifferenzierungen eines relativ unbestimmten Kerns des Wahrheitsprädikates gibt.[117] Auf die subtilen

---

[117] Wright, C.: *Wahrheit und Objektivität*. Übers. von W. K. Köck, Frankfurt am Main 2001.

Argumente, die im engeren Rahmen der analytischen Wahrheitstheorie notwendig sind, um die Singularität des formalen Wahrheitsprädikats aufzubrechen, muß man sich aber gar nicht einlassen, da der klassische analytische Begriff der Proposition und der mit ihm assoziierte Begriff der logischen Form ohnehin außerhalb formaler Systeme unplausibel sind.

Dies kann man sich wiederum an einem Beispiel klarmachen. Nehmen wir etwa die drei folgenden Sätze:

(S1) Wenn es regnet, wird die Straße naß.
(S2) Wenn Britney Spears ein Stück Käse ist, dann ist der Mond eine Katze.
(S3) Wenn 2 + 2 = 8 ist, dann ist 3 + 3 = 527,2.

Alle drei Sätze haben dieselbe logische Form: $p \rightarrow q$. Dabei ist insbesondere S3 notwendig wahr! Denn für den Wahrheitswertverlauf von Implikationen gilt, daß aus notwendig falschen Sätzen alle wahren und falschen Sätze folgen. Dies gehört zur Definition des Zeichens »→« und damit zu seiner Semantik, d. h. seiner logisch definierbaren Bedeutung. Dies bedeutet aber umgekehrt, daß die logische Semantik des Zeichens »« wenig bis gar nichts mit der Semantik von Bedingungssätzen zu tun hat, deren Modalitäten man meist erst dann zu spüren bekommt, wenn man Fremdsprachen, etwa das Altgriechische, erlernt, wo es neben Indikativ und Konjunktiv auch noch den Optativ gibt, was zu sehr feinen Nuancen in der Formulierung von Konditionalsätzen führen kann. Diese Nuancen verändern den Verfechtern des klassischen Begriffs der Proposition zufolge – allen voran Gottlob Frege – aber gar nichts an den ausgedrückten Gedanken. Damit liegen sie aber schlicht falsch. Nehmen wir nur zwei Formen des griechischen Konditionalsatzes, den indefiniten und den prospektiven.

(Indefinit)   Wenn du dies tust, dann schadest du uns
                    (Εἰ τοῦτο ποιεῖς, ἡμᾶς βλάπτεις).

(Generell prospektiv) Wann immer einer dies tut, dann freuen sich die
                    Götter (Ἐάν τις τοῦτο ποιῇ, χαίρουσιν οἱ θεοί).

Der durch einen indefiniten Konditionalsatz ausgedrückte Gedanke hat ganz andere Wahrheitsbedingungen als der durch einen generellen prospektiven Konditionalsatz ausgedrückte, ganz zu schweigen von einem Irrealis, der nicht erfüllbare Bedingungszusammenhänge ausdrückt.

Von diesen kann man sich gar nicht vernünftig fragen, was wäre, wenn die Bedingung erfüllt wäre, obwohl sie logisch gesehen erfüllt sein könnte. Wenn man etwa formulierte

(Irrealis): Wärst Du gerade nicht in Sydney, fiele ich Dir in die Arme.

könnte man sich im Rahmen der formalen Logik fragen, wie der Wahrheitswert des Konsequens mit dem Wahrheitswert des Antecedens variiert. Doch wird durch den irrealen Bedingungssatz die Variation des Wahrheitswerts ausgeschlossen, obwohl sie logisch möglich sein mag.

Die logische Form »p → q« deckt solche Fälle nicht ab, sie läßt die charakteristische Veridiktion, die Behauptung der Wahrheit, nicht hervortreten. Demnach sollte man »→« auch nicht mit »wenn..., dann...« übersetzen, da die Konditionalsätze auch im Deutschen nicht insgesamt eine einzige logische Form ausdrücken.

Dies bedeutet aber auch, daß die logische Form und nicht nur ihr grammatischer Ausdruck irreführend sein kann. Die Erfinder der modernen formalen Logik, allen voran Frege und Russell, glaubten, durch die Analyse der logischen Form Klarheit zu erreichen und das Verwirrungspotential dessen, was sie als »natürliche« im Unterschied zu »formalen Sprachen« kennzeichneten, im besten Fall zu eliminieren, jedenfalls aber zu beschränken. Dadurch schufen sie aber nur ein andersgeartetes Verwirrungspotential zusammen mit der linguistisch unbedarften Zwangsvorstellung, es gebe eine Art Idealsprache, die aus reinen logischen Formen bestehe und die sich auch in den Wahrheitsbedingungen »normalsprachlicher« Sätze ausdrücke. Diese Annahmen sind im zwanzigsten Jahrhundert insbesondere in Ludwig Wittgensteins *Philosophischen Untersuchungen*, aber auch im engeren Rahmen der analytischen Philosophie durch Willard Van Orman Quine und Hilary Putnam in ihre Schranken gewiesen worden.

Die Singularität der logischen Form entpuppt sich als eine leere Fiktion, als Annahme, hinter der sich der Wunsch verbirgt, eine Idealsprache zu schaffen. Das Ideal einer solchen Idealsprache ist aber entweder völlig willkürlich (warum sollte nicht etwa Rilkes Sprache in den Dinggedichten eine Idealsprache sein?) oder ausschließlich an einer bestimmten diskursiven Praxis, der Ermittlung von Wahrheit in Form formaler Beweise, orientiert. Doch warum sollte der mathematische formale Wahrheitsbegriff ein Ideal der Sprache sein? Und selbst wenn man dies irgendwie vertreten könnte, warum sollte dies auch für den Wissensbegriff gelten? Schließlich kann man ja nicht nur mathematische Propositionen wissen!

Dennoch könnte man den Begriff der logischen Form verwenden, wenn man ihn nur von einer an der Mathematik orientierten Auffassung von Logik entfernt, was übrigens auch neuere analytische Arbeiten zum Begriff der logischen Form unternehmen.[118] In diesem Sinne könnte man etwa »Wahrnehmen« als eine logische Form bezeichnen, die uns eine Wissensform erschließt, während »Halluzinieren« eine andere (vielleicht nichtepistemische) logische Form bezeichnet. Politische Rechtfertigung oder emotionale Intelligenz wären wiederum andere logische Formen. Wittgenstein hat freilich vorgeschlagen, statt dessen lieber von *Grammatik* zu sprechen, so daß politische Rechtfertigung einer anderen Grammatik als der des Wahrnehmens folgen würde.[119] Wenn wir aber die Annahme einer einzigen formalen Logik aufgeben, die völlig neutral gegenüber der inhaltlichen Bestimmung der für Propositionen stehenden Satzvariablen ist, die in ihr vorkommen, dann gibt es auch keinen Grund mehr, den Logikbegriff oder den Begriff der logischen Form monolithisch aufzufassen. Logische Formen gibt es genauso im diachronen und synchronen Plural wie Wissensformen. Es gibt keinen zwingenden Grund, die Logik als schlechthin ahistorische Wissenschaft anzusetzen, deren Aufgabe die Erforschung einer schlechthin stabilen logischen Topographie, der ein für alle Mal feststehenden »Gesetze des Wahrseins« wäre. In der Regel genügt seit Frege zur Begründung der formalen Logik der Verdacht, daß ohne starken ahistorischen Logikbegriff die Norm der Wahrheit verlorenginge, mithin die Orientierung an einer vom endlichen Urteilen, vom endlichen Geben und Verlangen von Gründen unabhängigen »Wirklichkeit« unmöglich würde. Doch dieser Verdacht müßte zunächst erhärtet werden, was Frege nur in wenigen Zügen andeutet und was bisher auch noch nicht überzeugend dargelegt wurde.

Im folgenden werden nun verschiedene Spielarten des weiten Kontextualismus erläutert, wobei diese bewußt »teleologisch« angeordnet sind. Die jeweils folgende erweist sich im Licht der Erörterung als re-

---

[118] Rödl, S.: »Logical Form as a Relation to the Object«, in: *Philosophical Topics* 34/1 & 2 (2006), S. 345–369; Thompson, M.: *Life and Action. Elementary Structures of Practice and Practical Thought.* Cambridge, Ma. 2008.
[119] Vgl. dazu Forster, M.: *Wittgenstein and the Arbitrariness of Grammar.* Princeton 2004.

flektierter als die jeweils vorhergehende. Zunächst wird Michael Williams prominenter Versuch skizziert, durch eine Zurückweisung des epistemologischen Realismus das Problem des Skeptizismus auszuheben. Dann wird Wittgensteins weiter Kontextualismus untersucht, den er v. a. in seinem Spätwerk *Über Gewißheit* angedeutet hat. Anschließend werde ich einige von Hegels Überlegungen zur inhaltlichen Pluralität von Wissensformen erläutern, um sodann mit Heideggers Hinweis in das nächste Kapitel überzuleiten, daß der bisherigen Auffassung der diachronen Pluralität von Wissensformen insgesamt eine problematische Annahme vorausliegt. Diese problematische Annahme erläutert die diachrone Pluralität von Wissensformen jeweils als Weltbild-formierend oder Weltbild-relativ. Doch genau dieser Begriff, der Begriff des Weltbildes, setzt bereits bei einem seinerseits diachron variablen Weltbegriff, dem Begriff der Welt als Bild, als Weltbild, an.

3.2.1. Pragmatische und historische Voraussetzungen – Michael Williams und Wittgenstein

Der in den USA lehrende Erkenntnistheoretiker Michael Williams (*1947) hat auf eine folgenschwere Voraussetzung der neuzeitlichen Erkenntnistheorie hingewiesen, die freilich eine antike Vorgeschichte hat. Diese Voraussetzung bezeichnet er, wie schon besprochen, als epistemologischen Realismus. Der epistemologische Realismus ist ihm zufolge die These, daß die Binnenstruktur von »Wissen als solchem *(knowledge as such)*« völlig unabhängig davon besteht, daß wir eine Erkenntnistheorie formulieren.[120] Wissen sei dem epistemologischen Realismus zufolge so etwas wie eine natürliche Art wie Wasser oder Quarz. Wasser hat eine physikalische Struktur, die unabhängig davon besteht, daß wir uns Wasser zuwenden. Auf dieselbe Weise könnte man der Überzeugung sein, Wissen müsse ebenfalls eine objektive Struktur haben. Ansonsten könnte man scheinbar auch gar nicht Erkenntnis*theorie* betreiben. Erkenntnistheorie scheint vorauszusetzen, daß es bereits Erkenntnis gibt, die dann auch noch theoretisch beschrieben werden kann. »Erkenntnis« gäbe es unter dieser Bedingung im eminenten Singular des »Wissens als solchen«.

Eine solche realistische Auffassung liegt scheinbar nahe. Denn

---

[120] Williams, M.: *Unnatural Doubts: Epistemological Realism and the Basis of Skepticism.* Oxford 1991, S. 106 (alle Übersetzungen aus diesem Buch von mir, M. G.).

schließlich gibt es Wissen, bzw. setzen wir voraus, daß es Wissen gibt. Darüber hinaus scheint es Wissen als solches zu geben, das in der Form einer Art menschlichen Gesamtwissens existiert. Dieses Gesamtwissen ist intern strukturiert, und diese Binnenstruktur lernen wir etwa in der Form des Aufbaus der Wissenschaften kennen. Die Erkenntnistheorie fügte so gesehen der Wissenschaftstheorie, d.h. der Theorie der Binnenstruktur der Wissenschaften, nur noch die Fundierung hinzu. Denn alles menschliche Wissen scheint auf Fundamenten zu beruhen – eine Annahme, die als **epistemologischer Fundamentalismus** firmiert. In diesem Sinne beruht alles Erfahrungswissen offensichtlich auf sensorischem Input, den wir durch Verstandesleistungen organisieren. Diese Priorisierung hat immer wieder zu empiristischen Versuchen geführt, alles Wissen, d.h. Wissen als solches, auf sensorischen Input sowie die Strukturen seiner Organisation durch logisch-analytische Verfahren zu reduzieren, was besonders drastisch in Rudolf Carnaps *Der logische Aufbau der Welt* unternommen wurde. Die Frage, die man sich in diesem Rahmen stellte, lautete dann nur noch, wie genau der Binnenraum des Wissens organisiert ist. Sind es einzelne Überzeugungen, die durch sensorischen Input erworben werden, oder muß bereits ein umfassendes Überzeugungssystem etabliert worden sein, damit der sensorische Input hinreichend strukturiert sein kann?

Vor diesem Hintergrund spielt die von vielen für bedeutsam erachtete Differenz zwischen eher atomistischen und eher holistischen Theorien des Verhältnisses von Input und Verstandesleistung eine geringe Rolle. Denn sowohl holistische Theorien, die in verschiedenen Versionen im Umlauf sind, als auch klassische atomistische Theorien, wie sie insbesondere im sogenannten britischen Empirismus von John Locke (1632–1704) und David Hume (1711–1776) vertreten wurden, nehmen an, daß es Wissen als solches gibt und daß dieses eine Binnenstruktur hat, die von der Erkenntnistheorie analysiert wird.

Nun thematisiert Michael Williams die Voraussetzungen dieses Projektes, das er im Anschluß an Analysen von Bernard Williams (1929–2003) als »Projekt einer reinen Untersuchung« beschreibt.[121] Eine *reine* Untersuchung unterscheidet sich von einer *empirischen* Untersuchung darin, daß in ihr rein theoretisch Wissen als solches in Frage

---

[121] Williams, B.: *Descartes. Das Vorhaben der reinen philosophischen Untersuchung.* Übers. von W. Dittel und A. Viviani, Frankfurt am Main 1988.

steht. Was charakterisiert Wissen als solches? Ist es überhaupt möglich? Und wenn nicht, wie können wir *dies* dann wissen?

Michael Williams weist nun im einzelnen auf zwei zentrale Voraussetzungen dieses Projektes hin, die im Begriff der »Reflexion«, d. h. in der Besinnung auf Erkenntnis selbst, verankert seien: 1. »Abstandnahme *(detachment)*« und 2. »Allgemeinheit *(generality)*«.[122]

Die Voraussetzung der Abstandnahme besteht in der Annahme, daß man Erkenntnis aus der Distanz thematisieren könne, und zwar insbesondere, ohne dabei bereits Erkenntnis vorauszusetzen. Erkenntnis wird zum Gegenstand einer Erkenntnis, die allem voran ihre eigene Fallibilität ausblendet. Erkenntnis wird in ihrer Binnenstruktur entdeckt und nicht etwa durch unsere theoretische Zuwendung irgendwie hervorgebracht. Deswegen gebe es Erkenntnistheorie. Doch diese Abstandnahme scheitert Williams zufolge, und zwar auf zwei Ebenen, einer von ihr selbst anerkannten und einer von ihr selbst ausgeblendeten.

Sie scheitert auf der von ihr selbst anerkannten Ebene am Skeptizismus. Denn der Skeptizismus entspringt der Abstandnahme von der Erkenntnis. Angenommen, der epistemologische Realismus wäre wahr. Dann gäbe es eine objektive Struktur der Erkenntnis, es gäbe Wissen als solches. Die theoretische Beschreibung dieser objektiven Struktur könnte bestenfalls das formale Gerüst des Wissens herausarbeiten, ohne dabei aber zeigen zu können, welche konkreten oder einzelnen Wissensansprüche nun wahr oder falsch sind. Aus der Einsicht in die formale Struktur der Erkenntnis folgt ja nicht, daß diese oder jene Erkenntnis, etwa die Erkenntnis, daß diese Ampel dort auf rot steht, *wahr bzw. falsch ist*. Bestenfalls kann gezeigt werden, daß Erkenntnisse wie diejenige, daß diese Ampel dort auf rot steht, *wahr oder falsch sein können*.

Mit anderen Worten, die Analysen unter Voraussetzung des epistemologischen Realismus fördern im Erfolgsfall die Bedingungen der Wahrheitsfähigkeit von Überzeugungen und damit die Bedingungen von Erkenntnis überhaupt (von Wissen als solchem) zu Tage. Doch aus diesen folgt nicht, welche Erkenntnisse wahr bzw. falsch sind, da wir nicht *a priori*, sprich: ohne jegliche Inanspruchnahme von empirischer

---

[122] Vgl. Williams: *Unnatural Doubts,* S. 89 ff. und S. 181 ff. In einem ähnlichen Zusammenhang spricht Josef König von »Unbefangenheit«. Vgl. König: *Probleme der Erkenntnistheorie,* S. 54.

Erkenntnis, konstatieren können, daß dies bzw. jenes wahr bzw. falsch ist.

Genau deswegen öffnet die Abstandnahme dem Skeptizismus Tür und Tor. Dieser argumentiert nämlich genau dafür, daß die Lücke zwischen der formalen Struktur von Erkenntnis und konkreten Erkenntnissen niemals geschlossen werden kann. Unsere Wissensansprüche könnten insgesamt fehlgehen, da nicht gezeigt werden kann, daß irgendeine einzelne Erkenntnis tatsächlich gelingt. Die Abstandnahme zeigt nur, daß es Erkenntnis geben könnte, kann aber darüber hinaus nicht auch noch zeigen, daß es sie wirklich gibt, es sei denn, der Beweis, daß es Erkenntnis geben könnte, würde schon als vollgültige Erkenntnis durchgehen. Wenn wir aber nur wissen könnten, daß wir etwas könnten, wüßten wir reichlich wenig.

Darin liegt übrigens noch eine weitere Schwierigkeit, die Williams nicht zu sehen scheint, die er jedenfalls nicht ins Zentrum seiner Argumentation gegen den epistemologischen Realismus rückt. Der epistemologische Realismus hebt nämlich mit der Voraussetzung an, daß es Wissen gibt, um dann im besten Fall in die Behauptung einzumünden, daß es Wissen geben könnte, womit aber seine Voraussetzung untergraben wird.

Grundsätzlich stimmt Williams einer alten, von Hume hervorgehobenen Beobachtung zu: Die konsequente, rein theoretische Reflexion auf die Bedingungen von Erkenntnis überhaupt führt in den Skeptizismus. Im Unterschied zu Hume zieht Williams daraus aber nicht die Konsequenz, daß wir *sensu stricto* nichts wissen können, sondern vielmehr, daß wir den epistemologischen Realismus aufgeben sollten, da dieser den Skeptizismus impliziert.

»Mein Argument besagt, daß dasjenige, was bedeutsam am gesetzten Ziel der traditionellen Erkenntnistheorie ist, der Umstand ist, daß sie den epistemologischen Realismus voraussetzt. Der Skeptizismus entspringt dem Fundamentalismus insofern, als die Wissensformen, die der Skeptiker untersucht, im Hinblick auf ihre theoretische Integrität von der Existenz von gänzlich objektiven Beziehungen der epistemischen Rangordnung abhängen.«[123]

---

[123] Williams: *Unnatural Doubts,* S. 220: »My argument is that what matters about the goal of traditional epistemology is that it presupposes epistemological realism. Scepticism arises out of foundationalism in that the kinds of knowledge the sceptic examines depend for their theoretical integrity on the existence of fully objective relations of epistemic priority.«

Im Unterschied zu Hume setzt Williams dabei nicht alles auf eine Karte. Denn der epistemologische Realismus ist keineswegs alternativlos, er ist nicht einmal konsistent, da er den Skeptizismus impliziert. Wäre Erkenntnis eine objektive oder natürliche Struktur, in der wir uns einfach vorfinden, da wir beispielsweise als Menschen an eine gewisse epistemologische Ökonomie gebunden sind, wäre der Skeptizismus unvermeidlich. Doch damit wäre die Erkenntnis der Erkenntnistheorie auch aufgehoben, was der epistemologische Realist aber nicht eigens reflektiert. Denn er nimmt ja an, er befinde sich insgesamt im Abstand zum Wissen.

Damit befinden wir uns nun explizit auf der vom epistemologischen Realismus selbst ausgeblendeten Ebene seiner eigenen Voraussetzungen. In irgendeiner Form trifft auch der epistemologische Realismus Voraussetzungen, von denen wir nun einige bereits kennengelernt haben. Er könnte nämlich ansonsten überhaupt keine Frage formulieren, die man mit einer Erkenntnistheorie zu beantworten hätte. Denn

»eine spezifische Frage kann nicht einmal gestellt und noch weniger beantwortet werden, ohne daß man einige Dinge temporär oder permanent vom Zweifel ausnimmt. Da es sich nun selbst der unpraktischste Forscher nicht erlauben kann, völlig richtungslos zu sein, kann keine Form der Untersuchung vollständig frei von Voraussetzungen sein.«[124]

Indem die Erkenntnistheorie sich überhaupt fragt, worin Erkenntnis besteht, sind bereits Voraussetzungen im Spiel, und seien es triviale Voraussetzungen wie diejenige, daß die Frage grammatisch korrekt formuliert ist, oder die Voraussetzung, daß die Frage, worin Erkenntnis besteht, sich über den Begriff von Erkenntnisbedingungen oder Quellen des Wissens ausbuchstabieren läßt. Die Frage muß befriedigend gestellt werden können, und was als befriedigende Frage oder als befriedigende Antwort auf eine Frage gilt, hängt eben von Voraussetzungen ab, welche notwendigerweise in die Fragestellung eingehen. Fragte man nun nach den Voraussetzungen der Erkenntnistheorie, um mit dieser Frage radikale Voraussetzungslosigkeit anzuvisieren, wiederholte sich derselbe Umstand lediglich auf eine andere Weise: Auch die Frage nach den Voraussetzungen der Erkenntnistheorie trifft Voraussetzungen, die im

---

[124] Ebd., S. 214: »A specific question cannot even be asked, much less answered, without exempting various things, temporarily or permanently, from doubt. Since not even the most impractical inquirer can afford to be utterly directionless, no form of inquiry can be completely free of presuppositions.«

Fragen selbst noch nicht durchsichtig sind. Folglich gibt es auch keine voraussetzungslose epistemische Position, wie Williams zu Recht konstatiert: »Die Idee, daß wir eine feststehende epistemische Position haben, die unserer *conditio humana* intrinsisch ist, ist einfach nur eine der Gestalten des epistemologischen Realismus.«[125]

Die Voraussetzung der Abstandnahme erweist sich nach den angestellten Überlegungen mindestens als problematisch, vermutlich gar als inkonsistent.

Eine weitere verheerende Voraussetzung der Abstandnahme ist die »Totalitätsbedingung *(totality condition)*«[126]. Diese allein verbürgt die Allgemeinheit, die mit dem Begriff der Erkenntnis überhaupt bzw. des Wissens als solchen einhergeht. Der epistemologische Realismus sucht nach einem singulären und homogenen Wissensbegriff, der unser Wissen im ganzen zumindest formal charakterisieren soll. Um unser Wissen im ganzen thematisieren zu können, und zwar neutral im Hinblick auf das jeweils faktische Wahr- bzw. Falsch-Sein eines Wissensanspruchs, darf diese Thematisierung nicht selbst zu den untersuchten Wissensansprüchen gehören. Die Neutralität der epistemologischen Position soll unter der Hand ihre Wahrheit verbürgen. Deswegen schaltet sie ihre eigenen Wahrheitsansprüche aus.

»Wenn wir unser Wissen der Welt in seiner Ganzheit beurteilen sollen, dann müssen wir nicht nur alle unsere praktischen Interessen bei Seite lassen, sondern alle unsere gewöhnlichen Überzeugungen über die Welt und unsere Beziehung zu ihr. Wir müssen uns ›freimachen‹ *(detach)* von den Verpflichtungen, die in unserer alltäglichen Einstellung implizit sind, da unsere Einschätzung ansonsten nicht eigentlich allgemein wäre.«[127]

Allerdings kann man nicht alle Wissensansprüche ausschalten. Selbst die Erkenntnistheorie unterhält eine Einstellung zur Welt und zum Wissen, wenn sie diese auch als Gegenstand zu thematisieren sucht. Denn ihre eigene Thematisierung gehört selbst zur Welt bzw. ist selbst

---

[125] Ebd., S. 221 f.: »The idea that we have a fixed epistemic position, intrinsic to our human condition, is simply one of the guises of epistemological realism.«
[126] Ebd., S. 193.
[127] Ebd.: »If we are to assess our knowledge of the world in its entirety, we must set aside not only all practical our interests [sic!] but all our ordinary beliefs about the world and our relation to it. We must ›detach‹ ourselves from the commitments implicit in our everyday outlook or our assessment will not be properly general.«

eine Einstellung zur Welt. Daraus zieht Williams allerdings lediglich die Konsequenz, daß auch die Theorie noch eine diskursive Praxis bleibt, ohne dies im einzelnen auszuführen.

Die entscheidende Innovation gegenüber Humes Diagnose liegt dabei freilich darin, daß die Abstandnahme laut Williams gar nicht gelingen kann. Hume vertritt die These, daß die Abstandnahme unmittelbar den Skeptizismus nach sich zieht, wenn man nur eine hinreichend gründliche Analyse des Wissensbegriffs und seiner Anwendungsbedingungen vorlegt. Dabei räumt Williams ein, daß der Skeptizismus dann folgte, wenn die Abstandnahme gelänge. Doch sie scheitert daran, daß sie einen Wissensanspruch mit einer eigenen Voraussetzungsstruktur generiert, ohne auf diesen Umstand in ihrer vermeintlich radikalen Reflexion seinerseits zu reflektieren. Die mit dem epistemologischen Realismus einhergehende Reflexion ist demnach nicht reflexiv genug, sie ist blind im Hinblick auf ihre eigenen Voraussetzungen.

Auf diese Weise meint Williams auch den Cartesischen Skeptizismus, d. h. hier nichts anderes als die These entkräftet zu haben, daß all unser Wissen leer sein könnte, d. h. daß wir nur unerfüllte Wissensansprüche haben könnten. Denn diese These beruht gerade in ihrer Allgemeinheit und vermeintlich reinen Theoriehaltung auf der Voraussetzung des epistemologischen Realismus.

»Ohne die Doktrin einer allgemeinen, kontextinvarianten Relation epistemischer Priorität – ohne eine feststehende und permanente Einteilung von Propositionen in unmittelbar verifizierbare und inferentielle – bliebe die Art von radikalem Zweifel, die Descartes anvisiert, außerhalb unseres Zugriffs. Der Fundamentalismus bleibt die unerläßliche Voraussetzung des Cartesischen Skeptizismus.«[128]

Williams greift damit durchaus Motive der Spätphilosophie Wittgensteins, insbesondere aus *Über Gewißheit*, sowie einige Überlegungen aus den *Philosophischen Untersuchungen* auf. Allerdings reflektiert auch er seinen eigenen Standpunkt nicht hinreichend. Denn er stellt sich nicht die Frage, unter welchen Bedingungen er seinen eigenen

---

[128] Ebd., S. 218: »Without the doctrine of a general, context invariant relation of epistemic priority – without a fixed and permanent division of propositions into the immediately verifiable and the inferential – the sort of radical doubt that Descartes aims at remains out of reach. Foundationalism remains the indispensable presupposition of Cartesian scepticism.«

Standpunkt formulieren kann. Dies kann man als das **Problem der Darstellung** bezeichnen, auf das man in der Philosophie häufig und jedenfalls dann trifft, wenn irgendeine Form des Kontextualismus in Anspruch genommen wird.[129] Wie kann man hinreichend kontextinvariant feststellen, daß Wissensformen nicht durch eine kontextinvariante Priorisierung strukturiert sind? Ist dies nicht ein Rückfall in die Abstandnahme und Allgemeinheit?

Williams untersucht die Wissensansprüche des epistemologischen Realismus im Hinblick auf deren Konsistenz und Kohärenz. Doch welche Kriteriologie kommt dabei zur Anwendung? Wie geht Williams eigentlich vor? Denn es sieht doch so aus, als argumentierte er gegen eine bestimmte Auffassung von »Wissen«, namentlich gegen den epistemologischen Realismus. Damit setzt er voraus, daß es philosophische Argumentationsfiguren gibt, die ihrerseits kontextinvariant zum Einsatz kommen können. Sollte er dies nicht voraussetzen und damit einer weitverbreiteten Auffassung des Zusammenhangs zwischen Logik und Argumentation widersprechen, schuldete er dem Leser immerhin einen Hinweis auf diese Haltung.

Genau darin liegt der Unterschied zwischen Williams' und Wittgensteins Zurückweisung des epistemologischen Realismus. Während Williams' eigene Darstellungsform sich an der für den epistemologischen Realismus charakteristischen Argumentationsschiene entlang bewegt, sieht Wittgenstein von vornherein, daß man die These der Inkonsistenz (oder der Inkonsistenzen) des epistemologischen Realismus nicht ohne weiteres in dem gerade für diesen charakteristischem Medium darstellen kann.

Bei Wittgenstein steht hingegen von vornherein der folgende Gedankengang im Hintergrund, der sein gesamtes Werk durchzieht: Die Darstellungsform eines philosophischen Gedankens läßt sich nicht zugleich mit einem dargestellten Inhalt auf derselben Darstellungsebene thematisieren.[130] Es kann prinzipiell nicht gelingen, etwas zu behaupten und dabei gleichzeitig das Erfülltsein aller relevanten Behauptbarkeitsbedingungen zu garantieren. Alle kognitiven (wie auch alle sonstigen)

---

[129] Vgl. dazu Lacoue-Labarthe, P./Nancy, J.-L.: *The Literary Absolute: The Theory of Literature in German Romanticism.* New York 1988.
[130] Vgl. dazu die Wittgensteindeutung in Lyotard, J.-F.: *Der Widerstreit.* Übers. von J. Vogl, München 1978. Die folgenden Ausführungen verdanken vieles den Gesprächen mit Marius Bartmann.

Projekte sind deswegen grundlegend riskant, wie insbesondere die Arbeiten von Crispin Wright im Ausgang von Wittgenstein eingeschärft haben.[131]

Es steht jeweils nicht nur die Wahrheit eines behaupteten und damit eben als wahr ausgegebenen Gedankens auf dem Spiel, d. h., wir riskieren nicht nur, uns zu täuschen, sondern zugleich stehen die Wahrheitsbedingungen mit auf dem Spiel. Wittgenstein drückt dies in seinem Spätwerk *Über Gewißheit* kaum zufällig in einer heterogenen Reihe von Metaphern aus. Eine der zentralen Metaphern ist die eines »Systems«, wobei diese nicht architektonisch zu verstehen ist. »System« heißt nur »Zusammenhang«, wörtlich »Zusammen-Stehen« oder »Zusammen-Bestehen«, was von dem altgriechischen Verb *syn-histanai* (συν-ιστάναι) kommt, das »zusammen-stellen«, »ordnen« bedeutet. Wittgenstein behauptet demnach nicht, es gebe nur eine einzige bestimmte Ordnung des Wissens, was auf den epistemologischen Realismus hinausliefe, sondern vielmehr, daß Wissen nur im »System unsrer Verifikation« (ÜG, §279) vorkommt. Dabei steht dieses System selbst ebensowenig fest wie jede einzelne Überzeugung, die es ermöglicht.

»Es käme mir lächerlich vor, die Existenz Napoleons bezweifeln zu wollen; aber wenn Einer die Existenz der Erde vor 150 Jahren bezweifelte, wäre ich vielleicht eher bereit aufzuhorchen, denn nun bezweifelt er unser ganzes System der Evidenz. Es kommt mir nicht vor, als sei dies System sicherer als eine Sicherheit in ihm.« (ÜG, §185)

Natürlich legt die Rede vom »ganzen« System wiederum eine Totalitätsauffassung nahe, die aber nicht abgedeckt ist, ebenso wie die räumliche Metapher einer Sicherheit *im* System eben eine Metapher ist. Es ist auffällig, daß Wittgenstein von *unserem* Wissen spricht und dieses als nicht zu überschreitenden Zusammenhang auffaßt: »Unser Wissen bildet ein großes System. Und nur in diesem System hat das Einzelne den Wert, den wir ihm beilegen.« (ÜG, §410)

Wittgenstein ist sich seiner eigenen Metaphorologie aber wohl bewußt, weshalb er jedes Wissenssystem auch als »Mythologie« (ÜG, §97) bezeichnet, worunter an dieser Stelle nicht viel mehr als ein »Weltbild« (ÜG, §94) zu verstehen ist, das nicht unter den feststehenden Verifikationsbedingungen selbst verifiziert werden kann. Dies liegt

---

[131] Wright, C: »Warrant for Nothing (and Foundations for Free)?«, in: *Aristotelian Society Supplementary* 78/1 (2004), S. 167–212; Ders.: »Wittgensteinian Certainties«, in: McManus, D. (Ed.): *Wittgenstein and Scepticism*, S. 22–55.

aber nicht daran, daß es nicht aus Sätzen besteht, die wahr oder falsch sein könnten, sondern lediglich daran, daß es vorausgesetzt wird, um Verfahren zu spezifizieren, welche die Verteilung von wahr und falsch innerhalb eines Systems allererst erlauben. Wittgensteins Pointe liegt gerade darin, daß das System in einem anderen System durchaus anders eingeschätzt werden könnte, da ihm in einem anderen System ein anderer Wahrheitswert zugeschrieben werden könnte.

»Ich will sagen: Sätze von der Form der Erfahrungssätze und nicht nur Sätze der Logik gehören zum Fundament alles Operierens mit Gedanken (mit der Sprache). – Diese Feststellung ist nicht von der Form ›Ich weiß, ...‹. ›Ich weiß, ...‹ sagt aus, was *ich* weiß, und das ist nicht von logischem Interesse.« (ÜG, §401)

An diesem Aphorismus oder Paragraphen kann man zunächst einiges festhalten. Er beginnt mit einer These oder genauer: mit einer Absichtserklärung, die typisch für den Stil von *Über Gewißheit* ist. Besonders eindringlich beruft sich der vorhergehende Paragraph auf die Differenz zwischen *Aussage* und *Aussageintention*, die sich konstitutiv durch das Werk zieht: »Ich bin hier geneigt, gegen Windmühlen zu kämpfen, weil ich das noch nicht sagen kann, was ich eigentlich sagen will.« (ÜG, §400) Wittgenstein will also etwas sagen, doch kann er es noch nicht sagen. Dafür gibt er auch sogleich in §401 einen Grund an. Er kann nicht sagen, daß Erfahrungssätze zum Fundament alles Denkens gehören, weil er damit einen Wissensanspruch erhöbe. Nun ist die Erhebung eines Wissensanspruchs fallibel, sie sagt aus, was das Subjekt des Aussagens zu wissen meint. Doch ist jedes System, in welchem ein Wissensanspruch angemeldet werden kann, derart beschaffen, daß der Anspruch scheitern kann. Was aber scheitern kann, ist nicht »von logischem Interesse«, da die Logik (worin auch immer sie des näheren bestehen mag) den Anspruch erhebt, festzulegen, unter welchen Bedingungen Gedanken ein Wahrheitswert im Zusammenhang mit anderen Gedanken zukommen kann. Folglich handelt es sich schon bei der Feststellung, mit der §401 anhebt, nicht um eine Feststellung, obwohl Wittgenstein dort anscheinend eine Theorie entwickelt. Deswegen nimmt er auch die gesamte Bemerkung aus §401 in §402 zurück:

»In dieser Bemerkung [sc. §401, M. G.] ist schon der Ausdruck ›Sätze von der Form der Erfahrungssätze‹ ganz schlecht; es handelt sich um Aussagen über Gegenstände. Und sie dienen nicht als Fundamente wie Hypothesen, die, wenn sie sich als falsch erweisen, durch andere ersetzt werden.« (ÜG, §402)

Nehmen wir als Beispiel den Satz: »Es gibt keine günstigen Marsreisen bei TUI.« Dieser Satz setzt voraus, daß überhaupt Marsreisen in Reisebüros angeboten werden könnten. In diesem Sinne handelt es sich um eine »Aussage über Gegenstände«. Doch der Umstand, daß solche Marsreisen derzeit nicht einmal für technisch möglich gehalten werden, ist selbst durchaus *a posteriori*. Es könnte sein, daß irgendeine Nation bereits Marsreisen anbietet und dies vor der Weltöffentlichkeit strikt geheimhält. Nur steht *uns*, wie Wittgenstein sagen würde, diese Möglichkeit nicht einmal diskursiv zur Verfügung. Einfach anzunehmen, irgendeine Nation veranstalte geheime Marsreisen, wäre eine irrsinnige Hypothese, was nicht heißt, der Satz, den wir für wahr hielten, wenn wir die irrsinnige Hypothese akzeptierten, sei falsch oder gar notwendigerweise falsch.

Allerdings vertritt Wittgenstein damit keine Theorie, die über ihre eigene Beschränkung hinausgeht. Vielmehr geht es darum, den Umstand zu bedenken, daß auch Wittgensteins Nachdenken über den Wissensbegriff unter kontextsensitiven Bedingungen steht, die er selbst bestenfalls in einer Mythologie darzustellen vermag. Aus diesem Grund bietet Wittgenstein auch keine Erkenntnistheorie an, sondern zeigt vielmehr in ganz heterogenen, wenn auch zusammenhängenden Anläufen die historischen Bedingungen seines Nachdenkens über den Wissensbegriff durch die fragmentarische Form seiner Bemerkungen mit an. Denn dies ist gerade die Pointe: Unser Wissen, d. h. dasjenige Wissen, das zu den Veridiktionssystemen gehört, in denen Wittgenstein selbst sich bewegte und aufgewachsen ist, bildet gerade nur so ein System, daß Überzeugungen zwar zusammenhängen, daß dieser Zusammenhang, das System selbst, aber gar nicht vollständig eingeholt werden kann. Vielmehr sind stets kontingente Voraussetzungen am Werk, die aber für den Diskursverlauf notwendig sind.

»Aber müßte man dann nicht sagen, daß es keine scharfe Grenze gibt zwischen Sätzen der Logik und Erfahrungssätzen? Die Unschärfe ist eben die der Grenze zwischen *Regel* und Erfahrungssatz.« (ÜG, §319)

Die Grenze ist schon deswegen unscharf, weil es keinen Diskurs gibt, in dem sie trennscharf untersucht werden könnte. Denn auch *dieser* Diskurs, eben der Diskurs der Erkenntnistheorie selbst, funktioniert nur unter Voraussetzungen, die er nicht einholen kann. Auch noch die Grenzziehung hat ihre eigenen Grenzen – dies ist Wittgensteins entscheidende Einsicht, durch die er sich von Williams' direkter Zugangsweise zum epistemologischen Realismus und dessen Schwächen unterscheidet. Wittgenstein weiß demnach, daß *alles* Wissen in dem Sinne kontingent ist, daß es an kontextsensitive Parameter gebunden ist, die auch anders sein könnten. Die Kontextsensitvät der Parameter ist variabel, es gibt nicht nur *einen* Kontext und damit nicht nur *ein* Set von Parametern. Darüber hinaus bezieht er sein eigenes Wissen in diese Struktur mit ein. Auch noch die Erkenntnis der Kontingenz aller Erkenntnis ist kontingent, und zwar deshalb, weil sich ihre Voraussetzungen und Bedingungen verschieben können, ohne daß *a priori* entscheidbar wäre, wohin. Denn die Untersuchung einer solchen Verschiebung unterstünde ihrerseits jeweils anderen Voraussetzungen, die sie zumindest noch nicht eingeholt hätte:

»Die Mythologie kann wieder in Fluß geraten, das Flußbett der Gedanken sich verschieben. Aber ich unterscheide zwischen der Bewegung des Wassers im Flußbett und der Verschiebung dieses; obwohl es eine scharfe Trennung der beiden nicht gibt.« (ÜG, § 97)

Auch in dieser Bemerkung finden sich viele Subtilitäten der Darstellung. Zunächst sei auf den Gebrauch der Interpunktion hingewiesen, der bei Wittgenstein eine wichtige Rolle spielt. Die »These«, es gebe keine scharfe Trennung zwischen Bewegung des Wassers und Verschiebung des Flußbetts, wird selbst unscharf, nämlich durch ein Semikolon von der Metapher abgegrenzt. Vor dem Semikolon schiebt Wittgenstein darüber hinaus noch eine semantische Lücke ein, indem er die Lektüre durch eine Ellipse abbremst. Anstatt »Verschiebung dieses Flußbettes« schreibt er »Verschiebung dieses«, worauf das Semikolon weist. Damit zeigt Wittgenstein mit den Mitteln der Darstellung, daß auch die Grenze zwischen Metapher und Theorie unscharf ist. Das Pronomen »dieses« könnte man als Kataphor auffassen, d. h. als vorausweisendes Pronom, das sich auf das Semikolon selbst bezieht. Das Semikolon als Zeichen einer »unscharfen Trennung« wird auf diese Weise für die unscharfe Trennung im Text selbst eingesetzt. Gleichzeitig ist »dieses« aber anaphorisch und bezieht sich auf das »Flußbett der Gedanken«, so daß hier auch eine unscharfe Trennung von Anapher und Kataphor, von zurück- und vorausweisendem Gebrauch des Pronomens besteht.[132]

---

[132] Auf diese Ambivalenz, die durch die Ellipse entsteht, hat mich freundlicherweise Lukas Trabert hingewiesen.

Wie später Derrida in Erinnerung an Nietzsche eingeschärft hat, gibt es keine immer schon feststehende Grenze zwischen eigentlichem Sinn und Metapher.[133] Vielmehr entstehen Metaphern als Übertragungen, die notwendig werden, wenn wir die Verschiebung thematisieren, die stattfindet, sobald wir einen Kontext selbst zum Gegenstand eines wahrheitsfähigen Gedankens machen. Konstatieren wir in irgendeinem Fall, daß der Kontext, in dem wir uns bewegen, Kontext K ist, so generieren wir dadurch Kontext K*, in dem wir K thematisieren. Nun ist der Übergang von K zu K* dadurch seinerseits noch nicht thematisiert. Er findet in keinem Kontext statt, der zuvor thematisiert worden wäre, da er weder in K noch in K* stattfinden kann. Dennoch ermöglicht die Lücke zwischen K und K*, daß ein Inhalt aus K in K* übertragen werden kann. Übertragen heißt auf altgriechisch *meta-pherein* (μεταφέρειν), woher »Metapher« kommt (man beachte, daß »Metapher« selbst eine Metapher ist). Eine Metapher im hier relevanten Sinne überträgt einen wahrheitsfähigen Gedanken von einem Kontext in den nächsten und zwar so, daß die Lücke zwischen beiden Kontexten auffällig wird. Der Unterschied zwischen eigentlichem Sinn und Metaphorik besteht letztlich darin, daß wir uns im eigentlichen Sinn bewegen, ohne die Übergänge zu bemerken, während Metaphern die Übergänge zwischen Kontexten sichtbar machen. Vor diesem Hintergrund gibt es Wittgenstein zufolge auch keine immer schon feststehende, von aller Erfahrung (und damit insbesondere von aller Temporalität und Historizität) unabhängige Trennlinie zwischen *a priori* und *a posteriori:* »Aber dies ist richtig, daß der gleiche Satz einmal als von der Erfahrung zu prüfen, einmal als Regel der Prüfung behandelt werden kann.« (ÜG, §98) Der Übergang von einem Erfahrungssatz zu einem Satz als »Regel der Prüfung« läßt sich nur metaphorisch beschreiben, da dieser Übergang weder der Erfahrung noch der Beschreibung der Erfahrung angehört. Dies gilt Wittgensteins Einsicht zufolge insbesondere auch für die Reflexion auf die Kontextualität aller Überzeugungen, die sich aus den genannten Gründen nicht »beschreiben«, d.h. nicht in der Form von Erfahrungssätzen ausdrücken läßt, da jede Beschreibung des Systems das System

---

[133] Vgl. insbesondere Derrida, J.: »Die weiße Mythologie. Die Metapher im philosophischen Text«, in: Ders.: *Randgänge der Philosophie*. Übers. von G. Ahrens, hrsg. von H. Engelmann, Wien 1988, S. 205–258 und S. 344–355. Vgl. auch Hans Blumenbergs Projekt einer Metaphorologie, insbesondere Ders.: *Paradigmen zu einer Metaphorologie*. Frankfurt am Main 1998.

verändert und damit die Möglichkeit einer neuen Metapher hervorbringt, weil eine Übertragung stattgefunden hat.

»Könnte ich nicht glauben, daß ich einmal, ohne es zu wissen, etwa im bewußtlosen Zustand, weit von der Erde entfernt war, ja, daß Andre dies wissen, es mir aber nicht sagen? Aber dies würde gar nicht zu meinen übrigen Überzeugungen passen. Nicht, als ob ich das System dieser Überzeugungen beschreiben könnte. Aber meine Überzeugungen bilden ein System, ein Gebäude.« (ÜG, §102)

Kaum zufällig geht Wittgenstein von der tendenziell bereits erstarrten (sprich: als solchen nicht mehr auffälligen) Metapher des Systems sogleich zur Metapher des Gebäudes über. Auf diese Weise unterbricht er ein oberflächliches Verständnis des Textes. Denn die Systemmetapher ist uns so vertraut, daß wir sie als solche nicht mehr bemerken. Wir übersehen sie. Hier ist der Ort, um auf Wittgensteins beständiges Wortspiel mit »übersehen« hinzuweisen. Denn Wittgensteins explizites Projekt einer »übersichtlichen Darstellung« (PU, §122) weiß darum, daß auch sie immer etwas übersehen muß, um einen Überblick gewinnen zu können. Es ist, wie Wittgenstein anerkennt, unmöglich, etwas zu wissen, ohne etwas zu glauben, wobei »glauben« hier auf den Umstand Bezug nimmt, daß wir Voraussetzungen treffen, die wir nicht einmal als solche kennen, da sie uns gleichsam konstitutiv im Rücken liegen. *Um Übersicht zu erlangen, muß man immer einiges übersehen.*

»Wir prüfen die Geschichte Napoleons, aber nicht, ob alle Berichte über ihn auf Sinnestrug, Schwindel u. dergl. beruhen. Ja, wenn wir überhaupt prüfen, setzen wir damit schon etwas voraus, was nicht geprüft wird.« (ÜG, §163)

Entscheidend ist auch hier, daß die Voraussetzungen keine Sätze sind, von deren Wahrheit wir irgendwie implizit überzeugt sind. Vielmehr haben wir gar keine epistemische Einstellung zu ihnen, sie sind nicht einmal individuiert. Unser »ganzes System der Evidenz« (ÜG, §185) kann prinzipiell nicht überblickt werden, weshalb es – um Wittgensteins Wortspiel noch einmal aufzugreifen – übersehen werden muß.

Wittgenstein betont: »Es kommt mir nicht vor, als sei dies System sicherer als eine Sicherheit in ihm.« (ÜG, §185). Damit wird deutlich, daß er nicht der Überzeugung ist, es gebe ein allumfassendes Überzeugungssystem, das sich etwa auf irgendeine (vielleicht evolutionstheoretisch beschreibbare) Weise der »Wahrheit« nähert. Es bleibt uns allerdings nichts anderes übrig, als uns auf irgend etwas zu verlassen. Diese Notwendigkeit ist gleichsam natürlich, jedenfalls ist sie unumgänglich.

An diesem Punkt endet für Wittgenstein die Kontingenz. Denn auch der skeptische Versuch, jede Gewißheit hypothetisch außer Kraft zu setzen, ist ein bestimmtes Projekt, namentlich das Projekt, jede Gewißheit hypothetisch außer Kraft zu setzen. Um dieses und kein anderes Projekt zu sein, müssen wiederum Regeln etabliert sein, die das Projekt kontextualisieren. Außerhalb des Kontextes findet deswegen gar nichts statt, ein Gedanke, den Derrida auf den berühmten und beinahe immer mißverstandenen Slogan gebracht hat: »Es gibt kein außerhalb des Textes.«[134]

Wittgenstein wird in *Über Gewißheit* nicht müde einzuschärfen, daß alle Überzeugungen einem System angehören, das er mehrfach als »Weltbild« (ÜG, §§ 93, 94, 95, 162, 167, 233, 262) anspricht. Wie gesehen, ist er sich der Schwierigkeiten der Darstellung des damit einhergehenden Gedankens deutlich bewußt. Allerdings scheint er immer noch unter der Voraussetzung zu philosophieren, daß es sich beim philosophischen Wissen um etwas Autonomes handelt. Während alles Wissen seiner Analyse zufolge kontextsensitiv und in diesem Sinne konstitutiv endlich ist, beschreibt er diese Endlichkeit doch seinerseits auf eine bestimmte und damit endliche Weise. Wie wir nun sehen werden, besteht damit eine Konkurrenz zu zwei großen alternativen Projekten eines weiten Kontextualismus, zur Dialektik Hegels und zu Heideggers Destruktion der abendländischen Metaphysik.

3.2.2. Hegel und Heidegger

Insbesondere in der *Phänomenologie des Geistes* und der *Wissenschaft der Logik*, aber auch in seinen sogenannten realphilosophischen Werken, der Religionsphilosophie, der Philosophie der Kunst, der Rechtsphilosophie usw., strebt Hegel eine umfassende Darstellung von Wissensformen an. Dabei entwickelt er seine berühmte *dialektische*

---

[134] Besonders deutlich formuliert Derrida diesen Gedanken in seiner Auseinandersetzung mit den Einwänden John Searles. Vgl. *Limited Inc.* Übers. von W. Rappl, hrsg. von P. Engelmann, Wien 2001, S. 211: »Eine der Definitionen dessen, was man Dekonstruktion nennt, wäre das Miteinbeziehen dieses unbegrenzten Kontextes, die möglichst wache und umfassende Beachtung des Kontextes und somit eine unablässige Bewegung der Rekontextualisierung. Der Satz, der für manche gleichsam zum Slogan der Dekonstruktion geworden ist und im allgemeinen völlig falsch verstanden wurde (»es gibt kein außerhalb des Textes« [»*il n'y a pas de hors texte*«]), heißt nichts anderes als: Es gibt kein außerhalb des Kontextes [»*il n'y a pas de hors contexte*«].«

Methode, ohne die seine Darstellung der Wissensformen nicht verstanden werden kann. Was ist nun aber die ominöse Dialektik, wenn sie denn überhaupt ominös ist?

Zur Beantwortung dieser Frage gilt es, eine Unterscheidung einzuführen, die Unterscheidung zwischen **analytischer** und **dialektischer Inkonsistenz** einer Theorie. Faßt man Theorien als *idealiter* axiomatisch-deduktiv geordnete Mengen von Propositionen auf, liegt eine *analytische Inkonsistenz* genau dann vor, wenn sich zwei miteinander nach den Regeln der Theorie inkompatible (etwa im gewöhnlichen Sinne widersprüchliche) Formeln als Theoreme der Theorie ableiten lassen. So wäre es etwa für die Zahlentheorie verheerend, wenn sie so zu rekonstruieren wäre, daß sich die Formeln $2 + 2 = 4$ und $2 + 2 = 5$ als Theoreme aus ihren Axiomen ableiten ließen. Analysiert man eine Theorie in diesem Sinne auf ihre Konsistenz hin, wird man bemüht sein, inferentielle Sequenzen zu bilden und sie so weit zu entwickeln bzw. besser noch: einen Algorithmus ihrer Entwicklung zu entwickeln, der so weit reicht, daß Inkonsistenzen ausgeschlossen werden können.

Nun sind aber keineswegs alle Theorien von der skizzierten Art. Wenn man etwa eine Theorie über das Marketing von Supermarktketten aufstellt, hat man es kaum mit klar umgrenzten Spielregeln zu tun. Außerdem gibt es Theorien, in denen Widersprüche mindestens im Objektbereich vorkommen müssen, etwa in der Psychoanalyse, da diese zumindest Widersprüche in Überzeugungssystemen zitiert. Wie dem auch im einzelnen sei, entscheidend ist, daß es *prima vista* abwegig ist, einen axiomatisch-deduktiven analytischen Konsistenzbegriff an *alle* Theorien heranzutragen. Wer die These vertritt, daß es eine allumfassende Theorie gibt, die bereichsübergreifende Formeln oder Aussagen enthält, die einen axiomatisch-deduktiven Zusammenhang bilden, trägt demnach eine erhebliche Beweislast. Diese Beweislast ist bisher noch niemals eingelöst worden, am wenigsten von der modernen Logik, von der das Gerücht umgeht, sie beschreibe die logische Form des Denkens überhaupt. Doch davon kann jedenfalls angesichts der Pluralität moderner formaler Logiken keine Rede sein. Denn bei jeder formalen Logik handelt es sich bestenfalls um eine weitere Sprache neben den natürlichen und keineswegs um die Herausstellung des eigentlichen Kerns der natürlichen Sprache. Die Annahme, die natürliche Sprache folge *insgesamt einer* Logik, die sich formalisieren und demnach in einen singulären alles umfassenden Kalkül fassen läßt, wurde nicht einmal bzw.

insbesondere nicht von Gottlob Frege vertreten, der ein feines Gespür für den Umstand hatte, daß sich mathematische Präzision eben nur in der Mathematik erreichen läßt.

Umgekehrt besteht **Dialektik** in der Explikation von Voraussetzungen einer Theorie, um die Konsistenz der Voraussetzungen der Theorie mit der ausgeführten Theorie zu untersuchen. Dabei sind die explizierten Voraussetzungen Bedingungen und nicht etwa Antezedentia in einem analytisch-logischen Sinne. Theorien generieren eine Voraussetzungsstruktur, ohne die sie gar nicht in Gang kommen könnten. Die Voraussetzungsstruktur eröffnet allererst einen Theoriebereich und kommt in diesem *ex hypothesi* nicht vor. Die Dialektik thematisiert den Zusammenhang einer bestimmten Theorie mit ihren Voraussetzungen im Hinblick auf die Konsistenz der Durchführung der Theorie im von ihr selbst generierten Rahmen, wobei sie eine Untersuchung anstrebt, die von der Ausgangstheorie gerade nicht vorgenommen werden kann, da sie ihre Voraussetzungen schließlich von der Untersuchung ausnimmt. Eine dialektische Inkonsistenz liegt vor, wenn die Ausführung der Theorie ihren eigenen Rahmen sprengt.

Nun sind aber nicht nur Theorien, d. h. Zusammenhänge von wahrheitsfähigen Gebilden, also von Propositionen, Gegenstand der Dialektik; vielmehr untersucht Hegel die Motivation solcher Gebilde, d. h. das ontologische Umfeld, in das sie sich einschreiben, wie wir nun an einem Beispiel sehen können. Nehmen wir in diesem Sinne eine bestimmte Wahrnehmungstheorie und bedenken, daß sich die Wahrnehmungstheorie irgendwie zur Wahrnehmung verhalten muß. Die Theorie schreibt sich in diesem Sinne in ein Umfeld ein, das ich aus Gründen, die erst später (Kap. IV) erörtert werden, ein ontologisches nennen möchte. Z. B. stellt sich immer auch die Frage, ob eine bestimmte Wahrnehmungstheorie selbst wahrgenommen werden kann. Wenn nicht, sind die Propositionen der Wahrnehmungstheorie von einer anderen Art als die Wahrnehmungen, hinsichtlich derer sie Propositionen artikuliert. Läßt sich dieser Zusammenhang nicht konsistent beschreiben, liegt eine dialektische Inkonsistenz vor. Da die Voraussetzungsstruktur nicht immer aus expliziten oder auch nur explizierbaren Propositionen besteht, handelt es sich bei dialektischer Inkonsistenz nicht um einen Widerspruch im Sinne der Behauptung zweier miteinander unverträglicher Propositionen.

Hegel beschäftigt sich vor diesem Hintergrund mit der Darstellung der dialektischen Inkonsistenzen von Wissensformen. Seines Erachtens besteht genau deshalb überhaupt eine genuine Pluralität verschiedener Wissensformen und nicht bloß eine Pluralität von Wissensansprüchen oder Überzeugungen derselben Ordnung, weil die meisten Wissensformen dialektisch inkonsistent sind. Dies kann man sich an einigen konkreten Beispielen aus Hegels Werk deutlich machen.

Nehmen wir zunächst Hegels Charakterisierung der »Wahrnehmung« als einer Wissensform in seiner *Phänomenologie des Geistes* (Vgl. TWA, 3, 93–107).[135] Ohne detaillierte Rekonstruktion aller einzelnen Wendungen in Hegels Text kann man die dialektische Inkonsistenz der Wahrnehmung als Wissensform folgendermaßen nachvollziehen. Wenn man etwas wahrnimmt, sind immer die Sinne im Spiel. Wenn man etwas wahrnimmt, so sieht, riecht, hört, schmeckt oder fühlt man die betreffende Sache. Dabei kann derselbe Gegenstand, z. B. ein Zuckerwürfel, gesehen, gerochen, geschmeckt oder gefühlt werden (einen Zuckerwürfel kann man freilich nicht ohne weiteres hören, es sei denn, man verstünde sich darauf, genau zu hören, wie es ist, wenn ein Zuckerwürfel und nicht etwas anderes in eine Kaffeetasse fällt). Derselbe Zuckerwürfel sieht so-und-so aus (etwa weiß und quadratisch), er riecht irgendwie, schmeckt süß und zeigt eine bestimmte Konsistenz, wenn man ihn zwischen die Finger nimmt. Doch woher weiß man, daß es dasselbe (nämlich *ein* Zuckerwürfel) ist, das man vermittels der verschiedenen Sinnesorgane wahrnehmen kann? Dies sieht, riecht, schmeckt oder fühlt man selbst nicht. Die Identität des Zuckerwürfels über alle sinnlichen Variationen hinweg läßt sich nicht selbst wahrnehmen, ist aber eine Voraussetzung der Wahrnehmung.

Folglich ist die Wissensform der Wahrnehmung unvollständig. Sie bedarf einer Ergänzung, die selbst nicht mehr vom Typ der Wahrnehmung ist. Diese Ergänzung wird seit der antiken Wahrnehmungstheorie als Denken, als *dianoia* (διάνοια) oder *nous* (νοῦς), bezeichnet. Aristoteles hat dafür den Ausdruck des »Gemeinsinns« geprägt, woher der Ausdruck *common sense* ursprünglich stammt. Die Wahrnehmung bleibt als Wissensform insofern unvollständig, als sie ihren eigenen Rahmen überschreiten muß, um überhaupt funktionsfähig, d. h. in diesem Fall: wahrheitsfähig zu sein. Denn Wahrnehmung ist eben Wahr-

---

[135] Zur Einführung ist zu empfehlen Schäfer, R.: *Hegel: Einführung und Texte.* Stuttgart 2011 sowie Siep, L.: *Der Weg der »Phänomenologie des Geistes«. Ein einführender Kommentar zu Hegels »Differenzschrift« und zur »Phänomenologie des Geistes«.* Darmstadt 2000.

Nehmung, das An- oder Hinnehmen eines sensorisch vermittelten Gehalts im Hinblick auf ein möglichst wahres Urteil über diesen. Dabei weist die Wahrnehmungsfähigkeit auf einen Gemeinsinn, das Denken, der gerade keine Wahrnehmung ist.

Dies bedeutet aber, daß wir den Zuckerwürfel nicht direkt oder begrifflich unvermittelt wahrnehmen können. Der Zuckerwürfel als dasjenige Identische, das sich so und auch so wahrnehmen läßt, wird selbst nicht wahrgenommen. Genau darin sieht Hegel die dialektische Inkonsistenz der Wahrnehmung, weshalb er von dort aus zur Darstellung der dialektischen Inkonsistenz des »Verstandes« übergeht.

Zum »Verstand« gehört nun aber wiederum eine dialektisch inkonsistente Voraussetzungsstruktur. Denn der Verstand als Wissensform hebt mit der Voraussetzung an, daß wir die Identität der Wahrnehmungsgegenstände, das, was man in der Tradition die **Substanz** genannt hat, seinerseits gar nicht wahrnehmen können. Wir nehmen immer nur **Akzidenzien**, d.h. mehr oder weniger zufällige Eigenschaften der Dinge wahr, die uns umgeben. Die Dinge werden durch unsere Annahmeformen, durch die Struktur unserer sinnlichen Registraturen sowie durch unsere Identitätshypothesen gefiltert. Dies bedeutet aber, daß sich uns die Dinge vollständig entziehen könnten. Sie könnten völlig anders sein, als sie uns sinnlich erscheinen, so daß jegliche Identitätshypothese des Verstandes die Dinge immer nur erschließen muß, was aber irreführend sein könnte, da unsere Datenfilter verzerrend sein könnten. Demnach entfernt die Wissensform des Verstandes die Dinge wiederum so weit von der Wahrnehmung, daß wir sie nicht mehr wahrnehmen können. Vielmehr werden sie in ein potentielles Jenseits, in eine »Hinterwelt« verschoben, wie Nietzsche dies später treffend charakterisiert hat.[136]

Die Wissensform des Verstandes scheitert deshalb daran, daß sie die Dinge nicht zugänglich macht, sondern von ihrer Erkennbarkeit so weit entfernt, daß wir sie gar nicht mehr wahrnehmen können. Es gelingt ihr deswegen nicht, die dialektische Unzulänglichkeit der Wahrnehmung zu kompensieren. Sie bringt nur weitere dialektische Inkonsistenzen hervor.

---

[136] KGA, Abt. 6, Bd. 1, S. 31–34. Nietzsches Schriften werden, sofern nicht anders angegeben, zitiert nach Nietzsche, F.: *Werke. Kritische Gesamtausgabe.* Hrsg. von G. Colli, W. Müller-Lauter und V. Gerhardt, Berlin/New York 1995ff. (= KGA) Der Sigle folgt die römische Abteilungszahl, die arabische Band- und Seitenzahl.

I. Kapitel: Aufbau und Methodologie

Dieser Prozeß schreitet Hegel zufolge nun nach dem sogenannten Prinzip der »bestimmten Negation« (TWA, 3, 74) voran. Dieses besteht darin, daß jede Wissensform die dialektischen Unzulänglichkeiten einer vorhergehenden zu kompensieren versucht, darin aber neue Unzulänglichkeiten erzeugt. Hegel nennt diese Methode einen »sich vollbringenden Skeptizismus« (TWA, 3, 72). Dieser sich vollbringende Skeptizismus stellt die Abfolge von Wissensformen auf eine solche Weise dar, daß deutlich wird, inwiefern Wissensformen aufeinander reagieren. Auf diese Weise entwickelt sich Hegels berühmter Systemgedanke: Die Wissensformen hängen insgesamt miteinander zusammen. Das Scheitern der einen ruft eine andere auf den Plan, die wiederum scheitert. Dabei muß dieser Zusammenhang an den einzelnen Wissensformen entwickelt werden, da zunächst gar keine allumfassende Wissensform, das allen Wissensformen gemeinsame »Wesen« von Wissen als solchem, zur Verfügung steht, die erfolgreich den Anspruch erheben könnte, dialektisch konsistent zu sein. Die dialektisch konsistente Wissensform, die Hegel kurzum als »absolutes Wissen« bezeichnet, kann sich aus der »Darstellung des erscheinenden Wissens« (ebd.), d. h. aus der Geschichte des dialektischen Scheiterns der Wissensformen, allererst als Resultat ergeben. Dieses Ergebnis zu erreichen, ist die Aufgabe der *Phänomenologie des Geistes*.

Damit gehört Hegel offensichtlich zu den Vertretern eines weiten Kontextualismus. Der umfassende Kontext ist bei Hegel das System der Wissensformen. Diese hängen nach dem **Prinzip der bestimmten Negation** insofern zusammen, als jede Wissensform sich als Lösungsvorschlag einer konstatierten dialektischen Inkonsistenz darstellen läßt. Unter »bestimmter Negation« versteht Hegel den Umstand, daß Wissensformen sich immer auch als Kompensation der dialektischen Inkonsistenz der ihnen jeweils vorausgehenden Wissensformen rekonstruieren lassen. Sie negieren demnach immer etwas an einer vorausgehenden Wissensform, indem sie etwa Elemente ihrer Voraussetzungsstruktur austauschen. Auf diese Weise generieren sie eine neue Voraussetzungsstruktur, so daß diese Form der Negation produktiv ist.

Die Wissensformen sind dabei teilweise propositional, wie die Wahrnehmung oder der Verstand, dennoch aber intrinsisch verschieden. Insbesondere hebt Hegel darauf ab, auch praktisches Wissen als propositionales zu rekonstruieren. Auch Handlungswissen ist an Propositionen orientiert, deren Wahrheit durch die Handlung herbeigeführt werden soll. Wenn ich Sushi essen möchte und weiß, daß ich dies will, dann ist mein Wissen durchaus propositional. Dennoch ist die Wissensform des praktischen Wissens keineswegs identisch mit der Wissensform der Wahrnehmung, obgleich diese in allem Handlungswissen enthalten sein mag. Folglich, so kann man mit Hegel festhalten, ist es abwegig, eine Normalform des Wissens, eine singuläre logische Form herausstellen zu wollen, die für alles Wissen gilt. Wissen ist grundlegend historisch verfaßt, es entwickelt sich in der Gestalt einer Pluralität von Wissensformen. Theoretisches Wissen, daß p, ist – sollte es sich überhaupt auch nur in dieser Form im Singular behandeln lassen – bestenfalls eine Wissensform unter anderen und muß in seiner dialektischen Inkonsistenz thematisierbar sein. Genau diese Thematisierung leistet in Hegels Augen der Skeptizismus, der deswegen aus der rein theoretischen Perspektive, wie viele Erkenntnistheoretiker einräumen, auch nicht gelöst werden kann.[137]

Wissen oder Erkenntnis gibt es demnach gar nicht als singuläre Struktur. Die Fragen: »Was ist Erkenntnis?« oder »Was ist Wissen?«, sind völlig unterbestimmt. Der weite Kontextualismus verabschiedet somit auch noch den Rahmen, in dem der enge Kontextualismus eine Theorieoption darstellt. Es ist einfach keine wohlformulierte Frage, ob *der* Wissensbegriff (den es gar nicht gibt) semantisch oder justifikatorisch kontextsensitiv ist. Der Kontext der Wissensformen geht vielmehr auch noch über alle einzelnen Wissensformen hinaus. Allerdings versucht Hegel, dieser Konsequenz dadurch auszuweichen, daß er versucht, eine dialektisch konsistente allumfassende Wissensform zu entwerfen, die alle anderen Wissensformen thematisiert.

Dies ist die Aufgabe von Hegels *Wissenschaft der Logik*. In diesem schwer zugänglichen, obgleich vermutlich bisher unübertroffenen Meisterwerk der Philosophie, entwickelt Hegel eine Theorie des logischen Raums.[138] **Logischer Raum** sei hier der Name für den Kontext des

---

[137] Vgl. etwa das Buch von Unger, P.: *Ignorance. A Case for Scepticism*. Oxford 2002.
[138] Dazu besonders deutlich: Koch, A. F.: »Die Selbstbeziehung der Negation in Hegels Logik«, in: *Zeitschrift für philosophische Forschung* 53 (1999), S. 1–29; Ders.: »Sein – Nichts – Werden«, in: Arndt, A./Iber, Ch. (Hrsg.): *Hegels Seinslogik. Interpretationen und Perspektiven*. Berlin 2000, S. 140–157; Ders.: »Dasein und Fürsichsein (Hegels Logik der Qualität)«, in: Ders./Schick, F. (Hrsg.): *G. W. F. Hegel. Wissenschaft der Logik*. Reihe Klassiker Auslegen, Berlin 2002, S. 27–49; Ders.: »Unmittelbares Wissen und logische Vermittlung. Hegels Wissenschaft der Logik«, in: Jaeschke, W./Sandkaulen, B. (Hrsg.): *Friedrich Heinrich Jacobi. Ein Wendepunkt der geistigen Bildung der Zeit*. Hamburg 2004, S. 319–336; Ders.: »Die Problematik des Übergangs von der Schlusslehre zur

Wissens, in dem alle einzelnen Wissensformen vorkommen. Denn alle Wissensformen hängen miteinander zusammen. Dieses »Zusammenhängen« findet im logischen Raum statt.[139] Denn es ist ja möglich, die einzelnen Wissensformen auf ihre dialektische Konsistenz hin zu untersuchen und so in einen Zusammenhang miteinander zu bringen. Der Zusammenhang, den sie dabei bilden, ist der logische Raum, der aus den Zusammenhängen zwischen den Wissensformen besteht. So kommen Wahrnehmung und Verstand im logischen Raum vor, sie verbindet ein Zusammenhang, den man argumentativ rekonstruieren kann. Dieser Zusammenhang ist allerdings nicht rein inferentiell, es geht nicht um den Zusammenhang von Propositionen, sondern von Theorien sowie deren jeweiligen, die Theorien als diese und keine andere Theorie kennzeichnenden Voraussetzungsstrukturen.

Unter »Logik« versteht Hegel die Explikation der Strukturen des logischen Raums. Die Logik ist die Theorie des logischen Raums von Wissensformen. Es geht in der Logik für ihn entsprechend auch nicht um formale Logik oder um Folgerungsbeziehungen zwischen Propositionen, die sich auf Schlußformen bringen lassen. Vielmehr gibt es eine Pluralität logischer Formen, die den Zusammenhang gegebener Wissensformen beschreiben. Auch dies kann man sich an einem Beispiel verdeutlichen.

Es gibt Wissensformen, die einen Gegenstandsbereich voraussetzen, in dem es diskrete Entitäten bzw. Dinge in einem groben Sinne gibt. So stellt man sich die Wahrnehmung im Erfolgsfall so vor, daß ihr Inhalt aus vielen Gegenständen besteht, die sich im Umfeld des Wahrnehmenden befinden; daß sie dabei irgendeine endliche, als Information verarbeitbare Menge von Gegenständen oder gar nur einen einzigen Gegenstand selektiert. Die Wahrnehmung setzt eine *Einzeldingontologie* voraus, d.h. die Annahme, daß im Umfeld des Wahrnehmenden Einzeldinge vorkommen. Diese mögen zwar kausal zusammenhängen, aufeinander einwirken, sich gegenseitig verändern usw., doch erscheinen sie der Wahrnehmung als isoliert erfaßbare Gegenstände.

Andere Wissensformen verwischen die klaren Grenzen zwischen Gegenständen im Sinne von Einzeldingen. Wenn man etwa Squash

---

Objektivität«, in: Arndt, A./Iber, Ch./Kruck, G. (Hrsg.): *Hegels Lehre vom Begriff, Urteil und Schluss*. Berlin 2006, S. 205–215.

[139] Sellars spricht von einem »hanging together« (*Science, Perception and Reality*, S. 1).

spielt und an seiner Aufschlagstechnik arbeitet, so funktioniert das Wissen, daß man direkt auf einen Gegner zielen sollte, der sich auf einen an der Wand abprallenden Aufschlag vorbereitet, nicht so, daß alle Gegenstände als diskrete Entitäten in den Blick kommen. Vielmehr kommen diffuse Prozesse zum Einsatz, Ahnungen, Erwartungshaltungen, aber auch sensomotorische Prozesse, die durch Überzeugungen gesteuert werden, die teilweise gar nicht begrifflich explizit gemacht werden. Dennoch kann es sich um propositionales Wissen handeln. Solches Wissen, wie das Squashwissen, setzt zwar ein diffuses Umfeld voraus, was aber nicht bedeutet, daß es nicht wahrheitsfähig wäre.

Denkt man nun über Gedanken nach, wie in der Erkenntnistheorie, ist das Umfeld, in dem man sich orientiert, ohnehin nicht durch Einzeldinge charakterisierbar, die kausal interagieren. Vielmehr geht es um mögliche oder wirkliche Begründungsketten, Voraussetzungen usw. Darüber hinaus mögen auch unbewußte Prozesse im Spiel sein, das Unbewußte der gerade denkenden Person, aber auch historisch antrainierte Voraussetzungen, die beispielsweise durch ein akademisches Textstudium oder das Gespräch mit bestimmten Personen entstanden sind.

Hegel untersucht nun in seiner *Logik* u.a. die Voraussetzungen von Wissensformen im Hinblick auf deren ontologische Annahmen. Ontologische Annahmen von Wissensformen bestehen in der jeweiligen Vorstellung des notwendigen Wissensumfeldes sowie seiner Struktur. Mit Hegel kann man festhalten, daß wir in der Beantwortung der Frage, was eine bestimmte Wissensform ausmacht, immer auch zugleich ein auf eine bestimmte Weise strukturiertes Umfeld dieser Wissensform voraussetzen. Dies haben wir am Beispiel der Wahrnehmung in groben Zügen bereits nachvollzogen. Wenn wir uns die Wissensform der Wahrnehmung verständlich machen, setzen wir voraus, daß es Einzeldinge gibt, mit denen wir vermittels unserer Sinnesphysiologie interagieren können. Die Wahrnehmung beurteilt ihr Umfeld im Hinblick auf Einzeldinge bzw. im Hinblick auf deren Anordnung zu Dingverbänden oder Sachverhalten, d.h. zu Umständen, in die Einzeldinge eingebunden sein können. Dies ergibt sich als eine Voraussetzung dafür, daß Wahrnehmung überhaupt funktionieren kann. Stellte man die mögliche Einbettung unserer Wahrnehmungsorgane in eine diskret strukturierte, aus Einzeldingen bestehende Umwelt in Frage, wäre Wahrnehmung unmöglich.

Deswegen unterstellt die Wissensform der Wahrnehmung immer schon eine minimale *Teleologie* (d.h. Zweckbezogenheit), die Kant in seiner *Kritik der Urteilskraft* als »Zweckmäßigkeit ohne Zweck«[140] bezeichnet hat und die sich in der ästhetischen Erfahrung des Naturschönen zu verstehen gibt. Vor diesem Hintergrund notiert er in einer berühmten Bemerkung einmal:

»Die schönen Dinge zeigen an, daß der Mensch in die Welt passe und selbst seine Anschauung der Dinge mit den Gesetzen seiner Anschauung stimme.«[141]

Die Struktur einer Zweckmäßigkeit ohne Zweck, welche die schönen Dinge anzeigen, besteht darin, daß der Mensch mittels auf Wahrnehmung basierender Urteile in die Welt paßt, d. h. daß die Umwelt überhaupt die Strukturen ihrer Erkennbarkeit durch Wahrnehmung zur Verfügung stellt. Diese Annahme kann nicht durch Wahrnehmung selbst verifiziert werden, da sie vielmehr eine Voraussetzung für Wahrnehmung überhaupt ist.

In ähnlicher Weise setzen alle Wissensformen ein Umfeld voraus, das man als »Suchfeld« bezeichnen kann. Wissensformen sind, wie ich dies an anderer Stelle bereits genannt habe, **Registraturen**.[142] Eine Registratur setzt ein Um- und Suchfeld voraus. Thermometer setzen voraus, daß es Temperatur gibt, Uhren, daß es Uhrzeit gibt, die Benzinanzeige im PKW, daß es Benzin im Tank gibt oder geben könnte usw. Was eine Registratur voraussetzt, läßt sich in einer Reflexion auf die Registratur explizieren. Dabei ist es unerläßlich zu bedenken, daß die Reflexion auf die Voraussetzungen von Registraturen ihrerseits eine Registratur ist, die einiges voraussetzt. Kant war der Überzeugung, es gebe eine alle anderen umfassende Wissensform, die Vernunft, die nicht nur imstande sei zu erkennen, was alle anderen Wissensformen voraussetzen, sondern die darüber hinaus auch vermöge, sich selbst als Wissensform zu explizieren. Daß dieser letztere Anspruch problematisch ist, stellt sich in Hegels Radikalisierung von Kants Anspruch heraus. Doch dazu weiter unten mehr, wenn wir zu Heideggers Kritik kommen.

Hegel unterscheidet nun im Einzelnen drei grundlegende Formen, in denen Wissensformen sich zu ihren Voraussetzungen verhalten können. Diese drei Formen nennt er:

---

[140] KU, A 43/B 44.
[141] R 1820a, AA 16: 127.
[142] Dies entspricht der Terminologie, die ich in *An den Grenzen der Erkenntnistheorie* verwandt habe. Registraturen sind dabei so unterschiedliche Informationsprozessoren wie Träume, Computer, Thermometer, Französisch, Gefühle oder unser Gesichtssinn.

1. Sein
2. Wesen
3. Begriff

Sein, Wesen und Begriff werden jeweils in einzelnen Büchern, der »Lehre vom Sein«, der »Lehre vom Wesen« und der »Lehre vom Begriff« erörtert. Dabei bezeichnen die Ausdrücke »Sein«, »Wesen« und »Begriff« verschiedene Voraussetzungsstrukturen. Nennen wir den Komplex von Wissensform und Voraussetzungsstruktur vorläufig eine *Ontologie*, kann man auch sagen, daß Hegel in seiner *Wissenschaft der Logik* Ontologien auf ihre dialektische Konsistenz hin untersucht. Während er in der *Phänomenologie des Geistes* Wissensformen untersucht, widmet er sich in der *Wissenschaft der Logik* den Wissensformen im Kontext einer Ontologie. Denn im gesamten Werk geht es um die Frage, was das Sein sei, eine Fragestellung, mit der Hegel im Rahmen seines Programms ein *System der Logik und Metaphysik* konzipiert, wie er sein Gesamtprojekt ursprünglich verstanden wissen wollte. Dabei stellt sich heraus, daß »Sein« jeweils nur als Umfeld einer Wissensform in Frage kommt, was man altertümlich oder alteuropäisch als die »Einheit von Sein und Denken« bezeichnen kann. Diese These bezeichnet Hegel selbst als »Idealismus«.[143]

Ohne dies im einzelnen ausführen zu müssen, kann man sich die drei Ontologietypen, Sein, Wesen und Begriff, folgendermaßen vergegenwärtigen. Sein ist die Voraussetzung einer diskreten Umgebung, die völlig unabhängig davon bereits etabliert ist, daß eine Wissensform in ihr vorkommt. »Sein« ist also der Name für eine diskret konstituierte Umgebung, die mit geeigneten Registraturen erfaßt werden kann. Nach diesem Modell stellt man sich auch gerne Erkenntnis insgesamt vor: Als gäbe es eine durchgängig bestimmte Welt, in die wir hineingeboren werden. Diese Welt erfassen wir mittels unserer Sinnesorgane und lernen durch sprachliche Kommunikation immer deutlicher, die internen Strukturen dieser Welt zu erfassen, in die wir hineingeworfen wurden. Dabei spielt es für die Strukturen keinerlei grundlegende Rolle, ob wir

---

[143] Vgl. TWA, 5, 172: »Der Satz, daß das *Endliche ideell ist*, macht den *Idealismus* aus. Der Idealismus der Philosophie besteht in nichts anderem als darin, das Endliche nicht als ein wahrhaft Seiendes anzuerkennen. Jede Philosophie ist wesentlich Idealismus oder hat denselben wenigstens zu ihrem Prinzip, und die Frage ist dann nur, inwiefern dasselbe wirklich durchgeführt ist.«

in der Welt vorkommen oder nicht. Deswegen entdecken wir im Erkennen auch, wie die Welt ist, und erfinden dies nicht etwa.

So stellt sich die Lage einem bestimmten Registraturenrepertoire dar. Doch dieses Repertoire übersieht sich selbst. Denn es selbst kommt in der Umgebung vor, die es angeblich nicht verändert. Denn auch die Sinnesorgane und selbst unsere Überzeugungen (ob diese nun reine geistige/mentale Zustände oder neuronale Netzwerke sein mögen, spielt dabei keine Rolle) *existieren*. Sie gehören zur Welt. Sie gehören sogar zur Umgebung des Registraturenrepertoires aller anderen, denen ich dasselbe Repertoire zuschreibe. Demnach läßt sich das Seinsmodell schon aus diesen einfachen Gründen nicht ohne weiteres aufrechterhalten, es ist insgesamt dialektisch inkonsistent.[144]

Wir haben jetzt also in einem ersten Anlauf eine dialektische Schwäche des Seinsmodells ausfindig gemacht. Dieses zieht eine Grenze zwischen den Registraturen und dem Registrierbaren, ohne dabei zu bemerken, daß es mit dieser Grenzziehung über die Grenze hinausgegangen ist und seine Umgebung unmittelbar beschrieben hat. Doch eine unmittelbare Beschreibung der Umgebung läßt sich mit dem Registraturenrepertoire, von dem im Seinsmodell die Rede ist, gar nicht bewerkstelligen. Folglich krankt das Modell an einer insgesamt falschen Voraussetzung. Es *generiert* eine Umgebung, in der es sich vorzufinden glaubt. Diese Umgebung nennt Hegel: »das Sein«.

In der Wesenslogik, dem zweiten Buch der *Wissenschaft der Logik*, geht es nun genau um die Voraussetzungsstruktur von Wissensformen als solche. Es geht dabei um die Frage, was es genau bedeutet, Voraussetzungen zu explizieren. Dabei zeigt sich, daß auch die Explikation von Voraussetzungen Voraussetzungen trifft. Diese Voraussetzungen sind dabei beispielsweise, daß es einen logischen Raum gibt, den Hegel »die Wirklichkeit« oder auch »das Absolute« nennt. Die Wirklichkeit bzw. das Absolute ist dasjenige, worin sich das Sein von den Registraturen unterscheidet. Beide, Sein und Registraturen, sind wirklich, sie existieren beide. Demnach kann man nun einen logischen Raum postulieren, in dem sie koexistieren, die Wirklichkeit, in dem sie aufeinander wirken, wie das Wort anzeigt.

Allerdings überwindet man damit die Schwierigkeit noch keineswegs. Denn nun, so lautet die generelle Diagnose der Wesenslogik, hat

---

[144] Das Seinsmodell entspricht in etwa dem Modell, das ich in *An den Grenzen der Erkenntnistheorie* (§3) als »naive Einzeldingontologie« bezeichnet habe.

man die Wirklichkeit oder das Absolute thematisiert. Damit hat man aber wiederum etwas vorausgesetzt, nämlich die Wirklichkeit oder das Absolute. Diese Voraussetzung hatte sich zwar in der Reflexion auf das Seinsmodell ergeben, doch stellt sich nun die Frage, welche Wissensform der Thematisierung der Voraussetzungsstruktur des Seinsmodells angemessen ist. Anders gewendet: Wie können wir uns auf die Struktur einer Wissensform und ihre Umgebung zugleich beziehen, ohne dabei Voraussetzungen zu generieren, die wir in dieser reflexiven Bezugnahme ihrerseits nicht immer schon thematisiert haben?

Hegel antwortet auf diese Frage mit dem Hinweis auf das Scheitern der Reflexion auf das Sein. In der Abwendung vom Sein wird übersehen, daß die Reflexion damit selbst zum Sein geworden ist. In ihrer Selbstbeschreibung macht sie sich zum Inhalt einer Wissensform. Doch diese Vergegenständlichung, in der sich die Wirklichkeit oder das Absolute zeigt, nimmt weiterhin ein Registraturenrepertoire in Anspruch, das ihr vorhergeht.

Im Seinsmodell war die Welt bereits da. Im Wesensmodell wird dies als Voraussetzung einer bestimmten Klasse von Wissensformen (wie Wahrnehmung oder Meßvorgänge) herausgestellt. Doch um dies herauszustellen, wird vorausgesetzt, daß das notwendige Registraturenrepertoire, das verwendet wird, um das Registraturenrepertoire des Seinsmodells zu untersuchen, seinerseits bereits da ist. Noch einmal: Im Sein war die Welt schon da, im Wesen ist die Reflexion schon da. In beiden Fällen werden Voraussetzungen getroffen, die als solche nicht gesehen werden.

Entsprechend tritt Hegel im dritten Buch, der »Lehre vom Begriff«, den Nachweis an, daß die Wissensform des Begriffs eine dialektisch konsistente Ontologie hervorbringt, weil sie ihre eigenen Voraussetzungen einholt. Was er dabei vornimmt, ist im wesentlichen eine Rekonstruktion der begrifflichen Strukturen, die in der Seins- und Wesenslogik bereits implizit zur Anwendung kamen. Es stellt sich heraus, daß das Seins- und das Wesensmodell mit begrifflichen Strukturen – Begriffen, Urteilen, Schlüssen und übergeordneten Prinzipien, die Hegel als »Ideen« bezeichnet – arbeiteten, die nun in der Begriffslogik zum ausdrücklichen Thema werden. Die Begriffslogik beschäftigt sich demnach nur noch mit sich selbst und ihren eigenen Voraussetzungen. Diese Voraussetzungen sind die Seins- und Wesensmodelle, in denen die Begriffslogik zur Durchführung kam. In der Durcharbeitung der dialektischen Inkonsistenzen der historisch etablierten Ontologien

(d. h. Wissensformen + Voraussetzungsstrukturen) ergibt sich, daß dabei ein begriffliches Repertoire am Werk war, das sich nun selbst erkennt.

Diese Selbsterkenntnis nennt Hegel »subjektive Logik« durchaus in dem Sinne, daß in ihr ein Subjekt allererst etabliert wird. Es wird nicht mehr nur ein Inhalt deutlich wie in der »objektiven Logik«, zu der Seins- und Wesenslogik zählen, sondern die Verdeutlichungsmuster, die dabei zur Anwendung kamen, treten nun als solche auf. Die Verlaufsform der bisherigen Gedankenarbeit wird als solche zum Inhalt der Gedankenarbeit. Dies bezeichnet Hegel als »absolute Idee«.

Wie gesagt, spielt es hier keine Rolle, wie Hegel im einzelnen vorgeht. Eine hinreichend detaillierte Rekonstruktion aller Gedankenschritte seines Werks fiele erheblich umfangreicher als Hegels gesamtes Œuvre aus. Hier geht es nur darum, einen ersten Eindruck von den mit Hegels Programm der Dialektik verbundenen Ansprüchen zu erhalten. Insbesondere war es wichtig, Hegels Version der These einer Pluralität von Wissensformen einzuführen. Auf diese Weise wird die Erkenntnistheorie in ein Panorama hineingestellt, das über die wenig überzeugende Annahme eines ahistorischen, stabilen und strukturell immer schon bestimmten Begriffs der Erkenntnis hinausgeht. Denn was Erkenntnis ist – dies wird sich im Verlauf unserer Untersuchungen immer deutlicher herausstellen –, hängt unter anderem davon ab, wie wir uns zur Erkenntnis verhalten, schon deswegen, weil die Erkenntnistheorie selbst Erkenntnis in Anspruch nimmt und Wissen beansprucht.

Hegels Version der These einer Pluralität von Wissensformen verortet diese Pluralität stets in einer Theorie des logischen Raums. Der Wissensbegriff führt über den Begriff von Registraturen auf eine Ontologie, in welcher der Komplex von Wissensform und Umgebung thematisierbar wird. Deswegen schreibt Hegel auch eine Logik, die zugleich eine Ontologie ist.

Gegen diese Annahme hat sich nun insbesondere Martin Heidegger, einer der eindringlichsten Hegelkritiker des zwanzigsten Jahrhunderts, gewendet. Heidegger moniert Hegels Auffassung der Historizität der Wissensformen. In Hegels Augen bildet sich eine Pluralität der Wissensformen nach dem Prinzip der bestimmten Negation aus. Wissensformen versuchen, sowohl etwas zu erkennen als auch eine stabile Voraussetzungsstruktur in Anspruch zu nehmen. Dies gelingt Hegel zufolge ausschließlich in der Form der absoluten Idee.

Gegen diese Grundannahmen wendet Heidegger ein, daß die Umgebung von Wissensformen letztlich nicht etwa von Wissensformen vorausgesetzt und damit bereitgestellt wird. Vielmehr finden sich Wissensformen bereits in Umgebungen vor, die sie gerade nicht bereitgestellt haben. Heidegger stellt Hegel damit in gewisser Weise vom Kopf auf die Füße, wie dies vor ihm – wenngleich natürlich mit einer ganz anderen Intuition – Karl Marx und Friedrich Engels versucht hatten.[145]

Hegels Ansatz ist auf Umwegen dem Kantischen Projekt der Transzendentalphilosophie verpflichtet. Denn in Hegels Augen stellen Wissensformen Suchfelder auf, deren Strukturen sie voraussetzen müssen. Nicht aber vermögen Gegenstände die Wissensformen hervorzubringen. Was eine neue Wissensform hervorbringt, ist die Auseinandersetzung mit einer vorhergehenden Wissensform und deren Gegenstand, niemals aber ein Gegenstand alleine. Die Dynamik der Dialektik bleibt deshalb von einem Wissensbegriff bestimmt, der alle Wissensformen umgreift. Wohl oder übel nimmt Hegel ein »absolutes Wissen« in Anspruch, wenngleich er diese Voraussetzung auch explizit zu rechtfertigen unternimmt. Doch die Voraussetzung übersieht, daß wir in eine Geschichte dergestalt hineingeworfen sind, daß wir sowohl die vorfindlichen Gegenstände als auch die vorfindlichen Wissensformen in irgendeiner Form in unserer erkenntnistheoretischen Reflexion mitnehmen. Wir können auf eine radikale Weise nicht über unsere eigene Zeit hinaus. Hegel sucht nun diese Historizität dadurch abzumildern, daß er in ihr die Entfaltung der Möglichkeit des absoluten Wissens sieht. Er bleibt damit aber einem theologischen Verständnis einer Heilsgeschich-

---

[145] Vgl. Engels, F.: »Ludwig Feuerbach und der Ausgang der klassischen deutschen Philosophie«, in: *Marx-Engels-Werke*. Berlin 1962, Bd. 21, S. 259–307, hier: S. 292 f.: »Wir faßten die Begriffe unsres Kopfs wieder materialistisch als die Abbilder der wirklichen Dinge, statt die wirklichen Dinge als Abbilder dieser oder jener Stufe des absoluten Begriffs. Damit reduzierte sich die Dialektik auf die Wissenschaft von den allgemeinen Gesetzen der Bewegung, sowohl der äußern Welt wie des menschlichen Denkens – zwei Reihen von Gesetzen, die der Sache nach identisch, dem Ausdruck nach aber insofern verschieden sind, als der menschliche Kopf sie mit Bewußtsein anwenden kann, während sie in der Natur und bis jetzt auch größtenteils in der Menschheitsgeschichte sich in unbewußter Weise, in der Form der äußern Notwendigkeit, inmitten einer endlosen Reihe scheinbarer Zufälligkeiten durchsetzen. Damit aber wurde die Begriffsdialektik selbst nur der bewußte Reflex der dialektischen Bewegung der wirklichen Welt, und damit die Hegelsche Dialektik auf den Kopf, oder vielmehr vom Kopf, auf dem sie stand, wieder auf die Füße gestellt.«

te der Wissensformen verpflichtet: Die Wissensformen entfalten sich Hegel zufolge in einem Panorama, das letzten Endes ahistorisch ist.

Heidegger wendet nun dagegen ein, daß die Historizität der Wissensformen insbesondere einschließt, daß es eine Pluralität derjenigen Wissensformen gibt, die Historizität beschreiben. Es gibt mehr als eine Theorie der Variabilität von Wissensformen. Bereits zu Hegels Zeiten bestand ein Dissens zwischen Kant, Fichte, Schelling und Hegel hinsichtlich der Historizität von Wissensformen. Während Fichte etwa der Meinung war, daß die Historizität sich in einer einzigen, umfassenden Wissensform, der von ihm selbst entwickelten »Wissenschaftslehre«, darstellen lasse, wendete Schelling gerade dagegen ein, daß alle Wissensformen eine proto-evolutionäre, jedenfalls natürliche Vorgeschichte hätten, in der sie sich allmählich ausbilden.

Heideggers Diagnose in seinem hellsichtigen Aufsatz »Die Zeit des Weltbildes«[146] besagt, daß die Neuzeit sich insgesamt dadurch kennzeichnen lasse, daß in ihr die Wissensformen als Weltbilder aufgefaßt würden. In der Tat sind die in Betracht kommenden Wissensformen insgesamt an einer bestimmten Wahrheitstheorie orientiert. Diese versteht Wahrheit als Zugang zu einer »Wirklichkeit«, »Welt« oder »Realität«, die von diesem Zugang zumindest virtuell unabhängig und in sich vollständig existiert. Der Zugang – etwa in der Form von Überzeugungen, Überzeugungssystemen, Sätzen, Vorstellungen, Gedanken, Sprachen, Bewußtsein oder was auch immer man für das geeignete Zugangsmedium hält – wird dabei so vorgestellt, als ob wir uns durch seine Vermittlung ein Bild von der Welt machten.

Damit nun Wahrheit in diesem Sinne möglich ist, müssen wir uns in irgendeinem Abstand zur Welt befinden. Denn Wahrheit ist nur möglich in einem Zusammenhang, im logischen Raum, in dem einiges sich von anderem unterscheidet. Dieser Zusammenhang ist nicht schon dadurch korrekt hergestellt, daß wir einen Wahrheitsanspruch erheben. Außerdem ist Wahrheit ohnehin nicht identisch mit einer besonderen Wahrheit. Wahrheit ist nicht die Summe aller wahren Sätze, sondern die logische Form aller wahren Sätze. Damit die logische Form der Wahrheit etabliert werden kann, müssen wir in einem Abstand zu demjenigen stehen, worüber wir wahre Vorstellungen (nun im weitesten Sinne des Wortes) haben wollen. Wir müssen es vor uns stellen. Auf

---

[146] Heidegger, M.: *Die Zeit des Weltbildes*. In: Ders.: *Gesamtausgabe*. Bd. 5: *Holzwege*. Frankfurt am Main 1977, S. 75–113.

diese Weise kommt man, so Heidegger, zur neuzeitlichen Auffassung der Dinge als Gegenstände. Dinge seien dasjenige, was uns vorgestellt werden könne, was uns entgegenstehen könne.

Diese Auffassung der Wahrheit als Weltbild und des Weltbildes als Vorstellung ist Heidegger zufolge der Grundzug einer Epoche neben anderen. Diese Auffassung ist nicht nur selbst historisch geworden, sondern sie ist überdies historisch so geworden, daß sie ihre eigene Historizität übersieht. Dies erkennt man besonders deutlich an einer bestimmten Deutung der Wahrheit naturwissenschaftlicher Sätze oder ganzer Theorien. Nennen wir diese Deutung den **wissenschaftlichen Realismus**. Der wissenschaftliche Realismus nimmt an, daß eine naturwissenschaftliche – etwa physikalische – Aussage, die in der formalen Sprache der Mathematik ausgedrückt werden kann und durch Experimente zustande gekommen ist, die Welt genau so beschreibt, wie sie ist. Wenn irgendeine bestimmte naturwissenschaftliche Aussage wahr ist, ist keinerlei Historizität dieser Wahrheit involviert. Wenn es wahr ist, daß Wasser H_2O ist, dann ist Wasser H_2O, und zwar so, daß es immer H_2O war und immer H_2O sein wird. Es mag zwar kontingent sein, daß wir dies entdeckt haben, doch ist die Entdeckungsgeschichte keine Geschichte der Wahrheit selbst.

Doch genau diese Annahme erlaubt eine bestimmte Beschreibung naturwissenschaftlicher Forschung und Wahrheit. Sie ist selbst keine naturwissenschaftliche Wahrheit. Denn sie ist weder formalisierbar noch durch Experimente verifizierbar. Sie artikuliert vielmehr ein Bild von Wahrheit, das die Etablierung von Wahrheit an Weltbilder bindet. Diese Auffassung ist selbst ein Weltbild.[147]

Vor diesem Hintergrund könnte man, wie dies im Rahmen des wissenschaftlichen Realismus entsprechend geschieht, der Auffassung sein, daß es konkurrierende Weltbilder, etwa ein religiöses Weltbild (oder mehrere religiöse Weltbilder) gibt, das sich der naturwissenschaftlichen Forschung in die Quere stellt. Doch scheitert diese Beschreibung des vermeintlichen Konflikts zwischen Religion und Wissenschaft daran, daß es entweder die Religion als schlechte Wissenschaft oder die Wissenschaft als schlechte Religion hinstellt, je nachdem, ob man den Wahrheits- oder den Weltbildcharakter der vermeintlichen Weltbilder

---

[147] In diesem Sinne erkennt Sellars an, daß »eine schematische Weltgeschichte *(a schematic world story)*« Voraussetzung der Wahrheitsfähigkeit einer Sprache sei. Vgl. Ders.: *Naturalism and Ontology*, S. 105.

akzentuiert. Warum sollte man aber überhaupt von Weltbildern sprechen? Ist die damit einhergehende Metaphorik so unschuldig, wie sie sich geriert? Sind Religionen wirklich Weltbilder im Sinne naiver, im wesentlichen methodisch unkontrollierter Phantasien über das Weltganze?

Heidegger – und auf ganz ähnliche Weise durchaus auch Wittgenstein – ist der Überzeugung, daß die Weltbildmetapher alles andere als unschuldig sei. Sie sei vielmehr selbst Ausdruck einer epochemachenden Einstellung, einer bestimmten historisch kontingenten Wissensform. Diese historisch kontingente Wissensform vermag zwar unter Voraussetzung ihrer selbst zu erklären, daß sie intern historisch variabel ist, da es viele Weltbilder und Weltbild-formierende Wissensformen geben mag; sie übersieht dabei aber ihre eigene Historizität.

Demgegenüber radikalisiert Heidegger die Historizität mit seinem Begriff der »Geworfenheit« und der mit diesem Begriff einhergehenden Methode einer »Hermeneutik der Faktizität«[148]. Wir finden uns immer schon in Wissensformen vor, die nicht nur aus Annahmen und überlieferten Überzeugungssystem bestehen, sondern die insbesondere auch einen Dingbegriff voraussetzen, den sie praktisch umsetzen. In menschlichen Artefakten (wozu auch menschliche Gesellschaften gehören) zeigt sich immer auch die jeweils herrschende Auffassung (manche würden sagen: Ideologie) dessen, was das Artefakt ist oder sein soll. Man nehme nur die Geschichte des Designs. In der Geschichte des Designs wird die Auffassung immer bestimmender, daß ein Design-Ding (etwa ein Mobiltelefon, Computer oder eine Tastatur) möglichst ganz im Gebrauch aufgehen solle. Je geringer der geleistete Widerstand und die damit von uns geforderte Aufmerksamkeit, desto besser das Design-Ding. Aus diesem Grunde ziehen viele Konsumenten Mac-Produkte den traditionellen PCs vor. Jene lassen nämlich den Umstand, wie sie gemacht sind, nicht in Störungen oder vom Benutzer verlangten aufmerksamen Orientierungen hervortreten, sondern treten in den Hintergrund des Gebrauchs. Der Gebrauch funktioniert meist reibungslos, was im spielerischen Charakter dieser Produkte zelebriert wird.

Dagegen wären ganz andere Dingbegriffe und assoziierte De-

---

[148] So bestimmt der frühe Martin Heidegger sein Projekt. Vgl. Heidegger, M.: *Gesamtausgabe*. Bd. 62: *Phänomenologische Interpretationen ausgewählter Abhandlungen des Aristoteles zu Ontologie und Logik*. Hrsg. von G. Neumann, Frankfurt am Main 2005, S. 364.

signbegriffe denkbar. In einer christlichen mitteleuropäischen mittelalterlichen Welt, etwa in der Welt eines im Wald versteckten Klosters, werden weniger Dinge verlangt, über die man im Gebrauch hinweg gleiten kann. Vielmehr sollen alle Dinge zur Ehre Gottes hergestellt sein. Der Umstand, daß sie hergestellt sind und das Leben nicht übermäßig vereinfachen sollen, wird selbst in diesen Dingen sichtbar. Das Leben in einem Kloster sollte nicht zu einfach sein, weshalb etwa die Reinigung eines buddhistischen Klosters an mühsame Prozesse gebunden ist und nicht einfach durch Saugroboter übernommen wird. Dinge und Dingbegriffe zeigen somit immer historisch variable Lebensformen an.

Nun ist es nicht so, daß sich Menschen hinsetzen und sich historisch variable Lebensformen ausdenken und diese dann an die folgenden Generationen weitergeben. Solche Verfahren mögen zwar in der Moderne ersonnen worden sein, doch sind sie welthistorisch junge Errungenschaften. Vielmehr finden wir uns stets und auch heute noch in Lebensformen vor, die wir jeweils nicht gemacht haben, und seien es unsere Familien oder unsere Staatsangehörigkeit. Irgend etwas kommt uns jeweils zuvor. Die Art und Weise, wie uns etwas zuvorkommt, bestimmt, wie wir über dasjenige denken, was unabhängig von uns ist. Mit anderen Worten, wir finden uns immer schon in einem Registrarurenrepertoire vor. Dieses ist zwar teilweise kulturell geformt, doch gibt es nicht einen einzigen, stets identischen Vorgang kultureller Formung, eine singuläre, allgemein menschliche Kultur. Selbst eine kulturalistische, am Begriff der kulturellen Differenz orientierte Beschreibung der Pluralität und Historizität von Lebensformen bedient sich eines Repertoires, das beschreibt, wie jemandem (dem Kulturalisten) etwas (die Kultur) zuvorgekommen ist.

Die Welt kommt uns zuvor und sie kommt uns deswegen immer auf eine bestimmte Weise vor. Dieses Vorkommen nennt Heidegger »Befindlichkeit« oder auch »Stimmung«. Man könnte auch einfach von Lebensgefühl sprechen. Wir befinden uns in Situationen stets dergestalt, daß sie sich irgendwie anfühlen. Wir haben ein Gespür für Situationen und nehmen mit Situationen durchaus Witterung auf. Dieses Gespür hat Heidegger zufolge eine Geschichte, und diese Geschichte gehört in die Geschichte der Wissensformen. Die Annahme, Wissensformen seien primär Weltbilder oder dienten Weltbildern oder demjenigen Wahrheitsbegriff, der Vorstellung voraussetzt, ist ihrerseits nur eine Wissensform.

Folglich kann man sich Wissen oder Erkenntnis auch nicht nach dem Modell der Vorstellung vorstellen, bzw. genauer: diese Vorstellung von Wissen hat einen blinden Fleck. Sie übersieht, daß selbst propositionales Wissen voraussetzt, daß irgendein Subjekt, der oder die Wissende, eine propositionale Einstellung einnimmt. Die damit einhergehende Ausrichtung auf p etwa im Unterschied zu q oder r, die ebenfalls in Betracht gezogen wurden, stellt uns in eine Dimension hinein, die auf eine ganz andere Weise historisch ist als die logischen Formen des Wissens. Heidegger untersucht diese Ausrichtung im Rahmen einer alternativen Auffassung von Gegenständen als Dingen und erzählt entsprechend eine Dinggeschichte.[149]

Zwar setzt etwa auch der philosophische Gebrauch der Psychoanalyse an eben diesem Punkt an und untersucht, wie propositionale Einstellungen zustande kommen. Dabei bezeichnet »das Unbewußte« beispielsweise bei Jacques Lacan genau diejenige selbst durchaus strukturierte (und Lacan zufolge sprachliche) Dimension, die propositionale Einstellungen allererst ausrichtet. Doch spielt es an dieser Stelle keine besondere Rolle, welche Auffassung des Verhältnisses zwischen Befindlichkeiten und propositionalen Einstellungen man für vertretbar hält. Entscheidend ist nur, daß Heideggers Radikalisierung der Historizität es einseitig bis absurd erscheinen läßt, die Pluralität der Wissensformen in einer einzigen Wissensform, den Weltbildern, auffangen zu wollen. Es gibt kein absolutes Wissen, nicht einmal das vermeintlich rein formale Wissen der logischen Form oder der logischen Formen.

In diesem Kontext stellt sich nun die Frage, inwiefern der weite Kontextualismus eine Theorie der Endlichkeit des Wissens vertritt und ob diese Theorie der Endlichkeit auf einen Skeptizismus hinausläuft. Denn viele Verfechter eines wissenschaftlichen Realismus sind der Überzeugung, daß jeglicher Rekurs auf die Historizität von Wissensformen zur Aufweichung der uns zur Verfügung stehenden wissenschaftlichen Methoden führt und damit dem Obskurantismus Tür und Tor öffnet. Doch um diesen sehr vagen Verdacht entweder zu erhärten oder abzuweisen, bedarf es einer Unterscheidung verschiedener Formen des Skeptizismus, die im folgenden Kapitel zu erörtern sein werden.

---

[149] Vgl. dazu insbesondere Heideggers Aufsatz »Das Ding«, in: Ders.: *Vorträge und Aufsätze*. Pfullingen 1954, S. 157–179.

II. Kapitel: Formen des Skeptizismus

In diesem Kapitel geht es um einen systematischen Überblick über verschiedene Formen des Skeptizismus. Der Skeptizismus bestimmt grundlegend die Agenda der modernen (und in gewisser Weise auch schon der antiken) Erkenntnistheorie.[1] Wie wir im ersten Kapitel bereits gesehen haben, gibt es dafür einen einfachen Grund. Der Begriff des Wissens bzw. der Erkenntnis erlangt sein Profil durch einen Kontrast mit Formen des Nichtwissens. Deswegen beginnt die Erkenntnistheorie auch stets mit einer Besinnung auf **die mögliche Unmöglichkeit von Erkenntnis**. Es ist tatsächlich möglich, daß wir deswegen nichts wissen, weil es prinzipielle, etwa strukturelle, Gründe gibt, die Wissen unmöglich machen. In diesem Sinne argumentieren alle Formen des Skeptizismus dafür, daß es in der Natur des Wissens selbst liege, daß wir nichts wissen könnten.

Ich spreche deswegen von der *möglichen* Unmöglichkeit von Erkenntnis, weil es subtile Formen des Skeptizismus gibt, die ihre destruktiven Energien nicht aus der Erkenntnis der Unmöglichkeit von Erkenntnis speisen (denn damit kauft man sich die Schwierigkeit ein, doch immerhin erkennen zu müssen, daß wir nichts erkennen können, was unter Umständen zu einem Widerspruch führt). Der Pyrrhonische Skeptizismus etwa argumentiert gerade nicht dafür, daß wir aus prinzipiellen Gründen nichts wissen können, sondern argumentiert lediglich dafür, daß wir über kein Kriterium verfügen, in irgendeinem Fall sicherzustellen, daß die Bedingungen für Wissen erfüllt sind. Wenn wir dies aber in keinem einzelnen Fall sicherstellen können, dann könnte es auch sein, daß diese Bedingungen niemals erfüllt sind, wenn diese allgemeine Aussage auch nicht logisch notwendig folgt. Deswegen sei Wissen nicht logisch unmöglich und auch müsse es nicht im Begriff des Wissens liegen, daß es keine Instanz von Wissen geben kann. Es genüge den-

---

[1] Vgl. dazu Gabriel: *Antike und moderne Skepsis*.

II. Kapitel: Formen des Skeptizismus

noch, auf die Endlichkeit der Gründe hinzuweisen, um daraus die Möglichkeit abzuleiten, daß Wissen unmöglich sein könnte. Wer gegen diese Möglichkeit nicht zu zeigen vermag, daß Wissen tatsächlich möglich ist, wisse demnach immerhin nicht, ob er überhaupt etwas wisse, woraus der Pyrrhonische Skeptizismus seine destruktive Energie bezieht.

Die These von der möglichen Unmöglichkeit von Wissen muß man dabei so verstehen, daß die Bedingungen der Möglichkeit von Wissen zugleich auch die Bedingungen seiner Unmöglichkeit sind. Was Wissen ermöglicht, zum Beispiel die logische Form unserer Bezugnahme auf Gegenstände vermittels wahrheitsfähiger Gedanken, ist – so argumentieren einige Skeptiker – intrinsisch von der Art, daß die Unmöglichkeit des Wissens nicht abgewiesen werden kann. Wenn sich die Möglichkeit des Wissens aber nicht beweisen läßt, dann ist es (epistemisch) möglich, daß Wissen (tatsächlich) unmöglich ist.[2] Der Grund dieser Überlegung ist darin zu sehen, daß Bedingungen für Wissen nicht notwendig erfüllt sein können, da notwendig erfüllte Bedingungen gar keine Bedingungen wären. Wenn die Bedingungen für Wissen aber auch nicht erfüllt sein können, dann ist es gerade die Analyse der Möglichkeit des Wissens, die den Verdacht motiviert, Wissen könne tatsächlich unmöglich sein, weil etwa irgendein Hindernis besteht, das sich stets zwischen die Bedingung und ihre Realisierung schiebt.

Doch diese subtilen skeptischen Manöver stehen erst am Ende einer skeptischen Begründungskette, die wir in diesem Kapitel im Detail kennenlernen werden. Dabei wenden wir uns zunächst den drei Schritten des Cartesischen Skeptizismus zu. Dieser erinnert zunächst an die allgemeine Fallibilität unseres sensorischen und kognitiven Zugangs zur Welt. Anschließend wird der Zugang selbst mit dem berühmten Traumargument unterminiert. Dies führt zum ebenfalls berühmten Außenweltproblem, das viele Erkenntnistheoretiker für das Grundpro-

---

[2] Man kann auf ganz verschiedene Weisen zwischen verschiedenen Modalitätstypen (also Typen von Möglichkeit, Notwendigkeit, Wirklichkeit, Zufälligkeit und Kontingenz) unterscheiden. Unter **epistemischer Möglichkeit** verstehe ich hier einen Umstand, welcher nach allen Informationen, die wir erwogen haben, der Fall sein könnte. Unter **tatsächlicher Unmöglichkeit** (manche sagen »metaphysische«, aber der Ausdruck führt evtl. in die Irre) verstehe ich hingegen die Modalität einer Tatsache im allgemeinen, in diesem Fall den Umstand, daß es aus prinzipiellen Gründen kein Wissen gibt. Wissen könnte unmöglich, etwa im Sinne von unerreichbar, sein, ohne daß uns Möglichkeiten zur Verfügung stehen, die Gründe oder Ursachen, die Wissen unmöglich machen, einzusehen.

blem des Skeptizismus halten.[3] In einem dritten Schritt unterminiert Descartes selbst freilich auch noch unsere kognitiven Operationen insgesamt, womit er nicht nur die Sinnlichkeit, sondern die diskursive Rationalität insgesamt unter Druck setzt.

Anschließend untersuchen wir eine noch radikalere Form des Skeptizismus, die ich im Anschluß an eine Untersuchung des amerikanischen Gegenwartsphilosophen James Conant (* 1958) als »Kantischen Skeptizismus« bezeichnen werde.[4] Dabei kommt ein Unterschied zur Anwendung, der sich mit Hilfe der Differenz zwischen Erkenntnis und Wissen illustrieren läßt.

Erkenntnis bezeichnet aufgrund seiner etymologischen Zusammensetzung u. a. denjenigen Vorgang, dank dessen wir in eine epistemische Position gelangen können. Der Erkenntnisbegriff beherbergt gleichsam zwei Komponenten: Einerseits bezeichnet Erkenntnis den Vorgang des Wissenserwerbs und andererseits das Ergebnis dieses Vorgangs, eben Wissen, über das wir verfügen, eine Erkenntnis oder Erkenntnisse, wie man sagt. Erkenntnis ist in der ersten Hinsicht eine Voraussetzung von Wissen, sie gehört in eine Theorie des Wissenserwerbs. In diesem Sinne müßte man eigentlich auch zwischen **Epistemologie** und **Erkenntnistheorie** unterscheiden. Während es in der Epistemologie, wie beispielsweise im gegenwärtigen englischen Sprachgebrauch, um den Wissensbegriff geht, beschäftigt sich die Erkenntnistheorie auch mit den Voraussetzungen unseres Zugangs zum Wissen. Der Erkenntnistheorie geht es demnach auch um Voraussetzungen des Wissens, die noch nicht epistemisch, d. h. noch nicht wissensförmig sind. Es geht mit anderen Worten ganz grundsätzlich um unsere Verankerung in der »Welt« oder – was sich im IV. Kapitel als präziser erweisen wird – um unsere Verankerung im Existierenden. Eine Wendung Heideggers aufgreifend, kann man auch sagen, daß es der Erkenntnistheorie um den »Einblick in das was ist«[5], geht und nicht so sehr um die Struktur des einmal erlangten Wissens. Erkenntnis ist die Einrichtung eines Einblicks in das, was ist. Sobald diese Einrichtung etabliert ist, d. h. sobald wir etwas erkannt haben, sind wir imstande,

---

[3] Vgl. paradigmatisch das grundlegende Buch von Stroud, B.: *The Philosophical Significance of Skepticism*. Oxford 1984.

[4] Vgl. Conant, J.: »Spielarten des Skeptizismus«, in: Gabriel, M. (Hrsg.): *Skeptizismus und Metaphysik*. Deutsche Zeitschrift für Philosophie, Sonderband Nr. 28, Berlin 2012, S. 21–72.

[5] Vgl. Heidegger, M.: *Die Technik und die Kehre*. Stuttgart ⁹1996, S. 44.

das Erkannte in der Form von Wissen abzusichern, es gleichsam festzubinden, wie Platon dies genannt hat.[6] Damit ist gemeint, daß wir etwas Erkanntes in unsere diskursiven Praktiken einbinden müssen. Diese Einbindung in der Form einer Erkenntnissicherung steht aber unter anderen Bedingungen als die ursprüngliche Erkenntnis des Gegenstandes oder einer Sachlage. Der Einblick in das, was ist, geht in der Optik der Erkenntnissicherung verloren, weil wir dort immer schon voraussetzen, daß wir etwas erkannt haben, das nun aber wissenschaftlich in Frage gestellt werden kann. Während Heidegger Erkenntnis als Einblick in das, was ist, versteht, nennt er die Erkenntnissicherung in der Form der näheren Untersuchung des Erkannten kurzum »das Gestell«, worunter er unsere Anstrengungen versteht, festzustellen, worum es sich in einem gegebenen Fall handelt, und es auf diese Weise in unsere diskursive Praktiken einzubinden.

Nehmen wir ein einfaches Beispiel, um den Unterschied von Erkenntnis und Wissen zu erläutern. Wenn ich meinen Schreibtisch betrachte, habe ich damit etwas erkannt. Meine Aufmerksamkeit ist auf eine bestimmte Weise ausgerichtet, was ich im vorigen Absatz »die Einrichtung eines Einblicks« genannt habe. Etwas begegnet mir in einer bestimmten Richtung, in einem bestimmten Einfallswinkel. Dabei spielt es vorerst noch keine Rolle, ob ich träume, wirklich wahrnehme, ob ein Hologramm in meinem Arbeitszimmer installiert wurde oder ob es überhaupt nur Strings und ohnehin keine Schreibtische gibt usw. Die Frage, ob ich weiß, daß ein Schreibtisch vor mir steht, folgt immer erst auf die Erkenntnis von irgend etwas. Die Einrichtung eines Einblicks ist immer schon vorausgesetzt. Heidegger bezeichnet diese Einrichtung (vielleicht etwas mißverständlich) als das »Sein«, während er dasjenige, was anschließend in Frage gestellt werden kann, das »Seiende« nennt. Das Sein, d.h. die Voraussetzung, daß überhaupt ein Einblick eingerichtet ist, ist dabei deswegen selbst kein Seiendes, d.h. selbst nichts, das in derselben Weise in Frage stehen kann, wie ein Schreibtisch, weil jede Fragestellung ihrerseits bereits die Einrichtung eines Einblicks ist. Man fragt schließlich dies oder jenes und fragt demnach nicht zugleich, ob man überhaupt fragt oder ob man etwa nur »schmagt«, wobei »schmagen« der Anschein wäre zu fragen, während man in Wahrheit halluziniert, eine Frage zu stellen. Die Pointe lautet also, daß irgend etwas ohnehin vorausgesetzt ist und daß in dieser Voraussetzungs-

---

[6] Vgl. Platon: *Menon*, 97e2–98a8.

struktur die Möglichkeit liegt, etwas, das durch sie erkannt wird, in der Form von Wissen in unsere diskursiven Praktiken einzubinden.

Nun gehört es aber zu den Voraussetzungen des Wissens, daß wir überhaupt imstande sind, begrifflich bestimmte und damit wahrheitsfähige Gedanken in der Form eines Zusammenhangs mehrerer solcher wahrheitsfähiger Gedanken zu formen. Damit wir aber begrifflich bestimmte Gedanken haben können, müssen wir imstande sein, Zeichen zu wiederholen. Um Zeichen wiederholen zu können, müssen Regeln etabliert sein, die für andere nachvollziehbar sind und deren Einhaltung im Rahmen disziplinärer Sanktionen garantiert wird. Kant sieht dies ganz deutlich und spricht deswegen davon, daß Begriffe bzw. Urteile, in denen sie vorkommen, Regeln seien, namentlich Regeln, die unsere Umgebung auf allgemeine Grundzüge hin vereinheitlichen.[7] Kant nennt dies »Synthesis«, worunter man die Herstellung eines Zusammenhangs verstehen kann. Setzt ein Skeptizismus nun bei der Möglichkeit der Synthesis an, indem er etwa auf der Basis einer Analyse der Bedingungen des Befolgens von Regeln zeigt, daß wir niemals sicherstellen können, überhaupt bestimmten Regeln zu folgen, so ist dieser Skeptizismus noch fundamentaler als der Cartesische. Die durch Kant vollzogene Radikalisierung der neuzeitlichen Philosophie zieht eine Radikalisierung des Skeptizismus nach sich, die ich unter dem Stichwort des »Kantischen Skeptizismus« vorstellen werde.

Allerdings erweist sich bei genauerem Hinsehen die Antike als Quelle einer weiteren Form des Skeptizismus. In der Antike entstand ein Skeptizismus, der sich ebenfalls auf eine zeitgemäße Weise nachvollziehen läßt und der die Theoriefähigkeit der Philosophie und damit der Erkenntnistheorie selbst in Frage stellt, womit natürlich der Cartesische und Kantische Skeptizismus ihrerseits unter Druck geraten, da diese sich immer noch als theoriefähige Reflexionsprodukte verstehen lassen. Dieser nach dem antiken Skeptiker Pyrrho benannte Pyrrhonische Skeptizismus stellt den philosophischen Skeptizismus in Frage, indem er dessen fragile Theoriekonstruktion destruiert. Es handelt sich demnach um einen antiphilosophischen Skeptizismus bzw. kurzum um Antiphilosophie.[8]

In diesem Sinne geht es auch in diesem Kapitel um eine systema-

---

[7] Siehe etwa KrV A 106, A 132/B 172; A 299/B 356.
[8] Zum Begriff der Antiphilosophie vgl. allgemein Badiou, A.: *Wittgensteins Antiphilosophie*. Übers. von H. Jatho, Zürich 2008. Zum Skeptizismus als Antiphilosophie im

tische Abfolge, die zwar teilweise historisch abgebildet werden kann, die aber einem systematischen Gedankengang folgt. Dieser Gedankengang hebt mit dem Außenweltproblem an, aus dem sich ein ungleich radikaleres Innenweltproblem ergibt. Da dieses einen Zusammenhang zwischen begrifflicher Bestimmtheit und Regelfolgen aufzeigt, wie wir sehen werden, bedeutet dies unter Selbstanwendung, daß sich die begriffliche Bestimmtheit des philosophischen Diskurses selbst einklammert. Die Philosophie ist als Exerzitium der diskursiven Rationalität von deren Aporien bedroht.

Diese offensichtliche und naheliegende Selbstanwendung wird in der gegenwärtigen Erkenntnistheorie überwiegend ausgespart und lediglich hin und wieder am Rande erwähnt, obwohl sie etwa noch bei Descartes, Kant oder Hegel im Fokus der Aufmerksamkeit stand.[9] Die Vernunft, so Kant, untersucht und kritisiert sich in der Philosophie selbst. Sie unterstellt sich damit den von ihr entdeckten Bedingungen der diskursiven Rationalität, die genauso wie alle guten Gründe notwendig endlich sind.

1. Der Cartesische Skeptizismus

1.1. Die drei Schritte des Cartesischen Skeptizismus

Descartes hat sich in seinen *Meditationen über die Erste Philosophie*, die viele für die philosophische Gründungsurkunde der Neuzeit halten, an erster Stelle das ehrgeizige Unterfangen aufgebürdet, die Existenz Gottes sowie die reale Distinktion von Seele und Leib zu beweisen. Allerdings kauft ihm wohl niemand ernsthaft seine Gottesbeweise ab, wenn es auch in der neueren französischen Philosophie, v. a. bei Emmanuel Lévinas (1906–1995), zu einer kritischen Anknüpfung an Descartes und jüngst bei Jean-Luc Marion (* 1946) zu einer teilweisen Neuauflage der Cartesischen Ontotheologie, also der Verbindung von Ontologie und Theologie, gekommen ist. Auch der berühmte Cartesi-

---

besonderen vgl. Hiley, R. D.: *Philosophy in Question. Essays on a Pyrrhonian Theme.* Chicago 1988; sowie einführend Gabriel: *Antike und moderne Skepsis.*

[9] Eine elaborierte Theorie der Rationalität, die deren antinomische Struktur unter Selbstanwendung ins Zentrum rückt, findet sich bei Koch: *Versuch über Wahrheit und Zeit.* Zur Einführung in diesen Ansatz ist, wie gesagt, zu empfehlen Ders.: *Wahrheit, Zeit und Freiheit.*

sche Dualismus von Leib und Seele hat unzählige Schwierigkeiten und Aporien hervorgebracht. Insbesondere ist Descartes ein maßgeblicher Wegweiser der neuzeitlichen »Entseelung der Welt«. Auf diese Aspekte werden wir nur kurz zu sprechen kommen, wenn sie auch im Hintergrund der im engeren Sinne erkenntnistheoretischen Problematik stehen. Sowohl die Gottesbeweise als auch der Cartesische Dualismus, d. h. das eigentliche Zentrum von Descartes' *Meditationen,* werden erkenntnistheoretisch begründet, worin man immer wieder die methodologische Innovation der Cartesischen Philosophie gesehen hat.[10]

Bevor wir auf die Details des berühmt-berüchtigten Cartesischen methodischen Zweifels zu sprechen kommen, ist es unerläßlich, auf den Titel der Schrift hinzuweisen, und zwar weniger auf das Thema »Meditation« als vielmehr auf das Projekt einer Ersten Philosophie, einer *prima philosophia.* Der Ausdruck »Erste Philosophie (φιλοσοφία πρώτη)« stammt von Aristoteles.[11] In der Textsammlung, die unter dem Titel *Metaphysik* überliefert ist, bezeichnet Aristoteles dasjenige, was unter »Metaphysik«, »Ontologie« und »philosophischer Theologie« bekannt geworden ist, schlichtweg als »Erste Philosophie«. Descartes beabsichtigt also, auf den Gebieten Metaphysik, Ontologie und philosophische Theologie Erkenntnisse zu gewinnen. Es ist deshalb auch falsch, wenn man annimmt, Descartes habe einfach von der Metaphysik als Erster Philosophie auf die Erkenntnistheorie umgestellt. Dies mag die Konsequenz des Cartesianismus in der Neuzeit gewesen sein, entspricht aber keineswegs Descartes' eigenem Programm. Seine Erkenntnistheorie dient der Ersten Philosophie vielmehr als argumentatives Rüstzeug. Diesen Umstand muß man im Hinterkopf behalten, wenn man die drei Schritte des Cartesischen Skeptizismus verstehen will.

Descartes erklärt zu Beginn seiner *Meditationen,* er wolle zumindest »einmal in seinem Leben« (AT VII, 17) das gesamte System seiner Überzeugungen zerstören und es von seinen Fundamenten aus neu errichten. An dieser Stelle ist mindestens zweierlei zu beachten:

1. Descartes stellt sich in die Tradition einer *imitatio Christi,* die er allerdings nicht als Lebensform deutet, sondern eben als erkenntnistheoretisches Projekt auffaßt. Denn die Zerstörung eines Gebäudes

---

[10] Diese Auffassung wurde besonders prominent vertreten in Rorty, R.: *Der Spiegel der Natur. Eine Kritik der Philosophie.* Übers. von M. Gebauer, Frankfurt am Main ²1984.
[11] Vgl. etwa Met. VI.1, 1026a30 sowie den gesamten ersten Abschnitt des sechsten Buches.

von seinen Fundamenten aus sowie der anschließende Wiederaufbau mit den Mitteln der Vernunft entspricht geradezu dem protestantischen Programm, den Tempel des Christentums aus eigener Einsicht und nicht durch Vermittlung der Tradition neu zu errichten.[12]

2. Die architektonische Metapher des Gebäudes von Überzeugungen, das auf Fundamenten beruht, ist zu beachten. Damit formuliert Descartes einen **epistemologischen Fundamentalismus**, der davon ausgeht, daß alle unsere komplexen Überzeugungen insgesamt auf grundlegenden, einfachen Überzeugungen aufbauen, da sie sich aus einer endlichen Menge an Informationsquellen (etwa Sinneswahrnehmung und Denken) speisen, welche die gegenüber den komplexen Informationen einfacheren Fundamente des Wissens bilden. Der epistemologische Fundamentalismus geht davon aus, daß es eine endliche und bestenfalls auch für uns überschaubare Menge von Quellen des Wissens gibt. Diese Quellen stellen dabei Verfahren zur Verfügung, wie man etwas erkennen kann. So wäre etwa die Sinnlichkeit, d.h. die fünf Sinne, eine solche Quelle, für deren Untersuchung man scheinbar keine weiteren Informationen darüber benötigt, was jeweils wahrgenommen wird. Es genügt, so scheint es, die Struktur der Wahrnehmung zu untersuchen, um zu verstehen, wie Wahrnehmung überhaupt wahrheitsfähig sein kann. Daß sie es sein könnte, wird bereits im Wort Wahr-Nehmung unterstellt.

Ohne den epistemologischen Fundamentalismus ließe sich der methodische Zweifel in der von Descartes vorgeschlagenen Form gar nicht motivieren, weshalb Holisten, Kohärentisten und Kontextualisten in der zeitgenössischen Erkenntnistheorie die Metapher des Fundaments durch andere Metaphern wie Netzwerk, Kraftfeld, Sprachspiel usw. zu ersetzen suchen. Wiederholen wir zunächst: Der epistemologische Fundamentalismus ist die Annahme, daß unsere Überzeugungen sich insgesamt aus einer endlichen Menge an nicht weiter begründbaren/der Begründung nicht bedürftigen oder gar selbst- und damit letztbegründenden Informationsquellen (etwa Sinneswahrnehmung und Denken) speisen, die grundlegend für unsere Überzeugungsbildung sind.

Aus dieser Annahme ergibt sich das Grundproblem der neuzeitlichen Erkenntnistheorie. Denn die Grundlagen unserer Überzeugungsbildung über die Welt scheinen zuverlässiger zu sein als alle einzelnen Überzeugungen, die wir auf diesen Grundlagen über die Welt

---

[12] Vgl. dazu die biblische Vorlage Joh. 2, 14–22.

bilden. Unsere sensorischen Registraturen, d.h. unsere Sinnesorgane, gehören jedenfalls zu den Grundlagen unserer Überzeugungsbildung über die Welt. Diese sind offenkundig fallibel und begrenzt – eine einfache Einsicht, die jeder erwirbt, der versteht, daß der Mond größer ist als er dem bloßen Auge erscheint; daß die Welt uns durch das Mikroskop, das Teleskop oder den Elektronenbeschleuniger andere Eigenschaften zu offenbaren vermag als diejenigen, die uns ohne Hilfsmittel kognitiv zugänglich wären usw. Nähmen wir unsere Sinneseindrücke gleichsam wörtlich, hätten wir ziemlich viele falsche Überzeugungen über die Welt.

Wenn unsere sensorischen und sonstigen Registraturen begrenzt und in diesem Sinne endlich sind, dann sind alle einzelnen, in Abhängigkeit von ihnen gebildeten Überzeugungen über die Welt möglicherweise falsch, zumindest aber begrenzt und endlich. Daraus folgt freilich nicht ohne einen **ampliativen Fehlschluß**, daß die Registraturen selbst unzuverlässig sind. Ein ampliativer, sprich: erweiternder Fehlschluß liegt dann vor, wenn eine unzulässige Generalisierung vorgenommen wird. Eine unzulässige Generalisierung läge vor, wenn man daraus, daß *jede einzelne* unter Rekurs auf unsere sensorischen Registraturen gebildete Überzeugung irreführend oder falsch sein könnte, schlösse, daß *alle* unsere unter Rekurs auf unsere sensorischen Registraturen gebildeten Überzeugungen falsch sein könnten.

$Ü_1$, $Ü_2$, $Ü_3$, ..., $Ü_n$ sei eine Liste unserer Überzeugungen über die Außenwelt, die wir jeweils nur mit Hilfe unserer sensorischen Registraturen erworben haben können, z.B. die Überzeugung, daß ich gerade ein Blatt Papier vor mir liegen sehe, daß ich gerade kein Vogelgezwitscher höre, daß ich gestern Abend eine Beethovensymphonie oder ein Nick-Cave-Album gehört und dabei ein Glas Nero d'Avola getrunken habe. Unter diesen Überzeugungen könnten sich leicht auch falsche befinden, z.B. daß der Mond kleiner als mein Daumen ist, was sich scheinbar experimentell beweisen läßt, da man mit seinem Finger den Mond abdecken kann, oder daß Sokrates naht (obwohl in Wahrheit Saul Aaron Kripke naht). Sprich: Irgendeine Menge der genannten Überzeugungen $Ü_1$, $Ü_2$, $Ü_3$, ..., $Ü_n$ könnte falsch sein, woraus nicht folgt, daß alle falsch sind oder daß ich keine guten Gründe habe anzunehmen, daß einige wahr sind. Deswegen ist der Hinweis auf die **Fallibilität** unserer sensorischen Registraturen für Descartes auch noch keineswegs hinreichend, um die Fundamente des Wissens insgesamt zu erschüttern, da es nicht einmal hinreicht, um die *Gesamtheit* unserer Überzeugungen über die Außenwelt in Frage zu stellen. Darüber hinaus spricht die Fallibilität aller einzelnen Überzeugungen gar für die Tauglichkeit der entsprechenden Registraturen. Denn fallible Überzeugungen können wahr *oder* falsch sein. Die Falschheit einiger gebildeter Überzeugungen ist also ein Indiz für die prinzipielle Wahrheitsfähigkeit der entsprechenden Registraturen.[13]

Letztlich etabliert Descartes auf der Basis der skizzierten Überlegung eine **epistemische Asymmetrie** zwischen den Grundlagen unserer Überzeugungsbildung und den einzelnen auf diesen Grundlagen gebildeten Überzeugungen. Theorien, die eine solche epistemische Asymmetrie annehmen, firmieren als epistemologischer Fundamentalismus. Descartes selbst ist darüber hinaus der Überzeugung, daß unsere Einstellung zu den Grundlagen der Überzeugungsbildung nicht in derselben Weise fallibel ist wie diejenigen Überzeugungen, die auf der Basis der Grundlagen erworben werden. Insbesondere scheint dafür zu sprechen, daß die Erkenntnis, Wahrnehmung sei fallibel, immerhin selbst keine durch Wahrnehmung erworbene Erkenntnis darstellt. Daraus schließt Descartes etwas voreilig, daß wir eine infallible Informationsquelle postulieren können. Der epistemologische Fundamentalismus, den Descartes selbst damit vertritt, zeichnet sich durch die Annahme aus, daß wir einen infalliblen und nicht korrigierbaren Zugriff auf unsere je eigenen mentalen Zustände, auf die sogenannte »denkende Substanz«, die *res cogitans* haben. Daraus können wir allerdings nicht schließen, daß dieser oder jener mentale Zustand einen in der *Außenwelt* bestehenden Sachverhalt tatsächlich repräsentiert. Wir

---

[13] Diesen Punkt macht Rolf Zimmermann, wenn er im Kontext der Diskussion von Carnaps Unterscheidung von **internen** und **externen Aussagen** darauf hinweist, daß es zwingend sei, »die Falschheit irgendeiner internen Aussage als Bestätigung für die externe Aussage zu betrachten, da wir uns ja in irgendeiner Weise auf den Gegenstandsbereich der Einzeldinge beziehen müssen, um eine Aussage relativ zu ihm überhaupt als falsch beurteilen zu können« (*Der »Skandal der Philosophie« und die Semantik. Kritische und systematische Untersuchungen zur analytischen Ontologie und Erfahrungstheorie.* Freiburg/München 1981). Rudolf Carnap hat in »Empiricism, Semantics, and Ontology« (*Revue Internationale de Philosophie* 4/2 (1950), S. 20–40) vorgeschlagen, interne Aussagen wie diejenige, daß es gerade regnet, von externen Aussagen wie derjenigen zu unterscheiden, daß es eine Raumzeit gibt, in der es regnet. Während wir interne Aussagen verifizieren/falsifizieren können, gilt dies für externe gerade nicht. Diesen strikten Dualismus unterläuft Zimmermann an der zitierten Stelle mit dem richtigen Hinweis, daß jede wahre interne Aussage eine Bestätigung einer externen ist, selbst wenn uns diese Bestätigungsrelation ihrerseits nicht epistemisch zugänglich sein mag.

wären auch dann mit Intentionalität begabte Wesen, die Vorstellungen der Welt haben, wenn keine einzelne unserer Überzeugungen über die Welt wahr wäre. Dies meint Descartes, wenn er in der zweiten Meditation dafür argumentiert, daß uns die »Natur des menschlichen Geistes« »bekannter als der Körper *(notior quam corpus)*« sei. Descartes schließt also aus der isoliert genommen plausiblen epistemischen Asymmetrie von fundamentalen Verfahren des Informationserwerbs und aller einzelnen erworbenen Informationen auf eine erheblich weniger plausible infallible Informationsquelle.

Wie wir noch sehen werden, versteckt sich dies hinter dem berühmten *Cartesischen Cogito*. In aller Kürze kann man sich den dahinter stehenden Gedanken so vergegenwärtigen, daß man jedes Mal eine Informationseinheit, ein Bit, sprich eine Entscheidung zugunsten eines Informationsgehalts registriert hat, wenn man denkt, daß man diejenige Instanz ist, die gerade den Gedanken denkt, den man eben denkt. Diese jeweilige »Einsicht«, die natürlich keinen sehr aufregenden Informationsgehalt transportiert, ist in Descartes' Augen infallibel zugänglich.

Wie nun gesehen, besteht der erste Schritt des Cartesischen methodischen Zweifels in der Erinnerung an die Fallibilität unserer Überzeugungen über die Außenwelt. Jede einzelne dieser Überzeugungen könnte falsch sein. Der zweite Schritt besteht darin, die Informationsquelle »Wahrnehmung« insgesamt in Frage zu stellen, d. h. das Fundament selbst statt der Überzeugungen anzugreifen, die auf seiner Basis gebildet werden. Der zweite Schritt soll demnach zeigen, daß die *gesamte* Menge unserer Überzeugungen über die Außenwelt, sprich die Menge A: {$Ü_1, Ü_2, Ü_3, ..., Ü_n$} insgesamt nur aus falschen Überzeugungen bestehen könnte.[14] Dazu führt Descartes sein berühmtes **Traumargument** ein.

---

[14] In seiner Einführung in Descartes unterscheidet Dominik Perler die drei Schritte nicht nach dem Umfang der Propositionen oder Meinungen, die jeweils unterminiert werden, sondern als »Zweifel hinsichtlich meiner kognitiven Grundlage«, als »Zweifel hinsichtlich meines kognitiven Zustandes« und als »Zweifel hinsichtlich meiner kognitiven Autonomie« (Perler, D.: *René Descartes*. München ²2006, S. 74). Dabei übersieht er, daß Descartes gerade nicht von vornherein unterstellt: »*Alle* Meinungen sind zweifelhaft, ganz gleichgültig in welcher Situation wir sie gebildet haben.« (ebd., S. 76) Die Pointe der Einführung zweier weiterer Schritte über die Fallibilität der wahrnehmungsbasierten Meinungen hinaus besteht gerade darin, daß zwar *jede einzelne* Meinung falsch sein könnte, daß daraus aber gerade noch nicht folgt, daß *alle* Meinungen falsch sein könnten. Deswegen beginnt Descartes nicht mit dem »radikalen Zweifel«, sondern fragt sich viel-

II. Kapitel: Formen des Skeptizismus

»Wie oft doch kommt es vor, daß ich mir all diese gewöhnlichen Umstände während der Nachtruhe einbilde, etwa daß ich hier bin, daß ich, mit meinem Rocke bekleidet, am Kamin sitze, während ich doch entkleidet im Bette liege! Jetzt aber schaue ich doch sicher mit wachen Augen auf dieses Papier, dies Haupt, das ich hin und her bewege, schläft doch nicht, mit Vorbedacht und Bewußtsein strecke ich meine Hand aus und fühle sie. So deutlich geschieht mir dies doch nicht im Schlaf. – Als wenn ich mich nicht entsänne, daß ich sonst auch schon im Traume durch ähnliche Gedankengänge genarrt worden bin! Denke ich einmal aufmerksamer hierüber nach, so sehe ich ganz klar, daß Wachsein und Träumen niemals durch sichere Kennzeichen unterschieden werden können, – so daß ich ganz betroffen bin und gerade diese Betroffenheit mich beinahe in der Meinung bestärkt, ich träumte.«[15]

Offensichtlich rekurriert Descartes hier auf das oben bereits diskutierte antike Prinzip der Aparallaxie (s. o., S. 51 ff.), worauf schon Thomas Hobbes in seinem ersten Einwand hingewiesen hat.

»Aus dem in dieser Meditation Gesagten erhellt zur Genüge, daß es kein Kriterium gibt, wodurch wir unsere Träume vom Wachen und der richtigen Wahrnehmung unterscheiden können, so daß daher die Phänomene *(phantasmata)*, die wir beim Wachen und Wahrnehmen haben, keine Accidentien sind, die äußeren Objekten einwohnen und daher auch nicht als Beweis dafür dienen können, daß derartige äußere Objekte überhaupt existieren. Wenn wir

---

mehr, wie ein radikaler Zweifel überhaupt aussehen könnte. Dabei stellt sich heraus, daß weder die Fallibilität von wahrnehmungsbasierten Meinungen noch das Traumargument einen radikalen Zweifel begründen. Die Argumentationsstrategie bei Descartes ist der Rekonstruktion Perlers geradezu entgegengesetzt, indem Descartes nicht mit dem radikalen Zweifel beginnt, sondern sich diesen zu »verdienen« versucht. Zur Diskussion der Schritte vgl. Koch, A. F.: *Subjekt und Natur. Zur Rolle des »Ich denke« bei Descartes und Kant*. Paderborn 2004, bes. S. 13–23. Allerdings ist auch Koch der Meinung, daß mit dem ersten Schritt bereits die »Klasse der Wahrnehmungsmeinungen« »als ganze diskreditiert« (ebd., S. 18) sei. Freilich ist dann wiederum nicht ersichtlich, warum allererst das Traumargument systematisch alle Wahrnehmungsmeinungen aushebelt. Denn erst wenn die Quelle der Klasse der Wahrnehmungsmeinungen diskreditiert ist, sind alle systematisch diskreditiert.

[15] Descartes: *Meditationen*, S. 12. AT VII, 19: *Quam frequenter vero usitata ista, me hic esse, toga vestiri, foco assidere, quies nocturna persuadet, cum tamen positis vestibus jaceo inter strata! Atqui nunc certe vigilantibus oculis intueor hanc chartam, non sopitum est hoc caput quod commoveo, manum istam prudens & sciens extendo & sentio; non tam distincta contingerent dormienti. Quasi scilicet non recorder a similibus etiam cogitationibus me alias in somnis fuisse delusum; quae dum cogito attentius, tam plane video nunquam certis indiciis vigiliam a somno posse distingui, ut obstupescam, & fere hic ipse stupor mihi opinionem somni confirmet.*

daher unseren Sinnen folgen, ohne irgendeine Vernunfterwägung, so haben wir gerechten Grund, darüber zweifelhaft zu sein, ob etwas existiert oder nicht.«[16]

Descartes' Formulierung des Prinzips der Aparallaxie lautet, »daß Wachsein und Träumen niemals durch sichere Kennzeichen unterschieden werden können«. Nun unterscheiden sich Träumen und Wahrnehmen offenkundig u. a. dadurch, daß der Inhalt von Träumen, also z. B., daß jemand Ihr Schlafzimmer betritt, nicht dadurch wahr ist, daß Sie ihn wahrnehmen. In der Wahrnehmung nehmen wir buchstäblich etwas Wahres auf, wenn wir denn wirklich wahrnehmen. Wenn es wahr ist, daß S sieht, daß jemand die Straße überquert, dann folgt daraus, daß jemand die Straße überquert. Wahrnehmen ist ebenso faktiv wie Wissen. Wie im ersten Kapitel (s. o., S. 44) ausgeführt wurde, besteht die Faktivität eines epistemischen, also für Wissenserwerb relevanten Zustands darin, daß aus seinem Vorliegen auf das Bestehen des durch diesen Zustand repräsentierten Sachverhalts geschlossen werden kann. Aus WN(p) [lies: jemand nimmt wahr, daß p] folgt u. a. p: WN(p) → p.[17] Träumen ist hingegen nicht uneingeschränkt faktiv. Wenn Sie träumen, daß jemand Ihr Zimmer betritt, folgt daraus nicht, daß jemand Ihr Zimmer betritt.

Wenn wir nun nicht imstande sind, im Akt der Wahrnehmung sicherzustellen, daß wir wirklich etwas wahrnehmen, da unser phänomenaler Zugriffsbereich, sprich: alles, was wir wahrzunehmen meinen, auch auf andere Weise, z. B. durch Träumen, zustande gekommen sein könnte, dann bedeutet dies, daß alle unsere vermeintlichen Überzeugungen über die Außenwelt falsch sein könnten. Wenn das Leben nur ein

---

[16] Hobbes in: *Meditationen*, S. 155; AT VII, 171: *Satis constat ex iis quae dicta sunt in hac Meditatione, nullum esse κριτήριον, quo somnia nostra a vigiliâ & sensione verâ dignoscantur; & propterea phantasmata, quae vigilantes & sentientes habemus, non esse accidentia objectis externis inhaerentia, neque argumento esse talia objecta externa omnino existere. Ideoque si sensus nostros sine aliâ ratiocinatione sequamur, merito dubitabimus an aliquid existat, necne.*
[17] Wohlgemerkt bedeutet dies nicht, daß man aus der Überzeugung, man nehme etwas wahr, auch schließen könne, man nehme es wirklich wahr. Die Überzeugung, man nehme etwas wahr, ist fallibel und nicht faktiv. *Faktivität ist eine Eigenschaft einer Folgerungsbeziehung.* Sie hilft uns als solche also keineswegs, *de facto* wahre von *de facto* falschen Überzeugungen zu unterscheiden. Daß irgendein Zustand faktiv ist, impliziert nicht, daß er infallibel ist, sondern lediglich, daß aus seinem Vorliegen die Wahrheit einer auf eine bestimmte Weise mit dem Zustand zusammenhängenden Proposition folgt. Man kann meinen, eine falsche Meinung zu haben, obwohl sie wahr ist.

Traum wäre, dann wäre keine unserer Überzeugungen über die Außenwelt wahr, weil es die Außenwelt eben überhaupt nicht gäbe bzw. genauer, weil wir zumindest nicht mit einer Außenwelt in epistemisch relevantem Kontakt stünden. Wenn wir glauben, daß vor uns ein Lastwagen fährt, wäre dies schlichtweg falsch, wenn wir lediglich träumten, daß vor uns ein Lastwagen fährt. Noch genauer: Selbst wenn es außerhalb des von uns Sterblichen bloß geträumten Lebens noch eine wahre hyperphysische Realität gäbe, in der gerade ein Lastwagen vor uns fährt (was auch immer dies bedeutete), dann wäre unsere in unserer illusorischen Welt durch Träumen erworbene Überzeugung, daß vor uns gerade ein Lastwagen fährt, immerhin unbegründet. Denn ich dächte nicht, daß vor mir ein Lastwagen fährt, *weil* ich in einer relevanten epistemischen Relation zum Lastwagen stünde (z. B. in der Relation der Wahrnehmung), sondern weil ich mir dies einbildete. Descartes' Traumargument hebt also alle Wahrnehmungsmeinungen mit einem Schlag auf, da es das Fundament untergräbt, auf dem sie aufbauen, namentlich die Annahme, daß wir überhaupt jemals etwas wahrgenommen haben. Der zweite Schritt der Cartesischen Skepsis untergräbt demnach zumindest alle Überzeugungen, die wir auf der Basis von Wahrnehmung erworben haben könnten, indem er nicht mehr nur auf die *objektstufige Fallibilität* der Wahrnehmung abhebt, sondern vielmehr unsere *höherstufige Fallibilität* ins Spiel bringt. Wir können uns nicht nur in einem bestimmten Inhalt täuschen, sondern auch hinsichtlich der logischen Form des Inhalts selbst.

Nun haben wir die ersten beiden Schritte des Cartesischen methodischen Zweifels rekapituliert, d. h. objektstufige und höherstufige Fallibilität (Traumargument). Allerdings gibt es noch einen dritten Schritt. Es gibt nämlich *prima vista* nicht nur *eine* Informationsquelle für Überzeugungen: Wahrnehmung, sondern daneben auch noch die Informationsquelle des Intellekts oder, wie man auch sagen kann, der diskursiven Rationalität. Selbst wenn alle unsere Überzeugungen nur aus Träumen bestünden, die »wie Bilder« (AT VII, 20) an uns vorüberziehen, wiesen selbst diese Traumbilder doch immerhin noch irgendeine logische Form auf. Auch ein geträumter Lastwagen, der lediglich auf meinem mentalen Bildschirm »vorbeifährt«, erstreckt sich irgendwie und hat in diesem Sinne eine räumliche Ausdehnung, eine Extension, wie Descartes sagt. Selbst wenn wir nur träumten, könnten wir demnach einige Dinge wissen, wie z. B., daß der Lastwagen größer erscheint als seine Teile, z. B. größer als sein Fahrer.

»Man darf wohl mit Recht hieraus schließen, daß zwar die Physik, die Astronomie, die Medizin und alle anderen Wissenschaften, die von der Betrachtung der zusammengesetzten Dinge ausgehen, zweifelhaft sind, daß dagegen die Arithmetik, die Geometrie und andere Wissenschaften dieser Art, die nur von den allereinfachsten und allgemeinsten Gegenständen handeln und sich wenig darum kümmern, ob diese in der Wirklichkeit vorhanden sind oder nicht, etwas von zweifelloser Gewißheit enthalten. Denn ich mag wachen oder schlafen, so sind doch stets 2 + 3 = 5, das Quadrat hat nie mehr als vier Seiten, und es scheint unmöglich, daß so augenscheinliche Wahrheiten in den Verdacht der Falschheit geraten können.«[18]

Descartes weist hier darauf hin, daß es neben der Wahrnehmung noch weitere Informationsquellen gibt, namentlich solche, die gar nicht auf die Annahme der Bewußtseins-unabhängigen Existenz von bestimmten Objekten in der Außenwelt verpflichtet sind. Die Proposition, daß 2 + 3 = 5, ist nicht dadurch falsch, daß ich sie denke, während ich träume. Ganz im Gegenteil, ich hätte sogar einen wahren Gedanken, wenn ich träumte, daß jemand 2 Bananen und 3 Äpfel in eine Obstschale legt, und dabei den intelligenten Gedanken dächte, daß nun 5 Früchte in der Obstschale liegen müßten, wenn ich nicht träumte. Außerdem erschiene die Obstschale auch im Traum als ein irgendwie ausgedehntes Objekt. Mit anderen Worten haben auch Traumbilder eine »körperliche Natur *(natura corporea)*« (AT VII, 20), weil auch in Traumbildern oder sonstigen lediglich eingebildeten Vorstellungen stereometrische Objekte erscheinen. Descartes gibt eine beispielhafte Liste von Gegenständen, über die ich auch dann Wissen erlangen könnte, wenn das Leben ein langer Traum wäre:

1. extensio = Ausdehnung.
2. figura rerum extensarum = Figur.
3. quantitas = Quantität.
4. magnitudo = Größe.
5. numerus = Anzahl.

---

[18] Descartes: *Meditationen*, S. 14; AT VII, 20: *Quapropter ex his forsan non male concludemus Physicam, Astronomian, Medicinam, disciplinasque alias omnes, quae a rerum compositarum consideratione dependent, dubias quidem esse; atqui Arithmeticam, Geometriam, aliasque ejusmodi, quae nonnisi de simplicissimis & maxime generalibus rebus tractant atque utrum eae sint in rerum natura necne, parum curant, aliquid certi atque indubitati continere. Nam sive vigilem, sive dormiam, duo & tria simul juncta sunt quinque, quadratumque non plura habet latera quam quatuor; nec fieri posse videtur ut tam perspicuae veritates in suspicionem falsitatis incurrant.*

6. locus = Ort.
7. tempus = Zeit. (AT VII, 20)

Zwar kann man einige Kandidaten in der Liste angreifen, da etwa 1 und 2 sowie 3, 4 und 5 ohnehin identisch oder aufeinander reduzibel zu sein scheinen. Außerdem ist es mit Ort und Zeit auch nicht einfach, da es sich um die notorisch schwierigen Begriffe von Raum und Zeit handelt. Überhaupt läßt sich die Liste noch um traditionell verdrängte Kandidaten erweitern. Wie steht es etwa um Farbe oder Befindlichkeiten? Descartes rechnet offensichtlich damit, daß wir uns in Träumen und Wahnbildern sowie Einbildungen aller Art immerhin auf im wesentlichen geometrisch beschreibbare Objekte beziehen, was mit seinem Wissenschaftsideal zusammenhängt.

Der dritte Schritt unterminiert nun auch noch unser mathematisches Wissen und damit die Grundlage des neuzeitlichen Wissensbegriffs insgesamt. Er beginnt mit der Einführung des berüchtigten bösen Lügengeistes, eines »genius aliquis malignus« (AT VII, 22). Während das Traumargument die Wahrheit und Gewißheit mathematischer (genauer: arithmetischer und geometrischer) Gedanken unangetastet läßt, erschüttert die **Lügengeist-Hypothese** auch noch diese letzte Gewißheit. Descartes erinnert in diesem Zusammenhang daran, daß auch die Wahrheit mathematischer Propositionen nur in der Reichweite unserer Erkenntnis zu sein scheint, weil wir mathematische Operationen in einer gewissen Zeit ausführen. Um Gödels Unvollständigkeitsbeweise zu verstehen, muß man Zeit in Anspruch nehmen. Doch auch um 2 und 2 zu addieren, muß man eine Verknüpfung vollziehen. Woher wissen wir, daß kein omnipotenter oder zumindest ziemlich mächtiger Lügengeist unsere mentalen Operationen unablässig manipuliert, so daß wir uns dauernd verrechnen, obwohl wir die Ergebnisse immer wieder abgleichen und uns völlig gewiß sind, daß etwa $2 + 2 = 4$ ist? Könnte es nicht sein, daß die Operationen, die wir ausführen, manipuliert werden? Aus einem psychologischen Gewißheitserlebnis folgt nicht, daß wir dasjenige, was wir jeweils für gewiß halten, tatsächlich wissen. Wir können uns in jedem Augenblick täuschen, da jede kognitiv informative Erfassung irgendeines mathematischen Sachverhalts oder auch nur einer Zahl die Ausführung einer Operation in Anspruch nimmt, die auch schiefgehen kann.

Descartes eröffnet damit die radikale Möglichkeit des **semantischen Nihilismus**, die Wittgenstein später ungleich detaillierter und um eine weitere Wendung radikaler ausbuchstabiert hat, wie wir noch sehen werden.[19] Alle Begriffe, die wir verwenden, sind durch Bedeutungsregeln konstituiert, was ihre jeweilige Semantik bestimmt. Deswegen sind alle Begriffe zumindest implizit normativ: Sie schreiben vor, was als ein So-und-So, z. B. als ein Pferd, ein Wolkenkratzer, eine Wolke oder ein Kratzer gelten soll. Z. B. versteht niemand, was ein Pferd ist, wenn sein Ausdruck »Pferd« sich sowohl auf Pferde als auch auf Wolkenkratzer bezieht. Niemand soll glauben, daß das Empire State Building ein Pferd ist, obwohl man sich einen – freilich abwegigen – Begriffsgebrauch vorstellen könnte, der es sinnvoll erscheinen ließe, Pferde und Wolkenkratzer unter einem Begriff zusammenzufassen. Die Bedeutungsregeln von »Pferd«, die in Lexika und Wörterbüchern verschiedener Art niedergelegt sind, schließen aus, sich mit dem Ausdruck »Pferd« auf das Empire State Building zu beziehen.

Die Mathematik ist ein Paradigma regelgeleiteten Verhaltens. Wir lernen meist blind Axiome und minimale Spielregeln, um sodann komplexe Operationen auszuführen. Bei den komplexen Operationen verlassen wir uns auf die Gültigkeit der Spielregeln, da wir nicht jedes Mal alles überprüfen können. Weil sich semantisches und damit regelgeleitetes Verhalten auf einiges verlassen muß, um komplexe Operationen einzuleiten und durchzuführen, können wir nicht im Akt der Ausführung der Operation, *in ipso actu operandi*, sicherstellen, daß die fundamentalen Operationen, auf die wir uns verlassen, korrekt ausgeführt werden.

»Ja sogar auch, so wie ich überzeugt bin, daß andere sich bisweilen in dem irren, was sie vollkommen zu wissen meinen, ebenso könnte auch ich mich täuschen, soft ich 2 und 3 addiere oder die Seiten des Quadrats zähle, oder was man sich noch leichteres denken mag.«[20]

Crispin Wright hat in seinem Aufsatz »Scepticism and Dreaming: Imploding the Demon«[21] darauf hingewiesen, daß Descartes bei alledem

---

[19] Vgl. dazu besonders deutlich auch Kisser, Th.: »Zweifel am Cogito? Die Begründung des Wissens bei Descartes und das Problem der Subjektivität«, in: Ders. (Hrsg.): *Metaphysik und Methode. Descartes, Spinoza, Leibniz im Vergleich*. Stuttgart 2010, S. 13–44.
[20] Descartes: *Meditationen*, S. 14; AT VII, 21: *Imo etiam, quemadmodum judico interdum alios errare circa ea quae se perfectissime scire arbitrantur, ita ego ut fallar quoties duo & tria simul addo, vel numero quadrati latera, vel si quid aliud facilius fingi potest?*
[21] Wright, C.: »Scepticism and Dreaming: Imploding the Demon«, in: *Mind* 100/1 (1991), S. 87–116.

ein folgenschweres Prinzip einsetzt, dem Wright kurzum den Namen **Descartes' Prinzip** gibt. Dieses Prinzip lautet folgendermaßen:

»Um irgendeine Proposition P zu wissen, muß man wissen, daß jede Bedingung erfüllt ist, die dafür notwendig ist, daß man P weiß.«[22]

Wie wir gesehen haben, unterminiert Descartes in zwei radikalen Schritten des Wegdenkens von Gewißheit die Bedingungen des Wissens, nachdem er zu Recht darauf hingewiesen hat, daß es nicht genügt, an unsere Fallibilität zu erinnern, wenn wir ein systematisches skeptisches Problem herausarbeiten wollen. Dabei arbeitet er die ganze Zeit implizit mit Descartes' Prinzip, dessen Gültigkeit man übrigens zumindest nicht ohne weiteres außer Kraft setzen kann. Propositionen der Wahrnehmungsklasse, sprich: Wahrnehmungsmeinungen, werden durch das Traumargument erschüttert. Dieses macht uns darauf aufmerksam, daß wir nicht wissen, ob die Bedingungen für Wahrnehmung (zu denen eben die Bedingung gehört, daß wir nicht träumen) überhaupt erfüllt sind. Propositionen der mathematischen Klasse hingegen werden Descartes' Prinzip gemäß durch die Lügengeisthypothese unterminiert, die zugleich die Wahrnehmungsmeinungen mit eliminiert, da auch diese kognitive Operationen in Anspruch nehmen, die durch einen Lügengeist manipuliert werden können. Deswegen ist die Lügengeisthypothese die allgemeinste Form des Cartesischen Skeptizismus.

In diesem Zusammenhang ist es wichtig, auf eine klassische Unterscheidung hinzuweisen, die auf Platon und Aristoteles zurückgeht, nämlich die Unterscheidung zwischen **intuitiver** und **diskursiver Erkenntnis**, der bei Aristoteles gar eine Unterscheidung zwischen intuitiver und diskursiver Wahrheit korrespondiert.[23] Unter intuitiver Erkenntnis wird eine unmittelbare Erfassung von Dingen und Axiomen verstanden, die wir im Blick haben, ohne eine Verknüpfung von Begriffen im Urteil zu vollziehen. Aristoteles nennt die Gegenstände intuitiver Erkenntnis schlichtweg *hapla* (ἁπλᾶ), Einfaches, und erklärt an einer berühmten Stelle, wir würden sie gewissermaßen berühren, *thigein* (θιγεῖν).[24] Wenn wir etwa urteilen, daß dieses Ding da vorne et-

---

[22] Meine Übersetzung von ebd., S. 91: »In order to know any proposition P, one must know to be satisfied any condition which one knows to be necessary for one's knowing P.«
[23] Vgl. dazu das Standardwerk von Oehler, K.: *Die Lehre vom noetischen und dianoetischen Denken bei Platon und Aristoteles.* Hamburg 1985.
[24] Vgl. dazu das 10. Kapitel des 9. Buches der *Metaphysik*.

was Rotes ist, so haben wir dieses Ding da vorne, Aristoteles spricht einfach von einem »Dieses da (τόδε τι)«, bereits irgendwie erfaßt, bevor wir urteilen, daß es so-und-so sei. Wir haben irgend etwas im Blick und wundern uns vielleicht, was es genau sein mag. Diese intuitive Erkenntnis ist der Tradition zufolge infallibel, da Wahrheitswertdifferenz und damit die Möglichkeit des Irrtums erst durch das Urteil in die Welt kommt. Die intuitive Erkenntnis urteilt aber nicht.

Diskursive Erkenntnis hingegen ist eine durch Urteilen, wörtlich durch das Durch-laufen, *dis-currere*, die *diexhodos* (διέξοδος) von Begriffen gewonnene Erkenntnis. Paradigmatisch ist dafür eine mathematische Operation wie die Addition. Wir müssen Zahlbegriffe und Funktionsbegriffe Schritt für Schritt verbinden. Im Durchgang durch die einzelnen Schritte kann uns jederzeit ein Fehler unterlaufen. Deshalb ist alle diskursive Erkenntnis als solche fallibel. Denn die diskursive Erkenntnis nimmt Operationen in Anspruch, die als solche immer auch scheitern können. Genau darauf setzt die Lügengeisthypothese, die uns gar noch an der Wahrheitsfähigkeit unserer minimalen geistigen Kapazitäten zweifeln läßt.

Es wundert vor diesem Hintergrund nicht, daß Descartes in der *Zweiten Meditation* sein berühmtes **Cogito** einführt, von dem er an vielen anderen Stellen seines Œuvre explizit behauptet, es sei eine Intuition und keine diskursive bzw. deduktive Erkenntnis.

»Unter Intuition verstehe ich nicht das schwankende Zeugnis der sinnlichen Wahrnehmung oder das trügerische Urteil der verkehrt verbindenden Einbildungskraft, sondern ein so müheloses und deutlich bestimmtes Begreifen des reinen und aufmerksamen Geistes, daß über das, was wir erkennen, gar kein Zweifel zurückbleibt, oder, was dasselbe ist: eines reinen und aufmerksamen Geistes unbezweifelbares Begreifen, welches allein dem Lichte der Vernunft entspringt, und das, weil einfacher, deshalb zuverlässiger ist als selbst die Deduktion, die doch auch, wie oben angemerkt, vom Menschen nicht verkehrt gemacht werden kann. So kann jeder intuitiv mit dem Verstande sehen, daß er existiert, daß er denkt, daß ein Dreieck von nur drei Linien, daß die Kugel von einer einzigen Oberfläche begrenzt ist und Ähnliches, weit mehr als die meisten gewahr werden, weil sie es verschmähen, ihr Denken so leichten Sachen zuzuwenden. [...] Aber da wird nun diese Evidenz und Gewißheit der Intuition nicht allein bloß für Aussagen, sondern auch für jedes beliebige folgernde Denken erfordert. Denn wenn man z. B. diese Schlußfolgerung nimmt: zwei und zwei ergeben dasselbe wie drei und eins, so muß man nicht nur intuitiv sehen, daß zwei und zwei vier ergeben und daß drei und eins ebenfalls vier ergeben, sondern darüber hinaus, daß aus diesen beiden Propositionen jene dritte mit Notwendigkeit folgt.«[25]

Descartes trifft einen Unterschied zwischen der »Intuition des Geistes« (»intuitus mentis«) und der »zuverlässigen Deduktion« (»deductio certa«).[26] Da man nicht alles ableiten kann, und zwar insbesondere die Fähigkeit abzuleiten, nicht ihrerseits ableiten und damit beweisen kann, muß Descartes diese Fähigkeit unterstellen, weshalb er uns einen besonderen Zugang zu ihr attestiert. Die Fähigkeit abzuleiten, das »Licht der Vernunft«, scheint Descartes zufolge so, daß wir es nicht ableiten, sondern einsehen müssen.

Die Selbsterfassung dieses Lichtes zeigt sich paradigmatisch im Cogito. Was Descartes in der *Zweiten Meditation* dabei eigentlich zeigt, ist zunächst nur, daß er als denkendes Wesen selbst dann existierte, wenn ihn ein Lügengeist täuschte. Denn »täuschen« impliziert eine zweistellige Relation zwischen jemandem, der täuscht, und jemandem, der getäuscht wird. Wer getäuscht wird, existiert folglich, da er ansonsten auch nicht getäuscht werden könnte.

Freilich ist die Existenz, die sich Descartes auf diese Weise vindiziert, keineswegs die Existenz einer Person, d.h. eines leiblichen denkenden Wesens namens René Descartes. Wenn der Lügengeist existierte, gäbe es nämlich gar keine Außenwelt, in der Descartes' Leib vorkäme, obwohl es den Denkenden, den Meditierenden, gäbe, der den Gedanken denkt, daß er möglicherweise in allem bis auf eines getäuscht wird.

---

[25] Descartes, R.: *Regeln zur Ausrichtung der Erkenntniskraft*. Kritisch revidiert, übers. und hrsg. von H. Springmeyer, L. Gäbe und H. G. Zekl, Hamburg 1973, Regel 3, S. 17 f.; AT X, 368 f.: *Per intuitum intelligo, non fluctuantem sensuum fidem, vel male componentis imaginationis judicium fallax, sed mentis purae & attentae tam facilem distinctumque conceptum, ut de eo, quod intelligimus, nulla prorsus dubitatio relinquatur; seu, quod idem est, mentis purae & attentae non dubium conceptum, qui a sola rationis luce nascitur, et ipsamet deducione certior est, quia simplicior, quam tamen etiam ab homine male fieri non posse supra notavimus. Ita unusquisque animo potest intueri se existere, se cogitare, triangulum terminari tribus lineis tantum, globum unica superficie, & similia, quae longe plura sunt quam plerique animadvertant, quoniam ad tam facilia mentem convertere dedignantur. […] At vero haec intuitus evidentia & certitudo non ad solas enuntiationes, sed etiam ad quoslibet discursus requiritur. Nam, exempli gratia, sit haec consequentia: 2 2 efficiunt idem quod 3 1; non modo intuendum est 2 2 efficere 4, et 3 1 efficere quoque 4, sed insuper ex his duabus propositionibus tertiam illam necessario concludi.*
[26] *Regeln*, S. 21.; AT X, 370.

Descartes nimmt deshalb an, daß es eine epistemische Asymmetrie zwischen Geist und Welt bzw. zwischen Innen- und Außenwelt gibt. Der gesamte Bereich unserer mentalen Zustände, zu denen seiner Begrifflichkeit zufolge auch Willensakte und Vorstellungen aller Art gehören und den Descartes als »Denken« *(cogitatio)* bezeichnet, ist ihm zufolge epistemisch hochrangiger als unsere Überzeugungen über die Außenwelt, da die Innenwelt unter Lügengeistbedingungen auch ohne die Außenwelt existieren könnte.[27] Wenn wir zur Außenwelt nur einen durch unsere Vorstellungen vermittelten Zugang haben, dann besteht in der Tat zumindest die Hoffnung, daß unser Zugang zu unseren Vorstellungen nicht seinerseits durch Vorstellungen vermittelt ist. Mit anderen Worten, es scheint eine unproblematische Angelegenheit zu sein, zu wissen, was wir vorstellen, wenn es auch problematisch ist, zu wissen, ob es das, was wir vorstellen, auch unabhängig vom Vorstellungsakt gibt.

Descartes fängt diesen Sachverhalt mit seiner Distinktion zwischen **formaler** und **objektiver Realität** ein.[28] Hierbei versteht er unter »objektiver Realität« lediglich den semantischen Gehalt einer Vorstellung, gewissermaßen das Vorstellungsbild. Objektive Realität ist demnach sein Name für intentionale Gehalte, die Vorstellungsakten korrelieren, von denen deshalb nicht *a priori* ausgemacht ist, ob sie auch außerhalb des Denkens als ontologische Korrelate wirklich existieren. Die formale Realität einer Sache ist hingegen ihre extramentale Existenz.

Wie wir gesehen haben, versucht Descartes die Innen- vor der Außenwelt epistemisch auszuzeichnen. Dies führt ihn zu einem radikalen Rückzug ins Denken, wodurch er die Gefahr des **Solipsismus** beschwört. Solipsismus ist die These, derzufolge es nur ein vorstellendes Subjekt, aber keine Außenwelt gibt. Descartes sucht einen Ausweg aus dieser Sackgasse, in die er sich durch seinen methodischen Zweifel hineinmanövriert hat. Ein erster Schritt ist das berühmte Cogito, womit er allerdings weder die Gewißheit einer Außenwelt noch die mathematische Gewißheit zurückerobert hat. Das Cogito bedeutet lediglich, daß selbst im radikalsten Zweifel eines feststeht, nämlich daß diejenige Instanz, die über alles im Irrtum ist, zumindest nicht darüber im Irrtum

---

[27] Vgl. *Meditationen*, S. 27 f.; AT VII, 34 f. sowie Ders.: *Die Prinzipien der Philosophie*. Übers. und hrsg. von Ch. Wohlers, Hamburg 2005, I 9; AT VIII/1, 7.
[28] Vgl. Descartes: *Meditationen*, S. 32 f.; AT, VII 40 f.

sein kann, daß sie existiert, solange (*dum*) sie diesen Gedanken denn erfaßt.

Um dem Solipsismus zu entrinnen, bemüht Descartes in der dritten und fünften Meditation Gott als Garanten von Wahrheiten, die über die ziemlich minimale Gewißheit des Cogito hinausgehen, was im Einzelnen heutzutage eigentlich niemanden als Lösung des von Descartes aufgeworfenen Skeptizismus überzeugt. Die Existenz eines benevolenten Gottes erscheint uns allemal ungewisser als die eigene Existenz, weshalb man im Rahmen einer Einführung in die Erkenntnistheorie auch darauf verzichten kann, den verschlungenen Pfaden der Cartesischen Ontotheologie zu folgen. Was historisch von Descartes geblieben ist, sein eigentliches Erbe, sind eher seine Probleme als seine Lösungen.

1.2. Das Außenweltproblem

Descartes wird häufig als Urheber des sogenannten Außenweltproblems angesehen, was allerdings auf historischen Vorurteilen und einer einseitigen Einschätzung der Tradition der antiken Erkenntnistheorie beruht.[29] Historisch findet sich das Außenweltproblem bereits in der Antike, wenn es dort auch in einem anderen Zusammenhang vorkommt und zu anderen argumentativen Zwecken eingesetzt wird. Doch auch im Fall von Descartes selbst muß man behutsam vorgehen, wenn man ein Außenweltproblem in seinen Texten vermutet, da sich kein eigentliches lateinisches oder französisches Pendant zu »Außenwelt« in Descartes' Texten findet.[30] Im engeren Sinn stellt sich dasjenige, was ich im folgenden als Außenweltproblem identifizieren werde, bei Descartes als Problem der Erkennbarkeit und Existenz einer *res extensa*. Dennoch läßt sich die Quintessenz des Problems in der Form einer inzwischen geradezu standardisierten Überlegung rekonstruieren.

Gehen wir zu diesem Zweck von einer anscheinend geradezu trivialen Theorie der Fallibilität aus. Wir sind durch unseren physiologi-

---

[29] Vgl. dazu ausführlich Gabriel: *Skeptizismus und Idealismus in der Antike*.
[30] Die »Welt« wird mit der »Gesamtheit der körperlichen Substanzen« identifiziert. Vgl. *Prinzipien*, II 21; AT VIII/1 52: »Außerdem erkennen wir, dass diese Welt, bzw. die Gesamtheit der körperlichen Substanzen, hinsichtlich ihrer Ausdehnung keine Grenzen aufweist *(Cognoscimus praetera hunc mundum, sive substantiae corporeae universitatem, nullos extensionis suae fines habere).*« Dieser Weltbegriff entspricht am ehesten dem Außenweltbegriff bei Descartes.

schen Sinnesapparat in eine physische Umwelt eingebettet. Diese physische Umwelt übt kausalen Einfluß auf den Sinnesapparat aus. Dadurch entstehen kausale Vorgänge, die wir als Eindrücke dergestalt registrieren und verarbeiten, daß ein »mentales Bild« herauskommt, das wir gleichsam in der Form eines interaktiven 3D-Films vor uns sehen. Nun besteht unsere Fallibilität darin, daß wir für kein einzelnes mentales Bild sicherstellen können, daß es genau dasjenige repräsentiert, was es verursacht hat. Denn wir sind fallibel in der Frage, was jeweils die Ursache irgendeines Ereignisses ist. Es besteht mithin immer eine kognitiv relevante Lücke zwischen einer **repräsentationalen Absicht**, der Absicht, etwas so zu repräsentieren, wie es ist, und einem entsprechenden **repräsentationalen Erfolg**. Dabei ist der rein physiologische Vorgang freilich noch nicht fallibel, er ist nicht einmal wahrheitsfähig, da er eben nur ein Vorgang ist, der einfach nur ist, was er ist. Der Vorgang ist gleichsam ontologisch so dicht, daß sich die Lücke zwischen ihm und seiner potentiellen Verdopplung in Form eines mentalen Bildes noch gar nicht auftut. Wir müssen über unsere physiologisch verursachten Eindrücke hinausgehen, was Descartes als »Wille« bezeichnet, um überhaupt wahrheitsfähig und fallibel zu sein. Wir müssen mehr wollen, als sich uns physiologisch präsentiert, wenn wir Wissen beanspruchen.

Wie wir bereits gesehen haben, nennt Descartes nun den repräsentationalen Inhalt eines mentalen Bildes, das, was auf dem mentalen Bildschirm erscheint, *objektive Realität*. Die von der objektiven Realität unabhängige Existenz der repräsentierten Sache bezeichnet er hingegen als *formale Realität*. Die Frage, die sich nun stellt, ist die Frage, ob es überhaupt irgendeine formale Realität gibt? Diese Frage ergibt sich als Resultat aus den ersten beiden Schritten der Cartesischen Skepsis.

Man kann sich dieses Problem besonders eindrücklich anhand eines Bildes des belgischen Surrealisten René Magritte (1898–1967) veranschaulichen.

Magritte hat dieses 1933 entstandene Gemälde »La condition humaine«, zu deutsch: »Menschsein«, betitelt. Im Gemälde sehen wir ein Gemälde, das leicht verschoben vor einem Fenster steht. Durch das Fenster sehen wir eine angenehme Landschaft, auf der niemand anwesend ist. Die einzige – wenn auch entscheidende Spur – des Menschlichen im Gegenstandsbereich, der durch das Fenster umgrenzt wird, ist ein Pfad, der durch die Landschaft, durch die Natur, hindurchführt.

II. Kapitel: Formen des Skeptizismus

Um uns das Außenweltproblem näherzubringen, beginnen wir mit einer einfachen Unterscheidung von drei Ebenen:
Ebene 1: Die Landschaft außerhalb des Fensters.
Ebene 2: Der Ausschnitt der Landschaft, den wir durch das Fenster sehen können.
Ebene 3: Der Ausschnitt, den wir auf dem Gemälde innerhalb des Gemäldes sehen, der vermutlich ein Ausschnitt des Ausschnitts der Landschaft ist, den wir durch das Fenster sehen können.

In der Erkenntnistheorie bezeichnet man die Ebene 1, d. h. die Landschaft außerhalb des Fensters, kurzum als die »Außenwelt«. Für die Ebene 2 gibt es verschiedene Ausdrücke, die bereits auf eine Theorie verweisen, innerhalb derer sie vorkommen. Nennen wir sie »Anschauung« bzw. das »sensorisch (also sinnlich) Gegebene«. Ebene 3 schließlich können wir als »Vorstellung« bezeichnen. Ebene 1 wäre die formale Realität, während Ebene 3 die objektive Realität bei Descartes vertritt.

Daß Magritte Ebene 3 leicht verschoben darstellt, weist schon darauf hin, daß wir nicht unkritisch annehmen sollten, daß die Landschaft hinter dem Gemälde hinter dem Fenster wirklich aus einer entsprechenden Fortsetzung der Hecke, des Pfades, aus einem Baum sowie aus einer entsprechenden Fortsetzung des Waldstücks besteht. Das Gemälde auf Ebene 3 könnte uns schlichtweg in die Irre führen. Ebene 3 ist folglich **wahrheitswertdifferent**, d. h. sie stellt entweder dar, was der Fall ist, und ist mithin wahr, richtig bzw. korrekt, oder sie stellt nicht dar, was der Fall ist, und ist mithin falsch. Unter **Wahrheitswertdifferenz** versteht man die Differenz von wahr und falsch, die dadurch explizit wird, daß irgend jemand etwas behauptet. Etwas zu behaupten, heißt, etwas als wahr hinzustellen. Wenn jemand behauptet, daß die Sonne scheint, behauptet er damit auch, daß der Gedanke, daß die Sonne scheint, wahr ist.

Ohne dies bis ins Letzte auszuführen, ist es an dieser Stelle sinnvoll, sich noch einmal der Frage zuzuwenden, was es mit dem Begriff der Proposition auf sich hat und wie er auf das Sprachspiel des Behauptens, d. h. des satzförmigen Als-wahr-Hinstellens eines Gedankens, bezogen ist. Wenn ich auf Deutsch behaupte, daß es in Deutschland häufig regnet, so behaupte ich dasselbe wie ein Portugiese, der behauptet, »que chuva muito na Alemanha«, oder wie ein Amerikaner, der behauptet, »that it often rains in Germany«. Ebenso behaupte ich auf Deutsch dasselbe, wenn ich behaupte, daß George Bush den Irak in imperialistischer Absicht angegriffen hat, wie wenn ich behaupte, daß der Irak von George Bush in imperialistischer Absicht angegriffen wurde. Derselbe Gedanke, der wahr oder falsch sein kann, läßt sich in verschiedenen Sprachen oder verschiedenen Wendungen (z. B. aktiv/passiv) ausdrücken. Die vielen Ausdrücke desselben Gedankens nennt man **Sätze** im Unterschied zu **Propositionen** (wobei zusätzliche Verwirrung dadurch entsteht, daß der Gedanke, daß Sätze sich von Propositionen auf die skizzierte Weise unterscheiden lassen, natürlich auch in anderen Sätzen und mit anderen Ausdrücken formulierbar ist).

II. Kapitel: Formen des Skeptizismus

Im Gefüge unserer Ebenen tauchen Gedanken und damit behauptbare Wahrheitswertdifferenz erst auf der Ebene 3 auf, wobei die Wahrheit oder Falschheit der Ebene 3 nicht unter Rekurs auf die Ebene 3 allein entschieden werden kann. Die Wahrheit oder Falschheit der Ebene 3 besteht vielmehr in einem Verhältnis zwischen Ebene 3 und Ebene 1, das durch Ebene 2 ermöglicht wird.

Bereits die älteste in der abendländischen Metaphysik überlieferte Definition von Wahrheit, die sich bei Aristoteles findet, definiert Wahrheit in diesem Sinne als Verhältnis der Ebene 3 zur Ebene 1:

»Zu sagen, daß dasjenige, was der Fall ist, nicht der Fall ist, oder daß dasjenige, was nicht der Fall ist, der Fall ist, ist Irrtum [bzw. Lüge, M. G.] und zu sagen, daß dasjenige, was der Fall ist, der Fall ist, und dasjenige, was nicht der Fall ist, nicht der Fall ist, ist Wahrheit, so daß derjenige, der behauptet, etwas sei der Fall oder nicht der Fall, entweder die Wahrheit spricht oder sich irrt [bzw. lügt, M. G.].«[31]

Diese klassische Definition der Wahrheit bezeichnet man gemeinhin als **Korrespondenztheorie der Wahrheit**, weil die Definition besagt, daß Wahrheit eine binäre Relation der Korrespondenz von Behauptung und Tatsache ist. Im Bild gesprochen: Ebene 3 ist genau dann wahr, wenn Ebene 1 genau die Elemente in derselben Anordnung enthält, die Ebene 3 darstellt. Im Aristotelischen Kontext verpflichtet diese Definition auf eine Reihe wirkungsmächtiger Annahmen, z. B. auf die Annahme der **Bivalenz**, der zufolge es nur zwei Wahrheitswerte, nämlich das Wahre und das Falsche, gibt, eine Annahme, die Aristoteles in unlösbare Schwierigkeiten bzgl. des Zeitbegriffs verstrickt hat, was uns an dieser Stelle allerdings nicht weiter beschäftigen muß. Hier genügt es, wenn man sich die Frage stellt, welchen Wahrheitswert, d. h. wahr oder falsch, die heute getroffene Behauptung hat, daß morgen eine Seeschlacht stattfinden wird.[32] Es scheint offensichtlich, daß die Behauptung jetzt weder wahr noch falsch ist, da eine entsprechende Sachlage in Ebene 1, sprich: Seeschlacht oder nicht, noch gar nicht besteht, so daß auch noch kein Verhältnis zwischen Ebene 3, d. h. dem temporal indizierten Gedanken, daß morgen eine Seeschlacht stattfinden wird, und einer verifizierenden oder falsifizierenden Ebene 1 bestehen kann.

---

[31] Meine Übersetzung von Met. IV.7 1011b26–28: τὸ μὲν γὰρ λέγειν τὸ ὂν μὴ εἶναι ἢ τὸ μὴ ὂν εἶναι ψεῦδος, τὸ δὲ τὸ ὂν εἶναι καὶ τὸ μὴ ὂν μὴ εἶναι ἀληθές, ὥστε καὶ ὁ λέγων εἶναι ἢ μὴ ἀληθεύσει ἢ ψεύσεται.

[32] Aristoteles: *De interpretatione* I.9, 19a30.

Ebene 2 dient der Vermittlung zwischen Ebene 1 und Ebene 3. Man beachte: Wäre Ebene 2 nicht im Spiel, hätten wir keinen Anreiz, den Verdacht zu hegen, die leicht verschobene Ebene 3 könne uns eine falsche Fortsetzung der Landschaft vorgaukeln, d. h. eine falsche Vorstellung der Sachlage darstellen, die in der Außenwelt besteht.

Die Gesamtsituation, die sich durch das Zusammenspiel der drei Ebenen Außenwelt, Anschauung und Vorstellung einstellt, bezeichnet man als **mentalen Repräsentationalismus**. Dem mentalen Repräsentationalismus zufolge ist uns die Welt nur durch ein Fenster, unsere sensorischen Registraturen, sprich: durch die fünf Sinne und ihre physiologische Einbettung in die Außenwelt vermittels unseres Leibes, zugänglich. Durch rein physiologische und mehr oder weniger mechanische Vorgänge, die man in einem Lehrbuch der Sinnesphysiologie nachschlagen kann, entsteht irgendwo im Organismus irgendwie ein Bild, d. h. Ebene 2, eine Anschauung der Außenwelt. In dem Augenblick, in dem man eine Behauptung darüber aufstellt, daß dasjenige, was man auf dem Bildschirm seiner mentalen Bilder, also anschaulich vorgestellt bekommt, so-und-so *ist*, begibt man sich in den Bereich des wahrheitswertdifferenten Fürwahrhaltens.

Ein klassisches Beispiel hierfür findet sich bereits in der antiken Erkenntnistheorie. Wenn man jemanden in der Ferne sieht, d. h. wenn man eine Anschauung von etwas Menschlichem hat, könnte man etwa zu der Überzeugung kommen und behaupten, Sokrates nähere sich. Allerdings könnte es sein, daß sich nicht Sokrates, sondern Saul Aaron Kripke nähert, der Sokrates zum Verwechseln ähnlich sieht. Der Irrtum liegt in diesem Fall weder in der Ebene 1, da dort einfach irgend etwas der Fall ist, noch in der Ebene 2, die aus wahrheitsneutralen mentalen Bildern, aus Anschauungen besteht, sondern in der bei Magritte nicht zufällig leicht verschobenen Ebene 3, der Vorstellung.

Die klassische Erkenntnistheorie, die systematisch mit Platons Dialog *Theaitetos* beginnt und in den überwiegend fragmentarisch überlieferten Gedanken der Vorsokratiker sowie der Sophisten angelegt ist, beschäftigt sich mit der Frage, wie sich die drei Ebenen zueinander verhalten. Es geht ihr darum, Verfahren zu spezifizieren, die uns helfen, Wahrheit von Irrtum zu unterscheiden. Sie befindet sich mit anderen Worten auf der Suche nach einem **Wahrheitskriterium**, d. h. nach einem Unterscheidungsmerkmal wahrer Vorstellungen.[33] Dabei stellt

---

[33] Vgl. dazu ausführlich Gabriel: *Antike und moderne Skepsis*.

sich allzuschnell heraus, daß die klassische Erkenntnistheorie eine besondere Form der Erkenntnis zu erlangen suchen muß, die Platon in seinem Liniengleichnis in der *Politeia* als »Wissen« (ἐπιστήμη) im Unterschied zur bloßen »Meinung« bzw. wörtlich »Annahme« (δόξα) bestimmt.[34] Damit wurde Platon, wie wir schon gesehen haben, zum Begründer der Epistemologie, die seit dem 19. Jahrhundert auch als »Erkenntnistheorie« bezeichnet wird.

Platon hat als Begründer der Epistemologie oder Erkenntnistheorie das folgende Problem im Blick: Nennen wir eine bestimmte wahre Vorstellung, z. B. die Vorstellung einer Landschaft mit einem Baum, die wahrheitsgetreu einen Ausschnitt der Außenwelt repräsentiert, *Erfahrung*, so ist unmittelbar einsichtig, daß die Theorie des mentalen Repräsentationalismus, also die Theorie, der zufolge Erfahrung eine Konstellation der Ebenen 1, 2 und 3 ist, nicht selbst durch Hinweis auf eine Erfahrung gerechtfertigt werden kann. Die wahrheitsgetreue Darstellung einer bestimmten Konstellation der Ebenen 1, 2 und 3 kann den Begriff der Erfahrung niemals erschöpfen. Sonst wäre Wahrheit überhaupt mit einer bestimmten wahren Vorstellung oder allenfalls mit einer endlichen Menge wahrer Vorstellungen identisch. Doch welchen Sachverhalt in der Außenwelt, sprich: welche Tatsache, repräsentierten der mentale Repräsentationalismus und die ihm entsprechende Korrespondenztheorie der Wahrheit? Wenn Erfahrung eine Konstellation von Außenwelt, Anschauung und Vorstellung ist, dann kann diese Konstellation *ex hypothesi*, d. h. unseren bisherigen Prämissen zufolge, selbst nicht in der Außenwelt vorkommen, und d. h., sie kann nicht erfahren und folglich auch nicht wahrheitsgetreu repräsentiert werden. Die drei Ebenen sind einfach so eingeführt worden, daß keine Anordnung der drei Ebenen in Ebene 1 vorkommen kann. Wenn die Anordnung der drei Ebenen selbst nicht in Ebene 1 vorkommen und folglich nicht erfahren werden kann, da Erfahrungsgegenstände per Definition nur in Ebene 1 vorkommen, dann muß es eine nicht auf Erfahrung basierte Form der Erkenntnis geben, die Platon kurzum als »Wissen«, als ἐπιστήμη bezeichnet.

Unter den skizzierten Bedingungen trifft Platon als erster klassischer Erkenntnistheoretiker eine systematische Unterscheidung zwischen **a priori** und **a posteriori**, die seiner Unterscheidung von Wissen und Meinung entspricht. A posteriori ist der Bereich der Erfahrung,

---

[34] Vgl. Platon: Rep. 509d9 ff.

d. h. die Menge aller bestimmten Konstellationen der drei Ebenen. Die Theorie hingegen, die konstatiert, was Erfahrung ist, beruft sich dafür nicht ihrerseits auf eine Erfahrung und ist in diesem Sinne unabhängig von Erfahrung, was man in der neuzeitlichen Erkenntnistheorie als **a priori** bezeichnet. Vor diesem Hintergrund kann man die **klassische Erkenntnistheorie** *definieren als das Projekt, ein Wahrheitskriterium a priori zu spezifizieren*. Die klassische Erkenntnistheorie sucht Kriterien, die festlegen, wann eine Vorstellung eine gelingende Repräsentation einer Sachlage ist, die unabhängig von der Vorstellung besteht.

Eine moderne Strategie, dieses Projekt durchzuführen, besteht in der Introspektion und Klassifikation mentaler Episoden. In diesem Sinne unterscheidet beispielsweise John Locke (1632–1704) zwischen verschiedenen Typen von »Ideen«. Unter »**Idee**« versteht er im allgemeinen »[a]lles, was der Geist *in sich selbst* wahrnimmt, oder was unmittelbares Objekt der Wahrnehmung, des Denkens oder des Verstandes ist«[35]. Üblicherweise wird Locke in diesem Punkt so interpretiert, als sei er der Überzeugung, wir hätten keinen direkten Zugang zur Außenwelt, sondern befänden uns in einer Art Sinnesdatentheater, was man als **Kinomodell des Bewußtseins** bezeichnen kann. Diesem Modell zufolge haben wir keinen direkten Zugriff auf eine Außenwelt, da wir uns auf die Außenwelt allenfalls im Medium der Ideen beziehen können, die wir uns von ihr machen bzw. die uns nahegelegt oder abgenötigt werden. Es ist, als ob man dazu verdammt wäre, die Welt auf einem eigentlich zweidimensionalen Bildschirm anzuschauen, ohne jemals sicherstellen zu können, daß es hinter dem Bildschirm wirklich etwas gibt. Der Bildschirm unserer mentalen Episoden hat nämlich die unangenehme Eigenschaft, daß selbst der Gedanke, hinter dem Bildschirm gäbe es etwas, d. h. jegliche »Hinterwelt« (Nietzsche), auf dem Bildschirm vorkommen muß, um überhaupt von uns wahrheitswertdifferent registriert werden zu können. Auf der Basis unserer Vorstellungen, unserer »Ideen« der Außenwelt, vollziehen wir also scheinbar einen **Außenweltschluß**, den man als Schluß auf die beste Erklärung auffassen kann. Die beste Erklärung dafür, daß auf meinem mentalen Bildschirm der Eindruck eines roten apfelartigen Dings entsteht, ist das Dasein eines Apfels außerhalb meines mentalen Bildschirms, wobei der

---

[35] Locke: *Versuch über den menschlichen Verstand*, S. 146. Im Original: Locke: *Essay*, Bk. 2, Ch. 8, Sec. 8: »Whatsoever the mind perceives *in itself*, or is the immediate object of perception, thought, or understanding.«

Apfel eben die Ursache meiner Vorstellung ist. Descartes drückt dies folgendermaßen aus:

»Und freilich, nicht ohne Grund glaubte ich wegen der Vorstellungen all jener Beschaffenheiten, die sich meinem Denken zeigten, und die allein ich eigentlich und unmittelbar empfand, gewisse von meinem Bewußtsein gänzlich verschiedene Dinge zu empfinden, nämlich Körper, von denen jene Vorstellungen herrührten. Denn ich machte die Erfahrung, daß mir diese Vorstellungen ganz ohne meine Zustimmung kamen, so daß ich keinen Gegenstand empfinden konnte, so sehr ich auch wollte, wenn er meinem Sinnesorgan nicht gegenwärtig war, andererseits ihn empfinden mußte, wenn er gegenwärtig war. Und da die sinnlichen Wahrnehmungen viel lebendiger und ausdrucksvoller und auch in ihrer Art deutlicher waren als irgendwelche von denen, die ich vorsätzlich und bewußt beim Nachdenken erzeugte oder unter meinen Erinnerungen gewahr wurde, so schien es unmöglich zu sein, daß sie von mir selbst herrührten. Also blieb nur übrig, daß ich sie von gewissen anderen Dingen erworben hätte, und da meine Kenntnis von diesen Dingen allein aus ebendiesen Vorstellungen stammte, so konnte mir nichts anderes in den Sinn kommen, als daß diese jenen ähnlich seien.«[36]

Eindeutig wird dieses Modell auch von David Hume (1711–1776) vertreten, der allerdings davon ausgeht, daß wir unsere Vorstellungen nicht mit der Außenwelt abgleichen können. Die Außenwelt entpuppt sich bei Hume selbst als Vorstellung, was zur Folge hat, daß die Unabhängigkeit der Ebene 1 von den Ebenen 2 und 3 insgesamt unter Druck gerät. Woher wissen wir denn, daß es überhaupt eine Außenwelt gibt, wenn wir uns auf die Außenwelt doch immer nur im Medium der Ebenen 2 und 3, sprich: durch unsere Anschauungen und Vorstellungen vermittelt, beziehen können? Ist es nicht einfach eine weitere Vorstellung, daß Vorstellungen und Anschauungen sich auf eine Außenwelt

---

[36] Descartes: *Meditationen*, S. 64; AT VII, 75: *Nec sane absque ratione, ob ideas istarum omnium qualitatum quae cogitationi meae se offerebant, & quas solas proprie & immediate sentiebam, putabam me sentire res quasdam a mea cogitatione plane diversas, nempe corpora a quibus ideae istae procederent; experiebar enim illas absque ullo meo consensu mihi advenire, adeo ut neque possem objectum ullum sentire, quamvis vellem, nisi illud sensus organo esset praesens, nec possem non sentire cum erat prasens. Cumque ideae sensu perceptae essent multo magis vividae & expressae, & suo etiam modo magis distinctae, quam ullae ex iis quas ipse prudens & sciens meditando effingebam, vel memoriae meae impressas advertebam, fieri non posse videbatur ut a meipso procederent; ideoque supererat ut ab aliis quibusdam rebus advenirent. Quarum rerum cum nullam aliunde notitiam haberem quam ex istis ipsis ideis, non poterat aliud mihi venire in mentem quam illas iis similes esse.*

beziehen? Und wie steht es um die Überprüfbarkeit und damit Wahrheit dieser Vorstellung?

Dieses Problem, das man eben als »Außenweltproblem« bezeichnet, hatte vor Hume Descartes in der Neuzeit prominent gemacht. Damit hat er der neuzeitlichen Variante der klassischen Erkenntnistheorie die Aufgabe zugewiesen, an erster Stelle das Außenweltproblem zu lösen.

Vereinfacht gesagt lassen sich in der klassischen Erkenntnistheorie drei Lösungsvorschläge des Außenweltproblems unterscheiden:

1. Realismus
2. Idealismus
3. Skeptizismus

Der **Realismus** nimmt an, daß es eine Außenwelt gibt und versucht in der Regel zu zeigen, auf welche Weise und in welchem Umfang wir die Außenwelt erkennen können. Der **Idealismus** hingegen bestreitet, daß es eine Außenwelt gibt, und argumentiert dafür, daß die Ebene 1 nur eine leere Vorstellung, eine Illusion ist, der nichts entspricht. Auf berühmte Weise hat Arthur Schopenhauer (1788–1860) diese Überzeugung im ersten Paragraphen seines Hauptwerks *Die Welt als Wille und Vorstellung* von 1819 zur Sprache gebracht:

»»Die Welt ist meine Vorstellung:‹ – dies ist eine Wahrheit, welche in Beziehung auf jedes lebende und erkennende Wesen gilt; wiewohl der Mensch allein sie in das reflektirte abstrakte Bewußtsein bringen kann: und thut er dies wirklich; so ist die philosophische Besonnenheit bei ihm eingetreten. Es wird ihm dann deutlich und gewiß, daß er keine Sonne kennt und keine Erde; sondern immer nur ein Auge, das eine Sonne sieht, eine Hand, die eine Erde fühlt; daß die Welt, welche ihn umgiebt, nur als Vorstellung da ist, d.h. durchweg nur in Beziehung auf ein Anderes, das Vorstellende, welches er selbst ist. – Wenn irgend eine Wahrheit *a priori* ausgesprochen werden kann, so ist es diese [...].«[37]

Der **Skeptizismus** schließlich argumentiert in diesem Zusammenhang dafür, daß wir nicht entscheiden und d.h. nicht wissen können, ob es eine Außenwelt gibt oder nicht. In der einen oder anderen Form bestimmen diese drei Einstellungen das Spektrum der klassischen Erkenntnistheorie.

---

[37] Schopenhauer: *Die Welt als Wille und Vorstellung*, Bd. 1, S. 31.

Die klassische Erkenntnistheorie kann man insgesamt als ein **konstruktives Theorieprojekt** sehen. Konstruktive Philosophie geht davon aus, daß es philosophische Probleme, zum Beispiel das Außenweltproblem, gibt, die sich durch überzeugende und im besten Fall auch zwingende Argumente motivieren lassen. Philosophische Probleme müssen sich motivieren lassen, weil sie sich nicht einfach von selbst verstehen. Ob es Zeit und Raum wirklich gibt, ob es mehr als nur ein Ding gibt, ob eine Außenwelt hinter dem Schleier unserer Vorstellungen existiert usw., sind anscheinend substantielle Probleme, die uns unter alltäglichen Betriebsbedingungen nur dann interessieren, wenn wir Philosophen sind. Während man bei Starbucks einen Kaffee bestellt, stellt man sich gemeinhin nicht die Frage, ob es überhaupt eine Außenwelt gibt. Wenn man dies ernsthaft in Frage stellte, hätte dies entweder eine sofortige vollständige kognitive und praktische Paralyse zur Folge oder man müßte seine Um- und Mitwelt zumindest auf schizophrene Art und Weise erfahren. Sie denken normalerweise nicht – jedenfalls hoffe ich das für Sie –, daß der einfahrende ICE nach Berlin Ostbahnhof sowie der Berliner Ostbahnhof selbst und außerdem die Milchstraße, der Mond, das Bundeskanzleramt und Ihre Beine, Nase usw. lediglich Halluzinationen oder Traumbilder sein könnten.

Dieser einfache, aber selbst bereits philosophische Hinweis auf die anscheinende Unnatürlichkeit philosophischer Probleme liegt einem veränderten, nicht klassischen Philosophieverständnis zugrunde, das v. a. durch George Edward Moore (1873–1958), Wittgenstein und John Langshaw Austin (1911–1960) berühmt geworden ist. Diesen Philosophen zufolge ist die Philosophie kein **konstruktives**, sondern ein **therapeutisches Projekt**. Wittgenstein etwa geht davon aus, daß die philosophischen Probleme nur durch »die Verhexung unsres Verstandes durch die Mittel unserer Sprache« (PU, §109) entstanden seien, und postuliert, »daß die philosophischen Probleme *vollkommen* verschwinden sollen.« (PU, §133) Philosophische Probleme aufzulösen und als Verwirrungen zu denunzieren, die letztlich auf tief eingewurzelten Mißverständnissen des Funktionierens von Sprache, d. h. auf einer falschen Theorie der Bedeutung, auf einer falschen **Semantik**, beruhen, bezeichnet man als **Therapie** im Unterschied zur **Konstruktion**. Den letzten großangelegten Versuch, die Disziplin der Erkenntnistheorie insgesamt wegzutherapieren, hat Richard Rorty in seinem berühmten Buch *Der Spiegel der Natur: Eine Kritik der Philosophie* von 1979 vorgelegt.

Das Außenweltproblem beruht auf einer bestimmten – und, wie wir in den folgenden Kapiteln sehen werden, keineswegs alternativlosen – **Metaphysik der Intentionalität**. Unter einer »Metaphysik der Intentionalität« verstehe ich eine Theorie der Intentionalität, die diese in ihr nicht-intentionales Umfeld einbettet. Descartes' Metaphysik der Intentionalität bettet die Intentionalität in die Außenwelt im Sinne eines materiellen Bereichs von raumzeitlich ausgedehnten Gegenständen ein. Diese werden dabei als grundlegend nicht-intentional konzipiert. Wie bereits gesehen, ist Descartes dabei einem mentalen Repräsentationalismus verpflichtet. Der Gehalt von Vorstellungen wird von ihm piktorial verstanden. Vorstellungen sind mentale Bilder, die etwas repräsentieren, was kein mentales Bild ist.

Der mentale Repräsentationalismus bildet den Hintergrund für eine ganze Reihe von traditionellen Analysen unserer Bezugnahme auf Gegenstände. Im Rahmen des mentalen Repräsentationalismus sind verschiedene Theorien der Bezugnahme diskutiert worden, die sich jeweils als Theorien der Intentionalität auffassen lassen. Theorien der Intentionalität sind Theorien unserer Bezugnahme auf Gegenstände. Wenn wir uns auf Gegenstände, paradigmatisch auf Gegenstände in der Außenwelt, beziehen, so beziehen wir uns auf diese grundsätzlich so, als ob sie von unserer Bezugnahme unabhängig wären. Wenn man sich etwa auf einen Vortragenden *qua* Gegenstand in der Außenwelt, d. h. auf einen Laute ausstoßenden Körper bezieht, den man im Augenblick eines Vortrages vor sich sieht, so unterstellt man, daß der Körper auch dann an seiner Stelle stünde und Laute ausstieße, wenn man nicht zum Vortrag erschienen wäre oder wenn man seine Blicke auf andere, je nach Interessenlage für einen viel attraktivere Gegenstände im Vortragssaal richtete. Die Existenz des Gegenstands »Redner« hängt also nicht von unserer Aufmerksamkeit auf diesen Gegenstand ab.

Natürlich könnten Sie sich täuschen. Sie könnten heute morgen versehentlich einen Kaffee getrunken haben, in den eine Droge gemischt war, die Halluzinationen auslöst. Anstatt das Haus zu verlassen, sind Sie nach der morgendlichen Dusche in Ihren Wohnzimmersessel gesunken, haben ein wonniges Gefühl in der Magengegend empfunden und: schwups, schien es Ihnen, als ob Sie in einem Hörsaal säßen, in dem Ihnen vielleicht jemand weismachen will, daß Sie nicht einmal wissen, ob er existiert oder ob Sie nicht doch heute morgen versehentlich einen Kaffee getrunken haben, in den eine Droge gemischt war. Die phänomenalen Daten, auf die Sie Zugriff haben: Töne, Farben, allgemeine Befindlichkeit, morgendlicher Kaffeegeschmack usw., könnten insgesamt auf die eine oder andere Weise simuliert werden, ohne ihre phänomenale Qualität zu ändern.

Unabhängig von solchen skeptischen Szenarien gilt aber, daß wir uns immerhin auf Gegenstände so beziehen können, als ob diese von der Bezugnahme unabhängig existierten, was ich **Als-ob-Intentionalität** nenne. Im Erfolgsfall ist die Als-ob-Intentionalität auch eine Daß-Intentionalität, insofern, als sie sich darauf bezieht, daß p, und p der Fall ist.

Wir beziehen uns auf gewöhnliche mesoskopisch beobachtbare Gegenstände gemeinhin immerhin so, als ob sie unabhängig von dieser Bezugnahme existierten. Dies kann man auch so ausdrücken, daß es Gegenstände gibt, die wir so setzen, als ob sie nicht gesetzt wären. Wir setzen also einige Gegenstände als nicht-gesetzt. D.h. im Unterschied zu Gegenständen, die nur in Abhängigkeit von uns existieren (z. B. Hunger, Begierden aller Art, Erinnerungen usw.), nehmen wir an, daß es Gegenstände gibt, die unabhängig von uns existieren, wobei diese Annahme gleichzeitig unterstellt, daß die betreffenden Gegenstände auch von *dieser* Annahme unabhängig existieren. Sie sollen mit anderen Worten keine bloßen theoretischen Konstrukte, sondern wirklich diejenigen Gegenstände sein, für die wir sie halten. Das Wasser fließt auch unabhängig von unserem Fürwahrhalten die Donau herab. So scheint es jedenfalls.

Der Irrtum der Cartesischen Metaphysik der Intentionalität besteht nun darin, daß sie ihren eigenen theoretischen Status noch nicht hinreichend reflektiert. Im Bild gesprochen kann man sagen, daß sie trotz all ihrer hoch reflektierten Befürchtungen und skeptischen Vorbehalte vergißt, daß es sich beim Gemälde Magrittes selbst um ein Gemälde handelt! Wenn das Gemälde Magrittes selbst ein Gemälde ist und wenn der Inhalt des Gemäldes zeigt, daß Gemälde etwas verschieben und verdecken und nur dadurch suggerieren, es gebe etwas hinter dem Gemälde, dann gilt all dies auch für das Gemälde selbst, d.h. für die Ebene 4, in der wir übrigens selbst existieren. In der Ebene 4 existiert das Gemälde Magrittes in der Ebene 1 der Ebene 4! Mit dieser Reflexion wird aber das gesamte Problem völlig neu konfiguriert. Denn nun müßte man bedenken, daß es Ebenen in Ebenen gibt, z. B. die drei vormaligen Ebenen in der neuen Ebene 1, d. h. als existierender Gemälde-Gegenstand, auf den wir uns als Kunstbetrachter beziehen. Wer diesen Gegenstand versteht, versteht, daß er aus Ebenen besteht. Wenn aber

Konfigurationen von Ebenen in Ebene 1 existieren können, kann man nicht mehr davon ausgehen, daß die Außenwelt all dasjenige ist, was es ohnehin und damit diesseits der Wahrheitswertdifferenz gibt. Wahrheitswertdifferenz existiert selbst, sie kommt nicht gleichsam extramundan zu den ohnehin existierenden, raumzeitlich ausgedehnten materiellen Gegenständen hinzu. Wenn wir uns täuschen, täuscht sich die Welt selbst.

Das Außenweltproblem resultiert aus einer bestimmten Metaphysik bzw. aus einer bestimmten Ontologie. Diese Ontologie ist erkenntnistheoretisch unzureichend begründet. Denn sie schließt aus der Als-ob-Intentionalität, d. h. aus dem Umstand, daß wir uns im Rahmen des mentalen Repräsentationalismus verständlich machen können, daß es etwas geben muß, das nicht von der Art mentaler Bilder ist (eben dasjenige, was die Bilder abzubilden trachten), auf eine bestimmte Beschaffenheit dieser Gegenstände. Dies hat bei Descartes den Grund, daß er letztlich der typisch neuzeitlichen Überzeugung war, daß die in der Sprache der Mathematik formulierbaren Naturwissenschaften einen epistemisch privilegierten Zugang zur Welt haben, wie sie wirklich ist. Zwar bedroht der dritte Schritt des Cartesischen Skeptizismus auch und v. a. die mathematische Erkenntnis, doch geht es Descartes genau deshalb darum, diese durch einen Gottesbeweis in den folgenden Meditationen um so tatkräftiger zu flankieren.

Nun hat Kant gegenüber Descartes allerdings einen wichtigen Schritt nach vorne getan. Denn Kant hat entdeckt, daß die Als-ob-Intentionalität nicht nur mit einem Außenwelt-, sondern mit einem viel tiefer greifenden Innenweltproblem einhergeht. Dadurch ist er u. a. – sicherlich unbeabsichtigt – zum Begründer der modernen Tiefenpsychologie geworden.[38] Dabei ist seine Entdeckung grundlegend und leicht nachvollziehbar.

---

[38] Vgl. dazu David-Ménard, M.: *La folie dans la raison pure*. Paris 1990. Vgl. auch Rauer, C.: *Wahn und Wahrheit. Kants Auseinandersetzung mit dem Irrationalen*. Berlin 2007. Die klassische Vorarbeit auf diesem Gebiet ist Foucault: *Wahnsinn und Gesellschaft*.

2. Der Kantische Skeptizismus

In Anlehnung an einen Aufsatz James Conants kann man grundsätzlich zwischen einem *Cartesischen* und einem *Kantischen Skeptizismus* unterscheiden.[39] Conants eigene Analyse dieser beiden Formen des Skeptizismus läßt sich im folgenden Gedankengang zusammenfassen. Während der Cartesische Skeptizismus von der Frage seinen Ausgang nimmt, ob unsere Wissensansprüche jemals gelingen, d. h. ob wir überhaupt *wahre* Gedanken haben, problematisiert der Kantische Skeptizismus die Wahrheitsfähigkeit von Gedanken überhaupt. Der Cartesische Skeptizismus problematisiert **die Wahrheit von Gedanken**, während der Kantische Skeptizismus **die Wahrheitsfähigkeit von Gedanken**, d. h. deren interne Struktur destabilisiert. Dem Kantischen Skeptizismus geht es nicht so sehr um die Frage, wie Gedanken, d. h. bereits semantisch stabile intentionale Strukturen, imstande sein können, nicht-intentionale Strukturen zu erfassen und gleichzeitig sicherzustellen, daß die Bedingungen der Erfassung erfüllt sind. Vielmehr geht es um die grundsätzlichere Frage, ob die interne Struktur von Gedanken es überhaupt zuläßt, daß sie semantisch stabil sind.

Kant weist an einer für Conants Analyse einschlägigen Passage in der ersten Auflage der *Kritik der reinen Vernunft* darauf hin, daß wir uns auf stabile Gegenstände überhaupt nur dann mit wahrheitsfähigen Gedanken beziehen können, wenn wir eine funktionierende Struktur des Selbstbewußtseins unterstellen.[40] Wir müssen unterstellen, daß unsere Begriffe eines bestimmten Gedankens miteinander zusammenhängen, d. h., wir bedürfen einer »Synthesis nach Begriffen« (KrV, A112). Nehmen wir als Beispiel eine Tür. Die Tür läßt sich öffnen, sie hat einen Türgriff, Scharniere, ein bestimmtes Material usw. All diese Eigenschaften hängen zusammen. Doch dieser Zusammenhang ist uns nur dann erschlossen oder zugänglich, wenn wir die Eigenschaften als Prädikate für mögliche Urteile auffassen können. Um zu verstehen, daß die Tür sich öffnen läßt, müssen wir verstehen, was es bedeutet, daß sich etwas öffnen läßt; um zu verstehen, daß die Tür Scharniere hat, müssen wir ein Verständnis des Prädikats haben ... *dreht sich*. Wir müssen demnach einen Zusammenhang zwischen Öffnen und Drehen herstellen können. Dies verlangt zwar nur eine geringe begriffliche Kompetenz,

---

[39] Vgl. hierzu Conant: »Spielarten des Skeptizismus«.
[40] Vgl. KrV, A 111–112.

die wir insofern für geringachten, als wir sie andauernd ausüben, doch ist es keineswegs selbstverständlich, daß wir unsere Begriffe immer in einer gelingenden, begrifflich geordneten Abfolge, d. h. in einer Synthesis, darstellen können. Die Identität eines Gegenstandes hängt für uns immer davon ab, wie wir ihm eine Pluralität von Eigenschaften im Urteil, d. h. in der Form wahrheitsfähiger Gedanken zuschreiben. Damit wir also überhaupt irgend etwas über einen Weltausschnitt erfahren können – sei dies nun ein Gegenstand oder eine Tatsache, d. h. etwas, das über einen Gegenstand oder mehrere Gegenstände wahr sein kann –, müssen bereits semantische Stabilitätsbedingungen erfüllt sein, die Kant an der erwähnten Stelle als »durchgängige und allgemeine, mithin notwendige Einheit des Bewußtseins, in dem Mannigfaltigen der Wahrnehmungen« (ebd.) bezeichnet. Eine »Erfahrung« ist ein komplexer Vorgang, der mindestens Zeit und eine minimale Pluralität kognitiver Operationen in Anspruch nimmt. Diese temporale und operationale Pluralität muß semantisch stabilisiert werden können, damit wir einen wahrheitsfähigen Gedanken, etwa den Gedanken, daß sich die Tür dort öffnen läßt, denken können. Ließe sich dies nicht sicherstellen, dann bezögen sich die einzelnen sensorischen Episoden, in denen sich uns die Tür zeigt, d. h. Tür zu t_1 beobachtet von Position p_1, Tür zu t_2 beobachtet von p_2 usw., überhaupt nicht mehr auf einen einzelnen, über die Episoden hinweg identischen Gegenstand. Diese Episoden, die Kant an der zitierten Stelle als »Wahrnehmungen« bezeichnet, »würden alsdenn auch zu keiner Erfahrung gehören, folglich ohne Objekt, und nichts als ein blindes Spiel der Vorstellungen, d. i. weniger, als ein Traum sein.« (ebd.)

Der Kantische Skeptizismus destabilisiert demnach auch noch das Traumproblem. Wenn die Wahrheitsfähigkeit von Gedanken, d. h. ihre semantische Stabilität, attackiert wird, können wir nicht einmal mehr annehmen, wir hätten eine Als-ob-Intentionalität im Leerlauf. Wir bezögen uns nicht einmal mehr auf Gegenstände so, als ob sie von dieser Bezugnahme auch nur potentiell unabhängig wären. Es drohte ein völlig dissoziiertes Chaos oder »Gewühle«, wie Kant auch sagt:

»Einheit der Synthesis nach empirischen Begriffen würde ganz zufällig sein und, gründeten diese sich nicht auf einen transzendentalen Grund der Einheit, so würde es möglich sein, daß ein Gewühle von Erscheinungen unsere Seele anfüllete, ohne daß doch daraus jemals Erfahrung werden könnte. Alsdenn fiele aber auch alle Beziehung der Erkenntnis auf Gegenstände weg, weil ihr die Verknüpfung nach allgemeinen und notwendigen Gesetzen mangelte, mithin würde sie zwar gedankenlose Anschauung, aber niemals Erkenntnis, also für uns so viel als gar nichts sein.« (KrV, A111)

Kant bezeichnet den Cartesischen Skeptizismus als »problematischen Idealismus« (KrV B 274). Dieser hält, so Kant, »das Dasein der Gegenstände im Raum außer uns [...] für zweifelhaft« (KrV, B 274). Der Cartesische Skeptizismus wird demnach paradigmatisch durch das Außenweltproblem definiert. Da damit alle anderen Subjekte, deren Dasein jedem einzelnen Subjekt ebenfalls nur durch seine sensorischen Registraturen zugänglich ist, zu zweifelhaften Objekten werden, droht unter diesen Bedingungen immer ein Solipsismus Einzug zu halten. Erst im nachhinein kann ein Cartesischer Skeptiker mittels einer antiskeptischen Strategie einen Rückweg in die geteilte, d. h. objektive Welt finden. Bereits diese Aufgabe, ein geeignetes Gegengift für den Cartesischen Skeptizismus zu finden, erscheint schwierig.

Kant wirft allerdings ein skeptisches Problem auf, das viel radikaler ist als die skeptischen Szenarien des Cartesischen Skeptizismus. Denn er bleibt nicht beim methodischen Solipsismus und dem mit diesem verbundenen Begriff einer bereits stabilen Als-ob-Intentionalität stehen. Kant problematisiert vielmehr von vornherein die Bedingungen der Möglichkeit der objektiven Ausrichtung unserer Vorstellungen (des »objective purport«, wie Conant dies nennt). Demnach geht es bei Kant primär nicht mehr um die Frage, wie wir *a priori* sicherstellen können, daß eine hinreichend große Menge unserer Überzeugungen über die Welt *wahr* ist. Vielmehr geht es an erster Stelle darum zu garantieren, daß unsere Überzeugungen überhaupt wahrheits*fähig* in dem Sinne sind, daß sie sich auf Gegenstände so beziehen können, *als ob* diese Gegenstände von dieser Beziehung unabhängig wären. Die Kantische Problematik fragt demnach nach den Bedingungen der Wahrheits*fähigkeit* unserer Vorstellungen: Wie können sich Vorstellungen und mithin Überzeugungen überhaupt auch nur auf etwas richten, was von diesen potentiell unabhängig ist?

Zwar taucht diese radikale Fragestellung durchaus auch schon im dritten Schritt des Cartesischen Skeptizismus, d. h. im Anhang des *genius malignus*, auf. Für Descartes scheint es dabei aber nirgends ein Problem darzustellen, daß er sich als denkendes Wesen auf sich selbst als denkendes Wesen richten kann. Die Selbstbezüglichkeit des Denkens garantiert dem berühmten *Cogito* zufolge gar ihre eigene Wahrheit. Diese Operation setzt voraus, daß es eine epistemische Asymmetrie zwischen Überzeugungen über die Welt und Überzeugungen über unsere mentalen Zustände gibt. Wenn ich auch nicht ohne weiteres wissen kann, ob die Vorstellung eines Gegenstandes, sagen wir eines Tisches, wirklich die Repräsentation genau desjenigen Gegenstandes ist, den sie mir präsentiert, so kann ich mir doch immerhin gewiß sein, daß ich eine Vorstellung habe, die mir einen Tisch präsentiert. Diese Präsentation verbürgt nur nicht, daß sie auch eine *Re*präsentation ist.

Doch wie steht es um die Repräsentation des Denkenden selbst? Descartes nimmt an, der oder die Denkende sei eine Substanz, d. h. etwas, das durchaus zufällige Eigenschaften haben mag, das aber nicht identisch mit irgendeiner dieser zufälligen Eigenschaften ist, sondern unabhängig von diesen an sich besteht. Wenn der oder die Denkende eine Substanz ist, wie Descartes annimmt, wie kann ich dann sicher sein, daß ich mich auf eine denkende Substanz beziehe, wenn ich mich auf eine denkende Substanz zu beziehen beabsichtige? Denn offenkundig kann diese denkende Substanz ihrer Existenz nach ebensowenig davon abhängen, daß jemand sich *hic et nunc* auf sie bezieht, wie die ausgedehnte Substanz, also etwa ein Tisch, in einem unverdächtigen Sinne davon abhängen kann, daß jemand sich auf ihn bezieht. Wenn alles, was denkt, eine Substanz ist, dann ist unsere Bezugnahme auf alles, was denkt, uns selbst eingeschlossen, ebenso fallibel wie unsere Bezugnahme auf alle anderen Gegenstände. Kant bringt diese Problematik auf den Punkt, wenn er annimmt, daß auch unsere Überzeugungen über uns selbst auf **Erscheinungen** und nicht auf **Dinge an sich** Bezug nehmen. Erscheinungen sind Gegenstände wahrheitsfähiger Gedanken, während Dinge an sich Gegenstände sind, die möglicherweise nicht einmal in der Form von Gegenständen wahrheitsfähiger Gedanken angepeilt werden können oder, etwas vereinfacht: Erscheinungen sind die Gegenstände, auf die wir uns beziehen können (die uns erscheinen können), Dinge an sich sind die Gegenstände, wie sie unabhängig von den spezifischen Möglichkeiten der Bezugnahme sind. *Qua* intentionale Korrelate einer Bezugnahme sind wir uns selbst keineswegs anders gegeben als unverdächtigere Objekte wie Tische, Bäume und Flüsse.[41] Für

---

[41] Vgl. etwa KrV, B 68: »Alles, was durch einen Sinn vorgestellt wird, ist so fern jederzeit Erscheinung, und ein innerer Sinn würde also entweder gar nicht eingeräumt werden müssen, oder das Subjekt, welches der Gegenstand desselben ist, würde durch denselben nur als Erscheinung vorgestellt werden können, nicht wie es von sich selbst urteilen

II. Kapitel: Formen des Skeptizismus

Kant ist ein Gegenstand alles, was in Raum und/oder Zeit erscheint. Sprich, alles, worauf wir uns beziehen, ist ein Gegenstand und als Gegenstand ein Gegenstand einer wahrheitsfähigen und damit fallibeln Bezugnahme. Ob dieser Umstand uns selbst oder einen Kieselstein im Rhein betrifft, spielt gar keine besondere Rolle. Die Gesetze der Bezugnahme gelten in einem radikalen Sinne ohne Ansehen der Person (wobei die Sache dadurch erschwert wird, daß Kant Wesen, die dieses erkennen können, als Personen ansieht).

Bei Kant wird nun die Einheit des vorstellenden Subjekts und folglich die Einheit eines intentionalen Korrelats, einer stabilen mentalen Repräsentation überhaupt, zum Problem. Damit droht zum ersten Mal ein semantischer Nihilismus, d. h. die Annahme der möglichen Unmöglichkeit von Bedeutung und damit von »Beziehung aufs Objekt« (KrV, B 300) überhaupt. Der *Cartesische Skeptizismus* fragt lediglich, ob es ein *ontologisches* Korrelat unabhängig davon gibt, daß es intentionale Korrelate gibt, bzw. wie wir wissen können, ob dies der Fall ist. Er fragt, ob es in der Außenwelt vorstellbare Objekte gibt, deren Dasein unabhängig davon ist, daß wir sie vorstellen. Der *Kantische Skeptizismus* hingegen problematisiert die in der Cartesischen Frage implizierte Annahme, wir könnten uns immerhin sicher sein, daß wir einen stabilen semantischen Bezug auf unsere eigenen Vorstellungen, d. h. stabile *intentionale* Korrelate haben. Die epistemische Bezugnahme auf Gegenstände der Innenwelt, d. h. auf Zustände des Subjekts, ist Kant nicht minder verdächtig als die epistemische Bezugnahme auf äußere Gegenstände.

Das radikalisierte skeptische Problem Kants ist demnach, wie wir sicherstellen können, daß die Vorstellungen, die wir zu haben meinen, überhaupt jeweils »*meine* Vorstellungen« (KrV § 16) sind.[42] Wie können wir mit anderen Worten sicherstellen, daß wir nicht immer schon Opfer einer Art semantischer Schizophrenie sind und »ein so vielfärbiges verschiedenes Selbst haben, als ich Vorstellungen habe, deren ich

---

würde, wenn seine Anschauung bloße Selbsttätigkeit, d. i. intellektuell, wäre.« Vgl. auch KrV, B 155 f.

[42] Vgl. KrV, B 123 f.: »Die mannigfaltigen Vorstellungen, die in einer gewissen Anschauung gegeben werden, würden nicht insgesamt *meine* Vorstellungen sein, wenn sie nicht insgesamt zu einem Selbstbewußtsein gehörten, d. i. nicht als meine Vorstellungen (ob ich mich ihrer gleich nicht als solcher bewußt bin) müssen sie doch der Bedingung notwendig gemäß sein, unter der sie allein in einem allgemeinen Selbstbewußtsein zusammenstehen *können*, weil sie sonst nicht durchgängig mir angehören würden.«

mir bewußt bin« (KrV, B 134)? Denn wir können uns nicht mit einer direkten Intention auf uns selbst als denkende Instanzen beziehen, ohne dadurch einen falliblen Zugang zu uns selbst zu etablieren. Wäre die Einheit des denkenden Subjekts substantiell, d. h. die Einheit eines epistemisch und ontologisch ausgezeichneten Gegenstandes, wie Descartes annimmt, dann drohten sich unsere Vorstellungen in das von Kant befürchtete »Gewühle von Erscheinungen« aufzulösen.

Das Definiens des Kantischen Skeptizismus kann man in dieser Radikalisierung des dritten Schritts des Cartesischen Skeptizismus sehen. Es könnte sein, daß unsere Gedanken nicht einmal wahrheitsfähig sind. Wahrheitsfähige Gedanken sind möglicherweise unmöglich. Noch einmal: Es geht beim Skeptizismus nur in einer oberflächlichen Auffassung darum, unmittelbar zu beweisen, daß wir nichts wissen können. Vielmehr geht es darum, daß wir nicht wissen können, ob wir etwas wissen können. Es könnte sein, daß wir nichts wissen können, da etwa – so die Vermutung des Kantischen Skeptizismus – unsere Wahrheitsfähigkeit bereits daran scheitern könnte, daß sie ihre Bedingungen nicht erfüllt oder gar nicht erfüllen kann. Vor diesem Hintergrund entfaltet der Kantische Skeptizismus ein Innenweltproblem, das Descartes in dieser Form noch nicht vorschwebte, wenn es sich auch mit dem *genius malignus* ankündigt.

2.1. Das Innenweltproblem

Das Außenweltproblem entspringt der Annahme einer »schlechthin scheidenden Grenze« (TWA, 3, 68), die zwischen Geist und Außenwelt verlaufen soll. Traditionell wurde es mit dem Traumproblem in Verbindung gebracht, d. h. mit der Frage, wie wir überhaupt jemals sicherstellen können, daß das Leben kein langer Traum ist. Der traumartige Aspekt, der dabei im Zentrum steht und der die Grenzziehung definiert, liegt nicht in der zeitlichen Trennung von konfusen Traumzuständen und geordneten Wachzuständen, was auch eine Möglichkeit wäre, sich der Differenz von Träumen und Wachen zu nähern. Vielmehr geht es darum, die Lücke zwischen wahrheitsfähigen Überzeugungen und ihrer Wahrheit für skeptische Manöver auszunutzen. Diese Lücke besteht darin, daß aus dem Vorliegen einer wahrheitsfähigen Überzeugung nicht unmittelbar folgt, daß sie auch wahr ist. Wir können unseren Überzeugungen als solchen nicht ansehen, ob sie wahr oder falsch sind, bzw. etwas genauer: Einer Überzeugung zu sein, schließt noch nicht ein, daß man die Wahrheit dieser Überzeugung vollständig etabliert hat. Wenn man beispielsweise hört, wie sich jemand anpirscht, ist man der Überzeugung, daß sich jemand anpirscht. Diese Überzeugung kann falsch sein. Dieser Überzeugung zu sein hingegen impliziert nicht, daß man ihr Falschseinkönnen mit in Betracht zieht. Es besteht hier ein wichtiger Unterschied zwischen der Tatsache, daß man einer Überzeugung ist, und der Tatsache, hinsichtlich derer man überzeugt ist.

Um die Wahrheit einer wahrheitsfähigen Überzeugung zu etablieren, bedarf es immer weiterer Überzeugungen, die einen größeren Zusammenhang herstellen. Mindestens muß ein Zusammenhang zwischen einer Überzeugung und dem, worauf sie Bezug nimmt, bestehen können. Dies ist immerhin in dem minimalen Sinn eine Objektivitätsbedingung von Überzeugungen, daß der Inhalt der betreffenden Überzeugung nicht in allen Fällen nur dadurch besteht, daß die Überzeugung besteht. In genau diesem Sinne ist es nicht deswegen wahr, daß ein Tisch vor mir steht, weil ich der Überzeugung bin, daß ein Tisch vor mir steht. Anders verhält es sich im Traum. Wenn ich träume, daß ein Tisch vor mir steht, dann besteht der damit vorgestellte Gehalt, etwa die raumzeitlich, farblich, bildhaft geordnete Vorstellung eines Tisches vor irgendeinem Hintergrund, darin, von mir vorgestellt zu werden. Im Traum besteht die Lücke zwischen Überzeugung und Wahrheit insofern nicht in derselben Weise wie im Wachzustand, als es im Traum gar keine Gegenstände gibt, die auch nur potentiell überzeugungsunabhängig wären.

Nun könnte es sein, so das Außenweltproblem, daß es sich eigentlich immer so wie im Traum verhält. Woher wissen wir denn, daß es die Lücke zwischen Überzeugungen und Gegenständen bzw. Tatsachen wirklich gibt? Ist nicht der Gedanke, daß meine Überzeugung, daß vor mir ein Tisch steht, nicht allein deswegen wahr ist, weil ich sie habe, seinerseits eine Überzeugung? Wenn diese Überzeugung über Überzeugungen selbst wahrheitsfähig ist, dann ist sie nach allem bisher Gesagten auch fallibel. Nun ist das Traumszenario genau so konstruiert, daß die Überzeugung über Überzeugungen sich als falsch erweist, da es in ihm gar keine Wahrheit im Sinne überzeugungsunabhängiger Tatsachen gibt.

Wie besprochen, operiert Descartes vor diesem Hintergrund mit der Annahme einer epistemischen Asymmetrie zwischen Geist und Welt. Es ist sein erklärtes Beweisziel zu zeigen, »daß sich der menschliche Geist bekannter ist als der Körper.«[43] Dies liegt daran, daß die Selbsterkenntnis des Geistes in Descartes' Auffassung deswegen sicherer ist, weil es in ihr keine überzeugungsunabhängigen Gegenstände gibt, die sich jenseits einer schlechthin scheidenden Grenze befinden könnten. Unsere Überzeugungen über Überzeugungen bringen ihre Gegenstände nämlich allererst hervor, was Fichte später als »intellektuelle Anschauung« bezeichnet hat, d. h. als eine wahrheitsfähige Überzeugung, die ihren Inhalt dadurch hervorbringt, daß sie besteht.

Nun folgt die Asymmetrie aus einer Theorie unserer Überzeugungen, die *epistemische Absichten* voraussetzen. Sofern wir uns mit einer epistemischen Absicht auf ein intentionales Korrelat beziehen, haben wir keine wahrheitsgarantierenden Gründe dafür, daß dem *intentionalen* Korrelat, dem Inhalt der Absicht, ein *ontologisches* Korrelat, eine Substanz, entspricht, welche der von der Semantik der epistemischen Absicht festgelegte Wahrmacher der Absicht wäre.

Allerdings hat Kant als erster deutlich entdeckt, daß unsere Selbsterkenntnis als Erkenntnis gar nicht prinzipiell von der Erkenntnis von Gegenständen oder Tatsachen in der so genannten »Außenwelt« unterschieden werden kann. Denn auch Selbsterkenntnis setzt epistemische Absichten voraus, die zu Überzeugungen werden können. Diese sind als Überzeugungen wahrheitsfähig und damit fallibel, was stets die Kehrseite der Wahrheitsfähigkeit ist und zwar ungeachtet des angepeilten Gegenstandsbereiches.

Vor diesem Hintergrund argumentiert Kant nun folgendermaßen: Angenommen, das Selbst wäre eine Substanz, wie Descartes dies vorschwebt. In diesem Modell sind Überzeugungen und Vorstellungen Eigenschaften der denkenden Substanz. Diese ist demnach mit keiner einzelnen Überzeugung oder Vorstellung identisch. Demnach kann sie verfehlt werden, indem wir sie etwa irrtümlicherweise mit einer einzelnen Überzeugung oder Vorstellung identifizieren, was übrigens ein ganz natürlicher psychischer Vorgang ist. Denn in jeder der vielfältigen Situationen unseres Lebens identifizieren wir uns mit der für die Situation relevanten Selbstauffassung. Andere mögliche und wirkliche Selbstauffassungen müssen ausgeblendet oder verdrängt werden, da wir sonst gar nicht mehr funktionieren und uns entwickeln könnten.

---

[43] So lautet das Programm der *zweiten Meditation*, die den Titel trägt: »De natura mentis humanae: quod ipsa sit notior quam corpus« (Descartes: *Meditationen*, S. 17; AT, VII 23).

Wenn das Selbst aber gerade deswegen verfehlt werden kann, weil wir es als Substanz auffassen, so hebt ausgerechnet die Annahme einer denkenden Substanz die vermeintliche Selbstgewißheit des Denkens auf. Kant bringt dies an einer vielzitierten Stelle folgendermaßen auf den Punkt:

»Durch dieses Ich, oder Er, oder Es (das Ding), welches denkt, wird nun nichts weiter, als ein transzendentales Subjekt der Gedanken vorgestellt = x, welches nur durch die Gedanken, die seine Prädikate sind, erkannt wird, und wovon wir, abgesondert, niemals den mindesten Begriff haben können; um welches wir uns daher in einem beständigen Zirkel herumdrehen, indem wir uns seiner Vorstellung jederzeit schon bedienen müssen, um irgend etwas von ihm zu urteilen« (KrV, B 404).

In Anlehnung an eine Arbeit von Dieter Henrich (*1927) kann man dies als **Reflexionsproblem** bezeichnen.[44] Das Reflexionsproblem besteht darin, daß sich das denkende Selbst nur dann als Substanz erfassen kann, wenn es sich so von sich distanziert, daß es sich zugleich verfehlen kann. Darüber hinaus verfehlt es sich in jedem Fall seiner Bezugnahme auf sich selbst tatsächlich zumindest in der Hinsicht, daß es sich als Inhalt einer Erkenntnis durch sich selbst stets von dem gerade erkennenden Selbst insofern unterscheidet, als es erkannt wird und darin nicht auch erkennt. Es ist wie mit einem Spiegelbild. Selbst wenn wir uns im Spiegel durchaus selbst erkennen können, sind wir doch nicht mit dem Spiegelbild identisch, eine Einsicht, die Lacan, dem wir schon einige Male begegnet sind, mit seiner berühmten Theorie des »Spiegelstadiums als Bildner der Ichfunktion«[45] im zwanzigsten Jahrhundert ausgearbeitet hat.

Mit diesen Überlegungen sind wir im Auge des Kantischen Wirbelsturms angelangt. Kant wendet die Cartesische Problematik gegen Descartes auf die vermeintlich infallible Selbstbeziehung der denkenden Substanz an. Kant erkennt, daß der Cartesische Skeptizismus anders funktioniert, als Descartes selbst dies eingesehen hat. Er widerspricht demnach Descartes' eigener theoretischer Diagnose der Cartesischen Problematik, indem er die epistemische Asymmetrie zwischen Geist und Welt auf den Geist selbst anwendet und darauf aufmerksam macht, daß der Geist selbst zumindest dann zur Welt gehört, wenn er sich auf

---

[44] Vgl. Henrich, D.: *Fichtes ursprüngliche Einsicht*. Frankfurt am Main 1967.
[45] Vgl. Lacan, J.: »Das Spiegelstadium als Bildner der Ichfunktion«, in: Ders.: *Schriften I*. Übers. und hrsg. von N. Haas, Weinheim/Berlin 1986, S. 61–70.

sich selbst bezieht. Der Geist bettet sich in die Tatsachenstruktur ein, indem er sich auf sich selbst bezieht.

Das Problem läßt sich nicht durch den Cartesischen Dualismus lösen, da dieser lediglich behauptet, daß die Welt aus zweierlei grundlegenden Typen von Gegenständen bestehe: aus denkender und ausgedehnter Substanz. Das eigentliche Problem des Cartesischen Skeptizismus ist aber, wie wir gewährleisten können, daß wir uns auf die Welt beziehen. Wenn nun aber derjenige, diejenige oder dasjenige, was sich auf die Welt bezieht, *qua* Substanz selbst zur Welt gehört, führt die epistemische Asymmetrie in die Sackgasse eines semantischen Nihilismus. Wie der portugiesische Dichter Fernando Pessoa (1888–1935) in seinem Meisterwerk, dem posthum erschienenen *Buch der Unruhe*, bemerkt hat, folgt der semantische Nihilismus aus dem Traumproblem, d.h. aus der Annahme, daß wir letztlich in unseren Vorstellungen, in unseren mentalen Zuständen gefangen sein könnten.

»An ›Wirklichem‹ haben wir nur unsere Wahrnehmungen, aber ›wirklich‹ (eine unserer Wahrnehmungen) bedeutet nichts, noch bedeutet ›bedeuten‹ etwas, noch hat das Wort ›Wahrnehmung‹ einen Sinn, noch ist ›Sinn haben‹ etwas, das einen Sinn hätte. Alles ist ein und dasselbe Geheimnis. Ich bemerke jedoch, daß nicht einmal **alles** etwas bedeuten kann oder ›Geheimnis‹ ein Wort ist, das eine Bedeutung hätte.«[46]

Wir können nicht mehr sicherstellen, daß es überhaupt Bezugnahme auf Gegenstände gibt. Denn die Bezugnahme auf Gegenstände wird zumindest in der philosophischen Selbsterkenntnis selbst zum Gegenstand eines Wissensanspruchs, der in seiner Eigenschaft als Wissensanspruch seine eigene Wahrheit nicht *a priori* verbürgen kann.

Kant reflektiert darauf, daß unsere Intentionalität zweiter Stufe, die der Cartesische Skeptiker unkritisch in Anspruch nimmt, ebensowenig infallibel sein kann wie unsere Intentionalität erster Stufe, woraus sich die konsequente Zuspitzung des Cartesischen Außenweltproblems zu einem Innenweltproblem ergibt.[47] Das Innenweltproblem und

---

[46] Pessoa, F.: *Das Buch der Unruhe des Hilfsbuchhalters Bernardo Soares*. Übers. von I. Koebel, hrsg. von R. Zenith, Zürich 2010, hier: S. 660f.

[47] Die Spontaneität des Urteilens verweist Kant zufolge zwar auf eine synthetisierende Aktivität, was allerdings keinerlei Rückschluß auf deren ontologischen Status erlaube. Vgl. etwa KrV B 278: »Das Bewußtsein meiner selbst in der Vorstellung *Ich* ist gar keine Anschauung, sondern eine bloß *intellektuelle* Vorstellung der Selbsttätigkeit eines denkenden Subjekts.« Ohne Apperzeption gäbe es Kant zufolge auch keine Erscheinungen. Vgl. ausdrücklich KrV, A 111 f.: »Die Möglichkeit aber, ja sogar die Notwendigkeit dieser

II. Kapitel: Formen des Skeptizismus

der mit diesem assoziierte Kantische Skeptizismus ergeben sich aus der folgerichtigen Anwendung der Formulierungbedingungen des Außenweltproblems auf die Innenwelt. Denn auch in dieser gibt es Gegenstände, wenn man unter »Gegenständen« nichts anderes versteht als dasjenige, worüber man wahrheitsfähige Überzeugungen haben kann. Da wahrheitsfähige Überzeugungen aber aufgrund ihrer Wahrheitsfähigkeit fallibel sind, können wir uns über uns selbst täuschen und uns grundsätzlich verfehlen. Damit können wir dann auch unsere eigene Intentionalität verfehlen. Verfehlten wir sie systematisch, d. h. aus prinzipiellen Gründen, wäre unser mentales Innenleben, wie Kant schreibt, »weniger, als ein Traum.« (KrV, A 112)

Damit hebt Kant auf den folgenden Sachverhalt ab: Das mit dem Außenweltproblem traditionell einhergehende Traumargument nimmt an, daß wir auch dann semantisch stabile Vorstellungen hätten, wenn es nichts gäbe, was ihnen in einer Außenwelt entspricht. Auf diese Weise wird eine »schlechthin scheidende Grenze« zwischen Geist und Welt ermöglicht, die der Cartesische Skeptizismus dann tatsächlich einklagt. Kants Diagnose zufolge ergibt sich dieses Problem aus einer semantischen Überlegung, die auch in der Innenwelt greift. Dies bedeutet, daß Träume nicht in dem Sinne infallibel sind, daß sie ohnehin keine Traum-externen, überzeugungsunabhängigen Gegenstände beinhalten. Es könnte vielmehr sein, daß die schlechthin scheidende Grenze auch in der Innenwelt installiert ist und wir uns in einer völligen Illusion bezüglich unserer selbst befinden. Unsere Überzeugungen könnten aus semantischen Gründen völlig von jeder Wahrheit abgeschottet sein, ohne daß wir dies einschätzen könnten, da alle uns zur Verfügung stehenden kognitiven Verfahren zumindest das Funktionieren einer minimalen diskursiven Rationalität voraussetzen. Es bedarf sowohl eines »Vermögens der Regeln«, das Kant »Verstand« nennt, als auch eines »Vermögens zu schließen«, das er »Vernunft« nennt, um semantisch stabile Vorstellungen zu haben.[48] Doch die Aktualisierung von Vermögen vermag jederzeit hinter dem Optimum eines Erfolgsfalles zu-

---

Kategorien beruht auf der Beziehung, welche die gesamte Sinnlichkeit, und mit ihr auch alle möglichen Erscheinungen, auf die ursprüngliche Apperzeption haben, in welcher alles notwendig den Bedingungen der durchgängigen Einheit des Selbstbewußtseins gemäß sein, d. i. unter allgemeinen Funktionen der Synthesis stehen muß, nämlich der Synthesis nach Begriffen, als worin die Apperzeption allein ihre durchgängige und notwendige Identität a priori beweisen kann.«
[48] Vgl. KrV A 299 f./B 355, A 330 f./B 386 ff.

rückzubleiben, ohne daß wir dies deswegen bemerken müßten. Wir könnten uns in einer kognitiv äußerst prekären Lage befinden, ohne dies einsehen zu können, wir könnten schlichtweg keinen erfolgreichen Zugriff auf den Horizont unserer Erkenntnisfähigkeiten haben. Sollte es aber nicht gelingen, durch »die tiefen Untersuchungen, die wir angestellt haben« (KrV, A 238/B 297), die Grenzen des Verstandesgebrauchs, d. h. des Anwendungsbereichs semantischer Stabilität, zu ermessen, drohen Kant zufolge »Wahn und Blendwerke« (ebd.).

Die Horizont-Metapher spielt in Kants »transzendentaler Semantik« eine zentrale Rolle. An einer bemerkenswerten Stelle schlägt Kant vor, man könne

»jeden Begriff als einen Punkt ansehen, der, als der Standpunkt eines Zuschauers, seinen Horizont hat, d. i. eine Menge von Dingen, die aus demselben können vorgestellet und gleichsam überschauet werden. Innerhalb diesem Horizonte muß eine Menge von Punkten ins Unendliche angegeben werden können, deren jeder wiederum seinen engeren Gesichtskreis hat; d. i. jede Art enthält Unterarten, nach dem Prinzip der Spezifikation, und der logische Horizont besteht nur aus kleineren Horizonten (Unterarten), nicht aber aus Punkten, die keinen Umfang haben (Individuen).« (KrV, A 658/B 686)

Auf diese Weise ergibt sich die »Homogenität« (ebd.) aller Begriffe, die nämlich gemeinsam haben, daß sie einen eigenen »Gesichtskreis« haben, wie Kant an der zitierten Stelle schreibt. Gelingt es nun nicht, sicherzustellen, daß es wirklich etwas gibt, worauf sich Begriffe beziehen, droht ein radikaler semantischer Nihilismus. Dieser folgt aus dem Innenweltproblem und kann insbesondere als skeptische Reaktion auf die folgende Überlegung verstanden werden: Wenn wir uns auf die Relation zwischen Innenwelt (Begriff) und Außenwelt (Gegenstand) beziehen, so ist auch diese Bezugnahme fallibel. Ihr Gegenstand ist die Relation zwischen Innenwelt und Außenwelt. Die Erfolgsbedingungen dieser Relation könnten unserem Zugriff entzogen sein, weil wir uns nur fallibel auf sie beziehen können. Wir könnten uns hinsichtlich unseres Verhältnisses zu einer Außenwelt genauso in völliger epistemischer Dunkelheit befinden wie über unser Verhältnis zu noch nicht entdeckten physikalischen Gegenständen, deren Entdeckung unsere gesamte Physik umstoßen würde, eine Entdeckung, die angesichts der mysteriösen dunklen Materie eher wahrscheinlich als unwahrscheinlich ist. Demnach könnte es sein, daß all unsere Überzeugungen über Bezugnahme (die hier entwickelten sind davon selbstverständlich nicht ausgenommen) falsch sein können. Keiner unserer Ausdrücke könnte sich auf etwas beziehen nach all dem, was wir unter »beziehen« verstehen. Dem setzt Kant seine gesamte Philosophie entgegen, deren Ziel die Abwehr von »Wahn und Blendwerk« ist, weshalb einige Interpreten sie sogar als eine groß angelegte Auto-Psychoanalyse der modernen Vernunft gedeutet haben, die der Absicht dient, den Wahnsinn der Vernunft selbst zu bändigen.[49]

Der von Kant inszenierte Kantische Skeptizismus droht in der Tat mit dem Wahnsinn, nämlich dem semantischen Nihilismus. Nun stellt sich aber die Frage, wie man aus diesem Abgrund wieder herauskommen kann. Um einen Ausweg zu weisen, ist es überraschenderweise hilfreich, den Spaten noch einmal anzusetzen und noch ein wenig tiefer zu graben. Ausgerechnet der Durchgang durch die antike Pyrrhonische Skepsis zeigt nämlich eine noch tiefer liegende Motivation auf, die sich hinter dem Außen- und Innenweltproblem verbirgt und die eine überraschende antiskeptische Strategie in Aussicht stellt. Diese setzt aber voraus, daß wir die notwendige Endlichkeit alles objektiven Wissens akzeptieren und nicht über die Grenzen der Vernunft hinausstreben, nicht einmal mit der Absicht, die Grenzen ein für allemal zu ziehen.

2.2. Regelskeptizismus

Kant hat besonders deutlich darauf hingewiesen, daß Begriffe Regeln sind bzw. immer nur als Elemente von Urteilen in Betracht kommen, die Regeln sind.[50] Begriffe sind Formen von Regeln, sie haben einen bestimmten Anwendungsbereich (einen »Horizont«, wie Kant sagt), auf den sie zutreffen können. Dabei gilt es in jedem besonderen Fall der Anwendung eines Begriffs sicherzustellen, daß dieser Bedeutung, d.h. Kant zufolge »Beziehung aufs Objekt« (KrV, A 241/B 300) oder »Beziehung auf einen Gegenstand« (KrV, A 109), hat. Denn Begriffe können ihm zufolge isoliert genommen nicht sicherstellen, daß sie sich überhaupt auf etwas beziehen. Nehmen wir als Beispiel den Begriff: ... *ist – aufgrund bisher nicht beobachteter Naturgesetze – blau auf der*

---

[49] Neben den bereits zitierten Arbeiten Foucaults und David-Ménards ist natürlich auch hinzuweisen auf Adorno, T. W./Horkheimer, M.: *Dialektik der Aufklärung.* Frankfurt am Main [16]2006.
[50] Vgl. beispielsweise KrV, A 108.

Erde, rot auf der Venus. Wir können bisher nicht feststellen, ob dieser Begriff überhaupt auf etwas zutrifft, und haben auch keinen Anlaß, nach etwas Ausschau zu halten, das unter ihn fiele. Wenn aber etwas unter ihn fällt, dann kann auch anderes unter ihn fallen, worin die Allgemeinheit des Begriffs als Funktion besteht, die mehrere Argumente haben kann. Die Relation zwischen Begriff und Gegenstand ist dabei normativ verfaßt: Der Begriff *soll* für alle Gegenstände, auf die er zutrifft, derselbe sein. Hinsichtlich des Umstandes, daß sie raumzeitlich ausgedehnt sind, sind meine linke Hand und mein Bildschirm auf einen Begriff bezogen, unter den sie beide fallen. Wir *sollen* den Begriff auf alle Gegenstände beziehen, auf die er zutrifft, wenn wir ihn korrekt verwenden wollen. Regeln treffen einen Unterschied zwischen korrekt und inkorrekt, sie schreiben etwas vor, was auch nicht eintreffen kann. Wir können Begriffe deswegen immer auch inkorrekt verwenden.

Nun hat Kant allerdings gesehen, daß er damit einen im zwanzigsten Jahrhundert berühmt gewordenen **Regelregreß** auslöst, der ein zentraler Bestandteil des Kantischen Skeptizismus ist. Angenommen, wir wollten sicherstellen, daß ein gegebener Begriff B, z. B. ... *ist ein Frosch*, auf etwas zutrifft. In diesem Fall eröffneten wir ein Suchfeld, um zu sehen, ob etwas in ihm vorkommt, das Suchfeld, in dem Frösche vorkommen können. Wir urteilen somit über den Anwendungsbereich des Begriffs B in seiner Beziehung auf Gegenstände G, in unserem Fall Frösche. Damit haben wir aber einen Begriff B* zur Anwendung gebracht. B* ist der Begriff ... *fällt unter den Begriff:* »... *ist ein Frosch*«. B *(... ist ein Frosch)* ist nicht identisch mit B* *(... fällt unter den Begriff:* »... *ist ein Frosch*«*)*. Nun stellt sich die Frage, ob B* auf etwas zutrifft. Um diese Frage zu beantworten, müssen wir ein anderes Suchfeld eröffnen, um zu sehen, ob etwas in ihm vorkommt, nämlich das Suchfeld, in dem der Begriff des Frosches vorkommen kann. Damit kommt aber wiederum ein anderer Begriff B** zur Anwendung. B** ist der kaum noch sinnvoll nachvollziehbare Begriff ... *fällt unter den Begriff:* »... *fällt unter den Begriff:* ›... *ist ein Frosch*‹«. Entsprechend läßt sich B*** usw. *ad infinitum* konstruieren. Mit anderen Worten, wenn wir für einen Begriff sicherstellen müssen, daß etwas unter ihn fällt, indem wir einen Vergleich zwischen dem Begriff und demjenigen anstellen, was in seinem Anwendungsbereich vorkommt, wenden wir nicht den Begriff an, sondern einen höherstufigen Begriff, der den Anwendungsbereich des betreffenden Begriffs definiert bzw. charakterisiert (da nicht alle Begriffe im engeren Sinne definiert werden können).

II. Kapitel: Formen des Skeptizismus

Wenn wir überhaupt zu einem Urteil, d. h. zu einem begrifflich bestimmten wahrheitsfähigen Gedanken, gelangen wollen, müssen wir diesen Regreß an irgendeinem Punkt abbrechen.

Kant führt dafür das Vermögen der »Urteilskraft« ein, das erklären soll, warum wir imstande sind, den Regreß erfolgreich abzubrechen und tatsächlich wahrheitsfähig zu urteilen:

»Wenn der Verstand überhaupt als das Vermögen der Regeln erklärt wird, so ist die Urteilskraft das Vermögen, unter Regeln zu *subsumieren*, d. i. zu unterscheiden, ob etwas unter einer gegebenen Regel (casus datae legis) stehe, oder nicht. Die allgemeine Logik enthält gar keine Vorschriften für die Urteilskraft, und kann sie auch nicht enthalten. Denn *da sie von allem Inhalte der Erkenntnis abstrahiert:* so bleibt ihr nichts übrig, als das Geschäft, die bloße Form der Erkenntnis in Begriffen, Urteilen und Schlüssen analytisch aus einander zu setzen, und dadurch formale Regeln alles Verstandesgebrauchs zu Stande zu bringen. Wollte sie nun allgemein zeigen, wie man unter diese Regeln subsumieren, d. i. unterscheiden sollte, ob etwas darunter stehe oder nicht, so könnte dieses nicht anders, als wieder durch eine Regel geschehen. Diese aber erfordert eben darum, weil sie eine Regel ist, aufs neue eine Unterweisung der Urteilskraft, und so zeigt sich, daß zwar der Verstand einer Belehrung und Ausrüstung durch Regeln fähig, Urteilskraft aber ein besonderes Talent sei, welches gar nicht belehrt, sondern nur geübt sein will.« (KrV, A 132 f./B 171 f.)

Es erweist sich demnach als ein überzogener Anspruch an Begriffe, immer vollständig definiert zu sein, um angewendet werden zu können. Denn die Eingrenzung, und nichts anderes heißt De-Finition zunächst, des Anwendungsbereichs eines Begriffs und damit die Definition des Begriffs untersteht ihrerseits Regeln, sie ist selbst begrifflich. Wittgenstein bezeichnet die Ersetzung eines Regelausdrucks durch einen anderen als »Deuten« (PU, § 201). Nehmen wir etwa den Begriff ... *ist ein Mensch*. Natürlich gibt es unzählige konkurrierende Definitionen dieses Begriffs. Nehmen wir Heideggers Definition: *Der Mensch ist ein Wesen der Ferne.*[51] Um nun den Anwendungsbereich von ... *ist ein Wesen der Ferne* einzugrenzen, könnte es sinnvoll sein, den Ausdruck »Ferne« zu definieren. Denn die Definition besagt beispielsweise nicht, daß der Mensch nur in der Ferne wohnt, da dann Heidegger kein

---

[51] Heidegger, M.: *Vom Wesen des Grundes*. In: Ders.: *Gesamtausgabe*. Bd. 9: *Wegmarken*. Frankfurt am Main 1976, S. 123–175, hier: S. 175.

Mensch gewesen wäre, da er nicht in der Ferne wohnte. Also muß er mit »Ferne« etwas anderes meinen. Wenn man nun »Ferne« durch irgendeinen anderen Regelausdruck ersetzte, ergäben sich für diesen dieselben Schwierigkeiten. An irgendeinem Punkt müssen wir aufhören zu deuten und irgend etwas verstehen.

In der gegenwärtigen Diskussion ist die Darstellung des von Kant und Wittgenstein entdeckten Regelregresses in Saul Aaron Kripkes *Wittgenstein über Regeln und Privatsprache* besonders einflußreich.[52] Wenden wir uns Kripkes vieldiskutiertem Beispiel zu. Angenommen, wir wollten verstehen, was »addieren« bedeutet. Um uns dies verständlich zu machen, beginnen wir, den Begriff + 2 anzuwenden. Wir könnten dann die Reihe bilden 2, 4, 6, 8, 10, 12 usw. Diese Reihe ist aber nicht nur der Anwendungsbereich von + 2, sondern auch von *+ 2 bis 2000 und dann + 4*. Wenn wir den Begriff + 2 demnach dadurch definieren wollten, daß wir ihn auf + 2 einschränken, indem wir hinzufügen, + 2, *und nicht + 2 bis 2000 und dann + 4*, dann müßten wir ihn aus demselben Grund auch gegenüber *+ 2 bis 4000 und dann + 4* einschränken. Offensichtlich ist der Einschränkungsbereich des Begriffs damit aber so groß (nämlich unendlich), daß wir ihn gar nicht definieren könnten. Außerdem könnte man das Zeichen »+ 2« auf unzählige und unbestimmt andere Weisen auffassen. Kripkes eigenes Beispiel hebt v. a. darauf ab, daß wir das Zeichen »+« nicht nur als Addition, sondern auch als Quaddition auffassen könnten, wobei »Quaddition« irgendeine andere Operation bezeichnet, der man bei keiner begrenzt häufigen Wiederholung der Anwendung derselben Regel notwendig ansehen kann, daß sie sich von der Addition unterscheidet. Die nächste Anwendung könnte abwegig erscheinen.

Wittgenstein selbst schließt nun aus den Problemen des Regelregresses bzw. der Unterbestimmtheit jeder endlichen Regelanwendung gegenüber der Regel selbst, daß sich Begriffe nicht vollständig definieren lassen. Denn zu jeder Deutung gibt es wieder eine andere, wir können Regelausdrücke auf unbestimmt verschiedene Weisen durch andere Regelausdrücke ersetzen. Wie Josef Simon hervorhebt, dient dies nicht der endgültigen Definition *ad esse*, sondern immer nur der Definition *ad melius esse*. Eine Deutung sei dann gelungen, wenn sie »befriedigt«,

---

[52] Kripke, S. A.: *Wittgenstein über Regeln und Privatsprache. Eine elementare Darstellung*. Übers. von H. Pape, Frankfurt am Main 2006.

II. Kapitel: Formen des Skeptizismus

und nicht nur dann, wenn sie das Wesen der zu definierenden Sache korrekt wiedergibt (wenn auch dieses befriedigen kann).[53]

Wittgenstein selbst formuliert den Regelskeptizismus folgendermaßen:

»Unser Paradox war dies: eine Regel könnte keine Handlungsweise bestimmen, da jede Handlungsweise mit der Regel in Übereinstimmung zu bringen sei. Die Antwort war: Ist jede mit der Regel in Übereinstimmung zu bringen, dann auch zum Widerspruch. Daher gäbe es hier weder Übereinstimmung noch Widerspruch.« (PU, §201)

Der **Regelskeptizismus** ist demnach die These, daß wir aufgrund des Regelregresses und der Unterbestimmtheit jeder endlichen Regelanwendung gegenüber der Regel selbst keinen Begriff definieren können, so daß wir auch keinen Anwendungsbereich festlegen können. Dann können aber alle Begriffe alles bedeuten, was heißt, daß kein Begriff überhaupt einen bestimmten Umfang hat. Aus dem Regelskeptizismus folgt wiederum eine verschärfte Version des semantischen Nihilismus. Diese verschärfte Version des semantischen Nihilismus isoliert nicht mehr wahrheitsfähige und d. h. zumindest semantisch stabile Überzeugungen von ihrem Überzeugungs-unabhängigen Gegenstand, sondern stellt die semantische Stabilität der Überzeugungen von vornherein in Frage. Woher wissen wir denn, daß unsere Worte im »Fluß des Lebens«[54] auch nur ein einziges Mal dasselbe, d. h. überhaupt irgend etwas bedeuten? Es könnte sein, daß sie gar keinen Anwendungsbereich haben, und zwar nicht deswegen, weil nichts unter die mit ihnen verbundenen Begriffe fällt, sondern weil die Anwendungsbereiche schlechthin unbestimmt sind.

Der Regelskeptizismus ist demnach noch radikaler als das Innenweltproblem. Im Innenweltproblem gerät die Annahme unter Beschuß, daß wir uns selbst erkennen können. Wenn wir selbst aber nicht stabil

---

[53] Vgl. Simon, J.: *Philosophie des Zeichens*. Berlin/New York 1989, S. 56 u. 307; Ders.: »Zeichenphilosophie und Transzendentalphilosophie«, in: Ders.: *Zeichen und Interpretation*. Frankfurt am Main 1994, S. 73–98; Ders.: »Die Zeitbedingtheit der Urteilsbildung. Zu Kants Modifizierung des Fürwahrhaltens als Meinen, Glauben und Wissen«, in: Kodalle, K.-M. (Hrsg.): *Zeit-Verschwendung*. Würzburg 1999, S. 29–45; Ders.: »Ad melius esse. Zur Differenz im Verstehen«, in: Busche, H./Schmitt, A. (Hrsg.): *Kant als Bezugspunkt philosophischen Denkens*. Festschrift für Peter Baumanns zum 75. Geburtstag, Würzburg 2010, S. 281–294.
[54] Wittgenstein: *Letzte Schriften über die Philosophie der Psychologie*, §913. Vgl. auch Ders.: *Zettel*, §173.

sind, dann könnte unsere Begriffsverwendung auch chaotisch sein, obwohl wir dies unter Umständen gar nicht bemerken. Der Regelskeptizismus stellt nun nicht nur unsere Beziehung auf überzeugungsunabhängige Gegenstände (Außenweltproblem) oder unsere Beziehung auf diese Beziehung (Innenweltproblem) in Frage, sondern weist darauf hin, daß unsere Begriffe *qua* Regeln völlig unbestimmt und demnach ohne irgendeinen Anwendungsbereich sein könnten.

Wittgensteins Lösung des Regelskeptizismus, die Kripke selbst als »skeptisch« einstuft, steht in einer langen, bis auf die antike Skepsis und auf David Hume zurückgehenden Tradition. Diese Tradition kann man als **Naturalismus** auffassen.[55] Der Naturalismus als antiskeptische Strategie besagt, daß wir zwar keinen kognitiven Zugriff auf die Erfolgsbedingungen unserer begrifflichen Anstrengungen haben können, daß die Natur selbst aber dafür sorgt, daß wir an unsere Umwelt angepaßt urteilen, ohne daß wir jemals durchschauen könnten, wie dies funktioniert. Letztlich unterscheidet sich die menschliche Rationalität demnach nur graduell, aber nicht prinzipiell von tierischen Instinkten. Der Mensch ist ein soziales, Begriffe verwendendes Lebewesen, dessen Begriffsverwendung antrainierten Regeln folgt, ohne jemals imstande zu sein, diesen Umstand begrifflich vollständig abzubilden. Wittgenstein drückt dies mit seinem Begriff der »Lebensform«[56] aus. Entsprechend faßt er sein eigenes Projekt als »Bemerkungen zur Naturgeschichte des Menschen«[57] auf.

Allerdings krankt diese »Lösung« von vornherein daran, daß sich nicht angeben läßt, worin die »Natur« denn nun bestehen soll. Denn es kann nicht die immer nur hypothetisch erschlossene Natur der Naturwissenschaft sein, wie Wittgenstein selbst einräumt. Letztlich ist es gleich, ob man »Urteilskraft« (Kant) oder »Natur« (Wittgenstein) sagt, es bleibt dabei, daß beide Ausdrücke nur als Regreßblocker eingeführt werden und deswegen nur sehr bedingt überzeugen können. Darüber hinaus gibt es viele andere Antworten auf die Frage, wie wir Begriffe trotz ihrer operationalen Intransparenz verwenden können. Neben den genannten Optionen ist besonders hervorzuheben, daß der psychoanalytische Begriff des Unbewußten genau diese Funktion übernimmt, und

---

[55] Im Sinne von Strawson, P. F.: *Scepticism and Naturalism. Some Varieties.* New York 1985.
[56] PU, §§ 19, 23, 241.
[57] PU, § 415; BGM, S. 92 u. S. 352.

insbesondere Lacans an der Sprache orientierte Theoriebildung läßt sich als Antwort auf den Regelskeptizismus rekonstruieren. Denn Lacan sucht eine Antwort auf die Frage, wie es überhaupt zu linguistischer Strukturbildung und normativer Bindung kommen kann.[58]

Für die Rekonstruktion der Formen des Skeptizismus spielt es allerdings nur eine untergeordnete Rolle, welche Lösungsstrategie wir an diesem Punkt wählen, wie wir nun sehen werden. Denn der Umstand, daß es zu jedem bis jetzt diskutierten skeptischen Problem oder Paradoxon ein weites Spektrum an theoretischen Lösungsstrategien gibt, bringt eine noch einmal radikalere Form des Skeptizismus, den Pyrrhonischen Skeptizismus, hervor.

3. Der Pyrrhonische Skeptizismus: Endlichkeit und Kontingenz der Theoriebildung

In diesem Abschnitt geht es nicht so sehr um eine einführende historisch adäquate Darstellung der antiken Pyrrhonischen Skepsis, als vielmehr um eine systematisch für die Erkenntnistheorie relevante Form des Skeptizismus.[59] Diese Form des Skeptizismus ist auch in der gegenwärtigen Debatte, v. a. durch die Arbeiten von Michael Williams und Robert Fogelin, präsent. Dabei liegt der Fokus meist auf **Agrippas Trilemma**.[60] Der Eröffnungszug von Agrippas Trilemma, das auch als »Münchhausentrilemma« bekannt geworden ist, besagt, daß sich zu jeder Behauptung eine logisch mit dieser inkompatible entgegengesetzte Behauptung formulieren läßt. Diesen von den antiken Skeptikern kanonisierten Eröffnungszug kann man das **Isostheniepprinzip** nennen, das in der antiken Formulierung lautet: »Jedem Argument steht ein gleichwertiges entgegen.«[61] Nehmen wir zwei philosophische Be-

---

[58] Zur Einführung in Lacan sei empfohlen Žižek, S.: *Lacan – Eine Einführung*. Frankfurt am Main 2008.
[59] Vgl. dazu Gabriel: *Antike und moderne Skepsis*.
[60] Vgl. Williams, M.: *Problems of Knowledge. A Critical Introduction to Epistemology*. Oxford 2001, und Fogelin, R. J.: *Pyrrhonian Reflections on Knowledge and Justification*. Oxford 1994.
[61] Sextus Empiricus: *Grundriß der pyrrhonischen Skepsis*. Übers., hrsg. und mit einer Einleitung von M. Hossenfelder, Frankfurt am Main 1985, S. 140 f. Im Original: Sextus Empiricus: *Opera*. 4 vols., ed. and trans. by R. G. Bury, Cambridge, Ma. 1933–1949, hier: *Pyrrhonische Hypotyposen*, I, 202–205.

hauptungen, um die Relevanz dieser Beobachtung besser einschätzen zu können.

(1) Alles raumzeitlich Existierende läßt sich mit der Sprache der Physik beschreiben.
(2) Einiges raumzeitlich Existierende, zum Beispiel mentale Zustände wie die Überzeugung, daß (1) wahr ist, läßt sich nicht mit der Sprache der Physik beschreiben.

(1) und (2) sind logisch inkompatibel. Nach allen Standardregeln kann nur eine der beiden Behauptungen wahr sein, wobei hier wie sonst natürlich Raum für ungewöhnliche Manöver bleibt, die über diese starre Alternative hinausweisen. Nun läßt sich jede Behauptung auch verneinen, d.h. jede Proposition kann entweder behauptet oder verneint werden. Sofern dadurch eine als wahr oder als falsch hingestellte Proposition existiert, kommt sie eben vor, was noch nichts über ihren tatsächlichen Wahrheitswert aussagt. Es genügt für eine Minimalversion des Isostheniepinzips zunächst, daß jeder Eintrag in den logischen Raum einen anderen Eintrag in den logischen Raum ermöglicht, der mit ihm in Konkurrenz tritt. Isoliert man die beiden Einträge von möglichen Gründen, die jeweils für oder gegen sie sprechen mögen, sind sie tatsächlich gleich stark insofern, als es sie eben beide gibt. Zu denken, daß es gerade regnet, und zu denken, daß es gerade nicht regnet, sind ohne Hinzuziehung von Verifikations- oder Begründungsverfahren gleich starke, aber miteinander logisch inkompatible Gedanken.

Agrippas Trilemma wird nun dadurch in Gang gesetzt, daß wir eine Hierarchie der isoliert genommen gleich starken Einträge in den logischen Raum, einer Behauptung und einer dieser entgegengesetzten Verneinung, etablieren wollen. Wir geben uns schließlich nicht damit zufrieden, daß wir alles Beliebige annehmen können, da alle Annahmen gleichberechtigt seien. Ich nehme gerade an, daß sich vor mir ein Bildschirm befindet, daß ich im hinreichenden Besitz meiner geistigen Kräfte bin, um ein Buch zu schreiben, daß ich schnell genug tippen kann, um nicht einzuschlafen, daß ich gerade nicht träume, satt genug bin, um noch zu denken usw. Entsprechend nehme ich nicht an, daß ich gerade träume, bestreite, daß sich das Buch buchstäblich von selbst tippt oder daß es in wenigen Minuten vor meiner Haustür Frösche regnen wird usw. Mit anderen Worten, wir etablieren beständig eine doxastische (von doxa: Annahme) Ökonomie, was voraussetzt, daß wir auf die eine oder andere Weise immer schon gegen das Isostheniepinzip verstoßen haben, es mithin eingeschränkt haben.

Doch wie haben wir es eingeschränkt? Offensichtlich nicht in allen Fällen durch die völlig willkürliche Priveligierung irgendeiner Behauptung gegenüber anderen oder gegenüber widerstreitenden Verneinungen, sondern durch Verifikationsverfahren und Begründungen ganz unterschiedlicher Art. Beides kann man unter dem Begriff des **guten Grundes** zusammenfassen, wobei ein guter Grund ein solcher Grund ist, der eine doxastische Ökonomie dadurch etabliert, daß er eine Hierarchie herbeiführt, die gegen das Isostheniepinzip verstößt.

Damit wird nun das Trilemma ausgelöst, das sich aus dem Versuch ergibt, das Isostheniepinzip systematisch einzuschränken, um eine doxastische Ökonomie zu etablieren. Hierbei ist zu bedenken, daß die guten Gründe, die man anführt, um eine Hierarchie von Überzeugungen zu rechtfertigen, zunächst selbst wiederum als bloße Behauptungen (oder Verneinungen) existieren. In ihrer bloßen Existenz wiederholen sie auf anderer Stufe das Isostheniepinzip. Auf diesen Umstand kann man dem Trilemma zufolge nur auf drei Weisen reagieren, die allesamt die Etablierung einer Hierarchie von Überzeugungen grundlegend sabotieren:

(1) **Infiniter Regreß**: Man könnte immer wieder gute Gründe für seine guten Gründe für seine guten Gründe usw. *ad infinitum* suchen, um auf diese Weise sicherzustellen, daß das Isostheniepinzip eingeschränkt wird. Sollte ein solcher Regreß überhaupt begründbar sein, ließe er sich aufgrund unserer Endlichkeit zumindest nicht vollziehen.

(2) **Vitiöser Zirkel/ petitio principii/ Diallele**: Die Wahrheit der zu begründenden Behauptung wird in der Begründung bereits vorausgesetzt. Dies scheint beispielsweise der Fall zu sein, wenn man die Existenz einer Außenwelt außerhalb unserer mentalen Episoden durch Hinweis auf die Existenz von Gegenständen in der Außenwelt begründen wollte, da der Erfolg des Hinweises bereits davon abhängt, daß es eine Außenwelt gibt.

(3) **Bloße Behauptung**: An irgendeinem Punkt behauptet man, gute Gründe zu haben, was Hegel – Sextus Empiricus zitierend – eine »trockene Versicherung«[62] genannt hat.

---

[62] Vgl. TWA, 3, 70: »Ein trockenes Versichern gilt aber gerade so viel als ein anderes.«

Natürlich kann man auf alle drei Hörner des Trilemmas verschieden reagieren, und für alle drei Hörner lassen sich gleichsam Entschärfungen finden. Bevor wir uns den Entschärfungsmöglichkeiten zuwenden, ist es wichtig, das Trilemma mit guten Gründen zu unterfüttern, die für es sprechen (die Paradoxie ist beabsichtigt). Entscheidend ist, daß sich das Isostheniepringzip nicht endgültig ausschalten läßt, obwohl es auch noch auf sich selbst anwendbar ist: Damit das Isostheniepringzip eine begründete Wahrheit darstellen kann, muß es in Opposition zu seiner Negation treten, wodurch es sich auf höherer Ebene wiederholt.

An irgendeinem Punkt kommen wir in der Tat immer an ein Ende von Begründungsketten, worauf insbesondere Wittgenstein insistiert hat.[63] An einer vieldiskutierten Stelle der *Philosophischen Untersuchungen* heißt es in diesem Sinne etwa:

»›Wie kann ich einer Regel folgen?‹ – wenn das nicht eine Frage nach den Ursachen ist, so ist es eine nach der Rechtfertigung dafür, daß ich *so* nach ihr handle.
   Habe ich die Begründungen erschöpft, so bin ich nun auf dem harten Felsen angelangt, und mein Spaten biegt sich zurück. Ich bin dann geneigt zu sagen: ›So handle ich eben.‹
   (Erinnere dich, daß wir manchmal Erklärungen fordern nicht ihres Inhalts wegen, sondern der Form der Erklärung wegen. Unsere Forderung ist eine architektonische; die Erklärung eine Art Scheingesims, das nichts trägt.)« (PU, § 217)

Wittgenstein macht hier darauf aufmerksam, daß wir aufgrund des ansonsten ausgelösten Regelregresses an irgendeinem Punkt ohnehin auf eine unbegründete Voraussetzung stoßen müssen. Daraus schließt er, daß unbegründete Voraussetzungen durchaus, wie er an der zitierten Stelle selbst schreibt, eine »architektonische« Forderung seien. Durch seine Rehabilitierung unbegründeter Voraussetzungen versucht er, die Symmetrie des Isostheniepringzips aufzubrechen. Wittgenstein sucht damit also die unbegründete Behauptung zu entschärfen.

Auch harmlose Formen der Zirkularität sind immer wieder eingeführt worden, um die Diallele zu entkräften. Eine **Diallele** ist etymologisch übersetzt (von altgriechisch *di'allêlôn*, δι' ἀλλήλων) ein »Durcheinander«: Prämisse und Konklusion einer Diallele stützen sich durcheinander, setzen einander voraus. Dies wird in der Regel für einen Fehlschluß gehalten, was auf dem Niveau des Syllogismus natürlich

---

[63] PU, §§ 326, 485; ÜG, § 204.

II. Kapitel: Formen des Skeptizismus

zutrifft. Allerdings gibt es harmlose oder gar notwendige Zirkel, wie etwa den **hermeneutischen Zirkel**.[64] Dieser besteht darin, daß wir in der Interpretation klassischer Texte immer schon auf eine Überlieferung zurückgreifen, die uns den Text selbst schon in der ersten Lektüre erschließt. Andererseits verändert unsere Lektüre den Text, da wir uns immer auch in einer historischen Distanz zur Überlieferung befinden.

Fichte seinerseits argumentierte für einen notwendigen Zirkel der Rationalität: Gründe könnten immer nur Gründe begründen, was er selbst ausdrücklich als »Durcheinander«[65] bezeichnet. Alles, was außerhalb von Begründungen existieren mag, kommt nur in der Form von Gründen in Begründungen vor. Eine externe Begründung der Rationalität sei weder notwendig noch auch nur möglich. Solche Positionen wurden im letzten Jahrhundert als **Kohärentismus** bezeichnet, wobei die wohl wichtigste Variante dieser Argumentationslinie von Donald Davidson (1917–2003) vorgelegt wurde.[66] Hegel beschrieb sein System als »Kreis von Kreisen« (TWA, 6, 571), und Schelling sprach gar von einem »Zirkel daraus alles wird«[67]. Selbst der infinite Regreß läßt sich unter Umständen rehabilitieren, wobei alles darauf ankommt, wie man auf der Basis eines infiniten Begründungsregresses imstande ist, die Symmetrie des Isostheniprinzips aufzuheben.

In der Geschichte der Philosophie lassen sich seit Platons und Aristoteles' Zeiten ganz verschiedene Strategien finden, wie mit den drei skeptischen Argumentationsfiguren, infiniter Regreß, Diallele und bloße Behauptung, umzugehen sei. Die eigentliche Raffinesse und Neuerung des Pyrrhonischen Skeptizismus, die den antiken Skeptikern, allen voran Sextus Empiricus, zur Verfügung stand, besteht nun in der folgenden Replik auf alle Versuche, eines der Hörner zu verharmlosen. Jede Antwort auf das Isostheniprinzip und das mit diesem einher-

---

[64] Vgl. Gadamer, H.-G.: *Wahrheit und Methode. Grundzüge einer philosophischen Hermeneutik.* In: Ders.: *Gesammelte Werke.* Bd. 1, Tübingen⁶1990, S. 270 ff.; Ders.: »Vom Zirkel des Verstehens« (1959), in: *Wahrheit und Methode. Ergänzungen, Register.* Gesammelte Werke, Bd. 2, Tübingen ²1993, S. 57–65, hier: S. 59.
[65] Fichte, J. G.: *Die Wissenschaftslehre. Zweiter Vortrag im Jahre 1804.* Hrsg. von R. Lauth und J. Widmann, Hamburg 1986, S. 144.
[66] Davidson, D.: »Eine Kohärenztheorie der Wahrheit und der Erkenntnis«, in: Bieri, P. (Hrsg.): *Analytische Philosophie der Erkenntnis.* Frankfurt am Main ²1992, S. 271–290.
[67] SW, VII, 358. Schellings Schriften werden zitiert nach Schelling, F. W. J.: *Sämmtliche Werke.* Hrsg. von K. F. A. Schelling, Bde. I-XIV (urspr. in zwei Abteilungen erschienen: I. Abt., Bd. 1–10 und II. Abt., Bd. 1–4), Stuttgart 1856–1861. Der Sigle folgen die römische Band- und die arabische Seitenzahl.

gehende Trilemma begibt sich in Opposition zum Isosthenieprinzip. Damit besteht aber eine Isosthenie zwischen dem Isosthenieprinzip und seiner Negation! Auf diese Weise kehrt das Trilemma auf metatheoretischer Ebene wieder: Es betrifft den philosophischen Diskurs selbst, der nur dann imstande ist, eine doxastische Ökonomie zu etablieren, wenn er sich gegen das Isosthenieprinzip entscheidet. Diese Entscheidung ist aber eine metatheoretische Instanz des Isostheniepinzips, so daß sich umgehend wiederum das Trilemma einstellt.

Die Pointe – und damit auch zugleich die gleichsam heitere Radikalität – des Pyrrhonischen Skeptizismus besteht darin, wie es bei Sextus heißt, nichts zu definieren (οὐδὲν ὁρίζειν)[68]. Der Pyrrhoniker vertritt demnach keine Position, er trifft gar keine Voraussetzungen, sondern analysiert nur den Umstand, daß Voraussetzungen getroffen werden. Darin unterscheidet sich der Pyrrhonische vom Cartesischen und Kantischen Skeptizismus. Diese resultieren aus Paradoxa, was weiter unten noch ausgeführt wird. **Paradoxa** werden gemeinhin als Schlüsse definiert, die aus anscheinend plausiblen und akzeptablen Prämissen, anscheinend plausiblen und akzeptablen Schlußregeln und einer offenkundig inakzeptablen Konklusion bestehen. Dies bedeutet, daß ein skeptisches Paradoxon Prämissen voraussetzt. Diese können zwar wiederum zum Teil aus anderen Prämissen gefolgert werden, doch ohne Prämissen läßt sich kein Paradoxon entwickeln. Der Pyrrhonische Skeptizismus stellt nun mit Agrippas Trilemma kein Paradoxon auf, sondern zeigt nur für jeden Versuch, die Symmetrie des Isostheniepinzips aufzubrechen, daß dabei wiederum irgendeine Isosthenie im Spiel ist, so daß jedes doxastische System auf eine fundamentale Weise unbegründet bleibt.

Vor diesem Hintergrund unterscheidet sich der Pyrrhonische auch schon in der Antike vom **akademischen Skeptizismus**. Der akademische Skeptizismus argumentiert dafür, daß wir entweder insgesamt prinzipiell nichts wissen können, oder zumindest dafür, daß wir auf irgendeinem Gebiet nichts wissen können. Im ersten Fall ist er **global**, im zweiten Fall **lokal**. Nun wendet der Pyrrhonische Skeptizismus mit seinem Isostheniepinzip dieses auch und v. a. metatheoretisch auf sich selbst an, weshalb das seit Platon prominente Gegenargument der angeblich inkonsistenten Selbstanwendung, der *peritropê* (περιτροπή), skeptischer Verfahren gerade nicht auf den Pyrrhonischen Skeptizis-

---

[68] *Pyrrhonische Hypotyposen,* I, 197; *Grundriß,* S. 138.

mus zutrifft. Denn dieser funktioniert nur unter Bedingungen uneingeschränkter Selbstanwendung, er ist in diesem Sinne maximal reflexiv und wird nicht durch Selbstanwendung erschüttert, sondern bekräftigt.

Agrippas Trilemma ist in einen Kontext eingebettet. Dieser Kontext sind die sogenannten **fünf Tropen**. Ein »Tropos« ist wörtlich eine »Wendung«, wobei es sich um Gedankenfiguren handelt, von denen drei Agrippas Trilemma darstellen. Im einzelnen lassen sich die fünf Tropen systematisch folgendermaßen zusammenstellen:

(1) **Tropos der Meinungsverschiedenheit**: Dieser Tropos konstatiert lediglich, daß eine Meinungsverschiedenheit und damit eine Isosthenie besteht, insofern noch keine Gründe ausgezeichnet worden sind, die eine Meinung oder ein Überzeugungssystem einer anderem oder einem anderen gegenüber erfolgreich privilegieren. Aus einer bloß bestehenden Isosthenie folgt noch nicht, welche Proposition wahr ist. Wenn es falsche Propositionen gibt, dann impliziert dies, daß das Bestehen von Propositionen ihre Wahrheit nicht garantiert. Propositionales Sein und propositionale Wahrheit koinzidieren nicht.

(2–4) **Agrippas Trilemma**: Dieses besteht, wie ausgeführt, aus den drei Tropen des **infiniten Regresses**, der **Diallele** und der **bloßen Behauptung**.

(5) **Tropos der Relativität**: Dieser besagt, daß es keine isoliert wahren Propositionen gibt, da es keine schlechthin unbegründbare Wahrheit geben kann. Gäbe es schlechthin unbegründbare Wahrheit, so koinzidierten in ihrem Fall propositionales Sein und propositionale Wahrheit, was aber unmöglich ist, da das bloße Bestehen irgendeiner Proposition ihre Wahrheit nicht verbürgen kann.

Gegen letzteres könnte man folgenden erhellenden Einwand formulieren, der sich aber entkräften läßt. Jeder Gehalt, den man für wahr halten kann, ist eine Proposition. Wenn man nun **Tautologien**, also logisch notwendigerweise wahre Propositionen, als Propositionen gelten läßt, weil man sie eben für wahr halten kann, so gibt es scheinbar doch Propositionen, deren Bestehen ihre Wahrheit ist. Nehmen wir als Beispiel die folgende Proposition, die den *modus ponens* ausdrückt:

(MP) $[(p \rightarrow q) \wedge p] \rightarrow q$

Wenn man es nun für wahr hält, daß MP, dann hält man etwas für wahr, dessen Bestehen scheinbar seine Wahrheit verbürgt. Allerdings gibt es natürlich sehr komplizierte Tautologien, die man auf den ersten Blick nicht als solche erkennt, weshalb man beweisen muß, daß es sich um

Tautologien handelt. Demnach könnte jemand einen Beweis für MP einfordern, um MP überhaupt in sein doxastisches System zu übernehmen. Denn der entscheidende Punkt an Agrippas Trilemma besteht darin, daß es sich ergibt, sobald wir eine Proposition in ein doxastisches System integrieren wollen. Dabei ist es wichtig zu beachten, daß das Bestehen von Propositionen für uns immer an das Bestehen im sogenannten *logischen Raum der Gründe* gebunden ist. Eine Tautologie läßt sich im Rahmen eines bestimmten formalen Systems auch als Tautologie beweisen. Nun können Beweise gelingen oder scheitern, sie sind an wahrheitsfähige Überzeugungen gebunden. Selbst wenn es nichts mit unseren falliblen Überzeugungen zu tun hat, daß eine Tautologie nur dann bestehen kann, wenn sie auch wahr ist, sind wir doch fallibel in der Frage, ob es sich bei irgendeiner Zeichenfolge um die Repräsentation einer Tautologie handelt. Akzeptiert man dieses Problem, ergibt sich Lewis Carrolls Paradoxon. Carroll entwickelt das Paradoxon in seinem berühmten Aufsatz »What the Tortoise Said to Achilles«[69]. In diesem Aufsatz stellt die Schildkröte drei Propositionen im Gespräch mit Achill auf:

(A) Was demselben gleich ist, ist auch einander gleich.
(B) Die zwei Seiten dieses Dreiecks sind Dinge, die demselben gleich sind.
(Z) Die zwei Seiten dieses Dreiecks sind einander gleich.

Wie die Schildkröte zu Recht bemerkt, gibt es mindestens zwei Wege, die Abfolge (A) bis (Z) in Frage zu stellen. Man könnte entweder (1) (A) und/oder (B) bezweifeln, wobei man akzeptiert, daß (A) bis (Z) ein gültiger, das bedeutet, formal korrekter Schluß ist, oder (2) bezweifeln, daß (Z) aus (A) und (B) folgt. In Fall (2) bezweifelte man die Wahrheit von

(C) Wenn A und B wahr sind, muß Z wahr sein.

---

[69] Die folgenden Stellen sind sämtlich entnommen aus: Carroll, L.: »What the Tortoise Said to Achilles«, in: *Mind* 4/14 (1895), S. 278–280 (meine Übersetzungen, M. G.); vgl. zur aktuellen Diskussion des Problems Boghossian, P./Williamson, T.: »Blind Reasoning«, in: *Proceedings of the Aristotelian Society*, Supplementary Volume 77 (2003), S. 225–248; Wright, C.: »Rule-following without Reasons: Wittgenstein's Quietism and the Constitutive Question«, in: Preston, J. (ed.): *Wittgenstein and Reason. RATIO* Volume XX no. 4 (2007), S. 481–502. Vgl. natürlich auch das beeindruckende Buch von Hofstadter, D.: *Gödel, Escher, Bach: ein endloses geflochtenes Band*. Stuttgart [14]1995.

Nun könnte man versuchen, den Zweifler in Fall (2) davon zu überzeugen, daß folgendes schlüssig ist:

(A) Was demselben gleich ist, ist auch einander gleich.
(B) Die zwei Seiten dieses Dreiecks sind Dinge, die demselben gleich sind.
(C) Wenn A und B wahr sind, muß Z wahr sein.
(Z) Die zwei Seiten dieses Dreiecks sind einander gleich.

Allerdings stellte sich damit wiederum die Ausgangsposition ein, da jemand die Gültigkeit des erweiterten Schlusses bezweifeln könnte, so daß man nun die Proposition

(D) Wenn A und B und C wahr sind, muß Z wahr sein.

einführen müßte, was den folgenden erweiterten Schluß ergäbe:

(A) Was demselben gleich ist, ist auch einander gleich.
(B) Die zwei Seiten dieses Dreiecks sind Dinge, die demselben gleich sind.
(C) Wenn A und B wahr sind, muß Z wahr sein.
(D) Wenn A und B und C wahr sind, muß Z wahr sein.
(Z) Die zwei Seiten dieses Dreiecks sind einander gleich.

Das Paradoxon besteht hier in der Auslösung eines infiniten Regresses, der aus einer prinzipiell unabschließbaren Reihe immer komplizierterer Konditionale besteht. Man muß immer wieder eine Proposition (E), (F) usw. einführen, um die Schlüssigkeit des ursprünglichen Arguments sicherzustellen.

Man kann das Paradoxon im Zusammenhang der Frage verorten, wie sich logische Gesetze unter Rekurs auf sich selbst rechtfertigen lassen. Kehren wir zum *modus ponens* und damit zu der folgenden Schlußform zurück:

(P1) $P \rightarrow Q$.
(P2) P.
(K)   Q.

Jedes Argument für die Gültigkeit dieser Schlußform nähme sie bereits in Anspruch, da jedes Argument voraussetzte, daß die Schlußform selbst das Resultat von Prämissen ist, die gelten müssen, damit die Schlußform gelten kann. In ihrer Erwiderung auf dieses Problem nehmen Paul Boghossian, Timothy Williamson und Crispin Wright grundsätzlich an, daß wir den Regeln der Logik nicht begründetermaßen folgen können und d. h. gewissermaßen blind folgen müssen, da die diskursive Rationalität sonst insgesamt außer Gefecht gesetzt würde. Wenn es überhaupt berechtigte und argumentativ ausweisbare Überzeugungen geben können soll, müssen wir uns auf die Stabilität einiger Parameter eben verlassen. Die genannten Autoren meinen deshalb, daß es so etwas wie »rationales Vertrauen (*rational trust*)« gibt, was mitunter auch als »entitlement«, d. h. als eine Form nicht selbst zu rechtfertigender und v. a. keiner Rechtfertigung bedürftiger Rechtfertigung, bezeichnet wird.

Dies kann man sich wiederum an zwei Beispielen, am Fall von sinnlichen Eindrücken und am Fall basaler logischer Gesetze, vergegenwärtigen.[70] Wenn man nicht davon ausgehen könnte, daß wir überhaupt in einer Umwelt sinnesphysiologisch so verankert sind, daß wir mit irgendeiner kausalen Kette rechnen können, die von Stimuli bis hin zu sinnlichen Eindrücken reicht, die dann in der einen oder anderen Form in semantisch stabile Wahrnehmungen »übersetzt« werden, würden Begründungsketten, die darauf angewiesen sind, daß wir uns auf eine Umwelt beziehen, insgesamt leer sein. Damit würde aber eine durchaus zentrale Funktion von Rechtfertigung insgesamt aufgehoben. Denn oftmals rechtfertigen wir etwas, das wir für wahr halten, und damit eine doxastische Asymmetrie, durch Hinweis auf direkte sinnliche Eindrücke oder auf Verfahren, die auf sinnliche Eindrücke angewiesen sind. Wenn ich etwa glaube, daß es regnet, und diesen Glauben zu rechtfertigen suche, weise ich auf sinnliche Eindrücke hin. Selbst wenn die meisten unserer Überzeugungen viel zu komplex sind, um durch Hinweise auf Stimuli auch nur minimal gerechtfertigt werden zu können, kommen wir doch immer wieder auf Eindrücke zu sprechen. Deswegen ist es wichtig, daß insbesondere das Sehen, aber auch andere sensorische Quellen, wie das Tasten oder Schmecken, als faktive mentale Zustände angesehen werden können. Wenn ich sehe, daß es regnet, dann folgt daraus, daß es regnet; wenn ich rieche, daß es brennt, dann folgt daraus, daß es brennt; wenn ich fühle, daß das Wasser kocht, dann folgt daraus, daß das Wasser kocht; und wenn ich einen bestimmten

---

[70] Neben den bereits erwähnten Arbeiten sei hier noch hingewiesen auf Pryor, J.: »There is Immediate Justification«, in: Steup, M./Sosa, E. (eds.): *Contemporary Debates in Epistemology*. Malden, Ma. 2005, S. 181–202. Einschlägige Vertreter einer »entitlement«-Theorie sind neben Crispin Wright insbesondere Tyler Burge und Fred Dretske.

II. Kapitel: Formen des Skeptizismus

Akkord höre, dann folgt daraus, daß ein bestimmter Akkord realisiert wurde. Dies alles bedeutet nicht, daß aus dem Vorliegen einer Überzeugung dahingehend, daß ich etwa höre, daß ein bestimmter Akkord realisiert wurde, auch folgt, daß ich wirklich höre, daß ein bestimmter Akkord realisiert wurde. Dennoch gilt für unsere sinnlichen Eindrücke, daß sie uns mit der Welt verbinden und nicht von ihr abschneiden. Allerdings schneiden uns unsere Überzeugungen über unsere sinnlichen Eindrücke potentiell von unseren sinnlichen Eindrücken ab, weil diese Überzeugungen nicht ihrerseits sinnliche Eindrücke sind. Gäbe es aber überhaupt keine »unmittelbare Rechtfertigung«[71], wie James Pryor dies genannt hat, d. h. gäbe es überhaupt keine sinnlichen Eindrücke, deren Bestehen ihren Weltzugang verbürgt, verschwänden auch allzu viele komplexere Überzeugungen, wenn vielleicht auch nicht alle.

Auf ähnliche Weise wird der *modus ponens* in der gegenwärtigen metalogischen Debatte unter Rekurs auf grundlose Berechtigungen vom Typ rationalen Vertrauens ausgewiesen. Wenn man sich nicht auf den *modus ponens* verlassen könnte, wäre es unmöglich, überhaupt Gesetze des Wahrseins zu formulieren. Demnach seien wir unmittelbar berechtigt, uns auf die Gültigkeit des *modus ponens* zu verlassen.

Um die Aussagekraft solcher Argumentationen als Erwiderung auf das Isostheniaprinzip einzuschätzen, ist es sinnvoll, sich noch einmal zu vergegenwärtigen, in welchem Kontext das Prinzip aufgetaucht ist. Und zwar ist es in der Analyse der Rechtfertigungskomponente von Wissensansprüchen in Erscheinung getreten. Ich nenne dies, wie schon gesagt, die apologetische Dimension des Wissensbegriffs und gehe wie viele andere Erkenntnistheoretiker von der Antike bis in die Gegenwart davon aus, daß Wissensansprüche auf Nachfrage einer »Verteidigungsverpflichtung«[72] unterstehen. Denn Wissensansprüche sind begrifflich vermittelt. Dies bedeutet, daß ihr Bestehen ihre Wahrheit einfach deshalb noch nicht verbürgt, weil es alternative Wissensansprüche gibt. Zwei konkurrierende Wissensansprüche streiten sich um die in Frage stehende Wahrheit dabei immer auch im Licht der Rechtfertigung einer doxastischen Asymmetrie und damit einer doxastischen Ökonomie: Alles Erkennen ist insofern ein Werten und in dieser Hinsicht – wie Nietz-

---

[71] Pryor, J.: »There is Immediate Justification«, in: Steup, M./Sosa, E. (Hrsg.): *Contemporary Debates in Epistemology.* Oxford 2005, S. 181-202.
[72] Williams: *Problems of Knowledge,* S. 25.

sche mit seiner gesamten Philosophie eingeschärft hat – ein »Herrschafts-Gebilde«[73].

Selbst wenn Wissensansprüche und damit unser Zugang zum Wissen folglich immer von einem »Willen zur Macht« mitbestimmt sind, folgt daraus allerdings noch nicht, daß Wissen nur Macht ist. Sicherlich ist es wahr, daß Wissen manchmal Macht ist, doch ist vieles Wissen ohnmächtig, weil sich nicht alle Wissensansprüche durchsetzen.

Unterscheiden wir also gegen Nietzsche zwischen der *Anerkennung eines Wissensanspruchs als wahr (Autorität)* und *Wahrheit als potentiell transzendenter Diskursnorm*. Die Autorität eines Wissensanspruchs kann dabei realhistorisch durch Geldströme, eine große Anhängerschaft oder Drohpotentiale realisiert werden, und sie besteht nicht unabhängig von Faktoren, die sich in die Rechtfertigungskomponente einschreiben und dabei so einschreiben, daß sie hinter der Einschreibung verschwinden. Diese Form der Autorität ist charakteristisch für das politische Spiel des Gebens und Verlangens von Gründen, das Habermas durchaus zutreffend als »strategisch« beschrieben hat. Mit Kant gesagt, geht es dabei tendenziell um »Überredung«, nicht aber um »Überzeugung«[74]. Einer der Gründe, die dabei im Spiel sind, ist die Kürze der Zeit. Politische Reden sind keine wissenschaftlichen Abhandlungen, die darauf abstellen, in einer beliebig langen Zeit begründet und diskutiert werden zu können, während die politische Apologie – was seit Sokrates' Prozeß in das abendländische kulturelle Gedächtnis eingeschrieben ist – immer die »Wasseruhr« stellt, die nur sehr kurze Redezeiten erlaubt, in denen sich der Gegenredner bereits Strategien überlegt, die Rede zu *entkräften*, nicht aber etwa, sie zu *widerlegen*.

---

[73] Vgl. etwa Nietzsche: KGA, Abt. VIII, Bd. 2, S. 291: »Alle Werte, mit denen wir bis jetzt die Welt zuerst uns schätzbar zu machen gesucht haben und endlich ebendamit *entwerthet* haben, als sie sich als unanlegbar erwiesen – alle diese Werthe sind, psychologisch nachgerechnet, Resultate bestimmter Perspektiven der Nützlichkeit zur Aufrechterhaltung und Steigerung menschlicher Herrschafts-Gebilde: und nur fälschlich *projicirt* in das Wesen der Dinge. Es ist immer noch die *hyperbolische Naivität* des Menschen, sich selbst als Sinn und Werthmaß der Dinge anzusetzen.«
[74] Vgl. KrV, A 820/B 848: »Das Fürwahrhalten ist eine Begebenheit in unserem Verstande, die auf objektiven Gründen beruhen mag, aber auch subjektive Ursachen im Gemüte dessen, der da urteilt, erfordert. Wenn es für jedermann gültig ist, so fern er nur Vernunft hat, so ist der Grund desselben objektiv hinreichend, und das Fürwahrhalten heißt alsdenn *Überzeugung*. Hat es nur in der besonderen Beschaffenheit des Subjekts seinen Grund, so wird es *Überredung* genannt.«

Dagegen steht die Wahrheit als potentiell transzendente Diskursnorm. Die **Norm der Wahrheit** ist niemals identisch mit irgendeiner einzelnen für wahr gehaltenen Proposition, weil für wahr gehaltene Propositionen nur durch wahrheitsfähige Überzeugungen realisiert werden können. Nun sind wahrheitsfähige Überzeugungen aber unter anderem fallibel, was wir uns nur verständlich machen können, weil die Wahrheit möglicherweise jeden Wahrheitsanspruch überschreitet. Alles könnte anders sein, als wir glauben, es sei denn, wir haben gerade eine wahre Überzeugung. Allerdings besteht unser expliziter Zugang zu wahren Überzeugungen wiederum nur in wahrheitsfähigen Überzeugungen. Die Norm der Wahrheit hält den Diskurs immer offen, sie ermöglicht damit das Erscheinen von etwas, das mehr als bloßer Schein ist, nämlich die Wahrheit.

Aus erkenntnistheoretischer Warte betrachtet schließen sich Autorität und Wahrheit nicht notwendig aus. Es gibt auch Strategien zur Durchsetzung von Wahrheit. Der politische Vernunftgebrauch ist nicht notwendigerweise der Wahrheit abträglich, aber er zielt auch nicht notwendigerweise auf Wahrheit ab. Dies verstehen wir genau deshalb, weil wir verstehen, daß wir fallibel sind. Wahrheit und Macht koinzidieren nicht, was schon manchen Tyrannen in den Wahnsinn und manche politische Gemeinschaft in den Abgrund getrieben hat.

Der Pyrrhonische Skeptizismus dient nun als epistemologische Verständnishilfe unserer epistemischen Endlichkeit. Denn wir sehen nun bereits, daß mit den verschiedenen Formen des Skeptizismus eine Pluralität der Theorien hinsichtlich der Grenzen der Erkenntnis einhergeht. Der Cartesische Skeptizismus zieht eine Grenze zwischen Gegenständen oder Tatsachen auf der einen und unseren Überzeugungen auf der anderen Seite. Da er dabei übersieht, daß es auch Tatsachen über Überzeugungen gibt, so daß die Grenze nicht in der von ihm anvisierten Weise gezogen werden kann, wendet der Kantische Skeptizismus ein, daß die Grenze mitten durch das Gebiet unserer Überzeugungen verläuft. Dies läßt sich in der Form des Regelskeptizismus radikalisieren, der die semantische Stabilität unserer Überzeugungen unterläuft.

Der Pyrrhonische Skeptizismus dagegen setzt auf den Hinweis der Endlichkeit aller Theoriebildung. Dies bedeutet, daß auch die Theoriebildungen, die zum Cartesischen und Kantischen Skeptizismus führen, vom Pyrrhonischen Skeptizismus betroffen sind. Dieser konfrontiert uns mit unseren grundlosen Entscheidungen, die zur Etablierung doxastischer Ökonomien auch auf dem Gebiet der Erkenntnistheorie selbst führen. Dabei macht er uns darauf aufmerksam, daß diese Entscheidungen stets zu unbegründeter Autorität neigen und sich somit nicht mehr eigentlich ausweisen, sondern nur noch behaupten können.

Jede Entscheidung für p im Unterschied zu q, r oder s ist an irgendeinem Punkt unbegründet. Das Isosthenieprinzip taucht immer wieder an verschiedenen Stellen auf. Darin besteht seine eigentümliche Flexibilität, die es unmöglich macht, es als Methode und damit als immer wieder auf die gleiche Art anwendbaren Verfahrensalgorithmus einzusetzen. Vielmehr handelt es sich, wie die antiken Pyrrhoneer sagten, um eine »Fähigkeit« und beim Pyrrhonischen Skeptizismus um eine Performance, nämlich um die Performance, komplexe Theoriebildungen durch verschiedene Verfahren jeweils anders zu unterminieren.[75]

An dieser Stelle können wir nun einen Unterschied zwischen Endlichkeit und Kontingenz der Theoriebildung einführen, wobei beide eng ineinander verwoben sind. Die Endlichkeit der Theoriebildung besteht in allen drei untersuchten Formen des Skeptizismus, und zwar in der Form der potentiellen Divergenz von Wahrheit und Fürwahrhalten. Allerdings bedenkt der Cartesische überhaupt nicht und der Kantische Skeptizismus nicht zentral die Kontingenz der Theoriebildung. Kontingenz heißt seit Aristoteles' klassischer Einführung des Begriffs Anderssein-Können. Kontingent ist, »was anders sein kann (ὃ ἐνδέχεται ἄλλως ἔχειν)«[76], bzw., wie Aristoteles auch formuliert, dasjenige, was »sein [kann] oder auch nicht (τὸ δυνατὸν εἶναι καὶ μή)«[77]. Nun kann alles sein, was überhaupt existiert. Über Aristoteles' Überlegungen hinausgehend kann man allerdings mit dem Pyrrhonischen Skeptizismus noch hinzufügen, daß im Bereich des epistemologisch Relevanten überhaupt nichts existieren kann, was nicht auch anders sein könnte. Die Existenz einer Überzeugung verbürgt niemals ihre Wahrheit, es gibt immer Verfahren der Unterminierung der Wahrheit, die das Isosthenieprinzip zur Erscheinung bringen. Die Kontingenz der Theoriebildung ist folglich eine besondere Form der Endlichkeit, sie besteht darin, daß wir endliche – sprich: in ihrem Gegenstandsbereich und ihrer Methode eingeschränkte und wahrheitsfähige – Theorien nur so formulieren können, daß wir auch andere Theorien formulieren könnten, wobei vielleicht die anderen, aber nicht die eigenen Theorien wahr sind.

---

[75] Vgl. dazu wiederum ausführlich Gabriel: *Antike und moderne Skepsis*.
[76] Vgl. etwa Aristoteles: EN VI.2, 1139a8 ff.
[77] Vgl. etwa *De Interpretatione* I.9, 19a9 f.

II. Kapitel: Formen des Skeptizismus

Als wichtigstes Resultat dieses Kapitels kann man für die folgenden Kapitel festhalten, daß die drei untersuchten Formen des Skeptizismus jeweils verschiedene Theorien der Endlichkeit der Theoriebildung, oder wie man hier durchaus sagen kann: der Grenzen der Erkenntnis, mit sich führen. Grenzen der Erkenntnis lassen sich nicht konsistent als Grenzen verstehen, die zwischen irgendwelchen unerkennbaren Gegenständen bzw. Tatsachen und unseren Überzeugungen verlaufen, wie wir sehen werden. Auch der Versuch, die Grenzen in die Innenwelt zu verlagern, bleibt dabei noch unvollständig, weil die theoretischen Operationen, die in diesem Projekt zum Tragen kommen, ihrerseits noch unter dem Vorbehalt ihrer Endlichkeit stehen. Das Pyrrhonische Modell erweist sich vor diesem Hintergrund als besonders resistent, weil es aus der Kontingenz aller Theoriebildung auf das Isostheniepinzip schließt, das sich als mächtige Waffe gegen unbegründete Wissensansprüche erweist.

Entscheidend ist, daß der Skeptizismus dabei immer nur die mögliche Unmöglichkeit von Erkenntnis entwickelt, niemals aber einfach behauptet, wir könnten nichts wissen oder erkennen. Solche nihilistischen Thesen lassen sich zwar unter Umständen aus den hier diskutierten Formen des Skeptizismus ableiten, aber sie sind nicht insgesamt das primäre Ziel der skeptischen Untersuchung von Wissensansprüchen.

III. Kapitel: Die Welt der Bezugnahme

> *Es ist eine sehr dürftige Auffassung von Phantasie, die sie als eine von der Wirklichkeit gesonderte Welt begreift, eine Welt, die offensichtlich ihre Unwirklichkeit zeigt. Phantasie ist genau dasjenige, womit die Wirklichkeit verwechselt werden kann. Durch Phantasie wird unsere Überzeugung vom Wert der Wirklichkeit gebildet; auf unsere Phantasien zu verzichten bedeutete, auf unseren Kontakt mit der Welt zu verzichten.*
> Stanley Cavell[1]

In diesem Kapitel geht es um ontologische Aspekte der Erkenntnis bzw. um die Schnittstelle von Erkenntnistheorie und Ontologie. Unter **Ontologie** verstehe ich dabei die Beantwortung der Frage, was Existenz ist, was »Existenz« bedeutet bzw. was es heißt, daß es etwas gibt. Der Ausdruck »Ontologie« setzt sich aus dem griechischen Partizip Präsens von Sein: *to on* (τὸ ὄν), »das Seiende«, und Logos zusammen. Die Ontologie ist ein Logos vom Seienden, d. h. eine Erläuterung des Begriffs des Seienden. Aus verschiedenen Gründen ziehe ich es bewußt vor, keinen Unterschied zwischen »Sein« und »Existenz« zu treffen, so daß Ontologie die Erläuterung des Existenzbegriffs ist. Es geht also nicht direkt um die Frage, was allem Existierenden gemeinsam ist, wie man Ontologie auch verstanden hat. Wir wollen somit nicht direkt wissen, ob alles, was es gibt, z. B. materiell ist, wie der Materialismus behauptet. Solche metaphysischen Thesen lassen sich, wenn überhaupt, nur auf der Grundlage der Ontologie gewinnen. Ich erspare mir hier auch eine Diskussion des antiken Begriffs des Seienden und seiner Geschichte.

---

[1] Meine Übersetzung von Cavell, S.: *The World Viewed. Reflections on the Ontology of Film*. Cambridge, Ma. 1979, S. 85: »It is a poor idea of fantasy which takes it to be a world apart from reality, a world clearly showing its unreality. Fantasy is precisely what reality can be confused with. It is through fantasy that our conviction of the worth of reality is established; to forgo our fantasies would be to forgo our touch with the world.«

III. Kapitel: Die Welt der Bezugnahme

Ontologie ist in meiner Auffassung weder die Untersuchung des Seins im allgemeinen noch die Beantwortung der Frage, was es so gibt oder welcher Art alles ist, was es gibt, obwohl Versionen dieser Auffassungen von der Antike bis in die Gegenwart ebenfalls verbreitet sind. Aus Gründen, die in diesem Kapitel entwickelt werden, halte ich diese Auffassungen für abwegig bis falsch, insbesondere deswegen, weil sie insgesamt voraussetzen, daß es irgendeinen Gesamtbereich – die Welt, die Wirklichkeit, das Universum, das Sein, die Realität, das Ganze oder wie auch immer man sich ausdrücken mag – gibt, dessen grundlegende, etwa notwendig so-und-so beschaffene und allgemeine, Strukturen untersucht werden könnten. Es kann kein entsprechendes Totalobjekt der ontologischen Untersuchung geben, und zwar zuletzt einfach deshalb nicht, weil die zu unternehmende ontologische Untersuchung eines solchen Totalobjekts dieses Totalobjekt stets um sich selbst erweiterte – so wie man keine vollständige Photographie der Wirklichkeit im ganzen erhalten kann, weil jede Kamera nicht nur perspektivisch ist, sondern auch, weil sie selbst sowie der Umstand, daß sie eine vermeintlich vollständige Photographie der Wirklichkeit im ganzen hervorbringen soll, wiederum zu eben diesem Ganzen gehört. Wenn es ein entsprechendes Totalobjekt gäbe, gehörte die Untersuchung dieses Totalobjekts zu ihm selbst. Diese Einsicht liegt etwa Hegels *Wissenschaft der Logik* zugrunde, die deswegen ihr Totalobjekt von vornherein so entwirft, daß es nur über seine eigene Selbstbezüglichkeit verwirklicht wird. Da Hegels Option aus Gründen, die ich in diesem Kapitel nur anreißen werde, die ich aber andernorts entwickelt habe, ausscheidet, werde ich den Begriff der Ontologie und die mit diesem einhergehende Untersuchung unabhängig von der (inkonsistenten) Annahme der Existenz eines Totalobjekts darstellen.

Die Grundfrage der Ontologie lautet also: »Was ist Existenz?« Im Rahmen einer Einführung in die Erkenntnistheorie kann es allerdings nicht darum gehen, diese Frage befriedigend zu beantworten und meine eigene Antwort ausführlich zu verteidigen.[2] Gleichwohl ist es nicht möglich, die Erkenntnistheorie ohne Ausflug in die Ontologie abzuhandeln, da die Entscheidungen, die man in der Erkenntnistheorie trifft,

---

[2] Vgl. dazu einführend Gabriel: *Warum es die Welt nicht gibt*. Inwiefern sich meine Position dabei einer Auseinandersetzung mit Schelling und Hegel verdankt, habe ich ausführlich dargestellt in *Transcendental Ontology: Essays in German Idealism*. New York/London 2011.

ontologische Konsequenzen haben und *vice versa*. Für einen ersten Zugriff auf die Fragestellung der Ontologie im Rahmen der Erkenntnistheorie genügt es, den folgenden Gedankengang nachzuvollziehen, der sich aus dem Pyrrhonischen Skeptizismus ergibt.

Wir haben gesehen, daß wahrheitsfähige Überzeugungen *existieren*. Wir können auch sagen, daß Propositionen, d. h. die begrifflich strukturierten Gehalte wahrheitsfähiger Überzeugungen, existieren. Nun ist die *Existenz* wahrheitsfähiger Überzeugungen auf eine überraschende Weise skeptizismusresistent. Denn die bloße Existenz einer wahrheitsfähigen Überzeugung legt noch gar nicht fest, ob die Überzeugung tatsächlich wahr oder falsch ist, nur, daß es sie gibt. Es gibt wahrheitsfähige Überzeugungen, die aber hinsichtlich ihres bloßen Bestehens weder wahr noch falsch sind. Ihr Bestehen ist vielmehr gerade ihr Wahr-oder-Falsch-sein-*Können*, weshalb *Erkenntnis* im Sinne des Erfassens von Propositionen bzw. *Wissensansprüche* im Sinne der verteidigbaren Behauptung von Propositionen auch fallibel sind. Wir können also zwischen der *Existenz* einer wahrheitsfähigen Überzeugung und ihrem tatsächlichen *Wahrheitswert* unterscheiden. Wenn eine wahrheitsfähige Überzeugung existiert, ist damit alleine das Pendel weder in die eine (Wahrheit) noch in die andere (Falschheit) Richtung ausgeschlagen.

Dies kann man sich auch an folgendem Beispiel vergegenwärtigen. Stellen wir uns vor, wir bildeten uns gerade aus irgendwelchen Gründen ein, daß eine kleine Fliege durch unser Gesichtsfeld geflogen sei, obwohl der Eindruck eine ganz andere Ursache hatte, was bisweilen passiert. In diesem Fall hätten wir zwar eine falsche Überzeugung; denn es gäbe ja gar keine Fliege an der durch die Überzeugung anvisierten Raumzeitstelle. Dennoch gäbe es unsere wahrheitsfähige Überzeugung. Die Existenz der wahrheitsfähigen Überzeugung besteht folglich nicht in ihrem tatsächlichen Wahrheitswert, sondern nur darin, daß sie irgendeinen Wahrheitswert hat. Eine wahrheitsfähige Überzeugung existiert unabhängig von der Entscheidung oder der Bestimmung ihres Wahrheitswerts.

Descartes hat aus diesem Umstand geschlossen, daß wir einen infalliblen Zugang zu unseren je eigenen Überzeugungen insofern haben, als wir zumindest nicht in Frage stellen, daß sie existieren, was er mit seinem berühmtem Diktum: »ego sum, ego existo« (AT VII, 25) oder, an anderer Stelle, mit dem sicherlich noch berühmteren »cogito, ergo sum« (AT VIII, 7 f.) zum wirkungsmächtigen Ausdruck gebracht hat,

III. Kapitel: Die Welt der Bezugnahme

wie wir schon gesehen haben. Allerdings sei hintangestellt, ob dieser Schluß auf die Infallibilität unseres Selbstzugangs berechtigt ist. Gleichwohl hat Descartes hier einen wichtigen Punkt gesehen, der eine zentrale Rolle bei den antiken Skeptikern gespielt hat. Dieser Punkt besagt, daß wir die »Erscheinungen (τὰ φαινόμενα)« nicht in Frage stellen müssen oder können. Sie seien sogar, wie es bei Sextus (hinsichtlich des Wahren) heißt, dasjenige, »was dem gemeinsamen Verständnis nicht entgeht (τὸ μὴ λῆθον τὴν κοινὴν γνώμην).«[3]

Ich schlage daher vor, **Existenz** als *Erscheinung in einem Sinnfeld* zu definieren, was ich an anderer Stelle ausführlicher begründet habe. Um diese Definition im vorliegenden Kontext zur Anwendung zu bringen, genügen einige einführende Erörterungen. So hat Kant deutlich gemacht, daß Existenz keine eigentliche Eigenschaft oder, wie er schreibt, kein »reales Prädicat« sein könne. An einer berühmten Stelle seiner *Kritik der reinen Vernunft* schreibt er:

»*Sein* ist offenbar kein reales Prädikat, das ist ein Begriff von irgend etwas, was zu dem Begriffe eines Dinges hinzu kommen könnte. Es ist bloß die Position eines Dinges oder gewisser Bestimmungen an sich selbst.« (KrV A 598/B 626)

Nennen wir eine **eigentliche Eigenschaft** eine solche Eigenschaft, *auf die wir uns mit wahrheitsfähigen Überzeugungen dergestalt beziehen können, daß wir durch diese Bezugnahme einen Gegenstand in der Welt von einigen anderen Gegenständen in der Welt unterscheiden können.* In diesem Sinne ist die Eigenschaft des Rot-Seins oder des Bestehens-aus-Ziegelsteinen eine eigentliche Eigenschaft. In dieser Definition spielen einige Hintergrundüberlegungen eine wichtige Rolle. Für die Erkenntnistheorie ist die Einschränkung der Kontrastklasse von Prädikaten auf ein relatives Komplement besonders wichtig. Das **relative Komplement** eines Prädikats (und damit einer Eigenschaft) ist eine endliche Menge von anderen Begriffen, die nicht in derselben Weise auf einen und denselben Gegenstand zutreffen können. Auf geeignete Weise kontrastierende Begriffe gehören zum relativen Komplement. So kann ein roter Fleck nicht genauso grün wie rot sein, wenn er auch zu einem Gegenstand gehören kann, der in unterschiedlichen Hinsichten sowohl rot als auch grün ist (z. B. eine defekte Ampel, die gerade grün

---

[3] Sextus Empiricus: *Gegen die Dogmatiker (Adversus Mathematicos libri 7–11)*. Sankt Augustin 1998, hier: S. 87. Vgl. dazu auch Gabriel: *Skeptizismus und Idealismus in der Antike*, § 8.

und rot ist). Ebenso kann ein vollständig aus Ziegelsteinen errichtetes Gebäude nicht in derselben Weise vollständig aus Holz errichtet sein. Exakte Begriffe, die Vagheit ausschließen sollen, sind hier noch deutlicher. 2 + 2 kann nicht in derselben Weise 4 und 5 sein. Gleich-4-Sein ist eine der eigentlichen Eigenschaften von 2 + 2, so wie etwa die Eigenschaft, sich durch die drei Zeichen »2« »+« »2« repräsentieren zu lassen.

Es ist entsprechend eine legitime Anforderung an kompetente Begriffsverwender, daß sie über relative Komplemente verfügen: Um einiges zu erkennen, müssen wir auch anderes kennen, das sich von einigem unterscheidet. Wir benötigen also im Sinne von Leibniz irgendwelche klaren Begriffe, d. h. solche Begriffe, die irgend etwas im Unterschied zu anderem wiedererkennen lassen, um überhaupt etwas erkennen zu können.[4] Ohne irgendeinen Unterschied gäbe es überhaupt nichts. Dies wird traditionell mit der auf Spinoza zurückgehenden Formel ausgedrückt, daß Bestimmung Negation ist *(determinatio negatio)*.[5]

Es ist hingegen eine überzogene und prinzipiell nicht einlösbare Überforderung kompetenter Begriffsverwender, daß sie über **absolute Komplemente** verfügen müssen. Ein absolutes Komplement wäre die Menge *aller* mit einem bestimmten Begriff inkompatibler Begriffe. Nun ist es aber mindestens aus Zeitgründen und damit aufgrund unserer temporalen Endlichkeit unmöglich, daß wir alle Begriffe kennen müssen, um einen einzigen Begriff so anwenden zu können, daß wir überhaupt etwas erkennen können. Denn Erkenntnis setzt voraus, daß wir etwas von *manchem* anderem, nicht aber, daß wir etwas von *allem* anderen unterscheiden können. Mithin spielen absolute Komplemente zumindest keine Rolle in der epistemischen Individuation eines Begriffs. Dabei sei zunächst dahingestellt, ob wir absolute Komplemente unterstellen müssen, um die durchgängige Bestimmtheit der Gegenstände selbst sicherzustellen. Diese Annahme wurde ebenfalls im Ausgang

---

[4] Vgl. insbesondere seine kleine Abhandlung *Meditationes de cognitione, veritate et ideis* in: Ders.: *Kleine Schriften zur Metaphysik*. Philosophische Schriften, Bd. 1, übers. und hrsg. von H. H. Holz, Frankfurt am Main ²2000, S. 32–47, hier: S. 33: »*Klar* ist also die Erkenntnis, wenn ich sie so habe, daß ich aus ihr die dargestellte Sache wiedererkennen kann«.

[5] Spinoza, B. de: *Spinozas Briefwechsel und andere Dokumente*. Übers. von J. Bluwstein, Leipzig 1916, hier: S. 240 f.: »[d]a also Figur nichts anderes ist als Begrenzung und Begrenzung Verneinung ist, so wird sie, wie gesagt, nichts anderes als Verneinung sein können.«

III. Kapitel: Die Welt der Bezugnahme

von Leibniz vertreten, da man Gegenstände paradigmatisch als Individuen und diese wiederum als vollständig bestimmt, als *entia omnimodo determinata*, aufgefaßt hat. Allerdings sind die Gründe für diese Option obsolet geworden, wie wir noch sehen werden, da sie voraussetzen, daß es einen allumfassenden Gegenstandsbereich gibt, dessen Geschlossenheit bewiesen oder widerlegt werden kann.

Vor diesem Hintergrund kann man auf die folgende Weise zwischen **Wissen** und **Erkenntnis** unterscheiden. Wissen ist an eine *Rechtfertigungsbedingung* gebunden. Wissen wird beansprucht und dieser Anspruch muß vertretbar sein. Er generiert einen Raum von Alternativen, von relativen Komplementen, die den Wissensanspruch immer potentiell in Frage stellen. Erkenntnis ist hingegen lediglich an *begriffliche Individuationsbedingungen* gebunden. Wer etwas erkennt, z. B. seinen auf dem Gang vorbeihuschenden Nachbarn, steht damit nicht unter denselben Ansprüchen wie jemand, der zu wissen beansprucht, daß sein Nachbar gerade an ihm vorbeigehuscht ist. Wissen setzt Erkenntnis voraus und ist dabei anspruchsvoller als diese in dem Sinne, daß es wesentlich einer Verteidigungsverpflichtung unterstellt ist. Wenn ich gerade meinen Bildschirm erkenne, beanspruche ich damit kein Wissen, das ich etwa gegen relevante Alternativen verteidigen müßte. Deswegen sind Erkenntnis und das Wissen um Erkenntnis zu unterscheiden. Man kann etwas erkennen, ohne zu wissen, daß man es erkennt. Ich verstehe **Erkenntnis** somit als begrifflich informierte und damit orientierte Einstellung zu Gegenständen und Tatsachen, ohne daß die dabei zum Zuge kommenden Begriffe explizit sein müssen oder auch nur für diejenigen explizierbar sein müssen, die etwas erkennen. Deswegen scheint es mir auch völlig unproblematisch zu sein, wenn wir von Tieren sagen, daß sie etwas erkennen, z. B. daß sich ein Löwe nähert. Wissen hingegen besteht aus einer diffusen, diachronen und synchronen Pluralität von Wissensformen, die insgesamt gemeinsam haben, daß sie in eine Umgebung eingebettet sind, die in den entsprechenden Wissensansprüchen potentiell kopräsent ist.

Die Erkenntnis der Welt ist existierend auf Existierendes bezogen. Existenz ist dabei keine eigentliche Eigenschaft. Vielmehr unterstellen wir Gegenständen, denen wir Eigenschaften zuschreiben, bereits Existenz. In diesem Sinne hat Frege bemerkt, Existenz sei »die selbstverständlichste Voraussetzung«[6]. Demnach gilt *trivialiter*, daß alle Gegen-

---

[6] Frege sagt, Existenz sei »die selbstverständlichste Voraussetzung bei allen unseren

stände in der Welt existieren bzw. daß es in der Welt alles gibt. Wie man sich auch wendet, Existenz wird sich nicht als eigentliche Eigenschaft auffassen lassen. Denn selbst wenn man sagen wollte, daß alle existierenden Gegenstände sich von allen nicht-existierenden Gegenständen unterscheiden bzw. daß einige existierende Gegenstände sich von einigen nicht-existierenden Gegenständen unterscheiden, so individuierte man damit keineswegs Gegenstände in der Welt im Unterschied zu anderen Gegenständen in der Welt, sondern sagte allenfalls aus, daß es Gegenstände in der Welt gibt, nicht aber, wodurch sich irgendeiner dieser Gegenstände von irgendeinem anderen unterscheidet. Die Tatsache, daß es Gegenstände in der Welt gibt, ist selbst kein Gegenstand in der Welt.

Wenn man sich Kants These, Sein sei kein reales Prädikat, auf diese Weise verständlich macht, ist man übrigens noch nicht darauf verpflichtet, Freges Auffassung zu teilen, der hinzugefügt hat, Existenz sei ein **höherstufiges Prädikat**. Höherstufige Prädikate charakterisieren Eigenschaften von Begriffen anstatt von Gegenständen. Das **objektstufige Prädikat** *... ist ein Pferd* charakterisiert etwa dieses Rennpferd da, während das Prädikat *... ist ein objektstufiges Prädikat* das Prädikat *... ist ein Pferd*, nicht aber dieses Rennpferd da charakterisiert, da das Rennpferd kein Prädikat, sondern ein Rennpferd ist.

In diesem Zusammenhang faßt Frege »Existenz« als die Eigenschaft eines Begriffs auf, daß etwas unter ihn fällt. Sie sei ein höherstufiges Prädikat, nämlich dasjenige Prädikat, das Begriffen überhaupt einen Umfang zuweist, der größer als 0 ist. Behauptet man, daß es Pferde gibt, so behauptet man ihm zufolge, daß einiges unter den Begriff *... ist ein Pferd* fällt. Nun sind Begriffe aber letztlich durchaus auch Gegenstände. Denn unter einem **Gegenstand** verstehe ich ganz formal dasjenige, worauf man sich mit wahrheitsfähigen Gedanken beziehen kann. Da man über Begriffe nachdenken kann, sind sie Gegenstände, was Frege selbst Kopfzerbrechen bereitet hat (uns hier aber im einzelnen nicht weiter interessieren muß). Demnach folgt daraus, daß Existenz keine eigentliche Eigenschaft ist, noch nicht, daß sie keine Eigen-

---

Worten. Die Regeln der Logik setzen immer voraus, daß die gebrauchten Worte nicht leer sind, daß die Sätze Ausdrücke von Urteilen sind, daß man nicht mit bloßen Worten spiele.« (»Dialog mit Pünjer über Existenz«, in: Ders.: *Schriften zur Logik und Sprachphilosophie*. Aus dem Nachlaß, hrsg. von G. Gabriel, Hamburg 2001, S. 1–22, hier: S. 11)

schaft von Gegenständen sein kann, da sie unter Umständen die Eigenschaft eines Begriffs sein könnte, daß etwas unter ihn fällt, und da Begriffe ebenso Gegenstände sind wie Rennpferde (wenn sie sich auch u. a. dadurch von Rennpferden unterscheiden, daß sie die Eigenschaften haben, die sie als Begriffe ausmachen).

Nun könnte man im Anschluß an Frege sogar schließen, daß Existenz sehr wohl eine eigentliche Eigenschaft ist. Denn sie charakterisiert einige Gegenstände – nämlich Begriffe, unter die etwas fällt – im Unterschied zu einigen anderen Gegenständen – nämlich Begriffe, unter die nichts fällt. Dieses Argument setzt voraus, daß Begriffe existieren, daß sie mithin zur Welt gehören. Ansonsten wären sie ja auch keine Gegenstände, auf die man sich mit wahrheitsfähigen Überzeugungen beziehen kann, und man könnte ohnehin nicht davon ausgehen, daß sie überhaupt etwas wären, dem eigentliche Eigenschaften zukommen können. Damit betreten wir *terra incognita*. Wenn wir dies alles akzeptieren, dann muß es Begriffe geben, unter die existierende Begriffe fallen, da sie sonst nicht existierten, wobei sich die Menge der existierenden Begriffe unterteilt in

(1)   Begriffe, unter die etwas fällt,

und

(2)   Begriffe, unter die nichts fällt.

Es müßte folglich einen Begriff geben, unter den (1) und (2) fallen. Wie sollte dieser Begriff des Begriffs beschaffen sein?

Zu (2) gehören unter anderem Begriffe, unter die nichts fallen kann, z. B. inkonsistente Begriffe wie der Begriff ... *ist ein Dreieck in der Euklidischen Geometrie mit einer Winkelsumme von 111°* oder meines Wissens leere Begriffe wie ... *ist der gegenwärtige König des kleinsten Staates auf der Rückseite des Erdmondes*. Zu (1) gehören Begriffe wie ... *ist ein Laptop, das sich zu Zeitpunkt t_1 vor den Augen des Autors dieser Zeilen befindet*. Wenn es nun einen Begriff geben soll, unter den (1) und (2) fallen, damit man von beiden gleichermaßen sagen kann, daß sie existieren, wäre dieser Begriff dann nicht dadurch inkonsistent, daß einiges unter ihn fällt, das inkonsistent ist?

Unter welchen Begriff *alle* Begriffe unabhängig von der Frage fallen, ob etwas unter sie fällt oder nicht, ist eine Frage, die sich dadurch noch komplexer gestaltet, daß wir auch noch vage Begriffe bedenken müßten, bei denen unklar ist, was genau alles unter sie fällt. Vage Begriffe legen nicht genau fest, was alles unter sie fällt. So ist der Begriff der glatten Oberfläche vage, weil er nicht genau festlegt, wann eine Oberfläche glatt bzw. wirklich glatt ist. Wenn es einen allumfassenden Begriff des Begriffs gäbe, fielen inkonsistente, vage und präzise Begriffe unter diesen Begriff, so daß man sich fragen muß, ob dieser Begriff dadurch nicht seinerseits völlig unbestimmt oder gar inkonsistent wird.

Die Option, Existenz als eigentliche Eigenschaft von Begriffen *qua* Gegenständen aufzufassen, ist demnach mindestens mit erheblichen Schwierigkeiten verbunden, weshalb diejenigen, die der These anhängen, Existenz sei eine Eigenschaft von Begriffen, sich auch gern auf den Bereich einer von Vagheit und Widersprüchen bereinigten Logik beschränken wollen. Es gibt aber nicht nur logische oder exakt definierte Begriffe (wenn es dergleichen überhaupt gibt, was sehr fraglich ist), ebensowenig wie es nur solches gibt, was unter logische oder exakt definierte Begriffe fällt. Kunstwerke, Staaten, Freundschaften, erfrischende Morgenkühle und vieles andere ist nicht von der Art, daß seine Existenz adäquat in letzter Instanz als das Fallen unter einen Begriff verstanden werden kann, unter den alles fällt. Der Begriff des Begriffs in einem absoluten Singular existiert selbst nicht, er ist allenfalls, wie man von Kant lernen kann, eine notwendige heuristische Fiktion, eine Annahme, die wir treffen, um uns einer vollständig geordneten doxastischen Ökonomie anzunähern. Führen wir uns in diesem Kontext noch einmal Kants Darstellung der »systematischen Einheit« der Begriffe vor Augen. An der bereits zitierten Stelle heißt es:

»Man kann einen jeden Begriff als einen Punkt ansehen, der, als der Standpunkt eines Zuschauers, seinen Horizont hat, d.i. eine Menge von Dingen, die aus demselben können vorgestellt und gleichsam überschauet werden. Innerhalb diesem Horizonte muß eine Menge von Punkten ins Unendliche angegeben werden können, deren jeder wiederum seinen engeren Gesichtskreis hat; d.i. jede Art enthält Unterarten, nach dem Prinzip der Spezifikation, und der logische Horizont besteht nur aus kleineren Horizonten (Unterarten), nicht aber aus Punkten, die keinen Umfang haben (Individuen). Aber zu verschiedenen Horizonten, d.i. Gattungen, die aus eben so viel Begriffen bestimmt werden, läßt sich ein gemeinschaftlicher Horizont, daraus man sie insgesamt als aus einem Mittelpunkte überschauet, gezogen denken, welcher die höhere Gattung ist, bis endlich die höchste Gattung der allgemeine und wahre Horizont ist, der aus dem Standpunkte des höchsten Begriffs bestimmt wird, und alle Mannigfaltigkeit, als Gattungen, Arten und Unterarten, unter sich befaßt.« (KrV, A 658/B 686)

Dieser »höchste Standpunkt« ist nun allerdings kein Standpunkt, den wir jemals einnehmen könnten. Genaugenommen existiert er nicht einmal. Kant führt die Horizontmetapher in einem Kapitel über den »regulativen Gebrauch der Ideen« ein. Dabei macht er im Zusammenhang deutlich, daß der »höchste Standpunkt« als regulative Idee kein »*Gegenstand schlechthin*« ist, sondern »nur als ein *Gegenstand in der Idee* gegeben wird.« (KrV, A 670/B 698)

Dies bedeutet nach Kant, daß der höchste Standpunkt ein idealisiertes Erkenntnisziel darstellt: die vollständig geordnete Darstellung alles Wissens, ein vollständiges und vollständig geordnetes Abbild der Welt im ganzen. Dieses Ganze (das aus dem Weltganzen und dem Ganzen unseres Wissen bestünde) peilen wir beständig an, indem wir unser Wissen in der Form von Wissenschaften systematisieren und voraussetzen, daß es ein Ganzes, die Welt, gibt, das wir im besten Fall auch im ganzen überschauten, was der höchste Standpunkt wäre. Doch dieser Standpunkt existiert – übrigens auch Kant zufolge – nicht.

Einen alles umfassenden, d. h. alles unter sich fassenden Begriff des Begriffs gibt es nicht. Dies ist aber kein Zufall. Denn gäbe es einen solchen Begriff, so müßte er unter einen Begriff fallen, wenn Existenz als die Eigenschaft von Begriffen aufgefaßt wird, daß etwas unter sie fällt. Selbst wenn man damit einer bestimmten Klasse von Gegenständen, nämlich Begriffen, durchaus eine Eigenschaft zuschreibt, die in dieser Optik dann eine eigentliche Eigenschaft wäre, gelingt es nicht, Existenz auf der logischen Ebene von Rot-Sein oder Aus-Ziegelsteinen-Bestehen zu verorten. Denn ein allumfassender Begriff des Begriffs existiert nicht, so daß der Begriff des Begriffs *de facto* in letztlich unüberschaubare Bereiche zerfällt.

Der österreichische Philosoph Alexius Meinong (1853–1920) war meines Erachtens auf der richtigen Spur, als er darauf insistierte, daß vieles etwas Bestimmtes und damit ein Gegenstand ist, obwohl es modal z. B. nur als möglich qualifiziert sein mag. Er schlug vor diesem Hintergrund mit seiner sogenannten *Gegenstandstheorie* vor, das »Vorurteil zugunsten des Wirklichen«[7] zu überwinden. Den dahinter stehenden Gedanken kann man folgendermaßen rekonstruieren.

Indem Kant davon ausgeht, daß Existenz keine eigentliche Eigenschaft ist, stellt sich ihm die Frage, was Existenz dann eigentlich cha-

---

[7] Meinong, A.: *Über Gegenstandstheorie. Selbstdarstellung.* Hrsg. von J. M. Werle, Hamburg 1988, S. 3.

rakterisiert. Seine etwas unklare offizielle Antwort an der zitierten berühmten Stelle der *Kritik der reinen Vernunft* lautet, Existenz sei »Position«. Natürlich stellt sich nun die Frage, was dies bedeuten könnte. Nimmt man auf Kants theoretische Grundentscheidungen Bezug, kann man sagen, daß »Position« sich als *Vorkommen im Feld möglicher Erfahrung* verstehen läßt. Denn Kant zufolge bezieht sich Existenz ebenso wie alle anderen semantisch gehaltvollen Begriffe auf »mögliche Erfahrung«, was transzendentale Erkenntnis einschließt, deren Begriffe sich auf die Bedingungen der Möglichkeit von Erfahrung beziehen. Ein Begriff ist demnach nur dann gehaltvoll bzw. möglicherweise gehaltvoll, wenn er sich

(1) entweder *direkt* auf einen Gegenstand bezieht, den wir raumzeitlich individuieren können,

oder

(2) ein Begriff ist, der sich als notwendig herausstellt, wenn wir uns verständlich machen wollen, wie wir uns auf einen Gegenstand beziehen können, den wir raumzeitlich individuieren könnten, ein Begriff also, der sich *indirekt* auf einen raumzeitlich individuierbaren Gegenstand bezieht.

Was wir raumzeitlich individuieren können, nennt Kant **Erscheinungen,** und da wir seines Erachtens nur dann etwas individuieren können, wenn wir einen wahrheitsfähigen Gedanken über es haben können (was Kant »urteilen« nennt), können wir nun sagen, daß Kant zufolge *nur* Erscheinungen existieren und daß diese die Gegenstände wahrheitsfähiger Überzeugungen sind bzw. werden können. Entsprechend gibt es für Kant keine Gegenstände, auf die wir uns prinzipiell nicht beziehen könnten, selbst wenn wir aus kontingenten Gründen zu einigen Gegenständen keinen Zugang haben mögen. Den Gesamtbereich der Erscheinungen nennt Kant »mögliche Erfahrung«.

Im Hinblick auf Erscheinungen gelten demnach Kant zufolge keine Grenzen der Erkenntnis, wir könnten jede einzelne Erscheinung erkennen – jedenfalls dann, wenn wir oder das derzeitig bestehende Universum, das uns beheimatet, nicht temporal endlich wären. Es ist eine empirische und keine prinzipielle Frage, welche Erscheinungen wir bisher erkannt haben und welche wir noch erkennen werden; nichts spricht dagegen, daß wir jede einzelne Erscheinung erkennen könnten, da Erscheinung der Name für ein so-und-so bestimmtes Gebilde ist, auf das

III. Kapitel: Die Welt der Bezugnahme

wir uns mit einer wahrheitsfähigen Überzeugung beziehen können. Wenn es Grenzen der Erkenntnis gibt, so Kant, sind dies demnach die Grenzen des Feldes möglicher Erfahrung und keine Grenzen, die erkennbare von unerkennbaren Gegenständen unterschieden. Diese Konzeption der Grenzen der Erkenntnis werden wir unten (S. 363 ff.) noch näher inspizieren.

Eine Erscheinung ist alles, was im Feld möglicher Erfahrung vorkommt. Kommt etwas in diesem Feld vor, so nennt Kant diesen Umstand »Position«, womit er »Existenz« erläutert. Zwar bleiben für die Kantauslegung im einzelnen viele Fragen offen: Wie verhalten sich die Begriffe »Dasein«, »Sein«, »Existenz«, »Realität« und »Wirklichkeit«, die Kant in verschiedenen Funktionen verwendet, zueinander? Doch läßt sich Kants Grundgedanke so rekonstruieren, daß er Existenz als feldrelatives Vorkommnis auffaßt und daß er dieses Vorkommnis »Erscheinung« nennt.

Diese Auffassung von Existenz erweist sich nun aber als problematisch, wenn man die Existenz eines allumfassenden Feldes annimmt. Ein einziges, schlechthin singuläres Feld kann es nämlich – auch und vor allem Kants Prämissen zufolge – nicht geben. Das Feld möglicher Erfahrung kann nicht selbst erfahren werden, es kommt nicht in sich selbst vor, sondern wird vorausgesetzt, um die »systematische Einheit« des Feldes zu erklären.

Ich schlage vor, Kant und Frege folgendermaßen zu verbinden: Kant wird konzediert, daß Existenz feldrelative Erscheinung ist, und von Frege wird übernommen, daß es mehrere Felder (bei Frege: mehrere Begriffe) gibt. Deswegen definiere ich **Existenz** als *Erscheinung in einem Sinnfeld*. Ein Sinnfeld wird durch Regeln der Anordnung eröffnet, die es bestimmten Gegenständen ermöglichen zu erscheinen. So verstanden, eröffnen die Axiome der Mengenlehre zusammen mit einigen Transformationsregeln das Sinnfeld der Mengen, in dem dann diese oder jene Gegenstände erscheinen können, während etwa das Grundgesetz der BRD zusammen mit einigen Institutionen das Sinnfeld der Legalität in der BRD eröffnen, in dem dann legale und illegale Gegenstände erscheinen können.

Nun gibt es aber kein allumfassendes Sinnfeld, da dieses selbst in keinem Sinnfeld erscheinen könnte. Erschiene es *per impossibile* in einem Sinnfeld, wäre es als erscheinendes nicht identisch mit sich selbst als demjenigen Sinnfeld, in dem alles erscheint. Das allumfassende

Sinnfeld kann deswegen nicht existieren, weil es in keinem Sinnfeld vorkommen kann.

Für die Erkenntnistheorie bedeutet dies, daß wir nicht davon ausgehen können, es gäbe eine Welt im Sinne eines allumfassenden singulären Sinnfeldes, die dann gleichsam die inkarnierte Objektivität wäre und unserem objektiven Wissen insgesamt entspräche. Legen wir also hiermit fest, daß **Welt** im terminologischen Sinne der Name für *ein allumfassendes singuläres Sinnfeld* ist. Dadurch unterscheidet sich dieser formale Weltbegriff von seinen angereicherten Versionen, z. B. vom Begriff des Universums. Im Unterschied zur Welt bezeichnet der Begriff des **Universums** den Gegenstandsbereich der Physik, wenn man denn annehmen möchte, es gäbe die Physik im Singular.

Wenn ich hier sage, daß es die Welt nicht gibt, behaupte ich damit, es gebe kein Totalobjekt, das wir in verschiedenen Erkenntnissen oder Wissensformen gleichsam partiell zur Kenntnis nehmen. Es gibt weder eine *Totalität des Wissens* noch eine *Totalität der Welt*, die dann auch noch in Beziehung zu setzen wären. Vielmehr vollziehen sich alle Wissensansprüche und alle Erkenntnis immer schon in einem Sinnfeld, dessen Individuationsbedingungen, d. h. dessen Regeln der Anordnung, wahrheitsfähige Überzeugungen ermöglichen.

1. Die formale Gegenstandstheorie

Die formale Gegenstandstheorie besagt nichts weiter, als daß **Gegenstand** alles ist, worauf sich eine wahrheitsfähige Überzeugung beziehen kann (wobei Gegenstände in verschiedenen Sinnfeldern erscheinen und damit jeweils anderen Regeln unterstehen).[8] Gegenstand ist, was auch verfehlt werden kann. Es gibt keinen Gegenstand, den wir infallibel erfassen können, da es ansonsten dieser Definition zufolge kein Gegenstand wäre. Gegenstände werden der formalen Gegenstandstheorie zu-

---

[8] Ein Vorläufer der hier vertretenen formalen Gegenstandstheorie ist neben dem bereits erwähnten Alexius Meinong Rudolf Carnap, der sein Buch *Der logische Aufbau der Welt* damit beginnt, daß er den Ausdruck »Gegenstand« als »alles das« definiert, »worüber eine Aussage gemacht werden kann. Danach zählen wir zu den Gegenständen nicht nur Dinge, sondern auch Eigenschaften und Beziehungen, Klassen und Relationen, Zustände und Vorgänge, ferner Wirkliches und Unwirkliches.« (Carnap, R.: *Der logische Aufbau der Welt*. Hamburg 1998, S. 1)

III. Kapitel: Die Welt der Bezugnahme

folge auf dem Gebiet der reinen Ontologie nicht von Ereignissen, Sachverhalten oder Tatsachen unterschieden. Gegenstände werden demnach nicht als bereits besondere Vorkommnisse von anderen diskriminiert. Zwar mag es sinnvoll sein, im Übergang zur Erkenntnistheorie zwischen Gegenständen und **Sachverhalten** etwa dadurch zu unterscheiden, daß Sachverhalte dasjenige sind, was über Gegenstände wahr sein kann. So kann es über meinen Schreibtischstuhl wahr sein, daß er bequem ist. Dieser Sachverhalt ist selbst kein Schreibtischstuhl und scheint sich dadurch von diesem zu unterscheiden, daß er nicht gegenständlich ist. Doch kann es eben falsch sein, daß dieser Gegenstand meiner Wahrnehmung ein Schreibtischstuhl ist, ebenso wie es falsch sein kann, daß mein Schreibtischstuhl bequem ist. Und es wäre zumindest merkwürdig, wenn man das Schreibtischstuhl-Sein eines ansonsten unbestimmten Gegenstandes, den ich nur deiktisch als Dieses-Da bezeichnen könnte, als einen Sachverhalt auffaßte. Daß Dieses-Da ein Schreibtischstuhl ist, ist ein Sachverhalt. Ein Gegenstand unterhalb der Ebene von Sachverhalten wäre ein reines Dieses-Da. Doch auch dies wäre bereits eine Erkenntnis und damit eine begrifflich orientierte Einstellung.

Daher schlage ich von vornherein vor, ontologisch keinen Unterschied zwischen Tatsachen, Sachverhalten und Ereignissen zu treffen, da man sich auf all diese mit wahrheitsfähigen Überzeugungen beziehen kann, ganz unabhängig davon, welche besonderen logischen Formen diese Überzeugungen jeweils in Anspruch nehmen müssen, um wahr oder falsch sein zu können.

Die formale Gegenstandstheorie hat den Vorteil, daß sie auf der Ebene der Ontologie noch keine Entscheidungen im Hinblick auf die Funktion von Bezugnahme für die Konstitution von Gegenständen trifft. Gegenständlichkeit hat als solche weder etwas mit der Existenz von Subjekten noch mit deren Abwesenheit zu tun. Ein Artefakt wie ein Möbelstück oder ein sozialer Gegenstand wie ein Staatenverbund sind ebenso Gegenstände wie Kräuter, Planeten oder Vulkankrater. In der Tradition gab es immer wieder einen Streit darüber, ob Geist oder Natur ontologisch primär sei, was sich dann in der einen oder anderen Form als Streit zwischen Idealismus und Realismus oder Idealismus und Materialismus artikuliert hat. Ontologisch handelt es sich dabei aber um eine völlig abwegige Alternative. Es gibt sowohl eindeutig bewußtseinsabhängige Gegenstände, wie mentale Zustände oder Rückenschmerzen, wie es eindeutig bewußtseinsunabhängige Gegenstände, wie Explosionen in unerreichbar fernen Vergangenheiten, gegeben hat, die Quentin Meillassoux als den Bereich der »Anzestralität« hervorgehoben hat. Unter diesem Bereich versteht er alle Tatsachen bzw. Ereignisse vor der Entstehung irgendeiner Form von Intelligenz, die diese Ereignisse oder Tatsachen zur Kenntnis genommen hätte, wobei man nicht ausschließen kann, daß einige dieser Ereignisse oder Tatsachen kognitiv schlechthin nicht erreichbar sind.[9]

Weder sind raumzeitlich ausgedehnte mesoskopische Gegenstände wie Bäume noch sind sogenannte abstrakte Gegenstände wie Zahlen ontologisch paradigmatisch. Weder läßt sich der Geist aus der Natur ableiten noch umgekehrt oder das eine auf dem anderen begründen. Vielmehr gibt es eine absolute ontologische Symmetrie, die – darin sieht man die ontologische Reichweite des Pyrrhonischen Skeptizismus – durch verschiedene Gegenstände und ihre existenziellen Ansprüche asymmetrisch wird. Handlungen etwa sind solche Gegenstände, die andere Gegenstände so verändern, daß diese dadurch einstellungsabhängig werden. Wenn ich beispielsweise verstehen will, daß Jens sich einen Joghurt im Supermarkt gekauft hat, wird der Joghurt dadurch von nun an im Hinblick auf Jens' Einstellungen verständlich, zu denen in diesem Fall auch die legale Einstellung gehört, daß er der Besitzer des Joghurts geworden ist. Ich kann den Joghurt ohne diesen Umstand gar nicht mehr als den Gegenstand verstehen, welcher er geworden ist. Das Umgekehrte gilt für unsere eigenen Leiber, sobald sie zu Leichen geworden sind. In diesem Fall wird ein zuvor einstellungsabhängiger Gegenstand zumindest partiell einstellungsunabhängig, da meine eigenen Einstellungen (hoffentlich) nicht mehr vorkommen, wenn ich eine Leiche bin. Andere Gegenstände, wie der Urknall – was auch immer das eigentlich sein soll –, sind ohnehin maximal einstellungsunabhängig, wir können ihre Existenz verstehen, ohne irgend etwas vom Typ »Geist« in den Inhalt dessen, was wir da verstehen, zu implementieren. So scheint es jedenfalls.

Traditionell besteht eine verheerende Tendenz, die »materielle Welt« im sehr vagen Sinne einer Ansammlung raumzeitlich ausgedehnter meso- bzw. makro-, nano- oder teleskopischer Gegenstände ontologisch zu privilegieren. Der einzige Grund dafür besteht aber darin, daß diese Gegenstände uns schon deswegen besonders interessieren,

---

[9] Meillassoux, Q.: *Nach der Endlichkeit. Versuch über die Notwendigkeit der Kontingenz.* Übers. von R. Frommel, Berlin/Zürich 2008, Kap. 1.

III. Kapitel: Die Welt der Bezugnahme

weil sie uns letztlich töten werden, uns aber gleichzeitig auch ernähren. So hypostasiert der Mensch seinen eigenen Ernährungs- und Bedrohungsbereich zur »materiellen Welt«, weil er ihn für das Paradigma der Existenz hält. Die so verstandene »materielle Welt« ist aber allenfalls eine »ontologische Nische«. Sie ist der Name für die Wüste, in der wir unsere Sinnanstrengungen verorten. Dies liegt insofern auf der Hand, als wir unsere Sinnanstrengungen eben verorten wollen. Dies bedeutet dann naheliegenderweise, daß sie sich an einem Ort befinden, der selbst frei von jeglicher Sinnanstrengung ist – ein unglücklicher und falscher Gedankengang, der zum Nihilismus führt, da er allen Sinn ontologisch untergräbt. Wenn es aber keine ontologischen Paradigmata gibt, kann man auch nicht die Wüste vor der Oase oder dem Dschungel auszeichnen. Gegenstand ist eben all dasjenige, worauf wir uns mit wahrheitsfähigen Überzeugungen beziehen können, wozu auch unsere wahrheitsfähigen Überzeugungen gehören, auf die wir uns in der Erkenntnistheorie beziehen. Wenn wir uns mit höherstufigen Überzeugungen auf Überzeugungen beziehen, ist auch diese Bezugnahme von der Art, daß sie sich auf einen Gegenstand, in diesem Fall auf Überzeugungen, bezieht.

Vor dem Hintergrund der formalen Gegenstandstheorie kann man nun *Descartes' Irrtum* darin sehen, daß er eine bestimmte Sorte von Gegenständen als Gegenstände wahrheitsfähiger und irrtumsanfälliger Überzeugungen identifizierte, und zwar insbesondere alle Gegenstände, die sich als *substantiae extensae*, als ausgedehnte Substanzen beschreiben lassen. Zwar schwankt Descartes in diesem Punkt gelegentlich (da er deutlich sieht, daß etwa auch geträumte geometrische Figuren ausgedehnt, aber nicht substantiell sind), doch ist die Tendenz eindeutig: Was verfehlt werden kann, ist ihm zufolge ein ausgedehnter Gegenstand, und unser eigener Geist bzw. unsere Innenwelt gehört nicht zur Sorte solcher Gegenstände. Entsprechend kann man **Descartes' Irrtum** als die Identifikation der Menge der Gegenstände wahrheitsfähiger Bezugnahme insgesamt mit einer bestimmten Sorte von Gegenständen definieren. Es besteht aber weder ein ontologischer noch ein erkenntnistheoretischer Grund, *ausgedehnte Gegenstände* mit *Gegenständen überhaupt* zu identifizieren, um die Objektivität wahrheitsfähiger Bezugnahme zu erklären, oder gar eine Menge von Gegenständen zu postulieren, die sich selbst infallibel zugänglich sind.

Infallibel zugängliche Gegenstände gibt es übrigens auch deswegen nicht, weil etwas nur in einem Medium (Denken, Sprache, Sätze, Teleskope, Sinnlichkeit, Theorien usw.) zugänglich ist, das als Medium nicht notwendigerweise garantiert (aber auch nicht ausschließt), daß dasjenige, was sich in ihm zeigt, auch so ist, wie es sich darstellt. Eine sich selbst infallibel zugängliche denkende Substanz (*res cogitans*) gibt es deswegen nicht, weil wir uns auf sie beziehen können müßten. Um uns auf sie beziehen zu können, muß sie auch unabhängig von diesem oder jenem bestimmten Akt der Bezugnahme existieren, da sie ansonsten mit einer bestimmten – etwa *dieser* –, Bezugnahme identisch wäre, was absurd ist. Folglich muß die *res cogitans* wie jeder andere Gegenstand die Objektivitätsbedingung erfüllen, daß man sich nur mit wahrheitsfähigen (und damit niemals notwendig wahren) Überzeugungen auf sie beziehen kann. Wann immer man ein Medium (und sei es das Denken selbst) in Anspruch nehmen muß, um sich auf irgend etwas zu beziehen, das so-und-so ist, kann das Medium nicht auch schon garantieren, daß dasjenige, was sich in ihm darstellt, so ist, wie es erscheint. Bei Descartes selbst ist die Annahme einer *res cogitans* Konsequenz von Descartes' Irrtum, denn er postuliert eine denkende Substanz, die sich infallibel zugänglich ist, nachdem er Fallibilität auf unsere Einstellung zu ausgedehnten Gegenständen restringiert hatte. Aus diesem Grund kann er die Fallibilität des Cogito nicht erklären und räumt sie deswegen aus dem Weg.

Halten wir also fest: Die formale Gegenstandstheorie versteht unter einem Gegenstand alles dasjenige, worauf sich eine wahrheitsfähige Überzeugung beziehen kann und was demzufolge auch verfehlt werden kann. Dies schließt – wie im Innenweltproblem – Bezugnahme auf wahrheitsfähige Überzeugungen mit ein, die damit selbst Gegenstände sind. Wenn wir auch außerhalb der Ontologie und Erkenntnistheorie Gründe haben mögen, zwischen Gegenständen, Ereignissen, Tatsachen, Institutionen oder Personen zu unterscheiden, spielen diese Gründe in der Ontologie und Erkenntnistheorie vorerst keine Rolle.

Vor dem Hintergrund der bisherigen Ausführungen können wir außerdem bereits folgendes feststellen: Die Ontologie beschäftigt sich gleichsam mit einem flachen logischen Raum. Unter einem **flachen logischen Raum** verstehe ich einen logischen Raum, für den insgesamt das Isostheniepinzip gilt, weil er lediglich formale Gegenstände enthält. Der flache logische Raum entspricht demjenigen, was Spinoza oder Wittgenstein eine Betrachtung der Welt *sub specie aeternitatis*, d. h. im Hinblick auf die Ewigkeit, genannt haben. Eine Rationalität, die sich dem flachen logischen Raum annähert, ist deswegen auch universal. Denn der **rationalistische Universalismus**, den man übrigens keineswegs nur in der abendländischen Philosophie von Platon bis Kant und gegenwärtig auch noch bei Jürgen Habermas und Alain Badiou – wenn auch mit verschiedenen Ausrichtungen im Detail – finden kann, nimmt an, daß es unabhängig von bereits getroffenen, Asymmetrie etablierenden Entscheidungen einen flachen logischen Raum gibt, der durch solche Entscheidungen gekrümmt wird.

Ontologisch läßt sich also ein rationalistischer Universalismus verteidigen, der völlig ohne Ansehen der Person gilt, zumal in seinem Einzugsbereich gar keine Personen, sondern eben nur gleichberechtigte Gegenstände erscheinen.

Der soziale, immer auch von anderen bewohnte Raum, in dem wir uns normalerweise erkennend bewegen, ist hingegen »gekrümmt«, um eine Metapher von Emmanuel Levinas (1906–1995) aufzugreifen.[10] Nennen wir demgemäß einen **gekrümmten logischen Raum** einen solchen, in dem bereits eine Pluralität doxastischer Ökonomien etabliert ist. In einem gekrümmten logischen Raum bestehen bereits geordnete Behauptungen, also nicht nur positive und negative, sondern inkompatible Propositionen, die gegeneinander antreten und deren Ungleichgewicht an die Überzeugungskraft von Gründen gebunden ist. Was den ursprünglich flachen logischen Raum krümmt, sind Gründe, die letztlich immer zu »Herrschafts-Gebilden« führen, wie wir noch einmal mit Nietzsche sagen können.

Nehmen wir irgendeine beliebige Kette von Gründen, sagen wir G1, G2 und G3, die in irgendeinem Verhältnis zueinander die Überzeugung Ü1 stützen. Nun mag es wiederum Begründungsketten geben, die G1, G2 und/oder G3 stützen. Doch an irgendeinem Punkt reißen diese Ketten ab und gründen damit im flachen logischen Raum, in dem alles Gegenstand ist, worauf man sich mit einer wahrheitsfähigen Überzeugung unabhängig von deren tatsächlicher Wahrheit oder Falschheit beziehen kann. Die Relation zwischen dem jeweiligen Unbegründeten und dem jeweiligen Begründeten in einer Begründungskette wird durch Entscheidungen hergestellt, die demnach durchaus teilweise, aber niemals vollständig begründet sind, da es keine vollständige Begründung geben kann. Denn der gekrümmte ist schon deswegen in den flachen

---

[10] Levinas, E.: *Totalität und Unendlichkeit. Versuch über die Exteriorität.* Übers. von W. N. Krewani, Freiburg/München 1987, hier: S. 420.

logischen Raum eingebettet, weil er als Gegenstand existiert. *Sub specie aeternatis* besteht er einfach.[11]

Für die Ontologie bringt die Existenz eines gekrümmten logischen Raums die Schwierigkeit mit sich, daß damit anscheinend ein flacher und ein gekrümmter logischer Raum nebeneinander bestehen. Doch in welchem Raum sind sie aufeinander bezogen? Gibt es einen höherstufigen logischen Raum, in dem der flache und der gekrümmte logische Raum gleichberechtigt bestehen?

Wenn hier auch nicht der Ort ist, dies detailliert auszuführen, kann man diese Fragen tentativ beantworten, um irreführende Assoziationen zu zerstreuen. Der gekrümmte logische Raum ist genau besehen eine Krümmung des flachen, die im flachen selbst existiert. Konkret äußert sich dies in unseren Zusammenhängen darin, daß man jede Begründungskette entweder bloß als existierende oder als die Etablierung bestimmter Wahrheitsansprüche betrachten kann. In diesem Sinne handelt es sich bei demjenigen Raum, der sowohl flach als auch gekrümmt sein kann, um eine »absolute Indifferenz«, wie Schelling dies genannt hat.

Daß Gründe eine Asymmetrie einführen (denn sie sprechen stets für eine endliche Menge an Optionen im Unterschied zu einem relativen Komplement) und damit Macht erzeugen, bedeutet natürlich nicht, daß Rationalität, das »Spiel des Gebens und Verlangens von Gründen«, nichts weiter als Machtausübung oder Kampf um Herrschaft wäre, sondern lediglich, daß Gründe zu Herrschaftsgebilden werden. Aus diesem Grund ist Wissen Macht, was keine reduktionistische These ist, die Wissen mit Macht identifiziert.

Es sollte deutlich geworden sein, daß man den Pyrrhonischen Skeptizismus so einsetzen kann, daß sich eine skeptizismusresistente Operation entwickeln läßt. Der Pyrrhonische Skeptizismus funktioniert nur dadurch, daß er eine bestimmte wahrheitsfähige Operation etabliert, die im Grenzfall ihrer Selbstanwendung komplexe theoretische Schwierigkeiten erzeugt. Dann gilt: Wir können nun Erkenntnistheorie betreiben, ohne deswegen in Opposition zum Isostheniepinzip zu tre-

---

[11] Natürlich wird der flache logische Raum durch jede Aussage über ihn gekrümmt, mit der wir ihn etwa in Opposition zum gekrümmten logischen Raum setzen wollen. Gleichwohl ist er eine Voraussetzung dafür, daß wir uns die Krümmung verständlich machen können. Der flache logische Raum ist mindestens ein notwendiger Kontrastbegriff wie etwa der klassische Begriff des Absoluten. Vgl. dazu Hogrebe, W.: »Das Absolute«, in: Ders.: *Echo des Nichtwissens.* Berlin 2006, S. 155–169.

ten. Das Isosthenieprinzip ist vielmehr das Prinzip, das Ontologie und Erkenntnistheorie verbindet. Denn wir analysieren lediglich, worin die Isosthenie besteht, und untersuchen, unter welchen Bedingungen man Wissen beanspruchen kann, ohne deswegen bereits garantieren zu wollen, daß dieses oder jenes ein Fall von Erkenntnis oder von Wissen ist. Allerdings ist es fraglich, ob sich Erkenntnis vollständig aus der Perspektive eines flachen logischen Raums beschreiben läßt, da sie zu Wissen tendiert. **Wissen** ist, so können wir nun sagen, das Telos der Erkenntnis. Wir können Erkenntnis erkennen, doch werden wir als Erkenntnistheoretiker immer wieder Wissen zu beanspruchen haben, so daß wir uns mit den Problemen des Skeptizismus konfrontiert sehen.

Wir wissen dabei nur dann, was etwas, das wir erkannt haben, ist, wenn wir über irgendeine Antwort auf die Frage »Warum?« verfügen, wie schon Aristoteles unterstrichen hat. Zu erkennen, *daß* etwas der Fall ist (τὸ ὅτι), ist noch nicht hinreichend, um zu wissen, *warum* es der Fall ist (τὸ διότι). Wie Aristoteles im ersten Kapitel des ersten Buchs seiner *Metaphysik* ausführt, kennen die Erfahrenen nur Ereignisabfolgen, die sich wiederholen, während die Wissenden auch die Gründe bzw. Ursachen, das Warum, kennen.

»Dennoch aber glauben wir, daß Wissen und Verstehen mehr der Kunst zukomme als der Erfahrung und halten die Künstler für weiser als die Erfahrenen, da Weisheit einen jeden mehr nach dem Maßstabe des Wissens begleite. Und dies deshalb, weil die einen die Ursache kennen, die anderen nicht. Denn die Erfahrenen kennen nur das Daß, aber nicht das Warum; jene aber kennen das Warum und die Ursache.«[12]

2. Metaphysik der Intentionalität

Unter **Metaphysik** verstehe ich das Projekt, die **Welt als Welt** zu untersuchen. Die Metaphysik geht in einem paradigmatischen Sinne demnach aufs Ganze. Sie beschäftigt sich mit der Frage, worin wir uns eigentlich befinden, wenn wir feststellen, daß wir in der Welt sind. An

---

[12] Meine Übersetzung von Aristoteles: Met. I.1, 981a24–30: ἀλλ' ὅμως τό γ' εἰδέναι καὶ τὸ ἐπαΐειν τῇ τέχνῃ τῆς ἐμπειρίας ὑπάρχειν οἰόμεθα μᾶλλον, καὶ σοφωτέρους τοὺς τεχνίτας τῶν ἐμπείρων ὑπολαμβάνομεν, ὡς κατὰ τὸ εἰδέναι μᾶλλον ἀκολουθήσαν τὴν σοφίαν πᾶσιν· τοῦτο δέ, ὅτι οἱ μὲν τὴν αἰτίαν ἴσασι, διότι δ' οὐκ ἴσασιν· οἱ δὲ τὸ διότι καὶ τὴν αἰτίαν γνωρίζουσιν.

diesem Punkt ist es wichtig, die Unterscheidung von **Welt** und **Universum** etwas weiter zu präzisieren, da es sich bei dieser Unterscheidung um ein erstes Theorem der Metaphysik handelt, die wir in diesem Kapitel in ihrer Anwendung auf die Erkenntnistheorie kennenlernen werden. Das »Universum« verstehe ich als den Gegenstandsbereich der Physik, der oftmals auch als »Kosmos« oder »Weltall« angesprochen wird. Es handelt sich dabei um das raumzeitlich Ausgedehnte insgesamt, die Raumzeit, wobei die damit einhergehende Totalitätsklausel, daß es sich nämlich um das raumzeitlich Ausgedehnte *insgesamt* handeln soll, im einzelnen bereits große Schwierigkeiten mit sich bringt, die allerdings in der Wissenschaftstheorie zu behandeln wären. Im vorliegenden Zusammenhang genüge ein intuitiv leicht nachvollziehbarer Begriff des Universums, den man sich folgendermaßen vergegenwärtigen kann. Der Planet, auf dem wir leben, befindet sich in einem Sonnensystem, dieses ist wiederum eines von astronomisch vielen anderen Sonnensystemen, die wir insgesamt dadurch in den Blick nehmen, daß wir Gesetze formulieren, die den Gegenstandsbereich der Astrophysik charakterisieren und die damit vorschreiben, was in ihm vorkommen kann und was nicht. Man kann die Physik in diesem Zusammenhang als einen komplexen Algorithmus auffassen, der für jeden Gegenstand bzw. für jedes Ereignis festlegt, ob er im Universum vorkommen kann oder nicht.

Nun kommt aber offensichtlich nicht alles im Gegenstandsbereich der Physik vor. Z. B. gehört die Physik als eine bestimmte Menge wahrheitsfähiger Aussagen selbst nicht in den Gegenstandsbereich der Physik. Wir beobachten die Physik nicht durch Vermittlung bestimmter (ihrerseits physikalischer) Instrumente, sie ist nicht Gegenstand ihrer selbst. Vielmehr untersucht sie einen bestimmten Gegenstandsbereich, den sie aufgrund der theoretischen Annahmen, die sie trifft, in verschiedene Regionen (Astrophysik, Quantenphysik usw.) aufteilt. Dabei werden aber nicht die Aussagen der Physik, also beispielsweise $E = mc^2$, beobachtet und beschrieben, sondern die Aussagen bilden das Beschreibungssystem, das durch Experimente verfeinert und den prozessierten Informationen angepaßt wird. »Wahrheit« ist kein Teilchen oder Planet, das bzw. den wir beobachten könnten, sondern es ist vielmehr so, daß dasjenige, was in der Physik als wahr gilt, durch einen theoretischen Rahmen festgelegt wird, der sich zwar verändern kann, der sich aber nicht in derselben Weise wie ein Stern im Gegenstandsbereich der Physik verändert. Es gibt keine physikalischen Vorhersagen der Veränderungen der Physik als Theorie, die sich auf den Gegenstandsbereich namens Universum bezieht. Sonst könnten Physiker dadurch neue Theorien entwickeln, daß sie die Gehirne ihrer als herausragend geltenden Kollegen untersuchen, um vorherzusagen, was diese in Zukunft denken werden. Dies wäre jedenfalls eine sehr fragwürdige wissenschaftliche Methode.

Die Wahrheit eines Gedankens, der Physikalisches thematisiert, kann kein bestimmtes physikalisches Ereignis sein, und dies schon deswegen nicht, weil sie sich auch auf noch gar nicht realisierte physikalische Ereignisse bezieht. Wenn jeder Stein, den ich von meinem Balkon fallen lasse, aufgrund der Gravitation nicht etwa gen Himmel steigt, gilt dies auch für kontrafaktische, also für solche Steine, die ich noch nicht fallen gelassen habe oder die ich niemals fallen lassen werde. Der Umstand, daß es wahr ist, daß Steine von meinem Balkon fallen, aber nicht hochfliegen, ist demnach kein physikalisches Ereignis, sondern eher ein Sonderfall eines Naturgesetzes. Selbst wenn Naturgesetze nur durch Induktion bestätigt werden können, heißt das nicht, daß sie mit irgendeiner besonderen Instanz ihrer Anwendung identisch sind.

Wäre die Physik (im Sinne der wissenschaftlichen Theoriebildung) selbst ein physikalisches Ereignis, z. B. irgendeine bestimmte neuronale Struktur in Einsteins Gehirn, wäre sie in demselben Sinne »wahr« wie die bloße Existenz eines Steines mit einer bestimmten Gestalt. Die Existenz eines Gedankens könnte nicht mehr von seiner Wahrheit unterschieden werden. Wenn ein anderes Gehirn eine andere Physik dächte, wäre diese dadurch in ihrem bloßen Existieren bereits wahr, selbst wenn sie mit Einsteins bestbewährten Erkenntnissen unvereinbar wäre. Folglich kann die bloße Existenz einer neuronalen Struktur, die im Gegenstandsbereich der Physik vorkommen kann, nicht identisch mit der Physik als Wissenschaft sein. Frege drückt einen ähnlichen Gedanken einmal folgendermaßen aus:

»Psychologische Gesetze, die in dieser Weise auf die chemische Zusammensetzung oder auf anatomische Beschaffenheiten des Gehirns Bezug nehmen, sind wenigstens denkbar. Bei logischen Gesetzen wäre dergleichen absurd; denn es handelt sich bei ihnen nicht darum, was dieser oder jener Mensch für wahr hält, sondern darum, was wahr ist. Ob ein Mensch den Gedanken, daß 2 · 2 = 4 ist, für wahr hält oder für falsch, mag von der chemischen Zusammensetzung seines Gehirns abhängen, aber ob dieser Gedanke wahr ist, kann nicht davon abhängen. Ob es wahr ist, daß Julius Caesar von Brutus ermordet wurde, kann nicht von der Beschaffenheit des Gehirns von Professor Mommsen abhängen.«[13]

Mit anderen Worten, die Norm der Wahrheit ist niemals identisch mit irgendeinem physikalischen Ereignis. Sie ist außerdem auch nicht mit irgendeiner noch so großen Anzahl wahrer Aussagen oder Gedanken identisch. Wenn wir urteilen, d. h. behaupten, daß p, erzeugen wir damit einen Gegenstandsbereich, in dem p vorkommen kann. Sollte nicht einmal dies gelingen, handelte es sich bei dem Gedanken, daß p, um keinen wahrheitsfähigen Ausdruck.

Es gibt aber nicht nur ein einziges Suchfeld, nicht nur einen einzigen Gegenstandsbereich. Vielmehr projizieren wir Wahrheitsbedingungen auf ganz unterschiedliche Weise in ganz unterschiedlichen Kontexten. Dabei unterstellen wir als Norm der Wahrheit aber stets einen minimalen **Objektivitätskontrast**, d. h. einen potentiellen Unterschied zwischen Wahrheit und Fürwahrhalten. Für irgendein p, aus dessen Wahrheit folgte, daß es für wahr gehalten wird, und aus dessen Fürwahrgehalten-Werden folgte, daß es wahr ist, gälte demnach auch schon, daß es gar nicht wahr sein kann. Wahrheit gibt es nur dort, wo es die Möglichkeit des Irrtums gibt. Unterhalb der **Bivalenz** von Wahrheit und Falschheit bzw. Erkenntnis und Irrtum gibt es keine monovalente Wahrheit, sondern allenfalls Monovalenz vom Typ eines flachen logischen Raums.

Wie Anton Friedrich Koch in seinem *Versuch über Wahrheit und Zeit* gezeigt hat, gibt es keine **Ursachverhalte**.[14] Ursachverhalte wären Tatsachen, deren Bestehen ihre Wahrheit verbürgte und die wir notwendigerweise unfehlbar und unkorrigierbar für wahr hielten. Für Ursachverhalte können keine Gründe sprechen, da wir sie sonst auch verfehlen könnten, sie müßten ontologisch völlig einfach, d. h. unterschiedslos sein. Kein Wunder, daß Wittgenstein seine frühere Überzeugung, es gebe Ursachverhalte, die er »Gegenstände« nannte, aufgegeben hat, weil es ihm nicht gelingen konnte zu sagen, was sie denn seien.

Die **Metaphysik der Intentionalität** beschäftigt sich mit der Frage, wie Intentionalität in die Welt als Welt gehört. Dabei verstehe ich in diesem Kontext unter **Intentionalität** nicht mehr und nicht weniger als wahrheitsfähige Bezugnahme, d. h. Gedanken, die von etwas so handeln, daß sie in dieser Hinsicht wahr oder falsch sein können. Inten-

---

[13] Frege: *Schriften zur Logik und Sprachphilosophie*, S. 68.
[14] Vgl. Koch: *Versuch über Wahrheit und Zeit*, §13.

tionalität handelt von etwas, sie ist etwas *über* etwas. Mein Gedanke, daß es regnet, ist *über* den Regen genau in dem Sinne, in dem es einen Dokumentarfilm *über* den Regenwald gibt. Ich sage der Kürze halber »Intentionalität«, wobei es nicht nur epistemische Intentionalität gibt. Vielleicht ist epistemische Intentionalität nicht einmal primär, was hier dahingestellt sei. Dabei spielt es für den hier eingeschlagenen Gedankengang allenfalls eine untergeordnete Rolle, wie wahrheitsfähige Bezugnahmen sprachlich realisiert werden. In indoeuropäischen Sprachen kann dies etwa in der Form epistemischer propositionaler Einstellungen wie »Ich denke, daß p« oder »Ich weiß, daß p« geschehen, doch ist Wahrnehmen, was auch unter den Begriff der Intentionalität fällt, als solches nicht sprachlich. »Ich weiß, daß p« unterscheidet sich von »Ich sehe, daß p« schon dadurch, daß Sehen nicht mit einer Verteidigungsverpflichtung einhergeht, sondern u. a. ein physiologischer Vorgang ist. Dieser physiologische Vorgang ist intentional und damit wahrheitsfähig, obwohl er sich von einer propositionalen Einstellung wie Wissen in sehr vielen Hinsichten unterscheidet. Deswegen glaube ich nicht, daß es hilfreich ist, Intentionalität auf ihre sprachlichen Formen zu reduzieren. Der Begriff wahrheitsfähiger Bezugnahme hingegen ist hinreichend allgemein, um Wahrnehmen und Wissen zu umfassen, so daß die internen Differenzen, die verschiedenen epistemischen Intentionalitätstypen zu eigen sind, vorerst keine Rolle für die Beantwortung der allgemeinen metaphysischen Frage spielen, wie Intentionalität sich zur Welt als Welt verhält.

Man kann drei Formen einer Metaphysik der Intentionalität unterscheiden.

Die **Cartesische Metaphysik der Intentionalität** betrachtet Intentionalität insgesamt als einen *Zufall* im Universum. Daraus, daß wir uns sehr gut vorstellen können, daß es niemals Intentionalität gegeben hätte, schließt diese Theorie darauf, daß einige Eigenschaften von Intentionalität, insbesondere Fallibilität, nur dadurch zustande kommen, daß sich die Intentionalität zufällig im Universum vorfindet und epistemischen Kontakt zu ihrer von ihr völlig *unabhängigen* Umwelt aufzunehmen unternimmt.

Die **Kantische Metaphysik der Intentionalität** hingegen sieht deutlich, daß uns die Cartesische in den Skeptizismus führt. Daraus schließt sie, daß die Welt als Welt nur aufgrund von Intentionalität existiert bzw. genauer, daß sie *kein* Gegenstand ist, der unabhängig von Intentionalität vorkommt. Darüber hinaus vertritt die Kantische

Metaphysik der Intentionalität die These, daß Fallibilität konstitutiv für Intentionalität in dem Sinne ist, daß Fallibilität nicht nur durch die zufällige Kontaktaufnahme der Intentionalität mit ihrer Umwelt zustande kommt, die man mithin in der Innenwelt ausschließen kann, sondern daß es überhaupt keine infallibel zugänglichen Gegenstände geben kann.

Die **Hegelsche Metaphysik der Intentionalität** führt darüber hinaus den Begriff des *Geistes* ein. Hegel schreibt einmal an einer berühmten Stelle seiner *Phänomenologie des Geistes*, Geist sei »Ich, das Wir, und Wir, das Ich ist.« (TWA, 3, 144) Während Descartes und Kant vom »Ich denke« als Paradigma der Intentionalität ausgehen, was man als **methodischen Solipsismus** bezeichnen kann, radikalisiert Hegel eine Kantische Einsicht, die im folgenden eine wichtige Rolle spielen wird. Diese Einsicht besagt, daß es **analytische Einheiten** nur im Kontext **synthetischer** gibt. Eine analytische Einheit ist die jeweils minimale wahrheitsfähige Entität, z. B. ein Gedanke, während eine synthetische Einheit mehrere analytische umspannt und in diesem Sinne »allgemein« ist. Nun setzt die Selbstbezüglichkeit des Denkenden, die etwa zu der Einsicht führen kann, daß ich keine Gedanken *denken* kann, die *ich* nicht denken kann, bzw., daß es stets irgend jemanden gibt, der einen Gedanken denkt, und diese sich nicht selbst denken, Hegel zufolge bereits die Entwicklung komplexer begrifflicher Fähigkeiten voraus, die man nur in einer Gemeinschaft erwerben kann. In seiner Terminologie setzt die Existenz des *subjektiven* die Existenz des *objektiven Geistes* voraus. Dies bedeutet dann, daß sich die Philosophie, auch die Erkenntnistheorie, vom methodischen Solipsismus verabschieden muß, was ich an anderer Stelle mit Wittgenstein das »diametrale Gegenteil des Solipsismus« genannt habe.[15]

Allerdings entdeckt man immer wieder und an verschiedenen Stellen von Hegels System Spuren eines Solipsismus. In Abschnitt 3 dieses Kapitels *(Dissens und Gegenstand)* wird deswegen dafür argumentiert, daß man nicht nur keine wahrheitsfähigen Überzeugungen haben könnte, wenn man keiner Gemeinschaft angehörte, sondern außerdem keine wahrheitsfähigen Überzeugungen haben könnte, wenn kein Dissens bestünde. Dies ist besonders für die Erkenntnistheorie selbst relevant, da aus der Existenz der Erkenntnistheorie geschlossen werden kann, daß es eine Meinungsverschiedenheit über Fallibilität gibt, die

---

[15] Vgl. dazu ausführlich Gabriel: *An den Grenzen der Erkenntnistheorie*, §10.

uns allererst bewußt macht, daß wir wahrheitsfähige Überzeugungen haben.

2.1. Cartesische Intentionalität

Den Einsatz der Cartesischen Metaphysik der Intentionalität kann man sich geradezu umstandslos verdeutlichen, und er entspricht in mancherlei Hinsicht einem weitverbreiteten Selbst- und Weltbild: Bewußte und selbstbewußte Wesen wie wir sind zufällige Produkte des Universums. Dieses hätte es sicherlich auch ohne uns gegeben. Bewußte und selbstbewußte Wesen existieren demnach nicht notwendigerweise. Nun zeichnen wir uns unter anderem dadurch aus, daß wir diesen Gedanken denken können, weil wir überhaupt einen »mentalen Zugang zur Welt«[16] haben. Dieser besteht darin, daß wir Überzeugungen über Gegenstände und Sachverhalte ausbilden, die nun einmal zum Universum gehören. Wenn ich etwa während einer italienischen Reise der Meinung bin, daß der Vesuv vor mir steht, habe ich eine Überzeugung über einen Gegenstand, der nun einmal zum Universum gehört.

Vor diesem Hintergrund hat Bernard Williams (1929–2003) in einem Buch über Descartes vorgeschlagen, diese Annahme über die Natur des Gegenstandsbereichs unserer Überzeugungen als »absolute Auffassung der Realität *(absolute conception of reality)*«[17] zu kennzeichnen. Die absolute Auffassung der Realität besagt, daß die Welt dasjenige ist, »was ohnehin da ist *(what is there anyway).*«[18] Diese These ist als solche natürlich völlig unbestimmt, und es ist mehr als fragwürdig, ob sie sich begrifflich befriedigend entwickeln läßt. Doch die Intuition hinter der These, die ihr entsprechende Weltvorstellung, kann ohne weiteres skizziert werden. Nennen wir diese die **naive Einzeldingontologie**.[19] Die naive Einzeldingontologie geht davon aus,

---

[16] Vgl. dazu Willaschek, M.: *Der mentale Zugang zur Welt. Realismus, Skeptizismus und Intentionalität.* Frankfurt am Main 2003.

[17] Williams: *Descartes,* S. 45. Im Original: *Descartes: The Project of Pure Enquiry.* London/New York 2005, S. 49.

[18] Meine Übersetzung, da in der deutschen Ausgabe fälschlicherweise steht: »Erkenntnis handelt von dem, was *irgendwie* existiert« (Williams, M.: *Vorhaben,* S. 44; im Original: *Project,* S. 48). Vgl. dazu auch die Ausarbeitung von Williams' Ansatz bei Moore, A. W.: *Points of View.* Oxford 1997.

[19] Vgl. dazu wiederum Gabriel: *An den Grenzen der Erkenntnistheorie,* §3.

daß die von allem menschlichen kognitiven oder praktischen Eingriff unabhängige Welt aus diskreten Einzeldingen verschiedener Größenordnung besteht, die insbesondere unabhängig von der Wahl eines begrifflichen Systems so-und-so bestimmt sind. Z. B. gibt es in dieser Welt Vulkane, Bakterien, chemische Elemente und Verbindungen, Flüsse usw. In dieser Welt findet sich der Mensch irgendwann in der Geschichte des Universums vor und beginnt, sie begrifflich zu ordnen bzw. die Ordnung, die bereits da ist, begrifflich abzubilden. Im besten Fall, d.h. im Fall gelingender, weil wahrer Überzeugungen, fungieren wir Menschen in der Welt der naiven Einzeldingontologie als »Spiegel der Natur.«[20]

In der einen oder anderen Form verbirgt sich dieses Szenario bis zum heutigen Tag hinter dem Begriff der »Außenwelt«, wie er insbesondere in der analytischen Erkenntnistheorie verwendet wird; und bis zum heutigen Tag ist er über diese »Überlegungen« hinaus nicht wirklich präzisiert worden. Denn es scheint eine unbestreitbare Tatsache zu sein, daß wir uns in einer Welt befinden, die aus Einzeldingen besteht, die wir zwar verschieden anordnen können, die aber ohnehin da sind. Denn selbst wenn wir verschiedene begriffliche Systeme verwenden können, um Einzeldinge zu verschiedenartigen Sachverhalten zusammenzuordnen, müssen diese den verschiedenen Anordnungen doch vorhergehen. Schließlich, so scheint es, kann man auch etwa Bibliotheken nur deswegen verschieden anordnen, weil es Bücher gibt, die zu ordnen sind.

Die naive Einzeldingontologie impliziert eine bestimmte Metaphysik der Intentionalität. Dieser zufolge besteht die Fallibilität unserer im übrigen wahrheitsfähigen Überzeugungen darin, daß wir uns auf Gegenstände zu beziehen beabsichtigen, die nicht in dieser Beziehung aufgehen, da sie auch ohne diese da sind. Wenn ich glaube, ein Stein mit einer bestimmten Struktur liege vor mir, obwohl es ein auf eine bestimmte Weise verwittertes Stück Holz ist, täusche ich mich genau deswegen, weil ich eine Überzeugung habe, die nicht mit dem übereinstimmt, was ohnehin da ist. Korrigieren wir unsere Überzeugungen, tun wir dies der naiven Einzeldingontologie zufolge immer dadurch, daß wir unsere Überzeugungen letztlich mit Gegenständen vergleichen, die ohnehin da sind.

Selbst wenn man nun in diesem Rahmen eine raffiniertere Theorie

---

[20] Vgl. das bereits erwähnte Buch von Richard Rorty: *Der Spiegel der Natur.*

der Überzeugungsbildung als die skizzierte vertritt, bleibt doch dieses eine bestehen, daß unsere Fallibilität darin gründet, daß wir uns auf Gegenstände beziehen, die ohnehin da sind. Nehmen wir etwa den **Kohärentismus**. Dieser besagt, daß Überzeugungen stets Bestandteil eines kohärenten Netzwerks von Überzeugungen sein müssen, um überhaupt wahrheitsfähig zu sein. Isolierte Überzeugungen können demnach weder wahr noch falsch sein. Doch auch in diesem Modell müsste irgendein Kontakt mit der Außenwelt angenommen werden, da die Überzeugungen ansonsten zum »reibungslose[n] Kreiseln im luftleeren Raum *(frictionless spinning in a void)*«[21] verurteilt wären, um eine berühmte Formulierung John McDowells aufzugreifen.

In der einen oder anderen Form sind wir der Cartesischen Metaphysik der Intentionalität zufolge einfach deswegen fallibel, weil wir uns in einer Außenwelt vorfinden, die nicht von unseren Überzeugungen abhängt oder gar gemacht wird, sondern die vielmehr die natürlichen Bedingungen für Überzeugungen bereitstellt.

Dieses gesamte Modell weist allerdings nicht behebbare Schwächen auf. Greifen wir nur eine besonders offensichtliche heraus: die Annahme, die Außenwelt bestünde insgesamt aus überzeugungsunabhängigen Gegenständen, sprich aus Gegenständen, die ohnehin da sind. Was soll es bedeuten, daß diese Annahme selbst wahrheitsfähig ist? Wenn Fallibilität und damit Wahrheitsfähigkeit *ex hypothesi* ausschließlich darin besteht, daß wir uns auf Gegenstände bzw. Einzeldinge beziehen, die ohnehin da sind, dann müßte die Außenwelt, auf die sich die Annahme bezieht, ein Gegenstand bzw. ein Einzelding sein, das ohnehin da ist. In diesem Fall wäre die Annahme, die Außenwelt bestünde insgesamt aus überzeugungsunabhängigen Gegenständen, sprich aus Gegenständen, die ohnehin da sind, ihrerseits fallibel. Es könnte sich demnach anders verhalten, als in einer naiven Einzeldingontologie angenommen wird. Wie sollten wir nun feststellen, ob es sich so verhält, wie die Annahme sagt? Wir haben schließlich gar keinen Zugriff auf die Außenwelt im ganzen, so wie wir einen Zugriff auf ein beliebiges Einzelding wie einen Wassertropfen oder den Erdmond haben. Im übrigen ist es allemal merkwürdig, die Außenwelt im ganzen als einen einzigen Gegenstand, als ein Einzelding, aufzufassen. Insbesondere könnte das die Schwierigkeit mit sich bringen, die im Gefolge Descartes' tatsächlich

---

[21] McDowell, J.: *Geist und Welt*. Übers. von Th. Blume, Frankfurt am Main 2001, S. 35. Im Original: *Mind and World*. Cambridge, Ma./London 1996, S. 11.

auf den Tisch gekommen ist, daß man in diesem Fall sagen müßte, es gibt eigentlich nur ein einziges Einzelding. Spinoza nannte dieses Einzelding »Substanz« und führte in seinem Hauptwerk, der *Ethik*, aus, es gebe sie nur im Singular: »una substantia«.[22] Allerdings sah er sich alsbald gezwungen, diese singuläre Substanz mit unendlich vielen Attributen auszustatten, von denen uns allerdings nur Ausdehnung und Denken zugänglich seien. In der Regel scheuen Anhänger der naiven Einzeldingontologie vehement davor zurück, ihre absolute Auffassung der Realität zu explizieren, und wo sie es dennoch tun, geraten sie oftmals in metaphysische Absurditäten, wie in die Behauptung, es gäbe gar keine Katzen und Teller, sondern nur ein einziges Ding, ein riesiges »blobject«.[23]

Doch neben diesem metaphysischen Problem im engeren Sinne bringt das Modell der naiven Einzeldingontologie auch noch ein gravierendes erkenntnistheoretisches Problem mit sich. Wenn Fallibilität und damit Wahrheitsfähigkeit darin gründet, daß wir uns mit Überzeugungen auf Gegenstände beziehen, die ohnehin da sind, dann kann diese Überzeugung selbst nicht fallibel und folglich auch nicht wahrheitsfähig sein. Denn diejenige Überzeugung bzw. diejenigen Überzeugungen, die sich auf Bezugnahme beziehen, beziehen sich damit immer auf relationale Gegenstände, die beispielsweise aus einem Einzelding und einer Überzeugung bestehen. Wenn ich etwa überzeugt bin, daß Julian überzeugt ist, daß es regnet, beinhaltet meine Überzeugung eine Überzeugung. Sie ist nicht mehr nur eine **Überzeugung** *de re* (also über eine Sache), sondern eine **Überzeugung** *de sententia* (also über eine Überzeugung). Da letztere ebenfalls fallibel ist, wie jeder aus eigener Erfahrung weiß, scheitert die naive Einzeldingontologie daran, daß sie Fallibilität irrtümlicherweise als Bezugnahme auf Gegenstände in der sogenannten Außenwelt restringiert bzw. diese für paradigmatisch hält und die Außenwelt vor diesem Hintergrund als die Gesamtheit von Einzeldingen konzipiert, die wir erfassen oder verfehlen können. Damit untergräbt die naive Einzeldingontologie ihre eigenen Theoriebedingungen, sie ist selbst kein System wahrheitsfähiger Überzeugungen und deswegen dialektisch inkonsistent im oben (S. 137 ff.) erläuterten Sinne.

---

[22] Spinoza, B. de: *Ethik. In geometrischer Ordnung dargestellt.* Übers. und hrsg. von W. Bartuschat, Hamburg ³2010, S. 11.
[23] Vgl. dazu Horgan, T./Potrc, M.: »Blobjectivism and Indirect Correspondence«, in: *Facta Philosophica* 2 (2000), S. 249–270.

Die naive Einzeldingontologie krankt an einer typischen **Übersättigung des rein formalen Gegenstandsbegriffs**. Eine solche Übersättigung, die man traditionell als »Vergegenständlichung«, »Verdinglichung« oder »Hypostasierung« bezeichnet, liegt genau dann vor, wenn man den Umstand, daß Gegenstand alles ist, was auch verfehlt werden kann, mit der Existenzform der Gegenstände eines bestimmten Gegenstandsbereichs verwechselt oder identifiziert. In diesem Sinne übersättigt etwa auch der Physikalismus den rein formalen Gegenstandsbegriff, indem er Gegenstände mit physikalischen Gegenständen gleichsetzt und alle anderen Gegenstände demnach für Illusionen hält, die nicht im eigentlichen Sinne wirklich existieren. Hier wie sonst gehe ich allerdings davon aus, daß es nichts gibt, was es nicht gibt. Es gibt alles, allerdings kommt nicht alles im selben Gegenstandsbereich vor. Die Verneinung von Existenz bestreitet lediglich das Vorkommen eines Gegenstandes in einem bestimmten Gegenstandsbereich. Absolute Nichtexistenz steht in Existenzaussagen ebensowenig in Frage wie absolute Existenz. Wenn wir behaupten, daß es etwas nicht gibt, behaupten wir immer nur, daß es etwas in einem bestimmten Gegenstandsbereich nicht gibt, und nicht, daß es dieses Etwas überhaupt nicht gibt.

2.2. Kantische Intentionalität

Kant geht als erster Philosoph der Neuzeit in der Erkenntnistheorie von der rein formalen Gegenstandstheorie aus. Dabei sieht er deutlich, daß die naive Einzeldingontologie, deren epistemologische Grundierung er als »transzendentalen Realismus«[24] bezeichnet, direkt in den Cartesischen Skeptizismus führt. Wenn die Außenwelt nämlich die Gesamtheit dessen wäre, was ohnehin da ist, wie die »absolute Auffassung der Realität« (der transzendentale Realismus) meint, dann könnten wir die Außenwelt auch insgesamt verfehlen bzw. genauer: sie könnte so weit von unserer Bezugnahme entfernt sein, daß hier von »treffen« oder »verfehlen« gar keine Rede sein könnte. In diesem Fall wären dem Traumargument und seinen Konsequenzen Tür und Tor geöffnet. Dagegen verwahrt sich Kant, indem er in der Erkenntnistheorie im Ausgang von einer neuen Metaphysik der Intentionalität eine Revolution durchführt. Diese Revolution ist unter dem Stichwort der **Koper-**

---

[24] Vgl. KrV, A 366 ff.

nikanischen Wende bekannt geworden, obwohl es sich bei genauerem Hinsehen der Sache nach vielmehr um eine Ptolemäische Wende handelt, worauf Quentin Meillassoux zu Recht hingewiesen hat.[25]

Die Kopernikanische Wende besteht, vereinfacht gesagt, in einer bestimmten Auslegung der Einsicht, daß alle Gegenstände, denen wir begegnen, immerhin Gegenstände *für uns* sind. Diese triviale Beobachtung erweist sich als weniger trivial, wenn es gelingt zu zeigen, daß Gegenstände für uns unter formalen Bedingungen stehen, die den Gegenständen selbst, d. h. den Gegenständen an sich, nicht notwendig zukommen. Gegenstände für uns nennt Kant »Erscheinungen«, während er die Gegenstände selbst als »Dinge an sich« bzw. als »Dinge an sich selbst betrachtet« bezeichnet. Die Distinktion zwischen Erscheinung und Ding an sich ist somit der Dreh- und Angelpunkt der Kantischen Philosophie. Kant formuliert seine Wende folgendermaßen:

»Bisher nahm man an, alle unsere Erkenntnis müsse sich nach den Gegenständen richten; aber alle Versuche, über sie a priori etwas durch Begriffe auszumachen, wodurch unsere Erkenntnis erweitert würde, gingen unter dieser Voraussetzung zunichte. Man versuche es daher einmal, ob wir nicht in den Aufgaben der Metaphysik damit besser fortkommen, daß wir annehmen, die Gegenstände müssen sich nach unserem Erkenntnis richten, welches so schon besser mit der verlangten Möglichkeit einer Erkenntnis derselben a priori zusammenstimmt, die über Gegenstände, ehe sie uns gegeben werden, etwas festsetzen soll. Es ist hiermit eben so, als mit den ersten Gedanken des *Kopernikus* bewandt, der, nachdem es mit der Erklärung der Himmelsbewegungen nicht gut fort wollte, wenn er annahm, das ganze Sternheer drehe sich um den Zuschauer, versuchte, ob es nicht besser gelingen möchte, wenn er den Zuschauer sich drehen, und dagegen die Sterne in Ruhe ließ.« (KrV, B XVI)

Was Kant hier vorschwebt, läßt sich unter Rekurs auf David Hume illustrieren. Hume vertritt u. a. die beiden folgenden Thesen, die Kant auf geschickte Weise reinterpretiert, um ihre skeptischen Konsequenzen zu vermeiden:

Hume[1]: Wir haben keinen unmittelbaren Zugang zur Welt, weil wir nur vermittels unserer Eindrücke *(impressions)* auf die Welt Bezug nehmen können.

Hume[2]: Wir verfügen nicht nur über keinen unmittelbaren Zugang zur Welt ohne Vermittlung unserer Eindrücke der Welt, sondern können überdies nicht umhin, unsere Eindrücke der Welt zu interpretieren. Die Ergebnisse dieser

---

[25] Meillassoux: *Nach der Endlichkeit*, Kap. 5.

Interpretation nennt Hume »Ideen *(ideas)*« im Unterschied zu Eindrücken *(impressions)*.

Hume[1] soll unserer Fallibilität Rechnung tragen, während Hume[2] die Annahme ausdrückt, daß Sinneseindrücke begrifflich strukturiert sind, wobei diese begrifflichen Strukturen nicht notwendig identisch mit den Strukturen der Gegenstände sind, welche die Sinneseindrücke hervorrufen. Uninterpretierte Sinneseindrücke sind Hume zufolge fluktuierende Anschauungen, etwa ein vorbeihuschendes dreidimensionales Farbstück vor einem verschwommenen Hintergrund. Die Wahrnehmung eines Autoreifens, d. h. die Idee eines Autoreifens in seinem Sinne, ist hingegen bereits interpretiert, da sie nicht nur eine begriffliche Struktur in Anspruch nimmt, sondern eine bestimmte begriffliche Struktur in einem Kontrastpanorama aktualisiert, das aufgrund unserer Fallibilität insgesamt nicht notwendig strukturell identisch oder in irgendeinem Sinne isomorph mit den »Gegenständen« ist, die Sinneseindrücke hervorrufen.

Vorbeihuschende dreidimensionale Farbstücke können jeweils Eindrücke desselben, etwa eines Autoreifens, sein. Sie sind Eindrücke *des* oder, wie man auch sagen kann, *über* einen Autoreifen. Sofern sie Eindrücke *über* dieses oder jenes sind, nennt Hume sie »Ideen«. Ideen sind intentionale Eindrücke, die verschiedene Sinneseindrücke als Eindrücke desselben zusammenfassen. In diesem Sinne sind sie Interpretationen von Eindrücken, Interpretationen, die angeben, wovon die Eindrücke handeln.

Bei Hume führt die Kombination dieser Thesen dazu, daß er die Anwendbarkeit der Kausalitätsrelation auf Dinge bestreitet. Denn stabile Dinge sind Hume zufolge bereits Gedanken, *thoughts* bzw. *ideas*, und d. h. Abstraktionen auf der Basis von Eindrücken. Stellen wir nun eine Beziehung zwischen Dingen, z. B. die Ursache-Wirkungs-Beziehung, her, betrifft diese immer nur unsere Interpretationen, nicht aber auch schon die zu interpretierenden Eindrücke. Die Transformation der *fluktuierenden Eindrücke* in *stabile Dinge* sowie die nachträgliche Anordnung dieser Dinge nach Gesetzen wie dem der Kausalität ist immer nur unsere Zutat oder Projektion. Die Dinge selbst, was auch immer diese eigentlich sein mögen, sind wie unsere Eindrücke potentiell völlig chaotisch und anarchisch. Nur in der nachträglichen Interpretation entsteht der potentiell leere Anschein von Organisation und Stabilität. Dies geht Hume zufolge so weit, daß wir nicht einmal behaupten können, wir stünden in einer kausalen, z. B. sinnesphysiologischen, Relation mit einer Dingwelt, da Kausalität nur eine Projektion, jedenfalls aber keine Tatsache sei.

Hume operiert insgesamt auf der Basis einer Annahme, die man als **Atomismus** bezeichnen kann. Atomistische Erkenntnistheorien orientieren sich an unserer Konfrontation mit bestimmten Einzeldingen.[26] Offensichtlich lassen sich die Eigenschaften von Einzeldingen nicht unabhängig davon konstatieren, daß sie im Bereich unserer Aufmerksamkeit sinnlich präsent sind. Es gibt keine Möglichkeit, *a priori*, d. h. unabhängig von konkreter sinnlicher Erfahrung, herauszufinden, was genau sich gerade etwa im Bundeskanzleramt abspielt. Da ich selbst niemals dort war und mir auch niemals ernsthaft die Frage gestellt habe, weiß ich nicht, welche Möbel in Angela Merkels Büro stehen, ob sie jetzt gerade selbst dort sitzt, ob sie gerade eine Flasche Wasser öffnet usw. Der empirische Gehalt unserer Überzeugungen über Einzeldinge und partikuläre Anordnungen von Einzeldingen kann offensichtlich nicht *a priori* sein. Deshalb schließt Hume auch, daß Kausalität als Relation zwischen Einzeldingen bzw. zwischen partikulären Ereignissen nicht *a priori* sein kann.

Genau dagegen wendet sich Kant, indem er Kausalität wie Hume nicht als Relation zwischen »Dingen an sich« auffaßt, sondern als eine begriffliche Form, die immer schon dann im Spiel ist, wenn wir es überhaupt mit Dingen als Gegenständen für uns, also mit »Erscheinungen«, zu tun haben. Laut Kant gibt es logische Formen, die immer dann im Spiel sind, wenn wir überhaupt einen Gedanken *über* etwas haben. Intentionalität habe eine apriorische Struktur, die folglich in jeder Bezugnahme auf Gegenstände am Werk ist. Zu dieser apriorischen Struktur gehört die Kausalität, die wir uns deswegen nicht »wegdenken« können, wenn wir uns auf raumzeitlich ausgedehnte Einzeldinge beziehen,

---

[26] Vgl. die zutreffende Beobachtung bei McDowell, J.: *Having the World in View. Essays on Kant, Hegel, and Sellars.* Cambridge, Ma./London 2009, S. 6: »In an empiricist foundationalism of the usual kind, it is not just that the credentials of all knowledge are ultimately grounded in knowledge acquired in perception. Beyond that, the grounding perceptual knowledge is atomistically conceived. Traditional empiricists take it that each element of the grounding knowledge can in principle be acquired on its own, independently not only of other elements of the grounding perceptual knowledge, but also of anything in the world view that is grounded on this basic stratum of knowledge.« McDowells Einsicht ist dahingehend zu ergänzen, daß der semantische Atomismus der Empiristen eine Konsequenz ihrer naiven Einzeldingontologie ist.

die uns auf diesem Grund immer in kausale Relationen eingebettet erscheinen. Kausalität ist eine für uns notwendige Form des Nachdenkens über raumzeitlich ausgedehnte Gegenstände, wobei Kant diesen Gedanken so wendet, daß gleichzeitig aus ihm folgt, daß die erfaßten Gegenstände damit selbst kausal verfaßt sind.

Kant versteht sein erkenntnistheoretisches Projekt insgesamt als kritische Transzendentalphilosophie. Dabei versteht er unter **Kritik** eine Untersuchung der Reichweite und Begründungsbedürftigkeit metaphysischer Behauptungen. So mögen wir beispielsweise behaupten, der Raum sei endlich oder unendlich. Die Frage ist, mit welchem Recht wir die eine oder die andere Behauptung aufstellen und wie sie mit der Reichweite unseres Raumbegriffs in Verbindung stehen. Der Begriff der »Transzendentalphilosophie« ist etwas schwieriger zu verstehen. In der Einleitung der *Kritik der reinen Vernunft* definiert Kant **transzendentale Erkenntnis**, d.h. diejenige Erkenntnisart, die er selbst in Anspruch nimmt, folgendermaßen:

»Ich nenne alle Erkenntnis *transzendental*, die sich nicht so wohl mit Gegenständen, sondern mit unserer Erkenntnisart von Gegenständen, so fern diese a priori möglich sein soll, überhaupt beschäftigt.« (KrV, B 25)

Dies bedeutet, daß eine Erkenntnis transzendental ist, wenn sie sich mit der Frage beschäftigt, was wir über alle Gegenstände dadurch erfahren können, daß wir wissen, daß sie Gegenstände sind, über die wir etwas erfahren können. Kant faßt den Begriff des Apriori so auf, daß alles dasjenige *a priori* ist, was die für uns notwendigen Formen betrifft, in denen uns Gegenstände zugänglich sind oder erscheinen. *A priori* impliziert für Kant deswegen Notwendigkeit und Allgemeinheit, weil er der Überzeugung ist, daß es notwendige Bedingungen gibt, unter denen uns Gegenstände erscheinen, und daß diese Bedingungen für alle Subjekte unserer Art, d.h. also mindestens für Menschen, gelten.[27] Kant zufolge liegt es in der Struktur unserer Auffassungsgabe, unserer Vernunft, daß alle Gegenstände, die wir überhaupt erkennen können, räumlich und/oder zeitlich ausgedehnt sind. Deswegen seien Erkenntnisse über räumliche und/oder zeitliche Ausdehnung auch Erkenntnisse über alle möglichen raum-/zeitlichen Gegenstände.

Auf dieser Grundlage läßt sich mit Kant ein sogenanntes *transzendentales Argument* formulieren, das im Zentrum von Peter Strawsons

---

[27] Vgl. KrV, B 3 f.

(1919–2006) Kant-Deutung steht.[28] **Transzendentale Argumente** sind Argumente, die aus der Struktur unserer Auffassung von Gegenständen auf die Struktur dieser Gegenstände selbst schließen. Kants theoretische Philosophie dient dazu, Schlüsse dieser Form zu legitimieren bzw. falsche Schlüsse dieser Form zu durchschauen. Sein Argument dafür, daß Gegenstände für uns dergestalt notwendigerweise kausal miteinander verknüpft sind, daß aus dieser Verknüpfung folgt, daß sie als Gegenstände auch unabhängig von partikulären mentalen Akten tatsächlich kausal miteinander verknüpft sind, sieht folgendermaßen aus.

Wenn ich mich in einem Raum umsehe, was ich unablässig tue, indem ich meine Augen bewege und meine Stellung in Raum und Zeit überhaupt verändere, dann stellen sich mir die anwesenden Gegenstände immer auch im Medium meines Bewußtseinsstroms dar. Ich durchlaufe mannigfache sensorische Episoden, die für jede im selben Raum anwesende Person aufgrund ihrer jeweiligen Raumzeitposition verschieden sind. Wenn ich beispielsweise einen Tisch anschaue, so sehe ich den Tisch jeweils aus einer anderen Perspektive als eine andere Person. Diese Perspektive verschiebt sich mindestens aufgrund ihres inhärenten Zeitindexes, so daß ich niemals zwei identische sensorische Episoden haben kann. Die Abfolge der sensorischen Episoden, d.h. die *psychische* Abfolge meiner Bewußtseinszustände, ist dabei offensichtlich nicht mit der *physischen* Struktur der Gegenstände identisch, auf die sich meine Bewußtseinszustände beziehen. Die Bewegungen eines raumzeitlich ausgedehnten Gegenstandes sind nicht mit den Veränderungen meines Bewußtseins dieses Gegenstandes identisch. Mit anderen Worten, ich bin imstande, zwischen meinen Vorstellungen, Bewußtseinszuständen und deren Gesetzen der Assoziation einerseits sowie den Gesetzen der Anordnung der Gegenstände in Raum und Zeit andererseits zu unterscheiden. Ich weiß, daß die Tür zu dem Raum, in dem ich mich befinde, nicht in den Angeln hängt, weil ich sie dort mit einem Akt des Bewußtseins »hingebeamt« habe, sondern weil jemand die Tür angefertigt und in die Angeln gehoben hat. Wir unterscheiden also zwischen den *Regeln unseres Bewußtseinsstroms* und den *Gesetzen der Dinge selbst*.

Kant argumentiert nun dafür, daß die Distinktion von Bewußtseinsstrom und Dingwelt eine Voraussetzung dafür ist, daß wir uns

---

[28] Strawson, P. F.: *Die Grenzen des Sinns. Ein Kommentar zu Kants* Kritik der reinen Vernunft. Übers. von E. M. Lange, Königstein/Ts. 1981.

auf den Bewußtseinsstrom als solchen beziehen können. Nennen wir unsere Bezugnahme auf unseren Bewußtseinsstrom **Selbstbewußtsein**, so sieht man, daß es kein Selbstbewußtsein ohne Bewußtsein von Gegenständen geben könnte, die nicht identisch mit dem Bewußtsein von Gegenständen sind. Wir können uns auf unseren Bewußtseinsstrom beziehen, weil wir ihn von etwas Anderem unterscheiden können. Dasjenige, wovon wir ihn unterscheiden, ist selbst kein Bewußtseinsstrom.

Dabei dient Kant Kausalität paradigmatisch als Gesetz, das sich von den psychologischen Regeln der Assoziation unterscheidet, weshalb Kausalität zu unserem begrifflichen Repertoire gehört, das wir einsetzen, um Selbstbewußtsein, d. h. Bewußtsein von Bewußtsein im Unterschied zu Bewußtsein von raumzeitlich ausgedehnten Gegenständen, zu erlangen. Kausalität ist demnach ein Kandidat für ein *Gesetz* oder ein Gesetzesschema, das sich in verschiedenen Naturgesetzen konkretisiert, während die *Regeln* der apprehensiven, also bloß aufnehmenden Vorstellungsabfolge gerade nicht kausal sind, weshalb wir imstande sind, Gegenstände, die nicht identisch mit ihrem Auftauchen im Bewußtseinsstrom sind, von diesem zu unterscheiden, was wiederum eine notwendige Bedingung dafür ist, daß wir Selbstbewußtsein erlangen.

Raumzeitlich ausgedehnte Gegenstände, die in der Dingwelt existieren, stehen unter Naturgesetzen. Dabei ist der Begriff des Naturgesetzes dadurch mitbestimmt, daß sich Naturgesetze von Regeln unterscheiden, denen man Folge leisten kann, aber nicht muß. Der Bewußtseinsstrom ist im Unterschied zur Dingwelt semantisch organisiert. Das bedeutet, daß die Abfolge der Zustände im Bewußtseinsstrom unter begrifflichen Regeln der Vorstellungsabfolge steht. Auf diese Weise können wir zwischen Bewußtseinsstrom und Dingwelt unterscheiden, so daß wir imstande sind, den Bewußtseinsstrom als solchen zu erkennen und auf diese Weise Selbstbewußtsein zu erlangen. Also, so schließt Kant, ist die Existenz einer Dingwelt, die unter Naturgesetzen steht, eine Voraussetzung dafür, daß wir Selbstbewußtsein erlangen. Da wir etwa gerade, beim Nachvollzug dieses Arguments, Selbstbewußtsein erlangen, folgt daraus, daß es eine Dingwelt gibt.

Freilich müßte man noch zeigen, daß die Existenz der Dingwelt daraus folgt, daß diese Existenz eine notwendige Annahme zur Erklärung des faktischen Vorliegens von Selbstbewußtsein ist. Wie kann man zeigen, daß die Dingwelt keine leere Annahme, keine bloße Hypothese ist?

Gegenstände für uns nennt Kant, wie gesagt, *Erscheinungen*, was er vom *Schein* unterschieden wissen will. Er nimmt dabei nicht bloß an, daß die Formen, die Gegenstände für uns notwendig haben, ausschließlich begrifflicher Natur (wie das Gesetzesschema der Kausalität) sind, sondern rechnet damit, daß Raum und Zeit Formen der Anschauung sind, die nicht außerhalb des erkennenden Subjekts als Behälter existieren, in denen Dinge aufbewahrt sind. Diese These nennt er den **transzendentalen Idealismus**, der, wie Strawson nahegelegt hat, weder im allgemeinen eine notwendige Voraussetzung noch eine unvermeidliche Konklusion transzendentaler Argumente ist. Kant selbst trifft den Unterschied von Erscheinung und Schein gleichwohl ausdrücklich auf der Grundlage des transzendentalen Idealismus, wenn er etwa konstatiert:

»Wenn ich sage: im Raum und der Zeit stellt die Anschauung, so wohl der äußeren Objekte, als auch die Selbstanschauung des Gemüts, beides vor, so wie es unsere Sinne affiziert, d.i. wie es *erscheint:* so will das nicht sagen, daß diese Gegenstände ein bloßer *Schein* wären. Denn in der Erscheinung werden jederzeit die Objekte, ja selbst die Beschaffenheiten, die wir ihnen beilegen, als etwas wirklich Gegebenes angesehen, nur daß, sofern diese Beschaffenheit nur von der Anschauungsart des Subjekts in der Relation des gegebenen Gegenstandes zu ihm abhängt, dieser Gegenstand *als Erscheinung* von ihm selber als Objekt *an sich* unterschieden wird.« (KrV, B69[29])

Mit anderen Worten, Kant insistiert darauf, daß den registrierbaren Dingen selbst möglicherweise nicht ihrerseits die Form zukommt, in der sie registriert werden. Es mag also wohl sein, daß die Dinge, die uns notwendig als raumzeitlich ausgedehnte Einzeldinge erscheinen, die in Kausalrelationen miteinander stehen etc., sich an sich selbst weder in Raum und Zeit befinden noch in Kausalrelationen stehen. Kant räumt damit also ein, daß transzendentale Argumente eine Lücke generieren: die Lücke zwischen dem Beweis dafür, daß die Existenz einer Dingwelt eine notwendige Voraussetzung ist, und dem anspruchsvolleren (und Kant zufolge unmöglichen) Beweis dafür, daß diese Existenz tatsächlich oder metaphysisch aus der notwendigen Voraussetzung folgt. Denn daraus, daß Wesen, die Selbstbewußtsein erlangen, über

---

[29] Vgl. auch die Erläuterung von »Schein« in KrV, A 396: »Man kann allein *Schein* darin setzen: daß die *subjektive* Bedingung des Denkens vor die Erkenntnis des *Objekts* gehalten wird.«

einen Kontrastbegriff zu ihrem Bewußtseinsstrom verfügen, folgt nicht ohne weiteres, daß etwas unter diesen Kontrastbegriff fällt.

Bisweilen geht Kant irrtümlicherweise sogar so weit, den Dingen selbst die Formen *abzusprechen*, unter denen sie stehen, sofern sie uns erscheinen, d. h. er überspringt die Lücke transzendentaler Argumente, um den Dingen an sich die Formen abzusprechen, unter denen sie uns in der selbstbewußten Rekonstruktion der Bedingungen unseres Bewußtseins erscheinen. In diesem Sinne schreibt er ausdrücklich:

»Wir haben also sagen wollen: daß alle unsre Anschauung nichts als die Vorstellung von Erscheinung sei; daß die Dinge, die wir anschauen, nicht das an sich selbst sind, wofür wir sie anschauen, noch ihre Verhältnisse so an sich selbst beschaffen sind, als sie uns erscheinen, und daß, wenn wir unser Subjekt oder auch nur die subjektive Beschaffenheit der Sinne überhaupt aufheben, alle die Beschaffenheit, alle Verhältnisse der Objekte im Raum und Zeit, ja selbst Raum und Zeit verschwinden würden, und als Erscheinungen nicht an sich selbst, sondern nur in uns existieren können.« (KrV, A 42/B 59)

Dies ist freilich unter Kantischen Prämissen unzulässig, da wir keinen unabhängigen Zugriff auf Dinge an sich haben können sollen, so daß wir ihnen auch nicht *absprechen* können, an sich unter den Bedingungen zu stehen, unter denen sie uns erscheinen. Zutreffender fährt Kant deswegen fort: »Was es für eine Bewandtnis mit den Gegenständen an sich und abgesondert von aller Rezeptivität unserer Sinnlichkeit haben möge, bleibt uns gänzlich unbekannt.« (Ebd.[30]) Wir haben eben *ex hypothesi* keinerlei Zugriff auf Dinge an sich, so daß unsere Prädikationen, seien sie nun affirmativ oder negativ, prinzipiell keinen Anhalt an ihnen finden können. Unsere Kognitionen greifen *trivialiter* dort nicht, wo sie nicht greifen können.

Erscheinung ist Kant zufolge deswegen nicht identisch mit *Schein*, weil die Bedingungen der Erscheinungen für Gegenstände überhaupt, d. h. notwendig für alle Gegenstände gelten, die etwas für uns sein können, was Schein einschließt. Unter diesen Gegenständen, d. h. unter den Gegenständen des Denkens, sind einige bloßer Schein, wie z. B. Fata Morganas, Halluzinationen, Fehlidentifikationen usw. Doch selbst Fata Morganas und Fehlidentifikationen erscheinen uns unter den Bedin-

---

[30] Das diskutierte Problem ist auch als »Trendelenburgsche Lücke« bekannt, da es besonders deutlich von Friedrich Adolf Trendelenburg erkannt wurde: »Über eine Lücke in Kants Beweis von der ausschließlichen Subjectivität des Raumes und der Zeit«, in: Ders.: *Historische Beiträge zur Philosophie*. Bd. 3, Berlin 1867, S. 215–276.

gungen, die Kant zu spezifizieren sucht. Wenn ich etwa glaube, daß Saul Kripke naht, bei genauerem Hinsehen aber feststelle, daß es John McDowell ist, der sich ein Kripkekostüm angezogen hat, so erscheint doch immerhin das Kripkekostüm in Raum und Zeit, wenn ich ihm auch Prädikate zugesprochen habe, die ihm eigentlich nicht zukommen, z. B. Saul Kripke zu *sein*. Das heißt, einige Erscheinungen sind Schein, andere nicht, so daß sich Schein als eine Teilmenge der Erscheinungen im Kantischen Sinne herausstellt.

Obwohl viele Interpreten dies mit subtilen Argumenten bestreiten, scheint mir Heinrich von Kleist Kants Distinktion von Erscheinung und Ding an sich durchaus zutreffend in einem Brief an seine Verlobte, Wilhelmine von Zenge, vom 22. März 1801 beschrieben zu haben. In diesem Brief bringt Kleist dasjenige zum Ausdruck, was man als seine »Kantkrise« bezeichnet:

»Wenn alle Menschen statt der Augen grüne Gläser hätten, so würden sie urteilen müssen, die Gegenstände, welche sie dadurch erblicken, *sind* grün – und nie würden sie entscheiden können, ob ihr Auge ihnen die Dinge zeigt, wie sie sind, oder ob es nicht etwas zu ihnen hinzuthut, was nicht ihnen, sondern dem Auge gehört. So ist es mit dem Verstande. Wir können nicht entscheiden, ob das, was wir Wahrheit nennen, wahrhaft Wahrheit ist, oder ob es uns nur so scheint.«[31]

In seiner (hoffentlich) unnachahmlich morbiden Art assoziiert Kleist damit sogleich die Vergeblichkeit des gesamten Lebens und ringt unmittelbar mit dem Gedanken des Grabes. Diesen *descensus ad infernos* müssen wir aber erfreulicherweise nicht mitmachen. Kleists verzwickte Lage ergibt sich nämlich nur, wenn man der abwegigen Überzeugung ist, daß die Dinge uns unproblematisch zugänglich sein müßten. Warum sollte »Wahrheit« aber nur dann möglich sein, wenn sie jenseits alles Zweifels konstatierbar ist? Ich werde vielmehr dafür argumentieren, daß Schein, Widerstreit und Dissens eine Möglichkeitsbedingung der Erkenntnis von Wahrheit sind, eine Struktur, die Kleist freilich nicht beruhigt hätte, wie sein literarisches Œuvre hinreichend belegt. Doch bleiben wir bei Kant!

Obwohl Kant imstande ist, zwischen Erscheinung und Schein zu unterscheiden, ist es nicht möglich, die für transzendentale Argumente typische Lücke zu überspringen. Epistemologisch notwendige Hypo-

---

[31] Kleist, H. von: *Sämtliche Briefe*. Hrsg. von D. Heimböckel, Stuttgart 1999, Brief vom 22.03.1801 an Wilhelmine von Zenge, ebd., S. 213.

III. Kapitel: Die Welt der Bezugnahme

thesen, die wir nicht vermeiden können, implizieren noch nicht deren Wahrheit.

Kant sagt ausdrücklich: »Wir können demnach nur aus dem Standpunkte eines Menschen vom Raum, von ausgedehnten Wesen etc. reden.« (KrV, A 26/B 42) An anderer Stelle erklärt er vor diesem Hintergrund die Frage »Was ist der Mensch?« zur Kardinalfrage der Philosophie.[32] Hierbei beabsichtigt er die Frage, was der Mensch ist, zusammen mit der Frage zu beantworten, welche Erkenntnismöglichkeiten uns *a priori* zur Verfügung stehen. So ist der Mensch in Kants Auffassung ein bestimmtes Vernunftprogramm. Entscheidend ist, daß er dabei annimmt, wir teilten alle gewissermaßen dasselbe Betriebssystem oder denselben kognitiven Browser, wenn wir mit unseren Programmen dann auch durchaus verschiedenes anfangen. Diese kritische Einsicht begrenzt unser Erkenntnisvermögen, unsere Registratur. Mit einem einfachen Vergleich könnte man sagen, daß, wenn alle Menschen »Internet Explorer« benutzten, daraus nicht schon folgte, daß »Mozilla Firefox« oder »Safari« nicht andere Informationen darstellen können. Kant zufolge könnte es sein, daß es andere Formen des Denkens und Anschauens gibt – wobei er die klassischen Kandidaten, Gott, Heilige, Engel und insbesondere auch Außerirdische, die »Bewohner der Gestirne«[33], in Betracht zieht –, denen sich die Dinge an sich unter anderen Bedingungen präsentieren könnten, ohne daß uns diese tatsächliche oder metaphysische Möglichkeit epistemisch greifbar wäre. Menschen sind Wesen, die ein bestimmtes Betriebssystem teilen, wodurch sich die Möglichkeit anderer Betriebssysteme eröffnet. Was wir »Wahrheit« nennen, bezieht sich immer nur auf den uns zugänglichen Bereich möglicher Erfahrung, was Kleist zu der Befürchtung Anlaß gegeben hat, dieser Bereich könnte insgesamt eine Illusion sein. Diese Befürchtung läßt sich auch nicht von der Hand weisen.

Kants Überlegungen dienen seinem Versuch einer kritischen Selbstbegrenzung des menschlichen Denkens. In transzendentalen Überlegungen versucht Kant zu bestimmen, was wir, d. h. wir Menschen, erkennen können. Im einzelnen besteht das Kantische Betriebs-

---

[32] Vgl. AA 09: 25, wo Kant die Frage »Was ist der Mensch?« als Grundlage der Anthropologie qualifiziert und behauptet, alle anderen Fragen der Philosophie bezögen sich zuletzt auf diese.
[33] Vgl. dazu den Anhang und dritten Teil von Kants *Allgemeiner Naturgeschichte und Theorie des Himmels,* in dem es um die Bewohner der Gestirne geht (AA I 351–368).

system für den menschlichen Zugang zur Welt dabei aus den beiden Anschauungsformen Raum und Zeit, den sogenannten Kategorien oder reinen Verstandesbegriffen sowie den sogenannten Ideen oder reinen Vernunftbegriffen. Kant meint, vereinfacht gesagt, daß alle Gegenstände, die wir erkennen können, nicht nur raumzeitlich ausgedehnt sind, sondern daß wir bestimmte begriffliche Ordnungssysteme (wie Kausalität, Modalbegriffe wie Möglichkeit oder Notwendigkeit usw.) einsetzen, die gewissermaßen das Koordinatennetz aufspannen, in dem uns Gegenstände erscheinen können. Die Grenzen des Koordinatensystems sind dabei die Grenzen menschlicher Erkenntnis, die er philosophisch zu rekonstruieren versucht.

In der ersten der drei *Kritiken*, der *Kritik der reinen Vernunft*, geht es Kant u. a. darum, das moderne wissenschaftliche Weltbild, insbesondere Newtons Physik, als notwendig und allgemein zu erweisen, es aber dennoch auf Erscheinungen einzuschränken. Er beabsichtigt zu zeigen, daß die Physik grundlegend *a priori* sein muß, da sie Aussagen über *alle* raumzeitlichen Gegenstände trifft, die nicht dadurch gerechtfertigt würden, daß man *alle* Gegenstände daraufhin untersucht, ob sie tatsächlich den Naturgesetzen folgen. Es ist eine für die Physik notwendige Unterstellung, daß es überhaupt Naturgesetze gibt, unter denen alle raumzeitlichen Gegenstände stehen.

Kant rechnet noch keineswegs damit, daß es auch innerhalb der menschlichen Geschichte ein historisch variables Apriori oder auch nur zwei konsistente Weisen für uns geben könnte, Dinge zu registrieren. Diese Restriktion wird in der dritten *Kritik*, der *Kritik der Urteilskraft*, teilweise gelockert, weil Kant entdeckt, daß es Gegenstände wie Organismen und Kunstwerke bzw. schöne oder erhabene Gegenstände gibt, die nicht restlos physikalisch beschreibbar sind, so daß er das mechanistische Weltbild der ersten *Kritik* erweitert.

Dies muß uns im einzelnen nicht interessieren. Entscheidend ist nur zu sehen, in welchem Ausmaß Kants Distinktion von Ding an sich und Erscheinung Anlaß zu modernen *Theorien der begrifflichen Relativität* geworden ist, die in Kapitel IV.1 zur Sprache kommen werden. Theorien dieser Art beerben die Distinktion von Erscheinung und Ding an sich, ohne deswegen den transzendentalen Idealismus zu teilen. Autoren wie insbesondere Michel Foucault und Richard Rorty haben im Ausgang von Kantischen Prämissen darauf insistiert, daß unsere Registraturen historisch variabel seien, was als **These des historischen Apriori** firmiert. Dieser These zufolge gibt es verschiedene, historisch kontingente Register, die jeweils festlegen, was ein Gegenstand möglicher Erfahrung oder Erforschung für uns ist, und die wir ebensowenig wie das Kantische Apriori überschreiten können. Aus Kant einen Historisten zu machen, ist allerdings nicht so einfach, wie die genannten Autoren bisweilen unterstellen, wenn es auch bei Kant selbst Anhaltspunkte zu einer historistischen Lesart gibt. Diese lassen sich aber kaum schon in den Eröffnungszügen seines Projekts ausmachen, bei denen es gerade darum geht, ein anonymes, noch nicht auf variable Parameter angewiesenes Betriebssystem bzw. Vernunftprogramm herauszuarbeiten, dem menschliches Denken alternativlos unterstellt ist.

Kant wendet sich vom erkenntnistheoretischen Atomismus ab, indem er darauf aufmerksam macht, daß wir niemals auf Gegenstände Bezug nehmen könnten, die nicht schon unter begrifflichen und damit allgemeinheitsfähigen Bedingungen stehen. Dies drückt er mit seinem folgenden berühmten Diktum aus:

»Gedanken ohne Inhalt sind leer, Anschauungen ohne Begriffe sind blind.« (KrV, A 51/B 75)

Dieses Diktum bringt Kants *Verbindung von Empirismus und Rationalismus* auf den Punkt. Einerseits besteht Kant darauf, daß aller Inhalt der Erkenntnis entweder aus der Erfahrung stammt oder auf die Möglichkeit von Erfahrung bezogen ist, was eine empiristische These ist. Andererseits erinnert er auch daran, daß Erfahrung nicht bloß rezeptiv ist und Sinnesdatenatome aufnimmt, sondern daß sie immer schon begrifflich vermittelt ist, weil Erfahrung bereits auf ein Selbstbewußtsein verweist. Die Erfahrung von Gegenständen, die nicht identisch mit Ereignissen in unserem Bewußtseinsstrom sind, verdankt sich dem Umstand, daß es einen Bewußtseinsstrom gibt, der sich von physikalischen Ereignissen unterscheidet. Wie gesagt, es gibt für Kant kein Bewußtsein von Gegenständen, das nicht zugleich die Möglichkeit von Selbstbewußtsein enthielte, ebensowenig wie es Selbstbewußtsein ohne Bewußtsein von Gegenständen gibt. Wir müssen uns Gegenständen, die etwas für uns sein sollen, zuwenden und sie aktiv zum Gegenstand unserer Aufmerksamkeit machen, um sie im Blick zu behalten. Dazu ist es nötig, sie von unserem Blick zu unterscheiden, was immer eine Aktivität des Denkens involviert, die Kant als »Spontaneität« bezeichnet.

Rezeptivität und Spontaneität kooperieren deshalb Kant zufolge in jeder konkreten Erkenntnis, d.h. in aller Erkenntnis von etwas als etwas. Dies ist Kants berühmte **Zwei-Stämme-Lehre**. Diese besagt, daß es zwei Stämme der Erkenntnis gibt, die Kant selbst als »zwei Grundquellen des Gemüts« (KrV, A 50/B 74) bezeichnet. Diese zwei Grundquellen sind Rezeptivität und Spontaneität bzw. Anschauung und Begriff: »durch die erstere wird uns ein Gegenstand *gegeben*, durch die zweite wird dieser im Verhältnis auf jene Vorstellung [...] *gedacht*.« (ebd.)

Diese Zwei-Stämme-Lehre ist offensichtlich im Sinne eines **Form-Inhalt-Dualismus** zu verstehen, in dem man ein von Kant kritisch rezipiertes Erbe des Empirismus sehen kann.[34] Der Form-Inhalt-Dualismus nimmt an, daß es begriffliche oder sonstige (beispielsweise physiologische) Formen der Rezeptivität gibt, die etwas, einen Inhalt, registrieren, der seinerseits nicht notwendig ausschließlich in den relevanten Formen erscheint. Wenn wir etwa einen Ton hören, könnte es sein, daß der Ton nur dadurch »in die Welt kommt«, daß ein Gehör wie das unsere auf eine bestimmte physikalische, schwingende Umwelt trifft. Subtrahierte man unsere Tonregistratur von der Welt, verschwänden möglicherweise alle Töne.

Einerseits postuliert Kant logische Formen der Bezugnahme, die unsere spezifisch menschliche Registratur insgesamt beschreiben, um auf diese Weise zu garantieren, daß Gegenstände für uns auf einem grundlegenden logischen Niveau allen Menschen notwendigerweise auf die gleiche Weise, z. B. räumlich und/oder zeitlich ausgedehnt, kausal geordnet usw., erscheinen. Andererseits muß er sicherstellen, daß unsere Welterkenntnis auch einen Inhalt hat, den sie nicht – wie etwa im Fall von Halluzinationen – selbst produziert. Mit anderen Worten, Kant muß Raum für die Annahme schaffen, daß wir etwa bisweilen einen Apfelbaum sehen, weil vor uns wirklich ein Apfelbaum steht. Den Inhalt dieser sinnlichen Erkenntnis bringen wir nicht wirklich *ex nihilo* hervor. Andernfalls könnten wir den Inhalt unserer Erkenntnis spontan manipulieren und uns ins Schlaraffenland unmittelbarer Bedürfnisbefriedigung versetzen, was – vielleicht leider – nicht ohne weiteres funktioniert. Kant vertritt also keinen absurden **Produktionsidealismus**, dem zufolge unsere kognitive Zuwendung zu Gegenständen in allen Fällen mit den Gegenständen identisch ist, denen wir uns

---

[34] Kant erklärt selbst, Erkenntnis enthalte »zwei sehr ungleichartige Elemente [...], nämlich eine *Materie* zur Erkenntnis aus den Sinnen, und eine gewisse *Form*, sie zu ordnen, aus dem innern Quell des reinen Anschauens und Denkens« (KrV, A 86/B 118).

zuwenden, weil diese Gegenstände nur durch die Hervorbringung entstehen. Anders gesagt, Kant muß erklären können, wie es trotz des Erscheinungscharakters der Gegenstände für uns dennoch einen Unterschied zwischen intentionalen Korrelaten, also Vorstellungsgehalten, und ontologischen Korrelaten, also vorstellungsunabhängigen Gegenständen, geben kann.

Kant spricht in diesem Zusammenhang von »Empfindungen« als dem *Material*, das sich unserer begrifflichen Spontaneität darbietet.[35] Der Inhalt aller empirischen Erkenntnis stamme aus der Empfindung. Die Form hingegen verdanke sich unserer Ausstattung mit Anschauungsformen, Kategorien und Ideen. Daraus folgt allerdings eine m. E. nicht zu behebende Inkonsistenz, auf die wohl als erster Friedrich Heinrich Jacobi (1743–1819) in seiner Schrift *Ueber den transscendentalen Idealismus* hingewiesen hat, ein Einwand, der seitdem in unzähligen Varianten wiederholt worden ist.[36] Der Einwand ergibt sich aus der folgenden Überlegung.

Kant restringiert die Anwendbarkeit der Kausalitätskategorie offensichtlich auf Erscheinungen bzw. genauer: Die Kausalitätskategorie ist notwendig dafür, daß wir überhaupt Gegenstände registrieren können. Wenn Kausalität auf diese Weise aber tatsächlich auf den Bereich der Erscheinungen restringiert wäre, dann könnte man nicht annehmen, daß es Dinge an sich gibt, die unsere Rezeptivität affizieren und dadurch Empfindungen in uns auslösen. Wenn, anders gesagt, Kausalität nur zur *Form* der Erkenntnis gehört, dann kann der *Inhalt* der Erkenntnis nicht kausal zustandekommen. Wie erklärt man dann aber noch, daß wir einen Apfelbaum sehen können, *weil* ein Apfelbaum vor uns steht, d.h. wie erklärt man die kaum zu bestreitende realistische Platitüde, daß es irgend etwas unabhängig von unserer Zuwendung gibt, das sich uns im Medium unserer sensorischen und begrifflichen Ausstattung darstellt, indem es unsere Nervenenden reizt? Schreibt man den Dingen an sich hingegen die strukturellen Eigenschaften zu, die vermeintlich nur den Erscheinungen zukommen, hat es keinen Sinn mehr, Dinge an sich und Erscheinungen zu unterscheiden. Die von Kant postulierte Lücke bestünde gar nicht.

---

[35] Vgl. KrV, A 19 f./B 34.
[36] Jacobi, F. H.: *Ueber den transscendentalen Idealismus.* In: Ders.: *Werke.* Hrsg. von F. Roth und F. Köppen, Darmstadt 1976, Bd. 2, S. 291–310.

Die Unterscheidung von Ding an sich und Erscheinung, die bei Kant dem Form-Inhalt-Dualismus entspricht, führt zur Auflösung des Inhalts in die Form, wodurch die Distinktion gleichsam implodiert. Wenn Kausalität nur der Form angehört, kann der Inhalt nicht durch Kausalität zustande kommen. Wollte Kant den Inhalt retten, was er bisweilen unternimmt, implodierte umgekehrt die Form in den Inhalt, weil dem Inhalt, den Dingen an sich, lauter Bestimmungen, wie Dasein, Wirklichkeit, Räumlichkeit und Kausalität, zugeschrieben werden müssen, die *ex hypothesi* lediglich durch die Form zustandekommen. Der Inhalt hätte bereits die Form, die er nur dadurch erhalten soll, daß er durch die Form rezipiert wird.

Kant hat sich immer wieder gegen den Vorwurf des Produktionsidealismus gewehrt, der in einer vollständigen Auflösung des Inhalts in die Form, d. h. in einem Solipsismus, besteht, der gerade keine Dinge an sich als Gegenstände zuläßt, die den Inhalt unserer Erkenntnis liefern. An einer berühmten Stelle der *Prolegomena zu einer jeden künftigen Metaphysik, die als Wissenschaft wird auftreten können*, eine Schrift, die Kant als Einführung in seine *Kritik der reinen Vernunft* publiziert hat, steht der folgende Absatz:

»Der Idealismus besteht in der Behauptung, daß es keine andere als denkende Wesen gebe, die übrige Dinge, die wir in der Anschauung wahrzunehmen glauben, wären nur Vorstellungen in den denkenden Wesen, denen in der Tat kein außerhalb diesen befindlicher Gegenstand korrespondierete. Ich dagegen sage: es sind uns Dinge als außer uns befindliche Gegenstände unserer Sinne gegeben, allein von dem, was sie an sich selbst sein mögen, wissen wir nichts, sondern kennen nur ihre Erscheinungen, d. i. die Vorstellungen, die sie in uns wirken, indem sie unsere Sinne affizieren. Demnach gestehe ich allerdings, daß es außer uns Körper gebe, d. i. Dinge, die, obzwar nach dem, was sie an sich selbst sein mögen, uns gänzlich unbekannt, wir durch die Vorstellungen kennen, welche ihr Einfluß auf unsre Sinnlichkeit uns verschafft, und denen wir die Benennung eines Körpers geben, welches Wort also bloß die Erscheinung jenes uns unbekannten, aber nichts desto weniger wirklichen Gegenstandes bedeutet. Kann man dieses wohl Idealismus nennen? Es ist ja gerade das Gegenteil davon.« (Prol., A 63 f.)

Kant vergleicht seinen eigenen formalen Idealismus in derselben Anmerkung mit Lockes Unterscheidung zwischen **primären** und **sekundären Qualitäten**. Während primäre Qualitäten solche sind, die Dingen an sich zukommen, sind sekundäre Qualitäten »response-dependent«, wie man in der anglophonen Philosophie sagt. D. h., sekun-

III. Kapitel: Die Welt der Bezugnahme

däre Qualitäten sind konstitutiv relational, sie kommen nur in Relation auf empfindende, mit sensorischen Registraturen ausgestattete Wesen vor. Im Rahmen der frühneuzeitlichen Philosophie gelten Töne und Farben als paradigmatische Kandidaten für sekundäre Qualitäten, während mathematisch repräsentierbare Eigenschaften wie »Zahlen und Figuren« (Novalis) als Eigenschaften der Dinge selbst gelten. Kant geht nun insofern weiter als Locke, als er Ausdehnung in Raum und Zeit und alles, was sonst einen Körper ausmachen mag, ebenfalls zu sekundären Qualitäten erklärt. Er ist genau in diesem Sinne *formaler* (oder, wie er eben auch sagt, transzendentaler) *Idealist*, wenngleich er diesen Begriff vom Idealismus *tout court* streng unterschieden wissen will. Denn

»so wenig, wie der, so die Farben nicht als Eigenschaften, die dem Objekt an sich selbst, sondern nur dem Sinn des Sehens als Modifikationen anhängen, will gelten lassen, darum ein Idealist heißen kann: so wenig kann mein Lehrbegriff idealistisch heißen, bloß deshalb, weil ich finde, daß noch mehr, ja *alle Eigenschaften, die die Anschauung eines Körpers ausmachen,* bloß zu seiner Erscheinung gehören; denn die Existenz des Dinges, was erscheint, wird dadurch nicht wie beim wirklichen Idealism aufgehoben, sondern nur gezeigt, daß wir es, wie es an sich selbst sei, durch Sinne gar nicht erkennen können.« (Prol., A 64)

Kants Form-Inhalt-Dualismus kann man sich auch folgendermaßen verdeutlichen. Man stelle sich vor, unser Tastsinn sei unser einziger Zugang zu einer Außenwelt außerhalb des Tastsinns. Nun kratze jemand meine Hand mit irgendeinem Gegenstand, z. B. mit einer Nagelschere. Die Empfindung, die dies auslöst, hat zwar einen kausalen Zusammenhang mit der Nagelschere, hat aber im übrigen nichts weiter mit einer Nagelschere zu tun. Man kann aus der Empfindung, gekratzt zu werden, nicht auf den kratzenden Gegenstand schließen, insbesondere dann nicht, wenn keinerlei Möglichkeit zur Verfügung steht, den kratzenden Gegenstand jemals unabhängig von der Empfindung, gekratzt zu werden, wahrzunehmen. Die Empfindung hat keine notwendige strukturelle Ähnlichkeit mit dem Gegenstand. Analog verhält es sich Kant zufolge mit Erscheinung und Ding an sich. Aus der Form der erscheinenden Gegenstände folgt keine bestimmte Wahrheit über die Form der Dinge an sich, die die Empfindung auslösen. Dasjenige, was uns (notwendigerweise in raumzeitlicher Gestalt) als Apfel erscheint, könnte an sich weder räumlich noch zeitlich noch auch nur ein Apfel sein, genau so, wie dasjenige, was uns kratzt, keinerlei Ähnlichkeit mit der Kratzempfindung aufweist. Wir werden schließlich nicht von einer Kratzempfindung, sondern etwa von einer Nagelschere gekratzt.

Kant depotenziert damit unsere visuelle Verankerung im Universum. Und damit trifft er sicherlich einen entscheidenden Punkt, der in der Physik bis zum heutigen Tag nicht hinreichend gewürdigt wurde. Warum gehen wir eigentlich davon aus, daß das Universum im wesentlichen der Bereich des Sichtbaren bzw. desjenigen ist, was das Sichtbare hervorbringt? Natürlich ist der Gesichtssinn *unser* Fernsinn, und er erlaubt eine indefinite Erweiterung durch Teleskope usw. Doch warum sollte das Universum primär oder im ganzen auf den Gesichtssinn zugeschnitten sein? Denn wir haben längst entdeckt, daß es viele Strahlungen und Ereignisse gibt, die gar nichts mit unserem Gesichtssinn zu tun haben. Dennoch ist die Rede von Strahlungen usw. immer noch primär oder im ganzen an eine Theorie der Raumzeit gebunden, die auf menschliche Bedürfnisse zugeschnitten bleibt. Es gibt keinen guten Grund, davon auszugehen, daß das Universum an sich genau so wäre, wie es unseren besten naturwissenschaftlichen Theorien erscheint, da diese immer noch entscheidend von der Auflage geprägt sind, eine genuin menschliche Perspektive einzunehmen.

So weit, so gut. Leider rechnet Kant die Relation des Gekratztwerdens selbst schon zur Struktur der Empfindung, wenn er Kausalität als Form des Dings an sich *ausschließt*. Ebensowenig wie aus der notwendigen (sprich: für uns nicht überschreitbaren) und allgemeinen (sprich: für alle Menschen geltenden) Struktur unserer Auffassungsgabe folgt, daß die Dinge an sich dieser Struktur entsprechen, folgt, daß sie ihr nicht entsprechen. Und genau darin besteht der von Jacobi namhaft gemachte Widerspruch, daß Kant das Ding an sich benötige, um den Inhalt von Vorstellungen zu erklären und überhaupt Rezeptivität anzunehmen, dazu aber dem Ding an sich Eigenschaften zusprechen muß, die ihm *ex hypothesi* nicht zukommen sollen. Deshalb erklärt Jacobi bezüglich des Dings an sich an einer vielzitierten Stelle, die in gewisser Weise der Auslöser der gesamten Bewegung des Deutschen Idealismus geworden ist:

»Ich muß gestehen, daß dieser Anstand mich bey dem Studio der Kantischen Philosophie nicht wenig aufgehalten hat, […] weil ich unaufhörlich darüber irre wurde, daß ich *ohne* jene Voraussetzung in das System nicht hineinkommen, und *mit* jener Voraussetzung darin nicht bleiben konnte.«[37]

---

[37] Jacobi: *Ueber den transscendentalen Idealismus*, S. 304.

III. Kapitel: Die Welt der Bezugnahme

In der *Kritik der reinen Vernunft* findet sich ein Abschnitt mit dem Titel »Von dem Grunde der Unterscheidung aller Gegenstände überhaupt in Phaenomena und Noumena« (KrV, A 235–260/B 294–315), auf den sich viele Interpreten berufen, die Kants Idealismus gegen Jacobis Einwand verteidigen wollen. In diesem Abschnitt spricht Kant ziemlich deutlich davon, daß das Ding an sich »bloß ein *Grenzbegriff*« sei, »um die Anmaßung der Sinnlichkeit einzuschränken« (KrV, A 255/B 310 f.). Von diesem Grenzbegriff erklärt Kant weiter, er sei »gleichwohl nicht willkürlich erdichtet, sondern hängt mit der Einschränkung der Sinnlichkeit zusammen, ohne doch etwas Positives außer dem Umfange derselben setzen zu können.« (KrV, A 255/B 311). Wenn das Ding an sich bloß ein Noumenon, wörtlich: ein Gedachtes oder ein Gedankending, ist, wie Kant sich hier ausdrückt, dann könnte man kaum sagen, es gebe Dinge an sich im Plural, die unsere Sinnlichkeit affizieren. Vielmehr klingt es in dem zitierten Abschnitt insgesamt so, als ob die Rede von einem Ding an sich lediglich eine theorieinterne Objektivitätsbedingung namhaft mache. Eine **theorieinterne Objektivitätsbedingung** ist eine für eine Theorie notwendige Annahme. Um eine neue Gravitationstheorie zu formulieren, muß man etwa annehmen, daß es Gravitation gibt. Diese Annahme ist selbst keine Gravitation, sondern eine theorieinterne Objektivitätsbedingung. Bei Kant klingt es manchmal so, als ob das Ding an sich eine solche Objektivitätsbedingung seiner eigenen Theorie wäre. Manchmal klingt es aber so, als ob es Dinge an sich gäbe, die unsere Vorstellungen hervorrufen.

Die Ambiguität des Ding an sich/Noumenon-Begriffs kann man sich vor dem skizzierten Hintergrund unter Rekurs auf die Distinktion zwischen **ontisch** und **ontologisch** verdeutlichen. *Ontisches* betrifft Gegenstände unabhängig von der Rolle, die ihnen in einer Theorie zugewiesen wird. Z. B. ist es eine ontische Erkenntnis, daß es Mettigel gibt. *Ontologisches* hingegen betrifft die Konstitution eines Gegenstandsbereiches. Z. B. ist es eine ontologische Erkenntnis, daß sich Gegenstände der Physik von Gegenständen der Lyrik unterscheiden, selbst wenn beide scheinbar denselben Gegenstand, z. B. *Die Treppe der Orangerie* in Versailles, haben. Bei Rilke gestaltet diese sich in einem seiner *Neuen Gedichte* so:

Die Treppe der Orangerie
Versailles

Wie Könige, die schließlich nur noch schreiten
fast ohne Ziel, nur um von Zeit zu Zeit
sich den Verneigenden auf beiden Seiten
zu zeigen in des Mantels Einsamkeit –:

so steigt, allein zwischen den Balustraden,
die sich verneigen schon seit Anbeginn,
die Treppe: langsam und von Gottes Gnaden
und auf den Himmel zu und nirgends hin;

als ob sie allen Folgenden befahl
zurückzubleiben, – so daß sie nicht wagen,
von ferne nachzugehen; nicht einmal
die schwere Schleppe durfte einer tragen.[38]

Dieselbe Treppe erschiene im Medium naturwissenschaftlicher Begriffsbildung als Ausschnitt der Raumzeit, in dem sich physikalische Objekte, welche auch immer es wirklich geben mag, befinden, deren raumzeitliches Verhalten Naturgesetzen folgt. Dies ist nun eine ontologische und keine ontische Erkenntnis. Die Unterscheidung von Rilkes Treppe und der »Treppe«, wie sie der Physik erschiene, ist nicht ontisch, sondern ontologisch.

Dieser Distinktion entsprechend, versteht eine ontische Deutung des Dings an sich dieses als existierenden Gesamtbereich von Dingen an sich, die unsere Sinnlichkeit affizieren und dadurch Empfindungen in uns bewirken, die wir als raumzeitlich-kausal verfaßte Außenwelt erfahren. Eine ontologische Deutung hingegen besteht darauf, daß das Ding an sich lediglich der Name für jene Identität, für dasselbe, ist, das in verschiedenen begrifflichen Mustern zur Erscheinung kommen kann, ohne jemals in einem einzelnen Muster adäquat repräsentiert zu werden. Für eine ontologische Lesart spricht insbesondere Kants Begriff des *transzendentalen Objekts*. In der ersten Auflage des Phaenomena-Noumena-Kapitels heißt es ganz im Sinne einer ontologischen Lesart:

»Alle unsere Vorstellungen werden in der Tat durch den Verstand auf irgend ein Objekt bezogen, und da Erscheinungen nichts als Vorstellungen sind, so bezieht sie der Verstand auf ein Etwas, als den Gegenstand der sinnlichen

---

[38] Rilke, R. M.: *Werke*. Frankfurt am Main 1980, Bd. 2, hier: S. 283.

III. Kapitel: Die Welt der Bezugnahme

Anschauung: aber dieses Etwas ist in so fern nur das transzendentale Objekt. Dieses bedeutet aber ein Etwas = x, wovon wir gar nichts wissen, noch überhaupt (nach der jetzigen Einrichtung unseres Verstandes) wissen können, sondern, welches nur als ein Correlatum der Einheit der Apperzeption zur Einheit des Mannigfaltigen in der sinnlichen Anschauung dienen kann, vermittelst deren der Verstand dasselbe in den Begriff des Gegenstandes vereinigt. Dieses transzendentale Objekt läßt sich gar nicht von den sinnlichen Datis absondern, weil alsdenn nichts übrig bleibt, wodurch es gedacht würde. Es ist also kein Gegenstand der Erkenntnis an sich selbst, sondern nur die Vorstellung der Erscheinungen, unter dem Begriffe eines Gegenstandes überhaupt, der durch das Mannigfaltige derselben bestimmbar ist.« (KrV, A 250 f.)

Diese *prima vista* nicht gerade leserfreundliche Stelle läßt sich durchaus übersetzen, wenn Kant sich auch, wie häufig, wo er an die Grenzen der Erkenntnis gerät, gezwungen sieht, problematische Formulierungen zu wählen, wie beispielsweise die Gleichsetzung von Erscheinung und Vorstellung. Beginnen wir mit der einfachen These, daß alle Vorstellungen auf ein Objekt bezogen werden. Diese These kann man als **Intentionalitätsthese** formulieren, derzufolge Bewußtsein immer Bewußtsein von etwas ist. Intentionalität ist in diesem Licht zunächst nichts weiter als die Bezugnahme auf ein Objekt, die durch die Ausrichtung der Bezugnahme festlegt, was als Objekt der Bezugnahme in Frage kommt. Intentionalität besteht unter anderem in der Festlegung eines Gegenstandsbereichs und eines zu diesem gehörenden einheitlichen Objekts, auf das sich meine Vorstellung beziehen soll. In diesem Zusammenhang nennt Kant den gesamten Gegenstandsbereich, der durch die logische Form unserer Bezugnahme *a priori* – oder wie Kant im Zitat sagt: »nach der jetzigen Einrichtung unseres Verstandes« – aufgespannt wird, »mögliche Erfahrung«. Mögliche Erfahrung ist somit der einzige uns zur Verfügung stehende Suchbereich. Wann immer wir etwas zu erkennen suchen, suchen wir nach einer möglichen Erfahrung.

Generalisiert man die Struktur von Bezugnahme in einer abstrahierenden Abwendung von allen partikulären Akten der Bezugnahme, d. h. bezieht man sich auf Bezugnahme als Objekt einer Bezugnahme zweiter Stufe, was man mit Kant als **»transzendentale Reflexion«** (KrV, A 262/B 318) bezeichnen kann, sieht man leicht ein, daß sich die epistemische Intentionalität auf ein in Vorstellungen vorgestelltes Objekt bezieht, das sich in mannigfaltigen sensorischen Abschattungen darbietet. Dieses Objekt existiert nun Kant zufolge nicht als ein Objekt unter anderen, sondern ist der Name für die Objektivität von Vorstellungen überhaupt, d. h. das transzendentale Objekt. Die Objektivität unserer Vorstellungen ist selbst nicht identisch mit irgendeinem vorgestellten Objekt.

Wir organisieren unseren Erfahrungshaushalt demnach immer schon unter Rekurs auf Hypothesen, und zwar stets so, daß wir in diesem Prozeß eine endliche Menge von Daten als Manifestation *eines* Objekts ansetzen, um auf diese Weise in Erfahrung zu bringen, was es mit dem Objekt auf sich hat. Nehmen wir ein einfaches Beispiel: Wir sehen einen Mettigel vor uns. Dabei erscheinen Abschattungen des Mettigels im Rahmen unseres Bewußtseinsstroms. Diese Abschattungen sind selbst niemals identisch mit dem Mettigel, sondern eben seine Abschattungen, z. B. der Mettigel gerade von hier aus unter diesen oder jenen optischen Bedingungen gesehen. Den »ganzen Mettigel« bekommen wir schon deshalb niemals zu Gesicht, weil er zeitlich ist. Der Mettigel zu t_1 unterscheidet sich vom Mettigel zu t_2 usw. Da wir den ganzen Mettigel offensichtlich niemals direkt zu Gesicht bekommen, nehmen wir den Gegenstand Mettigel auch nicht als Ding an sich, sondern nur als Erscheinung wahr. Um eine Erscheinung wahrzunehmen, müssen wir ihre mannigfaltigen Abschattungen, die vielen Einschreibungen in unseren Bewußtseinsstrom, vom Gegenstand unterscheiden. In dieser Unterscheidung setzen wir das transzendentale Objekt voraus. Das transzendentale Objekt ist die unserer Reflexion zugewandte Seite des Dings an sich, es bezeichnet die Funktionsstelle des Dings an sich in der für Selbstbewußtsein notwendigen Unterscheidung zwischen Bewußtseinsstrom und Erscheinungen.

Erscheinungen sind Kant zufolge zwar »Vorstellungen« und keine Dinge an sich, aber sie sind dies nur insofern, als Kant der Überzeugung ist, daß man wahrheitsfähige Gebilde immer als Erscheinungen und nicht als Dinge an sich ansehen sollte. Und alle uns zugänglichen Gegenstände sind immer nur wahrheits*fähige* Gebilde, weshalb sie uns auch täuschen können. Denn uns zugängliche Gegenstände sind immer auch begriffliche Konstrukte. Dies bedeutet nicht, daß wir die Gegenstände insgesamt verfehlen – daß das Leben nur ein Traum sei, wie Schopenhauer etwas zu voreilig aus Kants formalem Idealismus schloß –, sondern es bedeutet, daß alle Gegenstände, auf die wir uns beziehen können, begrifflich strukturiert sein müssen und daß diese Konstruktionen nur in Urteilen und damit im Medium der Fallibilität zugänglich sind.

Die Annahme einer Einheit hinter den vielen Erscheinungen ist nicht selbst eine Erscheinung eines Dings, da die Einheit sonst nur wiederum verschoben würde. Wenn die Einheit hinter den vielen Erscheinungen selbst nur eine weitere Erscheinung wäre, könnten wir uns darin täuschen, daß es überhaupt eine solche Einheit gibt. In diesem Fall höben wir aber die Quelle unserer Fallibilität selbst auf. An irgendeinem Punkt muß eine Einheit angenommen werden, die unsere gegenständliche Orientierung unablässig, gewissermaßen als Suchvektor in Gang hält. Sofern uns diese Einheit in der transzendentalen Reflexion als Voraussetzung vorkommt, nennt Kant sie das »transzendentale Objekt«, und insofern sie tatsächlich, wenn auch unzugänglich, »existieren« soll – was ja die Voraussetzung eines transzendentalen Objekts impliziert –, handelt es sich um das berühmt-berüchtigte Ding an sich.

Allerdings oszilliert Kant unablässig zwischen einer ontischen und einer ontologischen Lesart des Dings an sich. Einerseits ist es der Name für die Ursache der Empfindungen und insofern ein waschechtes Ding bzw. gar eine Menge von Dingen, die uns allerdings nur als Erscheinungen zugänglich sind. Andererseits ist es lediglich ein Grenzbegriff. Da Grenzbegriffe keine Dinge mit relevanten kausalen Eigenschaften sind, hebt die rein ontologische Lesart endgültig unsere kausale Verankerung in der Außenwelt auf, was Kant eigentlich zu Recht als Gefahr des Idealismus bzw. des Solipsismus identifiziert hat.

Besonders problematisch ist allerdings Kants These, daß »Erscheinungen nichts als Vorstellungen« sind. Daraus folgt nämlich unter anderem, daß Personen in unserer Mitwelt in Raum und Zeit lediglich Vorstellungen sind, wobei unklar ist, ob es Personen und alles andere, was uns in der Raumzeit begegnen mag, auch noch als Ding an sich gibt oder ob diese Annahme nur imaginär ist, d.h. nur Funktion eines Grenzbegriffs. Bei Kant droht die Objektivität in der Subjektivität zu verschwinden, was solange nicht problematisch ist, als **Objektivität** noch hinreichend von Objekten unterschieden werden kann.

Diese Distinktion kann man unter Rekurs auf eine hilfreiche Unterscheidung Robert Brandoms erläutern, der sie im Zuge seiner Hegeldeutung eingeführt hat, nämlich die Distinktion zwischen einer These der **Sinnabhängigkeit** der Objektivität von Subjektivität und der These einer **Referenzabhängigkeit** der Objekte von Subjekten. Ein Begriff P ist von einem Begriff Q Brandom zufolge genau dann *sinnabhängig*, wenn wir P nicht verstünden, wenn wir Q nicht verstünden. P zu verstehen, setzt voraus, Q zu verstehen. Im Unterschied dazu ist ein Begriff P von einem Begriff Q Brandom zufolge genau dann *refe-

renzabhängig, wenn es nichts gäbe, was unter P fällt, wenn es nichts gäbe, was unter Q fällt.[39]

Der Begriff »Idealismus« kann nun offenkundig mindestens auf zweierlei Weise verstanden werden, einerseits als eine These der Sinnabhängigkeit und andererseits als eine These der Referenzabhängigkeit. Der **sinnabhängige Idealismus** behauptet lediglich, daß wir keinen Begriff der Objektivität hätten, wenn wir diese nicht von unserer Subjektivität unterschieden bzw. nicht unterscheiden könnten. Diese These ist eine transzendentale Behauptung zweiter Stufe über eine Bedingung unseres Weltzugangs. Der **referenzabhängige Idealismus** behauptet hingegen, daß es keine Objekte gäbe, wenn es keine Subjekte gäbe, was eine These erster Stufe darüber ist, was es gibt bzw. auf welche Weise es etwas gibt.

Kant schwankt zwischen beiden Behauptungen. Zwar hat niemand so deutlich wie Kant mit einer Unterscheidung von Theorieebenen operiert, was der Unterschied zwischen empirisch (objektstufig) und transzendental (höherstufig) auf den Punkt bringt. Allerdings gelingt es ihm nicht durchweg, die Theorieebenen konsequent zu unterscheiden. Es bleibt bis zuletzt unklar, ob und wie Kant noch zwischen Dingen und Vorstellungen unterscheiden kann. Es ist nicht nur unklug, sondern solipsistischer Unsinn, Dinge auf Vorstellungen zu reduzieren. Es mag zwar sein, daß es letztlich gar keine Dinge in einem bestimmten Sinne des Wortes gibt, man kann aber Dinge nicht einfach mit Vorstellungen gleichsetzen, da beide völlig verschiedene Eigenschaften haben. Z.B. kann man Tische zersägen und Bierkrüge auf ihnen abstellen; die Vorstellung eines Tisches kann man aber weder zersägen noch Bierkrüge auf ihr abstellen. Außerdem gibt es mindestens so viele Vorstellungen eines Tisches wie es Subjekte gibt, die eine sinnliche Anschauung eines Tisches haben, was nicht bedeutet, daß der Tisch jedes Mal multipliziert wird, wenn sich die Anzahl der Augen erhöht, die auf den Tisch blicken. Folglich können Erscheinungen nicht ohne weiteres Vorstellungen sein, wenn anders »Erscheinung« der Name für Objekte in Raum und/oder Zeit ist, die nicht identisch mit meinem Bewußtseinsstrom sind. Es sei denn, daß Kant doch eine Welt der Dinge an sich annimmt, die sich als

---

[39] Meine Übersetzung von Brandom: *Tales of the Mighty Dead*, S. 50: »Concept P is *sense dependent* on concept Q just in case one cannot count as having grasped P unless one counts as having grasped Q. Concept P is *reference dependent* on concept Q just in case P cannot apply to something unless Q applies to something.«

Erscheinungswelt darstellt, was zu einer ontischen Lesart des Dings an sich zurückführt.

An der zitierten Stelle aus der ersten Version des Phaenomena/Noumena-Kapitels sagt Kant, das transzendentale Objekt diene »nur als ein Correlatum der Einheit der Apperzeption zur Einheit des Mannigfaltigen in der sinnlichen Anschauung«. »Einheit der Apperzeption« ist hier Kants Name für Selbstbewußtsein. Kant stimmt in dem Punkt mit der Tradition der neuzeitlichen Erkenntnistheorie seit Descartes überein, daß die Substanz als die zugrundeliegende Einheit sensorischer Fragmente nicht selbst *angeschaut*, sondern *gedacht* wird. Darin sind sich Rationalismus und Empirismus einig. Es bedarf einer Operation des Denkens, die uns anleitet, unsere Anschauungen und Gedanken auf einen Gegenstand zu beziehen. Bewußtsein ist nämlich Bewußtsein von etwas, wobei dieses Etwas überhaupt, d. h. ohne schon ein bestimmtes Etwas, dieses Blatt Papier, dieser Ton, diese Übelkeit in der Magengegend etc., zu sein, nichts anderes als der Suchvektor unserer Intentionalität ist. Daraus folgt nicht, daß diesem Suchvektor ein bestimmter Gegenstand entspricht, sondern lediglich, daß wir unsere Gedanken und Vorstellungen stets auf etwas beziehen, das nicht identisch mit unseren Gedanken und Vorstellungen ist, jedenfalls dann nicht, wenn wir Gedanken und Vorstellungen von etwas haben, das selbst weder Gedanke noch Vorstellung ist. Kant formuliert dies auch so: »Das Objekt, worauf ich die Erscheinung überhaupt beziehe, ist der transzendentale Gegenstand, d.i. der gänzlich unbestimmte Gedanke von etwas überhaupt.« (KrV, A 253)

Kant machte sich nun selbst einer transzendentalen Subreption, d.h. einer fehlerhaften Vergegenständlichung, schuldig, wenn er den transzendentalen Gegenstand als kausale Quelle der Empfindung auffaßte, da der transzendentale Gegenstand im logischen Singular gar kein Ding ist, das uns affizieren könnte. **Transzendentale Subreption** liegt Kants eigener Auskunft gemäß dann vor, wenn ich »einer Idee, welche bloß zur Regel dient, objektive Realität beimesse.« (KrV, A 509/B 537) Wenn das Ding an sich als Suchvektor ein Grenzbegriff ist, der unsere Erkenntnissuche unablässig in Gang hält, dann kann man diesem Grenzbegriff keine objektive Realität auch nur in dem minimalen Sinne zusprechen, daß ein ihm entsprechender Gegenstand existieren *könnte*. Und dennoch bleibt Kant nichts anderes übrig, als den Grenzbegriff zu hypostasieren, da sonst der Inhalt der Erkenntnis auf die Form des Denkens reduziert würde, was auf solipsistischen Hokuspokus hinausliefe. Wäre das Ding an sich ausschließlich ein Grenzbegriff, könnte es nicht zur Erklärung des nur rezeptiv zugänglichen Inhalts unserer sonst leeren logischen Formen dienen.

Im auf das besprochene Kapitel folgenden Anhang »Von der Amphibolie der Reflexionsbegriffe durch die Verwechselung des empirischen Verstandesgebrauchs mit dem transzendentalen« (KrV, A 260 ff./B 316 ff.) warnt Kant zwar davor, die Theorieebenen zu verwechseln, doch unterläuft ihm genau dies selbst. Noch einmal: Erscheinungen können uns nicht affizieren, da sie Vorstellungen sind, wie Kant sagt. Also können uns allenfalls Dinge an sich affizieren. Diese gibt es nun entweder nur im logischen Singular (ontologisch) oder im realen Plural (ontisch). Gibt es sie nur im logischen Singular, sprich: als Grenzbegriff, findet wiederum keine Affektion statt, denn etwas bloß Gedachtes affiziert uns nicht im für die Transzendentalphilosophie terminologisch relevanten Sinne. Gibt es sie im realen Plural, dann sind sie notwendig Erscheinungen, da jede für Kausalität und Affektion relevante Pluralität Individuationsprinzipien ins Spiel bringt, insbesondere Raum, Zeit, Kausalität etc., die Kant zufolge nur für Erscheinungen gelten, die aber ihrerseits nur Vorstellungen sind, so daß wir wieder bei der Unmöglichkeit landen, daß uns Erscheinungen affizieren.

In der Kantforschung wird häufig diskutiert, ob man Dinge an sich und Erscheinungen als zwei Aspekte eines einzigen Sachverhalts auffassen kann. Doch diese Lösung hilft nicht weiter, da man sich immer wieder die Frage stellen kann, ob uns Dinge an sich oder Erscheinungen affizieren, d.h. wie wir erklären, daß wir genau dieses und nicht jenes wahrnehmen, wenn wir unsere Aufmerksamkeit in eine bestimmte Richtung wenden.

Insgesamt beruht Kants Version des Form-Inhalt-Dualismus auf der folgenschweren inkonsistenten Annahme, daß die Dinge an sich – oder was auch immer sich unseren sensorischen und begrifflichen Registraturen darbietet – unterbestimmt sind. D.h., daß wir ihnen keine einzige der Bestimmungen zuschreiben können, die wir Erscheinungen zuschreiben können, insofern wir sie konstituieren. Ordnung, und damit Bestimmtheit, verdankt sich nach Kant einem Prozeß der Organisation, den er als »Synthesis« bezeichnet und für eine Leistung des erkennenden Subjekts hält. Gegen dieses Szenario, das man als *Szenario der unbestimmten Welt und des bestimmenden Denkens* bezeichnen kann, hat Cornelius Castoriadis geltend gemacht, daß es sich vielmehr umgekehrt verhalten müsse.

»Dies ist das alte Problem des Kantischen Kritizismus, über das man niemals hinauskommen kann. Alle organisierenden Formen, die dem transzendentalen Bewußtsein immanent sind, können nichts liefern, wenn das ›Material‹, das sie ›formen‹ sollen, nicht bereits in sich selbst die ›minimale Form‹ enthält, form*bar* zu sein. Nebenbei kann man bemerken, daß die Idee eines *absolut* ungeordneten Universums für uns undenkbar ist.«[40]

Wir ordnen die Welt im Medium begrifflicher Spontaneität also deswegen, weil sie an sich zu komplex ist. Diese Annahme von Castoriadis paßt zwar zu Kantischen Einsichten, mit Kants transzendentalem Idealismus ist sie allerdings nicht vereinbar. Dennoch führt ein interessanter Weg von Kant zu einer konsistenteren Theorie der Ordnung, was insbesondere Hegels Radikalisierung von Kant motiviert hat, der wir uns nun zuwenden.

2.3. Analytische und synthetische Einheit – Hegelsche Intentionalität

In jüngerer Zeit hat insbesondere John McDowell in seinem vielbeachteten Buch *Geist und Welt* darauf hingewiesen, daß die Kantische Metaphysik der Intentionalität nur bedingt aktualisiert werden könne, da die Distinktion von Erscheinung und Ding an sich in der orthodoxen Form nicht vertretbar sei. Vor diesem Hintergrund nimmt er Korrekturen an Kant vor, die schon Hegel v. a. in *Glauben und Wissen* sowie in seiner sogenannten *Differenz-Schrift* empfohlen hatte.[41] Dabei spielt

---

[40] Castoriadis, C.: »The Logic of Magmas and the Question of Autonomy«, in: *The Castoriadis Reader*. Tr. and ed. by D. A. Curtis, Oxford 1997, S. 290–318, hier: S. 306: »This is the old problem of Kantian criticism, which one could never glide over. All organizational forms immanent to the transcendental consciousness […] cannot provide anything if the ›material‹ they are to ›form‹ does not already include in itself the ›minimal form‹ of being form*able*. Let it be noted in passing that the idea of an *absolutely* disordered universe is for us unthinkable.« Ebenso Ders.: *Gesellschaft als imaginäre Institution. Entwurf einer politischen Philosophie.* Übers. von H. Bruehmann, Frankfurt am Main 1984. Vgl. etwa auch das Beispiel bei Fumerton, R. A.: *Metaepistemology and Skepticism.* Lanham 1995, S. 78: »But despite the periodic popularity of extreme nominalism and rampant antirealism, it is surely absurd to suppose that it is even in principle possible for a mind to force a structure on a *literally* unstructured world. There are indefinitely many ways to sort the books in a library and some are just as useful as others, but there would be no way to begin sorting books were books undifferentiated. Indeed, it comes to us with far too many differences for us to be bothered noticing all of them. And it is in this sense that the mind *does* impose order on chaos.«
[41] Sowohl die Schrift *Glauben und Wissen oder Reflexionsphilosophie der Subjektivität*

der Grundgedanke von Kants »transzendentaler Deduktion der reinen Verstandesbegriffe« eine entscheidende Rolle. Im Lichte unserer Diskussion kann man deren Grundgedanken dahingehend zusammenfassen, daß es uns betreffende und in diesem Sinne »*subjektive Bedingungen*« (KrV, A 89/B 122) der Zugänglichkeit von Gegenständen gibt, die für die ontologische Struktur dieser Gegenstände selbst gelten dürfen. Mit anderen Worten, Kant strebt den Beweis an, daß transzendentale Argumente, die aus der Struktur unserer Auffassung von Gegenständen auf die Struktur dieser Gegenstände selbst schließen, möglich sind. Um zu verstehen, wie Hegel seine eigene Position als Überwindung Kants empfiehlt, ist es hilfreich, sich Hegel noch einmal im Ausgang von diesem Kantischen Grundgedanken zu nähern. Im Ergebnis nimmt eine Hegelsche Metaphysik der Intentionalität von der Einsicht ihren Ausgang, daß sich Bezugnahme auf Gegenstände bereits in einer historisch komplexen Lebenswelt vorfindet. Diese vereinfachen wir im Medium der erkenntnistheoretischen Reflexion unzulässig und ordnen sie jeweils im Hinblick auf historisch präferierte Paradigmen der Rechtfertigung. So resultiert die Cartesische Metaphysik der Intentionalität aus der Annahme, Erkennen sei im wesentlichen ein experimenteller Vorgang, der durch rein rational motivierte Modelle angeleitet wird. Bei Descartes steht demnach eine bestimmte Auffassung der Rechtfertigung physikalischer Sätze im Hintergrund seines Begriffs der Erkenntnis. Dies gilt auch noch für Kant, der allerdings deutlich gesehen hat, daß der rationale Rahmen, mit dem wir operieren, sehr viel mehr umfaßt, als Descartes' erkenntnistheoretischer Atomismus einräumen wollte.

Hegel verabschiedet die Annahme, daß wir uns die Außenwelt irgendwie erschließen müßten oder sie zumindest auf unsere Formen der Zugänglichkeit zuschneiden sollten, und nimmt vielmehr an, daß unsere grundlegenden Auffassungen darüber, was Erkenntnis ist, eine Geschichte haben, die immer eine Geschichte des ganzen Menschen, d.h. seiner physiologischen Ausstattung, seiner sozialen Verankerung sowie nicht zuletzt seiner religiösen, politischen und auch philosophischen Überzeugungen ist.

---

in der Vollständigkeit ihrer Formen als Kantische, Jacobische und Fichtesche Philosophie (1803) als auch *Die Differenz des Fichteschen und Schellingschen Systems der Philosophie* (1801) finden sich in TWA, 2. Vgl. dazu auch Siep, L.: *Der Weg der* Phänomenologie *des Geistes*, sowie auch Schäfer: *Hegel*.

2.3.1. Der Grundgedanke von Kants transzendentaler Deduktion der reinen Verstandesbegriffe

In der gegenwärtigen Erkenntnistheorie sind verschiedene Ansätze zur Reaktualisierung von Kants theoretischer Philosophie verbreitet.[42] Was Kant und seine Metaphysik der Intentionalität attraktiv macht, ist die Aussicht, die bewahrenswerten Einsichten des Empirismus einerseits mit denjenigen des Rationalismus andererseits zu kombinieren. Die bewahrenswerte Einsicht des Empirismus besteht darin, daß die Analyse der logischen Form des Wissens – sei es in der Form einer Metaphysik der Intentionalität oder auch in der Form der Analyse des Wissensbegriffs – nicht umhin kommt anzuerkennen, daß unser Wissen irgendwie auf eine Umwelt bezogen sein muß. Diese Bezogenheit muß in der einen oder anderen Form als kausale Verankerung verstanden werden, da wir offensichtlich vieles nur dadurch wissen können, daß wir es wahrnehmen. Die bewahrenswerte Einsicht des Rationalismus besteht darin, daß nicht alles Wissen perzeptuell ist. Insbesondere kann philosophisches Wissen, z. B. erkenntnistheoretisches Wissen, nicht in derselben Weise empirisch sein wie etwa das Wissen darum, daß es in Berlin gerade regnet.

Kant vereinigt Empirismus und Rationalismus in seiner These, daß alles Wissen auf mögliche Erfahrung bezogen sei. Dies schließt Wissen mit ein, das sich auf die Möglichkeit der Erfahrung bezieht. Mit anderen Worten, wir können nichts wissen, was wir nicht entweder wahrnehmen oder in einen logisch verbürgten Zusammenhang mit Wahrnehmungen bringen können, die wir hatten, haben, haben werden oder zumindest haben könnten. Nun stellt die Vernunft Kant zufolge Bedingungen dafür zur Verfügung, daß wir etwas wahrnehmen können, weil sie einen komplexen inferentiellen Zusammenhang zwischen Wahrnehmungen stiftet, einen Zusammenhang, ohne den es keine Erfahrung, sondern allenfalls sensorische Fragmente gäbe. Dabei handelt es sich beim Zusammenhangswissen selbst um Wissen, das Kant zufolge darin besteht, daß wir »synthetische Urteile a priori« fällen können. Dementsprechend lautet die offizielle Grundfrage von Kants theoretischer Philosophie auch: »Wie sind synthetische Urteile a priori möglich?« (KrV, B 19)

---

[42] Die dafür wegweisenden Arbeiten waren Strawson: *Die Grenzen des Sinns* und Sellars: *Science and Metaphysics*, in Deutschland v. a. Hogrebe, W.: *Kant und das Problem einer transzendentalen Semantik*. Freiburg/München 1974.

Vereinfacht gesagt sind *synthetische Urteile a priori* Urteile, die den Zusammenhang von Anschauungen und damit auch von Wahrnehmungen betreffen. Kant meint etwa, daß die Geometrie auch für den Zusammenhang von Wahrnehmungen gilt, weil sie die grundlegenden Strukturen unserer Auffassung räumlich ausgedehnter Gegenstände beschreibe. In der Tat verorten wir Gegenstände in unserer mesoskopischen Umwelt selbst unter alltäglichen Bedingungen nach geometrischen Regeln, wenn wir etwa lernen, ein Auto einzuparken. Ein anderes Beispiel ist das Billardspiel oder auch nur die Einrichtung eines Wohnzimmers. Wir räumen ja keine sensorischen Fragmente, sondern stereometrische Gegenstände ein und bedienen uns dabei geometrisch strukturierter Anschauungen, die nicht identisch mit den sensorischen Fragmenten sind, die wir als Fragmente einer irgendwie geometrisierbaren Umwelt deuten. Kant zufolge müssen wir die Gegenstände gar als grundlegend mathematisch beschreibbar ansehen, um sie auf diese Weise von den psychologischen Gesetzen der Assoziation unterscheiden zu können. Die Umwelt sei genau deshalb keine bloße Einbildung, weil wir sie überhaupt nur dann verstehen können, wenn wir ihr Gesetze unterstellen, die sich von den Gesetzen der Einbildung unterscheiden. Zu diesen Gesetzen gehören die Naturgesetze, die sich mit mathematischer Präzision formulieren lassen.

In seiner Rekonstruktion Kants rekurriert McDowell insbesondere auf dessen berühmtes Diktum:

»Gedanken ohne Inhalt sind leer, Anschauungen ohne Begriffe sind blind.« (KrV, A 51/B 75)

Der Inhalt ist dabei immer auf mögliche Erfahrung bezogen, was Kant als »Realität«, d. h. als Sachhaltigkeit, bezeichnet:

»Mögliche Erfahrung ist das, was unseren Begriffen allein Realität geben kann; ohne das ist aller Begriff nur Idee, ohne Wahrheit und Beziehung auf einen Gegenstand.« (KrV, A 489/B 517)

Noch einmal: Alle Erkenntnis ist für Kant entweder empirisch, und d. h. Resultat von Erfahrung, oder transzendental, und d. h. die Bedingung der Möglichkeit von Erfahrung betreffend.

Kant erkennt dabei deutlich, inwiefern das Problem des empiristischen Atomismus darin besteht, daß wir scheinbar lediglich einen induktiven Zugang zur Regelmäßigkeit der Natur selbst haben, da wir immer nur mit Einzeldingen und einzelnen Prozessen zu tun haben,

III. Kapitel: Die Welt der Bezugnahme

die wir – zu Recht oder Unrecht – als unter Naturgesetzen stehend interpretieren. Hume schließt aus dem Problem des empiristischen Atomismus entsprechend auf ein skeptisches Szenario, in dem die Welt selbst als Inbegriff aller »Tatsachen *(matters of fact)*« ein potentielles Chaos völlig zufälliger oder isolierter Ereignisse darstellt, das wir lediglich aufgrund von gewissen Denkgewohnheiten so anordnen, als ob es auf Gesetzmäßigkeit beruhte. Wenn die Gesetzmäßigkeit, die wir Erfahrungsgegenständen zuschreiben, aber darin besteht, daß sie in einem Feld erscheinen, das allein dadurch aufgespannt wird, daß wir uns in ihm orientieren, dann entdecken wir Strukturen der in diesem Feld erscheinenden Gegenstände dadurch, daß wir das Feld selbst analysieren. Dabei verortet Kant das Gesetzesschema der Kausalität in der Struktur des Feldes, weshalb alle Erfahrungsgegenstände unter Gesetzen stehen. Sonst erschienen sie nicht einmal.

Kant möchte Hume nun einerseits Rechnung tragen, indem er ebenfalls davon ausgeht, daß wir unsere Empfindungen, und d. h. unsere Sinneseindrücke, organisieren, gleichzeitig aber zu zeigen versucht, daß notwendige und allgemeine Strukturen an dieser Organisation dergestalt beteiligt sind, daß jedes Objekt der Anschauung, jeder irgendwie bestimmte Gegenstand notwendig unter allgemeinen invarianten Gesetzen steht. Unter diesen Gesetzen steht er Kant zufolge einfach dadurch, daß er Gegenstand für uns ist.

Heidegger hat einmal vorgeschlagen, Kants Zwei-Stämme-Lehre im Hinblick auf die zwei Bestandteile des Ausdrucks »Gegenstand« zu erläutern.[43] Demnach liefern uns Raum und Zeit das *Gegen* des Gegenstandes bzw. die Gegend, oder wie der späte Heidegger mit einem bewußt archaisch klingenden alemannischen Ausdruck sagt: die »Gegnet«[44] der Gegenstände. Die Gegnet ist derjenige Ort, an dem uns Gegenstände begegnen. Der Verstand hingegen sorgt für den *Stand* des Gegenstandes in der Gegend, er bringt den Gegenstand sozusagen zustande, zum Stande. Der Verstand organisiert die Materie der Empfindung, das Anschauungsmaterial so, daß es sich allererst auf ein Objekt bezieht, das von dieser Beziehung potentiell unabhängig ist, was

---

[43] Vgl. Heidegger, M.: *Die Frage nach dem Ding. Zu Kants Lehre von den transzendentalen Grundsätzen*. Tübingen ³1987, S. 107–115.
[44] Heidegger, M.: »Ἀγχιβασίη. Ein Gespräch selbdritt auf einem Feldweg zwischen einem Forscher, einem Gelehrten und einem Weisen«, in: Ders.: *Gesamtausgabe*, Bd. 77: *Feldweg-Gespräche*. Frankfurt am Main 1995, S. 1–160, hier: S. 114f.

u. a. bedeutet, daß andere Personen es ebenfalls anschauen können – eine Bedingung, der Kant allerdings nicht hinreichend Rechnung trägt.[45] Gegenstände sind also buchstäblich Gegen-Stände, über Zeitintervalle irgendeiner Art hinweg stabile Entitäten, die uns entgegenstehen.

Einer der am meisten diskutierten Abschnitte der *Kritik der reinen Vernunft* ist die sogenannte »Transzendentale Deduktion der reinen Verstandesbegriffe«, die Kant auf zwei sehr verschiedene Weisen in den beiden Auflagen der *Kritik der reinen Vernunft* durchgeführt hat. Im systematischen Eigeninteresse werde ich mich auf eine kurze Rekonstruktion der B-Deduktion, also der Deduktion der zweiten Auflage, beschränken. Diese enthält Kants revolutionäre These, daß es keine analytische Einheit ohne synthetische Einheit geben kann, eine These, die man sich mit einigen Modifikationen zu eigen machen kann.

Unter einer **transzendentalen Deduktion der reinen Verstandesbegriffe** versteht Kant »die Erklärung der Art, wie sich Begriffe a priori auf Gegenstände beziehen können« (KrV, A 85/B 117). Diese Erklärung soll die Frage beantworten, wie »*subjektive Bedingungen des Denkens* [...] *objektive Gültigkeit* haben« (KrV, A 89/B 122) können. Mit anderen Worten, Kant beabsichtigt zu zeigen, daß es notwendige und allgemeine Strukturen unserer Bezugnahme auf Gegenstände gibt, die jedenfalls für die Gegenstände selbst gelten, sofern sie Gegenstände für uns sind. Erkennbare Gegenstände stehen unter all denjenigen Bedingungen, die mit Erkennbarkeit einhergehen. Es kann dabei Kants Analyse zufolge insbesondere keine erkennbaren Gegenstände geben, ohne daß diese bereits so organisiert sind, daß sie unter nomologischen, d. h. wissenschaftlich beschreibbaren, Bedingungen stehen. Wir projizieren demnach nicht willkürlich Formen auf gegebene Eindrücke, sondern gegebene Eindrücke erscheinen uns nur unter einigen formalen, nomologisch explizierbaren Bedingungen überhaupt als Gegenstände, und d. h. insbesondere als Gegenstände der Bezugnahme. Die Pointe Kants liegt darin, daß wir den Rahmen der Erkennbarkeit nicht überschreiten können. Alles stellt sich uns notwendigerweise unter gewissen Bedingungen dar, die allerdings prinzipiell nicht alternativlos sind. Allerdings sind wir nicht imstande, die Alternativen informativ auszumalen, da alle uns zur Verfügung stehenden Informationen

---

[45] Vgl. zu dieser Kritik Gabriel: *An den Grenzen der Erkenntnistheorie*, § 2.

III. Kapitel: Die Welt der Bezugnahme

auf mögliche Erfahrung und damit auf unseren Rahmen der Erkennbarkeit bezogen sind.

Kant gewinnt auf diese Weise aus der Analyse der Strukturen der Als-ob-Intentionalität einen Begriff von Objektivität. Wie gesagt, besteht diese darin, daß wir uns mit Ansprüchen auf objektives Wissen stets zumindest so auf Gegenstände beziehen, *als ob* diese von dieser Bezugnahme unabhängig wären. Die Als-ob-Klausel ist nötig, um der Fallibilität Rechnung zu tragen. Wenn ich etwa gerade eine Kerze halluzinierte, ohne mir der Halluzination als solcher bewußt zu sein, bezöge ich mich weiterhin auf etwas, nämlich die Anschauung einer Kerze, so, als ob es von dieser Bezugnahme unabhängig wäre, wenn es auch in diesem Fall nicht von der Bezugnahme unabhängig wäre. Es handelte sich um einen anderen Gegenstand, etwa um die Halluzination einer Kerze im Unterschied zu einer Kerze. Dabei müssen wir immer beachten, daß auch die Halluzination einer Kerze ein Gegenstand der Bezugnahme sein kann, etwa wenn wir konstatieren, daß jemand eine Kerze halluziniert.

Was auch immer ein Gegenstand einer wahrheitsfähigen Bezugnahme ist, muß sich von meinem Bewußtseinsstrom unterscheiden lassen können. Kant unterscheidet in diesem Sinne zwischen »der *subjektiven Folge* der Apprehension« und »der *objektiven Folge* der Erscheinungen« (KrV, A 193/B 238). Um diese Unterscheidung aufrechtzuerhalten, ist es notwendig, dem Gegenstand objektive Eigenschaften zuzuschreiben, die nicht auf meine privaten Vorstellungen des Gegenstandes reduzierbar sind. Nun will Kant zeigen, daß ein Gegenstand niemals meine Vorstellung, also ein Gegenstand für mich sein könnte, wenn er nicht vom Vorgestelltwerden unterschieden und in diesem Sinne objektiv wäre.

Das erste Prinzip für eine transzendentale Deduktion, das Kant auf eine berühmte und vielzitierte Formulierung gebracht hat, lautet:

»Das: *Ich denke*, muß alle meine Vorstellungen begleiten *können*; denn sonst würde etwas in mir vorgestellt werden, was gar nicht gedacht werden könnte, welches eben so viel heißt, als die Vorstellung würde entweder unmöglich, oder wenigstens für mich nichts sein.« (KrV, B 131f.)

Meine Vorstellungen sind immer schon Teil eines Bewußtseinsstroms. Sie kommen nicht isoliert vor, sondern sind jemandes Vorstellungen von etwas. Ich kann mir nichts *vorstellen*, was *ich* mir nicht vorstellen kann, und alles, was ich mir vorstellen kann, steht im Zusammenhang mit anderen Vorstellungen. Dies bedeutet, daß alle Vorstellungen durch eine prinzipielle *Possessivität*, d. h. Zugehörigkeit, gekennzeichnet sind. Dadurch kann ich mir jede einzelne Vorstellung als solche, d. h. als Vorstellung, vergegenwärtigen, welche Vergegenwärtigung Kant als das »Ich denke« bezeichnet. Die Möglichkeit des »Ich denke« ist in jeder meiner Vorstellungen impliziert und kann in einem Akt der Reflexion explizit gemacht werden. Denn jede Vorstellung gehört in einen Zusammenhang. Dieser Zusammenhang ist der Bewußtseinsstrom, der jeweils mein (oder Ihr) Bewußtseinsstrom ist.

Das »Ich denke« ist freilich keine vom Bewußtseinsstrom unabhängige, außerhalb seiner existierende Entität und insbesondere keine Cartesische *substantia cogitans*, sondern lediglich der Name für die Aktivierbarkeit des Selbstbewußtseins in Bezug auf alle Vorstellungen. Diese Einheit des Selbstbewußtseins ist Kant zufolge eine Aktivität, die Vorstellungen zu Vorstellungen »hinzusetzt« (KrV, B 133) und dadurch einen Bewußtseinsstrom strukturiert und aufrechterhält. Die Einheit dieser Aktivität bringt alle Vorstellungen als bestimmte Vorstellungen von etwas hervor, indem sie Zusammenhänge stiftet. »Hinzusetzen« heißt auf Altgriechisch syntithenai (συντιθέναι), woher das Wort »Synthesis« stammt. Entsprechend bezeichnet Kant die prozessuale, rein operative Einheit des Selbstbewußtseins als »synthetisch«.

Den Grundgedanken von Kants transzendentaler Deduktion kann man sich leicht unter Rekurs auf den Ausgangspunkt der Deduktion verdeutlichen. Dieser ist die Frage nach der »Möglichkeit einer Verbindung überhaupt«, von der Kant in der Überschrift des § 15 spricht. Verbindung überhaupt ist Synthesis, was nichts weiter bedeutet als »Zusammenstellung« oder »Zusammensetzung«. Bemerkenswerterweise gebraucht Aristoteles, insbesondere in seiner Schrift *Über die Seele*, diesen Ausdruck als erster in einem Kant-affinen Kontext. Ähnlich wie Kant spricht Aristoteles dem Denken, dem Intellekt (νοῦς), eine einheitsstiftende Aktivität zu: »Das Einheit Hervorbringende, dies ist jeweils der Intellekt (τὸ δὲ ἓν ποιοῦν, τοῦτο ὁ νοῦς ἕκαστον).« (De anima III.6, 430b5 f.) Was der Intellekt leistet, ist eine Synthesis, eine Verknüpfung von Gedanken, von *noêmata* (νοήματα), die verschiedene Gedanken, Vorstellungen, zur Einheit eines Urteils verbindet, das wahr oder falsch sein kann: »Worin der Irrtum und das Wahre ist, da ist bereits irgendeine Synthesis von Gedanken, als ob sie Eines wären (ἐν οἷς δὲ καὶ τὸ ψεῦδος καὶ τὸ ἀληθές, σύνθεσίς τις ἤδη νοημάτων ὥσπερ ἓν ὄντων).« (De anima III.6, 430a27 f.)

Freilich zieht Aristoteles ganz andere Konsequenzen aus dem Synthesisgedanken als Kant. Kants innovative Wendung des Synthesisgedankens läßt sich letztlich nur vor dem Hintergrund der modernen Wende zum Subjekt hin verstehen, die von Descartes ihren Ausgangspunkt nimmt. Diese Wende besteht darin, aus dem epistemologischen, Cartesischen Skeptizismus systematisch Kapital zu schlagen. Kant geht nicht davon aus, daß es eine durchgängig bestimmte Außenwelt im Sinne der Totalität aller raumzeitlich ausgedehnten Substanzen geben könnte, die unserem Zugriff ontologisch vorhergehen, sondern bestimmt den Gegenstandsbegriff *a limine* im Ausgang von unseren Zugangsbedingungen zu Dingen. Dinge sind mithin in einem wörtlichen Sinne be-dingt, Resultat von Be-dingungen. Dinge, mit denen wir zu tun haben, sind immer schon dadurch bedingt, daß sie von uns vorgestellt werden. Dinge vorzustellen, heißt aber, sie als so-und-so bestimmte in einen Zusammenhang zu bringen, was eine vorgängige Verbindung voraussetzt, eine Stiftung von Zusammenhängen, die Dinge allererst als isolierte hervortreten lassen. Der Synthesisgedanke ist das Gegenteil der naiven Einzeldingontologie sowie der mit dieser einhergehenden atomistischen Erkenntnistheorie: Die Zusammenhänge bestimmen, welche Einzeldinge in ihnen vorkommen können, so daß wir nicht mehr davon ausgehen können, daß die Welt vor der Ankunft eines kognitiv begabten Betrachters aus lauter isolierten, kausal interagierenden Einzeldingen bestand.

Die Zusammenhänge zeigen Kant zufolge stets einen »Actus der Spontaneität der Vorstellungskraft« (KrV, B 130) an, den er eben als »Synthesis« bezeichnet, »um dadurch bemerklich zu machen, daß wir uns nichts, als im Objekt verbunden, vorstellen können, ohne es vorher selbst verbunden zu haben« (ebd.). Da die Synthesis Objekte als Vorstellungsinhalte, d.h. Erscheinungen, allererst hervorbringt, kann sie »nicht durch Objekte gegeben, sondern nur vom Subjekte selbst verrichtet werden, weil sie ein Actus seiner Selbsttätigkeit ist.« (ebd.)

Stelle ich mir beispielsweise dieses Blatt Papier vor, das ich ausgedruckt habe, um bei nochmaliger Lektüre meinen Gedankengang zu schärfen, stellen sich mir mannigfaltige sensorische Fragmente dar: Ein weißer Hintergrund mit schwarzen Farbflecken, die ich aufgrund grammatischer Gewohnheiten und sonstiger erworbener Fähigkeiten als Buchstaben erkenne und die ich übrigens gar nicht erst als Geschriebenes registrieren darf, um sie mühelos lesen zu können usw. Eine unbestimmte Menge von Bedingungen, zu denen nach Kant freilich an erster

Stelle eine von uns allen geteilte Struktur namens »Vernunft« zu rechnen ist, die in eine seines Erachtens genau bestimmte Menge von Vermögen aufgefächert werden kann, trägt dazu bei, daß ich über die raumzeitlich niemals identischen sensorischen Fragmente hinweg denselben Gegenstand, mein Typoskript, zu identifizieren vermag. Ich beziehe alle diese Fragmente auf den *einen* Gegenstand, welche Beziehung eine Handlung ist, die Kant als »Verbindung«, d. h. als »Vorstellung der *synthetischen* Einheit des Mannigfaltigen« (KrV, B 130 f.), bezeichnet. Der bereits konstituierte Gegenstand kann in Kants Augen seine eigene synthetische Einheit nicht hervorbringen, da die synthetische Einheit erst dafür sorge, daß mir ein Gegenstand über seine raumzeitlichen Abschattungen hinweg präsent sein kann.

»Die Vorstellung dieser Einheit kann also nicht aus der Verbindung entstehen, sie macht vielmehr dadurch, daß sie zur Vorstellung des Mannigfaltigen hinzukommt, den Begriff der Verbindung allererst möglich.« (KrV, B 131)

Die Gegenstände als differente Gegenstände ermöglichende Einheit geht dem Denken demnach nicht nur nicht vorher, wie die traditionelle Ontologie überwiegend angenommen hatte, sondern ist das Denken als einheitsstiftende Tätigkeit selbst. Identität ist also keine abstrakte, vorgegebene Einheit, sondern die Einheit der Ausübung begrifflicher Spontaneität. Daraus zieht Kant den revolutionären Schluß, daß die Identität des Denkens, die Descartes unter dem Namen einer denkenden Substanz anvisiert hatte, keine bestimmte Entität, d. h. gerade keine Substanz, sein könne, sondern lediglich die Einheit einer Zusammenstellung meint, die *trivialiter* ohne das Zusammengestellte nicht existieren kann.

Der Gedanke, daß ich denke, also das Cogito, ist nach Kant eine analytische Einheit unter anderen, die freilich zu jedem bestimmten Gedanken hinzugesetzt werden kann. Das »Ich denke« ist selbst hervorgebracht, indem es neben anderen Gehalten gleichsam auf meinem Bewußtseinsschirm auftauchen kann, aber nicht muß. Der Bewußtseinsschirm selbst kann hingegen nur so hervortreten, daß er mit keiner bestimmten Vorstellung, auch nicht mit der des Cogito, identifiziert werden kann. Die Identität der Apperzeption läßt sich nicht selbst als etwas Identisches vorstellen, der Bewußtseinsschirm taucht nicht in sich selbst auf, er ist der Hintergrund aller Zusammenhänge, die Herstellung von Zusammenhängen.

In diesem Sinne kann man die **analytische** von der **syntheti-**

schen Einheit des Bewußtseins unterscheiden. Die analytische Einheit ist ein Vorkommnis des »Ich denke«. Wenn ich etwa jetzt denke: »Ich denke, daß es regnet«, so ist das »Ich denke« als grammatisches Subjekt des gedachten Satzes eine analytische Einheit: Es kommt neben anderem als *Subjekt der Aussage (sujet de l'énoncé)* vor. Davon unterscheidet sich aber immer das *Subjekt des Aussagens (sujet de l'énconciation)*, das niemals identisch mit irgendeinem bestimmten Gedanken ist.[46] Es bezeichnet vielmehr die Fähigkeit, jeden Gedanken als meinen Gedanken zu vergegenwärtigen, eine Fähigkeit, deren Allgemeinheit synthetisch ist, indem sie jeden Gedanken als einen solchen hervorbringt, den jemand denkt. Die Fähigkeit, das »Ich denke« jedem bestimmten Gedanken hinzuzusetzen, ist die transzendentale Synthesis der Apperzeption. Man kann jeden Gedanken als den seinen erkennen, sollte dies allerdings nicht dauernd anstreben, da sonst ein ziemlich unbequemer Weltverlust drohte.

Auf dieser Basis stellt Kant die traditionelle Hierarchie von Einheit und Vielheit in der Metaphysik der Intentionalität auf den Kopf: Die Einheit ist nur als *Einheitsfunktion* und damit als Synthese von Mannigfaltigem möglich, so daß die Einheit nun durchaus von der Vielheit abhängt. An diesem Punkt scheint es mir unumgänglich, Kant ausführlich zu zitieren, um von dort aus die weitere Radikalisierung Kants zu Hegel bei McDowell und Brandom verständlich zu machen. Der geradezu schicksalshafte Passus aus §16 der *Kritik der reinen Vernunft* lautet:

»Nämlich diese durchgängige Identität der Apperzeption eines in der Anschauung gegebenen Mannigfaltigen, enthält eine Synthesis der Vorstellungen, und ist nur durch das Bewußtsein dieser Synthesis möglich. Denn das empirische Bewußtsein, welches verschiedene Vorstellungen begleitet, ist an sich zerstreut und ohne Beziehung auf die Identität des Subjekts. Diese Beziehung geschieht also dadurch noch nicht, daß ich jede Vorstellung mit Bewußtsein begleite, sondern daß ich eine zu der andern *hinzusetze* und mir der Synthesis derselben bewußt bin. Also nur dadurch, daß ich ein Mannigfaltiges gegebener Vorstellungen *in einem Bewußtsein* verbinden kann, ist es möglich, daß ich mir die *Identität des Bewußtseins in diesen Vorstellungen* selbst vorstelle,

---

[46] Vgl. zu diesem Unterschied etwa Lacan, J.: »Das Drängen des Buchstabens im Unbewußten oder Die Vernunft seit Freud«, in: Ders.: *Schriften* II. Übers. und hrsg. von N. Haas, Weinheim/Berlin 1986, S. 15–59, hier: S. 42. Die in dieser Ausgabe zu findende Übersetzung von »énoncé« mit »Signifikat« und »énonciation« mit »Signifikant« sind in diesem Zusammenhang irreführend.

d. i. die *analytische* Einheit der Apperzeption ist nur unter der Voraussetzung irgend einer *synthetischen* möglich. Der Gedanke: diese in der Anschauung gegebene Vorstellungen gehören *mir* insgesamt zu, heißt demnach so viel, als ich vereinige sie in einem Selbstbewußtsein, oder kann sie wenigstens darin vereinigen, und ob er gleich selbst noch nicht das Bewußtsein der *Synthesis* der Vorstellungen ist, so setzt er doch die Möglichkeit der letzteren voraus, d. i. nur dadurch, daß ich das Mannigfaltige derselben in einem Bewußtsein begreifen kann, nenne ich dieselbe insgesamt *meine* Vorstellungen; denn sonst würde ich ein so vielfärbiges verschiedenes Selbst haben, als ich Vorstellungen habe, deren ich mir bewußt bin. Synthetische Einheit des Mannigfaltigen der Anschauungen, als a priori gegeben, ist also der Grund der Identität der Apperzeption selbst, die a priori allem *meinem* bestimmten Denken vorhergeht. Verbindung liegt aber nicht in den Gegenständen, und kann von ihnen nicht etwa durch Wahrnehmung entlehnt und in den Verstand dadurch allererst aufgenommen werden, sondern ist allein eine Verrichtung des Verstandes, der selbst nichts weiter ist, als das Vermögen, a priori zu verbinden, und das Mannigfaltige gegebener Vorstellungen unter Einheit der Apperzeption zu bringen, welcher Grundsatz der oberste im ganzen menschlichen Erkenntnis ist.« (KrV, B 133–135)

Kants Erörterungen sollen daraus folgen, daß alle Gegenstände für uns immer so-und-so bestimmte Gegenstände sind. Ein Wolkenkratzer etwa kann mehr als hundert Stockwerke und eine türkis glänzende Glasoberfläche haben, Katzen haben meistens Augen und ein Fell usw. Nun registrieren wir die Eigenschaften von Gegenständen so, daß wir sie ihnen in einem Urteil explizit als Prädikate zusprechen können. ... *ist rot* oder ... *hat ein Fell* sind Einheitsfunktionen, die den Wahrheitswert wahr oder falsch haben können, je nachdem, welche Gegenstände wir in die Leerstelle einsetzen. Die Prädikate selbst sind allgemein (oder »ungesättigt«, wie Frege sagt) in dem Sinne, daß sie in anderen Hinsichten verschiedenen Gegenständen zugesprochen werden können. Die Prädikate können auf alles zutreffen, was logisch-grammatisch korrekt in ihre Leerstelle eingesetzt werden kann. Peter Strawson drückt diesen Kantischen Gedanken so aus:

»Es besteht eine wechselseitige Abhängigkeit zwischen der Idee eines Prädikats und der Idee einer Reihe von unterscheidbaren Individuen, denen das Prädikat sinnvoll zugeordnet werden kann, wenn es auch nicht notwendig auf sie zutrifft.«[47]

---

[47] Strawson, P. F.: *Einzelding und logisches Subjekt (Individuals). Ein Beitrag zur deskriptiven Metaphysik.* Übers. von F. Scholz, Stuttgart 1972, S. 127. (Im Original: *Indivi-*

Einzelne bestimmte Gegenstände sind demnach immer schon im allgemeinen Medium begrifflicher Vermittlung thematisch und lassen sich von diesem Medium schon deshalb nicht absondern, weil ... *ist ein einzelner bestimmter Gegenstand* seinerseits ein ziemlich allgemeiner Begriff ist, unter den ziemlich vieles, – nach einigen Philosophen sogar alles –, fällt, was existiert. Einen einzelnen bestimmten Gegenstand als analytische Einheit zu thematisieren und im Blick zu haben, setzt demnach eine synthetische Einheit voraus, in der eine potentielle Mannigfaltigkeit, sprich: alles, was in eine Prädikatsfunktion eingetragen werden kann, implizit im Spiel ist.

Jede Erkenntnis, d. h. jede begrifflich orientierte Einstellung zu irgendeinem Gegenstand, ist synthetisch. Sie verortet den Gegenstand in einer über diesen Gegenstand hinausgehenden Dimension. Dies erleben wir bereits auf dem vertrauten Niveau unserer Einstellung zu einem Gesichtsfeld. Alles, was wir jeweils als Gegenstand unserer Aufmerksamkeit auswählen, hat Eigenschaften, die auch anderes haben könnte, wenn wir uns dieses Umstands auch nicht immer schon bewußt sind.

Aus ähnlichen Motiven hat Frege, wie schon einmal erwähnt, daraus in einem verwandten Zusammenhang die Konsequenz gezogen, Existenz sei eine höherstufige Eigenschaft, namentlich eine Eigenschaft von Begriffen bzw. Prädikaten und nicht von einzelnen bestimmten Gegenständen. Existenz ist demzufolge die Eigenschaft eines Begriffs, daß einiges unter ihn fällt. Dies bedeutet, daß es keine begrifflich unvermittelte Existenz geben kann. Wie schon gesehen, funktioniert Sein bzw. Existenz nicht wie das Prädikat ... *ist rot*. Wenn Kant recht hat, gibt es also nichts einfach so, dem keine begrifflich explizierbaren Eigenschaften zukommen, sondern immer nur begrifflich Vermitteltes. Meines Erachtens meint er genau dies, wenn er den Primat der synthetischen vor der analytischen Einheit behauptet. Alle Erkenntnisgegenstände sind begrifflich vermittelt, d. h., sie stehen in mannigfaltigen Zu-

---

duals: An Essay in Descriptive Metaphysics. London 1959, hier: S. 99: »The idea of a predicate is correlative with that of a range of distinguishable individuals of which the predicate can be significantly, though not necessarily truly, affirmed.«) Vgl. dazu auch Gareth Evans' Begriff der »Allgemeinheitsauflage *(generality constraint)*«, in: *The Varieties of Reference.* Ed. by J. McDowell, New York 1982, S. 100–105. Die Allgemeinheitsauflage formuliert Evans folgendermaßen: »if a subject can be credited with the thought that *a* is *F*, then he must have the conceptual resources for entertaining the thought that *a* is *G*, for every property of being *G* of which he has a conception.« (ebd., S. 104)

sammenhängen, was sie allererst erkennbar macht. Etwas, das aus jedem Zusammenhang herausfällt, ist unerkennbar.

Damit distanziert sich Kant insbesondere sowohl vom Cartesischen als auch vom im engeren Sinne empiristischen Begriff des Denkens. Von Descartes unterscheidet sich Kant dadurch, daß er das Denken als Synthesis von anschaulich Gegebenem auffaßt. Denken gibt es demnach prinzipiell nicht ohne Sinnlichkeit, bzw. dort, wo es nicht an die Sinnlichkeit gebunden oder auf die Sinnlichkeit bezogen ist, führt es niemals zur Erkenntnis. Von den Empiristen unterscheidet er sich wiederum dadurch, daß er die Annahme eines begrifflich unvermittelten Gegebenen verabschiedet. Das empiristisch verstandene Gegebene, die rohen unbearbeiteten Sinnesdaten, wären analytische Einheiten ohne Beziehung auf die synthetische Einheit. Analysis ist aber das Resultat einer vorhergehenden Synthesis, so daß es gar keinen unbestimmten Rohstoff der Erkenntnis geben kann.

Allerdings fällt Kant bisweilen hinter seine eigenen Einsichten zurück, wenn er etwa behauptet: »die Anschauung bedarf der Funktionen des Denkens auf keine Weise.« (KrV, A 91/B 123) Kant kommt zu diesem Ergebnis, weil er zeigen muß, daß unsere Einstellung zur Welt nicht in völliger »Verwirrung« (KrV, A 90/B 123) liegt. Völlig verworrene Anschauungen wären Kant zufolge möglich, wenn wir nicht zeigen könnten, daß der Verstand Regeln mit sich bringt, durch die alle Anschauungen, die wir registrieren, schon geordnet sind. Diese Ordnung stammt aber nicht aus der Anschauung, sondern wird ihr hinzugesetzt, so daß Kant zu der Annahme gezwungen ist, daß die Anschauung selbst unbegrifflich ist. Eine zeitgemäße, konsequent auf dem Primat der Synthesis vor der Analysis aufbauende Metaphysik der Intentionalität muß diese Schwäche Kants wettmachen.

Außerdem muß sie Kants nicht in allen Einzelheiten ausgearbeiteter und bisher noch nicht besprochener Einsicht Rechnung tragen, daß Begriffe, also synthetische Einheiten, *Regeln* sind und damit insbesondere auf eine normative Dimension verweisen, die das solipsistische Paradigma der Erkenntnistheorie als Selbstbeziehung des Denkens, als transzendentale Reflexion, überwindet.

Genau darin besteht die Grundeinsicht einer Hegelschen Metaphysik der Intentionalität, die Terry Pinkard in einem Hegelbuch kurzum als »Sozialität der Vernunft« bezeichnet hat.[48] An einer berühmten

---

[48] Pinkard, T.: *Hegel's Phenomenology: The Sociality of Reason*. Cambridge 1996. Vgl.

und vieldiskutierten Stelle seiner *Wissenschaft der Logik* erklärt Hegel, dasjenige, was er den »Begriff« nennt, decke sich mit Kants »ursprüngliche[r] Synthesis der Apperzeption« (TWA, 6, 260). Was er dabei im Sinn hat, läßt sich meines Erachtens folgendermaßen deuten. Hegel bezeichnet die synthetische Einheit kurzum als »das Allgemeine«. Das Allgemeine ist hier lediglich der Umstand, daß ein Zusammenhang zwischen Elementen besteht, der die Elemente als so-und-so bestimmte hervortreten läßt. Das Allgemeine ist ein Zusammenhang von Elementen; die Elemente nennt Hegel »das Einzelne«, und die jeweilige Form des Zusammenhangs nennt er »das Besondere«. Diese Struktur, daß Einzelne immer nur in einem besonderen Zusammenhang hervortreten, gilt Hegel zufolge allgemein, sie ist das Allgemeine. Dieses Allgemeine ist dabei aber keine Leistung des erkennenden Subjekts, sondern verweist auf eine über das einzelne Subjekt hinausgehende Bindung, die Norm der Wahrheit. Diese über das einzelne Subjekt hinausgehende Bindung geht dem Subjekt vorher und sie ermöglicht seine Partikularisierung. Das Subjekt, das imstande ist, einen Gedanken als seinen zu erkennen, steht selbst schon in einem Zusammenhang und stiftet demnach nicht alle Zusammenhänge selbst, wie Kant annimmt.

Obgleich Hegel selbst in dieser Frage durchaus zweideutig ist, kann man dies so ausdrücken, daß er grundsätzlich die These vertritt, daß Subjekte nur in einem Zusammenhang vorkommen, den er »Geist« nennt. Geist ist der Name für das begrifflich Allgemeine, für diejenige Dimension, die wir mit unseren einzelnen Urteilen in einzelne wahrheitsfähige Überzeugungen gleichsam »spalten«. In diesem Sinne schließt sich Hegel einem seinerzeit geläufigen Wortspiel an, demzufolge »Urteil« eine »ursprüngliche Teilung«[49] impliziert. Wenn wir urteilen, partikularisieren wir das Allgemeine, das dabei aber in der Form des Prädikats präsent bleibt. Alles Urteilen bezieht sich auf eine Dimension allgemeiner Verbindlichkeit, die wir bereits als »Norm der Wahrheit« kennengelernt haben (s. o., S. 221 f.). Aus der normativen Orientierung des Geistes schließt nun eine ganze Bewegung der Gegenwartsphilosophie, daß auch in der Metaphysik der Intentionalität ein Übergang von

---

auch neuerdings Ders.: *Hegel's Naturalism: Mind, Nature, and the Final Ends of Life.* New York/Oxford 2012.

[49] TWA, 6, 301, 304 und 348; TWA, 8, 316; TWA, 17, 54. Vgl. dazu Hölderlin, F.: »Seyn Urtheil Möglichkeit«, in: Sattler, D. E. (Hrsg.): *Friedrich Hölderlin. Sämtliche Werke.* Historisch-kritische Ausgabe, Bd. 17. *Frühe Aufsätze und Übersetzungen.* Hrsg. von M. Franz, Basel/Frankfurt am Main 1991, S. 149–156.

Kant zu Hegel zu machen sei, der auf eine Hegelsche Intentionalität hinausläuft. Das Ergebnis ist eine sozialisierte Vernunft, Geist, an dem alle einzelnen Subjekte partizipieren.

2.3.2. Von Kant zu Hegel: Sellars, McDowell, Brandom

Auf dem Weg zu einer allgemeinen normativen Theorie des Denkens und einer mit dieser einhergehenden sozialen Erkenntnistheorie lassen sich drei neuere Erkenntnistheoretiker nur schwerlich umschiffen: Wilfrid Sellars (1912–1989), John McDowell (* 1942) und Robert Brandom (* 1950), die allesamt in Pittsburgh gelehrt haben bzw. lehren. Sellars ist dabei der Begründer einer Bewegung geworden, die man insgesamt als **normative Theorie der Intentionalität** bezeichnen kann. Vertreter dieser Theorie sind neben McDowell und Brandom v. a. Richard Rorty (1931–2007), Robert B. Pippin (* 1948), Michael Williams (* 1947) und John Haugeland (1945–2010) in den USA. Die Ansätze sind im deutschsprachigen Raum v. a. von Pirmin Stekeler-Weithofer (* 1952), Anton Friedrich Koch (* 1952) und Sebastian Rödl (* 1967) mit jeweils anderer Akzentsetzung aufgegriffen worden.

Den systematischen Ausgangspunkt dieser Bewegung bildet eine bereits zitierte Sellarsstelle:

»Der springende Punkt liegt darin, daß wir keine empirische Beschreibung dieser Episode oder dieses Zustandes liefern, wenn wir eine Episode oder einen Zustand als ein *Wissen* bezeichnen. Wir stellen sie vielmehr in den logischen Raum der Gründe, der Rechtfertigung und der Fähigkeit zur Rechtfertigung des Gesagten.«[50]

---

[50] Sellars: *Der Empirismus und die Philosophie des Geistes*, S. 66. Die beiden wichtigsten Begründer dieser Auffassung sind letztlich Kant und Wittgenstein. Insbesondere Kant stellt dabei einen Zusammenhang zwischen dem Vermögen, Regeln zu folgen, und unserer Freiheit her. Vgl. etwa besonders deutlich eine Überlegung, eine sogenannte »Reflexion« Kants von 1778, wo es heißt: »Die transzendentale Freyheit ist die nothwendige Hypothesis aller Regeln, mithin alles Gebrauchs des Verstandes. Man soll so und so denken etc. folglich muß diese Handlung frey seyn, d. i. nicht von selbst schon (subiectiv) bestimmt seyn, sondern nur obiectiv Grund der Bestimmung haben« (Refl. 4904, AA 18, 24). Vgl. dazu ausführlich Willaschek, M.: »Die ›Spontaneität des Erkenntnisses‹. Über die Abhängigkeit der ›Transzendentalen Analytik‹ von der Auflösung der Dritten Antinomie«, in: Chotaš, J. (Hrsg.): *Metaphysik und Kritik. Interpretationen zu der »Transzendentalen Dialektik« der Kritik der reinen Vernunft*. Würzburg 2010, S. 165–183.

III. Kapitel: Die Welt der Bezugnahme

Der normativen Theorie der Intentionalität zufolge muß epistemische Intentionalität, d.h. jede auf Wahrheit und Objektivität gerichtete Einstellung zu Gegenständen, eine normative Grundlage haben, die einige der genannten Autoren für grundlegend sozial halten. Die normative Grundierung kann der Intentionalität dabei nicht äußerlich addiert werden, so, als ob unser Denken zunächst in einem solipsistischen Sinnesdatentheater eingeschlossen wäre, um sich erst nachträglich und nur gelegentlich in eine soziale Welt einzufinden. Die Annahme, daß uns Sinnesdaten gegeben werden, denen wir nachträglich eine Beziehung auf Gegenstände zuschreiben, bezeichnet Sellars als »**Mythos des Gegebenen**«[51].

Brandom kritisiert nun im Ausgang von Sellars die empiristische Grundannahme, daß die Inhalte unseres Denkens rein kausal gewirkte Vorstellungen sind, die wir in der Form von Sinnesdaten erfassen und auf Gegenstände beziehen, weil dieser Mythos die begriffliche Vermittlung unserer Bezugnahme solipsistisch zustandekommen läßt. Doch *qua* Denken von Bestimmtem, d.h. *qua* Denken mit irgendeinem minimal distinkten Gehalt, ist Denken immer schon auf Rechtfertigung bezogen und damit in historisch variable justifikatorische Praktiken eingebunden. Genau deswegen untersteht jede auf Gegenstände gerichtete Intentionalität immer auch schon sozialen Betriebsbedingungen.

Menschliche Rationalität faßt Brandom als Teilnahme am »Spiel des Gebens und Verlangens von Gründen *(game of giving and asking for reasons)*« auf. Wenn es überhaupt möglich sein soll zu sagen, daß jemand etwas weiß, weil er es wahrnimmt – eine Möglichkeit, ohne die zumal der Empirismus nicht einmal in die Gänge kommen könnte –, dann kann Wahrnehmung kein rein kausaler Vorgang sein, weil Wissen nicht nur ein kausales, d.h. nicht nur ein physikalisches, Ereignis darstellt, sondern eine Verteidigungsverpflichtung impliziert.

In der Tat scheint es plausibel, von jemandem, der beansprucht, etwas zu wissen, zu verlangen, sie oder er müsse imstande sein, seine oder ihre Überzeugung gegen berechtigt erscheinende Einwände zu verteidigen. Wissen ist also nur in einer apologetischen Dimension möglich, d.h. in einer zu verteidigenden Position. Dies bedeutet aber, daß es nur im Kontext sozialer Praktiken angemeldet werden kann, die festlegen, was als Rechtfertigung, was als Grund gelten *soll*. Weil Wissen

---

[51] Sellars: *Der Empirismus und die Philosophie des Geistes*, S. 23.

die Fähigkeit, eine Überzeugung gegen Einwände zu verteidigen, voraussetzt, diese Fähigkeit aber nicht rein kausal sein kann, da sie das in Vergangenheit und Gegenwart kausal Gegebene auf die zukünftigen Revisionsmöglichkeiten hin transzendiert, kann das Gegebene auch nur im Kontext bereits etablierter Normen gegeben werden. Dann ist es aber gar kein Gegebenes im Sinne des Empirismus, da dieses naturgemäß lediglich jeweils nur auf den privaten Sinnesdatenbildschirmen Einzelner auftaucht. Empiristische Sinnesdaten sind in keinem Sinne soziale Entitäten. Umgekehrt gilt es seit Descartes als Spielregel der Intentionalitätstheorie, daß man sich von innen nach außen herausarbeiten muß, indem man die Welt als aus kausal gewirkten Daten zusammengesetzte wiedergewinnt. Brandom widerspricht diesem Vorgehen, indem er das Gegebene bereits sozial vermittelt sein läßt.

Dies läßt sich mit Sellars und v.a. mit Brandoms Deutung von Sellars am Beispiel der kompetenten Verwendung von Farbausdrücken illustrieren. Wenn wir den Ausdruck »rot« in der Äußerung »Dieser Farbfleck ist rot« verwenden, so wissen wir, daß wir uns damit auf einige Implikationen festlegen, z.B. daß Rot eine Farbe ist, daß Rot nicht Grün ist usw. (wobei es natürlich nicht notwendig ist, daß wir um alle diese Implikationen wissen). Kompetente Verwender von Farbausdrücken sind demnach immer schon kompetente Verwender mehrerer Farb- und anderer Ausdrücke. Dies unterscheidet uns von Papageien, die »rot« krächzen, ohne zu wissen, daß Rot nicht Grün ist oder daß Farbflächen ausgedehnt sind oder daß sie rote Gegenstände im Blick haben. Unsere *diskriminatorischen Fähigkeiten* unterscheiden sich von rein kausalen *diskriminatorischen Dispositionen*, wie sie etwa auch Thermometer haben, die zwar die Temperatur anzeigen können, ohne deswegen aber imstande zu sein, die angezeigte Temperatur im Unterschied zu anderen nicht angezeigten Temperaturen anzuzeigen, oder gar damit zu rechnen, daß sie kaputt sind. Thermometer zeigen nicht an, daß sie diese, aber nicht jene Temperatur anzeigen, wenn sie die Temperatur anzeigen, und sie zeigen nicht in derselben Weise an, daß sie nicht kaputt sind, wie sie die Temperatur anzeigen. Begrifflich kompetente Wesen hingegen müssen sich mindestens gegen relevante Alternativen absichern können, wenn sie eine Überzeugung haben, die als Wissen akzeptiert werden soll. Wenn ich beanspruche zu wissen, daß dieser Farbfleck rot ist, muß ich dieses Wissen in einem Panorama verorten können, in dem dieser Farbfleck auch grün, aber merkwürdig beleuchtet sein könnte. Dies beschreibt Brandom mit seiner Distinktion zwischen bloßer Empfindungsfähigkeit (*sentience*) und Vernunftfähigkeit (*sapience*).[52]

Man kann sich einer normativen Theorie der Intentionalität allerdings auch von einem anderen Winkel her nähern, wenn man bedenkt, daß die Normen, die Intentionalität konstituieren, Bedeutungsregeln sind, die es uns erlauben, Gegenstände über ihre anschaulichen Abschattungen hinweg sowie allgemein unter den Bedingungen ihrer raumzeitlichen Variation zu reidentifizieren. Wenn ich annehme, daß beispielsweise der Nebensatz »Wenn ich annehme« nichts anderes bedeutet als: Wenn ich annehme, d. h. wenn ich imstande bin, zwischen Satztyp und -vorkommnis, zwischen geäußertem Satz und ausgedrückter Proposition zu unterscheiden, sind schon Bedeutungsregeln im Spiel, denen ich folgen *soll*. Folgte ich ihnen nicht, wüchse sich mein deviantes Verhalten an irgendeinem Punkt auf der Skala der Idiosynkrasie zu semantischem Wahnsinn aus. Wie schon Kant bemerkt:

»[W]ürde ein gewisses Wort bald diesem, bald jenem Ding beigeleget, oder auch eben dasselbe Ding bald so, bald anders benannt, ohne daß hierin eine gewisse Regel, der die Erscheinungen schon von selbst unterworfen sind, herrschete, so könnte keine empirische Synthesis der Reproduktion stattfinden.« (KrV, A 101)

Wenn ich 4 Alephs א א א א aufzeichne, so liegen damit 4 Vorkommnisse von א vor, die allesamt nur einen Typ, nämlich א darstellen. Dasselbe gilt für Äußerungen und ausgedrückte Propositionen. Die Äußerung: »Peter ist groß« und »Pedro é alto« drücken dieselbe Proposition aus, weil sie dieselben Wahrheitsbedingungen haben, jedenfalls dann, wenn sich die Bedeutung hinreichend durch ihre kontextsensitiven Faktoren fixieren und demnach disambiguieren läßt. Schließlich können ziemlich viele Peter heißen; und außerdem ist nicht klar, unter welchen Bedingungen wir »Pedro« als portugiesische Übersetzung von »Peter« anerkennen würden usw. Unter Umständen würde Peter sich weigern, von Paulo als Pedro bezeichnet zu werden, und darauf insistieren, daß die korrekte Übersetzung von »Peter ist groß« »Peter é alto« wäre.

Sellars unterscheidet vor diesem Hintergrund zwischen »**Regeln der Ausführung (*rules of performance*)**« und »**Regeln der Beurteilung (*rules of criticism*)**«[53]. Ausführungsregeln beschreiben besten-

---

[52] Brandom: *Making It Explicit*, S. 5.
[53] Sellars: *Science and Metaphysics*, S. 157.

falls, was geschieht. Sie sind in diesem Sinne mit einem reinen **logischen Behaviourismus** kompatibel, der sprachliche Ereignisse als habitualisierte Verhaltensmuster auffaßt, hinter denen sich keine »mentalen Episoden« verbergen, die etwa nur dem Sprecher zugänglich wären und womöglich diesseits semantischer und damit wahrheitsfähiger Strukturen lägen. Sie wären lediglich nomologisch antizipierbare Ereignisse. Beurteilungsregeln hingegen werden einerseits durch die Grammatik natürlicher Sprachen und andererseits durch deren logische Tiefenstruktur vorgeschrieben. Dabei ist es durchaus sinnvoll, die *logische Tiefenstruktur* von Gedanken von ihrer *grammatischen Artikulation* zu unterscheiden, da zumindest einige Gedankenklassen nur dadurch wahrheitsfähig sind, daß ihre Artikulationsregeln nicht identisch mit ihrer Tiefenstruktur sind. Sellars ginge vermutlich so weit zu behaupten, daß Bedeutung (und damit Wahrheit) in *allen* Gedankenklassen eine funktionale Struktur ist, die sich von ihrer kontingenten Artikulation unterscheidet, was uns im einzelnen aber zunächst nicht interessieren muß. Der entscheidende Punkt, in dem Sellars an Kant und Hegel anschließt, ist die These, daß alle linguistischen, semantisch relevanten Akte, zu denen nach Sellars insbesondere auch das Haben von Sinneseindrücken zählt, immer schon Beurteilungsregeln unterstehen.

»Nicht-Handlungen unterliegen ebenso wie Handlungen Beurteilungsregeln und die linguistischen Nicht-Handlungen, die wir im Sinn haben, sind keine Ausnahme. Linguistische Beurteilungsregeln spielen eine entscheidende Rolle in der Entwicklung, Aufrechterhaltung und Verbesserung unseres linguistischen Charakters, indem sie die Existenz semantischer Regelmäßigkeiten sicherstellen, welche den deskriptiven Kern bedeutungsvollen Sprechens bilden.«[54]

Sellars versteht Sinneseindrücke hierbei als Strukturen, die bereits Artikulationen von Gedanken sind, wobei die Struktur ihrer Artikulation nicht davon abhängt, daß wir auf eine bestimmte Weise bewußt handeln. Die Strukturierung unseres Wahrnehmungsfeldes ist vielmehr eine unbewußte *Tat (act)*, aber keine *Handlung (action)*. Die Erfassung

---

[54] Meine Übersetzung von Sellars: *Science and Metaphysics*, S. 157: »Non-actions, as well as actions, are subject to rules of criticism, and the linguistic non-actions we have in mind are no exception. Linguistic rules of criticism play a key role in developing, maintaining and improving our linguistic character, thus ensuring the existence of the semantic uniformities, which are the descriptive core of meaningful speech.«

der Struktur unseres Wahrnehmungsfeldes ist eine normativ orientierte Nicht-Handlung oder Tat. Diese Tat ist gleichwohl *unsere* Tat in dem Sinne, daß sie explizit zuschreibbar und in einer Sprechhandlung grammatisch korrekt artikulierbar ist. Allerdings kann die Überbetonung der grammatischen Artikulation dazu führen, daß die semantische Struktur der Sinneseindrücke verzerrt erfaßt wird. Einen strukturierten Sinneseindruck zu haben, ist nicht identisch damit, einen strukturierten, grammatisch artikulierten, höherstufigen Gedanken dahingehend zu vertreten, daß die Struktur des betreffenden Sinneseindrucks S^1 (im Unterschied zu S^2, S^3 oder S^N) ist. Oder in aller Einfachheit: Zu sagen, daß dies dort rot ist, ist nicht dasselbe, wie einen Roteindruck zu haben.

Man kann aus dieser Überlegung folgern, daß die Identität einer Proposition nur unter Behauptbarkeitsbedingungen relevant werden kann, woraus Sellars selbst darauf schließt, Wahrheit sei mit semantischer Behauptbarkeit oder, wie er abgekürzt sagt, mit S-Behauptbarkeit (*S-assertibility*) identisch. Dabei ist eine Proposition *semantisch* behauptbar, wenn sie »in Übereinstimmung mit den relevanten semantischen Regeln (*in accordance with the relevant semantical rules*)«[55] behauptbar ist. Während alle Propositionen behauptbar sind, da genau dies ihre Funktion ist, sind wahre Propositionen behauptbar im Sinne von vertretbar, d.h., ihre Behauptbarkeit ist eine Vorschrift, die man auch verfehlen kann. Semantische Behauptbarkeit ist demnach eine Form von Normativität.[56]

Unsere Gedanken sind immer schon Teil sozialer Praktiken, deren Grammatik festlegt, was eine Äußerung bedeutet. Dies gilt auch für private Äußerungen im Selbstgespräch des Denkens. Wenn ich *sotto voce* vor mich hindenke und mir erleichtert »sage«, daß der Bonner Winter erheblich milder als der Winter in Berlin ist, dann sind bereits linguistische und politische Konventionen im Spiel, die meinen privaten Innenraum überschreiten und konstituieren.

Brandom geht im Ausgang von Sellars so weit, Kants »transzendentale Synthesis der Apperzeption« als das Vermögen zu deuten, am

---

[55] Ebd., S. 101.
[56] Ebd.: »for a proposition to be true is for it to be assertible, where this means not *capable* of being asserted (which it must be to be a proposition at all) but *correctly* assertible; assertible, that is, in accordance with the relevant semantical rules, and on the basis of such additional, though unspecified, information as these rules may require. [...] ›True‹, then, means *semantically* assertible (›S-assertible‹) and the varieties of truth correspond to the relevant varieties of semantical rule.«

Spiel des Gebens und Verlangens von Gründen teilzunehmen.[57] Dieses Vermögen besteht in seinen Augen darin, sich auf Folgerungsbeziehungen festlegen zu können, d. h. semantische Verpflichtungen einzugehen. Ob man diesen Verpflichtungen entspricht, entscheidet die Sprachgemeinschaft, die das Befolgen von Regeln belohnt und mit dem Prädikat »Wissen« auszeichnet und das Verstoßen gegen Regeln als deviantes Verhalten diskreditiert. Mit anderen Worten, Brandom deutet Kants Primat der Synthesis vor der Analysis als kommunitaristisches Primat der Gemeinschaft vor den individuellen Subjekten.

In dieser Umdeutung liegt Brandoms Übergang von Kant zu Hegel begründet. An einer berühmten Stelle der *Phänomenologie des Geistes*, in der Einleitung des Selbstbewußtseinskapitels *Die Wahrheit der Gewißheit seiner selbst*, führt Hegel den »Begriff des Geistes« (TWA, 3, 144) ein. Der Begriff des Geistes bestehe darin, daß »ein Selbstbewußtsein für ein Selbstbewußtsein« (ebd.) sei. Der Geist ist Hegel zufolge die Dimension des Füreinander-Seins von Selbstbewußtsein, d. h. letztlich die Anerkennung des jeweils Anderen als transzendentaler Apperzeption. Hegel drückt dies mit einer berühmten Formel so aus, daß der Geist, »diese absolute Substanz«, die Einheit »verschiedener für sich selbst seiender Selbstbewußtsein« sei: »*Ich*, das *Wir*, und *Wir*, das *Ich* ist.« (ebd.) Brandom legt Hegels Begriff des Geistes als die allgemeine Dimension der Verständigung aus, an der man nur teilnehmen kann, wenn man inferentielle Verpflichtungen einzugehen vermag. Wer etwa behauptet, daß seine Kaffeetasse rot ist, verpflichtet sich damit auf die Existenz von Kaffeetassen, darauf, daß diese besondere Kaffeetasse rot ist, und d. h. nicht blau, nicht grün usw.

Der begriffliche Gehalt eines Ausdrucks besteht dieser Analyse zufolge in seiner inferentiellen Rolle, d. h. darin, welche Funktionen er in Schlüssen übernehmen kann, die Inklusions- und Exklusionsbeziehungen festlegen. Die Bedeutung eines Ausdrucks stellt man demnach dadurch fest, daß man seine inferentielle Rolle untersucht. Die inferentielle Rolle eines Ausdrucks wird nach Brandom durch eine Sprachgemeinschaft festgelegt, die u. a. Autoritäten für einige Ausdrücke beruft (z. B. wissenschaftliche Experten, Politiker, Dichter, aber natürlich ebensosehr Busfahrer, Krankenschwestern, Ärzte, Architekten, Verkäufer usw.). Damit vertritt Brandom einen **sozialen Externalismus**. Die Bedeutung der Ausdrücke, die wir verwenden, hängt eben niemals bloß

---

[57] Brandom: *Tales of the Mighty Dead;* Ders.: *Reason in Philosophy*.

von unseren privaten Intentionen ab, da sie wesentlich auf die Existenz von Autoritäten bezogen ist, die unseren Sprachgebrauch reglementieren. Unsere »intimsten« Gedanken sind demnach schon diszipliniert und in den Zusammenhang einer Gemeinschaft eingebettet.

Eine der Stärken der normativen Theorie der Intentionalität, die von Kant zu Hegel führt, besteht darin, den Unterschied zwischen *bloßem* und *grammatisiertem Verhalten* hervorzuheben. Während bloßes Verhalten zwar bereits Unterschiede registrieren kann, registriert nur grammatisiertes Verhalten Unterschiede *als* solche. Dies wird dadurch ermöglicht, daß andere Subjekte auftreten, die unser Verhalten erkennbar umleiten. Andere sprechen uns an und fordern uns auf, dieses oder jenes für wahr zu halten. Was wir dabei für wahr halten sollen, geht über eine einzelne Episode hinaus. Grammatisiertes Verhalten erlangt immer schon dadurch Bedeutung, daß es an einer allgemeinen Dimension partizipiert, die Brandom als Gemeinschaft denkt. Bezeichnet man diese allgemeine Dimension als »Synthesis«, die jeweils festlegt, welche analytischen Einheiten auf welche Weise in inferentiellen Zusammenhängen vorkommen können, sieht man leicht, wie Brandoms Semantik von Kant auf Hegel umstellt: An die Stelle des »Ich denke« tritt das »Wir denken«, das »Ich, das Wir, und Wir, das Ich ist«.

Die transzendentale Apperzeption übernimmt nicht mehr die Führung in Synthesisfragen, sondern wird allenfalls zur Zugangsbedingung zum »Wir denken« herabgestuft. Damit stellt sich Brandom in gewisser Weise in die amerikanische Tradition der *pragmatistischen Aufhebung des Subjekts*. Das Subjekt wird nicht mehr, wie tendenziell noch bei Kant, als »Weltauge« gedacht, um einen Ausdruck Schopenhauers aufzugreifen.[58] Das Subjekt ist vielmehr die an sich selbst nur unbestimmte Fähigkeit, sich von der Gemeinschaft bestimmen zu lassen und dadurch semantische Bestimmtheit bzw. Anerkennung zu erlangen. Unabhängig von sozialen Praktiken hat es keinerlei Gehalt.

Die Stärke dieser Position besteht darin, den klassischen transzendentalen Status von Wahrheit zu garantieren angesichts einer zu radikalen Einbettung von Wahrheitsansprüchen in die rein kausal-nomologischen Ereignisse, welche Physik und Neurowissenschaft untersuchen. Wenn es Wahrheit nur in einer Gemeinschaft gibt, die Wissen beansprucht, bzw. wenn Wahrheit sogar auf Wissensansprüche reduzierbar ist, wie Brandom meint, dann kann man die Wahrheit eines Gedankens

---

[58] Schopenhauer: *Die Welt als Wille und Vorstellung*, Bd. 1, S. 266.

nicht mit einem neuronalen (und damit privaten) Zustand gleichsetzen. Man drehe sich, wie man wolle: Daß es der Fall ist, daß es regnet, hängt nun einmal nicht davon ab, daß wir (oder unser Gehirn) uns in irgendeinem repräsentationalen Zustand befinden. **Tatsachen** sind aber etwas, das über etwas wahr ist. So ist es wahr über meinen Bildschirm, daß er gerade vor mir steht. Wäre Wahrheit identisch mit irgendeinem physisch realisierten repräsentationalen (etwa neuronalen) Zustand, wäre jede Behauptung schon dann wahr, wenn sie ein solcher physischer Zustand ist, was absurd ist, da dann eben jede Überzeugung schon dadurch wahr wäre, daß jemand sie hat. Die Reduktion aller Überzeugungen auf das Vorkommen im Gegenstandsbereich irgendeines einzigen bestimmten Überzeugungssystems (sei dies nun die Physik, Biologie, Soziologie oder Ökonomie), führt immer zu Verzerrungen. Diese Verzerrungen vermeidet man, wenn man alle Wissensansprüche von vornherein sozialisiert, indem man ihre normative Ausrichtung ins Zentrum rückt.

Die Schwäche der normativen Theorie der Intentionalität hingegen besteht darin, daß sie Intentionalität immer noch von der »Welt« unterscheidet. Die »Welt« wird dabei tendenziell als Gegenstandsbereich der Naturwissenschaften, insbesondere der Physik, betrachtet, der als kausal-nomologisch geschlossen angesehen wird, weshalb Sellars selbst die von uns wahrgenommene, mental repräsentierte Welt auch als eine Art Illusion auffaßt.[59] Die Arbeitsteilung bei Sellars, Brandom und *mutatis mutandis* auch bei McDowell sieht so aus, daß die Naturwissenschaften für die Welt, die Geisteswissenschaften aber für die Werte einer Gemeinschaft zuständig sind.

Wie oben ausgeführt, sollte man unter »Welt« aber in einem noch näher zu kennzeichnenden Sinne den Inbegriff alles Existierenden verstehen. Welt ist *prima vista*, wo alles stattfindet, dasjenige, worin wir uns befinden und dem wir nicht entrinnen können. »Welt« ist somit ein Platzhalter für verschiedene, konkrete Antworten auf die Frage, was dasjenige ist, wo alles stattfindet, das viele mit dem Universum oder dem Weltall gleichsetzen, worunter man so etwas wie die ganze Raumzeit (oder vielleicht alle Raumzeiten und Dimensionen, sollte es deren mehrere geben) versteht. Doch diese Gleichsetzungen verdanken sich ihrerseits einer unberechtigten Übersättigung des formalen Gegen-

---

[59] Vgl. Sellars, W.: »Philosophy and the Scientific Image of Man«, in: Ders: *Science, Perception, and Reality*. London 1971, S. 1–40.

standsbegriffs (vgl. dazu oben, S. 254). Die Arbeitsteilung von naturwissenschaftlicher Welterkenntnis und geisteswissenschaftlicher Selbsterkenntnis ist ontologisch naiv.

Selbst wenn Sellars wiederholt zu bedenken gibt, daß auch Überzeugungssysteme zur Welt gehören, versteht er diese Zugehörigkeit aufgrund seines Naturalismus immer nur als Zugehörigkeit zum Gegenstandsbereich der Physik. Warum sollte man die Welt aber als Universum verstehen, sind wir doch mit unzähligen Gegenstandsbereichen konfrontiert, die nicht physikalischer Art sind, d. h. die sich mit der Sprache der Physik nicht beschreiben und mit physikalischen Experimenten nicht adäquat erfassen lassen, beispielsweise unsere kulturell, sozioökonomisch und historisch komplex ausgebildeten ästhetischen Sensibilitäten?

Innerhalb des so zu nennenden *Pittsburgher Neo-Hegelianismus* gibt es im Anschluß an Sellars freilich verschiedene Versionen, eine Hegelsche Metaphysik der Intentionalität zu konzipieren. Neben Brandoms pragmatistischer Deutung, die die Zuschreibung von Wissen an sozial verbürgte Autorität bindet, vertritt insbesondere McDowell seit seinem Buch *Geist und Welt* eine nicht-pragmatistische Lesart von Sellars, die zwar ebenfalls von Kant auf Hegel umstellt, ohne aber Intentionalität deswegen als Gemeinschaftsprodukt zu deuten.

McDowells Diagnose gemäß oszilliert die gegenwärtige Erkenntnistheorie zwischen **Fundamentalismus** und **Kohärentismus**. Unter Fundamentalismus versteht er dabei jede erkenntnistheoretische Position, die unmittelbar gegebene Sinnesdaten als Fundament aller Erkenntnis veranschlagt und Begriffe als Abstraktionen auf der Basis von Sinnesdaten auffaßt. Der so verstandene Fundamentalismus ist eine Kombination aus klassischem Empirismus und Cartesischem Cogito, die sich dadurch einstellt, daß das sich selbst transparente Cogito, dessen Präsentation mit seiner Wahrheit koinzidiert, mit Sinnesdaten identifiziert wird. Diesem Bild zufolge erfassen wir etwa unmittelbar Roteindrücke oder Eindrücke rot gefärbter zweidimensionaler Flächen sowie Eindrücke anderer Sinne, die wir dann so interpretieren, daß sich allmählich ein Weltbild ergibt, das aus Objekten und Sachverhalten besteht. Die Sinnesdaten können nicht bezweifelt werden, weil sie der Verknüpfung in einem Urteil vorhergehen und deswegen noch gar nicht für Wahrheitswertdifferenz, also für Wahr-*oder*-falsch-Sein, qualifiziert sind.

Das Problem mit der Annahme, daß uns zunächst etwas unzweifelhaft gegeben wird, das wir sodann im Urteil verknüpfen, besteht darin, daß wir das unmittelbar Gegebene damit bereits als epistemisch relevant, und d. h. auf Wahrheit *oder* Falschheit bezogen, anerkennen. Genau besehen kann das Gegebene aber weder wahr noch falsch sein, es geht der Differenz schließlich *ex hypothesi* vorher. Deswegen kann es auch keine epistemische Relevanz im engeren Sinne haben. Der Fundamentalismus schreibt dem Gegebenen also eine epistemische Relevanz zu, die ihm prinzipiell noch nicht zukommen kann.

Der Kohärentismus, den McDowell v. a. Donald Davidson attestiert, verirre sich in das entgegengesetzte Extrem. Er verstehe Wahrheit lediglich als Eigenschaft einer holistischen begrifflichen Struktur und verliere jeglichen Anhalt an den Sachen selbst. Denn er fasse Wahrheit letztlich als die Eigenschaft eines Überzeugungssystems auf, eine kohärente, sich wechselseitig stützende Struktur auszubilden: Einerseits unterstützen Wahrnehmungen Überzeugungen (indem sie diese etwa bestätigen), andererseits spannen Überzeugungen aber auch allererst Erwartungshorizonte auf, die Bestätigungen zu registrieren vermögen. McDowell sieht in dieser Option ein »reibungsloses Kreiseln im luftleeren Raum *(frictionless spinning in a void)*«[60], da die Beziehung der wechselseitigen Stützung Davidson zufolge nur zwischen Überzeugungen, nicht aber zwischen überzeugungsunabhängigen Tatsachen und dem System unserer Überzeugungen bestehe. Der Kohärentismus büße den Weltkontakt des Denkens ein, indem er den Fundamentalismus zu radikal zu vermeiden suche.

Davidson schreibt in seinem Aufsatz »A Coherence Theory of Truth and Knowledge« in der Tat, daß »nichts als Grund für eine Meinung in Frage kommt, was nicht selbst eine Meinung ist *(nothing can count as a reason for holding a belief except another belief)*«[61]. Daraus scheint zu folgen, daß wir gleichsam nicht aus unseren Überzeugungen aussteigen können. Wenn aber Erfahrung eine rein kausale Facette hat, durch die überhaupt erst ein bestimmter Inhalt (etwa der Eindruck meiner Haustür) erfaßt wird, der keine Überzeugung ist, dann kann Erfahrung keine Überzeugung hinsichtlich ihres Inhalts rechtfertigen, so daß unser Überzeugungssystem von der Welt, verstanden als Bereich des Kausalen, abgeschnitten ist.

Das Problem, auf das McDowell damit aufmerksam macht, dürfte

---

[60] McDowell: *Geist und Welt,* S. 35. Im Original: *Mind and World,* S. 11.
[61] Davidson: »Eine Kohärenztheorie der Wahrheit und der Erkenntnis«, S. 275.

uns nun schon zur Genüge bekannt sein. Einerseits müssen wir annehmen, daß wir den Inhalt der Erkenntnis nicht *ex nihilo* hervorbringen. Andererseits muß der *Inhalt* der Erkenntnis mit der *Form* der Erkenntnis kompatibel sein, was Kant zu der These seines formalen Idealismus geführt hat. Bei alledem bleibt es unklar, wie das Gegebene mit seiner begrifflichen Vermitteltheit für uns in Einklang gebracht werden kann. Dieses Problem ergibt sich auf verschiedenen Ebenen. Wenn man etwa im Geist des modernen mathematisch-physikalischen Entwurfs der Natur annimmt, daß die Welt eigentlich nur ein zitternder, farbloser Stringschwarm ist, der möglicherweise auch noch in irgendeiner Weise ontologisch unscharf ist, dann muß die Welt, die wir vor uns sehen, in der es Kaffeehäuser, Freunde, Regenwälder und Mettigel gibt, eine Art kollektiver Halluzination sein. Stellt man sich unsere epistemische Verankerung in der Welt auf diese rein szientistische Weise vor, stellt sich eine Version des Mythos des Gegebenen ein, der zufolge das Gegebene rein kausal bzw. natürlich im Sinne physikalischer Erkenntnis im weiteren Sinne ist, während unsere nicht-wissenschaftlichen begrifflichen Strukturen als solche der Welt (dem Universum) unangemessen sind.

In summa stellt sich also die Frage, wie sich der »logische Raum der Gründe (*logical space of reasons*)« zum »logischen Raum der Natur (*logical space of nature*)« verhält, wie McDowell dies nennt.[62] Er versucht mit seiner Unterscheidung letztlich, den logischen Raum der Gründe vor seiner Naturalisierung zu bewahren. Der logische Raum der Gründe ist als Dimension des Begründens *sui generis* und nicht mit naturwissenschaftlichem Vokabular zu beschreiben. Mit diesem Rettungsversuch wendet er sich gegen die seit dem häufig sogenannten neuzeitlichen Siegeszug der Naturwissenschaften dominierende Ideologie des **reduktiven Naturalismus**. Diesem zufolge ist der logische Raum der Gründe letztlich nur eine Illusion; alles, was es gibt, sei naturwissenschaftlich, und d. h. insbesondere physikalisch, beschreibbar.

McDowell geht es letztlich darum, gegen den reduktiven Naturalismus dahin zu gelangen, »Intentionalität unproblematisch zu finden (*to find intentionality unproblematic*).«[63] Denn die Existenz von Intentionalität scheint in einem nicht-intentionalen, rein physikalischen Universum unerklärlich zu bleiben. Zu diesem Zweck knüpft er sowohl an Kant als auch an Hegel an. McDowell selbst vertritt einen »naturali-

---

[62] *Geist und Welt*, S. 18.
[63] *Having the World in View*, S. 3.

sierten Platonismus«[64], wie er dies nennt, d. h. eine Position, der zufolge Tatsachen nichts anderes als wahre Gedanken sind, eine Position, mit der McDowell Frege beerbt. McDowells These ist: »daß das Denken nicht kurz vor den Tatsachen haltmacht. Die Welt kann im Denken erfaßt werden.«[65] Die Welt selbst bestehe aus wahren Gedanken, die wir aufgrund unserer begrifflichen Fähigkeiten (*conceptual capacities*) in wahren Urteilen direkt erfassen. Die Welt der Tatsachen ist uns also aufgrund eines wiederhergestellten **Rationalitätskontinuums** zugänglich, eine Annahme, die McDowell mit der platonisch-parmenideischen Tradition verbindet.[66]

Parmenides hatte in seinem Seinsgedicht, das die Gründungssituation der Ontologie darstellt, von einem Seienden oder Sein (*to eon*, τὸ ἐόν) gesprochen, das sich selbst als Denken transparent wird. In Fragment DK 18 B 8, 34–36 spricht er davon, daß das Denken im Sein »ausgesprochen (πεφατισμένον)« sei, ein Wort, in dem die Wurzel *fa anklingt, die auch in *phainesthai* (φαίνεσθαι), »sich zeigen«, und *phôs* (φῶς), »Licht«, enthalten ist.[67] McDowell erklärt selbst in einem anderen Aufsatz, daß er sich in diese Tradition stelle, indem er die Welt als Phänomen im griechischen Sinne auffaßt, d. h. als unmittelbare Selbstpräsenz.[68] Mit dieser müssen wir, so McDowell, ohnehin an irgendeinem Punkt rechnen. Denn selbst wenn wir annehmen, daß sich uns die Außenwelt nur in einem begrifflichen und fallibren Medium, genannt »Vorstellung«, darstellt, so müssen sich doch immerhin die Vorstellungen unmittelbar zur Verfügung stellen, da auch diese sonst ihrerseits vermittelt wären usw. *ad infinitum*. An irgendeinem Punkt müsse

---

[64] *Geist und Welt*, S. 118.
[65] Ebd., S. 58.
[66] Zum »Rationalitätskontinuum« vgl. Luhmann, N.: *Die Wissenschaft der Gesellschaft*. Frankfurt am Main 1990, S. 211f., S. 321. Ders.: »Das Erkenntnisprogramm des Konstruktivismus und die unbekannt bleibende Realität«, in: Ders.: *Soziologische Aufklärung*, Bd. 5: *Konstruktivistische Perspektiven*. Opladen 1990, S. 31–57, hier: S. 44; Luhmann, N.: *Soziale Systeme. Grundriß einer allgemeinen Theorie*. Frankfurt am Main 1984, S. 639.
[67] Diels, H./Kranz, W. (Hrsg.): *Die Fragmente der Vorsokratiker*. Leipzig 1922. Die Vorsokratiker werden nach dieser klassischen Sammlung als DK unter numerischer Angabe des Autors, der Quellenart und des Fragments zitiert. Die Kategorie »B« umfaßt dabei echte bzw. für authentisch gehaltene philosophische Aussagen des jeweiligen Philosophen.
[68] McDowell, J.: »Criteria, Defeasibility and Knowledge« in: *Proceedings of the British Academy* 55 (1982), S. 455–479, hier: S. 472, Anm. 2.

man also mit einer »unmittelbaren Offenheit« der Welt, und sei es der Innenwelt, für das Denken rechnen, woraus McDowell schließt, daß man sich gar nicht erst auf die Vorstellungswelt zurückziehen müsse.[69]

McDowell vertritt somit einen direkten Realismus auf der Basis der Annahme, daß die Welt selbst begrifflich verfaßt ist. Wenn wir etwas erkennen, so müssen wir demnach nicht zunächst die Sphäre unserer Vorstellungen oder Überzeugungen transzendieren, um zu den Sachen selbst durchzudringen. Die Sachen selbst stellen sich uns nach McDowell einfach deswegen dar, weil sie bereits begrifflich strukturiert sind.

Allerdings ist McDowells Position aus mehreren Gründen problematisch, wie ich an anderen Stellen ausführlich dargelegt habe.[70] In unserem Zusammenhang genüge es, auf eine Schwierigkeit aufmerksam zu machen, die besonders im Kontext von McDowells Übergang von Kant zu Hegel auffällig ist. McDowell moniert nämlich, daß Kant die Distinktion von Ding an sich und Erscheinung so gedeutet habe, daß unser mentaler Apparat, unsere Vernunft insgesamt, als rein *faktisch* und *kontingent* erscheint. Die **Faktizität der Vernunft** besteht darin, daß man keine Gründe dafür geben kann, daß die Vernunft so beschaffen ist, wie wir sie vorfinden. In diesem Sinne kann man beispielsweise keine Gründe dafür angeben, daß wir nur zwei Stämme der Erkenntnis haben oder daß alle Gegenstände, die wir erkennen können, räumlich und/oder zeitlich strukturiert sind. Wir finden uns im Erkennen bereits mit einer unhintergehbaren Ausstattung vor, die einfach nur so ist, wie sie eben ist, also faktisch, und die wir deswegen auch nicht weiter erklären oder ableiten können.

»Von der Eigentümlichkeit unseres Verstandes aber, nur vermittelst der Kategorien und nur gerade durch diese Art und Zahl derselben Einheit der Apperzeption a priori zu Stande zu bringen, läßt sich eben so wenig ferner ein Grund angeben, als warum wir gerade diese und keine anderen Funktionen zu Urteilen haben, oder warum Zeit und Raum die einzigen Formen unserer möglichen Anschauung sind.«[71]

---

[69] Ebd.
[70] Gabriel, M.: »Absolute Identität und Reflexion. Kant, Hegel, McDowell«, in: Danz, C./Stolzenberg, J. (Hrsg.): *System und Systemkritik um 1800*. Hamburg 2011, S. 211–226.
[71] Vgl. KrV, B 145 f.

Die **Kontingenz der Vernunft** folgt aus Kants These, daß es andere Wesen (z. B. Gott, Engel oder Außerirdische) geben könnte, die sich mit einer anderen Ausstattung vorfinden. In Kants Augen ist Gott etwa nicht auf zwei Stämme der Erkenntnis angewiesen, sondern hat einen anschauenden Verstand, einen »intuitus originarius« (KrV, B 72), wie Kant dies nennt. Ein anschauender Verstand bringe die Gegenstände seiner Überzeugungen so hervor, daß er dabei infallibel sei. Der Gottesbegriff steht bei Kant insgesamt für ein Wesen, das nicht an Normen gebunden ist, die es auch unterbieten könnte; Gott bleibt in keiner Hinsicht hinter seinen Ansprüchen zurück.

Aus der doppelten Diagnose der Faktizität und Kontingenz der Vernunft hat Nietzsche später geschlossen, daß unzählige Arten von Vernunft oder Verstand möglich seien, so daß unsere epistemischen Strukturen nur eine Art ökologische Nische, eine »Ecke« seien, wie er sagt.[72] Die Faktizität und Kontingenz der Vernunft verführt also schnell dazu, die Erkenntnis der Welt aufzugeben und sich damit zufrieden zu geben, wie uns die Dinge erscheinen. Genau dagegen wendet sich McDowells Umstellung von Kant auf Hegel.

Wie gesehen, gibt es Kant zufolge tatsächlich keinen Grund dafür, daß wir gerade dieses und kein anderes anschauliches und begriffliches Equipment haben. Aus dieser Grundlosigkeit bzw. Faktizität läßt sich leicht auf die Möglichkeit anderer Auffassungsformen schließen, so

---

[72] Nietzsche: *Fröhliche Wissenschaft*, § 374 (KSA 3, 624 f.): »Wir können nicht um unsre Ecke sehn: es ist eine hoffnungslose Neugierde, wissen zu wollen, was es noch für andre Arten Intellekt und Perspektive geben *könnte*: zum Beispiel, ob irgend welche Wesen die Zeit zurück oder abwechselnd vorwärts und rückwärts empfinden können (womit eine andre Richtung des Lebens und ein andrer Begriff von Ursache und Wirkung gegeben wäre).« An einer Stelle schreibt Nietzsche, es sei »etwas Kindisches oder gar eine Art Betrügerei, wenn jetzt ein Denker ein Ganzes von Erkenntniß, ein System hinstellt – wir sind zu gut gewitzigt, um nicht den tiefsten Zweifel an der *Möglichkeit* eines solchen Ganzen in uns zu tragen. Es ist genug, wenn wir über ein Ganzes von *Voraussetzungen der Methode* übereinkommen – über ›vorläufige Wahrheiten‹, nach deren Leitfaden wir arbeiten wollen: so wie der Schiffahrer im Weltmeer eine gewisse Richtung festhält« (KSA 11, 132 f.). Ganz in diesem Geiste heißt es an einer früheren Stelle (Frühjahr 1880), »Erkenntnistheorie ist die Liebhaberei jener scharfsinnigen Köpfe, die nicht genug gelernt haben und welche vermeinen, hier wenigstens könne ein Jeder von vorne anfangen, hier genüge die ›Selbstbeobachtung‹« (KSA 9, 63). – Zur Befangenheit unseres Erkennens in einem »*Schema, welches wir nicht abwerfen können*« (KSA 12, 194) vgl. seine Abhandlung »Über Wahrheit und Lüge im außermoralischen Sinne« (KSA 1, 873–890). Alle diese Zitate nach Nietzsche, F.: *Sämtliche Werke. Kritische Studienausgabe*. Hrsg. von G. Colli und M. Montinari, München 1980 ff.

daß sich *unsere* Auffassungsform als kontingent herausstellt. Damit wird die Raumzeit allerdings auf Gegenstände unserer mentalen Auffassungsform restringiert, was bedeutet, daß die Dinge an sich radikal von dem verschieden sein könnten, was uns epistemisch zugänglich ist, d. h. insbesondere, daß sie möglicherweise weder räumlich noch zeitlich sind (noch auch nur »existieren«, da auch dies Kant zufolge ein Begriff ist, der zu unserer Auffassungsform gehört).

Genau diese Konsequenz möchte McDowell mit seinem direkten Realismus aber vermeiden. Der **direkte Realismus** ist in diesem Zusammenhang die These, daß uns Gegenstände durch Vermittlung von Wahrnehmungen begrifflich unverzerrt zugänglich sind. Der wahrgenommene rote Apfel ist demnach kein erscheinender roter Apfel, dem irgendeine andere (etwa physikalische oder gar weder räumliche noch zeitliche) Realität zugrunde liegt. Der wahrgenommene rote Apfel ist wirklich rot, da man ihn wahrnimmt und sich ihn nicht bloß einbildet. Wahrnehmungen beziehen sich direkt auf ihre Gegenstände und nicht etwa nur auf deren Einwirkungen auf einen (immer potentiell) verzerrenden Filter.

Was uns nur gefiltert zugänglich ist, könnte auch radikal anders sein, als es uns erscheint. Natürlich könnte der Filter auch funktionsfähig sein und gleichsam als »Spiegel der Natur« fungieren. Doch können wir nicht ausschließen, daß er verzerrend wirkt, ohne dabei irgendeinen anderen (etwa rein kognitiven, erkenntnistheoretischen) Filter einzuschalten. Deswegen verabschiedet McDowell vorschnell die Annahme, daß Gegenstände auf verschiedene Weisen zugänglich sind, da er mit seinem direkten Realismus sicherzustellen sucht, daß sie uns überhaupt wirklich zugänglich sind. Doch wenn wir einen Apfel im Sinne des direkten Realismus wahrnehmen, bleibt keine Lücke mehr übrig. Der Apfel wäre einfach nur noch der Apfel. Doch ist er noch vieles mehr (ein Atomhaufen, zitternde Strings oder was auch immer). McDowell ist nicht imstande, die legitime Differenz von Gegenstandsbereichen zu erklären, da er der Wahrnehmung zu viel zutraut, nämlich ein ungefiltertes Verhältnis zu Gegenständen, die genau so sind, wie sie wahrgenommen werden. Wir können die Gegenstände aber weder darauf einschränken, wie sie uns erscheinen (da der Mond sonst kleiner wäre als ein Straßenschild, das ihn »verdeckt«), noch die uns erscheinenden Dinge darauf einschränken, wie sie der Physik erscheinen (denn dann gäbe es gar keinen Mond und allemal keine Straßenschilder).

Aus der Faktivität von Wahrnehmung folgt nicht, daß die Gegenstände nur das sind, als was sie wahrgenommen werden, da sich verschiedene faktive Einstellungen auf denselben Gegenstand beziehen können. Wir können sowohl wissen, daß dieses da ein Atomhaufen ist, als auch wahrnehmen, daß es sich um einen Apfel handelt. Doch wie sind die Gegenstände dann? Sind sie etwa eine Art Widerspruch, da dasselbe sowohl ein Straßenschild als auch eine Ansammlung mehrdimensionaler Strings ist?

3. Dissens und Gegenstand

In seinem wirkungsmächtigen Aufsatz »Über Sinn und Bedeutung« hat Gottlob Frege eine Lösung des **Identitätsrätsels** vorgeschlagen. Das Identitätsrätsel besteht darin, daß eine Identitätsbehauptung, etwa A = B, entweder widersprüchlich ist, da A eben A und nicht B ist, oder keinerlei Information enthält, da A eben B und nicht A bzw. B eben A und nicht B ist. Doch wenn wir z. B. erfahren, daß Lee Harvey Oswald der Mörder John F. Kennedys ist, oder daß der Abendstern identisch mit dem Morgenstern ist, erfahren wir sowohl etwas Nicht-Widersprüchliches als auch etwas Informatives. Die Identität einer Person über ihre verschiedenen Handlungen oder sozialen Rollen hinweg kann ebenso nicht-widersprüchlich und informativ eingesehen werden wie die Identität verschiedener Zahlausdrücke wie 4 + 4 und 5 + 3. Zur Lösung des Identitätsrätsels benötigen wir sowohl eine Erklärung der Differenz, die im Spiel ist (da 4 + 4 doch auch etwas anderes als 5 + 3 ist), als auch eine Erklärung der Identität über die Differenz hinweg. A und B sind verschieden, und sie sind identisch. Wie kann man dies erklären?

Frege führt zu diesem Zweck eine vieldiskutierte Unterscheidung ein, die Unterscheidung von Sinn und Bedeutung. Unter **Sinn** versteht er eine »Art des Gegebenseins«[73] eines Gegenstandes, während er unter **Bedeutung** den gegebenen Gegenstand selbst versteht. Der Sinn ist dabei dasjenige, was die Differenz erklärt, während der Gegenstand die Identität sicherstellt. So verstanden ist die Zahl 8 die Bedeutung der Sinne »4 + 4« und »5 + 3«, weshalb es wahr ist, daß 4 + 4 = 5 + 3. »4 + 4« und »5 + 3« beziehen sich auf dasselbe, auf die Zahl 8, sie sind Arten des Gegebenseins der Zahl 8.

Man sieht leicht, daß sich das Identitätsrätsel auch für die Erkennt-

---

[73] Frege, G.: »Über Sinn und Bedeutung«, S. 143 f.

nistheorie stellt. Wie kann dasselbe sowohl ein Apfel als auch ein Atomhaufen sein? In diesem Modell wären »der Apfel« und »ein Atomhaufen«, mit Frege gesprochen, Sinne desselben. Allerdings stellt sich hier bereits die Frage, was der Gegenstand, die Bedeutung, in diesem Fall ist? Ist es der Apfel, der Atomhaufen oder etwas Drittes? Was ist dasjenige, das bald als Apfel und bald als Atomhaufen gegeben wird?

Daß man auf diese Weise auf die Frage der Identität eines Gegenstandes stößt, wird häufig übersehen. Die Identität des Gegenstandes wird unterstellt, ohne daß man sich fragt, mit welchem Recht und aus welchen Gründen wir diese Unterstellung vornehmen. Diese Frage ist eine zentrale Frage der Erkenntnistheorie. Denn schließlich wollen wir mit dem Wissensbegriff garantieren, daß wir einen einmal erkannten Gegenstand durch seine Einbindung in diskursive Praktiken so reidentifizieren können, daß wir über denselben Gegenstand auch Neues erfahren können. Die Identität des Gegenstandes ist dabei keineswegs trivial. Es ist vielmehr entscheidend, daß wir jeweils garantieren, daß sich *viele* verschiedene Erkenntnisse auf *einen* Gegenstand beziehen und daß wir dies in der Form von Wissen darstellen können.

Das lateinische Wort *dissensus* bezeichnet wörtlich eine Sinn-Differenz. Wenn wir uns in einem Dissens mit jemandem befinden, sind wir anderen Sinnes hinsichtlich einer bestimmten, meist wichtigen Angelegenheit. Im vorliegenden Abschnitt geht es nun darum zu verstehen, daß Dissens in diesem minimalen Sinne eine ganz grundlegende Bedingung unseres Zugangs zur Identität von Gegenständen ist. Nur weil wir Gegenstände auf verschiedene Weisen erkennen können, sind wir imstande, die Identität des Gegenstandes zu unterstellen. Mit anderen Worten, Dissens ist eine *ratio cognoscendi* von Identität, d. h. der Grund dafür, daß wir Identität überhaupt erkennen können. Wir können Gegenstände wiedererkennen, weil wir uns in einem Dissens befinden.

Der formalen Gegenstandstheorie zufolge ist Gegenstand alles, worauf sich eine wahrheitsfähige Überzeugung beziehen kann. Da eine wahrheitsfähige Überzeugung der Norm der Wahrheit untersteht und deswegen der Wahrheit fähig ist, ist sie auch fallibel. Was einer Norm untersteht, kann auch von ihr abweichen, da Normen Handlungen insgesamt in korrekte und inkorrekte einteilen. Nun gehört zur Fallibilität, und dies ist der entscheidende Punkt, um den es hier geht, die Möglichkeit, einen Gegenstand auf andere Weise zu sehen. Wäre mir derselbe Gegenstand auf andere Weise gegeben gewesen, hätte ich mich vielleicht nicht getäuscht (jedenfalls nicht in derselben Weise).

Betrachten wir ein Beispiel! Wir meinen, einen Apfel wahrzunehmen. Es handelt sich aber um ein Stück Wachsobst. Das Wachsobst ist uns deswegen *als* Apfel gegeben, weil es sich beispielsweise auf dem Wohnzimmertisch eines Freundes befindet, der unglaublich gern Äpfel ißt. Wüßten wir, daß der Freund vor kurzem von Äpfeln zu Birnen übergegangen ist und dies dadurch zum Ausdruck bringt, daß er sich in warmherziger Erinnerung an seine Apfelphase einen Wachsapfel auf den Wohnzimmertisch gelegt hat, wäre uns der »Apfel« *als* Stück Wachsobst gegeben gewesen. Sinndifferenz ist demnach eine Fallibilitätsquelle.

Dies sieht man auch besonders deutlich am Beispiel des **Phänomens der reflexiven Fallibilität**. Dieses Phänomen besteht darin, daß wir jemanden davon überzeugen können, sich zu täuschen, obwohl er sich nicht täuscht. Nehmen wir an, unser Freund wäre immer noch ein Apfelesser. Nun kommt er ins Wohnzimmer und erzählt uns auf völlig überzeugende Weise die Wachsobstgeschichte, so daß wir unsere (wahre) Überzeugung, es handele sich um einen Apfel, aufgeben und statt dessen an ein Stück Wachsobst glauben. Reflexive Fallibilität liegt darin begründet, daß wir uns darüber täuschen können, uns zu täuschen. Man kann Überzeugungen durch die geschickte Einführung von Sinndifferenz manipulieren, indem man einen Gesprächspartner verunsichert und Sinnmöglichkeiten inszeniert. Gerade weil derselbe Gegenstand auf verschiedene Arten gegeben werden kann, verstehen wir, daß er derselbe Gegenstand ist. Eine kontrastlose, monolithische Identität wäre nicht nachvollziehbar. Absolute Identität kann man nicht erkennen.

»Sinn« ist also der Name für ein Differenzmedium, das Identitätsaussagen informativ macht. Die Informativität von Identitätsaussagen besteht in der Differenz der Identität der Bedeutung von der Differenz des Sinns.

Diese Einsicht haben wir unter Rekurs auf Freges berühmtes Beispiel motiviert, »Abendstern« und »Morgenstern« seien verschiedene Arten des Gegebenseins desselben, nämlich der Venus, jetzt ohne Anführungszeichen. Die Venus, so sieht es aus, ist mithin die nackte Bedeutung der Eigennamen »Abendstern« und »Morgenstern«. Frege legt dies freilich selbst auch nahe, wobei er seine eigene Position allerdings vereinfacht. Denn alle Eigennamen, und damit auch der Eigenname »Venus«, haben Frege zufolge einen Sinn, so daß sich die Bedeutung letztlich allenfalls vollständig angeben ließe, wenn man alle mit ihr verbundenen Arten des Gegebenseins überschaute und als ihre Arten des Gegebenseins identifizierte. Gerade dies ist aber unmöglich, wie Frege an einer bemerkenswerten Stelle schreibt.

> »Der Sinn eines Eigennamens wird von jedem erfaßt, der die Sprache oder das Ganze von Bezeichnungen hinreichend kennt, der er angehört; damit ist die Bedeutung aber, falls sie vorhanden ist, doch immer nur einseitig beleuchtet. Zu einer allseitigen Erkenntnis der Bedeutung würde gehören, daß wir von jedem gegebenen Sinne sogleich angeben könnten, ob er zu ihr gehöre. Dahin gelangen wir nie.«[74]

Wenn wir aber niemals auch nur eine einzige Bedeutung »allseitig erkennen« können, wie können wir dann davon ausgehen, daß es Bedeutung überhaupt gibt, d.h., wie läßt sich ein radikaler semantischer Nihilismus vermeiden? Der **semantische Nihilismus** wäre hier die These, daß es überhaupt keine Bedeutung gibt, daß die Arten des Gegebenseins insgesamt gar nicht Arten des Gegebenseins von etwas sind, daß es in diesem Sinne also gar nichts gibt. Offenkundig ist der epistemische Status von Bedeutung und damit der von Identität an das Differenzmedium des Sinns gebunden. Wir können uns die uns zugängliche Pluralität von Zugangsweisen nur dadurch verständlich machen, daß wir die Identität der Bedeutung voraussetzen. Denn Arten des Gegebenseins sind immerhin Arten des Gegebenseins von etwas. Dasselbe gilt, wenn wir von verschiedenen Zugangsweisen oder Perspektiven sprechen: Verschiedene Zugangsweisen oder verschiedene Perspektiven sind stets Zugangsweisen *zu* oder Perspektiven *auf etwas*, das selbst weder eine Zugangsweise oder Perspektive derselben logischen Ordnung ist.[75]

Dasjenige, was in verschiedenen Arten des Gegebenseins gegeben wird oder sich gibt, ist in keinem Fall sinnfrei gegeben, denn Gegebensein heißt, im Differenzmedium Sinn erscheinen. Dabei unterstreicht Frege, und das ist für seinen Sinnbegriff entscheidend, daß der Sinn öffentlich oder objektiv ist, d.h. daß Sinn nicht etwa eine private Perspektive auf einen Gegenstand ist, sondern immer eine Art des Gegebenseins darstellt, die eine wahrheitsfähige (und damit mitteilbare, weil informative) Überzeugung über einen Gegenstand ermöglicht. Durch

---

[74] Ebd., S. 144.
[75] Vgl. dazu auch Conant, J.: »The Dialectic of Perspectivism, I«, in: *SATS – Nordic Journal of Philosophy* 6/2 (2005), S. 5–50; Ders.: »The Dialectic of Perspectivism, II«, in: *SATS – Nordic Journal of Philosophy* 7/1 (2006), S. 6–57.

den Sinn wird der Gegenstand als ein Gegenstand gegeben, der irgendeine Rolle spielt, als ein Gegenstand, der *zählt*, wie der französische Philosoph Jocelyn Benoist (*1968) dies genannt hat.[76] Frege bringt die Objektivität und damit semantische Öffentlichkeit des Sinnbegriffs mit seinem **Fernrohrgleichnis** zum Ausdruck:

»Jemand betrachtet den Mond durch ein Fernrohr. Ich vergleiche den Mond selbst mit der Bedeutung; er ist der Gegenstand der Beobachtung, die vermittelt wird durch das reelle Bild, welches vom Objektivglase im Innern des Fernrohrs entworfen wird, und durch das Netzhautbild des Betrachtenden. Jenes vergleiche ich mit dem Sinne, dieses mit der Vorstellung oder Anschauung. Das Bild im Fernrohre ist zwar einseitig; es ist abhängig vom Standorte; aber es ist doch objektiv, insofern es mehreren Beobachtern dienen kann.«[77]

Das »Objektivglas« erzeugt Frege zufolge ein objektives Bild, d. h. ein Bild, das mehreren Beobachtern zugänglich ist, wodurch es sich von semantisch privaten Vorstellungen unterscheidet, die jemandem bei der Betrachtung des Gegenstandes ins Auge fallen mögen.[78] Dabei gibt es verschiedene Einstellungen des Fernrohrs, die sich allesamt auf denselben Gegenstand richten. Dessen Identität ist ohne Pluralität von Zugangsweisen gar nicht verständlich. Die Identität des Gegenstandes im formalen Sinne des Gegenstandes einer wahrheitsfähigen Überzeugung ist als solche nur zugänglich über die Sinndifferenz. Denn, wie gesehen, ist die Identität der Bedeutung über die Pluralität des Sinns hinweg eine semantische Voraussetzung, die sich aus einer Theorie der Informativität von Identitätsaussagen ergibt.

Jede Bezugnahme auf Gegenstände generiert ein Suchfeld, in dem *ex hypothesi* etwas vorkommt. Existenz ist demnach in unserer gewöhnlichen Bezugnahme auf Gegenstände bereits unterstellt, was wiederum Frege deutlich gesehen hat. Unsere Orientierung im Suchfeld setzt voraus, daß da etwas ist, das sich uns darstellt, etwas, das gegeben wird bzw. sich gibt. Wie Frege behauptet, ist Existenz »die selbstverständlichste Voraussetzung bei allen unseren Worten. Die Regeln der

---

[76] Benoist, J.: *Éléments de philosophie réaliste.* Paris 2011, S. 71.
[77] Frege: »Über Sinn und Bedeutung«, S. 27.
[78] Weiter unten (S. 339 ff.) wird im Zusammenhang mit Wittgensteins Privatsprachenargument noch deutlich, inwiefern nicht einmal Vorstellungen semantisch privat sein können. Freges Unterscheidung zwischen rein privater Vorstellung als subjektivem Eindruck und öffentlichem Sinn muß revidiert werden. Es gibt gar keine Vorstellungen im Sinne Freges.

Logik setzen immer voraus, daß die gebrauchten Worte nicht leer sind, daß die Sätze Ausdrücke von Urteilen sind, daß man nicht mit bloßen Worten spiele.«[79]

Eine der Fragen, die sich an diesem Punkt stellen, lautet aber, ob die Voraussetzung von Identität nicht jeweils nur *Identitätskriterien* unterstellt, die zwar von uns akzeptiert werden, die den Gegenständen selbst aber äußerlich bleiben. So könnte es zwar sein, daß wir dies oder jenes anhand dieser oder jener Kriterien als Apfel identifizieren, daß der Gegenstand selbst aber kein Apfel, sondern nur ein Atomhaufen ist, der auf eine bestimmte Weise mit unseren Interessen und Sensorien interagiert, so daß sich die Illusion eines Apfels einstellt. Damit wäre der Sinn aber in keiner für Wahrheit relevanten Weise mehr objektiv. Er wäre eine Art kollektiver Illusion oder kollektiver Halluzination, so wie viele neuzeitliche Erkenntnistheoretiker seit der großen wissenschaftlichen Revolution der Moderne meinen, die Gegenstände selbst seien farblose Strukturen. Ein wirkungsmächtiges Beispiel dieser Tendenz hat etwa Galileo Galilei formuliert:

»Ich denke also, daß diese Geschmackseindrücke, Gerüche, Farben usw. auf Seiten des Gegenstandes, in dem sie zu liegen scheinen, nichts anderes als leere Namen sind, daß sie sich lediglich im fühlenden Körper befinden, so daß, nimmt man das Tier hinweg, auch alle diese Qualitäten aufgehoben und vernichtet sind, obgleich denn auch wir, da wir ihnen nun einmal besondere Namen aufgedrückt haben, die von denen der ersten und realen Eigenschaften verschieden sind, glauben wollen, daß jene immer noch in Wahrheit und wirklich von diesen verschieden sind.«[80]

In diesem Zitat findet sich implizit die Unterscheidung zwischen primären und sekundären Qualitäten, die insbesondere im britischen Empirismus (an erster Stelle bei John Locke) eine wichtige Rolle spielt und auf die bereits hingewiesen wurde (s. o., S. 269). **Primäre Qualitäten** sind Eigenschaften oder Klassen von Eigenschaften, die sich in den Dingen befinden, »gleichviel, ob wir sie wahrnehmen oder nicht; sind sie

---

[79] Frege: »Dialog mit Pünjer über Existenz«, S. 11.
[80] Meine Übersetzung von Galileo Galilei: *Opere Complete*. Florenz 1844, Bd. IV, S. 334: »Per lo che vo io pensando, che questi sapori, odori, colori ec., per la parte del suggetto nel quale ci par che riseggano, non sieno altro che puri nomi, ma tengano solamente lor residenza nel corpo sensitivo; sicchè rimosso l'animale sieno levate ed annichilate tutte queste qualità, tuttavolta però che noi, siccome gli abbiamo imposto nomi particolari e differenti da quegli degli altri primi e reali accidenti, volessimo credere ch'esse ancora fussero veramente e realmente da quelli diversi.«

aber groß genug, um für uns erkennbar zu sein, so erhalten wir dadurch eine Idee von dem Ding, wie es an sich ist.«[81] Dazu zählt Locke »die Masse, Figur, Anzahl, Lage und Bewegung oder Stillstand ihrer [sc. der Körper] soliden Teile (Größe, Gestalt, Zahl, Lagerung und Bewegung oder Ruhe ihrer soliden Bestandteile).«[82] Locke nimmt an, daß primäre Qualitäten solche sind, welche die Welt an sich, d.h. die Welt ohne Zuschauer und damit die gleichsam ungefilterte Welt, so charakterisieren, daß sie von der mathematisierten Physik erfaßt werden können. Nach dem Siegeszug der neuzeitlichen Naturwissenschaften mit all ihren technologischen Errungenschaften scheint es gewiß, daß die Welt an sich zwar keine Bedeutsamkeit für uns mehr hat, daß sie nicht für die Sinnbedürfnisse des Menschen geschaffen worden ist, daß sie aber immerhin mathematisch-physikalisch beschreibbar ist. Was wir im Tagesablauf unserer gefärbten Einstellung zur Welt, im Licht erkennen, entpuppt sich in der nur noch schwach leuchtenden Nacht des wissenschaftlichen Weltbildes als ein fundamentales Desinteresse des Universums für unsere Tagesgeschäfte, was neben vielen anderen Hölderlin poetisch beklagt hat:

Sieh! und das Schattenbild unserer Erde, der Mond
Kommet geheim nun auch; die Schwärmerische, die Nacht kommt,
Voll mit Sternen und wohl wenig bekümmert um uns,
Glänzt die Erstaunende dort, die Fremdlingin unter den Menschen
Über Gebirgeshöhn traurig und prächtig herauf.[83]

Auf der anderen Seite stehen die **sekundären Qualitäten**. Diese definiert Locke als »die in einem Körper innewohnende Kraft, vermöge seiner nicht wahrnehmbaren primären Eigenschaften in eigentümlicher Weise auf irgendeines unserer Sinnesorgane einzuwirken und dadurch in *uns* die verschiedenen Ideen der mancherlei Farben, Töne, Gerüche, Geschmacksqualitäten usw. hervorzurufen.«[84] Die Welt an sich bestehe demnach aus den farblosen, mathematisch beschreibbaren primären Qualitäten, die in Interaktion mit unseren sensorischen Registraturen den bunten Anschein der sensorisch zugänglichen Welt hervorbringen. Über der Wahrnehmungswelt liegt demnach ein kausal von den primären Qualitäten ausgelöster Illusionsschleier, der die an sich farblosen

---

[81] Locke: *Versuch über den menschlichen Verstand*, S. 155.
[82] Ebd., S. 148.
[83] Hölderlin: »Brot und Wein«, in: Ders.: *Sämtliche Werke*, Bd. 2, S. 94.
[84] Locke: *Versuch über den menschlichen Verstand*, S. 148.

und rein physikalischen Gegenstände einfärbt. Diesen Schleier projizieren wir auf die physikalischen Gegenstände, wobei diese Projektion nicht im luftleeren Raum, sondern »in unserem Geist« stattfindet.

Locke nimmt nämlich an, daß sich hinter unserem mentalen Bildschirm eine Welt an sich befindet, die die Ereignisse auf unserem mentalen Bildschirm kausal hervorruft. Dabei kommt es zu Nebeneffekten wie der Einfärbung der Welt. Demnach gibt es zwar jeweils eine physikalische Ursache für die Erscheinung irgendeines farbigen Phänomens. Aufgrund einer bestimmten Wellenläge im reflektierten Licht kommt es in Interaktion mit unseren Nervenenden zu einem Reizzusammenhang, aus dem dann ein mentales Bild im Gehirn entsteht.

Was die Distinktion von primären und sekundären Qualitäten antreibt, ist die Unterscheidung von Sein und Schein. Die primären Qualitäten charakterisieren die Welt, wie sie an sich ist (das Sein), während die sekundären Qualitäten zum Illusionsschleier (dem Schein) gehören. Es gelte, den Illusionsschleier zu lüften, da wir eben an Wahrheit und nicht an Illusion interessiert seien.

»Um die Natur unserer Ideen noch klarer zu machen und verständlich von ihnen zu reden, wird es zweckdienlich sein, zwischen ihnen zu scheiden, *insofern sie Ideen oder Wahrnehmungen in unserem Bewußtsein*, und insofern sie *Modifikationen der Materie in den Körpern sind, die in uns derartige Wahrnehmungen verursachen*, damit wir nicht etwa denken (wie es meist geschehen dürfte), sie seien die genauen Abbilder und Gleichnisse von etwas dem Objekt Inhärierenden, während doch die meisten Ideen der Sensation in unserem Bewußtsein ebensowenig das Abbild von etwas außer uns Existierendem sind, wie die sie bezeichnenden Namen ein Abbild unserer Ideen sind, die sie gleichwohl in uns wachzurufen vermögen, sobald wir sie hören.«[85]

Dieses Modell entspricht einem weitverbreiteten Verständnis von »Erklärung«. Eine **Erklärung** unterscheidet sich insbesondere von einer **Rechtfertigung**. Wenn wir etwas erklären, geben wir eine Ursache und bestenfalls auch noch ein Naturgesetz an, das den Kontext der Ursache bestimmt. Wenn wir hingegen eine Überzeugung rechtfertigen, geben wir andere Überzeugungen an, welche diese Überzeugung stützen. Wir können etwa die Überzeugung, daß wir einen farbigen Würfel vor uns sehen, durch den Hinweis rechtfertigen, daß wir einen blauen Würfel sehen. Daraus, daß wir einen blauen Würfel sehen, folgt, daß wir einen farbigen Würfel sehen. Allerdings haben wir damit nicht er-

---

[85] Ebd., S. 139.

klärt, *warum* wir einen »blauen« Würfel sehen. Wenn wir erklären, warum wir einen blauen Würfel sehen, kommen sinnesphysiologische Vorgänge und primäre Qualitäten in den Blick.

Das Problem von Erklärungen in diesem Sinne liegt offensichtlich darin, daß sie häufig reduktiv sind. Eine **reduktive Erklärung** eines Phänomens erkennt *per definitionem* keine Rechtfertigung dieses Phänomens an. Wenn wir erklären, warum Peter Christina geheiratet hat, nimmt die Erklärung eine reduktive Form an, indem wir uns fragen, welche Bindungsmuster Peter und Christina während ihrer Sozialisation eingeübt haben, welche neuronalen Verkettungen im Spiel sein mögen oder welche sozio-ökonomischen bzw. biologischen Interessen beide antreiben. Wenn Peter sich hingegen *rechtfertigt*, warum er Christina geheiratet hat, wird er die Geschichte erzählen, wie sie sich verliebt haben, wo sie sich getroffen haben oder was sie verbindet. Eine reduktive Erklärung führt ein Phänomen auf seine Ursache zurück. Anstatt demnach vom Heiraten in unserem gewöhnlichen Sinne zu sprechen, spricht sie von irgendeinem kausalen Tatbestand (neuronale Netzwerke, Genpool, Überlebensinteressen usw.), der mit der Eigenschaft auftritt, eine Illusion hervorzurufen, etwa die Illusion des Verliebtseins. Analoges gilt im Farbfall. Auch hier wird die Illusion eines blauen Würfels auf ihre Ursachen zurückgeführt, d.h. reduziert (von Lateinisch: *re-ducere*, »zurückführen«).

Aufgrund des neuzeitlichen wissenschaftlichen Weltbildes haben wir uns angewöhnt, als Ursachen nur handgreifliche mechanische Ursachen aufzufassen. Deswegen gilt die reduktive Erklärung als Paradigma der Erklärung überhaupt. Nur was sich reduktiv erklären läßt, ist demnach auch wirklich erkannt. Allerdings liegt die Begründungslast nicht notwendig immer auf der Seite der Rechtfertigung, wie man vermuten sollte. Denn es bedarf guter Gründe, um eine Reduktion vorzunehmen. Viele Phänomene werden nämlich durch eine reduktive Erklärung nicht erklärt, sondern aufgelöst. Man versteht nicht, warum Peter Christina geheiratet hat, wenn man ein allgemeines Genpoolverhalten sucht, das diese Tatsache erklärt. Sonst nähme man an, daß gar nicht Peter und Christina, sondern irgendwelche Gene »geheiratet« haben. Damit hat man aber nicht mehr verstanden, warum *Peter* und *Christina* geheiratet haben. Insbesondere sind Gene keine Rechtspersonen oder Staatsbürger, so daß sie ebensowenig heiraten können wie der Mars und die Venus oder der Regen und der Straßenteer. Man hat nichts *über* Peter und Christina verstanden, wenn man erklärt, sie hätten geheiratet, weil diese oder jene kausale Struktur »sie« dazu geführt hat.

Allerdings sind reduktive Erklärungen oftmals sinnvoll und jedenfalls nützlich. Es gibt aber keinen guten Grund, Erkenntnis und Wissen ausschließlich nach dem Modell reduktiver Erklärung zu verstehen. Im übrigen könnte man sich auch fragen, was erklärt, warum wir das Modell der Erklärung an den Begriff der reduktiven Erklärung binden? Welche Ursache treibt Galileo an, Farben für Illusionen zu halten? Welcher »Juckreiz« in seinem Nervenbündel führt ihn zu dieser Annahme?

Offensichtlich müssen reduktive Erklärungen auch *begründet* werden. Nun finden Gründe in dem in diesem Buch vertretenen Modell genauso in der Welt statt wie Ursachen. Gründe sind ebenso wirklich wie Ursachen, wenn man diese denn überhaupt voneinander streng unterscheiden möchte. Rechtfertigungen sind nicht schon als solche illusorisch, ebenso wie die charakteristischen Methoden der Erklärung immer wirklich etwas erklären.

Um auf das Identitätsrätsel zurückzukommen, kann man nun sagen, daß es sinnlos ist, einen bestimmten Gegenstandstyp, etwa physikalische Gegenstände, als ausschließliche Erklärungsklasse der Identität ins Spiel zu bringen. Denn dasjenige, worauf wir uns mit einer wahrheitsfähigen Überzeugung mit einem bestimmten Sinn beziehen, ist nicht notwendig identisch mit einem physikalischen Gegenstand. Im Gegenteil, es gehört zum Sinn einer Überzeugung, daß sie Gegenstände immer nur in ihrer Einbettung in Tatsachen erfaßt. Wenn ein vorbeifahrendes Auto zum Gegenstand meiner Überzeugung wird, daß ein Auto an mir vorbeifährt, dann betrifft meine Überzeugung eine Tatsache, nämlich die Tatsache, daß ein Auto an mir vorbeifährt. Diese Tatsache ist selbst kein Auto, das an mir vorbeifährt, und sie läßt sich auch nicht auf das Auto, das an mir vorbeifährt, reduzieren, da sie völlig andere Eigenschaften als ein vorbeifahrendes Auto hat. Warum sollte man die Tatsachenstruktur der Welt, mit der wir als erkennende Wesen umgehen, auf eine angebliche grundierende Gegenstandsschicht (die physikalischen Gegenstände) zurückführen? Denn selbst wenn dies gelänge, gelänge dies doch nur, weil es eine Tatsache wäre, daß alle Gegenstände wesentlich physikalisch sind, was selbst wiederum kein physikalischer Gegenstand wäre. Wäre es wahr, daß alle Gegenstände physikalisch sind, dann wäre diese Tatsache, diese Wahrheit, selbst kein physikalischer Gegenstand, und zwar aus demselben Grund, aus dem die Tatsache, daß es regnet, selbst nicht regnet.

Es gehört zu Tatsachen, daß sie einen Sinn haben. Damit meine ich das folgende. Sinnlose Tatsachen wären Tatsachen, deren Gegenstände auf keine Art gegeben sind, da Sinn eine »Art des Gegebenseins« ist. Die Tatsache, daß Aristoteles der Lehrer Alexanders des Großen war, unterscheidet sich von der Tatsache, daß Aristoteles der berühmteste Schüler Platons ist. Was die beiden Tatsachen unterscheidet, ist der Sinn der Kennzeichnungen »der Lehrer Alexanders des Großen« bzw. »der berühmteste Schüler Platons«. Eine **sinnlose Tatsache** wäre eine Tatsache, die wir nicht beschreiben könnten, da wir weder einen Eigennamen noch eine Kennzeichnung verwenden könnten, um die Gegenstände, die von der Tatsache betroffen oder in sie eingebettet sind, zu individuieren: eine Tatsache also, zu der wir keinen Zugang haben.

Um zu verstehen, warum es keine sinnlose Tatsache geben kann, nehmen wir in einer *reductio ad absurdum* das Gegenteil an. Eine *reductio ad absurdum* schließt aus der Falschheit einer Annahme auf die Wahrheit ihrer Negation, in diesem Fall aus der Falschheit der Annahme sinnloser Tatsachen auf die Wahrheit, daß es keine sinnlosen Tatsachen geben kann. Nehmen wir zu diesem Zweck an, es gäbe eine sinnlose Tatsache mit der Struktur PQR.

(ST) = PQR.

PQR wären diejenigen Elemente, die dafür sorgen, daß es sich bei ST um ST und nicht um irgend etwas anderes handelt, wobei sie gemeinsam oder irgendeines von ihnen isoliert dafür sorgen, daß ST sinnlos ist. Wenn wir uns nun dieser Tatsache zuwenden und behaupten, daß PQR, müssen sich P, Q und R voneinander sowie von anderen Zeichen unterscheiden. Sie sind damit aber schon auf eine bestimmte Weise gegeben, etwa im Unterschied zu anderen Zeichen. P, Q und R sind wesentlich nicht M, N und O. P ist nicht M oder allgemeiner: Die Tatsache, daß es irgend etwas gibt, das nicht P ist, ist eine P betreffende Tatsache. Diese Tatsache ist nicht sinnlos. Denn wir haben uns P gerade im Unterschied zu M gegeben. P kommt in seinem Unterschied zu M vor. Wir könnten P auch beschreiben als »ein Bestandteil der sinnlosen Tatsache, daß PQR«, wobei auch diese Beschreibung einen Sinn hätte. Nun sind die Sinne

(S1) »P im Unterschied zu M«

bzw.

(S2) »ein Bestandteil der sinnlosen Tatsache, daß PQR«

P nicht äußerlich. Es ist nicht so, als ob (S1) und (S2) unsere Projektionen wären. Wir können nicht meinen, daß P nicht M ist, und zugleich meinen, daß P an sich doch auch M sein könnte. Wenn P nicht M ist, wie wir meinen, dann kann es nicht sein, daß P M ist. Jede Art und Weise, uns eine sinnlose Tatsache überhaupt auch nur *als* sinnlose Tatsache im Unterschied zu sinnvollen Tatsachen verständlich zu machen, setzt voraus, daß die angeblich sinnlose Tatsache sinnvoll ist. Sinne, die Arten des Gegebenseins, können keine menschlich-allzumenschlichen Projektionen auf »die Wirklichkeit« sein. Wir können nicht annehmen, es gäbe eine sinnlose grundierende Gegenstands- oder Tatsachenschicht, etwa die Welt der subatomaren Partikel oder Ereignisse mitsamt ihren primären Qualitäten, die sich in den Augen eines Betrachters verstellt und so auftritt, als gäbe es Katzen, Bäume und Buchläden. Katzen, Bäume und Buchläden sind keine Masken von »Strings«. Wer dies ernsthaft meinte, meinte auch ernsthaft, daß diese seine Meinung eine Maske von Strings sei. Daraus folgt, daß es »Schmings« geben könnte, die sich so maskieren, daß alles als Maske von Strings erscheint ... Sollte man sich in diese Lage versetzt haben, kann einem nicht mehr geholfen werden, da man nicht mehr existiert, sondern nun die »Strings«, »Schmings« oder noch geheimnisvollere Bewohner der Hinterwelt die Regie übernommen haben. Es gibt also keine sinnlosen Tatsachen. Nichts ist einfach nur da, existiert einfach nur so, ohne daß es damit auch schon auf eine Weise existiert, die so oder so zugänglich ist. Tatsachen betten Gegenstände in komplexe Arten des Gegebenseins ein.

Die in Tatsachen eingebetteten Gegenstände sind dabei keine sinnfreien Atome irgendeiner Art, sondern immer schon auf ihre Einbettung bezogen. Wenn sich ein Gegenstand erfolgreich in eine Tatsache einbetten läßt, so gehört diese Einbettung zum Sinn des Gegenstandes. Ein Gegenstand, der sich in keine Tatsache einbetten läßt, existiert nicht einmal, da nichts über ihn wahr wäre, genaugenommen nicht einmal, daß er nicht existierte. Er wäre gleichsam weniger als nichts.

Daraus folgt aber auch nicht, daß Sinn eine spezifisch menschliche oder gar auf menschliche Erkenntnisinteressen zugeschnittene Wirklichkeitsstruktur ist. Es geht den Menschen nichts an, was in kognitiv unerreichbaren Raumzeitstellen geschehen sein mag – sagen wir etwa: die Kollision zweier Galaxien oder gar die Kollision von Gegenständen über Dimensionen hinweg, die wir nicht einmal beobachten können, da wir kognitiv zufälligerweise an drei Raumdimensionen gebunden sind (wobei sich hier noch die Frage stellen ließe, ob wir wirklich kognitiv an drei Raumdimensionen gebunden sind, wenn es mathematisch möglich ist, mit mehr Dimensionen zu rechnen). Wir erkennen also, daß es viele interessentranszendente und völlig von allem Menschlichen unabhängige Tatsachen gibt. Nur sind diese deswegen weder sinnlos noch das Paradigma für Existenz. Die Entgegensetzung von nomologisch geschlossener, sinnloser, rein physikalischer Welt einerseits und sinnstiftendem projizierendem autonomem Subjekt andererseits ist schlichtweg falsch.

Aus der Tatsache, daß es keine sinnlosen Tatsachen gibt, folgt übrigens auch nicht, daß die Tatsachen genau so sind, wie sie uns erscheinen. Umgekehrt folgt nur, daß wir etwas über die notwendige Struktur von Tatsachen aussagen können, aber nicht auch darüber, was diese Tatsachen denn nun insgesamt sind. Daraus, daß es nur dann ein Sinnfeld gibt, wenn es mehrere gibt, zusammen mit der These, daß es kein allumfassendes Sinnfeld gibt, folgt, daß es notwendigerweise unendlich viele Sinnfelder gibt, wenn es überhaupt etwas gibt. Doch daraus folgt nicht, daß diese unendlich vielen Sinnfelder insgesamt etwa auf die *menschlichen* Sinnbedürfnisse zugeschnitten sind.[86]

Gleichwohl müssen wir bereit sein, der Welt selbst erheblich mehr Sinn zu unterstellen, als wir aufgrund des frühneuzeitlichen physikalischen Weltbildes geneigt sein mögen. Dies ist kein Manko der Naturwissenschaften, sofern wir nicht auf den abwegigen Gedanken geraten, es gäbe keinen Gegenstandsbereich, der nicht auf einen naturwissenschaftlichen Gesamtbereich zurückzuführen ist. Die Naturwissenschaften sind wahrheitsfähige Theoriegebilde. Allerdings folgt aus den von ihnen entdeckten Tatsachen nicht, daß diese Tatsachen ein allumfassendes Sinnfeld darstellen. Diese Annahme ist einfach schlechte Metaphysik.

Eine Tatsache, mit der wir alltäglich umgehen und die manche Philosophen gern aus der Welt streichen möchten, ist Vagheit. Ein mit

---

[86] Den etwas komplizierten Beweis dafür, daß es weder nur endlich noch nur unendlich viele Sinnfelder, sondern genaugenommen sogar transfinit viele gibt, kann man an dieser Stelle aussparen. Vereinfacht gesagt, folgt dies daraus, daß zu jedem noch so großen und bestimmten Regeln unterstellten Sinnfeld ein umfassenderes existieren muß (das anderen Regeln unterstellt ist), damit das Ausgangsfeld existieren kann. Zu den Details dieses Arguments kann ich bisher nur auf eine italienische Publikation verweisen: Gabriel, M.: *Il senso dell'esistenza. Per un nuovo realismo ontologico*. Presentazione di Maurizio Ferraris, Rom 2012 sowie auf Gabriel, M.: *Warum es die Welt nicht gibt*. Berlin 2013 (i. Ersch.).

Vagheit verbundener Sinn wie der Sinn des Prädikats ... *ist ein scharfes Messer* scheint nicht zur »Welt« zu gehören, sondern eindeutig eine Projektion unseres Sinnbedürfnisses auf die Gegenstände darzustellen. Doch es ist meiner Auffassung nach nicht nur eine *diskursive* Eigenschaft von Frühstücksmessern, scharf genug auf dem Frühstückstisch, aber zu stumpf im Operationssaal zu sein. Frühstücksmesser sind (normalerweise) wirklich zu stumpf für den Operationssaal und sind dies nicht bloß, weil wir sie als zu stumpf betrachten.

Auf ähnliche Weise ist es nicht nur eine diskursive Eigenschaft von chemischen Vorgängen in astronomisch weit von uns entfernten Raumzeitregionen, sich auf eine bestimmte Weise so zu vollziehen, daß sie zugleich Verbände (etwa Atome) und grundlegendere Gegenstände (etwa Protonen) sind, die wiederum Sinnfelder sind, in die Gegenstände eingebettet sind. Auch die raumzeitliche Verlaufsform eines Ereignisses wie etwa der Ausdehnung des Universums bildet ein Sinnfeld, das in diesem Fall eine physikalische Bedingung der Bereitstellung diskursiver Ereignisse ist, die sich ihrerseits (dann aber nicht als diskursive Ereignisse) im Sinnfeld physikalischer Ereignisse verorten lassen.

Frege führt als Beispiel für Sinndifferenz einmal an, daß man mit »derselben Wahrheit« sagen könne, »dies ist eine Baumgruppe« und »dies sind fünf Bäume«[87]. Dasselbe ist je nach Sinnfeld eine Baumgruppe und fünf Bäume. Nun sind der Begriff der Baumgruppe bzw. der Begriff des Baumes sinndifferent. Der mit ihnen assoziierte Sinn ist gleichwohl *objektiv*. Daß wir uns auf »dasselbe« einmal als auf eine Baumgruppe und ein anderes Mal auch als auf fünf Bäume beziehen können, ist keine subjektive Vorstellung, sondern entspricht dem Umstand, daß »dasselbe« sowohl im Sinnfeld »Baumgruppe« als auch im Sinnfeld »Baum« erscheint. Oder, um Freges Einsicht, daß sich die zugrundegelegte Identität nur als semantische Voraussetzung erschließt, Rechnung zu tragen: Wir haben nur Zugang zu dem Umstand, daß es sich um dasselbe handelt, weil wir es auf zwei verschiedene Weisen (und genaugenommen auf transfinit viele verschiedene Weisen) thematisieren können, wobei diese Weisen objektiv in dem Sinne sind, daß diese Weisen auch für andere zugänglich sind.

In der Tat gehe ich also davon aus, daß ontologische Identitätskriterien bestehen, wenn wir diese auch nicht immer richtig erfassen. Daß sich beispielsweise zu einer bestimmten Zeit an einer bestimmten Stelle

---

[87] Frege: *Grundlagen der Arithmetik*, S. 59.

auf meinem Schreibtisch ein Buch, aber kein Mettigel befindet, bedeutet unter anderem, daß die Existenz eines Mettigels zu diesem Zeitpunkt an dieser Stelle mit der faktischen Existenz eines Buches zu diesem Zeitpunkt an dieser Stelle inkompatibel ist. Da es sich dem rein formalen Gegenstandsbegriff zufolge bei Propositionen ebenso um Gegenstände wie bei Mettigeln handelt (wenn beide Gegenstände auch aufgrund ihres Vorkommens in verschiedenen Sinnfeldern offenkundig verschieden sind), gibt es eine ontologisch grundlegende Inkompatibilität, die neutral ist hinsichtlich der von Brandom verteidigten deontologischen Differenz, wie ich dies nenne.

Mit dem Ausdruck »deontologische Differenz« ist folgendes gemeint: **Deontologie** ist die Lehre von unseren Verpflichtungen (von griechisch, *to deon*, τὸ δέον, »das, was man soll«). Brandom behauptet, daß es zwei Formen von Inkompatibilität gebe. Die eine betreffe die Welt, die andere nur unsere inferentiellen Verpflichtungen. So könne ein Stein kein Löwe sein, dies sei eine **ontologische Inkompatibilität**, während wir nicht meinen *sollen*, dieser Stein da sei ein Löwe, dies aber immerhin meinen *können*, und damit eine falsche Überzeugung hätten. Die Meinung, dies sei ein Stein, und die Meinung, dies sei ein Löwe, stehen im Verhältnis der **deontologischen Inkompatibilität**; man *soll* nicht beide haben, gerade weil man imstande ist, beide zu haben. Die Differenz zwischen diesen beiden Inkompatibilitätstypen nenne ich die **deontologische Differenz**. Brandom unterscheidet zwischen *objektiver* Inkompatibilität, die nicht bestehen *kann*, und *subjektiver* Inkompatibilität, die nicht bestehen *soll*, und bringt dies etwa an der folgenden Stelle auf den Punkt:

»Der Prozeß auf der subjektiven Seite der Gewißheit, welcher der Relation der Inkompatibilität von Tatsachen und Eigenschaften auf der objektiven Seite der Wahrheit entspricht, besteht darin, inkompatible Verpflichtungen aufzulösen, indem man sie revidiert oder eine von beiden aufgibt. […] [O]bjektiv inkompatible Eigenschaften können nicht dasselbe Objekt charakterisieren (objektiv inkompatible Tatsachen können nicht dieselbe Welt charakterisieren), während subjektiv inkompatible Verpflichtungen lediglich nicht dasselbe Subjekt charakterisieren sollen.«[88]

---

[88] Meine Übersetzung von Brandom: *Tales of the Mighty Dead*, S. 193: »The process on the subjective side of certainty that corresponds to the relation of incompatibility of facts or properties on the objective side of truth is resolving incompatible commitments by revising or relinquishing one of them. […] [O]bjectively incompatible properties cannot characterize the same object (objectively incompatible facts cannot characterize the same

III. Kapitel: Die Welt der Bezugnahme

Brandom übersieht, daß die deontologische Differenz eine ontologische Aussage impliziert. Sie behauptet nämlich, daß inkompatible Aussagen nicht in der Welt existieren. Damit wird aber wiederum unterstellt, daß die Welt nur aus physikalischen Gegenständen besteht, die grundlegend durch ihre Widerspruchsfreiheit bestimmt sind. Sie seien eben dasjenige, was sie sind, und könnten gar nichts anderes sein. Daraus folgt, daß wir Subjekte nicht in der Welt existieren, da wir als Subjekte eben keine widerspruchsfreien Gegenstände sind. Brandoms Distinktion schließt Subjekte ausdrücklich aus der Welt aus, ohne anzugeben, in welches ontologische Niemandsland wir damit eigentlich verbannt werden.

Gegenstände sind in verschiedene Zusammenhänge eingebettet. Diese Einbettung ist ebenso objektiv wie die Gegenstände selbst. Bestritten wir dies, landeten wir in der irrigen Annahme, die Welt sei durchgängig bestimmt, weil nomologisch geschlossen, aber völlig sinnlos, während unsere Überzeugungen lückenhaft und irrtumsanfällig sind. Nicht nur ist dies auch nur eine Überzeugung über die Welt, die *ex hypothesi* irrtumsanfällig ist. Das Problem ist, daß der Dissens nur auf die subjektive Seite unseres Weltzugangs verlegt wird. Diese Arbeitsteilung funktioniert aus den Gründen, die wir in diesem Kapitel kennengelernt haben, nicht. Deswegen war es wichtig, in Betracht zu ziehen, daß die Erkenntnis der Welt in der Welt stattfindet, und überdies festzuhalten, daß der damit markierte Bereich, die »Welt«, keineswegs identisch mit dem Gegenstandsbereich der Physik, dem »Universum«, ist. Außerdem haben wir nun gesehen, daß dem Weltbegriff kein gigantischer Gegenstand entspricht. Die Welt selbst entzieht sich jedem Zugriff. Was wir erkennen, sind immer nur Weltzustände, Tatsachen, und dies immer nur so, daß wir sie in Sinnfelder eingebettet erkennen. Tatsachen sind immer so-und-so bestimmte Tatsachen. Was die Tatsachen dabei zu solchen oder solchen Tatsachen macht, ist ihr Sinn, die Art, in der sie gegeben werden oder sich geben. Welt und Bezugnahme verweisen damit aufeinander. Dies bedeutet nicht, daß sie wie durch ein Wunder oder durch »Gottes Willen« aufeinander abgestimmt sind, sondern dies folgt einfach daraus, daß Bezugnahme sich bereits in der Welt befindet. Wenn wir die Welt erkennen, dann schauen wir nicht von Nirgendwo ins Weltall hinein. Realisiert man diese Einsicht, muß man bedenken, daß die Blickrichtung, die wir jeweils einnehmen, bereits vor-

---

world), while subjectively incompatible commitments merely ought not to characterize the same subject.«

gezeichnet ist. Der Sinn, die Art des Gegebenseins, ist ebenso objektiv wie die Gegenstände, die in durch Sinn ausgerichteten Tatsachen begegnen. Wir bewegen uns von Sinnfeld zu Sinnfeld, von Tatsache zu Tatsache, selbst wenn wir uns täuschen. Denn dann ist es eben eine Tatsache, daß wir uns täuschen. Weder die Wahrheit noch der Irrtum führen aus der Welt hinaus.

IV. Kapitel: Begriffliche Relativität und Grenzen der Erkenntnis

1. Begriffliche und ontologische Relativität

Die These der **begrifflichen Relativität** behauptet, daß es verschiedene, nicht ineinander übersetzbare Formen gibt, sich auf Gegenstände zu beziehen. Schließt man aus dieser Pluralität unserer Zugangsweisen zu Gegenständen – zu Recht – darauf, daß die Gegenstände selbst intrinsisch voneinander verschieden sein müssen und verschiedenen »Gegenstandssphären« angehören, wie Rudolf Carnap dies genannt hat, gelangt man zur komplementären These der **ontologischen Relativität** der Gegenstände.[1] Die These der ontologischen Relativität behauptet also, daß die Gegenstände uns nicht nur auf verschiedene, nicht ineinander übersetzbare Weisen *erscheinen*, sondern daß sie auch selbst intrinsisch voneinander unterschieden *sind* und an sich differenten Gegenstandsbereichen angehören. Die Pluralität unserer Systeme der Bezugnahme entspricht der Pluralität der Systeme der Gegenstände. Die These von der begrifflichen und ontologischen Relativität beerbt Kants prominentes Diktum:

»Die Bedingungen a priori einer möglichen Erfahrung überhaupt sind zugleich Bedingungen der Möglichkeit der Gegenstände der Erfahrung.«[2]

---

[1] Vgl. Carnap: *Der logische Aufbau der Welt*, §§ 17–25.
[2] KrV, A 111. Man beachte, daß Kant nicht schreibt, die Bedingungen a priori einer möglichen Erfahrung überhaupt seien zugleich die Bedingungen der Möglichkeit der Gegenstände der Erfahrung. Kants These lautet vielmehr, daß die Bedingungen einer möglichen Erfahrung überhaupt unter anderem Bedingungen der Möglichkeit der Gegenstände der Erfahrung sind. Es erforderte eine umfangreiche Kantexegese, um zu erläutern, was mit dieser Behauptung einhergeht. In aller Kürze kann man sagen, daß Kant der Meinung ist, daß Wesen mit unseren Bedingungen einer Erfahrung überhaupt dazu tendieren, auch unabhängig vom Gebiet möglicher Erfahrung nach nichtsinnlichen Gegenständen (wie Gott, Seele und Freiheit, um Kants Beispiele zu wählen) Ausschau zu halten. Die Kategorien, die einen wesentlichen Bestandteil *unserer* Ausstattung aus-

IV. Kapitel: Begriffliche Relativität und Grenzen der Erkenntnis

Ich lese diesen Satz dabei folgendermaßen: Nehmen wir an, es gäbe drei Frösche in einem Teich, aber keine Fische. In diesem Fall wäre es wahr, daß es einige Frösche, aber keine Fische im Teich gibt. Die Quantoren, »einige« bzw. »keine«, gehören zur logischen Form der Bezugnahme, sie stehen unter logischen Gesetzen, während es keine Logik der Frösche oder Fische gibt. Nun sollte man aber nicht annehmen, daß unsere logischen Formen deswegen nicht objektiv sind. Sonst müßten wir annehmen, daß die Frösche an sich nicht quantifiziert sind und es demnach etwa nur einen oder unbestimmt viele Frösche gibt, wo wir drei Frösche hinprojizieren, was Unsinn ist. Demnach betreffen unsere logischen Formen als Bedingungen einer möglichen Erfahrung auch die Gegenstände dieser Erfahrung, auch unser logisches Vokabular »hört nicht kurz vor den Tatsachen auf«[3], wie McDowell allgemein für unsere wahrheitsfähige Einstellung zu Tatsachen behauptet hat.

Der zugrundeliegende Gedanke läßt sich anhand eines Würfelbeispiels konkretisieren, das eine Version von Hilary Putnams berühmtem Argument für die begriffliche Relativität darstellt.[4] Stellen wir uns vor, auf einem Tisch befinden sich drei Gegenstände, ein blauer, ein roter und ein weißer Würfel. Nennen wir dies die *Würfelwelt* und das gesamte folgende Szenario das *Würfelgleichnis*. Wenn wir uns nun fragen, wie viele Gegenstände sich auf dem Tisch befinden, dürfte eine erste,

---

machen, könnten (im Sinne der *tatsächlichen,* nicht der *epistemischen* Möglichkeit) auch auf nichtsinnliche Gegenstände bezogen werden, was uns epistemisch prinzipiell unmöglich ist, was aber tatsächlich nicht ausgeschlossen werden kann. Hier wiederholt sich das oben, S. 262, angesprochene Problem, daß man nicht ausschließen sollte, daß die Dinge an sich genau so strukturiert sind wie die Erscheinungen. Wenn dies aber der Fall sein sollte, wären die Bedingungen einer möglichen Erfahrung überhaupt tatsächlich die Bedingungen für alle Gegenstände. Wir können in dieser Hinsicht allerdings zu keiner berechtigten Überzeugung gelangen, weil Dinge an sich *per definitionem* außerhalb unserer kognitiven (an propositionaler Wahrheit oder Falschheit orientierten) Reichweite »liegen«.

[3] Vgl. McDowell: *Geist und Welt,* S. 51: »Dieses Bild der Offenheit gegenüber der Realität ist uns aufgrund der Stellung verfügbar, die wir der Realität einräumen, die in der Erfahrung auf das Subjekt einwirkt. Obwohl die Realität nicht von unserem Denken abhängt, darf man sie nicht so beschreiben, als stehe sie jenseits der Grenze, welche die Begriffssphäre umschließt. *Daß die Dinge so und so sind,* ist der begriffliche Inhalt einer Erfahrung. Wenn sich das Subjekt der Erfahrung nicht irrt, dann ist dieselbe Sache, *daß nämlich die Dinge so und so sind,* auch ein wahrnehmbarer Sachverhalt, ein Aspekt der wahrnehmbaren Welt.«

[4] Vgl. dazu insbesondere die Version begrifflicher Relativität in Putnam, H.: *Ethics without Ontology.* Cambridge, Ma. 2004, S. 33–51.

völlig korrekte (und wahre) Antwort lauten: »3«. Die Antwort »3« ist eine wahre Antwort auf die Frage, wie viele Würfel sich auf dem Tisch befinden, aber eine falsche Antwort auf die Frage, wie viele Würfelseiten oder wie viele Kunstwerke oder wie viele Darstellungen der französischen Flagge sich auf dem Tisch befinden. Ebenso wäre die Antwort »4« oder »7« auf die Frage nach den Würfeln einfach falsch, weil es eben nur drei Würfel auf dem Tisch gibt. Die Einteilung der Welt in Würfel und die korrekte Zählung entsprechen einander.

Putnams Diagnose dieser Ausgangslage besagt, daß immer ein Begriff des »Gegenstandes« festgelegt werden muß, bevor man Wahrheitsbedingungen bestimmen kann. Die drei Würfel sind nur dann Wahrmacher des Gedankens, daß sich drei Gegenstände auf dem Tisch befinden, wenn zuvor entschieden wurde, daß »Gegenstand« und »Würfel« in der Würfelwelt dasselbe sind. Es muß mithin zuvor oder, um es in der klassischen Terminologie Kants zu sagen, *a priori* ein Bezugssystem bestehen, das Bedingungen einer möglichen Erfahrung vorschreibt. Die Äquivalenz von Gegenstand und Würfel legt fest, daß nur Würfel als Wahrmacher des Gedankens, daß es mehr als einen Gegenstand auf dem Tisch gibt, fungieren können. Die Einteilung der Welt in Würfel, d.h. die Betrachtung der Würfelwelt, ist dabei keine Projektion auf die Würfelwelt. Es gibt dort wirklich Würfel.

Nun kann man allerdings auch ein anderes Bezugssystem ansetzen. Statt die Würfel zu zählen, könnte man die Würfelseiten oder die Atome zählen, die sich auf dem Tisch befinden. Im letzteren Fall müßten freilich viele weitere Parameter festgelegt werden. Beabsichtigt man, die Atome zu zählen, aus denen die Würfel bestehen, oder auch die Atome in einer bestimmten Würfelumgebung? Wenn man nämlich die Atome, aber nicht etwa die Würfel für Gegenstände hält, könnte es sinnvoll sein, auch die atomare Umgebung der »Würfel« in Betracht zu ziehen. Von einem Tisch wäre in dieser Variante auch nicht mehr ohne weiteres die Rede. Nehmen wir an, es gäbe N Atome in der Würfelwelt. In diesem Fall wäre N, aber eben nicht M (wobei $N \neq M$) die korrekte Antwort auf die Frage, wie viele Gegenstände es in der Würfelwelt gibt. Es gibt in ihr wirklich N Atome, ebenso wie es in ihr wirklich drei Würfel gibt.

Wenn der Begriff des Gegenstandes in diesem Sinne relativ auf ein Bezugssystem bestimmt (oder, um die bisher (s.o., S. 254) verwendete Terminologie beizubehalten, *übersättigt*) wird, folgt aus der begrifflichen auch umgehend die ontologische Relativität der Gegenstände.

IV. Kapitel: Begriffliche Relativität und Grenzen der Erkenntnis

Denn von Gegenständen, die ihrerseits vor einer logischen Form existieren, d. h. davon, daß es Gegenstände *a priori* gibt, kann in diesem Modell keine Rede sein. Der Begriff des Gegenstandes überhaupt, d. h. eines uninterpretierten und uninterpretierbaren Gegenstandes, der eben einfach nur ein Gegenstand ist, spielt zwar eine entscheidende Rolle in der Erkenntnistheorie und Ontologie. Doch folgt daraus nicht, daß es sozusagen eine grundierende Schicht von Gegenständen überhaupt gibt, die wir dann mit gewissen Interpretationen (Gegenstand *als* Würfel, *als* Atomhaufen usw.) übertünchen.

Doch worauf hat man sich mit dieser Überlegung festgelegt? Auf den ersten Blick scheint man in einen überzogenen oder radikalen Tatsachenkonstruktivismus geraten zu sein. Der **radikale Tatsachenkonstruktivismus** ist die These, daß *alle* Tatsachen nur dadurch bestehen, daß es Bezugssysteme gibt, in denen sie registriert werden. Diese Auslegung der begrifflichen Relativität übersieht aber die ontologische Relativität. Man könnte etwa in diesem Sinne glauben, daß es nur Würfel gibt, weil wir den Begriff des Würfels verwenden. Handelt es sich etwa um Spielwürfel, scheinen diese doch immerhin etwas mit Würfelspielen zu tun zu haben, die es nicht gäbe, wenn wir nicht mit Würfeln spielten. Würfel, mit denen niemals jemand würfelte oder würfeln könnte (da sie etwa perfekt versteckt sind oder sich zufällig aus irgendwelchen Elementen in einer fernen einsamen Galaxie gebildet haben), wären keine Spielwürfel. Wenn aber das Spielwürfelsystem gleichsam nur durch uns in die Welt kommt und in diesem Sinne unsere »Konstruktion« ist, warum dann nicht auch annehmen, daß auch die Atome unsere Konstruktion sind? Wenn es keine Würfel ohne Würfelspiel gibt, gibt es dann eigentlich Atome ohne »Atomspiel«, d. h. ohne Atomphysik, deren Spielregeln Atome individuieren? Gibt es überhaupt Gegenstände einfach so oder, wie wir nun sagen werden, **Gegenstände** *tout court?*

Selbst wenn es natürlich einen Unterschied macht, ob wir Gegenstände normaler Spiele (wie Spielkarten oder Wii-Konsolen) oder Gegenstände wissenschaftlicher Untersuchungen betrachten, gemeinsam ist beiden zumindest, daß wir sie nur entdecken können, wenn wir die relevanten Spielregeln beherrschen, d. h., wenn wir uns darauf eingelassen haben, Gegenstände in einem bestimmten Licht, *als* Spielwürfel oder etwa *als* experimentelle Daten, zu betrachten. Alle diese Gegenstände kommen in menschlichen diskursiven Praktiken vor, d. h. in Zusammenhängen, in denen wir über Wahrheit, über Tatsachen, entscheiden. Es ist genauso eine Tatsache, wenn Georg in *Mario Kart Wii* gegen

Friedrich verliert, wie es eine Tatsache ist, daß Beryllium nicht Osmium ist. Gibt es die eine Tatsache nur durch eine menschliche begriffliche Intervention, dann gilt dies anscheinend auch für die andere. Also scheinen alle Tatsachen Konstruktionen zu sein, d. h. Gegenstände, die nur im Medium der Bezugnahme (was auch immer man dafür hält) existieren.

Dies scheint auch plausibel zu sein, wenn man beispielsweise annimmt, daß viele Tatsachen nur dadurch bestehen, daß Menschen sich imaginierend auf sie beziehen. Institutionen wie ein Wirtschaftsunternehmen sind ja keine physikalischen Gegenstände wie Steine, sondern existieren wesentlich auch in unseren Meinungen, ebenso wie Staatsgrenzen und vieles andere. Erklärt man diesen Eindruck unter Rekurs auf die These der begrifflichen Relativität, kommt man scheinbar umstandslos bei der radikalen Annahme an, daß alle Tatsachen Menschenwerk sind – eine Überlegung, die vermutlich bereits hinter dem antiken, Protagoras zugeschriebenen **Homo-mensura-Satz** steht: »Der Mensch ist das Maß aller Dinge, der Seienden, daß sie sind, der nicht Seienden, daß sie nicht sind.« (DK 80 B 1)

Allerdings handelt es sich bei diesem Gedankengang, der die gesamte »Wirklichkeit« in eine Art Massenhalluzination verwandelt, um ein auf vielfache Weise inkonsistentes Gebäude. Daraus, daß der radikale Tatsachenkonstruktivismus falsch ist, darf man aber auch nicht voreilig darauf schließen, daß es keine Pluralität begrifflicher Bezugssysteme gibt, womit man das Kind mit dem Bade ausschüttete. Der entscheidende Irrtum des radikalen Tatsachenkonstruktivismus besteht darin, daß er zweierlei verwechselt: den Umstand, daß alle Gegenstände, die für uns in Frage kommen, nur durch Bezugssysteme erkennbar sind, mit dem Umstand, daß diese Bezugssysteme immer auch eine Facette haben, die darin besteht, daß wir sie verwenden. Eine menschliche Institution wie ein Videospiel existiert nur dann, wenn irgendwann einmal jemand eine Intention hatte, mit diesem Videospiel etwas anzufangen, was nicht bedeutet, daß die *Tatsache*, daß es Videospiele gibt, konstruiert wird. Zwar werden Videospiele in einem unverfänglichen Sinne konstruiert, doch wird damit nicht die Tatsache konstruiert, daß Videospiele in einem unverfänglichen Sinne konstruiert werden. Es wird für immer der Fall sein oder der Fall gewesen sein, daß es heute, während der Abfassung dieser Zeile, Videospiele gibt. Sobald etwas der Fall ist, wird es für immer der Fall gewesen sein, wobei ich es offenlasse, ob daraus etwa auch folgt, daß alles in einem zeitlosen Sinn immer schon der Fall ist.

IV. Kapitel: Begriffliche Relativität und Grenzen der Erkenntnis

Kehren wir zur Ausgangslage, der Eröffnungsstellung der Würfelwelt, zurück. Dort fanden wir drei Würfel vor. Anschließend ließen wir unserer Einbildungskraft einigermaßen freien Lauf, um mögliche oder wirkliche Alternativen zu der Auffassung zu entwerfen, es handle sich um eine Welt mit drei Gegenständen. Dabei entdeckten wir unsere semantische Freiheit, namentlich die Freiheit, zwischen Bezugssystemen zu wählen und damit verschiedene Gegenstandstypen anzuvisieren. Da unser Interesse als Erkenntnistheoretiker wesentlich in der Suche nach Wahrheiten (über Erkenntnis) besteht, konnten wir uns eigentlich nicht vorstellen, welche Gründe uns dazu bewegen könnten, irgendeines der Bezugssysteme vorzuziehen. Wir sahen sie alle als Kandidaten an, für oder gegen die man votieren kann. Man kann entweder Würfel oder Atome untersuchen. Es sieht so aus, als ob diese Wahl beliebig wäre.

Dabei haben wir aber übersehen, daß dieser kreative Spielraum nur dadurch eröffnet wurde, daß wir die Eröffnungsstellung nicht selbst als optional betrachtet haben. Wir sind so vorgegangen, als gäbe es zunächst drei Gegenstände auf einem Tisch (damit wohl in der Würfelwelt insgesamt eher auch schon vier), die man sich dann auf verschiedene Weisen vergegenwärtigen kann, so daß plötzlich unzählige andere Gegenstände erscheinen. Dabei sind die vielen Modelle nicht mehr ineinander übersetzbar. Denn die Atomwelt zählt gar nichts mehr von demjenigen ab, was in der Würfelwelt in Frage kam, da eben die Würfel- oder Tischgrenzen aus der Betrachtung verschwinden. Die Würfel sind in der Atomwelt genauso unsichtbar wie die Atome in der Würfelwelt. Das bedeutet aber, daß wir unsere Eröffnungsstellung aus den Augen verloren haben. Wir können gar nicht mehr behaupten, daß es irgendwelche Gegenstände gibt, die in verschiedenen Bezugssystemen auf verschiedene, teilweise nicht ineinander übersetzbare Weisen begegnen oder in Erscheinung treten. Doch wenn es keine Eröffnungsstellung gibt, sondern etwa nur noch interpretierte Gegenstände, was ist es dann, das überhaupt noch interpretiert wird? Man kann doch nicht sagen, wir sehen *die Würfel* teilweise *als* Würfel und teilweise *als* Atome. Doch was ist es dann, das wir einmal als dieses und einmal als jenes ansehen?

Nähern wir uns dieser Schwierigkeit noch einmal auf eine andere Weise. Die Annahme, es gebe eine Welt, zunächst einmal die Würfelwelt, die je nach Wahl eines begrifflichen Bezugssystems so oder so erscheint, erscheint *ex hypothesi* selbst in einem begrifflichen Bezugssystem. In diesem Bezugssystem sieht es so aus, als gäbe es eine zugrundeliegende, elementare Vielheit, die dann in Ordnungssystemen verschieden aufgeteilt erscheint. Doch diese Annahme erscheint selbst nur in einem begrifflichen Bezugssystem unter anderen. Man kann demnach nicht mehr davon ausgehen, daß etwa die Würfelwelt und die Atomwelt dasjenige gemeinsam haben, daß sie X-Welten sind. Denn diese Gemeinsamkeit vereinfachte die Lage und stellte ein Bezugssystem her, in das alle anderen Bezugssysteme übersetzbar wären, nämlich die X-Welt selbst.

Doch genau diese Konsequenz folgt ausgerechnet aus dem radikalen Tatsachenkonstruktivismus! Entgegen der relativistischen, gleichsam liberal klingenden Äußerungen seiner Vertreter beansprucht er, ein Übersetzungshandbuch für alle menschlichen diskursiven Praktiken, ja, für alle Tatsachen gefunden zu haben. Der erste Satz dieses Handbuchs lautet: Alle Tatsachen sind als Tatsachen konstruiert. Ein solches allumfassendes Weltbild ist ihm zufolge aber unmöglich. Mit anderen Worten, der radikale Tatsachenkonstruktivismus scheitert an seinem Universalitätsanspruch, d. h. an dem Anspruch, prinzipiell für alle Tatsachen zu gelten.

Daraus kann man umgekehrt darauf schließen, daß es immer irgendeine Tatsache gibt, die nicht konstruiert ist. Ein **lokaler Tatsachenkonstruktivismus**, der behauptet, daß einige (vielleicht beinahe alle oder gar alle bis auf eine) Tatsachen konstruiert sind, wäre nicht in derselben Weise inkonsistent wie der radikale, aber er wäre auch zumindest nicht mehr in derselben Weise wie der radikale durch das Würfelgleichnis motivierbar. Sprich, es könnte Gründe geben, einige Tatsachen für Konstruktionen zu halten (etwa die Inhalte von Wahnvorstellungen), aber daraus folgte dann nicht mehr auf konsistente Weise, daß *alle* Tatsachen Konstruktionen sein könnten. Daß jemand eine Wahnvorstellung hat, ist als solches noch keine Wahnvorstellung, es sei denn, jemand anderes hat die Wahnvorstellung, daß jemand eine Wahnvorstellung hat. Doch dann ist eben die Wahnvorstellung zweiter Stufe keine weitere Wahnvorstellung, es sei denn, man faßte den Konstruktivismus als die These einer infiniten Verschachtelung von Wahnvorstellungen auf, wovon zumindest jedem Konstruktivisten abzuraten ist.

Noch einmal: Die Tatsache, daß alle Tatsachen Resultat einer Interaktion von (an sich unerkennbarer) Welt und Bezugssystem sind, ist selbst kein Resultat einer solchen Interaktion. Nennen wir diese Einsicht eine Anwendung des **Arguments aus der Faktizität**.[5] Dieses

---

[5] Dieses Argument zirkuliert in der Gegenwartsphilosophie im Ausgang von den Ver-

IV. Kapitel: Begriffliche Relativität und Grenzen der Erkenntnis

weist darauf hin, daß jede Relativierung von Tatsachen auf ein Bezugssystem an irgendeinem Punkt eine Tatsache in Rechnung stellen muß, die dieser Relativierung vorhergeht und sei dies die Tatsache der Relativierung selbst. Irgendeine Tatsache besteht ohnehin. Irgend etwas ist der Fall. Dies ist auch eine Bedingung dafür, daß wir uns täuschen können, schon deswegen, weil es im Fall einer Täuschung eine Tatsache ist, daß jemand sich täuscht.

Mithin kommt alles darauf an, eine Version der begrifflichen Relativität (die eine korrekte Diagnose beinhaltet) zu entwerfen, die dem Argument aus der Faktizität Rechnung trägt. Um besser einschätzen zu können, was dabei auf dem Spiel steht, seien vorab noch zwei Optionen unterschieden, die beide zu einseitig sind: Der **radikale Tatsachenkonstruktivismus** und der **radikale Tatsachenobjektivismus**. Während jener, wie gesehen, vorschnell aus der begrifflichen Relativität auf eine alles umfassende Diagnose schließt, bestreitet dieser, daß es überhaupt verschiedene Bezugssysteme gibt, bzw. genauer: daß die Existenz verschiedener Bezugssysteme irgendeinen Schluß auf die Struktur der Tatsachen zuläßt. Da aber verschiedene Bezugssysteme existieren, ist auch dies eine Tatsache. Der Umstand, daß wir uns Tatsachen auf verschiedene, nicht immer ineinander übersetzbare Weisen verständlich machen können, bedeutet weder, daß es keine Tatsachen gibt, noch, daß es keine Rolle spielt, daß wir sie uns auf verschiedene Weisen verständlich machen können.

Schauen wir uns ein ganz einfaches Beispiel an: Honig sieht gelb aus, schmeckt süß, ist zähflüssig, wird von Bienen produziert usw. Das Bezugssystem, in dem Honig süß schmeckt, ist nicht übersetzbar in das Bezugssystem, in dem er gelb aussieht. Entsprechend folgt aus der gelben Farbe eines zähflüssigen Gegenstandes keineswegs, daß er süß schmeckt, und auch nicht, daß es sich um Honig handelt. Die genannten Honig betreffenden Tatsachen lassen sich nicht auf ein einziges Bezugssystem beziehen. Selbst wenn man sagen wollte, daß sich alle diese Tatsachen *behaupten* lassen und demnach im Bezugssystem der Begriffe zusammenhängen, verfehlt man doch vieles oder gar das meiste, wenn man das Süßsein des Honigs auf den Begriff des Süßseins reduziert. Wer nur den Begriff des Süßseins des Honigs, aber etwa keine

---

sionen Paul Boghossians und Quentin Meillassoux'. Vgl. Boghossian, P. A.: *Fear of Knowledge. Against Relativism and Constructivism*. Oxford 2006; Meillassoux: *Nach der Endlichkeit*.

Geschmacksnerven hätte, hätte vermutlich nicht einmal *unseren* Begriff des Süßseins des Honigs, zu dem die Erfahrung des Süßseins hinzugehört. Unser kognitiver Apparat besteht aus verschiedenen Vorgängen, die nicht ineinander übersetzbar sind, die wir aber jeweils durch diskursive, begriffliche und sprachliche Fähigkeiten in Verbindung bringen, was noch nicht heißt, daß wir ein allumfassendes Bezugssystem etablieren.

Es geht bei der Frage der begrifflichen Relativität demnach gar nicht so sehr um die Frage, wie sich etwa verschiedene Kulturen oder Sprachen zueinander verhalten, sondern fundamental darum, daß Begriffe ein und derselben Sprache nur relativ auf ein Bezugssystem Sinn und Bedeutung erlangen.

Diese Tatsache ist nun nicht nur eine uns betreffende Tatsache. Die Pluralität der Bezugssysteme ist nicht nur die Pluralität unseres kognitiven Zugangs zur Welt (oder auch anderer, etwa exobiologischer, Zugänge), schon deswegen nicht, weil unser kognitiver Zugang zur Welt selbst zur Welt gehört. Wenn ich einen Ton höre, so gehört der Ton, den ich höre, genauso zur Welt wie die Schallwellen, die an mein Ohr treffen, oder der Erdmond. Unser Zugang zur Welt gehört zur Welt, wir registrieren die Welt von innen, bzw. genauer: Wir registrieren einen Ausschnitt von etwas, das insgesamt nicht existiert (die Welt), was nicht heißt, daß der Ausschnitt nicht existiert.

Der begrifflichen entspricht demnach eine ontologische Relativität. Die Tatsachen selbst sind relativ in dem Sinne, daß es Tatsachen nur in Gegenstandsbereichen gibt, in denen sie vorkommen. Eine absolute Tatsache, die in keinem bestimmten Kontext im Unterschied zu einem anderen vorkommt, ist keine Tatsache, sondern gar nichts. Und zwar ist sie nicht nur nichts, das wir erkennen können, sondern sie ist wirklich nichts.

Kommen wir auf das Würfelgleichnis zurück. Es gibt gar kein ursprüngliches Szenario, »die Würfel«, das dann durch verschiedene Anordnungen oder relativ auf verschiedene Bezugssysteme anders erscheint, sondern es gibt nur die Erscheinungen. Oder, wie Hegel dies einmal ausgedrückt hat:

»*Das Sein ist Schein*. Das Sein des Scheins besteht allein in dem Aufgehobensein des Seins, in seiner Nichtigkeit; diese Nichtigkeit hat es im Wesen, und außer seiner Nichtigkeit, außer dem Wesen ist er nicht. Er ist das Negative gesetzt als Negatives.« (TWA, 6, 19)

IV. Kapitel: Begriffliche Relativität und Grenzen der Erkenntnis

Diese etwas kryptische Passage kann man sich leicht verständlich machen. Die Annahme, es gebe einen fixen Ausgangspunkt, auf den sich unsere Erkenntnisbemühungen in jeder erdenklichen, kognitiv und epistemisch relevanten Form (also in unserem Fall die drei Würfel auf dem Tisch) beziehen, nennt Hegel »das Sein«. Dieses Sein ist Schein, d. h., diese Annahme erscheint selbst in einer kognitiv und epistemisch relevanten Form (in dem Gedanken, den wir gerade zu durchdenken versuchen). Die Einsicht, daß das Sein Schein ist, nennt Hegel das »Aufgehobensein des Seins«. »Das Sein ist nichtig«, bedeutet demnach, daß das Sein die nichtige Annahme sei, es müsse eine grundlegende Sphäre, ein Substrat geben, das unsere kognitiven Anstrengungen im Erfolgsfall sättigt. Doch die Unterscheidung von sättigenden Tatsachen einerseits und möglicherweise falschen Überzeugungen oder möglicherweise scheiternden kognitiven Anstrengungen andererseits fällt wieder in die Cartesische Metaphysik der Intentionalität zurück. Denn es wird wieder übersehen, daß die Unterscheidung selbst eine sättigende Tatsache des Gedankens sein muß, mit dem wir sie konstatieren. Da dieser Gedanke sich aber auf eine Tatsache bezieht, die aus sättigenden Tatsachen und möglicherweise falschen Gedanken besteht (denn wir wollen diese ja in der Tatsache zusammenfassen, daß sie verschieden sind), haben wir sättigende Tatsachen erzeugt, die teilweise aus ungesättigten Anstrengungen bestehen.

Dies meint Hegel mit dem Setzen des Negativen. Wir haben uns auf einen Unterschied, auf das Negative bezogen, auf die Differenz von Tatsachen und Überzeugungen, die damit selbst zu einer Tatsache wurde, auf die wir uns mit einer Überzeugung beziehen. Wir haben also nicht nur das Negative gesetzt, indem wir uns auf die Differenz bezogen haben, sondern wir haben das Negative gesetzt, als Negatives. Deswegen ist es entscheidend, das Komma im Zitat zu beachten. Das Setzen des Negativen ist selbst etwas Negatives. Sprich: Die Bezugnahme auf eine Bedingung der Fallibilität ist hier selbst fallibel. Dies bedeutet aber, daß wir unsere Annahmen über den »Boden der Tatsachen« geändert haben. Denn dieser kann nicht ausschließlich aus sättigenden Tatsachen bestehen. Er muß Risse aufweisen, da wir uns sonst nicht auf ihn beziehen könnten. Denn es ist eine Tatsache, daß wir uns gerade auf Tatsachen als Tatsachen beziehen und daß wir dabei fallibel sind. Mithin kann die »Wirklichkeit«, um es plakativ zu sagen, nicht geschlossen sein. Die Wirklichkeit selbst ist lückenhaft, und an ihren Leerstellen tauchen unsere wahrheitsfähigen, aber keineswegs notwendigerweise wahren Gedanken auf: Das Phänomen der begrifflichen Relativität, das uns eigentlich aus dem alltäglichen Umgang mit Gegenständen vertraut ist, kann als konsistent nur dann philosophisch erfaßt werden, wenn wir das Phänomen der ontologischen Relativität mit in Rechnung stellen.

An dieser Stelle mag es hilfreich sein, den Begriff der ontologischen Relativität ein wenig genauer zu verorten. Quine beginnt seinen berühmten Aufsatz »Ontologische Relativität« mit der These, »daß Wissen, Geist und Bedeutung Teile derselben Welt sind, mit der sie sich befassen«[6]. Allerdings versteht er im weiteren Zusammenhang seiner Ausführungen unter »ontologischer Relativität« keineswegs eine These, der zufolge alles, was existiert, nur in einem Gegenstandsbereich existiert, zusammen mit der These, daß es keinen allumfassenden Gegenstandsbereich gibt. Denn er nimmt umgekehrt von vornherein an, daß die »Welt« – Quines Name für einen allumfassenden Gegenstandsbereich – identisch ist mit dem Gegenstand der empirischen Einzel- (v. a. der Natur-)Wissenschaften. Damit bleibt er aber genau dem Empirismus verhaftet, den er in einem anderen Aufsatz zurückgewiesen hat.[7] Denn er nimmt an, daß die Quelle aller unserer Informationen die experimentell zu reglementierende Sinneserfahrung ist, daß wir nichts über die »Welt« oder genauer: über Weltzustände wissen können, was nicht in kausaler Verbindung mit unseren Nervenenden steht, eine Theorie, die er v. a. in seinem Buch *Wort und Gegenstand* entwickelt hat.[8]

Allerdings sprechen gegen diese universale Annahme über den Aufbau jeglicher Versuchsanordnung mit möglicher positiver Informationsbilanz unter anderem all diejenigen Gründe, die wir bereits bei holistischen Positionen kennengelernt haben. Ein besonders triftiges Argument läßt sich aus Wittgensteins berühmtem *Privatsprachenargument* ableiten, das man folgendermaßen rekonstruieren kann.[9]

In § 258 der *Philosophischen Untersuchungen* entwickelt Wittgenstein ein berühmtes Gedankenexperiment, in dem eine Person (sagen

---

[6] Quine, W. V. O.: »Ontologische Relativität«, in: Ders.: *Ontologische Relativität und andere Schriften*. Übers. von W. Spohn, Stuttgart 1975, S. 41–96, hier: S. 41.
[7] Vgl. Quine, W. V. O.: »Zwei Dogmen des Empirismus«, in: Ders.: *Von einem logischen Standpunkt. Neun logisch-philosophische Essays*. Übers. von R. Bluhm, Frankfurt am Main 1979, S. 27–50.
[8] Quine, W. V. O.: *Wort und Gegenstand*. Übers. von J. Schulte und D. Birnbacher, Stuttgart 1980.
[9] Vgl. dazu ausführlicher *An den Grenzen der Erkenntnistheorie*, §§ 9 f.

wir S) versucht, eine private Empfindungssprache zu etablieren, indem sie immer dann, wenn sie eine bestimmte Empfindung »E« hat, einen Eintrag in ein Empfindungstagebuch macht, das nur sie allein verstehen kann. Denn ausschließlich S hat Zugang zu ihren Empfindungen, so daß niemand außer S sagen kann, ob S an einem bestimmten Tag wirklich die Empfindung E hatte, die sie in ihr Tagebuch einträgt. Alle anderen außer S können bestenfalls erraten, was in S wirklich vorgeht, während S mit unerschütterlicher Gewißheit weiß, ob und wann sie E hat oder hatte und was für ein Gefühl E ist.

Doch wie kann S wissen, daß ihr wiederholt eingetragenes Zeichen »E« wirklich E bedeutet? Wie kann sie ihre Empfindung überhaupt mit einem Zeichen verknüpfen dergestalt, daß sie das Zeichen bei jedem E-Ereignis korrekt verwendet? Wie kann S wissen, daß sie gerade wirklich E und nicht E^2 hat? Dazu reicht es natürlich nicht hin, auf eine weitere Empfindung hinzuweisen, die S mit absoluter Gewißheit sagt, daß sie gerade E und nicht E^2 hat.

Nennen wir eine Empfindung **semantisch privat**, wenn prinzipiell nur das Subjekt, das sie hat, imstande ist, den Ausdruck zu verstehen, mit dem es sich auf die Empfindung bezieht. Wenn die Empfindung E^3, die hilft, zwischen E und E^2 zu unterscheiden, semantisch privat wäre, hilft die Ausflucht zu E^3 nicht, da es wiederum keine Sicherheit dafür gibt, daß E^3 nicht E^4 ist. Wenn S ihre absolute Gewißheit, daß E heute nicht E^2 bezeichnet, darauf stützt, daß sie eine weitere Empfindung (etwa eine untrügliche Intuition oder innere Anschauung) hat, die semantisch privat ist usw., verstrickt sie sich somit in einen infiniten Regreß.

Wenn man sich an diesem Punkt auf eine Intuition oder eine rein innerliche Erfassung des Unterschiedes von E und E^2 beriefe, käme man nicht weiter, wie Wittgenstein zu Recht anmerkt, da auch die Intuition (wie jeder informative, kognitiv relevante Zustand) fallibel ist.

»Nur Intuition könnte diesen Zweifel heben? – Wenn sie eine innere Stimme ist, – wie weiß ich, *wie* ich ihr folgen soll? Und wie weiß ich, daß sie mich nicht irreleitet? Denn, kann sie mich richtig leiten, dann kann sie mich auch irreleiten. ((Die Intuition eine unnötige Ausrede.))« (PU, § 213)

Das Problem ist, daß S »kein Kriterium für die Richtigkeit« (PU, § 258) ihrer Behauptung hat, daß sie gerade E und nicht E^2 empfindet.[10] Daraus

---

[10] Das gilt allerdings nur so lange, als S *ausschließlich* auf der Basis seiner privaten Empfindungen eine Sprache etablieren will. Das Privatsprachenargument soll nicht be-

folgt aber, daß es keinen Unterschied zwischen der Präsenz von E (*Sein*) und dem Eindruck (*Schein*) gibt, daß E und nicht E^2 vorliegt. Der Unterschied von Sein und Schein ist nämlich *ex hypothesi* für den privaten Innenraum außer Kraft gesetzt. Das aber heißt: »richtig ist, was immer mir als richtig erscheinen wird. Und das heißt nur, daß hier von ›richtig‹ nicht geredet werden kann.« (PU, § 258) Da es im privaten Innenraum keinen Unterschied zwischen der *richtigen* Anwendung einer Regel, nämlich für den Ausdruck »E«, und der *scheinbar richtigen* Anwendung dieser Regel geben kann, ist jeder Eindruck der Befolgung einer Regel *ipso facto* auch schon das Befolgen einer Regel. Gäbe es aber den Unterschied zwischen einer allgemeinen Regel und einzelnen Fällen ihrer Anwendung, müßte es auch Raum für eine falsche Anwendung der Regel geben, weil nicht *alles* Anwendungsfall einer bestimmten Regel sein kann.[11] Die Regel *unter*scheidet nämlich zwischen korrekt und inkorrekt, aber sie *ent*scheidet nicht über ihre Anwendung, so daß ihr inkorrekter Gebrauch nicht durch ihre bloße Existenz ausgeschlossen werden kann.

Damit E nun wirklich E für S sein kann, muß S auch in der Annahme fehlgehen können, daß E. Um diese Fallibilität sicherzustellen, müssen Einwände möglich sein. Diese Einwände können nicht semantisch privat sein, sondern müssen von einer mit anderen geteilten Umgebung her an S adressiert werden. Demnach ist unser Mitsein mit Anderen explanatorisch primär gegenüber unserer vermeintlich logisch privaten Konfrontation mit Nervenreizen. Wir finden uns zunächst in einer sozialen, von anderen Menschen ebenfalls bewohnten Welt, in einer Gesellschaft, vor und schließen uns von dieser durch die verzerrende Annahme aus, wir müßten ein Weltbild aus Nervenreizen aufbauen.

---

weisen, daß wir keine Empfindungen haben oder daß wir über unsere Empfindungen nicht sprechen können.

[11] Sätze wie »alles ist mit sich selbst identisch« oder »alles unterscheidet sich von allem, das es nicht selbst ist«, sind keine Regeln, da sie keine Normen sein können, die sagen, was korrekt und was inkorrekt ist. Solange man nichts angeben kann, was *nicht* Fall der Regel ist, hat man es mit keiner Regel zu tun. Wenn alles mit sich selbst identisch ist, fällt nichts außerhalb der Reichweite dieser Regel. Regeln steuern die Informationsverarbeitung doxastischer Systeme, indem sie einen Unterschied zwischen einer festzuhaltenden und einer aufzugebenden Information etablieren. Regeln, die jede Information verarbeiten können, sind demnach gar keine Regeln, da sie keine Informationen verarbeiten können. Die genannten Sätze sind daher auch nicht informativ.

IV. Kapitel: Begriffliche Relativität und Grenzen der Erkenntnis

Quine versteht ontologische Relativität lediglich als ein Theoriephänomen, das auftaucht, wenn wir unsere begrifflichen Entscheidungen, dies oder jenes als Gegenstand gelten zu lassen – unsere »Setzungen (*posits*)«, wie er selbst sagt –, thematisieren.[12] Ontologische Relativität ist für Quine lediglich der Umstand, daß wir zwischen verschiedenen Gegenstandsbegriffen wählen können, wobei er die Annahme, »Gegenstand« sei letztlich äquivalent mit »physikalischer Gegenstand«, vorzieht. Es sieht so aus, als könne man beliebig zwischen Gegenstandsbegriffen wählen.

»Was mich angeht, glaube ich als Laienphysiker weiterhin an physikalische Objekte und nicht an die Götter Homers; und ich halte es für einen wissenschaftlichen Irrtum, etwas anderes zu glauben. Doch hinsichtlich ihrer epistemologischen Fundierung unterscheiden sich physikalische Objekte und Homers Götter nur graduell und nicht prinzipiell. Beide Arten Entitäten kommen nur als kulturelle Setzungen in unser Denken. Der Mythos der physikalischen Objekte ist epistemologisch den meisten darin überlegen, daß er sich wirksamer als andere Mythen erwiesen hat, dem Fluß der Erfahrungen eine handliche Struktur aufzuprägen.«[13]

Wir wollen aber nicht etwa wissen, warum Quine physikalische Gegenstände besser (oder wirklicher?) findet als Roteindrücke oder poetische Anschauungen zum Herbstbeginn, sondern ob es Roteindrücke und eine Poesie des Herbstbeginns wirklich gibt. Ich schlage vor, auf alle Fragen dieser Art mit »Ja« zu antworten, wobei es eben darauf ankommt, um welchen Gegenstandsbereich es geht. »Gibt es Einhörner?« – »Ja, z. B. im Märchen«, »Nein, z. B. nicht im Sauerland«. »Gibt es Außerirdische?« – »Auf jeden Fall! – z. B. in dem Film *Alien*« usw. Bei Quine gibt es demnach keine ontologische Relativität im hier vertretenen Sinne, sondern wiederum nur eine begriffliche.

In einem Buch, das ausgerechnet den Titel *Ethik ohne Ontologie* trägt, gelangt Hilary Putnam zu der folgenden bemerkenswerten Feststellung, in der man die Quintessenz der These der ontologischen Relativität sehen kann, wie sie hier verstanden wird. Allerdings deutet Putnam seinen Befund wiederum nur als These der begrifflichen Relativität:

»Wie kann die Frage, ob etwas *existiert*, eine Sache der *Konvention* sein? Mein Vorschlag lautet, die Frage folgendermaßen zu beantworten: Dasjenige, was

---

[12] Vgl. *Wort und Gegenstand*, § 6.
[13] Quine: »Zwei Dogmen des Empirismus«, S. 49.

Logiker ›den Existenzquantor‹ nennen, das Symbol ›(∃x)‹, und seine normalsprachlichen Gegenstücke, die Ausdrücke ›es gibt‹, ›es existieren‹, ›einige‹ usw., *haben keinen einzigen absolut präzisen Gebrauch, sondern eine ganze Familie von Gebrauchsweisen.*«[14]

Gegen Putnam sollten wir aber sofort festhalten, daß ontologische Relativität nicht rein diskursiver Natur ist. Die Pluralität der Gebrauchsweisen von »existieren« ist Ausdruck einer Pluralität von Gegenstandsbereichen, genauer von Sinnfeldern. Man könnte die These vertreten, daß es zwar eine Pluralität von Klassifizierungen und entsprechenden Prädikaten gibt, daß die »Wirklichkeit selbst« oder der Bereich der Gegenstände hingegen völlig homogen ist. Damit hätte man sich aber dafür entschieden, unsere Bezugnahme auf den vermeintlich völlig homogenen Gegenstandsbereich von diesem Bereich auszuschließen. Doch mit welchem Recht setzen wir unsere Bezugnahme auf Gegenstände den Gegenständen entgegen, wenn beide doch dem formalen Gegenstandsbegriff genügen?

Die Entgegensetzung von ontologischer und begrifflicher Relativität ist letztlich das Erbe der Cartesischen Metaphysik der Intentionalität, deren Schwächen wir bereits kennengelernt haben (s. o., Kap. III.2.1). Wenn man aber die Entgegensetzung von Tatsachen und Gedanken (bzw. Welt und Geist, Dingen und Sätzen usw.) aufgibt, da sie ontologisch nicht begründet ist, stellt sich heraus, daß es eine Eigenschaft des »Bodens der Tatsachen« selbst ist, daß er in verschiedenen Klassifikationen und in verschiedenen Bezugssystemen zur Erscheinung kommt. Tatsachen und in ihnen eingebettete Gegenstände befinden sich nicht in Opposition zu ihrer Einbettung in Bezugssysteme, zumal wahrheitsfähige Bezugssysteme ihrerseits Tatsachen sind und nicht nur Tatsachen registrieren. Es ist eine Eigenschaft einer Wasserflasche, daß sie sowohl als Atomhaufen als auch als Gegenstand der Werbeindustrie in Erscheinung treten kann und nicht lediglich eine Eigenschaft unseres Erkenntnisapparats oder unserer Bezugssysteme. Schließlich wird die Wasserflasche nicht dadurch zum Atomhaufen, daß wir sie für einen solchen halten, während es natürlich teilweise

---

[14] Meine Übersetzung von Putnam: *Ethics without Ontology*, S. 37: »How can the question whether something *exists* be a matter of *convention*? The answer, I suggest, is this: what logicians call ›the existential quantifier‹, the symbol ›(∃x)‹, and its ordinary language counterparts, the expressions ›there are‹, ›there exist‹ and ›there exists a‹, ›some‹, etc., *do not have a single absolutely precise use but a whole family of uses.*«

entscheidend für die Wasserflasche als Werbegegenstand ist, produziert zu sein, was man treffend mit dem Ausdruck »Produkt« bezeichnet.

Entsprechend muß man freilich auch Putnams Formulierung leicht korrigieren. Es geht nicht darum, sich mit der *Verschiedenheit des Gebrauchs von Existenzaussagen* vertraut zu machen, sondern darum, in dieser *die Binnendifferenzierung der Tatsachenstruktur* selbst zu erkennen. Wenn wir erkennen, erkennen wir Aspekte der Welt, welche wir deswegen nicht ihrerseits erkennen können, weil sie weder eine Tatsache noch ein gigantischer Gegenstand ist.

Die begriffliche Relativität, mit der wir durchaus alltäglich vertraut sind, entspricht demnach zumindest teilweise (nämlich im Fall wahrer Überzeugungen) einer ontologischen Relativität. Die Gegenstände sind wirklich das, als was sie uns in wahren Überzeugungen erscheinen. Es gibt nicht hinter den Gegenständen wahrer Überzeugungen noch ungebundene Gegenstände. Dies impliziert freilich auch, daß es sowohl Atomhaufen als auch Tische gibt, wobei es entscheidend ist, daß sich diese Existenzaussagen auf verschiedene Sinnfelder beziehen.

2. Die Unvollständigkeit der Gründe – Ein generalisiertes Paradoxon

Der bereits erwähnten (s. o., S. 72 f.) Standardauffassung zufolge handelt es sich bei einem Paradoxon im allgemeinen um eine Menge von anscheinend akzeptablen (weil gut motivierten) Prämissen, anscheinend akzeptablen (weil gut motivierten) Schlußregeln und einer offensichtlich unhaltbaren Konklusion dergestalt, daß die Prämissen die Konklusion gemeinsam mit den Schlußregeln logisch implizieren. Erkenntnistheoretische Paradoxa sind im besonderen gültige Argumente mit Prämissen, die rational ausgewiesen werden können und die eine Konklusion haben, der man nicht vorbehaltlos zustimmen kann, ohne die Berechtigung zur Annahme einer für unsere kognitive Orientierung und epistemische Praktiken unabdingbaren Klasse von Überzeugungen zu verlieren. Als Paradoxa verfügen sie also über alle notwendigen und hinreichenden Bedingungen eines nicht nur gültigen (sprich formallogisch korrekten), sondern eines schlüssigen (sprich inhaltlich-wahren) Arguments. Dennoch üben sie eine bestenfalls lokale und schlimmstenfalls globale Bedrohung auf unsere diskursive Rationalität aus. Sie weisen uns darauf hin, daß die grundlegenden Begriffe, mit denen wir unsere diskursive Rationalität charakterisieren, von begrifflichen Spannungen durchzogen sind, die im schlimmsten Fall zur völligen Inkonsistenz führen. Dabei gilt, worauf insbesondere Crispin Wright hingewiesen hat, daß ein erkenntnistheoretisches Paradoxon um so stärker ist, je schwächer der epistemische Begriff ist, der es auslöst.[15] Wenn sich etwa der Wissensbegriff als paradoxieanfällig herausstellte, hieße dies noch nicht, daß damit der Begriff der Rechtfertigung oder der Begriff der Begründung von Überzeugungen ebenfalls paradoxieanfällig wäre. Umgekehrt gilt aber, daß der Wissensbegriff mit dem Rechtfertigungsbegriff oder dem Begriff der Begründung zugleich unterminiert wird.

Auf der Basis von Descartes' sogenanntem Traumargument läßt sich ein generelles Paradoxon entwickeln, das Descartes selbst schon vorgeschwebt haben mag.[16] Dieses generelle Paradoxon unterminiert die diskursive Rationalität im ganzen im Ausgang vom Begriff des guten Grundes. Beim Aufbau des Paradoxons kann man bis zu einem gewissen Punkt Descartes' eigenem Gedankengang folgen. In der für uns hier interessanten Optik sieht der bereits konstruierte Argumentationsgang der *Ersten Meditation* folgendermaßen aus:

(1) Descartes beginnt mit einer Erinnerung an die Fallibilität unseres sensorisch vermittelten Wissens. *Jede einzelne* Überzeugung über raumzeitlich ausgedehnte Gegenstände, zu denen wir nur einen kausal durch unsere Sinnesorgane vermittelten Zugang haben können, könnte falsch sein, da wir fallibel sind. Allerdings folgt aus dieser Fallibilität schlimmstenfalls, daß wir uns niemals sicher sein können, ob wir uns in diesem oder jenem Fall nicht getäuscht haben. Daraus läßt sich aber keineswegs darauf schließen, daß unsere Überzeugungen über raumzeitlich ausgedehnte Gegenstände *insgesamt*, d. h. daß *alle* Überzeugungen dieses Typs falsch sind oder wir begründetermaßen annehmen müßten, daß sie *alle* falsch sein könnten.

(2) Um für die radikalere Möglichkeit eines universalen Irrtums zu argumentieren, attackiert Descartes das *Fundament* unserer Überzeugungsbildung, d. h. zunächst unser Zutrauen in unseren sensorisch vermittelten Zugang zu raumzeitlich ausgedehnten Gegenständen insgesamt. Das Wissen darum, daß sensorisches Wissen durch den kausal vermittelten Zugang zu raumzeitlich ausgedehnten Gegenständen gerechtfertigt ist (bzw. angesichts der Fallibilität gerechtfertigt sein könn-

---
[15] Vgl. »Scepticism and Dreaming: Imploding the Demon«, S. 96 ff.
[16] Vgl. hierzu ausführlicher Gabriel: *An den Grenzen der Erkenntnistheorie,* §6.

IV. Kapitel: Begriffliche Relativität und Grenzen der Erkenntnis

te), ist schließlich selbst nicht sensorisch vermittelt. Wenn wir nur einen falliblen, kausal vermittelten epistemischen Zugang zu raumzeitlich ausgedehnten Gegenständen hätten, dann hätten wir möglicherweise jeweils nur Vorstellungen von diesen Gegenständen, die kausal hervorgerufen worden sind. Im Irrtumsfalle verwechselten wir den Gehalt der Vorstellung (ihre *realitas obiectiva*) mit dem Gegenstand der Vorstellung (ihrer *realitas formalis*). Wenn nun aber die Ursachen unserer Vorstellungen insgesamt gar nicht vom Typ sensorischer Kausalität wären, wie wir uns diesen heute vorstellen, sondern etwa vom Traum- oder Halluzinationstyp, dann könnten *alle* unsere Überzeugungen über raumzeitliche Gegenstände falsch sein, da vielleicht keiner einzelnen ein Gegenstand entspricht, der sich mit ihrer objektiven Realität deckt.

(3) Allerdings genügt dieses Argument noch nicht, um unsere Überzeugungen über raumzeitlich ausgedehnte Gegenstände insgesamt in Frage zu stellen, da wir selbst im Traum- oder Halluzinationsszenario kategoriale Strukturen in Anspruch nehmen, über die wir auch dann wahre Überzeugungen haben könnten, wenn wir nicht in der üblicherweise angenommenen Weise kausal in einer »Außenwelt« verankert wären. 7 + 5 wäre auch dann 12, wenn man es bloß träumte. Genauer: Der Gedanke, daß 7 + 5 = 12 ist, ist nicht dadurch falsch, daß man ihn träumend denkt, während der Gedanke, daß ich vor mir 7 + 5 Tische sehe, im Traum falsch ist, weil ich träumend eben nichts *sehen* kann.

Um auch solche Überzeugungen vom kategorialen Typ zu unterminieren, führt Descartes die Lügengeisthypothese ein, die letztlich eine *Wahnsinnshypothese* ist: Der Übergang von 7 zu 5 und von dort aus zu 12 vermittels der Operation der Addition könnte uns lediglich als gewiß vorgegaukelt werden, indem ein böser Lügengeist unsere Gedanken manipulierte. Aus dem Eindruck, einen logisch korrekten Gedanken gedacht zu haben, folgt leider eben nicht, daß man tatsächlich einen logisch korrekten Gedanken gedacht hat. Da im Lügengeistszenario auch die Außenwelt nur eine gigantische Illusion ist, gelingt es dem Meditierenden nicht, unter Rekurs auf Empirie seine mathematischen Überzeugungen zu überprüfen, da diese als valide Informationsquelle bereits durch Schritt 2 außer Kraft gesetzt ist.

Die gesamte Argumentation scheint das folgende Prinzip vorauszusetzen, das wir bereits als Descartes' Prinzip kennengelernt haben:

»Um irgendeine beliebige Proposition p zu wissen, muß man wissen, daß alle Bedingungen erfüllt sind, die notwendig dafür sind, daß man p weiß.« (s.o., S. 174)

Man kann aber aufgrund skeptischer Szenarien niemals zugleich eine Proposition p und die Bedingungen erfassen, die notwendig dafür sind, daß man p weiß. Man kann meinen zu wissen, daß man einen Tisch sieht; daraus folgt aber nicht, daß man tatsächlich einen Tisch sieht, weil die Überzeugung, einen Tisch zu sehen, doppelt fallibel ist: Einerseits sind wir nämlich in der Frage fallibel, ob wir einen *Tisch* sehen, und andererseits in der Frage, ob wir einen Tisch *sehen*. Nun gehört es aber zu den Bedingungen dafür, daß man irgendeine sensorisch vermittelte Proposition p weiß, daß man nicht träumt. Wir haben aber – so die berühmt-berüchtigte Prämisse dessen, was als Traumargument firmiert – keine guten Gründe dafür, daß wir nicht träumen. Ohne an dieser Stelle auf Details der Begründungsfragen einzugehen, läßt sich auf dieser Basis nun ein generelles Paradoxon entwickeln. Die Prämissen, die wir benötigen, sind:

(P1) Wir (x) haben zum Zeitpunkt t keine guten Gründe (G) für die Annahme, daß wir nicht träumen ($\neg$T): $\neg$**Gxt ($\neg$Txt)**.

(P2) Wir haben zum Zeitpunkt t (gerade jetzt) gute Gründe dafür, daß wir nicht träumen, wenn wir gute Gründe dafür haben, daß p: **Gxt (Gxtp → $\neg$Txt)**. (Dies ist eine Version von *Descartes' Prinzip*, wobei p in dieser Version eine Proposition sein muß, für die wir zu t nur dadurch gute Gründe haben können, daß wir wahrnehmen, daß p).

Die anscheinend plausiblen Schlußregeln, die wir brauchen, um das Cartesische Paradoxon zu motivieren, lauten:

(S1) Wenn wir gute Gründe dafür haben, daß p, dann haben wir auch gute Gründe für alles, was aus p folgt, sofern wir wissen, daß es aus p folgt. (**Prinzip der Geschlossenheit**)

(S2) Wenn wir gute Gründe dafür haben, daß p, dann haben wir (im Verteidigungsfall) auch gute Gründe dafür, daß wir gute Gründe dafür haben, daß p. (**Prinzip der Iterativität**)

Ohne hier die Details auszubreiten, die hinter meiner Formulierung dieser Prinzipien stehen, seien zur Orientierung zumindest einige Hinweise auf die zugrundeliegende Motivation gegeben, um das folgende

IV. Kapitel: Begriffliche Relativität und Grenzen der Erkenntnis

Paradoxon besser zu verstehen. Wenn wir über eine Folgerungsbeziehung informiert sind und zwar so, daß wir gute Gründe für das Antezedens, d. h. dafür haben, daß die Bedingung erfüllt ist, haben wir automatisch gute Gründe für das Vorliegen der im Konsequens, also im Folgesatz ausgedrückten Tatsache. Wenn wir gute Gründe haben anzunehmen, daß es in unserer Straße nach Feierabend keinen freien Parkplatz gibt, haben wir gute Gründe dafür, daß es in unserer Straße keinen freien Parkplatz gibt, wenn wir gute Gründe dafür haben, daß Feierabend ist. Aus Feierabend folgt die zugeparkte Straße. Unsere guten Gründe dafür, daß Feierabend ist, sind gute Gründe dafür, daß die Straße zugeparkt ist, obwohl es auch ganz andere Gründe dafür geben mag, daß die Straße zugeparkt ist.

Für das Prinzip der Iterativität spricht, daß wir unsere guten Gründe verteidigen können. Sonst handelte es sich nicht um gute Gründe. Nehmen wir wiederum unser Beispiel. Ich habe gute Gründe dafür, daß meine Straße nach Feierabend zugeparkt ist. Wenn jemand bezweifelte, daß meine Straße nach Feierabend zugeparkt ist, indem er etwa darauf hinwiese, daß es nicht genug Besitzer von PKWs auf meiner Straße gebe, könnte ich beispielsweise kontern, daß auf meiner Straße nicht nur die Bewohner dieser Straße parken, sondern auch die Bewohner der angrenzenden Straßen, auf denen es noch weniger Parkplätze gibt. Unsere guten Gründe gehören immer zu konkreten Netzwerken anderer guter Gründe, die wir im Verteidigungsfall aufrufen. Die anderen guten Gründe stützen unsere guten Gründe. Dies ist mit dem Prinzip der Iterativität gemeint.

Mit den genannten Prämissen und Prinzipien läßt sich das folgende Paradoxon aufstellen:

(1) Angenommen, wir hätten gute Gründe für p: **Gxtp.**
(2) Dann haben wir auch gute Gründe dafür, daß wir gute Gründe haben, daß p: **Gxt (Gxtp)**. (aus (1), Prinzip der Iterativität)
(3) Wir haben keine guten Gründe für die Annahme, daß wir nicht träumen: **¬Gxt (¬Txt)**. (= P1)
(4) Wir haben gute Gründe dafür, daß wir nicht träumen, wenn wir gute Gründe dafür haben, daß p: **Gxt (Gxtp → ¬Txt)**. (= P2)
(5) Da wir gute Gründe für alles haben, was daraus folgt, daß p (denn wir haben ja gute Gründe für p und wir wissen, daß wir gemäß S1 gute Gründe haben müssen für alles, was aus p folgt, sofern wir darüber informiert sind, daß es aus p folgt); und da aus p folgt,

daß wir gerade nicht träumen, daß p, müssen wir gute Gründe dafür haben, daß wir gerade nicht träumen. **Gxt (¬Txt)**. (Prinzip der Geschlossenheit aus (2) und (4))

(6) Es ist daher sowohl wahr, daß wir keine guten Gründe dafür haben, daß wir gerade nicht träumen, als auch, daß wir gute Gründe dafür haben, daß wir gerade nicht träumen. Das aber ist ein offensichtlicher Widerspruch: **¬Gxt (¬Txt)** ∧ **Gxt (¬Txt)** (Konjunktion von (3) und (5))

(K) Folglich haben wir keine guten Gründe dafür, daß p, da aus der Annahme, daß wir gute Gründe dafür haben, daß p, ein Widerspruch folgt, wenn wir alle genannten Prämissen und Schlußregeln akzeptieren: **¬Gxtp.**

Formalisiert man diese Argumentation, ergibt sich das folgende Bild:

(1) **Gxtp**
(2) **Gxt (Gxtp)**
(3) **¬Gxt (¬Txt)**
(4) **Gxt (Gxtp → ¬Txt)**
(5) **Gxt (¬Txt)**
(6) **¬Gxt (¬Txt)** ∧ **Gxt (¬Txt)**
(K) **¬Gxtp**

Bedenkt man nun, daß Descartes' Prinzip nicht auf Wissen durch Wahrnehmung restringiert ist, läßt sich das Cartesische Paradoxon dahingehend generalisieren, daß alles Wissen deswegen unmöglich ist, weil wir nicht zugleich gute Gründe für eine Überzeugung und dafür haben können, daß eine für Wissen hinreichend große Menge der Bedingungen des Informationserwerbs zur Stützung der betreffenden Überzeugung erfüllt ist.

Dies gilt auch für die gerade geäußerte Überzeugung über Überzeugungen. Auch diese befindet sich im Einzugsbereich des Paradoxons, was dieses nur verstärkt, da es mit den Mitteln der diskursiven Rationalität die Frage aufwirft, ob wir überhaupt imstande sind, ein Paradoxon zu formulieren und nachzuvollziehen, ohne daß dafür die konkrete Wahnsinnshypothese eingeführt wird. Denn das Problem, das sich aus dem Cartesischen Paradoxon durch seine Generalisierung ergibt, hängt nicht von der Wahl eines skeptischen Szenarios oder einer bestimmten Informationsklasse ab, die jeweils betroffen sein mag, sondern folgt aus einem epistemischen Grundbegriff: dem Begriff des guten Grundes.

IV. Kapitel: Begriffliche Relativität und Grenzen der Erkenntnis

Wright hat auf ähnlicher Grundlage eine Widerlegung des Cartesischen Skeptizismus vorgeschlagen. Seine Widerlegung bedient sich dabei der Strategie einer **Implosion**. Ein Paradoxon implodiert Wright zufolge dann, wenn aus seiner Generalisierung folgt, daß die diskursive Rationalität insgesamt unterlaufen wird. Wenn die Diskussion der Möglichkeit, daß das Leben insgesamt ein langer Traum sein könnte oder wir von einem Lügengeist getäuscht werden könnten, impliziert, daß wir möglicherweise nicht einmal imstande sind, überhaupt korrekte Gedankenketten zu bilden, die uns von einem wahrheitsfähigen Gedanken zum nächsten führen, dann unterminiert sich die »Diskussion« dieser Wahnsinnshypothese selbst. Denn derjenige oder diejenige, an die sie sich adressiert, könnte dem Diskutierten zufolge nicht einmal imstande sein, irgendeiner Diskussion zu folgen. Wenn man aber keiner Diskussion folgen und keinen Begründungsgang verstehen kann, kann man auch nicht in ein Paradoxon geraten. Denn ein Paradoxon ist ein Schluß mit der Eigenart, daß wir seine Konklusion nicht akzeptieren können. Wenn wir aber gar keinen Schluß vollziehen, besteht auch kein Paradoxon. Ein Paradoxon, das seine Nachvollziehbarkeit mit ausschließt, implodiert demnach, es fällt in sich zusammen, ohne überhaupt eine echte Bedrohung darzustellen.[17]

Dabei stellt Wright die folgende plausible Überlegung an. Wer sich fragt, ob er oder sie gerade träumt, fragt damit grundsätzlich, ob er oder sie sich gerade in einem Zustand befindet, der phänomenal ununterscheidbar von einem anderen Zustand ist, der die Wahrheitsfähigkeit des erhofften Zustandes sabotiert oder ausschließt. Wenn die Überzeugung, daß es regnet, durch Wahrnehmung erworben sein soll, man aber nicht ausschließen kann zu träumen, dann könnte die Wahrnehmung nie erfolgt und der Zustand demnach in dieser Hinsicht defekt sein. Diese Frage läßt sich aber auf alle mentalen Zustände ausweiten, in denen wahrheitsfähige Gedanken prozessiert werden. Dazu gehört auch die **diskursive Rationalität** selbst, d. h. das Vermögen, einen Gedankengang als gegliederte Hinführung zur Wahrheit einer durch ihn begründeten Konklusion nachzuvollziehen.

Nennen wir nun die **Wahnsinnshypothese** die Möglichkeit, daß unsere diskursive Rationalität im ganzen defekt sein könnte. Die humane Mutmaßung, wir seien vernünftige Lebewesen, die im »logischen

---

[17] Ähnliche Manöver finden sich auch bei Nagel, Th.: *Das letzte Wort*. Übers. von J. Schulte, Stuttgart 1999.

Raum der Gründe«[18] leben, könnte eine Illusion sein. Vielleicht begründen wir gar nichts, sondern sind völlig impulsgesteuert, so daß wir nur von einem Gedanken zum nächsten geschleudert werden, da die Evolution als blinder Agent im Hintergrund unserer Überzeugungen wütet, um die selbstsüchtige Genmaschine zu steuern, die wir jeweils verkörpern.

Die Traumhypothese und die Wahnsinnshypothese sind anscheinend Instanzen des generellen Schemas, das dem Cartesischen Paradoxon zugrunde liegt und das wir in diesem Abschnitt kennengelernt haben. Demnach besteht ein generelles Schema, das einige **normale** und andere **implosive Instanzen** hat. Normale Instanzen sind konsistent im Hinblick auf ihre Nachvollziehbarkeit, während implosive genau daran scheitern. Ein generelles Schema, das einige inkonsistente Instanzen hat, ist Wright zufolge selbst inkonsistent. Aus diesem Grund scheitere der Cartesische Skeptizismus an seiner Generalisierung, gegen die er allerdings nichts einwenden kann. Auf diese Weise glaubt Wright, dem Cartesischen Skeptizismus ein Grab geschaufelt zu haben.

Allerdings gibt er kein Argument dafür an, daß ein Paradoxon mit einigen implosiven Instanzen selbst implodiert. Er könnte vielleicht eine Parallele zu einem Begriff ziehen, der einige inkonsistente Instanzen hat, woraus allerdings auch noch nicht ohne weiteres folgte, daß ein solcher Begriff selbst inkonsistent ist (s.o., S. 345 f.). Wright schuldet uns folglich ein Argument für die Argumentationsform, die er einsetzt, um aus der **lokalen Implosion** einiger Instanzen des generellen Paradoxons auf seine **globale Implosion** zu schließen.

Außerdem ist es unklar, wie sich eine lokale Implosion allgemein zu einer Falsifikation verhält. Warum sollte eine implosive Instanz eigentlich falsch sein? Wie hängt Wahrheit mit operativer Rekonstruierbarkeit zusammen? Nehmen wir an, wir fragten uns in einem relevanten kognitiv defekten Zustand (etwa unter einem unbemerkten Einfluß eines Halluzinogens), ob wir uns in einem defekten Zustand befinden. Diese Frage wiese ebenso die Struktur einer implosiven Instanz auf wie die Frage, ob wir uns in einem relevanten kognitiv defekten Zustand befinden, wenn dies nicht der Fall ist. Daß wir in einem defekten Zustand vielleicht nicht einmal eine vernünftige Formulierung einer Frage auf die Beine stellen, beweist nicht, daß wir uns nicht in einem solchen

---

[18] Diese heute vielverwendete Metapher geht auf Wilfrid Sellars zurück. Vgl. insbesondere *Der Empirismus und die Philosophie des Geistes*, S. 66.

Zustand befinden könnten. Wäre irgendeine Version der Wahnsinnshypothese wahr, wäre dies um so schlimmer für uns, ob wir dies nun bemerken können oder nicht.

Wright unterstellt implizit, daß wir uns in keinem mentalen Zustand befinden können, zu dem wir keinerlei semantischen, d. h. begrifflich manifestierbaren und auf Evidenz beruhenden Zugang haben können, womit er an den Verifikationismus seines Lehrers Michael Dummett (1925–2011) anknüpft.[19] Der **Verifikationismus** ist die These, daß die Bedeutung eines Ausdrucks oder Satzes in enger Verbindung mit der Methode seiner Verifikation steht oder gar mit dieser identisch ist. Der Gedanke, den die Wahnsinnshypothese ausdrückt, ist unter diesen Bedingungen nicht verifizierbar. Das Problem ist, daß er gleichwohl wahr sein könnte, wenn dies der Verifikationist auch bestreitet. Wir kennen schließlich Szenarien, in denen jemand sich im Vollbesitz seiner geistigen Fähigkeiten wähnt, diese aber auf eine relevante, pathologische Weise temporär oder gar unheilbar nicht kompetent ausüben kann. Wahrheit mit Verifizierbarkeit gleichzusetzen, wie Wright dies auf komplizierte Weise letztlich anstrebt, ist allemal unplausibel. Jedenfalls sollte es deutlich geworden sein, daß Wrights Implosion zu viele Voraussetzungen trifft, die sie nicht eigens ausweist und verteidigt.

Demnach müssen wir uns nach einer anderen Strategie des Umgangs mit dem generellen skeptischen Paradoxon umsehen. Um ein hinreichendes antiskeptisches Risikomanagement zu finden, empfiehlt es sich, sich dem Thema des Paradoxen auf eine andere Weise zu nähern.

3. Grenzen der Erkenntnis

Man kann Paradoxa als rationale Grenzerfahrungen betrachten. Wenn wir uns in ein erkenntnistheoretisches Paradoxon verstricken, gewahren wir in der Ausübung einer begrifflichen Fähigkeit die Möglichkeit, daß diese begriffliche Fähigkeit begrenzt ist. Erkenntnistheoretische Paradoxa begegnen uns in kognitiven bzw. epistemischen Extremsituationen wie insbesondere derjenigen, in der wir die diskursive Rationalität

---

[19] Wright hat diese Position ausführlich dargestellt in Wright: *Wahrheit und Objektivität*. Zur Einführung vgl. Demmerling, Ch./Blume, Th.: *Grundprobleme der analytischen Sprachphilosophie*. Paderborn 1998.

als solche untersuchen wollen. Sie stellen sich in der Regel dann ein, wenn wir verschiedene, gemeinhin isolierte Facetten eines Begriffs oder eines Begriffsclusters in eine ungewohnte Verbindung bringen, die wir aber nicht ausschließen können. So ergeben sich die Paradoxa der Bewegung, wie sie in der Antike von Zenon formuliert wurden (s. o., S. 80 f.), beispielsweise daraus, daß wir *die kontinuierliche, diachrone Bewegung* eines Gegenstandes auf derselben begrifflichen Ebene mit seiner *diskreten, synchronen Struktur* verbinden. Daß ein räumlich genau begrenzter Körper sich durch räumlich genau begrenzte Bereiche bewegt, die sich als ganze Zahlen auf einem Zahlenstrang darstellen lassen, führt zu Aporien, die sich vermutlich nur mit einer hinreichenden Theorie des Zahlenkontinuums lösen lassen.[20] Das Rätsel, mit dem wir uns konfrontiert sehen, ist die Frage, wie es überhaupt zu einer temporalen Verbindung räumlich scharf unterschiedener Gegenstände bzw. Orte kommen kann, die ein sich bewegender Gegenstand scheinbar nacheinander einnehmen muß, um sich zu bewegen.

Das generelle skeptische Paradoxon hingegen stellt sich dadurch ein, daß unsere Gründe, die jeweils für die Wahrheit eines Gedankens sprechen sollen, ihrerseits zusammenhängen, daß ihr Zusammenhang aber nicht durch die Gründe allein garantiert werden kann. Mit anderen Worten, jedes Argument für oder gegen unsere Einordnung in eine rationale Ordnung überhaupt setzt diese Einordnung bereits voraus. Der Weg, der uns zur Einsicht in diese Einordnung führt, kann überhaupt nur beschritten werden, wenn wir dieser Einordnung bereits gewiß sind.[21] Nehmen wir an, wir müßten einen Gedankengang G verstehen:

(1) P.
(2) Q.
(K) R.

R wäre die These, daß wir überhaupt rational sind, daß wir über eine diskursive Rationalität verfügen, deren Ausübung zumindest in einigen Fällen zur Entdeckung von Wahrheit führt. Wie wollen wir die Wahrheit oder Falschheit von G selbst einschätzen? Wenn G falsch ist, führt

---

[20] Als Einführung in dieses Thema ist wiederum zu empfehlen Wallace: *Die Entdeckung des Unendlichen.*
[21] Vgl. dazu die subtile Argumentation bei Rödl, S.: *Selbstbewusstsein.* Übers. von D. Horst, Berlin 2011.

kein rationaler Weg zur Entdeckung dieser Falschheit. Daraus schließen viele Philosophen, daß G nicht falsch sein kann, da das Bestehen von G unsere Fähigkeit ist, G nachzuvollziehen, die nicht gegeben wäre, wenn G falsch wäre. Allerdings ist dieser Schluß voreilig. Denn G könnte ebenso falsch sein wie jede andere Proposition. Um G Wahrheitsbedingungen zuzuschreiben, genügt es, daß wir es behaupten können, es bedarf nicht auch noch unserer zusätzlichen Fähigkeit, G zu begründen. Nicht alles, was wahr bzw. falsch ist, ist etwas, das wir begründen oder mit guten Gründen zurückweisen können. Da der Tatsachenbegriff an den Wahrheitsbegriff gekoppelt ist – denn Tatsachen sind etwas, das über etwas wahr ist – und da es Tatsachen gibt, zu denen wir keinerlei Einstellung haben, gibt es auch Wahrheiten, die nichts mit unseren Gründen zu tun haben. Solche Wahrheiten müssen nicht astronomisch weit entfernt sein und etwa Metalle in Paralleluniversen betreffen. Es gibt auch Wahrheiten über die diskursive Rationalität, die wir bisher nicht einwandfrei ausgemacht haben (z. B. die Wahrheit darüber, was Wahrheit eigentlich ist). Wenn es Wahrheiten über die diskursive Rationalität gibt, die wir auch verfehlen können, wie können wir dann ausräumen, daß einige dieser Wahrheiten so beschaffen sind, daß wir das generelle Paradoxon nicht lösen können?

Das Problem des generellen Paradoxons stellt sich ein, wenn wir uns auf die Praxis des Begründens bzw. auf unsere diskursive Rationalität insgesamt beziehen, was eine kognitive Extremsituation *par excellence* darstellt, die der Erkenntnistheorie eigentümlich ist. Als Erkenntnistheoretiker versucht man immer, sich einen Überblick über Erkenntnis zu verschaffen. Dabei begegnen wir eigentümlichen Schwierigkeiten (wie insbesondere derjenigen, daß wir zu wissen beanspruchen, was Erkenntnis ist), die man in der Form von Paradoxa mehr oder weniger erfolgreich formalisieren kann, ohne daß diese Formalisierung den Eindruck zerstreuen kann, daß wir auf eine beunruhigende Tatsache gestoßen sind. Diese beunruhigende Tatsache besteht darin, daß unsere diskursive Rationalität insgesamt eine Illusion sein könnte. Wir könnten etwa letztlich doch nur in einem biologischen oder gar nur biochemischen Delirium durch ein völlig bedeutungsloses Universum auf einem Planeten umhertorkeln, auf dem über Jahrmillionen der lächerliche Eindruck entstanden ist, es gäbe Wissen, das sich an Gründen orientiert. Schopenhauer dokumentiert diesen für so manchen modernen Philosophen bestürzenden Verdacht auf folgende Weise:

»Im unendlichen Raum zahllose leuchtende Kugeln, um jede, von welchen etwan ein Dutzend kleinerer, beleuchteter sich wälzt, die inwendig heiß, mit erstarrter, kalter Rinde überzogen sind, auf der ein Schimmelüberzug lebende und erkennende Wesen erzeugt hat: – dies ist die empirische Wahrheit, das Reale, die Welt. Jedoch ist es für ein denkendes Wesen eine mißliche Lage, auf einer jener zahllosen im gränzlosen Raum frei schwebenden Kugeln zu stehn, ohne zu wissen woher noch wohin, und nur Eines zu seyn von unzählbaren ähnlichen Wesen, die sich drängen, treiben, quälen, rastlos und schnell entstehend und vergehend, in anfangs- und endloser Zeit: dabei nichts Beharrliches, als allein die Materie und die Wiederkehr der selben, verschiedenen, organischen Formen, mittelst gewisser Wege und Kanäle, die nun ein Mal dasind.«[22]

Diese Perspektive liegt etwa auch Lars von Triers Film *Melancholia* zugrunde, und sie steht oftmals im Hintergrund der gegenwärtig besonders unter US-amerikanischen Philosophen verbreiteten szientistischen Auffassung, daß die Naturwissenschaften die Wahrheit darstellen, die Geisteswissenschaften hingegen nur Illusionspotential enthalten.

Allerdings sollte man an diesem Punkt bereits imstande sein, sich gegenüber solchen Weltbildern mit erkenntnistheoretischen Gründen kritisch zu verhalten. Denn das skizzierte *materialistische Weltbild* ist seinerseits eher Ausdruck eines Paradoxons als die Entdeckung einer Wahrheit oder »der Realität«.

Wie nun in zwei verschiedenen Anläufen zu zeigen sein wird, gibt es nämlich gar keine Erkenntnis der Welt oder des Ganzen, aus der sich dann ableiten ließe, von welcher Art *alle* Ereignisse oder Tatsachen sind. Um zu dieser Einsicht zu gelangen, werden wir nun zunächst in Anlehnung an bereits Erörtertes zwei Konzeptionen von Grenzen der Erkenntnis kennenlernen. Die erste, wiederum **Cartesische Theorie der Grenzen der Erkenntnis** besagt, daß Grenzen der Erkenntnis zwischen unserem Erkenntnisvermögen insgesamt und einigen (etwa übermäßig komplexen) Tatsachen andererseits bestehen bzw. bestehen könnten. Die zweite, **Kantische Theorie der Grenzen der Erkenntnis** besagt umgekehrt, daß die Grenzen von Erkenntnis in der Erkenntnis selbst liegen. Anschließend werden wir im letzten Abschnitt dieser Einführung noch eine von Schelling und Hegel inspirierte These kennenlernen, die einer der Kantischen Theorie der Grenzen der Erkenntnis entsprechende *ontologische These* formuliert. Es wird sich heraus-

---

[22] Schopenhauer: *Die Welt als Wille und Vorstellung*, Bd. 2, S. 11.

stellen, daß Paradoxa deswegen bestehen, weil die Realität oder die Welt selbst unvollständig ist. Daß es die Welt nicht gibt, zeigt sich in den Paradoxa der Erkenntnistheorie. In den reflexiven Extremsituationen der Erkenntnistheorie stoßen wir auf die Unvollständigkeit der Realität, es zeigt sich, daß es Risse im Boden der Tatsachen gibt, ohne daß wir jemals eine vollständige Karte dieser Risse erstellen könnten. Einsichten dieser Art sind der formalen Mathematik oder theoretischen Informatik längst bekannt. Allerdings gelten diese Ergebnisse nur für einen bestimmten Rationalitätstypus, der sich im übrigen auf wohldefinierte Begriffe verlassen kann. Wie übrigens schon Kant in der *Kritik der reinen Vernunft* eingeschärft hat, gelten solche Bedingungen in der Philosophie aber nicht. Wir können philosophische Probleme nicht dadurch lösen, daß wir die Begriffe, die uns Probleme bereiten, durch wohldefinierte Begriffe ersetzen. Sonst erzeugten wir ein unsinniges Glasperlenspiel. Es geht uns aber um die Erkenntnis der Welt und nicht um die Frage, ob wir uns irgendeinen Begriff des Wissens ausdenken können, der entfernt an unseren Wissensbegriff erinnert und die »angenehme« Eigenschaft hat, uns vom philosophischen Nachdenken zu befreien.

3.1. *Cartesische Grenzen der Erkenntnis*

Wenn man sich die Frage stellt, ob es Grenzen der Erkenntnis gibt, liegt es nahe, die Frage zunächst folgendermaßen zu verstehen. Es könnte sein, daß es Gegenstände oder Tatsachen gibt, die wir einfach nicht erkennen können. Sie lägen jenseits der Grenzen der Erkenntnis. Nehmen wir etwa die Welt eines Delphins. Delphine nehmen die Unterwasserwelt auf völlig andere Weise wahr als wir. Ihre Sensorien sind dabei so grundsätzlich von unseren verschieden, daß es nicht einmal einsichtig ist, was es bedeuten würde, zu verstehen, wie es ist, ein Delphin zu sein.[23] Die von Delphinen erkannten Tatsachen sowie einige Tatsachen hinsichtlich ihrer Weise zu erkennen könnten jenseits der Grenzen unserer Erkenntnis liegen. Die Grenzen unserer Erkenntnis verlaufen diesem Modell zufolge zwischen unserer Auffassungsgabe, unserer Weise

---

[23] Vgl. den klassischen Aufsatz von Thomas Nagel: »Wie ist es, eine Fledermaus zu sein?«, in: Bieri, P. (Hrsg.): *Analytische Philosophie des Geistes*. Weinheim/Basel ⁴2007, S. 261–276.

zu erkennen, und einigen (ziemlich vielen) Tatsachen, die wir eben nicht erkennen können. Vielleicht gehören zu den Tatsachen, die wir nicht erkennen können, auch einige mathematische oder physikalische Tatsachen. Man geht heute davon aus, daß einige mathematische oder gar logische Probleme unentscheidbar sind, woraus nicht folgt, daß es keine sie betreffenden Tatsachen gibt. Dieses Cartesische Modell der Grenzen der Erkenntnis rechnet also mit einer »schlechthin scheiden-de[n] Grenze« (TWA, 3, 68), wie Hegel dies einmal genannt hat. Eine schlechthin scheidende Grenze kann prinzipiell nicht überwunden werden. Sie könnte etwa deswegen bestehen, weil jede Rechenmaschine immer zu schwach ist, um bestimmte Tatsachen herauszufinden. Vielleicht ist es in unserem Universum physikalisch unmöglich, Rechenmaschinen mit einer hinreichend großen Kapazität herzustellen, um eine bestimmte schlechthin scheidende Erkenntnisgrenze zu überschreiten. Allerdings greift ein solches Szenario philosophisch zu kurz, weil die philosophische Fragestellung nach den Grenzen der Erkenntnis fragt, ob es prinzipielle (also nicht physikalische) Grenzen der Erkenntnis gibt.

Allerdings ergibt sich hierbei das folgende Problem. Stellen wir einmal die Frage, ob wir eine schlechthin scheidende Grenze – dasjenige, was dafür verantwortlich zeichnet, daß wir einige Tatsachen prinzipiell nicht erkennen können – erkennen können. Wenn wir sie erkennen können, dann sind wir imstande, sie in einer Umgebung zu verorten. Wir erkennen sie schließlich im Unterschied zu etwas anderem. Die angegebenen Grenzen der Erkenntnis sind *diese* und nicht *jene* Grenzen, sie sind allgemein *Dieses* und nicht *Jenes*. Damit wissen wir aber bereits etwas über die erkenntnistranszendenten Tatsachen, und zwar wissen wir insbesondere, was ihre Unerkennbarkeit ausmacht. Denn wir müssen ja imstande sein anzugeben, wodurch sich eine *erkennbare* von einer *unerkennbaren Tatsache* unterscheidet, etwa dadurch, daß sich die eine diesseits und die andere jenseits der erkannten Grenzen der Erkenntnis befindet. Wenn wir erkennbare von unerkennbaren Tatsachen unterscheiden können, dann wissen wir, was die unerkennbaren Tatsachen unerkennbar macht. Damit wissen wir aber bereits etwas über sie, so daß sie jedenfalls nicht schlechthin unerkennbar sind. Wir wissen etwas über einen bestimmten Tatsachentyp, und zwar dasjenige, was macht, daß es sich um einen Typ unerkennbarer Tatsachen handelt.

In diesem Zusammenhang ist es wichtig, den Unterschied zwischen physikalischen und prinzipiellen Grenzen der Erkenntnis zu be-

IV. Kapitel: Begriffliche Relativität und Grenzen der Erkenntnis

achten. Einige physikalische Tatsachen können wir nicht erkennen, da wir physisch begrenzt sind. Was diese Tatsachen jeweils unerkennbar macht, ist nicht immer dasselbe. Wir können nicht in das Innere eines schwarzen Loches sehen. Dies ist eine physikalische Grenze der Erkenntnis bzw. eine Grenze physikalischer Erkenntnis. Gemäß Heisenbergs Unschärferelation können wir einige Eigenschaften von Teilchen nicht gleichzeitig beliebig genau beobachten, zuletzt deshalb, weil jede physikalische Beobachtung ihre Umgebung physisch durch die Präsenz von Meßinstrumenten beeinflußt, was auf der Ebene von Teilchen wichtige Konsequenzen hat. Die Eigenschaften schwarzer Löcher, die einige Tatsachen physikalisch unerkennbar machen, und die Unschärferelation sind allerdings zwei verschiedene Sachen: was die einen Tatsachen unerkennbar macht, macht die anderen noch lange nicht unerkennbar. In diesem Sinne besteht hier keine prinzipielle Grenze. Vielmehr bestehen allenfalls verschiedene Grenzen.

Wenn wir eine prinzipielle Grenze der Erkenntnis behaupten, liegt dies umgekehrt darin begründet, daß es einen Begriff unerkennbarer Tatsachen gibt, den wir erkenntnistheoretisch postulieren müssen, um uns die Erkennbarkeit der erkennbaren Tatsachen verständlich zu machen. Dies bedeutet, daß wir auf beiden Seiten der Grenze operieren. Die Theorie muß Aussagen über die unerkennbaren Tatsachen treffen, obwohl sie dies ständig vermeiden will. Auf diese Tatsache sind wir schon mehrfach gestoßen, insbesondere bei der Diskussion von Kants Unterscheidung von Dingen an sich und Erscheinungen.[24]

Um noch besser zu verstehen, warum die Annahme einer schlechthin scheidenden Grenze in Schwierigkeiten führt, ist es hilfreich, die folgende Überlegung anzustellen.[25] Nehmen wir einmal an, es gäbe eine Tatsache, die niemand erkennen kann. Nennen wir diese Tatsache T. Nun wissen wir dem Cartesischen Modell der Grenzen der Erkenntnis zufolge, daß es solche Tatsachen gibt, da wir wissen, daß eine schlechthin scheidende Grenze besteht. Demnach wissen wir das folgende:

---

[24] Vgl. dazu ausführlich Priest, G.: *Beyond the Limits of Thought*. Oxford/New York ²2003. Priest entfaltet die Diskussion der Grenzen des Denkens anhand des Wechselspiels von Überstieg über die Grenzen (*transcendence*) und notwendiger Theoriegeschlossenheit (*closure*), durch die dasjenige, was jenseits der Grenzen liegen soll, immer wieder eingemeindet wird.
[25] Im Hintergrund stehen Überlegungen, die als »Fitchs Paradox« bekannt sind. Wer sich für Details dieser Diskussion interessiert, sei verwiesen auf Bromand, J.: *Grenzen des Wissens*. Paderborn 2009.

(Cartesische Grenze = CG) W [T ∧ ¬W(T)] (in Worten: Wir wissen: Es gibt Tatsachen vom Typ T, über die wir nichts wissen können, da wir sie nicht einmal erkennen können.)

Wenn wir wissen, daß CG, dann ist es wahr. Man kann die Klammern in der Formel auflösen zu: W(T) ∧ ¬W(T). Wir erkennen Tatsachen vom Typ T, wenn wir wissen, daß wir sie nicht erkennen können. Zwar wissen wir damit nicht alles über sie, aber wir wissen doch hinreichend vieles über sie, um sie zu erkennen, d. h. um sie von anderen Tatsachen zu unterscheiden.

Natürlich bedeutet der formale Ausdruck letztlich nur, daß wir wissen, daß es Tatsachen gibt, von denen wir nicht mehr wissen, als daß sie unerkennbar sind. Man könnte einwenden: Wir erkennen etwas anderes als ihren Inhalt, wenn wir erkennen, daß eine Tatsache unerkennbar ist. Nehmen wir einmal an, der Inhalt einer unerkennbaren Tatsache wäre BLABLABLA. Wenn wir erkennen, daß die Tatsache des Inhalts BLABLABLA unerkennbar ist, müssen wir diesen Inhalt hinreichend von anderen Inhalten unterscheiden können, um behaupten zu können, daß BLABLABLA unerkennbar ist. Demnach müssen wir BLABLABLA erkennen, um seine Unerkennbarkeit sicherzustellen. Denn etwas zu erkennen, heißt, es in einer begrifflich orientierten Einstellung zu erfassen. Es bedeutet nicht, etwas vollständig zu erkennen, was meistens schwierig und je nach Anspruch an Vollständigkeit sogar unmöglich ist.

Freilich bringt uns die Erkenntnis der Unerkennbarkeit von Tatsachen unter Umständen nicht sehr viel weiter. Denn wir können immer noch nicht erkennen, wie Delphine erkennen, selbst wenn wir erkennen, daß ihre Art zu erkennen für uns unerkennbare Tatsachen registriert. Die Unterwasserwelt, wie Delphine sie erleben oder erkennen, bleibt uns weiterhin verschlossen, wenn wir auch erkennen, *daß* sie uns oder gar *warum* sie uns verschlossen bleibt. Allerdings stellt sich die Frage, ob die Annahme, es gäbe einen Boden der Tatsachen auf der einen Seite und unsere Bemühungen, diesen zu kartographieren, auf der anderen Seite, überhaupt gut motiviert ist. Ohne diese Annahme ist es aber allemal unplausibel, den Boden der Tatsachen in erkennbare und unerkennbare Regionen einzuteilen. Insbesondere ergibt sich in dieser Arbeitsteilung das Problem, daß man auf beiden Seiten der angeblich schlechthin scheidenden Grenze operieren muß. Die Gegenstände oder Tatsachen auf der anderen Seite sind nicht völlig erkenntnistranszendent, wenn wir sie auch nicht inspizieren können.

Allerdings wird in dieser Version übersehen, daß unsere Erkenntnis von Tatsachen ihrerseits zum Boden der Tatsachen gehört. Wenn wir erkennen, daß es regnet, dann findet diese Erkenntnis genauso in der Welt statt wie der Regen selbst. Daraus folgt übrigens isoliert auch noch nicht, daß die Welt irgend etwas von der Art der Totalität der raumzeitlich ausgedehnten Gegenstände ist. Meine These lautet nicht, daß unsere Erkenntnis der Welt ein rein physikalischer, biologischer oder neuronaler Vorgang ist, sondern nur, daß wir den Tatsachen nicht entrinnen können. Alles, was es gibt, ist in Tatsachen eingebettet. Deshalb sollte man es tunlichst vermeiden, die Erkenntnis der Tatsachen für eine Art Jenseits der Tatsachen zu halten, um in diesem Licht zwischen erkennbaren und unerkennbaren Tatsachen zu unterscheiden.

Cartesische Erkenntnisgrenzen stellen als solche noch kein Problem für die Erkenntnistheorie dar. Es mag der Fall sein, daß wir die Unterwasserwelt niemals so erkennen können, wie dies Delphinen gelingt. Es mag aber ebenso der Fall sein, daß uns dies eines Tages gelingt, indem wir etwa technologisch konstruierte Sensorien mit unseren eigenen neuronalen Netzwerken verbinden, die uns die Delphinwelt erkennen lassen. Dies ist eine empirische, rein naturwissenschaftliche Frage. Sie mag interessant sein, gehört aber als solche noch nicht ins Gebiet der Erkenntnistheorie.

Gleichwohl beschäftigt sich insbesondere die moderne Erkenntnistheorie seit Locke und Kant mit den Grenzen der Erkenntnis. Was dabei in den Blick kommt, ist allerdings keine so-und-so bestimmte schlechthin scheidende Grenze, sondern vielmehr von vornherein die Frage, ob wir die Grenzen der Erkenntnis erkennen können. In der modernen Erkenntnistheorie geht es folglich nicht nur oder nicht primär um die Frage der Grenzen der Erkenntnis, sondern um die Frage der Grenzen der Erkenntnistheorie. Wenn wir nicht erkennen können, was Erkenntnis ist, wenn es verborgene Grenzen der Erkenntnis gibt, die wir nicht erkennen können, dann können wir nicht sicherstellen, daß wir überhaupt etwas erkennen. Man muß demnach zwischen dem Umstand, daß wir einiges zufälligerweise, aufgrund naturgegebener Tatsachen oder aufgrund unserer kognitiven Ausrüstung nicht erkennen können, und der Frage unterscheiden, ob wir Grenzen der Erkenntnis erkennen können. Wenn es Grenzen der Erkenntnis gibt, die wir nicht erkennen können, dann ergibt sich eine erkenntnistheoretisch höchst folgenreiche Situation.

Diesen Unterschied zwischen **erkennbaren** und **unerkennbaren Grenzen der Erkenntnis** kann man sich folgendermaßen verständlich machen. Man kann erkennen, daß man beispielsweise niemals so gut Schach spielen wird wie irgendein Großmeister. Dies mag, abhängig von unserem Ehrgeiz, bedauerlich sein. Doch ist es nun einmal eine Tatsache, daß unsere kognitive Reichweite nicht unbeschränkt ist. Doch wie, wenn eine Grenze in unsere menschliche Erkenntnis eingebaut wäre, die uns in völlige Unkenntnis tauchte, weil Wahrheitsfähigkeit erst jenseits dieser Grenze beginnt? In diesem Fall könnten wir uns in einer massiven Illusion befinden. Das entscheidende Problem besteht darin, daß es immerhin eine logische Möglichkeit darstellt, daß wir uns in einer massiven Illusion befinden. Diese Möglichkeit konkretisiert sich nicht nur in Verschwörungstheorien und Geisteskrankheiten, sondern auch in der Religion und Kunst. Und selbst die Wissenschaften machen genau dadurch markante Fortschritte, daß sie eine massive Illusion aufdecken, in der wir zuvor befangen waren. Deswegen neigt die moderne Erkenntnistheorie auch kaum zufällig seit dem Zeitalter der großen wissenschaftlichen Revolutionen der Neuzeit zum Cartesischen Skeptizismus. Die Welt könnte nun einmal ganz anders sein, als sie uns erscheint. Diese Möglichkeit wird in der modernen bildenden Kunst, der Literatur, im Film, aber eben auch in der Wissenschaft und Theologie in allerlei Varianten durchgespielt.

Demnach postulieren wir *de facto* (und nicht nur im Erkenntnistheorieseminar bzw. bei der Lektüre oder Abfassung dieser Zeilen) die allgemeine logische Möglichkeit einer massiven Illusion. Ohne diese allgemeine logische Möglichkeit wären wir gar nicht imstande, nach innovativen Lösungen lange bestehender Probleme zu suchen. Søren Kierkegaard (1813–1855) und Martin Heidegger haben eine Unterscheidung getroffen, die hier weiterhilft: die Unterscheidung zwischen *Furcht* und *Angst*. Während man sich vor etwas Bestimmtem, etwa einem Löwen oder der Arbeitslosigkeit, fürchtet, ist Angst der Name für das allgemeine Unbehagen, daß uns etwas Unbekanntes bedroht. Nennen wir nun **epistemologische Furcht** den Normalzustand des erkennenden Subjekts oder der forschenden Gemeinschaft. In diesem Normalzustand sind wir mit einem Nichtwissen konfrontiert, das wir zu überwinden suchen. **Epistemologische Angst** hingegen wäre die generalisierte Erwartung eines absoluten Nichtwissens. Ohne diese wäre es gar nicht möglich, unsere Erkenntnisanstrengungen für radikale Innovationen offenzuhalten. Radikale Innovationen, die Thomas Kuhn (1922–1996) in einem Bestseller der Philosophie des letzten Jahrhunderts als »Paradigmenwechsel«[26] gekennzeichnet hat, sind aber bisweilen notwendig, und sie führen oftmals zu einem alles entscheidenden Fortschritt.

Aus der Cartesischen Perspektive erscheinen radikale Innovationen geradezu als unmöglich, da angenommen wird, daß auch Erkenntnisgrenzen Tatsachen sind, die wir erkennen können. Dies zeigt sich bei Descartes selbst in seinem ungebrochenen Optimismus, der sich insbesondere in seiner berühmten **Wahrheitsregel** ausspricht, der zufolge aus einer klaren und deutlichen Erkenntnis folgt, daß sie wahr ist.[27] Obwohl Descartes so weit geht, mit dem Lügengeist eine Wahnsinnshypothese einzuführen, ist er der Überzeugung, daß die Ausübung unserer begrifflichen Fähigkeiten genügt, um die Gewißheit zu erlangen, daß uns kein solcher Lügengeist manipuliert. Doch aus der psychologischen Gewißheit, der Evidenz, irgend etwas sei so-und-so, folgt einfach noch nicht, daß es auch wirklich so-und-so ist. In der Ausblendung dieser Hinsicht bleibt Descartes vormodern. Denn er unterschätzt die Irrtumsanfälligkeit der Reflexion. Auch in der Reflexion besteht eine Lücke, ohne die es keine Objektivität gäbe. Deswegen ist die Reflexion ebensowenig wie die Innenwelt insgesamt semantisch privat. Dies ist, wie schon mehrmals eingeschärft, aber keineswegs nur ein bedauerlicher Umstand, sondern eröffnet allererst die Chance auf Objektivität und Wahrheit.

---

[26] Vgl. Kuhn, Th. S.: *Die Struktur wissenschaftlicher Revolutionen*. Übers. von K. Simon, Frankfurt am Main ²1976.

[27] Descartes: *Meditationen*, S. 61 ff.; AT VIII, 35: »Nun, – in dieser ersten Erkenntnis ist nichts anderes enthalten, als eine gewisse klare und deutliche Einsicht in das von mir Behauptete. Dies würde allerdings nicht genügen, mich von der Wahrheit einer Sache zu überzeugen, wenn es je vorkommen könnte, daß etwas, das ich so klar und deutlich einsehe, falsch wäre. Und somit glaube ich bereits als allgemeine Regel aufstellen zu dürfen, daß alles das wahr ist, was ich ganz klar und deutlich einsehe (*nempe in hac prima cognitione nihil aliud est quam clara quaedam et distincta perceptio eius quod affirmo; quae sane non sufficeret ad me certum de rei veritate reddendum, si posset umquam contingere, ut aliquid, quod ita clare et distincte perciperem, falsum esset: ac proinde iam videor pro regula generali posse statuere illud omne esse verum, quod valde clare et distincte percipio*).«

3.2. Kantische Grenzen der Erkenntnis

Kant scheint deutlich gesehen zu haben, daß wir uns fragen sollten, ob es unerkennbare Grenzen der Erkenntnis gibt, statt Grenzen der Erkenntnis für Tatsachen zu halten, die neben anderen Tatsachen bestehen. Und trotz aller komplexen exegetischen Fragen, die wir hier ausklammern, kann man sagen, daß sich Kants alles entscheidende Grenzziehung zwischen Ding an sich und Erscheinung auch als die These auffassen läßt, daß es prinzipiell unerkennbare Erkenntnisgrenzen gibt, daß diese aber nicht zwischen Tatsachen einerseits und unserer Erkenntnisbemühung andererseits verlaufen.

Wenn unsere Registraturen (Sinnlichkeit, Verstand, Vernunft usw.) selbst Tatsachen sind, in diesem Fall Tatsachen, die uns in Kants Augen als Menschen charakterisieren, dann folgt aus der Zugänglichkeit dieser Tatsachen, aus dem Umstand, daß wir uns auf sie mit wahrheitsfähigen Gedanken beziehen können, daß sie Erscheinungen sind. Was aber eine Erscheinung ist, steht damit im Kontrast zu ihm selbst als Ding an sich betrachtet. Folglich stellt sich die Frage, was die Vernunft an sich ist, so daß sich die logische Möglichkeit auftut, daß wir die Vernunft an sich prinzipiell nicht erkennen könnten. Es besteht also allemal der Verdacht einer internen Unerkennbarkeit der Vernunft, der diskursiven Rationalität insgesamt, auf den Kant immer wieder stößt. Insbesondere räumt er ein, daß es »eine verborgene Kunst in den Tiefen der menschlichen Seele« gebe, »deren wahre Handgriffe wir der Natur schwerlich jemals abraten, und sie unverdeckt vor Augen legen werden« (KrV, B 181). Diese Kunst bringt Kant an der zitierten Stelle mit der Einbildungskraft in Verbindung, womit er ein weit über den Horizont seiner Philosophie hinausweisendes Konzept antizipiert hat.[28] Darüber hinaus nimmt er auch an, daß der Umstand, daß uns Gegenstände sinnlich gegeben werden (Rezeptivität), und der Umstand, daß wir auf diese Gegebenheit durch Ausübung unserer begrifflichen Fähigkeiten reagieren (Spontaneität), »vielleicht aus einer gemeinschaftlichen, aber uns unbekannten Wurzel entspringen« (KrV, B 29). Kant behauptet hier wohlgemerkt nicht, daß dies der Fall ist, sondern räumt lediglich ein, daß wir dies nicht ausschließen können.

Kant zufolge sind die Grenzen, die zwischen Ding an sich und Er-

---

[28] Vgl. die berühmte Beobachtung Heideggers in seinem Kantbuch *Kant und das Problem der Metaphysik*. Frankfurt/Main ⁶1998, S. 160 f., 168, 214.

IV. Kapitel: Begriffliche Relativität und Grenzen der Erkenntnis

scheinung verlaufen, Eigenschaften unserer Auffassungsgabe von Gegenständen. Aus diesem Grund könne man diese Grenzen durch Transzendentalphilosophie reflexiv erkennen. Nun stellt sich bei diesem Versuch allerdings heraus, daß unsere Vernunft selbst interne Grenzen hat, die daraus entstehen, daß wir uns mit wahrheitsfähigen Überzeugungen auf die Vernunft beziehen, so daß diese ein Gegenstand wie jeder andere ist, mit der interessanten Eigenschaft, daß sie sich bisweilen für sich selbst interessiert. Dasjenige, worauf wir uns mit solchen Überzeugungen beziehen, ist aber objektiv, und zwar deswegen, weil es den Objektivitätsbedingungen unterliegt, die für alle Gegenstände wahrheitsfähiger Bezugnahme aus formalen Gründen gelten. Deswegen ist die Vernunft ebenso eine Erscheinung wie andere Gegenstände, so daß sich die Frage stellt, was die Vernunft an sich ist. Sobald diese Fragestellung aber motiviert werden kann, hat sich die Vernunft intern in eine erkennbare und eine unerkennbare Facette gespalten.

Die Grenzen der Erkenntnis fallen demnach konsequenterweise mitten in die Erkenntnis selbst, oder – um dies etwas anders zu formulieren – die Vernunft kann nicht garantieren, daß sie sich selbst vollständig erkennt. Kants Pointe ist also hier wie auch im Fall seiner Entdeckung des Innenweltproblems diejenige, daß Selbsterkenntnis mindestens ebenso fallibel ist wie Fremderkenntnis. Die für Menschen kennzeichnende Reflexivität wird immer von einer Lücke begleitet, die man nur um den Preis geistiger Umnachtung schließen kann. Unser epistemisches Leben strebt unablässig nach weiterer Erkenntnis und nach einer Erweiterung unserer Erkenntnismöglichkeiten. Dies entspricht Lacans Einsicht, daß sich alles Begehren um eine Leerstelle dreht, die immer unbesetzt bleibt.

Um dies zu erkennen, genügt ein Akt der Selbstanwendung. Wenn alle Gegenstände, die wir zu erkennen meinen, an sich ganz anders sein könnten, als sie uns erscheinen, wie Kant annimmt, dann gilt dies auch für die Vernunft selbst, insofern wir sie zu erkennen meinen. Die Vernunft könnte etwas ganz anderes sein als dasjenige, wofür wir sie halten. Genau deswegen betreiben wir Kant zufolge Erkenntnistheorie, um eine möglichst stabile, wenn auch keineswegs unanfechtbare oder gar alternativlose Theorie der Rationalität zu formulieren. Die Vernunft ist folglich nicht etwa in eine partiell unerkennbare Umgebung »hineingehalten«, wie der Cartesische Standpunkt nahelegt, sondern vielmehr gehört sie gleichsam zu ihrer eigenen Umgebung. Die Ausübung der Vernunft im Versuch ihrer Selbsterkenntnis kann auch scheitern. Die

Vernunft könnte sich in einer massiven Illusion hinsichtlich ihrer selbst befinden, ein Verdacht, den Kant mit seiner gesamten Philosophie auszuräumen sucht, der sich ihm aber aufdrängt, wie Heidegger gesehen hat: »Denn das Unbekannte ist ja nicht das, wovon wir schlechthin nichts wissen, sondern was uns im Erkannten als das Beunruhigende entgegendrängt.«[29]

Um die damit auftauchende Wahnsinnshypothese zu bändigen, hat Kant insbesondere in seiner *Kritik der praktischen Vernunft* eine berühmte Strategie erfunden, die als **Primat des Praktischen** bekannt ist.[30] Kant geht dabei davon aus, daß wir stabile Verhaltensmuster an uns selbst und an anderen wahrnehmen, die man »Handlungen« nennen kann. Wenn man sich eine Handlung verständlich macht, unterstellt man, daß jemand nicht nur auf Impulse reagiert, als ob eine chemische Reaktion stattfindet, sondern daß jemand etwas tut, weil er der Meinung ist, es sei zu diesem oder jenem Zweck gut. Selbst wenn alle unsere Handlungen nur Illusionen wären, weil wir etwa durch chemische Reaktionen im Gehirn angetrieben sind, so daß das Gehirn und nicht wir handeln, bestünde die Illusion dennoch weiter. Dies bedeutet, daß wir einige Vorgänge in der Welt zumindest für Handlungen halten. Um uns auf diese Vorgänge im Unterschied zu anderen Vorgängen beziehen zu können, müssen wir sie als Handlungen identifizieren, so daß es keine Rolle spielt, ob sie wirklich Handlungen oder bloß Illusionen von Handlungen sind. Denn auch *Illusionen* von Handlungen sind immerhin Illusionen von *Handlungen* und nicht beispielsweise Illusionen von Hamburgern oder Regenschauern. Es gibt also einen Handlungsbegriff, der darin besteht, daß wir vernünftige Muster unterstellen, die einen Vorgang als eine Handlung zu rechtfertigen helfen. Kant nennt dies das »Faktum der Vernunft«[31]. Ob es sich bei der Vernunft dabei um

---

[29] Ebd., S. 160.
[30] Als eine zeitgemäße Rekonstruktion dieser Strategie ist wiederum zu empfehlen Rödl: *Selbstbewusstsein.*
[31] »Man kann das Bewußtsein dieses Grundgesetzes ein Faktum der Vernunft nennen, weil man es nicht aus vorhergehenden Datis der Vernunft, z. B. dem Bewußtsein der Freiheit (denn dieses ist uns nicht vorher gegeben), herausvernünfteln kann, sondern weil es sich für sich selbst uns aufdringt als synthetischer Satz a priori, der auf keiner, weder reinen noch empirischen Anschauung gegründet ist, ob er gleich analytisch sein würde, wenn man die Freiheit des Willens voraussetzte, wozu aber, als positivem Begriffe, eine intellektuelle Anschauung erfodert werden würde, die man hier gar nicht annehmen darf. Doch muß man, um dieses Gesetz ohne Mißdeutung als *gegeben* anzusehen, wohl bemerken: daß es kein empirisches, sondern das einzige Faktum der reinen

eine Fiktion oder Illusion handelt, spielt für die Bestandsaufnahme des Handlungsbegriffs keine Rolle. Selbst wenn wir also Marionetten des Unbewußten oder Illusionen des Gehirns wären (was auch immer das eigentlich bedeuten soll), könnten wir doch beschreiben, was der Fall wäre, wenn es Vernunft gäbe. Unter Bedingungen dieses Konditionals betreibt Kant Erkenntnistheorie. Er rechnet also durchaus mit der logischen Möglichkeit einer massiven Illusion. Das Ding an sich ist unerkennbar. Doch handelt es sich beim unerkennbaren Ding an sich um keine Tatsache oder einen Tatsachenbereich im Rahmen ansonsten erkennbarer Umstände, sondern um den Namen für die logische Möglichkeit solcher Grenzen der Erkenntnis, die dann ihrerseits unerkennbar sein könnten. Damit eröffnet Kant der Vernunft die dauernde Möglichkeit einer radikalen Revision und Innovation unserer Überzeugungen.

Überhaupt betreibt Kant aus den genannten Gründen das Projekt einer *Fundamentalheuristik*.[32] **Heuristik** ist die *Theorie der Erkenntnissuche* im Unterschied zu einer *Theorie der Erkenntnissicherung*, wobei letztere gegenwärtig häufig mit »Erkenntnistheorie«, bisweilen aber auch mit »Wissenschaftstheorie« identifiziert wird.[33] Wie bereits besprochen (s. o., S. 25 f.), liegt dies auch daran, daß ein großer Teil der Diskussion aus der englischsprachigen Debatte übernommen wird, in der es um »epistemology«, d. h. um die Theorie des Wissens geht. Wie ebenfalls schon gesehen, gehört zu einer Theorie der Erkenntnis aber

---

Vernunft sei, die sich dadurch als ursprünglich gesetzgebend (sic volo, sic iubeo) ankündigt.« (KpV, A 55 f.) Siehe ebenso KpV, A 72, 74, 81, 96. Freilich ist es sehr umstritten, was Kant genau mit dem »Faktum der Vernunft« gemeint hat. Mir scheint sich aber eine sachlich anknüpfungsfähige Deutung zu ergeben, wenn man unterstellt, Kant habe im Blick gehabt, daß wir über einen Handlungsbegriff verfügen, der Handlungen zumindest in einem Fall als Ereignisse versteht, die sich nicht naturwissenschaftlich beschreiben lassen, nämlich im Fall der Selbstbestimmung unseres Willens. Wenn wir uns entscheiden, dies oder jenes zu tun, oder wenn wir dieses oder jenes Ziel erreichen wollen, wollen wir dies immer im Licht eines Bildes, das wir uns von uns selbst, unseren Mitmenschen, der Welt und unserem Leben insgesamt machen. Wenn wir etwas als eine konkrete Handlung verstehen, berücksichtigen wir immer einige Elemente eines Lebensentwurfs. Diese Berücksichtigung läßt sich naturwissenschaftlich nicht beschreiben, da die Naturwissenschaften bestenfalls Verhaltensmuster antizipieren, den Sinn, der mit diesen Mustern einhergeht, aber nicht fassen können. Deshalb versteht etwa Proust mehr vom Zusammenhang von Liebe, Erinnerung und Kindheit als jeder Verhaltensforscher.

[32] Vgl. dazu die Kantauslegung von Hogrebe: *Kant und das Problem einer transzendentalen Semantik*.

[33] Vgl. dazu Hogrebe: *Prädikation und Genesis*, § 9.

auch eine Theorie der Erkenntnissuche oder der Gewinnung von Erkenntnis, d. h., die Heuristik ist allemal eine Teildisziplin der Erkenntnistheorie. Kants Projekt einer Fundamentalheuristik besteht darin, Erkenntnistheorie primär als eine Theorie der Erkenntnissuche und nur sekundär als eine Theorie der Erkenntnissicherung zu betreiben. In genau diesem Sinne fragt er, wie Erkenntnis oder Wissen möglich ist, da die fundamentalheuristischen Bedingungen von Erkenntnis in seinen Augen bis zu seiner Transzendentalphilosophie noch gar nicht thematisiert worden sind. Darin besteht auch sein eigentlicher revolutionärer Anspruch.

Vor diesem Hintergrund gestaltet sich eine Kantische Theorie der Grenzen der Erkenntnis folgendermaßen: Der erste Schritt besteht darin anzuerkennen, daß Gegenstände überhaupt nur als Gegenstände möglicher Erfahrung in Frage kommen, wenn zuvor ein Gegenstandsbereich eröffnet worden ist, in dem Gegenstände erscheinen können. Dabei nimmt Kant an, daß jeder Begriff bereits einen Gegenstandsbereich oder einen »Horizont« hat, daß insgesamt aber mit einem allumfassenden Begriff, einem ultimativen Horizont zu rechnen sei, in den wir aber niemals hineingestellt sein können. Wir beanspruchen Wissen immer nur »aus dem Standpunkte eines Menschen« (KrV, A 26/B 42), wie Kant sagt. Vor diesem Hintergrund stellt er die Frage, welchen Anforderungen die Etablierung eines Suchfeldes entsprechen muß, damit in ihm Gegenstände erscheinen können, deren Strukturen auch nur potentiell von den psychologischen Strukturen unserer Erfassung solcher Gegenstände unterschieden werden können. Mit anderen Worten, Kant untersucht den Aufbau von **Objektivität** und nicht die Beschaffenheit von **Objekten**. Objektivität ist ihm zufolge eine Eigenschaft diskursiver Praktiken, während Objekte die in diesen objektiven diskursiven Praktiken erscheinenden Gegenstände sind. Dabei geht es Kant letztlich um die Frage, wie ein allgemeines Suchfeld beschaffen ist, in dem rationale Wesen wie wir Gegenstände beobachten können, und nicht um die Frage, ob irgendein bestimmter Diskurs, etwa die Ethik oder Geschmacksfragen, objektiv ist, wenn er diese heute verbreiteten Fragen auch präfiguriert hat.

Es gehört Kant zufolge zu den Anforderungen an Objektivität, daß wir uns täuschen können. Deswegen sind Erscheinungen auch wahrheitswertdifferente Gebilde. Dasjenige, was alle Erkenntnissuche antreibt, ist der Gedanke eines ultimativen Wahrmachers, oder einfacher: der Gedanke von Wahrmachern. **Wahrmacher** sind Gegenstände oder

IV. Kapitel: Begriffliche Relativität und Grenzen der Erkenntnis

Tatsachen, die einen wahrheitsfähigen Gedanken wahr machen. Mein Gedanke, daß es gerade regnet, ist wahrheitsfähig, und die Tatsache, daß es gerade regnet, macht ihn wahr. Allerdings kann keine Ausübung einer objektiven diskursiven Fähigkeit letztgültig sicherstellen, daß sie nicht nur objektiv, sondern auch wahr ist. Es gibt immer irgendeinen Spielraum der Fallibilität. Liest man Kant sehr wohlwollend, kann man sagen, daß das berühmt-berüchtigte »Ding an sich« sein Name für diesen prinzipiell nicht erschöpfbaren Spielraum der Fallibilität ist. Denn Erscheinungen sind Gegenstand wahrheitsfähiger Überzeugungen. Da diese falsch sein können, können alle Erscheinungen in die Irre führen, müssen dies aber nicht. Es gibt veridische und irreführende Erscheinungen; weshalb auch nicht alle, aber einige Erscheinungen bloßer Schein sind. Diese generelle Einsicht wird dadurch ermöglicht, daß jede Erscheinung potentiell irreführend ist, was wir einsehen, wenn wir Erscheinungen unter dem Vorbehalt thematisieren, daß dasjenige, was erscheint, ganz anders sein könnte, als die Art und Weise, wie es erscheint. Unsere Fähigkeit zur Distanznahme von unseren Überzeugungen wird durch den Grenzbegriff des Dings an sich abgebildet.

Kann man die Lücke zwischen Wahrheitsfähigkeit und Wahrheit, zwischen einem objektiven Suchfeld und seinen Objekten aber niemals endgültig schließen, gilt dies auch für den höherstufigen Diskurs über Objektivität. Wir sind auch hinsichtlich der Bedingungen der Objektivität fallibel. Alles, was wir tun können, ist nach den besten Gründen für Argumente zu suchen, die uns darlegen, worin Objektivität besteht.

Auf diese Weise hat Kant auch den Begriff einer *diskursiven Öffentlichkeit* entdeckt, wenn er auch letztlich solipsistischen Prämissen verhaftet bleibt. Der entscheidende Punkt liegt darin, daß wir nicht einmal sicher sein können, daß es keine unerkennbaren Grenzen der Erkenntnis gibt. Wenn unsere Erkenntnis trotz all unserer wissenschaftlichen Anstrengungen (zu denen auch das Philosophieren gehört) fallibel bleibt, dann können wir nicht ausschließen, daß es unerkennbare Grenzen der Erkenntnis gibt.

Genau deswegen können wir das Ding an sich auch nicht erkennen. Kants Grenzziehung besteht demnach nicht in der These, daß die Gegenstände an sich unerkennbar sind, sondern darin, daß wir aufgrund der Annahme eines Dings an sich, die zur Erklärung von Objektivität notwendig ist, auch zu der Annahme berechtigt sind, es könnte unerkennbare Grenzen der Erkenntnis geben. Dies erklärt auch die Stellen, an denen Kant hinsichtlich des menschlichen Erkenntnisvermögens und seiner grundlegenden Strukturen äußerst behutsam vorgeht und mit *Grenzen der Erkenntnistheorie* rechnet. Dabei vertritt er die These, daß die eigentlichen Grenzen die Grenzen der Erkenntnis*theorie* sind, die wir aber gemeinhin mit Grenzen der Erkenntnis verwechseln, was Kant als »transzendentale Subreption«[34] bezeichnet. Vereinfacht gesagt ist **transzendentale Subreption** die Verwechslung einer Objektivitätsbedingung mit einem Objekt auf derselben logischen Stufe. Ein besonders deutliches Beispiel dafür ist in Kants Augen die Rede von Gott. Wenn man unter »Gott« den Schöpfer des Ganzen verstehe, verwechsele man die Notwendigkeit, einen allumfassenden Horizont zu postulieren, mit der Existenz eines Wesens, das die Welt von diesem Horizont aus beurteile. Die extremste Version eines solchen Fehlschlusses ist der gegenwärtige, v. a. in den USA verbreitete Kreationismus. Dieser nimmt an, daß Gott ein Objekt auf derselben logischen Stufe ist wie Katzen oder Sonnen, mit dem Unterschied, daß er besonders mächtig ist. Im übrigen wird Gott dabei aber als eine Art Superobjekt angebetet und gefürchtet, was ein erschreckender Fall von Götzenverehrung ist. Wenn man annimmt, es gebe einen Gott, der die Welt erschaffen hat, und damit meint, es gebe eine Art superintelligenten Handwerker, begeht man transzendentale Subreption. Natürlich ist auch sonst einiges falsch gelaufen, wenn man zu dieser Überzeugung gelangt ist, doch ist der für unseren Kontext entscheidende Fehler die Identifikation einer Annahme über das allumfassende Suchfeld mit einem einzelnen Objekt in diesem Suchfeld selbst. Wenn man überhaupt von einer »Schöpfung der Welt« sprechen will, dann muß man annehmen, daß Gott nicht auf derselben logischen Stufe wie Katzen oder Galaxien steht. Er muß in irgendeinem Sinne außerweltlich sein, wie der größte Teil der Tradition der monotheistischen philosophischen Theologie angenommen hat.

Ein anderer Fall von transzendentaler Subreption ist Kant zufolge die Annahme, es gebe eine unsterbliche immaterielle Seele, die in uns denkt. In diesem Fall hat man die Notwendigkeit einer denkenden Instanz für wahrheitsfähige Überzeugungen mit einem besonderen Objekt verwechselt. Das Auszeichnende des menschlichen Denkens ist aber der Umstand, daß wir objektive diskursive Praktiken pflegen, und nicht, daß wir unsterbliche immaterielle Seelen haben.

Wie dem auch sei. Was Kant deutlich gesehen hat, ist der Umstand,

---

[34] Vgl. KrV, A 509/B 537, A 583/B 611, A 619/B 647.

daß es unerkennbare Grenzen der Erkenntnis geben kann, die wir niemals ausschließen können. Deswegen hat er vorgeschlagen, von einer Fixierung auf Gegenstände auf eine Analyse der Etablierung von Objektivität umzustellen, ohne dabei zu vergessen, daß diese Analyse ihrerseits fallibel ist. Damit wollte er der Metaphysik den Rang der Wissenschaft sichern, wie der berühmte Titel seiner *Prolegomena zu einer jeden künftigen Metaphysik, die als Wissenschaft wird auftreten können* ankündigt. Versteht man unter »Metaphysik« oder »Philosophie« im allgemeinen ein infallibles Nachdenken über Fallibilität oder gar über besonders aufregende Gegenstände wie Gott, Seelen, moralische Werte und Staaten, erliegt man einer Illusion, die Kant einmal mit dem folgenden Gleichnis auf den Punkt gebracht hat:

»Die leichte Taube, indem sie im freien Fluge die Luft teilt, deren Widerstand sie fühlt, könnte die Vorstellung fassen, daß es ihr im luftleeren Raum noch viel besser gelingen werde.« (KrV, B 9)

4. Die Unvollständigkeit der Welt

Nehmen wir einmal an, die Welt sei der Gesamtbereich der Tatsachen, und stellen wir die Frage, ob in diesem Gesamtbereich etwas fehlt, d. h. ob die Welt vollständig ist oder nicht. Um diese Frage ein wenig plausibler erscheinen zu lassen, fügen wir noch hinzu, daß der Gesamtbereich der Tatsachen alle vergangenen, gegenwärtigen und zukünftigen Tatsachen umfaßt. Wenn wir die Frage nach der Vollständigkeit der Welt auf diese Weise stellen, beziehen wir uns auf die Welt insgesamt oder im ganzen. Nun ist allerdings auch dies eine Tatsache. Es ist schließlich der Fall, daß wir uns auf die Welt insgesamt beziehen (bzw. zu beziehen beabsichtigen). Demnach verändert die Bezugnahme auf die Welt die Welt. Die Bezugnahme auf die Welt insgesamt fügt eine Tatsache hinzu, so daß die Welt vor dieser Bezugnahme insofern noch unvollständig war, als zumindest *diese eine* Tatsache, unsere Bezugnahme auf die Welt, fehlte.

Doch könnte man die Welt nicht dadurch vervollständigen, daß man eben darauf besteht, daß alle zukünftigen Tatsachen (und damit jede eventuelle Bezugnahme auf die Welt insgesamt) ihrerseits zur Welt gehören? Um zu sehen, daß man damit nicht weiterkommt, stellen wir die folgende Überlegung an. Beginnen wir mit der noch einfacheren

Beobachtung, daß »Welt« allemal der Name für ein allumfassendes Ganzes ist, genauer: der Name für dasjenige allumfassende Ganze, in dem wir uns zu befinden glauben. Vor diesem Hintergrund könnte man versuchen, eine möglichst vollständige Liste dessen zu erstellen, was alles zu diesem allumfassenden Ganzen gehört. Fangen wir etwa mit der Liste der in einem Raum anwesenden Personen an, erweitern sie um die Straßen Berlins, um München, Europa, Asien, unseren Planeten, unsere Galaxie usw. Freilich müßten wir – was bis heute in solchen Listen gern unterschlagen wird – auch unsere Gedanken zu dieser Liste hinzufügen. Denn unsere Gedanken sind ja nicht weltlos, sie gehören mit dem gleichen Recht zur Welt wie Kampfsportarten, Tennissocken oder Picassos *Guernica*. Mithin besteht die Welt nicht nur aus Gegenständen oder Tatsachen, sondern auch aus unseren Einstellungen zu Gegenständen und Tatsachen, wozu auch unsere wahrheitsfähigen Gedanken zu rechnen sind, die genaugenommen auch Tatsachen sind. Freilich können wir die möglichst vollständige Liste, die eine Art Weltkarte darstellen würde, aufgrund kontingenter Umstände unserer Endlichkeit nicht fertigstellen. Dennoch scheint auf den ersten Blick nichts gegen die Annahme zu sprechen, daß sich eine solche Weltkarte prinzipiell, etwa in der Optik eines transzendenten Beobachters, der von außen auf die Welt blickt (was auch immer dies bedeuten mag), erstellen ließe. Denn wir wissen doch, daß alles in der Welt, im allumfassenden Ganzen stattfindet, so daß es ein solches Ganzes geben muß.

Es ist aber unmöglich, das Ganze als eine allumfassende Menge von Gegenständen oder Tatsachen, also als eine gigantische Referenzmenge unserer Gedanken aufzufassen. Ein solches Ganzes, ein Ganzes im Sinne einer allumfassenden Referenzmenge von Gegenständen, ließe sich in einer vollständigen Liste im Sinne des Anfangs dieser Überlegung abbilden. Doch in dem Augenblick, in dem wir eine solche vollständige Liste erstellt zu haben glauben könnten, müßten wir auch noch die erstellte Liste zur Liste hinzufügen, da auch die erstellte Liste zur Welt gehört. Denn die erstellte Liste wäre immerhin so etwas wie ein gigantischer wahrheitsfähiger Gedanke über die Struktur der Welt. Im Erfolgsfall einer erstellten Weltliste bestünde die Welt aus dem ursprünglichen Inhalt der Liste sowie der Liste selbst. Die Liste würde damit um sich selbst erweitert. Nun sieht man auch schon, daß die erweiterte Liste wiederum zur Welt gehörte, so daß wir eine erweiterte erweiterte Liste zu erstellen hätten, um unsere Aufgabe zu lösen. Dies führt zu der nicht einzulösenden und damit unmöglichen Forderung,

IV. Kapitel: Begriffliche Relativität und Grenzen der Erkenntnis

eine erweiterte erweiterte erweiterte usw. ins Unendliche erweiterte Liste zu erstellen. Die einzige »Regel«, die uns den Begriff der Vollständigkeit der Welt erschlösse, wäre die Regel, eine immer wieder um sich selbst erweiterte Liste zu erstellen, was eine unmöglich zu lösende Aufgabe darstellt. Diese Aufgabe könnte auch nicht dadurch gelöst werden, daß uns unendlich viel Zeit zur Verfügung gestellt wird. Die Welt bleibt deswegen unvollständig, egal, wieviel Zukunft wir ihr zutrauen. Für Freunde von Wortspielen könnte man das Bonmot prägen, daß sich die Welt nicht »überlisten« läßt. Kein »Listenreichtum« erschöpft die Welt. Die Aufgabe, die Welt insgesamt vollständig zu kartographieren, ließe sich zu keinem Zeitpunkt vollständig lösen, weswegen die Welt insgesamt zumindest dadurch unvollständig bleibt, daß niemand sie vollständig beschreiben kann, nicht einmal Gott (warum sollte er sich auch diese unsinnige Mühe machen).

Man kann auch eine andere Metaphorik wählen, um sich den Gedanken von der Unvollständigkeit der Welt klarzumachen. Nehmen wir einmal an, wir wollten eine Photographie der Welt erstellen, d. h. einen Überblick über das Ganze festhalten. Dies müßte prinzipiell (wenn auch nicht für uns) möglich sein, wenn es das Ganze gäbe. Doch die Photographie gehörte selbst zum Ganzen, so daß wir wiederum eine Photographie benötigten, die nun das vormalige »Ganze« und die vormalige »Photographie des Ganzen« photographierte. In genau diesem Sinne läßt sich weder ein Bild des Ganzen noch eine Liste oder eine Karte des Ganzen erstellen.[35] Das Problem ist also, daß sich das Weltganze oder das Weltall prinzipiell nicht vervollständigen läßt. Die Regel, die über *alles* quantifizierte, die *alles* erfaßte und in das gesuchte Ganze einordnete, gehörte immer noch nicht zum Ganzen und müßte immer wieder durch eine andere Regel in es eingeordnet werden.

Nähern wir uns diesem Gedanken noch einmal unter Rekurs auf das Würfelgleichnis (s. o., S. 330 ff.). Wir haben unseren Ausgang von der Würfelwelt genommen. In der einfachen Würfelwelt gibt es drei Würfel, einen roten, einen weißen und einen blauen. Nun haben wir aber auch schon eingesehen, daß Existenzfragen immer interpretiert sind, d. h., daß Existenzfragen immer davon abhängen, welche Entscheidungsfindung sie vorsehen. Wenn wir fragen, wie viele Würfel es in der Würfelwelt gibt, lautet die Antwort »3«, und wenn wir fragen,

---

[35] Vgl. dazu auch Eco, U.: *Die unendliche Liste*. Übers. von B. Kleiner, München 2009.

wie viele Würfelseiten es gibt, lautet die Antwort »18«. Die Frage, wie viele Gegenstände es in der Würfelwelt gibt, hat uninterpretiert keinen Sinn, sie hat überhaupt keine Antwort, nicht einmal eine mehrdeutige.

Der Grund dafür liegt übrigens nicht in unseren semantischen Konventionen, die den Gegenstandsbegriff jeweils verschieden interpretieren, wie Hilary Putnam an der oben (S. 342 f.) zitierten Stelle behauptet. Denn sonst wäre jede bestimmte Welt, die uns als Würfel-, Seiten- oder Farbenwelt begegnete, immer nur eine Projektion unserer Konventionen auf irgend etwas, das überhaupt keine Ordnung hat. Damit wäre aber eine entscheidende Bedingung der Objektivität aufgehoben, die darin besteht, daß es in einem Gegenstandsbereich überhaupt Gegenstände geben kann, die nicht durch die Projektion des Gegenstandsbereichs allein in ihm auftauchen. Die Tatsache, daß es drei Würfel gibt, beträfe nicht die Würfelwelt, sondern lediglich unsere Konventionen. Existenzaussagen sagten gar nichts über Gegenstände, sondern nur etwas über unsere eigene Sprache aus. Die Behauptung, daß es Regenwürmer gibt, wäre damit eine Behauptung über unseren Sprachgebrauch und überhaupt nicht über Regenwürmer, was offensichtlich abwegig ist. In diesem Modell wäre die Welt ein völlig unbestimmter Gegenstandsbereich, bzw. genauer: Sie wäre gar nichts, nicht einmal etwas, dem bei genauerer Betrachtung Existenz weder zu- noch abgesprochen werden kann, da *alle* Bestimmtheit (auch die der Unbestimmtheit als solcher) ein Effekt unserer Konventionen wäre. Der Umstand, daß wir die Würfelwelt verschieden anordnen können, entspricht den Tatsachen der Würfelwelt und bringt diese nicht hervor.

Frege wies, wie wir gesehen haben, in einem verwandten Zusammenhang einmal darauf hin, daß man von derselben Welt sagen kann, daß sie drei Bäume und daß sie eine Baumgruppe enthält.[36] Ein anderes Beispiel für die Tatsache, die uns hier interessiert, ist die Tatsache, daß dasselbe sowohl eine Stadt als auch eine Ansammlung von Straßen und Einwohnern (und vielem anderen mehr) ist. Zur Erinnerung: Wir haben im Ausgang von Frege »Sinn« als die »Art des Gegebenseins« einer Welt aufgefaßt. Die Seitenwelt und die Farbwelt sind verschiedene Sinne derselben Welt. Existenzfragen sind deswegen immer schon sinnvoll, sie setzen einen Gegenstandsbegriff voraus, dem etwas entspricht. Der Gegenstandsbereich, in dem der Gegenstand verortet wird,

---

[36] Frege: *Grundlagen der Arithmetik*, S. 59.

seine jeweilige Welt, kann seinerseits auf verschiedene Arten gegeben werden.[37]

Kommen wir zu unserer Ausgangsfrage zurück. Wir haben also die Würfelwelt und die verschiedenen Sinne, die verschiedenen Arten, in denen sie uns gegeben sein kann. Die Frage ist nun, wie viele Sinne es gibt. Denn die Sinne gibt es ebenso wie die Gegenstände, die sie uns erschließen. Sonst gäbe es keine Arten des Gegebenseins, so daß uns eben auch nichts gegeben sein könnte, was die Würfelwelt völlig unerkennbar machte. Sie wäre weder eine *Welt* noch eine *Würfel*welt. Es gibt also Gegenstände (Würfel, Seiten, Farben usw.) und Sinne (die Welt *als* Würfelwelt, die Welt *als* Seitenwelt, die Welt *als* Farbenwelt usw.). Doch wie viele Sinne gibt es?

Wenn wir die Frage, wie viele Sinne es gibt, stellen, beziehen wir uns damit auf *die Sinnwelt der Würfelwelt*. In der Sinnwelt der Würfelwelt gibt es die Sinne: die Welt *als* Würfelwelt, die Welt *als* Seitenwelt, die Welt *als* Farbenwelt usw. zu betrachten. Damit gibt es nun aber schon die Würfelwelt, die Sinnwelt und eine Welt, die deren Zusammenhang beschreibt (die Welt, in der wir uns gerade bewegen). Es gibt also bereits die folgenden Ebenen, in denen jeweils dasjenige beobachtet werden kann, was in eckigen Klammern notiert wird:

1. Die Würfelwelt [3 Würfel; 18 Seiten; 3 Farben; N Atome; 1 Kunstwerk usw.]
2. Die Sinnwelt [die Welt *als* Würfelwelt; die Welt *als* Seitenwelt; die Welt *als* Farbenwelt; die Welt *als* Atomwelt; die Welt *als* Kunstwelt usw.]
3. Die Welt [die Würfelwelt; die Sinnwelt]

---

[37] Es gibt einen sinnvollen Gebrauch von »Welt« im Plural, wenn man etwa von der Welt eines Filmes, der Welt der Aborigines, der Welt des Glücklichen, der Welt Prousts usw. spricht. Dieser Gebrauch des Weltbegriffs entspricht mehr oder weniger dem Begriff des Sinnfeldes, wie er in diesem Buch eingeführt wurde. Um Verwirrungen zu vermeiden, verwende ich den Weltbegriff nur dann wie den Begriff des Sinnfeldes, wenn dies nicht zu Verwechslungen mit dem Weltbegriff führt, dem Existenz nicht zugesprochen werden kann, d.h. der Welt im Sinne eines allumfassenden Sinnfeldes. Der französische Gegenwartsphilosoph Alain Badiou, der eine ähnliche Ontologie vertritt, unterscheidet zwischen »Universum« (gleich: allumfassender Gegenstandsbereich) und »Welten« (gleich: Sinnfeldern). Während er dem Universum Existenz abspricht, versteht er Existenz als Erscheinungsintensität in Welten im Plural. Vgl. Badiou, A.: *Das Sein und das Ereignis 2. Logiken der Welten*. Übers. von H. Jatho, Berlin/Zürich 2010.

Wenn wir uns fragen, ob diese Liste vollständig ist (abgesehen davon, daß wir noch keine Regel gefunden haben, die Listen in den Klammern abzuschließen), befinden wir uns bereits in einem anderen Sinnfeld, in dem wir die Würfelwelt, die Sinnwelt und ihren Zusammenhang in der Welt untersuchen. Wir haben also eine vierte Welt eingeführt:
4.   Die Welt* [die Würfelwelt; die Sinnwelt; die Welt]

Man könnte die Einführung immer umfassenderer Welten nur dadurch abschließen, daß man eine allumfassende Welt fände. Doch diese allumfassende Welt könnte nur dann existieren, wenn ein Sinn mit ihr verbunden wäre. Wenn aber ein Sinn mit ihr verbunden wäre, existierte dieser Sinn. Damit er existieren kann, bedarf es eines Sinnfeldes, in dem er erscheint. Dieses Sinnfeld wäre aber allemal umfassender als die vermeintlich allumfassende Welt, so daß wir auch auf diesem Wege prinzipiell zu keiner vollständigen Liste oder Karte gelangen können.

An dieser Stelle ist es fraglich, ob wir nicht dauernd in einen *infiniten Regreß* geraten, der die Formulierung des Problems aufhebt.[38] Ein **infiniter Regreß** ist *der erzwungene unendliche Selbstaufruf der Anwendung derselben Regel*. Sobald er ausgelöst wird, gibt es keinen Grund mehr, ihn anzuhalten. Die Regreßregel ruft sich immer wieder selbst auf.[39] Insbesondere seit Aristoteles gilt der infinite Regreß als ein Problem in der Philosophie, zumal dort, wo es darum geht, eine Begründungskette abzuschließen. Allerdings ist nicht jeder infinite Regreß problematisch. Die Regel »ziehe von jeder gegeben natürlichen Zahl jeweils 1 ab« führt in einen infiniten Regreß, sagen wir: 2, 1, 0, -1, -2, -3 usw. Hier liegt kein Problem, sondern eine Reihe vor, die sich problemlos bilden läßt. Ein infiniter Regreß wäre in unserem Fall nur dann ein Problem, wenn er die Bestimmtheit der einzelnen Stufen auf-

---

[38] Zu einer Version eines solchen Einwandes vgl. Bilgrami, A.: »Why Meaning Intentions are Degenerate«, in: Coliva, A. (Ed.): *Wittgenstein, Mind, Meaning, and Epistemology. Essays in Honour of Crispin Wright.* Oxford 2012 (i. Ersch.).

[39] Ähnliche Probleme stellen sich auch in der Mathematik und theoretischen Informatik, man denke etwa an die berühmten Unvollständigkeitssätze Gödels oder an Turings Halteproblem, was uns hier aber im einzelnen nicht beschäftigen muß. Die Ontologie ist nämlich keine primär mathematische Disziplin, da sie sich mit dem Existenzbegriff beschäftigt und da nicht alles, was existiert, mathematisch beschreibbar ist. Der entscheidende Unterschied zwischen der *mathematischen* und der *ontologischen* Frage nach der Vollständigkeit der Arithmetik bzw. der Welt liegt einfach darin, daß nicht alle Gegenstände in Gegenstandsbereichen vorkommen, die sich als Mengen definieren lassen, die genau festlegen, was in ihnen vorkommt und was nicht.

heben würde. Damit meine ich folgendes: Wenn wir Würfel nur dann beobachten könnten, wenn wir zugleich beobachteten, daß wir Würfel (und nicht Würfelseiten) beobachten, und dies wiederum nur beobachten könnten, wenn wir zugleich beobachteten, daß wir Würfel nur dann beobachten können, wenn wir Würfel (und nicht Würfelseiten) beobachten, landeten wir in der folgenden verschachtelten Situation. Dabei bezeichne B eine »Beobachtung«, W »Würfel« und »S« Würfelseiten:

1. B (W)
2. B (W) ↔ **B [B (W) ∧¬ B (S)]**
3. B (W) ↔ B < {**B [B (W) ∧¬ B (S)]**} ∧¬ B (S) >
...

Da B (W) äquivalent mit B [B (W) ∧¬ B (S)] wäre, könnte man B (W) in dem Ausdruck in den eckigen Klammern wiederum durch den gesamten Ausdruck ersetzen und so einen immer komplexeren Ausdruck erzeugen. Sobald man diesen Vorgang einleitet, gibt es keinen nicht willkürlichen Grund mehr, ihn abzubrechen.

Man müßte also immer wieder beobachten, daß man Würfel und nicht Würfelseiten beobachtet, und zugleich diese Beobachtung von der Beobachtung von Würfelseiten unterscheiden usw. *ad infinitum*. Da man mit dieser Aufgabe niemals an ein Ende gelangt, indem man immer wieder eine Beobachtungsebene hinzufügen muß, führt der infinite Regreß in diesem Fall zu einer vollständigen kognitiven Paralyse: Wir kämen niemals dahin, irgend etwas Bestimmtes zu beobachten, da wir zu viele (nämlich unendlich viele) Beobachtungsebenen zwischen unsere Absicht, etwas zu beobachten, und ihren Erfolg einzuschieben hätten.

Diesen Gedanken kann man sich auch folgendermaßen verständlich machen: Wenn wir nur dann wüßten, daß es um Würfel geht, wenn wir auch wüßten, daß Würfel keine Würfelseiten sind, dann wüßten wir nur dann, daß es um Würfel und nicht um Würfelseiten geht, wenn wir auch wüßten, daß der Gegenstand »Würfel und nicht Würfelseiten« seinerseits keine Würfelseite wäre. Dann wüßten wir aber wiederum nur dann, daß der Gegenstand »Würfel und nicht Würfelseiten« keine Würfelseite ist, wenn wir auch wüßten, daß der Gegenstand »*Würfel und nicht Würfelseiten* ist keine Würfelseite« keine Würfelseite ist usw. Da wir diese Liste niemals abschließen können, können wir anscheinend auch nicht wissen, daß es Würfel gibt. Folglich ist die Annahme, es gäbe eine Würfelwelt, eine Sinnwelt und dann eine immer umfassendere Welt, zu der es keine allumfassende Welt gibt, inkonsistent, da wir in *dieser* Welt nicht mehr wissen könnten, daß es Würfel oder überhaupt irgend etwas Bestimmtes gibt. Wir wüßten niemals, auf welcher Stufe wir uns eigentlich befinden.

Nun vergleiche man diese schwierige Lage mit der folgenden, in der wir uns tatsächlich befinden könnten. Nehmen wir einmal an, das gesamte sichtbare und bisher erforschte Universum, die Raumzeit mit ihren Galaxien usw., sei insgesamt ein subatomares Ereignis in einer erheblich größeren Raumzeit. In diesem riesigen Universum, das wir nicht beobachten können, könnte sich nun wiederum jemand fragen, wie groß sein Universum ist usw. *ad infinitum*. Man kann auch die Richtung wechseln und sich dem Mikro- oder Nanokosmos nähern. Vielleicht existieren unterhalb jeder von uns meßbaren Schwelle Raumzeiten, die für ihre Beobachter dieselben Dimensionen aufweisen wie unsere Raumzeit für uns (wobei »ein Meter« in der Nanosprache natürlich eine andere Maßeinheit als in unserer Sprache meint. Dasselbe gilt für »Lichtgeschwindigkeit« usw.). In diesem Modell einer unendlichen Verschachtelung von Universen in beide Richtungen könnten wir nicht mehr angeben, wo wir uns genau befinden. Gleichwohl befänden wir uns an irgendeiner bestimmten Stelle, die wir aber nicht bezeichnen können, da wir unsere Umgebung nach oben und nach unten nicht ausmessen können. Der Umstand, daß ein Gegenstand unendlich verschachtelt ist, bedeutet also noch lange nicht, daß er nicht irgend etwas Bestimmtes enthält.

Mit anderen Worten: Wir sind fallibel in der Frage, in welchem Sinnfeld wir uns bewegen, gerade weil wir keinen gleichzeitigen Zugriff auf Gegenstände und all ihre Erscheinungsbedingungen haben. Dennoch lokalisieren wir uns in bestimmten Sinnfeldern und bestimmen auch den Sinn, der dabei etwas zur Erscheinung bringt.

Noch einmal ganz einfach und alltagsnah: Nehmen wir einmal an, wir säßen mit einer Freundin in einem Restaurant und unterhielten uns über ihre jüngste Reise nach Australien. In diesem Fall orientieren wir uns im Sinnfeld »Restaurantbesuch«, das darüber hinaus die Sinnfelder »Gespräch unter Freunden« und »Reisebericht« umfassen kann. Während wir uns in dieser Situation bewegen, bewegen wir uns nicht auch in der Situation, die sich mit der Situation selbst beschäftigt. Wir thematisieren ja nicht ständig reflexiv den Umstand, daß wir in einem Restaurant sitzen und uns unter Freunden über Australien unterhalten.

IV. Kapitel: Begriffliche Relativität und Grenzen der Erkenntnis

Das Sinnfeld, in dem ein Gespräch über die Situation existiert, existiert aber gleichwohl. Wir bewegen uns nur nicht explizit in ihm. Indem wir uns in es begeben, entdecken wir wiederum, daß es ein umfassenderes Sinnfeld gibt als dasjenige, in dem wir uns zuvor bewegt haben. Die Pointe ist nun, daß wir auf diesem Weg niemals zu einem Abschluß gelangen. Es gibt keine letzte, keine vollständige Welt, die alles umfaßt.

Doch wie steht es mit dem Universum, dem etwa die Physik auf der Spur ist? Der Restaurantbesuch ist doch auch raumzeitlich, oder etwa nicht? Genau vor dem Hintergrund dieser Intuition hat Rudolf Carnap deswegen angenommen, daß es »*nur ein Gebiet von Gegenständen und daher nur eine Wissenschaft*«[40] gibt. Allerdings nahm er selbst darüber hinaus an, daß es nicht nur *eine* Weise gibt, diesen Bereich zu bestimmen. In Carnaps Augen ist es gleichermaßen möglich, den einen, allumfassenden Gegenstandsbereich als Bereich unserer Aussagen über unmittelbar gegebene Eindrücke auszubuchstabieren oder ihn als Bereich physikalischer Gegenstände zu deuten. Damit schuldet er uns aber auch eine Erklärung, wie sich diese beiden Deutungsmuster, die ich »Sinnfelder« nenne und er als »Gegenstandssphären« bezeichnet, zueinander verhalten. Bezeichnenderweise arbeitet Carnap dabei gerade nicht mit dem von Frege stammenden Sinnbegriff, den er – im Unterschied zu Frege – mit dem Begriff von Vorstellungen verbindet, die wir uns von Gegenständen machen.[41]

Die Annahme, es gäbe einen grundierenden Bereich, z. B. die Raumzeit und die in ihr existierenden Gegenstände, verdankt sich selbst der Erfahrung anderer Bereiche, z. B. der Erfahrung von Träumen, Möglichkeiten oder Fabelwesen. Der Begriff des Imaginären in diesem Sinne bestimmt als Kontrast den Begriff der physikalischen Grundierung mit. Daran sieht man, daß die Annahme, es gäbe nur einen einzigen allumfassenden Gegenstandsbereich, auch in diesem Fall einen anderen Gegenstandsbereich ansetzt, um sich von diesem zu unterscheiden.

Natürlich könnte man noch ein letztes Manöver unternehmen, um die Vollständigkeit der Welt zu retten. Dieses Manöver wäre einmal

---

[40] Carnap: *Der logische Aufbau der Welt*, S. 4.
[41] Carnap definiert »Sinn« folgendermaßen: »Unter dem Sinn eines Zeichens verstehen wir das Übereinstimmende an den intentionalen Gegenständen derjenigen Vorstellungen, Gedanken oder dgl., die hervorzurufen der Zweck des Zeichens ist; 7 und VII haben denselben Sinn, nämlich die Zahl Sieben als Vorstellungs- oder Gedankeninhalt« (*Der logische Aufbau der Welt*, S. 61).

mehr der **Physikalismus**. Darunter verstehe ich hier die These, daß alles, was existiert, letztlich im Gegenstandsbereich der Physik existiert. Ein geträumtes Nashorn existiert in dieser Perspektive als neuronaler Zustand in einem Gehirn und damit im Gegenstandsbereich der Physik, so daß das imaginäre Nashorn gar nicht mit dem wirklichen Nashorn kontrastiert, da auch das imaginäre Nashorn zumindest als neuronaler Zustand wirklich existiert.

Allerdings ergibt sich hier u. a. das folgende Problem: Wer versteht, warum etwa jemand von einem Nashorn träumt, oder wer einen Film versteht, versteht damit etwas über einen bestimmten Gegenstand, zu dem u. a. sein Kontrast zu jeder möglichen physikalischen Realisierung gehört. Ein Film etwa kann ironisch auf dem Niveau seines Inhalts damit spielen, daß er eine physische Basis (Photographien, Schnitte usw.) hat. Wenn wir uns anstatt auf eine Filmszene auf ihre physikalische Realität beziehen, etwa als auf einen Schwarm zitternder Strings in einem mehrdimensionalen Raum, beziehen wir uns nicht mehr auf die Filmszene. Wir haben nicht etwa gezeigt, daß alle Gegenstände im selben Gegenstandsbereich existieren, sondern wir haben den Gegenstandsbereich gewechselt. Wir haben, im Würfelgleichnis gesprochen, von der Würfelwelt auf die Atomwelt umgestellt, was nicht bedeutet, daß wir die Würfelwelt auf die Atomwelt reduziert oder gar bewiesen hätten, daß es nur die Atomwelt gibt und alle anderen Welten von dieser Welt umfaßt werden. Der Physikalismus behauptet, daß alles im Gegenstandsbereich der Physik existiert. Dies soll auch für alle Gegenstände und Gegenstandsbereiche gelten, die dem widersprechen oder zu widersprechen scheinen. Dies bedeutet, daß der Physikalismus eine Zuordnungsfunktion zwischen den Elementen aller scheinbar nichtphysikalischen Gegenstandsbereichen und den bekannten Elementen des physikalischen Gegenstandsbereiches postulieren muß, von der kein einzelner scheinbar nicht-physikalischer Gegenstand oder Gegenstandsbereich ausgenommen sein darf. Damit akzeptiert der Physikalismus aber bereits die Existenz anderer Gegenstandsbereiche. Er weigert sich lediglich, das Wort »Existenz« auf diese Gegenstandsbereiche anzuwenden. Allerdings muß der Physikalismus einräumen, daß es Träume und imaginäre Nashörner gibt, um auf diese Weise zwischen wirklichen (physikalisch beschreibbaren) und imaginären Nashörnern (bzw. Nashörner-förmig organisierten physischen bzw. physikalischen Gegenständen) unterscheiden zu können. Wenn nichts und niemand dem Physikalismus widerspräche, könnte er seine Zuordnungsbeziehungen

IV. Kapitel: Begriffliche Relativität und Grenzen der Erkenntnis

nicht formulieren, da es gar keine Elemente gäbe, die er auf seine Weltordnung zurückführen müßte. Der Physikalismus verstünde sich von selbst und träte nicht einmal als These auf.

Ein anderes Problem des Physikalismus, das mit dem Problem seiner ontologischen Inkonsistenz einhergeht, ist das *Problem der Identitätskriterien*. Stellen wir uns einmal vor, wir hätten eine bestimmte Menge von Partikeln vor uns, die uns als Tisch erscheint. Nun haben diese Partikel andere Eigenschaften als der Tisch. Wenn ich die Menge anders anordnete, bliebe sie immer noch die Menge von Partikeln, es handelte sich bei ihrer Erscheinung für uns unter Umständen aber überhaupt nicht mehr um einen Tisch, sondern vielleicht um einen Holzhaufen. Ein Tisch ist eben nicht nur ein Holz- oder gar ein Partikelhaufen. Wenn man sich auf die Partikelmenge nicht als auf die Menge, die den Tisch ausmacht, bezieht, kann man sie gar nicht in den Blick nehmen. Was diese Menge für uns zu *dieser* Menge macht, ist ja gerade, daß sie uns als Tisch erscheint. Wir haben uns auf sie als die dem Tisch zugrundeliegende Partikelmenge bezogen.

Mit anderen Worten müssen wir den »**Mythos der ›leeren Gegenstände‹** (*mythe des ‹objets blancs›*)«[42] vermeiden. Dieser Mythos besagt, daß es eine grundierende Gegenstandsschicht gibt, die mit irgendeinem bestimmten Gegenstandsbereich (dem der Physik, dem der Sinnesdaten, dem der Kultur oder was auch immer) gleichgesetzt werden muß. Denn diese Annahme verleitet zu der Annahme eines inkonsistenten ontischen Monismus. Der **ontische Monismus** ist die These, daß es nur einen einzigen allumfassenden Gegenstandsbereich (und damit nur eine bestimmte Art von Gegenständen) gibt. Diese These ist inkonsistent, weil es keinen solchen Gegenstandsbereich geben kann, wie wir gesehen haben: Die Welt in diesem Sinne gibt es nicht, sie verstößt gegen die Auflagen für die Anwendung des Existenzbegriffs. Einen Monismus, der davon ausgeht, daß es die Welt gibt, nenne ich »ontisch«, weil er die These vertritt, daß der allumfassende Gegenstandsbereich ein Gegenstand ist, den es gibt, d.h. ganz einfach: etwas Seiendes. »Ontisch« heißt etwas, das etwas Seiendes betrifft, während »ontologisch« dagegen das Nachdenken über Seiendes als solches markiert. Der ontische Monismus rechnet mit der Existenz eines grundierenden Gegenstandes, der aber recht besehen in keinem Sinnfeld erscheinen kann und demnach nicht existiert.

---

[42] Benoist: *Éléments de philosophie réaliste*, S. 59.

Im übrigen ist im Physikalismus oder in jeder anderen ontischen monistischen Theorie immer ein Kontrast am Werk, der häufig ignoriert wird. Dieser Kontrast ist derjenige zwischen der monistischen Theorie selbst und ihrem Gegenstandsbereich. Die Theorie des ontischen Monismus untersteht nicht den Bedingungen, die sie ihren Gegenständen zuschreibt. So ist in unserem Fall die Theorie des Physikalismus selbst kein physikalischer Gegenstand ebenso wie z. B. die Theorie des Solipsismus (der besagt, daß nur ein Subjekt und seine Vorstellungen oder Sinneseindrücke der allumfassende Gegenstandsbereich sind) selbst keine Vorstellung oder ein Sinneseindruck unter anderen ist. Die Frage, die sich der ontische Monist aber von demjenigen gefallen lassen muß, der noch nicht vom ontischen Monismus überzeugt ist, lautet, ob seine Theorie wahr ist. Um ihre Wahrheit zu erweisen, muß ihre Existenz anerkannt werden. Eine nichtexistierende Theorie kann weder wahr noch falsch sein. Demnach scheitert der Physikalismus sowohl daran, daß er eine Theorie ist, als auch und vor allem überraschenderweise daran, daß es ihn überhaupt gibt.

Wenn die Wahrheit einer bestimmten Theorie – und der Physikalismus ist eine bestimmte Theorie – darauf zurückführbar wäre, daß ein bestimmter neuronaler Zustand in einem Gehirn besteht, wäre jede beliebige Negation des Physikalismus (der Solipsismus, Dualismus, Pluralismus usw.) genauso wahr wie der Physikalismus selbst. Man könnte den Physikalismus schon dadurch widerlegen, daß man sein Gehirn in den neuronalen Zustand eines Pluralisten versetzt, der den Gedanken denkt, daß es viele irreduzible Gegenstandsbereiche gibt. Der Physikalismus untergräbt deswegen eine entscheidende Bedingung theoretischer Behauptbarkeit. Diese besteht darin, daß man nichts behaupten kann, ohne damit Wahrheit zu beanspruchen, und daß dieser Anspruch sich an einer Norm der Wahrheit orientiert, die niemals identisch mit irgendeinem bestimmten Gegenstand sein kann oder sich nur auf einen einzigen Gegenstandsbereich beziehen kann. Denn der Wahrheitsbegriff ist, wie wir gesehen haben, an den Tatsachenbegriff gebunden. Wahrheit ist keine menschliche Fiktion oder Projektion, sie hängt nicht einmal grundsätzlich von unseren Einstellungen ab, sondern sie ist eine Eigenschaft der Weltzustände, der »Wirklichkeit« oder der »Realität«, selbst.[43]

---

[43] Für eine ausführlichere Widerlegung des Physikalismus auf der Grundlage der hier nur angerissenen Ontologie vgl. Gabriel: *Warum es die Welt nicht gibt*.

IV. Kapitel: Begriffliche Relativität und Grenzen der Erkenntnis

Die Unvollständigkeit der Welt hat offensichtliche Konsequenzen für die Erkenntnistheorie. Denn wir lernen, daß wir unsere Erkenntnistheorie nicht auf der Basis eines ontischen Monismus errichten können. Die Erkenntnis der Welt kann nicht darin bestehen, daß wir uns aus einem riesigen existierenden Gegenstandsbereich, der Welt, Ausschnitte aussuchen, die wir dann untersuchen. Dieses Bild, das völlig natürlich wirkt und der neuzeitlichen Erkenntnistheorie im Rücken liegt, läßt sich auf dem Gebiet der Ontologie aber nicht durchführen. Deswegen ist es auch sachlich unbegründet, Erkenntnis oder Wissen als Gegenstände von anderen Gegenständen auf unbestimmte Weise zu isolieren und mit irgendwelchen im Umlauf befindlichen Methoden zu untersuchen oder zu analysieren, wie dies heute leider in der »Erkenntnistheorie« häufig vorkommt. Erkenntnis bezieht sich also wohl auf die Welt, und sie findet in der Welt statt. Doch diese »Ortsangabe« läßt sich letztlich nur theoretisch einlösen, wenn man über die Vorstellung hinausgeht, es gäbe einen riesigen Behälter, in dem sich alles befindet, worüber man Wissen erlangen kann. Denn diesen Behälter gibt es nicht. *Die Welt ist nicht von dieser Welt.* Was es gibt, ist eine unendliche (genaugenommen transfinite) Vermehrung von Sinnfeldern. Daß wir nur einige dieser Sinnfelder kognitiv bewohnen, ermöglicht uns, überhaupt etwas zu erkennen und Wissen zu beanspruchen.

Glossar

Abhängigkeit, Sinn-/Referenz- (Brandom):
Ein Begriff P ist von einem Begriff Q genau dann *sinnabhängig*, wenn wir P nicht verstünden, wenn wir Q nicht verstünden. P zu verstehen, setzt voraus, Q zu verstehen. Im Unterschied dazu ist ein Begriff P von einem Begriff Q genau dann *referenzabhängig*, wenn es nichts gäbe, was unter P fällt, wenn es nichts gäbe, was unter Q fällt.

Agrippas Trilemma:
Agrippas Trilemma stellt sich ein, wenn man eine Proposition gegenüber ihrer Alternative durch eine Begründung auszeichnen möchte. In diesem Fall führt die Begründung entweder immer wieder zu einer Begründung der Begründung (infiniter Regreß) oder einem vitiösen Zirkel, indem man voraussetzt, was man begründen möchte, oder zu einer bloßen, unbegründeten Behauptung irgendeiner Proposition.

Alethurgie (Foucault):
Von griechisch *alêtheia* (ἀλήθεια) = Wahrheit und *ergon* (ἔργον) = Werk: Herstellung von Wahrheit.

All und Ganzes:
Das All ist ein mengentheoretischer oder allgemein arithmetischer Begriff einer quantitativ vollständigen Ansammlung. So ist die Zahl 4 ein All aus der Addition von 2 und 2 oder von 3 und 1. Das All ist qualitativ nicht von seinen Teilen unterschieden. Es ist ein quantitatives Maximum. Anders verhält es sich mit einem Ganzen. Ein klassisches Beispiel für ein Ganzes, das mehr ist als seine Teile, ist ein Organismus. Das Ganze ist ein qualitatives Maximum.

Angst, epistemologische:
Epistemologische Angst ist die generalisierte Erwartung eines absoluten Nichtwissens, die uns antreibt, Wissen zu akkumulieren.

Aparallaxie (von gr. *aparallaxia*, ἀπαραλλαξία = Ununterscheidbarkeit):
Aparallaxie ist die phänomenale Ununterscheidbarkeit von zwei epistemisch relevanten Zuständen (z. B. Wachen und Träumen).

Aporie (von gr. *a-poria*, ἀπορία = Ausweglosigkeit):
Eine Aporie ist eine argumentative Sackgasse.

A priori/a posteriori: siehe Erkenntnis a priori/ a posteriori.

Argument, transzendentales:
Transzendentale Argumente sind Argumente, die aus der Struktur unserer Auffassung von Gegenständen auf die Struktur dieser Gegenstände selbst schließen.

Asymmetrie, epistemische (Descartes):
Descartes nimmt eine *epistemische Asymmetrie* zwischen den Grundlagen unserer Überzeugungsbildung und den einzelnen auf diesen Grundlagen gebildeten Überzeugungen an. Er meint, daß unsere Einstellung zu den Grundlagen der Überzeugungsbildung nicht in derselben Weise fallibel ist wie diejenigen Überzeugungen, die auf der Basis der Grundlagen erworben werden.

Atomismus (Kontrastbegriff: Holismus):
Atomistische Erkenntnistheorien orientieren sich an unserer Konfrontation mit bestimmten Einzeldingen.

Atomismus, logischer:
Der logische Atomismus nimmt an, daß es logische Atome gibt, aus denen sich unsere satzförmigen Überzeugungen zusammensetzen. Unsere Einstellung zu diesen Atomen wird dabei als ein Wissen durch unmittelbare Bekanntschaft verstanden.

Auffälligkeit:
Ein Begriff oder Gegenstand wird auffällig, wenn er aus der Umgebung heraustritt, in die er fraglos (und damit unauffällig) funktional eingebettet ist.

Aussage, interne/externe (Carnap):
Interne Aussagen sind Aussagen innerhalb eines bestimmten Bezugssystems, z. B. innerhalb des Bezugssystems der Physik, die annimmt, daß es physikalische Gegenstände gibt, die raumzeitlich ausgedehnt sind. Externe Aussagen sind Aussagen über das Bezugssystem selbst.

Außenweltproblem:
Das Außenweltproblem besteht darin, daß wir nicht sicherstellen können, ob es überhaupt eine Welt außerhalb unserer Überzeugungen oder Vorstellungen gibt.

Außenweltschluß:
Der Außenweltschluß ist ein Schluß auf die beste Erklärung. Die beste Erklärung dafür, daß wir Eindrücke haben, die uns Zugang zu einer Au-

ßenwelt zu verschaffen scheinen, ist demnach die Annahme der Existenz einer Außenwelt.

Bedingung (der Möglichkeit) (Kant):
Eine Bedingung im Kantischen Sinne ermöglicht die Bezugnahme auf eine bestimmte Menge von Gegenständen. Kant zufolge gibt es logische Formen und Formen der Anschauung, ohne die wir keine wahrheitsfähigen Überzeugungen über raumzeitliche Gegenstände haben könnten.

Behaviorismus, logischer:
Der logische Behaviorismus faßt sprachliche Ereignisse als habitualisierte Verhaltensmuster auf, hinter denen sich keine »mentalen Episoden« verbergen, die etwa nur dem Sprecher zugänglich wären und womöglich diesseits semantischer und damit wahrheitsfähiger Strukturen lägen.

Bivalenz (Zweiwertigkeit):
Die Bivalenzthese besagt, daß Aussagen nur zwei Wahrheitswerte, nämlich das Wahre und das Falsche, besitzen.

Cogito (Descartes):
Die unhintergehbare Intuition, daß wir uns in einem mentalen Zustand befinden und in diesem Sinne »denken«.

Darstellung, Problem der:
Das Problem der Darstellung besteht darin, daß wir eine angemessene Darstellungsform für philosophische Begriffe und Probleme finden müssen. Nicht jedes philosophische Problem läßt sich argumentativ motivieren.

Deduktion, transzendentale (Kant):
Unter einer »transzendentalen Deduktion der reinen Verstandesbegriffe« versteht Kant »die Erklärung der Art, wie sich Begriffe a priori auf Gegenstände beziehen können« (KrV, A 85/B 117). Diese Erklärung soll die Frage beantworten, wie »*subjektive Bedingungen des Denkens* [...] *objektive Gültigkeit* haben« (KrV, A 89/B 122) können. Kant beabsichtigt zu zeigen, daß es notwendige und allgemeine Strukturen unserer Bezugnahme auf Gegenstände gibt, die für die Gegenstände selbst gelten, sofern sie Gegenstände für uns sind.

Deontologie:
Deontologie ist die Lehre von unseren Verpflichtungen (von griechisch, *to deon*, τὸ δέον, »das, was man soll«).

Descartes' Irrtum:
Die Identifikation der Menge der Gegenstände wahrheitsfähiger Bezugnahme insgesamt mit einer bestimmten Sorte von Gegenständen.

Glossar

Descartes' Prinzip (Wright):
Um irgendeine Proposition P zu wissen, muß man wissen, daß jede Bedingung erfüllt ist, die dafür notwendig ist, daß man P weiß.

Dialektik (Hegel):
Die Explikation von Voraussetzungen einer Theorie, um die Konsistenz der Voraussetzungen der Theorie mit der ausgeführten Theorie zu untersuchen. Dabei sind die explizierten Voraussetzungen Bedingungen und nicht etwa Antezedentia in einem analytisch-logischen Sinne.

Dialektik (Platon):
Dialektik im Sinne Platons ist die Kunst der systematischen, an der Wahrheitsfindung orientierten Unterredung. Aufgabe der Dialektik ist die Explikation und Exploration desjenigen Feldes, in dem sich ein Wissensanspruch bewegt. Die Dialektik macht demnach Voraussetzungen explizit, um diese im Hinblick auf ihre Kompatibilität mit den expliziten Äußerungen eines Gesprächspartners zu untersuchen.

Differenz, deontologische:
Die deontologische Differenz ist die Differenz zwischen subjektiven Überzeugungsinkompatibilitäten und objektiven Eigenschaftsinkompatibilitäten. Während man nicht meinen *soll*, daß derselbe einfarbige Farbfleck rot und grün ist, *kann* derselbe einfarbige Farbfleck nicht zugleich rot und grün *sein*. Überzeugungen können sich widersprechen, sollen dies aber nicht, während sich Eigenschaften von Gegenständen dieser Auffassung zufolge gar nicht erst widersprechen können.

Eigenschaft, eigentliche:
Eine Eigenschaft, auf die wir uns mit wahrheitsfähigen Überzeugungen dergestalt beziehen können, daß wir durch diese Bezugnahme einen Gegenstand in der Welt von einigen anderen Gegenständen in der Welt unterscheiden können.

Einführungsregel (Kontrastbegriff: Eliminationsregel):
Einführungsregeln erlauben die Erweiterung eines Prämissenrahmens um Propositionen, die aus einer gegebenen Menge von Propositionen folgen. Mit ihrer Hilfe kann man neue Prämissen einführen.

Einheit, analytische/synthetische:
Analytische Einheiten sind die minimalen Bausteine der Wahrheitsfähigkeit, z.B. einzelne Gedanken, während synthetische Einheiten größere Zusammenhänge sind, die sich in analytische auflösen lassen. In diesem Sinn ist etwa eine Theorie eine synthetische Einheit wahrer Sätze.

Glossar

Einheit des Bewußtseins, analytische/synthetische (Kant):
Die analytische Einheit des Bewußtseins ist ein Vorkommnis des »Ich denke«. Wenn ich etwa jetzt denke: »Ich denke, daß es regnet«, so ist das »Ich denke« als grammatisches Subjekt des gedachten Satzes eine analytische Einheit. Die Fähigkeit, jeden Gedanken als meinen Gedanken zu vergegenwärtigen, d.h. die Fähigkeit, jeden meiner Gedanken mit der analytischen Einheit des Bewußtseins zu versehen, ist die synthetische Einheit des Bewußtseins.

Einzeldingontologie, naive:
Die naive Einzeldingontologie geht davon aus, daß die von allem menschlichen kognitiven oder praktischen Eingriff unabhängige Welt aus diskreten Einzeldingen verschiedener Größenordnung besteht, die insbesondere unabhängig von der Wahl eines begrifflichen Systems so-und-so bestimmt sind.

Eliminationsregel (Kontrastbegriff: Einführungsregel):
Eliminationsregeln erlauben die Vereinfachung einiger Prämissen einer Prämissenmenge. So kann man etwa aus der Wahrheit einer Konjunktion auf die Wahrheit der verbundenen Konjunkta schließen und damit einige Propositionen aus einem gegebenen Repertoire eliminieren.

Epistemologie, holistische (Kontrastbegriff: Atomismus):
Einer holistischen Epistemologie zufolge findet Wissen immer nur in einem Ganzen statt, das in einzelnen Wissensansprüchen stets nur diffus präsent sein kann.

Erkenntnis:
Erkenntnis bezeichnet aufgrund seiner etymologischen Zusammensetzung u.a. denjenigen Vorgang, dank dessen wir in eine epistemische Position gelangen können. Der Erkenntnisbegriff beherbergt gleichsam zwei Komponenten: Einerseits bezeichnet »Erkenntnis« den Vorgang des Wissenserwerbs und andererseits das Ergebnis dieses Vorgangs, eine Erkenntnis. Grundsätzlich verstehe ich unter »Erkenntnis« eine begrifflich informierte und damit orientierte Einstellung zu Gegenständen und Tatsachen.

Erkenntnis, die mögliche Unmöglichkeit von:
Es ist möglich, daß wir deswegen nichts wissen, weil es prinzipielle, etwa strukturelle, Gründe gibt, die Wissen unmöglich machen. In diesem Sinne argumentieren alle Formen des Skeptizismus dafür, daß es in der Natur des Wissens selbst liege, daß wir nichts wissen könnten.

Erkenntnis, a priori/a posteriori:
Eine Erkenntnis ist *a priori*, wenn man keine Informationen durch Sinneserfahrung erwerben muß, um sie zu erlangen, und eine Erkenntnis

ist umgekehrt *a posteriori*, wenn man sie nur durch sinnlich erworbene Informationen erwerben kann, die man auch nicht haben könnte.

Erkenntnis, Cartesische Theorie der Grenzen der:
Diese Theorie besagt, daß Grenzen der Erkenntnis zwischen unserem Erkenntnisvermögen insgesamt und einigen (etwa übermäßig komplexen) Tatsachen andererseits bestehen bzw. bestehen könnten.

Erkenntnis, erkennbare/unerkennbare Grenzen der:
Eine erkennbare Grenze der Erkenntnis wäre eine bestimmte gegebene Erkenntnisschranke. So können wir etwa erkennen, daß wir mit dem Geruchssinn (normalerweise) keine Farben erkennen können. Dies ist eine erkennbare Grenze der Erkenntnis. Unerkennbare Grenzen der Erkenntnis hingegen lassen sich naturgemäß nicht ausschließen. Wenn es sie gibt, verlaufen sie mitten durch die menschliche Erkenntnis überhaupt.

Erkenntnis, intuitive/diskursive (Aristoteles):
Unter intuitiver Erkenntnis wird eine unmittelbare Erfassung von Dingen und Axiomen verstanden, die wir im Blick haben, ohne eine Verknüpfung von Begriffen im Urteil zu vollziehen. Diskursive Erkenntnis hingegen ist eine durch Urteilen, wörtlich durch das Durch-laufen, *discurrere*, die *diexhodos* (διέξοδος) von Begriffen gewonnene Erkenntnis.

Erkenntnis, Kantische Theorie der Grenzen der:
Diese Theorie besagt, daß die Grenzen von Erkenntnis in der Erkenntnis selbst liegen.

Erkenntnis, objektstufige:
Von objektstufiger Erkenntnis spricht man dann, wenn der Gegenstand der Erkenntnis irgendein so-und-so bestimmter einzelner Gegenstand ist, zu dessen Bestimmung es keineswegs gehört, daß er erkannt wird. Entsprechend ist dann so etwas wie Sinneswahrnehmung eine objektstufige Erkenntnisform, da die durch Sinneswahrnehmung gewonnenen Erkenntnisse objektstufig in diesem Sinne sind oder zumindest zu sein scheinen.

Erkenntnis, transzendentale (Kant):
»Ich nenne alle Erkenntnis *transzendental*, die sich nicht so wohl mit Gegenständen, sondern mit unserer Erkenntnisart von Gegenständen, sofern diese a priori möglich sein soll, überhaupt beschäftigt.« (KrV, B 25) Dies bedeutet, daß eine Erkenntnis transzendental ist, wenn sie sich mit der Frage beschäftigt, was wir über alle Gegenstände dadurch erfahren können, daß wir wissen, daß sie Gegenstände sind, über die wir etwas erfahren können.

Erkenntnistheorie/Epistemologie:
Während es in der Epistemologie, wie beispielsweise im gegenwärtigen englischen Sprachgebrauch, um den Wissensbegriff geht, beschäftigt sich die Erkenntnistheorie auch mit den Voraussetzungen unseres Zugangs zum Wissen. Der Erkenntnistheorie geht es demnach auch um Voraussetzungen des Wissens, die noch nicht epistemisch, d.h. noch nicht wissensförmig sind. Es geht mit anderen Worten ganz grundsätzlich um unsere Verankerung in der »Welt«.

Erkenntnistheorie, analytische/synthetische:
Während die analytische Methode den Wissensbegriff analysiert, um seine notwendigen und hinreichenden Bedingungen aufzufinden, geht die synthetische Methode davon aus, daß diese Analyse nicht gelingen wird bzw. nicht gelingen kann, da Wissensansprüche immer nur vor einem Hintergrund stattfinden, der unserem Zugriff entzogen bleibt.

Erkenntnistheorie, klassische:
Dieses Projekt ist dadurch definiert, ein Wahrheitskriterium *a priori* zu spezifizieren. Die klassische Erkenntnistheorie sucht Kriterien, die festlegen, wann eine Vorstellung eine gelingende Repräsentation einer Sachlage ist, die unabhängig von der Vorstellung besteht.

Erklärung/Rechtfertigung:
Wenn wir etwas erklären, geben wir eine Ursache und bestenfalls auch noch ein Naturgesetz an, das den Kontext der Ursache bestimmt. Wenn wir hingegen eine Überzeugung rechtfertigen, geben wir andere Überzeugungen an, welche diese Überzeugung stützen.

Erklärung, reduktive:
Eine reduktive Erklärung eines Phänomens erkennt *per definitionem* keine Rechtfertigung dieses Phänomens an. Sie führt das zu rechtfertigende Phänomen auf seine Ursachen zurück.

Erscheinung/Ding an sich (Kant):
Erscheinungen sind Gegenstände wahrheitsfähiger Gedanken, während Dinge an sich Gegenstände sind, die möglicherweise nicht einmal in der Form von Gegenständen wahrheitsfähiger Gedanken angepeilt werden können oder, etwas vereinfacht: Erscheinungen sind die Gegenstände, auf die wir uns beziehen können (die uns erscheinen können), Dinge an sich sind die Gegenstände, wie sie unabhängig von den spezifischen Möglichkeiten der Bezugnahme sind.

Etwas, das es ohnehin gibt:
Etwas, das es ohnehin gibt, ist etwas, auf das wir uns erfolgreich mit ziemlich vollständigen Beschreibungen beziehen können, ohne dabei Bezug auf diese Bezugnahme zu nehmen.

Evidenz-Transzendenz, prinzipielle/stark kontingente:
Starke kontingente Evidenz-Transzendenz liegt vor, wenn wir einen Sachverhalt bestimmen, dessen Bestehen wir niemals einschätzen können, wenn es auch eine epistemische Position gegeben hätte, von der aus man das Bestehen hätte einschätzen können. So ist die Anzahl der Haare auf Cäsars Kopf zum Zeitpunkt seines Todes stark kontingent evidenztranszendent. Man hätte die Haare zählen können, doch ist es nun wohl eindeutig zu spät. Wir werden höchstwahrscheinlich niemals wissen, wie viele Haare Cäsar zu diesem Zeitpunkt genau hatte. *Prinzipielle Evidenz-Transzendenz* hingegen betrifft Sachverhalte, deren Bestehen wir unter keinen uns verfügbaren Bedingungen einschätzen könnten, da etwa jede Anwendung unserer optimalisierten Erkenntnisbedingungen immer noch unzureichend wäre, um sie einzuschätzen. Dazu gehört etwa die Behauptung, daß unser Leben eine Halluzination sein könnte, da im Rahmen einer Halluzination jede Anwendung von Informationserwerb und damit jede Verfügbarmachung von Evidenz unzureichend wäre.

Existenz:
Erscheinung in einem Sinnfeld.

Existenz-Generalisierung:
Der Schluß vom Vorliegen eines bestimmten Individuums mit einer Eigenschaft darauf, daß die Eigenschaft mindestens die Eigenschaft irgendeines Individuums ist. Aus »Platon war ein großer Philosoph« folgt, daß es mindestens einen großen Philosophen gibt.

Externalismus, epistemologischer (Kontrastbegriff: Internalismus, epistemologischer):
Die wahrheits- und theoriefähige Einstellung, deren Inhalt ein Wissensanspruch ist. Die Perspektive auf einen Wissensanspruch.

Faktivität/faktiv:
Faktiv nennt man solche mentalen Zustände, die propositionale Einstellungen sind, aus denen die Wahrheit der in der Einstellung eingeblendeten Proposition folgt.

Faktizität, Argument aus der:
Dieses weist darauf hin, daß jede Relativierung von Tatsachen auf ein Bezugssystem an irgendeinem Punkt eine Tatsache in Rechnung stellen muß, die dieser Relativierung vorhergeht, und sei dies die Tatsache der Relativierung selbst.

Faktizitätsprinzip für Wissen:
Wenn jemand weiß, daß p, dann folgt daraus, daß p: $W(p) \to p$.

Fallibilität:
: Die Irrtumsanfälligkeit wahrheitsfähiger Überzeugungen, die eben wahr *oder* falsch sein können.

Fallibilität, höherstufig/objektstufig:
: Während Wahrnehmungsmeinungen objektstufig fallibel sind, ist Reflexion, d.h. das Nachdenken über Gedanken, höherstufig fallibel. Wir können uns nicht nur in einem bestimmten Inhalt täuschen, sondern auch hinsichtlich der logischen Form des Inhalts selbst.

Fallibilität, Phänomen der reflexiven:
: Dieses Phänomen besteht darin, daß wir jemanden davon überzeugen können, sich objektstufig zu täuschen, obwohl er sich gerade nicht täuscht.

Fehlschluß, ampliativer:
: Ein ampliativer, sprich: erweiternder Fehlschluß liegt dann vor, wenn eine unzulässige Generalisierung vorgenommen wird. Eine unzulässige Generalisierung liegt z.B. vor, wenn man daraus, daß *jede einzelne* unter Rekurs auf unsere sensorischen Registraturen gebildete Überzeugung irreführend oder falsch sein könnte, schließt, daß *alle* unsere unter Rekurs auf unsere sensorischen Registraturen gebildeten Überzeugungen falsch sein könnten.

Fernrohrgleichnis (Frege):
: »Jemand betrachtet den Mond durch ein Fernrohr. Ich vergleiche den Mond selbst mit der Bedeutung; er ist der Gegenstand der Beobachtung, die vermittelt wird durch das reelle Bild, welches vom Objektivglase im Innern des Fernrohrs entworfen wird, und durch das Netzhautbild des Betrachtenden. Jenes vergleiche ich mit dem Sinne, dieses mit der Vorstellung oder Anschauung. Das Bild im Fernrohre ist zwar einseitig; es ist abhängig vom Standorte; aber es ist doch objektiv, insofern es mehreren Beobachtern dienen kann.«

Formalismus, metalogischer:
: Die These, daß man die Logik aus logischen Atomen aufbauen könne, die isoliert genommen keine Bedeutung haben. Der metalogische Formalismus behauptet, daß die Logik eine Sprache ist, die nur Syntax, aber keine Semantik hat. Die Ableitung ihrer Aussagen ist demnach nomologisch geordnet, d.h., sie folgt Regeln oder Gesetzen, ohne daß diese Aussagen mehr anzeigen als ihre Position in der Ableitung.

Form-Inhalt-Dualismus:
: Der Form-Inhalt-Dualismus nimmt an, daß es begriffliche oder sonstige (beispielsweise physiologische) Formen der Rezeptivität gibt, die etwas,

Glossar

einen Inhalt, registrieren, der seinerseits nicht notwendig ausschließlich in den relevanten Formen erscheint.

Fundamentalismus, epistemologischer:
Der epistemologische Fundamentalismus ist die Annahme, daß unsere Überzeugungen sich insgesamt aus einer endlichen Menge an nicht weiter begründbaren/der Begründung nicht bedürftigen oder gar selbst- und damit letztbegründenden Informationsquellen (z. B. Sinneserfahrung und Denken) speisen, die grundlegend für unsere Überzeugungsbildung sind.

Furcht, epistemologische:
Der Normalzustand des erkennenden Subjekts oder der forschenden Gemeinschaft. In diesem Normalzustand sind wir mit einem bestimmten Nichtwissen konfrontiert, das wir zu überwinden suchen.

Gedanke, objektstufig/höherstufig:
Gedanken über Gegenstände, die keine Gedanken sind, heißen objektstufig, reflexive Gedanken (Gedanken über Gedanken) hingegen höherstufig.

Gedanken, Wahrheit/Wahrheitsfähigkeit:
Der Cartesische Skeptizismus problematisiert *die Wahrheit von Gedanken*, während der Kantische Skeptizismus *die Wahrheitsfähigkeit von Gedanken*, d.h. deren interne Struktur destabilisiert. Dem Kantischen Skeptizismus geht es nicht so sehr um die Frage, wie Gedanken, d.h. bereits semantisch stabile intentionale Strukturen, imstande sein können, nicht-intentionale Strukturen zu erfassen und gleichzeitig sicherzustellen, daß die Bedingungen der Erfassung erfüllt sind. Vielmehr geht es um die grundsätzliche Frage, ob die interne Struktur von Gedanken es überhaupt zuläßt, daß sie semantisch stabil sind.

Gedankenexperiment:
Eine Methode, um Gegenbeispiele gegen analytische Definitionen zu entwickeln. Gedankenexperimente untersuchen, welche Szenarien möglich und welche unmöglich sind.

Gegenstand:
Dasjenige, worauf man sich mit wahrheitsfähigen Gedanken beziehen kann.

Gegenstand *tout court*:
Gegenstände, die es unabhängig von ihrer Einbettung in Sinnfelder gibt.

Grund, absoluter/endlicher:
: Ein absoluter Grund ist losgelöst (lat. ab-solutum) vom Netzwerk der Gründe. Ein endlicher Grund ist ein Grund innerhalb des Netzwerks der Gründe.

Grund, bester:
: Der beste Grund begründet eine Überzeugung so, daß die Überzeugung dadurch wahr ist.

Grund, guter:
: Ein solcher Grund, der eine doxastische Ökonomie dadurch etabliert, daß er eine Hierarchie herbeiführt, die das Isostheniprinzip einschränkt. Das heißt, ein guter Grund erzeugt eine endliche Begründungskette, die uns von demjenigen überzeugt, was er begründet.

Grund, wahrheitsgarantierender:
: Ein Grund, der die Wahrheit des durch ihn Begründeten garantiert.

Heuristik:
: Die *Theorie der Erkenntnissuche* im Unterschied zu einer *Theorie der Erkenntnissicherung*, wobei letztere gegenwärtig häufig mit »Erkenntnistheorie«, bisweilen aber auch mit »Wissenschaftstheorie« identifiziert wird. Die Heuristik ist ein legitimes Forschungsfeld der Erkenntnistheorie.

Holismus (von gr. »to holon« = »das Ganze«):
: Im Unterschied zum Atomismus nimmt der Holismus in der Erkenntnistheorie an, daß wir unsere Wissensansprüche nur unter Berücksichtigung ihrer Einbettung in ein größeres Ganzes rekonstruieren können.

Homo-Mensura-Satz (Protagoras):
: »Der Mensch ist das Maß aller Dinge, der Seienden, daß sie sind, der nicht Seienden, daß sie nicht sind.«

Hypothese, skeptische/gewöhnliche:
: *Gewöhnliche Hypothesen* sind Hypothesen, deren Wahrheitswert (d. h. deren Wahr- oder Falsch-Sein) wir in einer bestimmten Einstellung verfehlen, deren Wahrheitswert wir in einer anderen Einstellung aber sehr wohl evaluieren können. In einem bestimmten Verfahren zur Herstellung von Evidenz sind sie zwar ausgeblendet, lassen sich aber in einem anderen Verfahren einblenden. Skeptische Hypothesen sind hingegen Hypothesen dahingehend, daß wir uns in einem Zustand befinden, dessen phänomenaler Inhalt durch irgendeine abnormale Quelle hervorgerufen wird. Letztere unterminieren gerade die Möglichkeit einer jeden Untersuchung dadurch, daß sie Alternativen zu einem bestimmten Verfahren einführen, von dem aus sich auf kein Verfahren umstellen läßt,

mit dessen Hilfe sich der Wahrheitswert der skeptischen Hypothese ermessen ließe.

Idealismus, transzendentaler (Kant):
Die These, daß Raum und Zeit Formen der Anschauung sind, die nicht außerhalb des erkennenden Subjekts als Behälter existieren, in denen Dinge aufbewahrt sind.

Idealismus, sinnabhängiger/referenzabhängiger:
Der *sinnabhängige Idealismus* behauptet lediglich, daß wir keinen Begriff der Objektivität hätten, wenn wir diese nicht von unserer Subjektivität unterschieden bzw. nicht unterscheiden könnten. Diese These ist eine transzendentale Behauptung zweiter Stufe über eine Bedingung unseres Weltzugangs. Der *referenzabhängige Idealismus* behauptet hingegen, daß es keine Objekte gäbe, wenn es keine Subjekte gäbe, was eine These erster Stufe darüber ist, was es gibt bzw. auf welche Weise es etwas gibt.

Idee (Locke):
»Alles, was der Geist *in sich selbst* wahrnimmt, oder was unmittelbares Objekt der Wahrnehmung, des Denkens oder des Verstandes ist«.

Identitätsrätsel:
Das Identitätsrätsel besteht darin, daß eine Identitätsbehauptung wie etwa A = B entweder widersprüchlich ist, da A eben A und nicht B ist, oder keinerlei Information enthält, da A eben B und nicht A bzw. B eben A und nicht B ist.

Implikation:
Eine *Implikation* liegt vor, wenn eine Proposition q immer dann wahr ist, wenn eine Proposition p wahr ist: $p \rightarrow q$. Das logische Symbol »$\rightarrow$« wird zwar normalsprachlich meist mit »wenn …, dann …« wiedergegeben, was aber tendenziell ausblendet, daß der logische Implikationsbegriff kontraintuitiv ist, weil er gerade nicht deckungsgleich mit normalsprachlichen Konditionalen ist.

Implosion (Wright):
Ein Paradoxon implodiert Wright zufolge dann, wenn aus seiner Generalisierung folgt, daß die diskursive Rationalität insgesamt unterlaufen wird.

Implosion, lokale/globale:
Eine lokale Implosion ist die Implosion einiger Instanzen eines generellen Paradoxons. Eine globale Implosion ist die Implosion des generellen Paradoxons.

Inkompatibilität, ontologische/deontologische: siehe **Differenz, deontologische.**

Inkonsistenz, analytische:
Faßt man Theorien als *idealiter* axiomatisch-deduktiv geordnete Mengen von Propositionen auf, liegt eine *analytische Inkonsistenz* genau dann vor, wenn sich zwei miteinander nach den Regeln der Theorie inkompatible (etwa im gewöhnlichen Sinne widersprüchliche) Formeln als Theoreme der Theorie ableiten lassen.

Inkonsistenz, dialektische:
Eine dialektische Inkonsistenz liegt vor, wenn die Ausführung der Theorie ihren eigenen Rahmen sprengt und die Einführung eines anderen Rahmens erforderlich macht.

Instanz, normale/implosive:
Die Traumhypothese und die Wahnsinnshypothese sind anscheinend Instanzen des generellen Schemas, das dem Cartesischen Paradoxon zugrunde liegt. Demnach besteht ein generelles Schema, das einige normale und andere implosive Instanzen hat. *Normale Instanzen* sind konsistent im Hinblick auf ihre Nachvollziehbarkeit, während *implosive* genau daran scheitern.

Intentionalität:
Intentionalität ist Bewußtsein von etwas, d. h. der Umstand, daß wir u. a. propositionale Einstellungen haben können, die einen Inhalt haben, die also von etwas handeln. Wir können Gedanken über einiges haben, das selbst kein Gedanke ist, und es ist zumindest fragwürdig, in welchem Umfang wir Gedanken haben können, deren Inhalt nur Gedanken sind.

Intentionalität, Als-ob-:
Unabhängig von skeptischen Szenarien gilt, daß wir uns immerhin auf Gegenstände so beziehen können, als ob diese von der Bezugnahme unabhängig existierten, was ich *Als-ob-Intentionalität* nenne. Im Erfolgsfall ist die Als-ob-Intentionalität auch eine Daß-Intentionalität, insofern, als sie sich darauf bezieht, daß p, und p der Fall ist.

Intentionalität, Metaphysik der:
Eine Theorie der Intentionalität, die diese in ihr nicht-intentionales Umfeld einbettet. Die Metaphysik der Intentionalität beschäftigt sich mit der Frage, wie Intentionalität in die Welt als Welt gehört.

Intentionalität, Cartesische Metaphysik der:
Die *Cartesische Metaphysik der Intentionalität* betrachtet Intentionalität insgesamt als einen *Zufall* im Universum. Daraus, daß wir uns sehr gut vorstellen können, daß es niemals Intentionalität gegeben hätte, schließt diese Theorie darauf, daß einige Eigenschaften von Intentionali-

tät, insbesondere Fallibilität, nur dadurch zustandekommen, daß sich die Intentionalität zufällig im Universum vorfindet und epistemischen Kontakt zu ihrer von ihr völlig *unabhängigen* Umwelt aufzunehmen unternimmt.

Intentionalität, Hegelsche Metaphysik der:
Die *Hegelsche Metaphysik der Intentionalität* führt den Begriff des *Geistes* ein. Hegel schreibt einmal an einer berühmten Stelle seiner *Phänomenologie des Geistes,* Geist sei »Ich, das Wir, und Wir, das Ich ist«. Sie geht davon aus, daß sich Intentionalität nur in einer normativ orientierten Gemeinschaft ausbildet. Das »Ich denke« ist eine analytische Einheit des »Wir denken«.

Intentionalität, Kantische Metaphysik der:
Die *Kantische Metaphysik der Intentionalität* beruht auf der Annahme, daß die Welt als Welt nur durch die Intentionalität existiert bzw. genauer, daß sie *kein* Gegenstand ist, der unabhängig von Intentionalität vorkommt. Darüber hinaus vertritt die Kantische Metaphysik der Intentionalität die These, daß Fallibilität konstitutiv für Intentionalität in dem Sinne ist, daß Fallibilität nicht nur durch die zufällige Kontaktaufnahme der Intentionalität mit ihrer Umwelt zustande kommt, die man mithin in der Innenwelt ausschließen kann, sondern daß es überhaupt keine infallibel zugänglichen Gegenstände geben kann.

Intentionalität, normative Theorie der:
Der normativen Theorie der Intentionalität zufolge muß epistemische Intentionalität, d. h. jede auf Wahrheit und Objektivität gerichtete Einstellung zu Gegenständen, eine normative Grundlage haben. Die normative Grundierung kann der Intentionalität dabei nicht äußerlich addiert werden, so, als ob unser Denken zunächst in einem solipsistischen Sinnesdatentheater eingeschlossen wäre, um sich erst nachträglich und nur gelegentlich in eine soziale Welt einzufinden.

Intentionalitätsthese:
Die These, daß alle Vorstellungen auf ein Objekt bezogen werden. Diese These kann man als *Intentionalitätsthese* formulieren, der zufolge Bewußtsein immer Bewußtsein von etwas ist. Intentionalität ist in diesem Licht zunächst nichts weiter als die Bezugnahme auf einen Gegenstand, die durch die Ausrichtung der Bezugnahme festlegt, was als Gegenstand der Bezugnahme in Frage kommt.

Internalismus, epistemologischer:
Die Untersuchung von Wissensansprüchen in der Binnenperspektive, d. h. unabhängig von der Frage, ob es überhaupt einen Fall von Wissen gibt.

Isostheniprinzip:
Jedem Argument steht ein gleichwertiges entgegen.

Kinomodell des Bewußtseins:
Diesem Modell zufolge haben wir keinen direkten Zugriff auf eine Außenwelt, da wir uns auf die Außenwelt allenfalls im Medium der Ideen beziehen können, die wir uns von ihr machen bzw. die uns nahegelegt oder abgenötigt werden. Es ist, als ob man dazu verdammt wäre, die Welt auf einem eigentlich zweidimensionalen Bildschirm anzuschauen, ohne jemals sicherstellen zu können, daß es hinter dem Bildschirm wirklich etwas gibt.

Kohärentismus (Davidson):
Die These, daß Überzeugungen stets Bestandteil eines kohärenten Netzwerks von Überzeugungen sein müssen, um überhaupt wahrheitsfähig zu sein. Isolierte Überzeugungen können demnach weder wahr noch falsch sein, da »nichts als Grund für eine Meinung in Frage kommt, was nicht selbst eine Meinung ist«.

Komplement, absolutes:
Ein absolutes Komplement wäre die Menge *aller* mit einem bestimmten Begriff inkompatibler Begriffe.

Komplement, relatives:
Das *relative Komplement* eines Prädikats (und damit einer Eigenschaft) ist eine endliche Menge von anderen Begriffen, die nicht in derselben Weise auf einen und denselben Gegenstand zutreffen können.

Kontextprinzip (Frege):
»Nur im Zusammenhang eines Satzes bedeuten die Wörter etwas.«

Kontextualismus, alethischer:
Die These, daß die Wahrheitsbedingung des Wissensbegriffs kontextsensitiv ist.

Kontextualismus, enger:
Der enge Kontextualismus bezieht variable Parameter in den Wissensbegriff mit ein. Er unterscheidet sich vom *weiten* Kontextualismus dabei dadurch, daß er die Variabilität als Kontextsensitivät, nicht aber als Historizität auffaßt.

Kontextualismus, Rechtfertigungs-:
Die These, daß alle Wissensansprüche berechtigt sein müssen und daß der Ausweis solcher Berechtigungen immer nur in Kontexten stattfindet. Damit kommen aber endliche Gründe ins Spiel, deren Endlichkeit gerade darin besteht, daß alles Wissen in einem Kontext stattfindet, der niemals ein Totalkontext ist, der alle anderen Kontexte umspannt. Bei

einem Wechsel von einem Kontext in einen anderen kann die Berechtigung verlorengehen, da die endliche Umgebung, in welcher der Wissensanspruch zum ersten Mal erhoben wurde, eben von einer anderen Umgebung unterschieden ist.

Kontextualismus, semantischer:
Die These, daß die normalsprachliche Verwendung des Wissensbegriffs in Sätzen wie
(1) »Hegel weiß, daß es regnet.«
insofern unvollständig und irreführend ist, als das Wissensprädikat immer mit einem Index versehen werden müsse. Satz (1) drücke eigentlich die Proposition (2) aus
(2) »Hegel weiß $_{\text{in einem Kontext K}}$, daß es regnet.«

Kontextualismus, weiter:
Die synthetische Methode der Einbettung des Wissensbegriffs in eine nichtepistemische und teilweise historisch kontingente Umgebung.

Kontingenz:
Kontingenz (*to endechomenon*, τὸ ἐνδεχόμενον) heißt traditionell lediglich Anders-sein-Können, wie Aristoteles dies definiert hat. Das Kontingente kann anders sein, als es ist, und unterscheidet sich insbesondere vom Notwendigen, dem diese Möglichkeit abgeht.

Kontingenz, intentionale:
Indem wir erkennen, daß einige Gegenstände unabhängig davon sind, daß wir gerade über sie nachdenken, erkennen wir, daß wir auch über anderes nachdenken können bzw. über anderes hätten nachdenken können.

Korrespondenztheorie der Wahrheit:
Die Auffassung von Wahrheit, der zufolge Wahrheit eine binäre Relation der Korrespondenz von Behauptung und Tatsache ist.

Kritik (Kant):
Die Untersuchung der Reichweite und Begründungsbedürftigkeit metaphysischer Behauptungen.

Logik, epistemische:
Die Untersuchung der Schlußregeln für Propositionen, in denen epistemische Operatoren (wie Wissen, Rechtfertigung usw.) vorkommen.

Logische Form der Erscheinung:
Die Art und Weise, wie Gegenstände wahrheitsfähiger Überzeugungen erscheinen. Als Beispiel wird im Haupttext insbesondere die Differenz von Wachen und Träumen verwendet, die verschiedene logische Formen der Erscheinung sind.

Lösung, happy-face:
Eine »happy face«-Lösung eines Paradoxons identifiziert eine falsche Prämisse oder Schlußregel bzw. einen falschen inferentiellen Vorgänger oder Nachfolger einer angenommenen Prämisse oder Schlußregel.

Lösung, schwache unhappy-face:
Eine schwache unhappy-face-Lösung beruft sich auf einen störungsfreien Surrogatbegriff eines gegebenen paradoxieanfälligen Begriffs.

Lösung, starke unhappy-face:
Die Einführung eines völlig neuen, paradoxiefreien Begriffs zur Lösung eines sonst unlösbaren Paradoxons.

Lügengeist-Hypothese (Descartes):
Eine skeptische Hypothese, die annimmt, ein böser Lügengeist könne unsere Überzeugungsbildung insgesamt manipulieren.

Metaphysik:
Die Untersuchung der Welt als Welt. Die Metaphysik untersucht den Weltbegriff, den Zusammenhang der Welt mit ihren Teilbereichen und den in ihr vorkommenden Gegenständen.

Möglichkeit, epistemische (Kontrastbegriff: tatsächliche Möglichkeit):
Ein Umstand ist epistemisch möglich, der nach allen Informationen, die wir erwogen haben, der Fall sein könnte.

Monismus, ontischer:
Die These, daß es nur einen einzigen allumfassenden Gegenstandsbereich (und damit nur eine bestimmte Art von Gegenständen) gibt.

Motivation (Kontrastbegriff: Begründung):
Eine Reihe von Überlegungen, die zu einem philosophischen Problem führen. Eine Begründung hingegen ist immer nur nachträglich möglich, d. h. im Kontext einer Problemlösung.

Mythos der leeren Gegenstände (Benoist):
Dieser Mythos besagt, daß es eine grundierende Gegenstandsschicht gibt, die mit irgendeinem bestimmten Gegenstandsbereich (dem der Physik, dem der Sinnesdaten, dem der Kultur oder was auch immer) gleichgesetzt werden muß.

Mythos des Gegebenen:
Der Mythos des Gegebenen nimmt an, daß es unterhalb der Ebene wahrheitsfähiger Gebilde (seien diese nun Gedanken oder Aussagen) prälogische Einstellungen wie Wissen durch Bekanntschaft oder ein infallibles Empfindungsrepertoire gibt, das logische Verbindungen eingehen kann oder nicht. Dabei ist es als solches aber noch nicht auf die logischen Ver-

bindungen bezogen oder gar durch sie hervorgebracht oder auch nur durch das Eingehen logischer Verbindungen veränderbar.

Naturalismus, antiskeptischer:
Der Naturalismus als antiskeptische Strategie besagt, daß wir zwar keinen kognitiven Zugriff auf die Erfolgsbedingungen unserer begrifflichen Anstrengungen haben können, daß die Natur selbst aber dafür sorgt, daß wir an unsere Umwelt angepaßt urteilen, ohne daß wir jemals durchschauen könnten, wie dies funktioniert.

Naturalismus, reduktiver:
Diesem zufolge ist der logische Raum der Gründe letztlich nur eine Illusion; alles, was es gibt, sei naturwissenschaftlich, und d.h. insbesondere physikalisch, beschreibbar.

Neo-Pragmatismus (Brandom):
Der Pragmatismus ist gemeinhin die These, daß Wahrheit sich im wesentlichen als Behauptbarkeit + irgendein besonderer Faktor beschreiben läßt. Wahrheit wird von Pragmatisten auf verschiedene Weisen an diskursive Praktiken sowie an deren Interessen gebunden. Eine schlechthin nicht verifizierbare Wahrheit wäre völlig uninteressant und in den Augen des Pragmatismus nicht einmal eine Wahrheit. Der Neo-Pragmatismus bestimmt Wahrheit nun letztlich über die Regeln der Behauptbarkeit von Propositionen, weshalb Brandom auch meint, Wahrheit spiele eigentlich keine besondere Rolle jenseits der Möglichkeiten, die sie uns eröffnet, auf eine besondere Weise Behauptungen zu formulieren.

Nihilismus, semantischer:
Die These, daß es keine Bedeutung gibt, daß die Arten des Gegebenseins insgesamt gar nicht Arten des Gegebenseins von etwas sind, daß es in diesem Sinne also gar nichts gibt.

Objektivität:
Die Unabhängigkeit der Gegenstände der Bezugnahme von der Bezugnahme.

Objektivitätsbedingung:
Eine theorieinterne Objektivitätsbedingung ist eine für eine Theorie notwendige Annahme.

Objektivitätskontrast:
Der Unterschied zwischen Wahrheit und Fürwahrhalten.

ontisch/ontologisch:
Ontisches betrifft Gegenstände unabhängig von der Rolle, die ihnen in einer Theorie zugewiesen wird. Z.B. ist es eine ontische Erkenntnis, daß es Mettigel gibt. *Ontologisches* hingegen betrifft die Konstitution eines

Gegenstandsbereiches. Z. B. ist es eine ontologische Erkenntnis, daß man Mettigel erkennen kann.

Ontologie:
Die systematische Beantwortung der Frage, was es heißt, daß etwas existiert, bzw. der Frage, was »Existenz« bedeutet.

Paradoxon:
Eine Menge von anscheinend akzeptablen (weil gut motivierten) Prämissen, anscheinend akzeptablen (weil gut motivierten) Schlußregeln und einer offensichtlich unhaltbaren Konklusion dergestalt, daß die Prämissen die Konklusion gemeinsam mit den Schlußregeln logisch implizieren. Paradoxa sind demnach Argumente mit unerwünschten, in der einen oder anderen Weise unhaltbaren Konsequenzen.

Physikalismus:
Die These, daß alles, was existiert, letztlich im Gegenstandsbereich der Physik existiert.

Prädikat, objektstufiges/höherstufiges:
Höherstufige Prädikate charakterisieren Eigenschaften von Begriffen im Kontrast zu Eigenschaften von Gegenständen. Das objektstufige Prädikat … *ist ein Pferd* charakterisiert etwa dieses Rennpferd da, während das Prädikat … *ist ein objektstufiges Prädikat* das Prädikat … *ist ein Pferd*, nicht aber dieses Rennpferd da charakterisiert, da das Rennpferd kein Prädikat, sondern ein Rennpferd ist.

Primat des Praktischen (Kant):
Kant geht davon aus, daß wir stabile Verhaltensmuster an uns selbst und an anderen wahrnehmen, die man »Handlungen« nennen kann. Wenn man sich eine Handlung verständlich macht, unterstellt man, daß jemand nicht nur auf Impulse reagiert, als ob eine chemische Reaktion stattfindet, sondern daß jemand etwas tut, weil er der Meinung ist, es sei zu diesem oder jenem Zweck gut. Selbst wenn alle unsere Handlungen nur Illusionen wären, weil wir etwa durch chemische Reaktionen im Gehirn angetrieben sind, so daß das Gehirn und nicht wir handeln, bestünde dennoch die Illusion. Die Binnenperspektive des Handelnden ist Kant zufolge (zumindest in der Ethik) methodologisch primär gegenüber jeder reduktiven Erklärung.

Primordialität, begriffliche:
Ein Begriff ist dann gegenüber einem Begriff, in den er eingeht, begrifflich primär, wenn er instanziiert sein könnte, ohne daß der komplexe Begriff, in den er eingeht, auch instanziiert sein muß.

Glossar

Prinzip der Geschlossenheit:
Wenn wir gute Gründe dafür haben, daß p, dann haben wir auch gute Gründe für alles, was aus p folgt, sofern wir wissen, daß es aus p folgt.

Prinzip der Iterativität:
Wenn wir gute Gründe dafür haben, daß p, dann haben wir (im Verteidigungsfall) auch gute Gründe dafür, daß wir gute Gründe dafür haben, daß p.

Prinzip der bestimmten Negation (Hegel):
Unter »bestimmter Negation« versteht Hegel den Umstand, daß Wissensformen sich immer auch als Kompensation der dialektischen Inkonsistenz der ihnen jeweils vorausgehenden Wissensformen rekonstruieren lassen. Sie negieren demnach immer etwas an einer vorausgehenden Wissensform, indem sie etwa Elemente ihrer Voraussetzungsstruktur austauschen. Auf diese Weise generieren sie eine neue Voraussetzungsstruktur, so daß diese Form der Negation produktiv ist.

Privatheit, semantische:
Eine Empfindung ist *semantisch privat*, wenn prinzipiell nur das Subjekt, das sie hat, imstande ist, den Ausdruck zu verstehen, mit dem es sich auf die Empfindung bezieht.

Produktionsidealismus:
Die These, daß unsere kognitive Zuwendung zu Gegenständen in allen Fällen mit den Gegenständen identisch ist, denen wir uns zuwenden.

Proposition/Satz:
Propositionen sind wahrheitsfähige Gebilde, d.h. Gebilde, die wahr oder falsch sein können. Sätze drücken Propositionen aus. Dieselbe Proposition läßt sich mit verschiedenen Sätzen ausdrücken.

Proposition, kontingente:
Kontingent ist eine Proposition genau dann, wenn es sowohl möglich ist, daß sie wahr, als auch möglich ist, daß sie falsch ist, bzw., wenn ihre Negation keinen Widerspruch impliziert.

Qualität, primäre/sekundäre (Locke):
Während primäre Qualitäten solche sind, die Dingen an sich zukommen, sind sekundäre Qualitäten »response-dependent«, wie man in der anglophonen Philosophie sagt. D.h., sekundäre Qualitäten sind konstitutiv relational, sie kommen nur in Relation auf empfindende, mit sensorischen Registraturen ausgestattete Wesen vor.

Rationalität, diskursive:
Das Vermögen, einen Gedankengang als gegliederte Hinführung zur Wahrheit einer durch ihn begründeten Konklusion nachzuvollziehen.

Glossar

Rationalitätskontinuum:
: Die Annahme, daß die logischen Strukturen, die unser Denken ausmachen, in einem Kontinuum mit den ontologischen Strukturen der Welt stehen, d. h. die Annahme, daß Denken und Sein nicht radikal verschieden sein können.

Raum, flacher logischer:
: Ein logischer Raum, für den insgesamt das Isostheniprinzip gilt, weil er lediglich formale Gegenstände enthält.

Raum, gekrümmter logischer:
: Ein logischer Raum, in dem bereits eine Pluralität doxastischer Ökonomien etabliert ist. In einem gekrümmten logischen Raum bestehen bereits geordnete Behauptungen, also nicht nur positive und negative Propositionen, sondern inkompatible Propositionen, die gegeneinander antreten und deren Ungleichgewicht an die Überzeugungskraft von Gründen gebunden ist.

Raum, logischer:
: Der Name für den Kontext des Wissens, in dem alle einzelnen Wissensformen vorkommen. Denn alle Wissensformen hängen miteinander zusammen. Dieses »Zusammenhängen« findet im logischen Raum statt.

Realismus:
: Der Realismus nimmt an, daß es eine Außenwelt gibt, und versucht in der Regel zu zeigen, auf welche Weise und in welchem Umfang wir die Außenwelt erkennen können.

Realismus, direkter:
: Die These, daß uns Gegenstände durch Vermittlung von Wahrnehmungen unverzerrt zugänglich sind.

Realismus, epistemologischer:
: Die These, daß es Wissen, Rechtfertigung, Überzeugungen, Erkenntnis völlig unabhängig davon gibt, wie die genannten epistemologischen Begriffe jeweils aufgefaßt werden.

Realismus, wissenschaftlicher:
: Der wissenschaftliche Realismus nimmt an, daß eine naturwissenschaftliche, etwa physikalische, Aussage, die in der formalen Sprache der Mathematik ausgedrückt werden kann und durch Experimente zustande gekommen ist, die Welt genau so beschreibt, wie sie ist.

Realität, formale/objektive (Descartes):
: Descartes versteht unter »objektiver Realität« den semantischen Gehalt einer Vorstellung, gewissermaßen das Vorstellungsbild. Objektive Realität ist sein Name für intentionale Gehalte, die Vorstellungsakten korre-

lieren, von denen deshalb nicht *a priori* ausgemacht ist, ob sie auch außerhalb des Denkens als ontologische Korrelate wirklich existieren. Die formale Realität einer Sache ist hingegen ihre extramentale Existenz.

Rechtfertigungsexternalismus:
Der Rechtfertigungsexternalismus nimmt an, daß eine Rechtfertigung nur dann vorliegt, wenn sie zur Wahrheit führt.

Rechtfertigungsinternalismus:
Der Rechtfertigungsinternalismus besagt, daß Rechtfertigung auch unabhängig von ihrem tatsächlichen Erfolg in der Form guter Gründe bestehen kann. Man kann eine Rechtfertigung haben, die als solche noch nicht zur Wahrheit führt.

reductio ad absurdum:
Eine *reductio ad absurdum* schließt aus der Falschheit einer Annahme auf die Wahrheit ihres Gegenteils.

Reflexion:
Das Nachdenken über Gedanken.

Reflexion, transzendentale:
Die Generalisierung der Struktur von Bezugnahme in einer abstrahierenden Abwendung von allen partikulären Akten der Bezugnahme.

Reflexionsproblem:
Das Reflexionsproblem besteht darin, daß sich das denkende Selbst nur dann als Substanz erfassen kann, wenn es sich so von sich distanziert, daß es sich zugleich verfehlen kann. Darüber hinaus verfehlt es sich in jedem Fall seiner Bezugnahme auf sich selbst zumindest in der Hinsicht, daß es sich als Inhalt einer Erkenntnis durch sich selbst stets von dem gerade erkennenden Selbst insofern unterscheidet, als es erkannt wird und darin nicht auch erkennt.

Regeln der Ausführung/der Beurteilung (Sellars):
Ausführungsregeln beschreiben bestenfalls, was geschieht. *Beurteilungsregeln* hingegen werden einerseits durch die Grammatik natürlicher Sprachen und andererseits durch deren logische Tiefenstruktur vorgeschrieben. Sie schreiben vor, was geschehen soll.

Regelregreß:
Wenn wir für einen Begriff sicherstellen müssen, daß etwas unter ihn fällt, indem wir einen Vergleich zwischen dem Begriff und demjenigen anstellen, was in seinem Anwendungsbereich vorkommt, wenden wir nicht den Begriff an, sondern einen höherstufigen Begriff, der den Anwendungsbereich des betreffenden Begriffs definiert bzw. charakterisiert (da nicht alle Begriffe definiert werden können). Wenn wir überhaupt zu

einem Urteil, d. h. zu einem begrifflich bestimmten wahrheitsfähigen Gedanken gelangen wollen, müssen wir diesen Regreß an irgendeinem Punkt abbrechen.

Regelskeptizismus:
Die These, daß wir aufgrund des Regelregresses keinen Begriff definieren können, so daß wir auch keinen Anwendungsbereich festlegen können. Dann können aber alle Begriffe alles bedeuten, was heißt, daß kein Begriff überhaupt einen bestimmten Umfang hat. Aus dem Regelskeptizismus folgt eine verschärfte Version des semantischen Nihilismus.

Regreß, infiniter:
Der erzwungene unendliche Selbstaufruf der Anwendung derselben Regel. Sobald er ausgelöst wird, gibt es keinen Grund mehr, ihn anzuhalten. Die Regreßregel ruft sich immer wieder selbst auf.

Registratur:
Eine Registratur setzt ein Um- und Suchfeld voraus, das sie partiell dadurch beschreibt, das sie Eigenschaften einer durch sie festgelegten Art feststellen kann. Thermometer setzen voraus, daß es Temperatur gibt, Uhren, daß es Uhrzeit gibt, die Benzinanzeige im PKW, daß es Benzin im Tank gibt oder geben könnte usw. Was eine Registratur voraussetzt, läßt sich in einer Reflexion auf die Registratur explizieren. Dabei ist es unerläßlich zu bedenken, daß die Reflexion auf die Voraussetzungen von Registraturen ihrerseits eine Registratur ist, die einiges voraussetzt.

Relativität, begriffliche/ontologische:
Die These der *begrifflichen Relativität* behauptet, daß es verschiedene, nicht ineinander übersetzbare Formen gibt, sich auf Gegenstände zu beziehen. Schließt man aus dieser Pluralität unserer Zugangsweisen zu Gegenständen – zu Recht – darauf, daß die Gegenstände selbst intrinsisch voneinander verschieden sein müssen und verschiedenen »Gegenstandssphären« angehören, wie Rudolf Carnap dies genannt hat, gelangt man zur komplementären These der *ontologischen Relativität* der Gegenstände. Die These der ontologischen Relativität behauptet also, daß die Gegenstände uns nicht nur auf verschiedene, nicht ineinander übersetzbare Weisen erscheinen, sondern daß sie auch selbst intrinsisch voneinander unterschieden sind und an sich differenten Gegenstandsbereichen angehören. Die Pluralität unserer Systeme der Bezugnahme entspricht der Pluralität der Systeme der Gegenstände.

Repräsentationale Absicht/Erfolg:
Es besteht immer eine kognitiv relevante Lücke zwischen einer *repräsentationalen Absicht*, der Absicht, etwas so zu repräsentieren, wie es ist, und einem entsprechenden *repräsentationalen Erfolg*.

Glossar

Repräsentationalismus, mentaler:
Dem mentalen Repräsentationalismus zufolge ist uns die Welt nur durch ein Fenster, unsere sensorischen Registraturen, sprich: durch die fünf Sinne und ihre physiologische Einbettung in die Außenwelt vermittels unseres Leibes, zugänglich.

Sachverhalt:
Sachverhalte sind solches, was über Gegenstände oder Dinge so ausgesagt werden kann, daß es wahr oder falsch sein kann. Auf Sachverhalte bezieht man sich mit propositionalen Einstellungen, und diese Sachverhalte sind Tatsachen, wenn wir mit unserem Urteil richtig liegen, d. h. wenn unsere propositionale Einstellung erfolgreich und ihre jeweilige Proposition wahr ist.

Selbstbewußtsein:
Die Bezugnahme auf unseren Bewußtseinsstrom.

Sinn/Bedeutung (Frege):
Unter *Sinn* versteht Frege eine »Art des Gegebenseins« eines Gegenstandes, während er unter *Bedeutung* den Gegenstand selbst versteht.

Skeptizismus, akademischer:
Der akademische Skeptizismus argumentiert dafür, daß wir entweder insgesamt prinzipiell nichts wissen können, oder zumindest dafür, daß wir auf irgendeinem Gebiet nichts wissen können. Im ersten Fall ist er *global*, im zweiten Fall *lokal*.

Skeptizismus, epistemologischer:
Ein epistemologischer Skeptizismus liegt dann vor, wenn es ein schlüssiges Argument gibt, dessen Konklusion besagt, daß Wissen unmöglich ist bzw. daß es keine Erkenntnis gibt oder gar: nicht geben kann. Der epistemologische Skeptizismus läuft demnach auf die eine oder andere Weise auf die These hinaus, daß wir nichts wissen (können).

Solipsismus:
Die These, derzufolge es nur ein vorstellendes Subjekt, aber keine Außenwelt gibt.

Solipsismus, methodischer:
Die Untersuchung unserer Bezugnahme auf Gegenstände unter Ausklammerung der Frage, ob es nur ein vorstellendes Subjekt oder mehrere gibt.

Standardanalyse des Wissens:
1. Wahrheitsbedingung: Das, was S weiß (nennen wir dies: p), ist der Fall.

2. Überzeugungsbedingung: S ist von p überzeugt, d. h. S hat eine assertorische (behauptende) Einstellung zu allen Aussagesätzen mit dem entsprechenden Inhalt p.
3. Schließlich ist S' Überzeugung, daß p der Fall ist, gerechtfertigt / rechtfertigbar / begründet / begründbar ... Dies kann man kurz die Rechtfertigungsbedingung nennen, wobei vieles daran hängt, welchen Rechtfertigungsbegriff man an dieser Stelle einsetzt.

Subreption, transzendentale (Kant):
Transzendentale Subreption liegt Kants Auskunft gemäß immer dann vor, wenn ich »einer Idee, welche bloß zur Regel dient, objektive Realität beimesse.« (KrV, A 509/B 537)

Substanz/Akzidenz:
Substanzen sind Träger wechselnder Eigenschaften. Die Eigenschaften, die wechseln können, ohne daß die Substanz selbst sich ändert, heißen Akzidentien.

Tatsache:
Etwas, das über etwas wahr ist. So kann es etwa über den Erdmond wahr sein, daß er sich in einer bestimmten Entfernung zur Erde befindet, was eine Tatsache ist.

Tatsache, sinnlose:
Eine Tatsache, die wir nicht beschreiben könnten, da wir weder einen Eigennamen noch eine Kennzeichnung verwenden könnten, um die Gegenstände, die von der Tatsache betroffen oder in sie eingebettet sind, zu individuieren: eine Tatsache also, zu der wir keinen Zugang haben.

Tatsachenkonstruktivismus, lokaler:
Ein *lokaler Tatsachenkonstruktivismus* behauptet, daß einige (vielleicht beinahe alle oder gar alle bis auf eine) Tatsachen konstruiert sind.

Tatsachenkonstruktivismus, radikaler:
Der *radikale Tatsachenkonstruktivismus* ist die These, daß *alle* Tatsachen nur dadurch bestehen, daß es Bezugssysteme gibt, in denen sie registriert werden.

Tatsachenobjektivismus, radikaler:
Bestreitet, daß die Existenz verschiedener Bezugssysteme irgendeinen Schluß auf die Struktur der Tatsachen zuläßt.

Tautologie:
Logisch notwendigerweise wahre Proposition.

Glossar

Theorieprojekt, konstruktives:
Konstruktive Philosophie geht davon aus, daß es philosophische Probleme, zum Beispiel das Außenweltproblem, gibt, die sich durch überzeugende und im besten Fall auch zwingende Argumente motivieren lassen.

These des historischen Apriori:
Dieser These zufolge gibt es verschiedene, historisch kontingente Register, die jeweils festlegen, was ein Gegenstand möglicher Erfahrung oder Erforschung für uns ist, und die wir ebensowenig wie das Kantische Apriori überschreiten können.

Traumargument:
Die skeptische Hypothese, die auf der Annahme aufbaut, daß wir nicht zwischen Wachen und Träumen unterscheiden können, weil sie phänomenal ununterscheidbar sind.

Tropen, fünf (siehe auch Agrippas Trilemma):
(1) *Tropos der Meinungsverschiedenheit:* Dieser Tropos konstatiert lediglich, daß eine Meinungsverschiedenheit und damit eine Isosthenie besteht, insofern noch keine Gründe ausgezeichnet worden sind, die eine Meinung oder ein Überzeugungssystem einer anderen oder einem anderen gegenüber erfolgreich privilegieren.
(2–4) *Agrippas Trilemma:* Dieses besteht aus den drei Tropen des *infiniten Regresses*, der *Diallele* und der *bloßen Behauptung*.
(5) *Tropos der Relativität:* Dieser besagt, daß es keine isoliert wahren Propositionen gibt, da es keine schlechthin unbegründbare Wahrheit geben kann. Gäbe es schlechthin unbegründbare Wahrheit, so koinzidierten in ihrem Fall propositionales Sein und propositionale Wahrheit, was aber unmöglich ist, da das bloße Bestehen irgendeiner Proposition ihre Wahrheit nicht verbürgen kann.

Übersättigung des rein formalen Gegenstandsbegriffs
Eine solche Übersättigung, die man traditionell als »Vergegenständlichung«, »Verdinglichung« oder »Hypostasierung« bezeichnet, liegt genau dann vor, wenn man den Umstand, daß Gegenstand alles ist, was auch verfehlt werden kann, mit der Existenzform der Gegenstände eines bestimmten Gegenstandsbereichs verwechselt oder identifiziert.

Überzeugung, de re/de sententia:
Überzeugungen sind *de re*, wenn sie Gegenstände betreffen, die keine Überzeugungen sind, während Überzeugungen über Überzeugungen *de sententia* sind.

Universalismus, rationalistischer:
Die Annahme, daß es unabhängig von bereits getroffenen, Asymmetrie etablierenden Entscheidungen einen flachen logischen Raum gibt, der durch solche Entscheidungen gekrümmt wird.

Universum:
Gegenstandsbereich der Physik.

Unmöglichkeit, tatsächliche:
Die Modalität einer Tatsache unabhängig von der Frage, welche Einstellung wir zu ihr haben.

Ursachverhalt:
Tatsache, deren Bestehen ihre Wahrheit verbürgt und die wir notwendigerweise unfehlbar und unkorrigierbar für wahr halten.

Verifikationismus:
Die These, daß die Bedeutung eines Ausdrucks oder Satzes in enger Verbindung mit der Methode seiner Verifikation steht oder gar mit dieser identisch ist.

Vernunft, Faktizität der (Kant):
Die Faktizität der Vernunft besteht darin, daß man keine Gründe dafür geben kann, daß die Vernunft so beschaffen ist, wie wir sie vorfinden.

Vernunft, Kontingenz der (Kant):
Die Kontingenz der Vernunft folgt aus Kants These, daß es andere Wesen (z. B. Gott, Engel oder Außerirdische) geben könnte, die sich mit völlig anderen Registraturen vorfinden. Die Vernunft ist demnach nicht nur faktisch, sondern es könnte auch eine andere Vernunft geben.

Voraussetzung:
Der *Voraussetzungsbegriff* teilt mit dem Kantischen Bedingungsbegriff die Eigenschaft, daß Voraussetzungen einer diskursiven Praxis der Beurteilung von Wahrheit oder Falschheit selbst (nach den Regeln der durch sie etablierten diskursiven Praxis) weder wahr noch falsch sein müssen, wobei Voraussetzungen diese Eigenschaft nicht dadurch zukommt, daß sie kontextunabhängig und in diesem Sinne absolut weder wahr noch falsch sind. Voraussetzungen hängen vielmehr von einer bereits etablierten diskursiven Praxis ab.

Wahnsinnshypothese:
Die Möglichkeit, daß unsere diskursive Rationalität im ganzen defekt sein könnte.

Glossar

Wahrheit, Norm der:
Die Norm, an der sich wahrheitsfähige Überzeugungen orientieren, die aber niemals mit irgendeiner einzelnen wahrheitsfähigen Überzeugung identisch ist.

Wahrheitskriterium:
Das Unterscheidungsmerkmal wahrer Vorstellungen.

Wahrheitsregel (Descartes):
Die Regel, der zufolge aus einer klaren und deutlichen Erkenntnis folgt, daß sie wahr ist.

Wahrmacher:
Gegenstände oder Tatsachen, die einen wahrheitsfähigen Gedanken wahr machen.

Welt:
Das allumfassende singuläre Sinnfeld.

Wende, Kopernikanische (Kant):
Die Annahme, daß alle Gegenstände, denen wir begegnen, immerhin Gegenstände *für uns* sind, woraus Kant schließt, daß unsere Zuwendung zu Gegenständen diese Gegenstände allererst formiert.

Wissen/Erkenntnis:
Während Wissen an Rechtfertigungsbedingungen und eine historisch variable Alethurgie gebunden ist, genügen für Erkenntnis begriffliche Individuationsbedingungen. Wer etwas erkennt, z.B. seinen auf dem Gang vorbeihuschenden Nachbarn, steht damit nicht unter denselben Ansprüchen wie jemand, der zu wissen beansprucht, daß sein Nachbar gerade an ihm vorbeigehuscht ist. Wissen ist anspruchsvoller als Erkenntnis in dem Sinne, daß Wissen wesentlich einer Verteidigungsverpflichtung unterstellt ist, Erkenntnis nicht.

Wissen, apologetische Dimension des:
Der Umstand, daß Wissen an eine Verteidigungsverpflichtung gebunden ist, hat zur Folge, daß Wissensansprüche prinzipiell gegen Einwände verteidigt werden müssen.

Wissen, fallibles:
Wissen, das wahr *oder* falsch sein kann.

Wissen, introspektives:
Höherstufiges Wissen um unsere mentalen Zustände.

Wissen, propositionales:
Wissen darüber, daß etwas der Fall ist. Was der Fall sein kann, ein Sachverhalt, nennt man eine »Proposition«, sofern es zum Inhalt einer Einstellung werden kann, bei der Wahrheit oder Falschheit in Frage kommt.

Zirkel, hermeneutischer:
Dieser besteht darin, daß wir in der Interpretation klassischer Texte bereits auf eine Überlieferung zurückgreifen, die uns den Text selbst schon in der ersten Lektüre erschließt. Andererseits verändert unsere Lektüre den Text, da wir uns immer auch in einer historischen Distanz zur Überlieferung befinden.

Zwei-Stämme-Lehre (Kant):
Die These, daß es zwei Stämme der Erkenntnis gibt, die Kant selbst als »zwei Grundquellen des Gemüts« (KrV, A 50/B 74) bezeichnet. Diese zwei Grundquellen sind Rezeptivität und Spontaneität bzw. Anschauung und Begriff: »durch die erstere wird uns ein Gegenstand *gegeben*, durch die zweite wird dieser im Verhältnis auf jene Vorstellung [...] *gedacht*.« (ebd.)

Literaturverzeichnis

Adorno, T. W./Horkheimer, M.: *Dialektik der Aufklärung.* Frankfurt am Main ¹⁶2006.
Aristoteles: *Metaphysik.* Erster Halbband: Bücher I (A) – VI (E). Hrsg. von H. Seidl, übers. von H. Bonitz, Hamburg 1987.
– *Kategorien, Hermeneutik oder vom sprachlichen Ausdruck (De interpretatione).* Übers. und hrsg. von H. G. Zekl, Hamburg 1998.
– *Nikomachische Ethik.* Übers. von E. Rolfes, hrsg. von G. Bien, Hamburg ⁴2010.
Ayer, A. J.: *The Problem of Knowledge.* London 1956.
Badiou, A.: *Wittgensteins Antiphilosophie.* Übers. von H. Jatho, Zürich/Berlin 2008.
– *Das Sein und das Ereignis 2. Logiken der Welten.* Übers. von H. Jatho, Zürich/Berlin 2010.
Belnap, N. D.: »Tonk, Plonk and Plink«, in: *Analysis* 22/6 (1962), S. 130–134.
Benoist, J.: *Éléments de philosophie réaliste.* Paris 2011.
Berto, F.: *There's Something about Gödel.* Malden, Ma./Oxford 2009.
Bertram, G. W./Liptow, J. (Hrsg.): *Holismus in der Philosophie. Ein zentrales Motiv der Gegenwartsphilosophie.* Weilerswist 2002.
Bertram, G. W./Lauer, D./Liptow, J./Seel, M. (Hrsg.): *In der Welt der Sprache.* Frankfurt am Main 2008.
Bilgrami, A.: »Why Meaning Intentions are Degenerate«, in: Coliva, A. (Ed.): *Wittgenstein, Mind, Meaning, and Epistemology. Essays in Honour of Crispin Wright.* Oxford 2012 (i. Ersch.).
Blumenberg, H.: *Höhlenausgänge.* Frankfurt am Main 1996.
– *Paradigmen zu einer Metaphorologie.* Frankfurt am Main 1998.
Boghossian, P. A.: »How Are Objective Epistemic Reasons Possible?«, in: *Philosophical Studies* 106 (2001), S. 1–40.
– Ders./Williamson, T.: »Blind Reasoning«, in: *Proceedings of the Aristotelian Society,* Supplementary Volume 77 (2003), S. 225–248.
– *Fear of Knowledge. Against Relativism and Constructivism.* Oxford 2006.
Brandom, R. B.: *Tales of the Mighty Dead: Historical Essays in the Metaphysiscs of Intentionality.* Cambridge, Ma./London 2002.
– *Begründen und Begreifen. Eine Einführung in den Inferentialismus.* Übers. von E. Gilmer, Frankfurt am Main 2004.
– *Reason in Philosophy. Animating Ideas.* Cambridge, Ma. 2009.

- »Why Truth Is Not Important in Philosophy«, in: Ders.: *Reason in Philosophy*. Cambridge, Ma. 2009, S. 156–176.
Brendel, E.: »Was Kontextualisten nicht wissen«, in: *Deutsche Zeitschrift für Philosophie* 51/6 (2003), S. 1015–1032.
Bromand, J.: *Grenzen des Wissens*. Paderborn 2009.
Carnap, R.: »Überwindung der Metaphysik durch logische Analyse der Sprache«, in: *Erkenntnis* 2 (1931), S. 219–241.
- »Empiricism, Semantics, and Ontology«, in: *Revue Internationale de Philosophie* 4/2 (1950), S. 20–40.
- *Der logische Aufbau der Welt*. Hamburg 1998.
Carroll, L.: »What the Tortoise Said to Achilles«, in: *Mind* 4/14 (1895), S. 278–280.
Castoriadis, C.: *Gesellschaft als imaginäre Institution. Entwurf einer politischen Philosophie*. Übers. von H. Bruehmann, Frankfurt am Main 1984.
- »The Logic of Magmas and the Question of Autonomy«, in: *The Castoriadis Reader*. Tr. and ed. by D. A. Curtis, Oxford 1997, S. 290–318.
Cavell, S.: *The World Viewed. Reflections on the Ontology of Film*. Cambridge, Ma. 1979.
Conant, J.: »The Dialectic of Perspectivism, I«, in: *SATS – Nordic Journal of Philosophy* 6/2 (2005), S. 5–50.
- »The Dialectic of Perspectivism, II«, in: *SATS – Nordic Journal of Philosophy* 7/1 (2006), S. 6–57.
- »Spielarten des Skeptizismus«, in: Gabriel, M. (Hrsg.): *Skeptizismus und Metaphysik*. Deutsche Zeitschrift für Philosophie, Sonderband Nr. 28, Berlin 2012, S. 21–72.
David-Ménard, M.: *La folie dans la raison pure*. Paris 1990.
Davidson, D.: »Eine Kohärenztheorie der Wahrheit und der Erkenntnis«, in: Bieri, P. (Hrsg.): *Analytische Philosophie der Erkenntnis*. Frankfurt am Main ²1992, S. 271–290.
Demmerling, Ch./Blume, Th.: *Grundprobleme der analytischen Sprachphilosophie*. Paderborn 1998.
Derrida, J.: »Die weiße Mythologie. Die Metapher im philosophischen Text«, in: Ders.: *Randgänge der Philosophie*. Übers. von G. Ahrens, hrsg. von P. Engelmann, Wien 1988, S. 205–258 und S. 344–355.
- *Limited Inc.* Übers. von W. Rappl, hrsg. von P. Engelmann, Wien 2001.
DeRose, K.: »Solving the Skeptical Problem«, in: *The Philosophical Review* 104/1 (1995), S. 1–52.
- »Contextualism: An Explanation and Defense«, in: Greco, J./Sosa, E. (Hrsg.): *Epistemology*. Oxford 1999, S. 187–205.
- »Now You Know It, Now you Don't«, in: *Proceedings of the Twentieth World Congress of Philosophy*, Vol. V, *Epistemology* (2000), S. 91–106.
Descartes, R.: *Œuvres de Descartes*. Publ. par Ch. Adam & P. Tannery. Paris 1904.
- *Meditationen über die Grundlagen der Philosophie*. Mit den sämtlichen Einwänden und Erwiderungen. Übers. und hrsg. von A. Buchenau, Hamburg ⁴1915.
- *Regeln zur Ausrichtung der Erkenntniskraft*. Kritisch revidiert, übers. und hrsg. von H. Springmeyer, L. Gäbe und H. G. Zekl, Hamburg 1973.

- *Die Prinzipien der Philosophie.* Hrsg. und übers. von Ch. Wohlers. Hamburg 2005.
Dewey, J.: »Propositions, Warranted Assertibility, and Truth«, in: *Journal of Philosophy* 38/7 (1941), S. 169–186.
Diels, H./Kranz, W. (Hrsg.): *Die Fragmente der Vorsokratiker.* Leipzig 1922.
Dretske, F.: »Epistemic Operators«, in: *The Journal of Philosophy* 67/24 (1979), S. 1007–1023.
Dreyfus, H.: *Being-in-the-World. A Commentary on Heidegger's* Being and Time. Cambridge, Ma. 1993.
- *On the Internet (Thinking in Action).* London 2008.
Eagleton, T.: *Reason, Faith, and Revolution: Reflections on the God Debate.* London 2009.
Eco, U.: *Die unendliche Liste.* Übers. von B. Kleiner, München 2009.
Engels, F.: »Ludwig Feuerbach und der Ausgang der klassischen deutschen Philosophie«, in: *Marx-Engels-Werke.* Berlin 1962, Bd. 21, S. 259–307.
Evans, G.: *The Varieties of Reference.* Ed. by J. McDowell, New York 1982.
Fichte, J. G.: *Die Wissenschaftslehre. Zweiter Vortrag im Jahre 1804.* Hrsg. von R. Lauth und J. Widmann. Hamburg 1986.
Fogelin, R. J.: *Pyrrhonian Reflections on Knowledge and Justification.* Oxford 1994.
Forster, M.: *Wittgenstein and the Arbitrariness of Grammar.* Princeton 2004.
Foucault, M.: *Wahnsinn und Gesellschaft. Eine Geschichte des Wahns im Zeitalter der Vernunft.* Übers. von U. Köppen, Frankfurt am Main 1969.
- *Die Ordnung der Dinge.* Übers. von U. Köppen, Frankfurt am Main 1971.
- *Die Archäologie des Wissens.* Übers. von U. Köppen, Frankfurt am Main 1973.
- *Die Ordnung des Diskurses.* Übers. von W. Seitter, München 1974.
- *Hermeneutik des Subjekts. Vorlesung am Collège de France (1981/1982).* Übers. von U. Bokelmann, Frankfurt am Main 2004.
- *Die Regierung des Selbst und der anderen.* 2 Bde., übers. von J. Schröder, Berlin 2010.
Frege, G.: *Grundlagen der Arithmetik. Eine logisch-mathematische Untersuchung über den Begriff der Zahl.* Darmstadt 1961.
- *Kleine Schriften.* Hrsg. von I. Angelleli, Darmstadt 1967.
- *Schriften zur Logik und Sprachphilosophie.* Aus dem Nachlaß, hrsg. von G. Gabriel, Hamburg 2001.
Fumerton, R. A.: *Metaepistemology and Skepticism.* Lanham 1995.
Gabriel, M.: »Die Wiederkehr des Nichtwissens«, in: *Philosophische Rundschau* 54/1 (2007), S. 149–178.
- *An den Grenzen der Erkenntnistheorie. Die notwendige Endlichkeit des objektiven Wissens als Lektion des Skeptizismus.* Freiburg/München 2008.
- *Antike und moderne Skepsis zur Einführung.* Hamburg 2008.
- *Skeptizismus und Idealismus in der Antike.* Frankfurt am Main 2009.
- »Absolute Identität und Reflexion. Kant, Hegel, McDowell«, in: Danz, C./Stolzenberg, J. (Hrsg.): *System und Systemkritik um 1800.* Hamburg 2011, S. 211–226.
- *Transcendental Ontology: Essays in German Idealism.* New York/London 2011.

- *Il senso dell'esistenza. Per un nuovo realismo ontologico.* Presentazione di Maurizio Ferraris, Rom 2012.
- *Warum es die Welt nicht gibt.* Berlin 2013 (i. Ersch.).

Gadamer, H.-G.: *Wahrheit und Methode. Grundzüge einer philosophischen Hermeneutik.* In: Ders.: *Gesammelte Werke.* Bd. 1, Tübingen ⁶1990.
- »Vom Zirkel des Verstehens (1959)«, in: *Wahrheit und Methode. Ergänzungen, Register.* Gesammelte Werke, Bd. 2, Tübingen ²1993, S. 57–65.

Galilei, G.: *Opere Complete.* Florenz 1844.

Gettier, E.: »Is Justified True Belief Knowledge?«, in: *Analysis* 23/6 (1963), S. 121–123.

Grundmann, Th.: »Die Grenzen des erkenntnistheoretischen Kontextualismus«, in: *Deutsche Zeitschrift für Philosophie* 51 (2003), S. 993–1014.
- *Analytische Einführung in die Erkenntnistheorie.* Berlin 2008.

Habermas, J.: *Faktizität und Geltung. Beiträge zur Diskurstheorie des Rechts und des demokratischen Rechtsstaats.* Frankfurt am Main 1992.
- *Wahrheit und Rechtfertigung. Philosophische Aufsätze.* Frankfurt am Main 1999.

Hegel, G. W. F.: *Theorie-Werkausgabe.* Auf der Grundlage der *Werke* von 1832–1845 neu edierte Ausgabe. Redaktion E. Moldenhauer und K. M. Michel, Frankfurt am Main 1971 ff.

Heidegger, M.: »Das Ding«, in: Ders.: *Vorträge und Aufsätze.* Pfullingen 1954, 157–179.
- *Platons Lehre von der Wahrheit.* In: Ders.: *Gesamtausgabe.* Bd. 9: *Wegmarken.* Frankfurt am Main 1976, S. 203–238.
- *Die Zeit des Weltbildes.* In: Ders.: *Gesamtausgabe.* Bd. 5: *Holzwege.* Frankfurt am Main 1977, S. 75–113.
- *Die Frage nach dem Ding. Zu Kants Lehre von den transzendentalen Grundsätzen.* Tübingen ³1987.
- *Sein und Zeit.* Tübingen ¹⁷1993.
- »Ἀγχιβασίη. Ein Gespräch selbdritt auf einem Feldweg zwischen einem Forscher, einem Gelehrten und einem Weisen«, in: Ders.: *Gesamtausgabe.* Bd. 77: *Feldweg-Gespräche.* Frankfurt am Main 1995, S. 1–160.
- *Die Technik und die Kehre.* Stuttgart ⁹1996.
- *Kant und das Problem der Metaphysik.* Frankfurt/Main ⁶1998.
- *Gesamtausgabe.* Bd. 62: *Phänomenologische Interpretationen ausgewählter Abhandlungen des Aristoteles zu Ontologie und Logik.* Hrsg. von G. Neumann. Frankfurt am Main 2005.

Henrich, D.: *Fichtes ursprüngliche Einsicht.* Frankfurt am Main 1967.

Hiley, R. D.: *Philosophy in Question. Essays on a Pyrrhonian Theme.* Chicago 1988.

Hofstadter, D.: *Gödel, Escher, Bach: ein endloses geflochtenes Band.* Stuttgart ¹⁴1995.

Hogrebe, W.: *Kant und das Problem einer transzendentalen Semantik.* Freiburg/München 1974.
- *Prädikation und Genesis. Metaphysik als Fundamentalheuristik im Ausgang von Schellings »Die Weltalter«.* Frankfurt am Main 1989.

- *Metaphysik und Mantik. Die Deutungsnatur des Menschen (Système orphique de Iéna).* Frankfurt am Main 1992.
- »Das Absolute«, in: Ders.: *Echo des Nichtwissens.* Berlin 2006, S. 155–169.

Hölderlin, F.: »Seyn Urtheil Möglichkeit«, in: Sattler, D. E. (Hrsg.): *Friedrich Hölderlin. Sämtliche Werke. Historisch-kritische Ausgabe,* Bd. 17. *Frühe Aufsätze und Übersetzungen.* Hrsg. von M. Franz, Basel/Frankfurt am Main 1991, S. 149–156.
- »Brot und Wein«, in: Ders.: *Sämtliche Werke,* Bd. 2, S. 94.

Horgan, T./Potrc, M.: »Blobjectivism and Indirect Correspondence«, in: *Facta Philosophica* 2 (2000), S. 249–270.

Hossenfelder, M.: *Stoa, Epikureismus und Skepsis.* Geschichte der Philosophie, Bd. 3: Die Philosophie der Antike, München ²1995.

Hume, D.: *Untersuchung über den menschlichen Verstand.* Hrsg. von R. Richter, Hamburg 1955.
- *Enquiries Concerning Human Understanding and Concerning the Principles of Morals.* Ed. by L. A. Selby-Bigge and P. H. Nidditch, Oxford 1975.

Jacobi, F. H.: *Ueber den transscendentalen Idealismus.* In: Ders.: *Werke.* Hrsg. von F. Roth und F. Köppen, Darmstadt 1976, Bd. 2, S. 291–310.

Kant, I.: *Gesammelte Schriften.* Hrsg. von der Königlich Preußischen Akademie der Wissenschaften, Berlin 1900 ff.
- *Werkausgabe.* 12 Bde., hrsg. von W. Weischedel, Frankfurt am Main ¹²2004.

Kern, A.: *Quellen des Wissens. Zum Begriff vernünftiger Erkentnisfähigkeiten.* Frankfurt am Main 2006.

Kierkegaard, S: *Die Krankheit zum Tode.* Übers. und hrsg. von H. Rochol, Hamburg 1995.

Kisser, Th.: »Zweifel am Cogito? Die Begründung des Wissens bei Descartes und das Problem der Subjektivität«, in: Ders. (Hrsg.): *Metaphysik und Methode. Descartes, Spinoza, Leibniz im Vergleich.* Stuttgart 2010, S. 13–44.

Kleist, H. von: *Sämtliche Briefe.* Hrsg. von D. Heimböckel, Stuttgart 1999.

Koch, A. F.: »Die Selbstbeziehung der Negation in Hegels Logik«, in: *Zeitschrift für philosophische Forschung* 53 (1999), S. 1–29.
- »Sein – Nichts – Werden«, in: Arndt, A./Iber, Ch. (Hrsg.): *Hegels Seinslogik. Interpretationen und Perspektiven.* Berlin 2000, S. 140–157.
- »Dasein und Fürsichsein (Hegels Logik der Qualität)«, in: Ders./Schick, F. (Hrsg.): *G. W. F. Hegel. Wissenschaft der Logik.* Reihe Klassiker Auslegen, Berlin 2002, S. 27–49.
- »Sein – Wesen – Begriff«, in: Ders./Oberauer, A./Utz, K. (Hrsg.): *Der Begriff als die Wahrheit. Zum Anspruch der Hegelschen »Subjektiven Logik«.* Paderborn 2003, S. 17–30.
- »Unmittelbares Wissen und logische Vermittlung. Hegels Wissenschaft der Logik«, in: Jaeschke, W./Sandkaulen, B. (Hrsg.): *Friedrich Heinrich Jacobi. Ein Wendepunkt der geistigen Bildung der Zeit.* Hamburg 2004, S. 319–336.
- *Subjekt und Natur. Zur Rolle des »Ich denke« bei Descartes und Kant.* Paderborn 2004.

- »Die Problematik des Übergangs von der Schlusslehre zur Objektivität«, in: Arndt, A./Iber, Ch./Kruck, G. (Hrsg.): *Hegels Lehre vom Begriff, Urteil und Schluss*. Berlin 2006, S. 205–215.
- *Wahrheit, Zeit und Freiheit. Einführung in eine philosophische Theorie*. Paderborn 2006.
- *Versuch über Wahrheit und Zeit*. Paderborn 2006.

König, J.: *Probleme der Erkenntnistheorie. Göttinger Colleg im WS 1958/59*. Red. und hrsg. von G. Dahms, Norderstedt 2004.

Krämer, H. J.: *Platonismus und hellenistische Philosophie*. Berlin 1972.

Kripke, S. A.: *Name und Notwendigkeit*. Übers. von U. Wolf, Frankfurt am Main 1981.
- *Wittgenstein über Regeln und Privatsprache. Eine elementare Darstellung*. Übers. von H. Pape, Frankfurt am Main 2006.
- »Nozick on Knowledge«, in: Ders.: *Philosophical Troubles*. Collected Papers, vol. 1, Oxford 2011, S. 162–224.

Kuhn, Th. S.: *Die Struktur wissenschaftlicher Revolutionen*. Übers. von K. Simon, Frankfurt am Main ²1976.

Kutschera, F. von: *Einführung in die intensionale Semantik*. Berlin/New York 1976.

Lacan, J.: *Die vier Grundbegriffe der Psychoanalyse. Das Seminar von Jacques Lacan, Buch XI (1964)*. Übers. und hrsg. von N. Haas, Freiburg im Breisgau 1978.
- »Das Spiegelstadium als Bildner der Ichfunktion«, in: Ders.: *Schriften I*. Übers. und hrsg. von N. Haas, Weinheim/Berlin 1986, S. 61–70.
- »Das Drängen des Buchstabens im Unbewußten oder Die Vernunft seit Freud«, in: *Schriften II*. Übers. und hrsg. von N. Haas, Weinheim/Berlin 1986, S. 15–59.

Lacoue-Labarthe, P./Nancy, J.-L.: *The Literary Absolute: The Theory of Literature in German Romanticism*. New York 1988.

Leibniz, G. W.: *Meditationes de cognitione, veritate et ideis*, in: Ders.: *Kleine Schriften zur Metaphysik. Philosophische Schriften*, Bd. 1, übers. und hrsg. von H. H. Holz, Frankfurt am Main ²2000, S. 32–47.

Levinas, E.: *Totalität und Unendlichkeit. Versuch über die Exteriorität*. Übers. von W. N. Krewani, Freiburg/München 1987.

Locke, J.: *An Essay Concerning Human Understanding*. Ed. by P. H. Nidditch, Oxford 1975.
- *Versuch über den menschlichen Verstand*. Nachdruck der Neubearbeitung der C. Wincklerschen Ausgabe (1911–1913), Hamburg ⁵2006.

Luhmann, N.: *Soziale Systeme. Grundriß einer allgemeinen Theorie*. Frankfurt am Main 1984.
- *Die Wissenschaft der Gesellschaft*. Frankfurt am Main 1990.
- »Das Erkenntnisprogramm des Konstruktivismus und die unbekannt bleibende Realität«, in: Ders.: *Soziologische Aufklärung*, Bd. 5: *Konstruktivistische Perspektiven*. Opladen 1990, S. 31–57.

Lyotard, J.-F.: *Der Widerstreit*. Übers. von J. Vogl, München 1978.

McDowell, J. (Ed.): *Plato: Theaetetus.* Oxford 1973.
- »Criteria, Defeasibility and Knowledge«, in: *Proceedings of the British Academy* 55 (1982), S. 455–479.
- *Mind and World.* Cambridge, Ma./London 1996.
- *Geist und Welt.* Übers. von Th. Blume, Frankfurt am Main 2001.
- »What Myth?«, in: *Inquiry* 50/4 (2007), S. 338–351.
- *Having the World in View. Essays on Kant, Hegel, and Sellars.* Cambridge, Ma./London 2009.

McManus, D. (Ed.): *Wittgenstein and Scepticism.* London 2004.

Meillassoux, Q.: *Nach der Endlichkeit. Versuch über die Notwendigkeit der Kontingenz.* Übers. von R. Frommel, Zürich/Berlin 2008.

Meinong, A.: *Über Gegenstandstheorie. Selbstdarstellung.* Hrsg. von J. M. Werle, Hamburg 1988.

Moore, A. W.: *The Infinite.* London 1990.
- *Points of View.* Oxford 1997.

Moore, G. E.: *Commonplace Book.* London 1962.

Nagel, Th.: *Was bedeutet das alles? Eine ganz kurze Einführung in die Philosophie.* Übers. von M. Gebauer, Stuttgart 1990.
- *Der Blick von Nirgendwo.* Übers. von M. Gebauer, Frankfurt am Main 1992.
- *Das letzte Wort.* Übers. von J. Schulte, Stuttgart 1999.
- »Wie ist es, eine Fledermaus zu sein?«, in: Bieri, P. (Hrsg.): *Analytische Philosophie des Geistes.* Weinheim/Basel [4]2007, S. 261–276.
- *Letzte Fragen.* Übers. von K.-E. Prankel, erw. dt. Neuausgabe. Hamburg 2008.
- *Secular Philosophy and the Religious Temperament. Essays 2002–2008.* Oxford 2010.

Nietzsche, F.: *Sämtliche Werke. Kritische Studienausgabe.* Hrsg. von G. Colli und M. Montinari, München 1980 ff.
- *Werke. Kritische Gesamtausgabe.* Hrsg. von G. Colli, W. Müller-Lauter und V. Gerhardt, Berlin/New York 1995 ff.

Neurath, O.: »Protokollsätze«, in: *Erkenntnis* 3 (1932/33), S. 204–214.

Nozick, R.: *Philosophical Explanations.* Cambridge, Ma. 1981.

Oehler, K.: *Die Lehre vom noetischen und dianoetischen Denken bei Platon und Aristoteles.* Hamburg 1985.

Perler, D.: *René Descartes.* München [2]2006.

Pessoa, F.: *Das Buch der Unruhe des Hilfsbuchhalters Bernardo Soares.* Übers. von I. Koebel, hrsg. von R. Zenith, Zürich 2010.

Pinkard, T.: *Hegel's Phenomenology: The Sociality of Reason.* Cambridge 1996.
- *Hegel's Naturalism: Mind, Nature, and the Final Ends of Life.* New York/Oxford 2012.

Platon: *Werke in 8 Bänden – griechisch und deutsch.* Hrsg. von G. Eigler, Darmstadt 1990.

Prior, A. N.: »The Runabout Inference-Ticket«, in: *Analysis* 21/2 (1960), S. 38–39.

Pritchard, D.: »Two Forms of Epistemological Contextualism«, in: *Grazer Philosophische Studien* 64 (2002), S. 19–55.

Pryor, J.: »There is Immediate Justification«, in: Steup, M./Sosa, E. (eds.): *Contemporary Debates in Epistemology.* Malden, Ma. 2005, S. 181–202.

Putnam, H.: *Die Bedeutung von »Bedeutung«*. Übers. von W. Spohn, Frankfurt am Main ²1990.
- *Ethics without Ontology*. Cambridge, Ma. 2004.
- *Philosophy in an Age of Science. Physics, Mathematics, and Skepticism*. Cambridge, Ma./London 2012.

Quine, W. V. O.: »Ontologische Relativität«, in: Ders.: *Ontologische Relativität und andere Schriften*. Übers. von W. Spohn, Stuttgart 1975.
- »Zwei Dogmen des Empirismus«, in: Ders.: *Von einem logischen Standpunkt. Neun logisch-philosophische Essays*. Übers. von R. Bluhm, Frankfurt am Main 1979, S. 27–50.
- *Wort und Gegenstand*. Übers. von J. Schulte und D. Birnbacher, Stuttgart 1980.

Rauer, C.: *Wahn und Wahrheit. Kants Auseinandersetzung mit dem Irrationalen*. Berlin 2007.

Rescher, N.: *Epistemic Logic: Survey of the Logic of Knowledge*. Pittsburgh 2005.

Rilke, R. M.: *Werke*. Frankfurt am Main 1980.

Rödl, S.: »Logical Form as a Relation to the Object«, in: *Philosophical Topics* 34/1 & 2 (2006), S. 345–369.
- *Selbstbewusstsein*. Übers. von D. Horst, Berlin 2011.

Rorty, R.: *Der Spiegel der Natur. Eine Kritik der Philosophie*. Übers. von M. Gebauer, Frankfurt am Main ²1984.

Russell, B.: »Knowledge by Acquaintance and Knowledge by Description«, in: *Proceedings of the Aristotelian Society (New Series)*, Vol. XI, (1910–1911), S. 108–128.
- *The Problems of Philosophy*. London 1964.

Ryle, G.: *Der Begriff des Geistes*. Übers. von K. Baier, Stuttgart 1969.
- »Logical Atomism in Plato's Theatetus«, in: *Phronesis* 35/1 (1990), S. 21–46.

Schäfer, R.: *Hegel: Einführung und Texte*. Stuttgart 2011.

Schelling, F. W. J.: *Sämmtliche Werke*. Hrsg. von K. F. A. Schelling, Bde. I-XIV (urspr. in zwei Abteilungen erschienen: I. Abt., Bd. 1–10 und II. Abt., Bd. 1–4), Stuttgart 1856–1861.

Schiffer, S.: »Contextualist Solutions to Scepticism«, in: *Proceedings of the Aristotelian Society* 96 (1996), S. 317–333.
- *The Things We Mean*. Oxford 2003.
- »Skepticism and the Vagaries of Justified Belief«, in: *Philosophical Studies* 119 (2004), S. 161–184.

Schnädelbach, H.: *Analytische und postanalytische Philosophie. Vorträge und Abhandlungen 4*. Frankfurt am Main 2004.

Schopenhauer, A.: *Die Welt als Wille und Vorstellung*, in: Ders.: *Sämtliche Werke*. Textkritisch bearbeitet und hrsg. von W. Frhr. von Löhneysen, Darmstadt 1961.

Searle, J.: *Intentionalität. Eine Abhandlung zur Philosophie des Geistes*. Frankfurt am Main 1987.

Seel, M.: *Sich bestimmen lassen. Studien zur theoretischen und praktischen Philosophie*. Frankfurt am Main 2002.

Sellars, W.: »Some Reflections on Language Games«, in: Ders.: *Science, Perception and Reality*. London 1963, S. 321–358.
- *Science and Metaphysics. Variations on Kantian Themes*. London 1968.

- »Philosophy and the Scientific Image of Man«, in: Ders: *Science, Perception, and Reality.* London 1971, S. 1–40.
- *Naturalism and Ontology. The John Dewey Lectures for 1974.* Atascadero 1996.
- *Empiricism and the Philosophy of Mind.* Cambridge, Ma. 1997.
- *Der Empirismus und die Philosophie des Geistes.* Übers., hrsg. und eingeleitet von Th. Blume, Paderborn 1999.

Sextus Empiricus: *Opera.* 4 vols., ed. and trans. by R. G. Bury, Cambridge, Ma. 1933–1949.
- *Grundriß der pyrrhonischen Skepsis.* Übers., hrsg. und mit einer Einleitung von M. Hossenfelder, Frankfurt am Main 1985.
- *Gegen die Dogmatiker (Adversus Mathematicos libri 7–11).* Sankt Augustin 1998.

Siep, L.: *Der Weg der »Phänomenologie des Geistes«. Ein einführender Kommentar zu Hegels »Differenzschrift« und zur »Phänomenologie des Geistes«.* Darmstadt 2000.

Simon, J.: *Wahrheit als Freiheit. Zur Entwicklung der Wahrheitsfrage in der neueren Philosophie.* Berlin/New York 1978.
- *Philosophie des Zeichens.* Berlin/New York 1989.
- »Zeichenphilosophie und Transzendentalphilosophie«, in: Ders.: *Zeichen und Interpretation.* Frankfurt am Main 1994, S. 73–98.
- »Die Zeitbedingtheit der Urteilsbildung. Zu Kants Modifizierung des Fürwahrhaltens als Meinen, Glauben und Wissen«, in: Kodalle, K.-M. (Hrsg.): *Zeit-Verschwendung.* Würzburg 1999, S. 29–45.
- »Ad melius esse. Zur Differenz im Verstehen«, in: Busche, H./Schmitt, A. (Hrsg.): *Kant als Bezugspunkt philosophischen Denkens. Festschrift für Peter Baumanns zum 75. Geburtstag,* Würzburg 2010, S. 281–294.

Spinoza, B. de: *Spinozas Briefwechsel und andere Dokumente.* Übers. von J. Bluwstein, Leipzig 1916.
- *Ethik. In geometrischer Ordnung dargestellt.* Übers. und hrsg. von W. Bartuschat, Hamburg ³2010.

Strawson, P.: *Individuals: An Essay in Descriptive Metaphysics.* London 1959.
- *Einzelding und logisches Subjekt (Individuals). Ein Beitrag zur deskriptiven Metaphysik.* Übers. von F. Scholz, Stuttgart 1972.
- *Die Grenzen des Sinns. Ein Kommentar zu Kants* Kritik der reinen Vernunft. Übers. von E. M. Lange, Königstein/Ts. 1981.
- *Scepticism and Naturalism. Some Varieties.* New York 1985.

Stroud, B.: *The Philosophical Significance of Skepticism.* Oxford 1984.

Thompson, M.: *Life and Action. Elementary Structures of Practice and Practical Thought.* Cambridge, Ma. 2008.

Trendelenburg, F. A.: »Über eine Lücke in Kants Beweis von der ausschließlichen Subjectivität des Raumes und der Zeit«, in: Ders.: *Historische Beiträge zur Philosophie.* Bd. 3, Berlin 1867, S. 215–276.

Unger, P.: *Ignorance. A Case for Scepticism.* Oxford 2002.

Vries, W. A. de: *Wilfrid Sellars.* Durham 2005.

Wallace, D. F.: *Die Entdeckung des Unendlichen: Georg Cantor und die Welt der Mathematik.* Übers. von H. Reuter und Th. Schmidt, München 2010.

Willaschek, M.: *Der mentale Zugang zur Welt. Realismus, Skeptizismus und Intentionalität.* Frankfurt am Main 2003.
– »Die »Spontaneität des Erkenntnisses«. Über die Abhängigkeit der »Transzendentalen Analytik« von der Auflösung der Dritten Antinomie«, in: Chotaš, J. (Hrsg.): *Metaphysik und Kritik. Interpretationen zu der »Transzendentalen Dialektik« der Kritik der reinen Vernunft.* Würzburg 2010, S. 165–183.
Williams, B.: *Descartes. Das Vorhaben der reinen philosophischen Untersuchung.* Übers. von W. Dittel und A. Viviani, Frankfurt am Main 1988.
– *Descartes: The Project of Pure Enquiry.* London/New York 2005.
Williams, M.: *Unnatural Doubts: Epistemological Realism and the Basis of Scepticism.* Oxford 1991.
– *Problems of Knowledge. A Critical Introduction to Epistemology.* Oxford 2001.
Williamson, T.: *Knowledge and its Limits.* Oxford 2000.
– »Comments on M. Williams, *Contextualism, Externalism and Epistemic Standards*«, in: *Philosophical Studies* 103 (2001), S. 25–33.
– *The Philosophy of Philosophy.* Malden, Ma. 2007.
Wittgenstein, L.: *Werkausgabe.* Frankfurt am Main 1984.
Wright, C.: »Scepticism and Dreaming: Imploding the Demon«, in: *Mind* 100/1 (1991), S. 87–116.
– *Wahrheit und Objektivität.* Übers. von W. K. Köck, Frankfurt am Main 2001.
– »Warrant for Nothing (and Foundations for Free)?«, in: *Aristotelian Society Supplementary* 78/1 (2004), S. 167–212.
– »Wittgensteinian Certainties«, in: McManus, D. (Ed.): *Wittgenstein and Scepticism*, S. 22–55.
– »Contextualism and Scepticism: Even-Handedness, Factivity and Surreptitiously Raising Standards«, in: *The Philosophical Quarterly* 55/219 (2005), S. 236–262.
– »Rule-following without Reasons: Wittgenstein's Quietism and the Constitutive Question«, in: Preston, J. (Hrsg.): *Wittgenstein and Reason. RATIO* Volume XX no. 4 (2007), S. 481–502.
Zimmermann, R.: *Der »Skandal der Philosophie« und die Semantik. Kritische und systematische Untersuchungen zur analytischen Ontologie und Erfahrungstheorie.* Freiburg/München 1981.
Žižek, S.: *Lacan – Eine Einführung.* Frankfurt am Main 2008.